Heidrun Wiesenmüller und Silke Horny
Basiswissen RDA

Eine Einführung für deutschsprachige Anwender

DE GRUYTER
SAUR

ISBN 978-3-11-031146-4
e-ISBN (PDF) 978-3-11-031147-1
e-ISBN (EPUB) 978-3-11-039622-5

Library of Congress Cataloging-in-Publication Data
A CIP catalog record for this book has been applied for at the Library of Congress.

Bibliografische Information der Deutschen Nationalbibliothek
Die Deutsche Nationalbibliothek verzeichnet diese Publikation in der
Deutschen Nationalbibliografie; detaillierte bibliografische Daten
sind im Internet über http://dnb.dnb.de abrufbar.

© 2015 Walter de Gruyter GmbH, Berlin/Boston
Satz: Medien Profis GmbH, Leipzig
Umschlagabbildung: FotoMak/iStock/thinkstock
Druck und Bindung: Grafik & Druck GmbH, München
♾ Gedruckt auf säurefreiem Papier
Printed in Germany

www.degruyter.com

Vorwort

„Basiswissen RDA" führt deutschsprachige Anwender in die Katalogisierung mit dem neuen internationalen Regelwerk „Resource Description and Access" (RDA) ein. Es berücksichtigt die für die Praxis in Deutschland, Österreich und der deutschsprachigen Schweiz erarbeiteten Anwendungsrichtlinien D-A-CH. Als Mitglieder der vom Standardisierungsausschuss eingesetzten AG RDA, die die Einführung von RDA vorbereitet und begleitet, waren die Autorinnen an der Erarbeitung der D-A-CH unmittelbar selbst beteiligt.

„Basiswissen RDA" wendet sich zum einen an Studierende und Auszubildende im Bibliotheksbereich, zum anderen an Kolleginnen und Kollegen, die bisher mit den „Regeln für die alphabetische Katalogisierung" (RAK) gearbeitet haben. Auf Vergleiche zwischen RAK und RDA wurde bewusst verzichtet, denn das neue Regelwerk soll aus sich selbst heraus verstanden werden. Umsteiger finden jedoch einige zusätzliche Hilfestellungen auf der Begleitwebsite zu diesem Lehrbuch (http://www.basiswissen-rda.de).

„Basiswissen RDA" legt die Grundlagen für das Arbeiten mit RDA, kann aber nicht sämtliche Bereiche der Katalogisierung abdecken. Erläutert werden insbesondere die häufig benötigten Regeln, nicht alle denkbaren Sonderfälle. Auch bleiben besondere Materialien wie Alte Drucke, Musikalien, Landkarten sowie juristische und theologische Werke unberücksichtigt. Bei den fortlaufenden Ressourcen werden nur monografische Reihen betrachtet, nicht jedoch Zeitschriften.

Katalogisierung ist keine exakte Wissenschaft: Nicht immer lässt sich eindeutig zwischen richtig und falsch unterscheiden, und mitunter kann dasselbe Ziel auf mehreren Wegen erreicht werden. Auch können manche Stellen in RDA unterschiedlich interpretiert werden. Die folgende Darstellung der RDA-Regeln und die vorgestellten Lösungen zu den Beispielen beruhen auf dem Verständnis und der Einschätzung der beiden Autorinnen und sind dadurch zu einem gewissen Grad subjektiv.

RDA ist kein statischer Standard, sondern es entwickelt sich dynamisch weiter. Jedes Jahr gibt es größere und kleinere Änderungen, die sich nicht nur auf den Inhalt, sondern mitunter auch auf die Nummerierung der Regelwerksstellen auswirken. Die erste Auflage von „Basiswissen RDA" beruht auf dem Regelwerksstand vom August 2014. Auch die deutsche Übersetzung von RDA wurde auf diesem Stand berücksichtigt. Spätere Änderungen konnten nur berücksichtigt werden, soweit sie zu diesem Zeitpunkt bereits absehbar waren. Auf wichtige Neuerungen im Regelwerk, die sich erst nach dem Redaktionsschluss des Lehrbuchs ergeben haben, wird auf der Begleitwebsite hingewiesen.

Zum Redaktionsschluss dieses Lehrbuchs war die Erarbeitung der deutschsprachigen Anwendungsrichtlinien D-A-CH zwar weit fortgeschritten, jedoch noch nicht vollständig abgeschlossen. Außerdem werden vermutlich die Erfahrungen im Rahmen der Testphase und der ersten Implementierung von RDA zu Änderungen oder Ergänzungen bei den D-A-CH führen. „Basiswissen RDA" legt den im August 2014 in der AG RDA erreichten Stand zugrunde. Zu diesem Zeitpunkt noch bestehende Lücken haben die Autorinnen nach bestem Wissen und Gewissen zu schließen versucht. Auf wichtige Änderungen gegenüber dem im Lehrbuch präsentierten Stand wird ebenfalls auf der Begleitwebsite hingewiesen.

Sehr wertvoll für die Arbeit am Lehrbuch waren die intensiven fachlichen Diskussionen mit vielen Kolleginnen und Kollegen, insbesondere aus der AG RDA. Aber auch vom Austausch mit Kolleginnen und Kollegen aus dem angloamerikanischen Raum haben wir sehr profitiert; eine wichtige Rolle spielte dabei die internationale Mailingliste RDA-L. Hilfreich waren außerdem die Rückmeldungen von Studierenden der Hochschule der Medien in Stuttgart, die als 'Versuchskaninchen' dienten.

Besonders bedanken möchten sich die Autorinnen bei ihren Ehemännern, Bernd Raab und Hendrik Maroske, für die vielfältige Unterstützung und die große Geduld, mit der sie das Buchprojekt ertragen haben. Herzlich gedankt sei außerdem Petra Hauke (Berlin) für Feedback und fleißiges Korrekturlesen.

Für die vor allem bei der ersten Auflage eines derartigen Lehrbuchs unvermeidlichen Unvollkommenheiten und Fehler übernehmen die Autorinnen die volle Verantwortung.

September 2014
Heidrun Wiesenmüller und Silke Horny

Inhaltsübersicht

Hinweise zur Benutzung —— XIX

Allgemeiner Teil

1 Formalerschließung: Konzepte und Standards —— 3
1.1 Ziele von Formalerschließung —— 3
1.2 Bisherige Regelwerke —— 4
1.3 Bibliografische Beschreibung —— 6
1.4 Eintragungen und Verweisungen —— 9
1.5 EDV-Katalogisierung —— 11
1.6 Aktuelle Herausforderungen —— 15

2 Das FRBR-Modell —— 17
2.1 Grundlagen —— 17
2.2 Entitäten der Gruppe 1 —— 17
2.3 Entitäten der Gruppe 2 —— 21
2.4 FRBR in der Praxis —— 21

3 RDA: Grundlagen —— 23
3.1 Die Entwicklung von RDA —— 23
3.2 RDA und FRBR —— 24
3.3 Weitere Grundprinzipien von RDA —— 26
3.4 Das RDA Toolkit —— 28

Hauptteil

4 Manifestationen und Exemplare —— 33
4.1 Allgemeines —— 33
4.2 Grundprinzipien beim Erfassen und Übertragen —— 34
4.3 Informationsquellen —— 39
4.4 Titel der Manifestation —— 41
4.5 Verantwortlichkeitsangabe —— 45
4.6 Ausgabevermerk —— 47
4.7 Erscheinungsvermerk —— 48
4.8 Gesamttitelangabe —— 51
4.9 Erscheinungsweise —— 52
4.10 Identifikator für die Manifestation —— 52
4.11 Anmerkung zur Manifestation —— 53
4.12 Medientyp und Datenträgertyp —— 54
4.13 Umfang —— 55
4.14 Weitere Merkmale von Datenträgern —— 56
4.15 Bezugs- und Zugangsinformationen —— 58
4.16 Merkmale auf Exemplar-Ebene —— 58
4.17 Begleitmaterial —— 59
4.18 Beschreibung von mehrteiligen Monografien —— 60
4.19 Beschreibung von monografischen Reihen —— 66
4.20 Beschreibung von integrierenden Ressourcen —— 69

5 Werke und Expressionen —— 71
- 5.1 Allgemeines —— 71
- 5.2 Titel des Werks —— 72
- 5.3 Weitere Merkmale von Werken —— 76
- 5.4 Inhaltstyp —— 77
- 5.5 Weitere Merkmale von Expressionen —— 78
- 5.6 Sucheinstiege für Werke und Expressionen —— 79
- 5.7 Beschreibung des Inhalts —— 81

6 Personen, Familien und Körperschaften —— 87
- 6.1 Allgemeines —— 87
- 6.2 Moderne Personennamen —— 88
- 6.3 Moderne Personen: Merkmale und Sucheinstiege —— 94
- 6.4 Besondere Personengruppen —— 96
- 6.5 Familien —— 98
- 6.6 Namen von Körperschaften —— 99
- 6.7 Namen von untergeordneten Körperschaften —— 103
- 6.8 Körperschaften: Merkmale und Sucheinstiege —— 108
- 6.9 Gebietskörperschaften und die ihnen untergeordneten Körperschaften —— 110
- 6.10 Konferenzen und ähnliche Veranstaltungen —— 111

7 Geografika —— 115
- 7.1 Allgemeines —— 115
- 7.2 Namen von Geografika —— 116

8 Primärbeziehungen —— 120
- 8.1 Allgemeines —— 120
- 8.2 Primärbeziehungen und Datenmodelle —— 120
- 8.3 Kernelemente bei den Primärbeziehungen —— 123

9 Beziehungen zu Personen, Familien und Körperschaften —— 126
- 9.1 Allgemeines —— 126
- 9.2 Geistiger Schöpfer: Allgemeines —— 129
- 9.3 Körperschaft als geistiger Schöpfer —— 132
- 9.4 Sonstige Person, Familie oder Körperschaft, die mit einem Werk in Verbindung steht —— 137
- 9.5 Mitwirkender —— 140
- 9.6 Geistige Schöpfer und Mitwirkende: Besondere Fälle —— 144
- 9.7 Beziehungen auf der Manifestationsebene —— 145
- 9.8 Beziehungen auf der Exemplar-Ebene —— 147

10 Beziehungen zwischen Werken, Expressionen, Manifestationen und Exemplaren —— 148
- 10.1 Allgemeines —— 148
- 10.2 In Beziehung stehende Werke —— 150
- 10.3 In Beziehung stehende Expressionen —— 153
- 10.4 In Beziehung stehende Manifestationen —— 153
- 10.5 In Beziehung stehende Exemplare —— 154

11	**Beziehungen zwischen Personen, Familien und Körperschaften —— 155**
11.1	Allgemeines —— 155
11.2	In Beziehung stehende Personen —— 156
11.3	In Beziehung stehende Familien —— 157
11.4	In Beziehung stehende Körperschaften —— 157

12	**Sacherschließung in RDA —— 159**
12.1	Allgemeines —— 159

Beispielteil

13	**Beispiele für einteilige Monografien —— 163**
13.1	Personen als geistige Schöpfer —— 164
13.2	Körperschaften als geistige Schöpfer —— 195
13.3	Zusammenstellungen —— 202
13.4	Konferenzschriften —— 218
13.5	Filme, Computerspiele —— 226
13.6	Sonderfälle —— 232

14	**Beispiele für mehrteilige Monografien —— 237**
14.1	Teile mit unabhängigen Titeln —— 241
14.2	Teile mit abhängigen Titeln —— 247

15	**Beispiele für monografische Reihen und integrierende Ressourcen —— 255**
15.1	Einfache monografische Reihen —— 255
15.2	Monografische Reihen mit Körperschaften —— 258
15.3	Integrierende Ressourcen —— 263

16	**Beispiele für Personen, Familien, Körperschaften, Geografika und Werke —— 265**
16.1	Personen —— 265
16.2	Familien —— 273
16.3	Körperschaften und Geografika —— 274
16.4	Werke —— 286

Abkürzungsverzeichnis —— 288

Abbildungsverzeichnis —— 289

Tabellenverzeichnis —— 291

Register —— 292

Inhalt

Hinweise zur Benutzung —— XIX

Allgemeiner Teil

1 Formalerschließung: Konzepte und Standards —— 3
1.1 Ziele von Formalerschließung —— 3
1.1.1 Was ist Formalerschließung? —— 3
1.1.2 Funktionen von Bibliothekskatalogen —— 3
1.2 Bisherige Regelwerke —— 4
1.2.1 Standardisierung —— 4
1.2.2 Anglo-American Cataloguing Rules —— 4
1.2.3 Regeln für die alphabetische Katalogisierung —— 5
1.2.4 Umstieg auf internationale Regelwerke und Formate —— 5
1.3 Bibliografische Beschreibung —— 6
1.3.1 Abbildung der Ressourcen —— 6
1.3.2 International Standard Bibliographic Description —— 6
1.3.3 Die ISBD in Regelwerken und Katalogen —— 8
1.4 Eintragungen und Verweisungen —— 9
1.4.1 Haupteintragung und Nebeneintragungen —— 9
1.4.2 Ansetzung und Verweisungen —— 10
1.5 EDV-Katalogisierung —— 11
1.5.1 Bibliothekarische Datenformate —— 11
1.5.2 MARC 21 als Beispiel für ein Austauschformat —— 12
1.5.3 Pica 3 als Beispiel für ein systemspezifisches Format —— 12
1.5.4 Eintragungen und Verweisungen im EDV-Katalog —— 13
1.5.5 Normdateien —— 14
1.5.6 Kooperation und Rationalisierung —— 15
1.6 Aktuelle Herausforderungen —— 15
1.6.1 Ein zeitgemäßes Regelwerk —— 15
1.6.2 Ein internationales Regelwerk —— 16

2 Das FRBR-Modell —— 17
2.1 Grundlagen —— 17
2.1.1 Ziele der FRBR-Studie —— 17
2.1.2 Methodik —— 17
2.2 Entitäten der Gruppe 1 —— 17
2.2.1 Werk —— 17
2.2.2 Expression —— 18
2.2.3 Manifestation —— 18
2.2.4 Exemplar —— 19
2.2.5 Primärbeziehungen und weitere Beziehungen —— 20
2.3 Entitäten der Gruppe 2 —— 21
2.4 FRBR in der Praxis —— 21
2.4.1 FRBR in der Katalogisierung —— 21
2.4.2 FRBR für Nutzer —— 22

3	**RDA: Grundlagen** —— **23**	
3.1	Die Entwicklung von RDA —— 23	
3.1.1	Von AACR3 zu RDA —— 23	
3.1.2	Veröffentlichung, Test und Implementierung —— 23	
3.2	RDA und FRBR —— 24	
3.2.1	Der Aufbau von RDA —— 24	
3.2.2	Weitere FRBR-Aspekte in RDA —— 25	
3.3	Weitere Grundprinzipien von RDA —— 26	
3.3.1	Kompatibilität zu AACR2 —— 26	
3.3.2	Internationalität —— 26	
3.3.3	Kernelemente —— 26	
3.3.4	Alternativen und Optionen —— 27	
3.3.5	Beispiele in RDA —— 28	
3.3.6	RDA als „content standard" —— 28	
3.4	Das RDA Toolkit —— 28	
3.4.1	Der Reiter „RDA" —— 28	
3.4.2	Die Reiter „Werkzeuge" und „Ressourcen" —— 30	
3.4.3	Aktualisierung des RDA Toolkit —— 30	

Hauptteil

4	**Manifestationen und Exemplare** —— **33**	
4.1	Allgemeines —— 33	
4.1.1	Inhalt und Gliederung von RDA Abschnitt 1 —— 33	
4.1.2	Erscheinungsweise von Ressourcen —— 33	
4.1.3	Arten der Beschreibung —— 33	
4.2	Grundprinzipien beim Erfassen und Übertragen —— 34	
4.2.1	Sprache und Schrift —— 34	
4.2.2	Nimm, was du siehst! —— 35	
4.2.3	Groß- und Kleinschreibung —— 35	
4.2.4	Zeichensetzung —— 36	
4.2.5	Diakritische Zeichen, Symbole —— 37	
4.2.6	Akronyme, Initialen, Abkürzungen —— 38	
4.2.7	Schreib- und Druckfehler —— 38	
4.2.8	Zahlen —— 38	
4.3	Informationsquellen —— 39	
4.3.1	Bevorzugte Informationsquelle —— 39	
4.3.2	Bevorzugte Informationsquelle bei Filmen und sonstigen Ressourcen —— 39	
4.3.3	Zusammenspiel der Informationsquellen —— 40	
4.4	Titel der Manifestation —— 41	
4.4.1	Arten von Titeln —— 41	
4.4.2	Haupttitel und Titelzusatz —— 42	
4.4.3	Paralleltitel und paralleler Titelzusatz —— 42	
4.4.4	Abweichender Titel —— 43	
4.4.5	Besonderheiten bei Titeln —— 44	
4.5	Verantwortlichkeitsangabe —— 45	
4.5.1	Verantwortlichkeitsangabe: Allgemeines —— 45	
4.5.2	Mehrere Verantwortlichkeitsangaben —— 45	
4.5.3	Erfassen von Verantwortlichkeitsangaben —— 46	
4.5.4	Angaben mit mehreren Personen, Familien oder Körperschaften —— 46	
4.5.5	Personalangaben, formelhafte Wendungen —— 46	

4.6	Ausgabevermerk —— **47**	
4.6.1	Ausgabebezeichnung —— **47**	
4.6.2	Ausgabebezeichnung einer näher erläuterten Überarbeitung —— **47**	
4.6.3	Hinweis auf unveränderten Nachdruck —— **48**	
4.7	Erscheinungsvermerk —— **48**	
4.7.1	Veröffentlichungsangabe —— **48**	
4.7.2	Copyright-Datum —— **50**	
4.7.3	Vertriebs-, Herstellungs- und Entstehungsangabe —— **50**	
4.8	Gesamttitelangabe —— **51**	
4.8.1	Haupttitel der Reihe und Zählung —— **51**	
4.8.2	Verantwortlichkeitsangabe der Reihe —— **52**	
4.9	Erscheinungsweise —— **52**	
4.10	Identifikator für die Manifestation —— **52**	
4.10.1	ISBN, URN, weitere Identifikatoren —— **52**	
4.10.2	Mehrere ISBNs —— **53**	
4.11	Anmerkung zur Manifestation —— **53**	
4.12	Medientyp und Datenträgertyp —— **54**	
4.12.1	Medientyp —— **54**	
4.12.2	Datenträgertyp —— **55**	
4.13	Umfang —— **55**	
4.13.1	Anzahl, Einheit, Untereinheit —— **55**	
4.13.2	Umfang von Text-Ressourcen —— **55**	
4.13.3	Umfang von dreidimensionalen Objekten —— **56**	
4.14	Weitere Merkmale von Datenträgern —— **56**	
4.14.1	Maße —— **56**	
4.14.2	Ton- und Video-Eigenschaft —— **57**	
4.14.3	Eigenschaft einer digitalen Datei —— **57**	
4.14.4	Geräte- oder Systemanforderungen —— **57**	
4.14.5	Anmerkung zum Datenträger —— **57**	
4.15	Bezugs- und Zugangsinformationen —— **58**	
4.15.1	Preis —— **58**	
4.15.2	URL —— **58**	
4.16	Merkmale auf Exemplar-Ebene —— **58**	
4.17	Begleitmaterial —— **59**	
4.17.1	Ressourcen mit Begleitmaterial —— **59**	
4.17.2	Erfassung von Begleitmaterial —— **59**	
4.18	Beschreibung von mehrteiligen Monografien —— **60**	
4.18.1	Allgemeines —— **60**	
4.18.2	Teile mit abhängigen oder unabhängigen Titeln —— **60**	
4.18.3	Umfassende Beschreibung —— **62**	
4.18.4	Hierarchische Beschreibung: Allgemeines —— **62**	
4.18.5	Hierarchische Beschreibung: Einzelne Elemente —— **63**	
4.19	Beschreibung von monografischen Reihen —— **66**	
4.19.1	Allgemeines —— **66**	
4.19.2	Basis der Beschreibung —— **67**	
4.19.3	Einzelne Elemente —— **67**	
4.20	Beschreibung von integrierenden Ressourcen —— **69**	
4.20.1	Basis der Beschreibung —— **69**	
4.20.2	Einzelne Elemente —— **70**	

5 Werke und Expressionen — 71

- 5.1 Allgemeines — 71
  - 5.1.1 Inhalt und Gliederung von RDA Abschnitt 2 — 71
  - 5.1.2 Sprache und Schrift — 71
  - 5.1.3 Erfassung in Titel- und Normdatensätzen — 71
- 5.2 Titel des Werks — 72
  - 5.2.1 Arten von Werktiteln, Erfassungsregeln — 72
  - 5.2.2 Titel des Werks vs. Haupttitel der Manifestation — 72
  - 5.2.3 Bevorzugter Titel bei neuzeitlichen Werken — 73
  - 5.2.4 Bevorzugter Titel bei mittelalterlichen und antiken Werken — 73
  - 5.2.5 Bevorzugter Titel bei Teilen von Werken — 74
  - 5.2.6 Zusammenstellungen von Werken derselben Person — 74
  - 5.2.7 Abweichender Titel des Werks — 76
- 5.3 Weitere Merkmale von Werken — 76
- 5.4 Inhaltstyp — 77
  - 5.4.1 Bedeutung des Inhaltstyps — 77
  - 5.4.2 Erfassung des Inhaltstyps — 78
- 5.5 Weitere Merkmale von Expressionen — 78
  - 5.5.1 Sprache der Expression — 78
  - 5.5.2 Datum, unterscheidende Eigenschaft, Identifikator — 79
- 5.6 Sucheinstiege für Werke und Expressionen — 79
  - 5.6.1 Normierte Sucheinstiege für Werke — 79
  - 5.6.2 Unterscheidende Merkmale im normierten Sucheinstieg für Werke — 80
  - 5.6.3 Normierte Sucheinstiege für Expressionen — 81
- 5.7 Beschreibung des Inhalts — 81
  - 5.7.1 Illustrierender Inhalt — 81
  - 5.7.2 Ergänzender Inhalt — 82
  - 5.7.3 Sprache des Inhalts, barrierefreier Inhalt, Schrift — 82
  - 5.7.4 Art des Inhalts, Zielgruppe, Zusammenfassung des Inhalts — 83
  - 5.7.5 Hochschulschriftenvermerk — 83
  - 5.7.6 Ausführender, Erzähler, Präsentator sowie künstlerische und technische Angabe — 85
  - 5.7.7 Weitere auf den Inhalt bezogene Merkmale — 85

6 Personen, Familien und Körperschaften — 87

- 6.1 Allgemeines — 87
  - 6.1.1 Inhalt und Gliederung von RDA Abschnitt 3 — 87
  - 6.1.2 Bevorzugter und abweichender Name — 87
  - 6.1.3 Allgemeine Schreibregeln und Schrift — 87
  - 6.1.4 Weitere Merkmale, Sucheinstiege — 88
  - 6.1.5 Normdatensätze — 88
- 6.2 Moderne Personennamen — 88
  - 6.2.1 Bevorzugter Name — 88
  - 6.2.2 Mehrere Formen desselben Namens — 89
  - 6.2.3 Mehrere unterschiedliche Namen, Namensänderung — 90
  - 6.2.4 Pseudonyme — 90
  - 6.2.5 Zusammengesetzte Namen — 90
  - 6.2.6 Präfixe und Verwandtschaftsangaben — 91
  - 6.2.7 Abweichende Namen — 93
- 6.3 Moderne Personen: Merkmale und Sucheinstiege — 94

6.3.1	Daten der Person —— 94	
6.3.2	Orte mit Beziehung zur Person —— 94	
6.3.3	Beruf oder Tätigkeit —— 94	
6.3.4	Weitere Merkmale —— 94	
6.3.5	Sucheinstiege —— 95	
6.3.6	Nicht individualisierte Namen —— 95	
6.4	Besondere Personengruppen —— 96	
6.4.1	Fürsten —— 96	
6.4.2	Adlige —— 96	
6.4.3	Personen der Antike und des Mittelalters —— 97	
6.5	Familien —— 98	
6.6	Namen von Körperschaften —— 99	
6.6.1	Definition von Körperschaft —— 99	
6.6.2	Schreibung von Körperschaftsnamen —— 99	
6.6.3	Artikel, juristische Zusätze, Orte am Anfang bzw. Ende —— 100	
6.6.4	Bevorzugter Name —— 100	
6.6.5	Bevorzugter Name bei Universitäten und Hochschulen —— 101	
6.6.6	Mehrere Formen desselben Namens —— 101	
6.6.7	Unterschiede in Schreibung und Sprache —— 102	
6.6.8	Namensänderung —— 102	
6.6.9	Abweichende Namen —— 103	
6.7	Namen von untergeordneten Körperschaften —— 103	
6.7.1	Selbständig und unselbständig gebildete Namen —— 103	
6.7.2	Entscheidung zwischen selbständig und unselbständig —— 104	
6.7.3	Mehrere Hierarchiestufen —— 107	
6.8	Körperschaften: Merkmale und Sucheinstiege —— 108	
6.8.1	Sitz bzw. Wirkungsgebiet der Körperschaft —— 108	
6.8.2	Daten der Körperschaft —— 108	
6.8.3	Art der Körperschaft, weitere Merkmale —— 108	
6.8.4	Sucheinstiege —— 109	
6.9	Gebietskörperschaften und die ihnen untergeordneten Körperschaften —— 110	
6.9.1	Namen von Gebietskörperschaften —— 110	
6.9.2	Merkmale und Sucheinstiege —— 110	
6.9.3	Körperschaft ist einer Gebietskörperschaft untergeordnet —— 110	
6.10	Konferenzen und ähnliche Veranstaltungen —— 111	
6.10.1	Definition von Konferenz —— 111	
6.10.2	Name einer Konferenz usw. —— 112	
6.10.3	Merkmale und Sucheinstiege —— 113	

7 **Geografika —— 115**
7.1	Allgemeines —— 115	
7.1.1	Inhalt und Gliederung von RDA Abschnitt 4 —— 115	
7.1.2	Geografika in der Formalerschließung —— 115	
7.2	Namen von Geografika —— 116	
7.2.1	Informationsquellen, Sprache und Schrift —— 116	
7.2.2	Namensbestandteile —— 116	
7.2.3	Land, in dem sich das Geografikum befindet —— 117	
7.2.4	Verwaltungseinheiten —— 117	
7.2.5	Gleichnamige Geografika —— 118	
7.2.6	Ortsteile —— 118	

7.2.7	Abweichende Namen —— 118	
7.2.8	Namensänderung —— 119	

8 Primärbeziehungen —— 120
- 8.1 Allgemeines —— 120
- 8.1.1 Inhalt und Gliederung von RDA Abschnitt 5 —— 120
- 8.1.2 Arten von Primärbeziehungen —— 120
- 8.2 Primärbeziehungen und Datenmodelle —— 120
- 8.2.1 Identifikator und normierter Sucheinstieg —— 120
- 8.2.2 Zusammengesetzte Beschreibung —— 122
- 8.2.3 Datenmodell der Deutschen Nationalbibliothek —— 122
- 8.3 Kernelemente bei den Primärbeziehungen —— 123
- 8.3.1 In der Manifestation verkörpertes Werk —— 123
- 8.3.2 Mehrere verkörperte Werke —— 123
- 8.3.3 In der Manifestation verkörperte Expression —— 124
- 8.3.4 Mehrere verkörperte Expressionen —— 125

9 Beziehungen zu Personen, Familien und Körperschaften —— 126
- 9.1 Allgemeines —— 126
- 9.1.1 Inhalt und Gliederung von RDA Abschnitt 6 —— 126
- 9.1.2 Methoden der Abbildung —— 126
- 9.1.3 Beziehungskennzeichnungen —— 127
- 9.1.4 Informationsquellen —— 128
- 9.1.5 Zugehörige Verantwortlichkeitsangaben —— 128
- 9.1.6 Änderungen in der Verantwortlichkeit —— 128
- 9.2 Geistiger Schöpfer: Allgemeines —— 129
- 9.2.1 Begriff des geistigen Schöpfers —— 129
- 9.2.2 Mehrere geistige Schöpfer —— 130
- 9.2.3 Mehrere Werke in einer Ressource —— 131
- 9.2.4 Familien als geistige Schöpfer —— 132
- 9.2.5 Erfassung in hierarchischen Beschreibungen —— 132
- 9.3 Körperschaft als geistiger Schöpfer —— 132
- 9.3.1 Vorbedingung: Werk stammt von der Körperschaft —— 132
- 9.3.2 Fälle, in denen die Körperschaft geistiger Schöpfer ist —— 134
- 9.3.3 Staatsoberhäupter etc. als geistige Schöpfer —— 137
- 9.4 Sonstige Person, Familie oder Körperschaft, die mit einem Werk in Verbindung steht —— 137
- 9.4.1 Allgemeines —— 137
- 9.4.2 Gefeierter —— 138
- 9.4.3 Herausgebendes Organ —— 138
- 9.4.4 Weitere Fälle —— 139
- 9.4.5 Erfassung in hierarchischen Beschreibungen —— 140
- 9.5 Mitwirkender —— 140
- 9.5.1 Allgemeines —— 140
- 9.5.2 Herausgeber und Redakteure —— 142
- 9.5.3 Übersetzer, Illustratoren, Verfasser ergänzender Texte —— 143
- 9.5.4 Ausführende und weitere Mitwirkende —— 143
- 9.5.5 Erfassung in hierarchischen Beschreibungen —— 143
- 9.6 Geistige Schöpfer und Mitwirkende: Besondere Fälle —— 144
- 9.6.1 Bibliografien, Wörterbücher etc. —— 144
- 9.6.2 Bearbeitung eines existierenden Werks —— 144

9.6.3	Originalwerk und Kommentar in derselben Ressource —— 144	
9.6.4	Ausstellungs- und Bestandskataloge, Kunstbände, Werke über Künstler —— 145	
9.7	Beziehungen auf der Manifestationsebene —— 145	
9.7.1	Verlag, Vertrieb, Hersteller, Erzeuger —— 145	
9.7.2	Buchgestalter, Lithograf etc. —— 146	
9.7.3	Erfassung in hierarchischen Beschreibungen —— 146	
9.8	Beziehungen auf der Exemplar-Ebene —— 147	
9.8.1	Eigentümer —— 147	
9.8.2	Weitere Beziehungen auf Exemplar-Ebene —— 147	

10 Beziehungen zwischen Werken, Expressionen, Manifestationen und Exemplaren —— 148
10.1 Allgemeines —— 148
10.1.1 Inhalt und Gliederung von RDA Abschnitt 8 —— 148
10.1.2 Erfassung von Beziehungen zwischen Werken, Expressionen, Manifestationen und Exemplaren —— 148
10.1.3 Beziehungskennzeichnungen —— 149
10.2 In Beziehung stehende Werke —— 150
10.2.1 Beziehungen auf Werkebene —— 150
10.2.2 Teil-Ganzes-Beziehungen —— 151
10.3 In Beziehung stehende Expressionen —— 153
10.4 In Beziehung stehende Manifestationen —— 153
10.5 In Beziehung stehende Exemplare —— 154

11 Beziehungen zwischen Personen, Familien und Körperschaften —— 155
11.1 Allgemeines —— 155
11.1.1 Inhalt und Gliederung von RDA Abschnitt 9 —— 155
11.1.2 Erfassung von Beziehungen zwischen Personen, Familien und Körperschaften —— 155
11.2 In Beziehung stehende Personen —— 156
11.2.1 Beziehungen zu Personen —— 156
11.2.2 Mehrere Identitäten: Pseudonyme, Amtsträger vs. Privatperson —— 156
11.3 In Beziehung stehende Familien —— 157
11.4 In Beziehung stehende Körperschaften —— 157
11.4.1 Beziehungen zu Körperschaften —— 157
11.4.2 Überordnung/Unterordnung, Vorgänger/Nachfolger, Fusion/Teilung —— 157

12 Sacherschließung in RDA —— 159
12.1 Allgemeines —— 159
12.1.1 Inhalt und Gliederung der Sacherschließungsabschnitte —— 159
12.1.2 Weiterentwicklung der Sacherschließungsabschnitte —— 159

Beispielteil

13 Beispiele für einteilige Monografien —— 163
13.1 Personen als geistige Schöpfer —— 164
13.1.1 Ein geistiger Schöpfer —— 164
13.1.2 Mehrere geistige Schöpfer —— 173
13.1.3 Übersetzungen —— 179

13.1.4	Hochschulschriften	184
13.1.5	Bildbände	189
13.1.6	Wörterbücher, Lexika	192
13.2	Körperschaften als geistige Schöpfer	195
13.2.1	Kollektives Gedankengut der Körperschaft	195
13.2.2	Administrative Werke über die Körperschaft	198
13.3	Zusammenstellungen	202
13.3.1	Werke eines geistigen Schöpfers	202
13.3.2	Werke mehrerer geistiger Schöpfer	207
13.4	Konferenzschriften	218
13.4.1	Konferenz als geistiger Schöpfer	218
13.4.2	Konferenz nicht als geistiger Schöpfer	225
13.5	Filme, Computerspiele	226
13.6	Sonderfälle	232
13.6.1	Hauptwerke mit Ergänzungen	232
13.6.2	Anonyme Werke	234
14	**Beispiele für mehrteilige Monografien**	**237**
14.1	Teile mit unabhängigen Titeln	241
14.2	Teile mit abhängigen Titeln	247
15	**Beispiele für monografische Reihen und integrierende Ressourcen**	**255**
15.1	Einfache monografische Reihen	255
15.2	Monografische Reihen mit Körperschaften	258
15.3	Integrierende Ressourcen	263
16	**Beispiele für Personen, Familien, Körperschaften, Geografika und Werke**	**265**
16.1	Personen	265
16.1.1	Moderne Personennamen	265
16.1.2	Pseudonyme	272
16.1.3	Nicht-individualisierte Namen	273
16.2	Familien	273
16.3	Körperschaften und Geografika	274
16.3.1	Einfache Körperschaften	274
16.3.2	Untergeordnete Körperschaften	277
16.3.3	Gebietskörperschaften, Geografika	280
16.3.4	Körperschaften, die einer Gebietskörperschaft untergeordnet sind	281
16.3.5	Konferenzen	284
16.4	Werke	286

Abkürzungsverzeichnis — 288

Abbildungsverzeichnis — 289

Tabellenverzeichnis — 291

Register — 292

Hinweise zur Benutzung

„Basiswissen RDA" besteht aus drei Teilen: einem allgemeinen Teil, einem Hauptteil und einem Beispielteil. Die Inhaltsübersicht zeigt nur die erste und zweite Gliederungsebene und dient der schnellen Orientierung. Das ausführlichen Inhaltsverzeichnis enthält sämtliche Gliederungspunkte.

Im allgemeinen Teil (Kap. 1 bis 3) werden grundsätzliche Konzepte und Standards der Formalerschließung, das theoretische Modell „Functional Requirements for Bibliographic Records" (FRBR) sowie die Entwicklung und die Grundprinzipien von RDA behandelt.

Der Hauptteil (Kap. 4 bis 12) erläutert die RDA-Regeln im Zusammenhang. Die Darstellung folgt dabei dem Aufbau des Regelwerks: Jedem Abschnitt von RDA entspricht ein Kapitel im Lehrbuch. Eine Ausnahme stellen die (noch nicht erarbeiteten) Kapitel zur Sacherschließung aus den RDA-Abschnitten 4, 7 und 10 dar; sie werden zusammengefasst in Kap. 12 behandelt. Die im Hauptteil vorgestellten RDA-Elemente werden durch zahlreiche, in einer eigenen Spalte präsentierte Beispiele illustriert. Diese sind pro Kapitel durchnummeriert; z. B. steht „4-38" für das 38. Beispiel im Kapitel 4.

Es ist empfehlenswert, den Hauptteil in Kombination mit dem Regelwerk und den Anwendungsrichtlinien D-A-CH zu benutzen. Bei der Angabe der einschlägigen Stellen werden folgende Konventionen verwendet: „RDA 2.3.2.2" verweist auf die Regelwerksstelle 2.3.2.2 in RDA. „RDA 2.3.2.7 mit D-A-CH" verweist auf die Regelwerksstelle 2.3.2.7 und die zugehörige Anwendungsrichtlinie in D-A-CH. „RDA 2.3.4.3 D-A-CH" verweist spezifisch auf die Anwendungsrichtlinie zur Regelwerksstelle 2.3.4.3. Bei manchen Regelwerksstellen gibt es mehrere D-A-CH-Anwendungsrichtlinien – beispielsweise eine zur Grundregel und eine zur optionalen Weglassung. Im Lehrbuch wird dies nicht im Detail angegeben, sondern es wird nur auf die Regelwerksstelle verwiesen, zu der die Anwendungsrichtlinie gehört.

Der abschließende Teil (Kap. 13 bis 16) bietet vollständige und kommentierte Beispiele für die Beschreibung von ein- und mehrteiligen Monografien, von monografischen Reihen und integrierenden Ressourcen sowie von Personen, Familien, Körperschaften, Geografika und Werken. Alle Beispiele beruhen auf realen Ressourcen, Personen etc. Aus didaktischen Gründen wurden jedoch im Einzelfall kleinere Änderungen oder Vereinfachungen vorgenommen.

In der Regel ist nur die bevorzugte Informationsquelle (zumeist die Titelseite) der zugrunde liegenden Ressource abgebildet. Weitere benötigte Informationen sind zusätzlich angegeben. Die Lösungen in den Beispielkapiteln sind pro Kapitel durchnummeriert. Die Angabe „vgl. Lösung 13-18" beispielsweise bezieht sich auf die vollständig ausgearbeitete Lösung Nr. 18 im Kapitel 13.

Teilweise finden sich in den Beispielkapiteln Lösungen für verschiedene Aspekte derselben Ressource. So wird bei der Dissertation aus Abb. 15 (S. 51) eine Beschreibung für den Band selbst in Kap. 13 gezeigt (Lösung 13-14), eine Beschreibung für die monografische Reihe, in der der Band erschienen ist, in Kap. 15 (Lösung 15-1) und eine Beschreibung für die Verfasserin in Kap. 16 (Lösung 16-7). Auf solche Zusammenhänge wird bei den Lösungen jeweils mit „Siehe auch: …" hingewiesen.

RDA-Daten können in vielen unterschiedlichen Formaten erfasst, transportiert und angezeigt werden. Für das Lehrbuch wurde deshalb eine formatneutrale Darstellung gewählt. Es werden jedoch auch einige Hinweise zur ISBD-Darstellung und zur Erfassungspraxis in der Gemeinsamen Normdatei (GND) gegeben. Beispielhafte Umsetzungen in ausgewählte Formate sind auf der Begleitwebsite zu finden. Darüber hinaus sei auf die an anderen Stellen im Web verfügbaren Dokumentationen zu speziellen Formaten verwiesen.

Begleitwebsite zum Lehrbuch
http://www.basiswissen-rda.de

Auf der Begleitwebsite zum Lehrbuch finden Sie außerdem ergänzende Materialien sowie Aktualisierungen (z. B. Hinweise auf Änderungen in RDA, die sich nach dem Redaktionsschluss des Lehrbuchs ergeben haben).

Allgemeiner Teil

1 Formalerschließung: Konzepte und Standards

1.1 Ziele von Formalerschließung

1.1.1 Was ist Formalerschließung?

Formalerschließung wird auch als Formalkatalogisierung, alphabetische Katalogisierung oder einfach nur als Katalogisierung bezeichnet. Sie ist eine zentrale bibliothekarische Dienstleistung: Ohne sie würde man sich im Bestand einer Bibliothek oder anderen Informationseinrichtung nicht zurechtfinden. Bei der Formalerschließung werden Ressourcen gemäß festgelegten Regeln nach äußerlichen, formalen Kriterien beschrieben und auffindbar gemacht.

Mit Ressourcen sind alle Arten von physischen und digitalen Objekten gemeint, die in Bibliotheken oder anderen Gedächtnis- und Informationseinrichtungen (z. B. Archiven, Museen, Dokumentationsstellen) als Sammlungsgegenstände vorkommen (1-1). Die Ressourcen müssen nicht zwangsläufig im physischen Besitz der jeweiligen Institution sein; es genügt, wenn diese den Zugang dazu vermitteln kann. Beispielsweise werden elektronische Zeitschriften, die eine Bibliothek lizenziert hat, häufig auf einem Server des Verlags vorgehalten.

Formale Kriterien bei einem gedruckten Buch sind u. a.: Wer ist der Autor? Wie lautet der Titel? Wann und in welchem Verlag ist es erschienen? Wie viele Seiten hat es?

Beispiel 1-1
Beispiele für Ressourcen:
– gedruckte Bücher und Zeitschriften
– E-Books und E-Zeitschriften
– Hörbücher
– Landkarten
– Websites
– Filme
– Musiknoten
– Musikaufnahmen
– Spiele
– Nachlässe
– Akten
– Kunstgegenstände

Ressourcen können auch nach inhaltlichen Kriterien beschrieben und auffindbar gemacht werden: Welche Themen werden in der Ressource behandelt? Dies wird als Inhaltserschließung, Sacherschließung oder Sachkatalogisierung bezeichnet und im Rahmen dieses Lehrbuchs nicht näher behandelt. Zu Sacherschließung im Rahmen von RDA vgl. Kap. 12.

Die Ergebnisse der Formalerschließung werden als Titelaufnahmen, Katalogisate oder bibliografische Daten(-sätze) bezeichnet. Sie finden sich in erster Linie in Bibliothekskatalogen, aber auch in anderen Informationssystemen wie z. B. Bibliografien oder Fachdatenbanken.

1.1.2 Funktionen von Bibliothekskatalogen

Sehr prägnant hat Bernhard Eversberg im Jahr 2002 fünf zentrale Katalogfunktionen zusammengestellt. Am Anfang steht das Finden: In einem Bibliothekskatalog kann man schnell und zuverlässig feststellen, ob eine gewünschte Ressource vorhanden ist oder nicht. Eine solche Suche nach einem bereits bekannten Medium wird als „known-item search" bezeichnet (1-2). Damit sie gut funktioniert, muss die Beschreibung die Ressource jeweils zutreffend wiedergeben (z. B. muss ein Titel genau abgeschrieben werden und nicht nur ungefähr). Sie muss außerdem ausführlich genug sein, damit man mit Gewissheit sagen kann, dass das Gefundene mit dem Gesuchten übereinstimmt (oder eben nicht). Regelwerke für die Formalerschließung (vgl. Kap. 1.2) machen dafür entsprechende Vorgaben.

Der Katalog ermöglicht aber weit mehr als nur das Finden einer bereits bekannten Ressource: Er führt zusammen, was zusammen gehört, und hält auseinander, was nicht zusammen gehört. Hier zeigt sich ein deutlicher Unterschied zu einer Suchmaschine: Sucht man dort z. B. nach „Michail Gorbatschow", so erhält man sehr viel weniger – und ganz andere! – Treffer als bei einer Suche mit „Mikhail Gorbachev" (der gängigen englischen Umschrift). In einem Bibliothekskatalog gibt es hingegen

Katalogfunktionen nach B. Eversberg
„Was sollen Bibliothekskataloge?
– Verläßliches Finden ermöglichen
– Unterscheiden, was verschieden ist
– Zusammenführen, was zusammengehört
– Gefundenes überschaubar machen
– Gewähltes zugänglich machen"
(http://www.allegro-c.de/formate/gz-1.htm)

Beispiel 1-2
Eine „known-item search" ist z. B.:
– Ich suche das Buch „Freiheit – ein Plädoyer" von Joachim Gauck.
– Ich brauche Band 40 aus der Reihe „Bibliothekspraxis".
– Für mein Seminar soll ich Jane Austens „Pride and prejudice" in der von Vivien Jones herausgegebenen Ausgabe lesen.

Beispiel 1-3
Eine „collocation search" ist z. B.:
– Welche Bücher hat Joachim Gauck geschrieben?
– Welche Bände der Reihe „Bibliothekspraxis" sind in der Bibliothek vorhanden?
– Ich brauche alle deutschen Übersetzungen von Jane Austens „Pride and prejudice".

Mechanismen, die alle Treffer zusammenführen – auch wenn unterschiedliche Namensvarianten verwendet wurden (vgl. Kap. 1.4.2). Eine Recherche nach einer Zusammenstellung von Ressourcen wird als „collocation search" bezeichnet (1-3). Umgekehrt werden im Katalog Dinge auseinandergehalten, die zwar gleich aussehen, aber nicht identisch sind – z. B. gleichnamige Personen.

Bibliothekskataloge sollen Suchergebnisse übersichtlich präsentieren und die Nutzer bei der Auswahl der für sie am besten geeigneten Ressource unterstützen. Sie bieten außerdem Wege an, um die gewünschte Ressource zu nutzen – z. B. durch eine Bestellmöglichkeit oder einen Link zum elektronischen Volltext. Schließlich sollen Nutzer innerhalb eines Katalogs und darüber hinaus navigieren können: Beispielsweise kann man von einem gefundenen Buch zu anderen Büchern desselben Autors springen oder von einer gedruckten Ausgabe zur zugehörigen Online-Ausgabe. Auch externe Quellen können verlinkt werden, z. B. ein Wikipedia-Eintrag über den Autor.

1.2 Bisherige Regelwerke

1.2.1 Standardisierung

Die ersten schriftlich fixierten Regelwerke zur Formalerschließung galten jeweils nur für eine einzige Bibliothek. Doch erkannte man schon sehr früh die Vorteile einer überregionalen Standardisierung: Diese ermöglicht es, Titelaufnahmen anderer Bibliotheken für die Erschließung des eigenen Bestands nachzunutzen. Im deutschsprachigen Raum begann die Standardisierung mit den „Preußischen Instruktionen" (PI), die 1899 für die preußischen Bibliotheken erlassen wurden. In ihrer zweiten Auflage von 1908 entwickelten sie sich zum De-facto-Standard für wissenschaftliche Bibliotheken in ganz Deutschland und Österreich. Öffentliche Bibliotheken arbeiteten mit einer etwas vereinfachten Variante, den 1942 erschienenen „Berliner Anweisungen".

Seit den 1960er Jahren entstand eine neue Generation national geprägter Regelwerke, u. a. die deutschen „Regeln für die alphabetische Katalogisierung", die italienischen „Regole italiane di catalogazione per autori", die „VBS-Katalogisierungsregeln" der Vereinigung Schweizer Bibliothekare sowie im angloamerikanischen Sprachraum die „Anglo-American Cataloguing Rules". Trotz vieler Unterschiede im Detail haben diese Regelwerke eine gemeinsame Grundlage, die auf internationalen Katalogisierungskonferenzen vereinbart wurde.

Von besonderer Bedeutung war ein 1961 auf einer Pariser Konferenz erarbeitetes Grundsatzpapier, die sogenannten „Paris principles". Darin wurde u. a. festgelegt, welche Arten von Eintragungen (vgl. Kap. 1.4.1) es gibt. Auf der Konferenz von Kopenhagen entstand 1969 die Idee eines internationalen Standards für die bibliografische Beschreibung, die „International Standard Bibliographic Description" (vgl. Kap. 1.3.2).

1.2.2 Anglo-American Cataloguing Rules

Für mehr als drei Jahrzehnte waren die „Anglo-American Cataloguing Rules" das Standardregelwerk für den angloamerikanischen Raum. Die erste Ausgabe erschien 1967 (AACR), die zweite 1978 (AACR2). Bis 2005 wurde das Regelwerk kontinuierlich weiterentwickelt und aktualisiert. Die AACR2 gliedern sich in zwei Teile: Der erste Teil behandelt die bibliografische Beschreibung (vgl. Kap. 1.3), der zweite Teil Eintragungen und Ansetzungen (vgl. Kap. 1.4). Die Bestimmungen für Sondermaterialien sind in das Hauptwerk integriert.

Die AACR2 werden bzw. wurden in über 30 Ländern angewendet – nicht nur in Großbritannien, den USA, Australien und Kanada, sondern beispielsweise auch in Afrika. Varianten von AACR2 sind u. a. in den skandinavischen Ländern, der Türkei und Indien im Gebrauch. Zu den AACR2-Anwendern gehörten seit 2001 auch die Schweizerische Nationalbibliothek und der Informationsverbund Deutschschweiz (IDS).

Seit 2004 wurde ein Nachfolgeregelwerk für AACR2 entwickelt, das zunächst als „AACR3" bezeichnet wurde und schließlich 2010 unter dem Titel „Resource Description and Access" (RDA) erschien (vgl. Kap. 3.1). Seit 2013 ist ein Teil der bisherigen AACR2-Anwender auf RDA umgestiegen; viele andere werden dies in den nächsten Jahren tun.

1.2.3 Regeln für die alphabetische Katalogisierung

Das Standardregelwerk in Deutschland und Österreich waren lange Zeit die „Regeln für die alphabetische Katalogisierung" (RAK). Die erste Ausgabe erschien 1976 für die damalige DDR bzw. 1977 für die Bundesrepublik. Ab 1983 folgte eine mehrbändige Ausgabe, in der zwischen Regeln für wissenschaftliche Bibliotheken (RAK-WB) und Regeln für öffentliche Bibliotheken (RAK-ÖB) differenziert wurde. Die zweite Auflage der RAK-WB erschien seit 1993 als Loseblattausgabe; die letzte Ergänzungslieferung erfolgte 2007.

Anders als in den AACR2 sind Bestimmungen für besondere Materialarten nicht in das Grundregelwerk integriert. Für sie wurden seit den 1980er Jahren Sonderregeln entwickelt.

Sonderregeln und weitere Regeln aus dem RAK-Umfeld:
- RAK-Musik: Musikalische Werke
- RAK-Karten: Kartografische Materialien
- RAK-NBM: Nichtbuchmaterialien
- RAK-UW: Unselbständig erschienene Werke (als Entwurf)
- RAK-PB: Katalogisierung in Parlaments- und Behördenbibliotheken
- Regeln für die Katalogisierung alter Drucke
- RNA: Regeln zur Erschließung von Nachlässen und Autographen

1.2.4 Umstieg auf internationale Regelwerke und Formate

Seit Mitte der 1990er Jahre war unter dem Arbeitstitel „RAK2" an einer grundlegend modernisierten Variante der RAK gearbeitet worden. Im Jahr 2000 wurde die Standardisierungsarbeit in Deutschland neu geordnet; zuständig ist seitdem der sogenannte Standardisierungsausschuss (STA). In der Folge kam es zu einer Neuausrichtung: Im Dezember 2001 stoppte der STA die Arbeit an den RAK2 und sprach sich stattdessen für einen Umstieg „von den deutschen auf internationale Regelwerke und Formate" aus. Gemeint waren damit AACR2 und das Datenformat MARC 21 (vgl. Kap. 1.5.2).

In einer Studie wurde zwischen 2002 und 2004 der mögliche Umstieg näher untersucht. In der bibliothekarischen Öffentlichkeit stieß der Vorschlag jedoch auf große Skepsis und erschien zunächst nicht durchsetzbar. Nachdem die Arbeiten an AACR3 (später RDA genannt) begonnen hatten, beschloss der STA, die Entwicklung des neuen Regelwerks aktiv zu begleiten. Der endgültige Beschluss zum Umstieg von RAK auf RDA fiel im Oktober 2011 (vgl. Kap. 3.1.2).

Aus der Geschäftsordnung des STA
„Der Standardisierungsausschuss ist ein kooperativer Zusammenschluss großer wissenschaftlicher Bibliotheken (…), der regionalen Verbundsysteme (…), je einer Vertretung des Österreichischen und des Schweizerischen Bibliothekswesens, der Öffentlichen Bibliotheken (…), der Ständigen Konferenz der Kultusminister (…), der ekz.bibliotheksservice GmbH sowie der Deutschen Forschungsgemeinschaft mit der Zielsetzung, den Einsatz einheitlicher Standards für die Erschließung, Schnittstellen und Formate in Bibliotheken sicherzustellen."

Zeitgleich mit der Diskussion um die Einführung von RDA wurde an einer neuen „Gemeinsamen Normdatei" (GND; vgl. Kap. 1.5.5) gearbeitet. Die in diesem Zusammenhang erarbeiteten Übergangsregeln im Bereich der Ansetzungen (vgl. Kap. 1.4.2) enthielten bereits verschiedene Anpassungen an die angloamerikanische Tradition.

1.3 Bibliografische Beschreibung

1.3.1 Abbildung der Ressourcen

Beispiel 1-4
Stephanie Hauschild
Bibliografische Beschreibung:
Stephanie Hauschild

Beispiel 1-5
von Uwe Jochum
Bibliografische Beschreibung:
von Uwe Jochum

Beispiel 1-6
by Harold M. Hayes
Bibliografische Beschreibung:
by Harold M. Hayes

Einen wichtigen Aspekt der Formalerschließung bildet die Beschreibung der Ressourcen, die sogenannte bibliografische Beschreibung. Für den Nutzer des Katalogs wird dabei eine Art Abbild des jeweiligen Mediums erstellt. Anhand des Katalogisats soll man sich ein gutes und genaues Bild von der Ressource machen können. Charakteristisch dafür ist deshalb, dass viele Informationen – z. B. der Titel, die Ausgabebezeichnung, der Erscheinungsort oder der Name des Verlags – direkt von der Ressource abgeschrieben werden.

Dies bedeutet auch, dass man unterschiedliche Varianten für dieselbe Sache akzeptiert und nicht vereinheitlicht: Man bildet jeweils genau die Variante ab, die in der zu beschreibenden Ressource gewählt wurde. Bei der Angabe des Verfassers beispielsweise findet sich häufig nur der Name des Autors (1-4), manchmal wird der Name aber auch mit einem „von" (1-5) oder dem englischen „by" eingeleitet (1-6). In der bibliografischen Beschreibung wird dies exakt wiedergegeben.

1.3.2 International Standard Bibliographic Description

Für die bibliografische Beschreibung gibt es einen internationalen Standard, die „International Standard Bibliographic Description" (ISBD). 1971 erschien die ISBD(M) für monografische Publikationen. In der Folgezeit wurden für die unterschiedlichen Materialarten jeweils eigene ISBDs entwickelt, z. B. die ISBD(NBM) für Nichtbuchmaterialien und die ISBD(ER) für elektronische Ressourcen. 2011 wurden alle ISBDs in einem einzigen Text zusammengeführt („ISBD consolidated").

Die ISBD legt zunächst fest, welche Informationen in der Beschreibung enthalten sein sollen und welchen Quellen man sie entnimmt. Die erfassten Informationen werden in neun Gruppen eingeteilt (vgl. Tab. 1, S. 6). Der Titel gehört beispielsweise in Gruppe 1 (Titel- und Verantwortlichkeitsangabe), der Name des Verlags in Gruppe 4 (Erscheinungsvermerk), die Seitenzahl eines Buches in Gruppe 5 (Physische Beschreibung) und die ISBN in Gruppe 8 (Standardnummern und Angaben zu Beschaffung und Preis).

Tab. 1: Die Gruppen der ISBD

Nr.	Inhalt	typische Elemente (mit Deskriptionszeichen)
0	Inhaltsart und Medientyp	Inhaltsart (nähere Bestimmung) : Medientyp
1	Titel- und Verantwortlichkeitsangabe	Haupttitel : 1. Titelzusatz : 2. Titelzusatz = Paralleltitel / 1. Verantwortlichkeitsangabe ; 2. Verantwortlichkeitsangabe
2	Ausgabevermerk	Ausgabebezeichnung, weitere Ausgabebezeichnung / zur Ausgabe gehörende Verantwortlichkeitsangabe

Nr.	Inhalt	typische Elemente (mit Deskriptionszeichen)
3	Materialspezifische oder die Veröffentlichungsart betreffende Angaben	Materialspezifische Angabe (z. B. bei Karten: Angabe des Maßstabs)
4	Erscheinungsvermerk	1. Ort ; 2. Ort : Verlag, Jahr
5	Physische Beschreibung	Umfang : andere physische Details ; Ausmaß + Beilage
6	Gesamttitelangabe	(Haupttitel des Gesamtwerks, ISSN ; Zählung)
7	Anmerkungen	1. Anmerkung. – 2. Anmerkung
8	Standardnummern und ähnliche Nummern, Angaben zu Beschaffung und Preis	Standardnummer : Preis

Die 2009 eingeführte Gruppe 0 ersetzt die sogenannte Allgemeine Materialbenennung (z. B. „[Elektronische Ressource]"). Die Gruppe 0 gibt an, um was es sich handelt und ob man zur Nutzung ein Abspielgerät benötigt. Beispiele:

Text   (für ein gedrucktes Buch)
Text : elektronisch   (für eine Website)
Musik (aufgeführt) : audio   (für eine Musik-CD)

RDA übernimmt die Gruppe 0 der ISBD nicht exakt, verwendet aber ein recht ähnliches System (vgl. Kap. 4.12 und 5.4).

Die Informationen werden stets in der vorgegebenen Reihenfolge der Gruppen präsentiert. Die Beschreibung beginnt also immer mit der Titel- und Verantwortlichkeitsangabe, danach kommt der Ausgabevermerk usw. Auch innerhalb einer Gruppe ist die Reihenfolge festgelegt. Beispielsweise kommen Verantwortlichkeitsangaben stets hinter Haupttitel und Titelzusatz – auch dann, wenn der Verfasser auf dem Titelblatt nicht unterhalb, sondern oberhalb des Haupttitels steht (1-7).

Die ISBD schreibt außerdem bestimmte Zeichen (Deskriptionszeichen) vor, um die Informationen voneinander abzugrenzen. So wird ein Titelzusatz immer mit „Leerzeichen Doppelpunkt Leerzeichen" eingeleitet und die erste Verantwortlichkeitsangabe immer mit „Leerzeichen Schrägstrich Leerzeichen" (1-7). Auch zwischen den Gruppen steht ein festgelegtes Trennzeichen („Punkt Leerzeichen Gedankenstrich Leerzeichen"), sofern die Gruppe nicht ohnehin auf einer neuen Zeile begonnen und damit optisch abgesetzt wird.

Die feste Reihenfolge und die Deskriptionszeichen haben einen großen Vorteil: Sie machen die bibliografische Beschreibung auch über Sprachgrenzen hinweg verständlich. Auch wenn man eine Titelaufnahme in einer fremden Sprache vor sich hat, kann man die verschiedenen Informationen anhand ihrer Position und Zeichensetzung problemlos zuordnen.

Nicht immer sind sämtliche denkbaren Informationen in einer Ressource enthalten. Fehlt ein Element, so wird es in der Beschreibung einfach übersprungen. Gibt es beispielsweise keinen Titelzusatz, so folgt die erste Verantwortlichkeitsangabe direkt auf den Haupttitel. Auch ganze Gruppen können unbesetzt sein: Abb. 1 (S. 8) hat keine Ausgabebezeichnung; die entsprechende Gruppe wird übergangen (vgl. Abb. 2, S. 8).

Beispiel 1-7
vgl. Abb. 1 (S. 8)
Elly Heuss-Knapp

Ausblick vom Münsterturm
Erinnerungen

Mit vier Kohlezeichnungen von
Theodor Heuss

ISBD:
Ausblick vom Münsterturm : Erinnerungen / Elly Heuss-Knapp ; mit vier Kohlezeichnungen von Theodor Heuss

Zusätzliche Angaben zu Abb. 1
Rückseite der Titelseite:
© 1934 Hans Bott-Verlag,
Berlin-Tempelhof
© 2008 Hohenheim Verlag GmbH,
Stuttgart • Leipzig
ISBN 978-3-89850-167-5
188 Seiten, 19 cm. Enthält auch
noch eine genealogische Tafel,
eine Zeittafel (Seite 175-178) und ein
Personenregister (Seite 179-188).
Vgl. Lösungen 13-3, 16-4 und 16-5.

Elly Heuss-Knapp

Ausblick vom Münsterturm

Erinnerungen

Mit vier Kohlezeichnungen
von Theodor Heuss

Hohenheim Verlag
Stuttgart · Leipzig

Abb. 1: Ausblick vom Münsterturm / Elly Heuss-Knapp

1.3.3 Die ISBD in Regelwerken und Katalogen

Alle neueren Regelwerke haben die ISBD für die bibliografische Beschreibung übernommen. Deswegen sehen Titelaufnahmen im ISBD-Format – egal, aus welchem Land sie kommen und mit welchem Regelwerk sie erstellt wurden – sehr ähnlich aus. Im Detail gibt es allerdings kleinere Unterschiede – u. a. deshalb, weil die ISBD manchmal mehrere Alternativen vorsieht und weil manche Informationen optional sind.

```
                                                    57/1273


Heuss-Knapp, Elly:
Ausblick vom Münsterturm : Erinnerungen /
Elly Heuss-Knapp. Mit vier Kohlezeichn.
von Theodor Heuss. - Stuttgart [u.a.] :
Hohenheim-Verl., 2008. - 188 S. : Ill.
ISBN 978-3-89850-167-5
NE: Ill.
```

Abb. 2: Karte in einem RAK-Zettelkatalog (Haupteintragung)

RAK hält sich nicht immer exakt an die ISBD. Abb. 2 (S. 8) zeigt eine Katalogkarte in einem nach RAK-WB erstellten Zettelkatalog. Oben rechts steht die Signatur. Die bibliografische Beschreibung bildet den Hauptteil – sie reicht vom Wort „Ausblick" bis zur ISBN. Im Vergleich zu Beispiel 1-7 fällt ein kleiner Unterschied auf: Gemäß ISBD müsste zwischen der ersten und zweiten Verantwortlichkeitsangabe ein Semikolon stehen – nach RAK wird jedoch ein Punkt gesetzt.

In Online-Katalogen ist seit einiger Zeit ein Trend weg von einer reinen ISBD-Darstellung zu beobachten; stattdessen wird häufig eine formularartige Darstellung gewählt. Die Reihenfolge entspricht aber meist weiterhin der ISBD, und oft bleibt auch ein Teil der ISBD-Deskriptionszeichen erhalten.

RDA unterscheidet sich von den älteren Regelwerken dadurch, dass die ISBD nicht mehr zwingend vorgeschrieben ist – auch andere Darstellungen sind möglich (vgl. Kap. 3.3.6).

1.4 Eintragungen und Verweisungen

1.4.1 Haupteintragung und Nebeneintragungen

Regelwerke wie RAK und AACR2 entstanden in der Zeit der Zettelkataloge (Schubladenschränke mit vielen einzelnen, alphabetisch geordneten Karten). Die grundlegenden Prinzipien versteht man deshalb am leichtesten, wenn man sie sich am Beispiel dieser Katalogform vor Augen führt. In den folgenden Abschnitten wird außerdem noch die herkömmliche Terminologie verwendet; in RDA wird manches anders bezeichnet.

Nicht alles, was auf einer Katalogkarte steht, ist im Zettelkatalog suchbar, sondern jeweils nur das, was ganz oben – im sogenannten Kopf der Karte – steht. Diese Angabe wird als Eintragung bezeichnet. Damit sie gleich ins Auge fällt, wird sie z. B. durch Unterstreichung oder Fettdruck hervorgehoben. Bei der in Abb. 2 (S. 8) gezeigten Katalogkarte ist die Eintragung der Name der Verfasserin in der Form „Nachname, Vorname", also „Heuss-Knapp, Elly". Die bibliografische Beschreibung (vgl. Kap. 1.3) ist hingegen für eine direkte Suche nicht zugänglich – man kann z. B. weder nach Wörtern aus dem Titel noch nach der ISBN suchen.

Ein Werk eines Verfassers wird traditionell unter dessen Namen eingeordnet. Denn der Verfasser ist der Hauptverantwortliche; es ist deshalb anzunehmen, dass man die Ressource am ehesten unter seinem Namen sucht. Ein solcher besonders wichtiger Einstieg für die Suche wird als Haupteintragung bezeichnet. Für die Haupteintragung gibt es drei Möglichkeiten: Sie kann entweder – wie im gerade diskutierten Fall – unter dem Namen eines Verfassers gemacht werden oder unter dem Namen einer Körperschaft (z. B. Institution, Verein), die für die Ressource verantwortlich ist. Liegt die Hauptverantwortung weder bei einem Verfasser noch bei einer Körperschaft, so wird die Haupteintragung unter dem Haupttitel gemacht. Dies ist beispielsweise häufig bei Aufsatzbänden der Fall. In der Terminologie der RAK spricht man beim ersten Typ von einem Verfasserwerk, beim zweiten von einem Urheberwerk und beim dritten von einem Sachtitelwerk.

Weitere Angaben, unter denen ein Nutzer vielleicht im Katalog nachsehen könnte, werden über sogenannte Nebeneintragungen suchbar gemacht. Dafür macht man eine Kopie der für die Haupteintragung erstellten Karte und schreibt die Nebeneintragung als neuen Kopf darauf. Gemäß RAK-WB würde man beispielsweise bei Abb. 1 (S. 8) eine Nebeneintragung unter Theodor Heuss machen, der das Buch illustriert

```
                                        57/1273

Heuss, Theodor [Ill.]

Heuss-Knapp, Elly:
Ausblick vom Münsterturm : Erinnerungen /
Elly Heuss-Knapp. Mit vier Kohlezeichn.
von Theodor Heuss. - Stuttgart [u.a.] :
Hohenheim-Verl., 2008. - 188 S. : Ill.
ISBN 978-3-89850-167-5
NE: Ill.
```

Abb. 3: Karte in einem RAK-Zettelkatalog (Nebeneintragung)

hat. Abb. 3 (S. 10) zeigt das Ergebnis im Zettelkatalog. Nun kann man das Buch auch finden, wenn man nach „Heuss, Theodor" sucht. Die zusätzlichen Eintragungen kann man im Nebeneintragungsvermerk ganz unten auf der Katalogkarte ablesen („NE" steht für „Nebeneintragungen"; „Ill." für „Illustrator").

Typische Fälle für Nebeneintragungen sind beispielsweise ein zweiter oder dritter Verfasser, weitere beteiligte Personen (z. B. Herausgeber, Übersetzer, Redakteur) oder bestimmte Arten von Titeln (z. B. der Originaltitel bei einer Übersetzung).

In den verschiedenen Regelwerken gibt es z.T. recht unterschiedliche Bestimmungen darüber, worunter in einem bestimmten Fall die Haupteintragung erfolgt und welche Nebeneintragungen gemacht werden.

1.4.2 Ansetzung und Verweisungen

Der Name der Verfasserin Elly Heuss-Knapp taucht im Katalogisat gleich zweimal auf (vgl. Abb. 2, S. 8): Einmal als Teil der bibliografischen Beschreibung (im Hauptteil der Karte, hinter dem Schrägstrich) und einmal als Haupteintragung (im Kopf). Dies ist durchaus beabsichtigt, denn die beiden Angaben erfüllen zwei unterschiedliche Funktionen.

Betrachten wir ein Beispiel, bei dem ein- und dieselbe Person unter zwei verschiedenen Namen publiziert hat: In der Diplomarbeit von 1994 steht „Cornelia Höll" (1-8). Ihre Dissertation veröffentlichte die Autorin aber 2012 unter dem Namen „Cornelia Peters" (1-9) – vermutlich hatte sie inzwischen geheiratet. Auch andere Gründe führen zu mehreren Namen bzw. Namensformen, etwa schon die Abkürzung oder unterschiedliche Verwendung von Vornamen (z. B. „H. Wiesenmüller" vs. „Heidrun Wiesenmüller" vs. „Heidrun Irene Wiesenmüller"). Weitere Beispiele sind Spitznamen, Künstlernamen oder Pseudonyme (z. B. „Bernhard-Victor Christoph Carl von Bülow" vs. „Vicco von Bülow" vs. „Loriot"), unterschiedliche Umschriften (z. B. „Michail Gorbatschow" vs. „Mikhail Gorbachev") bzw. Sprachen (z. B. „Albertus Magnus" vs. „Albert der Große") sowie Ordens- oder Amtsnamen (z. B. „Benedikt XVI." vs. „Joseph Ratzinger").

In der bibliografischen Beschreibung folgt man stets der tatsächlich verwendeten Namensvariante, um die Ressource genau abzubilden (vgl. Kap. 1.3.1). Die Eintragungen werden hingegen immer unter demselben Namen gemacht (1-8, 1-9). Gibt es mehrere Varianten, so muss man sich folglich für eine davon entscheiden. Diese wird als Ansetzung (auch: Ansetzungsform) oder bevorzugter Name bezeichnet.

Beispiel 1-8
vorgelegt von Cornelia Höll
bibliografische Beschreibung:
vorgelegt von Cornelia Höll
Eintragung:
Peters, Cornelia

Beispiel 1-9
Cornelia Peters
bibliografische Beschreibung:
Cornelia Peters
Eintragung:
Peters, Cornelia

> Die Wahl der Ansetzungsform erfolgt gemäß genauen Bestimmungen in den Regelwerken. Ziel ist es dabei, die maßgebliche Form zu bestimmen – also diejenige Variante, unter der die Nutzer am ehesten suchen würden.

Die Verwendung einer Ansetzungsform hat den großen Vorteil, dass man alle Ressourcen, an denen eine bestimmte Person beteiligt war (z. B. als Verfasser oder Herausgeber), im Katalog an derselben Stelle findet – auch dann, wenn in den Ressourcen unterschiedliche Namen verwendet wurden. So wird also eine „collocation search" (vgl. Kap. 1.1.2) ermöglicht.

Aber ein Nutzer kommt auch dann ans Ziel, wenn er für seine Suche nicht die Ansetzungsform verwendet: Von anderen Namensvarianten wird nämlich auf die Ansetzungsform verwiesen. Beginnt jemand seine Suche bei „Höll, Cornelia", so findet er dort zwar nicht das gesuchte Buch, jedoch eine sogenannte Verweisungskarte mit dem Hinweis „siehe Peters, Cornelia". Er wird also an die richtige Stelle im Katalog geführt, wo sich alle einschlägigen Katalogkarten befinden.

Eine von der Ansetzungsform abweichende Namensvariante wird als Verweisung (auch: Verweisungsform) oder abweichender Name bezeichnet.

```
Knapp, Elly Heuss-

s. Heuss-Knapp, Elly
```

Abb. 4: Verweisungskarte in einem RAK-Zettelkatalog

Berücksichtigt werden alle Namensvarianten, die man den Ressourcen selbst oder anderen Quellen entnehmen kann. In manchen Fällen wird außerdem pauschal von einer Variante verwiesen, die für eine Suche gewählt werden könnte: Bei einem Doppelnamen wie „Elly Heuss-Knapp" ist es beispielsweise denkbar, dass Nutzer nicht unter „H" wie „Heuss", sondern unter „K" wie „Knapp" nachsehen. Vorsorglich wird deshalb eine Verweisung vom zweiten Teil des Doppelnamens angelegt. Die zugehörige Verweisungskarte zeigt Abb. 4 (S. 11).

1.5 EDV-Katalogisierung

1.5.1 Bibliothekarische Datenformate

Seit vielen Jahren werden bibliografische Daten nicht mehr mit der Schreibmaschine auf Katalogkarten getippt, sondern elektronisch in Katalogdatenbanken erfasst. Die einzelnen Informationen werden dafür in Datenfelder geschrieben. Das Datenformat legt fest, welche Datenfelder es gibt, welche Funktions- bzw. Steuerzeichen verwendet werden u. ä.

Viele Formate besitzen nur Gültigkeit in einem bestimmten Katalogisierungssystem. Austauschformate sind hingegen weit verbreitete Standards, mit denen man Daten zwischen unterschiedlichen Systemen austauschen kann: Jedes System sollte über Schnittstellen verfügen, um Datensätze im Austauschformat sowohl einlesen als auch ausgeben zu können.

1.5.2 MARC 21 als Beispiel für ein Austauschformat

Das MARC-Format (Machine-Readable Cataloging) wurde seit 1968 von der Library of Congress entwickelt; die wichtigste Variante heißt MARC 21. Im deutschsprachigen Raum wird es vor allem für den Datenaustausch verwendet; es löst das frühere deutsche Austauschformat MAB 2 ab. In der angloamerikanischen Welt dient MARC 21 hingegen nicht nur als Austauschformat, sondern stellt zugleich das Erfassungsformat nahezu aller Katalogisierungssysteme dar. Abb. 5 (S. 12) zeigt die Titelaufnahme für Abb. 1 (S. 8) gemäß dem Regelwerk AACR2 im Format MARC 21.

```
020    __ $a 9783898501675
100    1_ $a Heuss-Knapp, Elly, $d 1881-1952.
245   10 $a Ausblick vom Münsterturm : $b Erinnerungen / $c Elly Heuss-Knapp ;
          mit vier Kohlezeichnungen von Theodor Heuss.
260    __ $a Stuttgart : $b Hohenheim, $c c2008.
300    __ $a 188 p. : $b ill. ; $c 19 cm.
500    __ $a Includes index.
700    __ $a Heuss, Theodor, $d 1884-1963.
```

Abb. 5: AACR2-Katalogisat in MARC 21 (gekürzt)

MARC 21 verwendet dreistellige Feldnummern. Es gibt Unterfelder (eingeleitet mit „$" und einem Buchstaben). Die Abfolge der Felder orientiert sich stark am Zettelkatalog: Die Haupteintragung unter der Verfasserin (100) steht weit oben, dann folgt die bibliografische Beschreibung (im wesentlichen in der Reihenfolge der ISBD). Ganz unten steht die Nebeneintragung unter dem Illustrator (700).

Für jedes Feld sind bis zu zwei Indikatoren definiert (zweite Spalte). In Feld 100 bedeutet der Wert „1" beim ersten Indikator, dass es sich um einen Personennamen in normaler Form („Nachname, Vorname") handelt. In Feld 245 (Titel- und Verantwortlichkeitsangabe) steht die „1" beim ersten Indikator hingegen für eine Nebeneintragung unter dem Haupttitel. Auffällig ist außerdem, dass der größte Teil der ISBD-Deskriptionszeichen manuell eingegeben werden muss.

Beispiel 1-10
Codierte Informationen in Feld 0500 des SWB (Format Pica 3):
`0500 Aau`
Bedeutung der Codes:
A: Druckschrift
a: einbändiges Werk
u: katalogisiert nach Autopsie
(Autopsie: Die Ressource selbst lag vor; es handelt sich also nicht z. B. um eine vorläufige, bereits bei der Bestellung des Mediums angelegte Titelaufnahme)

1.5.3 Pica 3 als Beispiel für ein systemspezifisches Format

Ein gutes Beispiel für das spezielle Format eines einzelnen Katalogisierungssystems ist das Erfassungsformat des Pica-Systems (Pica 3). Abb. 6 (S. 13) zeigt die Titelaufnahme für das Buch aus Abb. 1 (S. 8) gemäß dem Regelwerk RAK-WB im Pica-Format, und zwar in der Variante, die im Südwestdeutschen Bibliotheksverbund (SWB) angewendet wird.

Die Feldnummern sind vierstellig. Es gibt z. T. Unterfelder, jedoch keine Indikatoren. Die Felder für die bibliografische Beschreibung sind auch hier weitgehend gemäß der ISBD angeordnet. Die beiden Eintragungen unter den Personen stehen allerdings direkt hintereinander (3000/3010). Die meisten Deskriptionszeichen werden vom System erzeugt.

Deutlich wird an diesem Datensatz noch ein anderes Charakteristikum von EDV-Katalogisierung: Viele Informationen werden in codierter Form erfasst. Der Code „ger" in Feld 1500 gibt beispielsweise die Sprache der Ressource an (Deutsch), und hinter dem Kürzel „Aau" in Feld 0500 verbergen sich gleich mehrere Informationen (1-10). Auch im MARC-Format gibt es verschiedene Felder für codierte Informationen.

```
0500  Aau
1100  2008
1130  druck
1500  ger
2000  978-3-89850-167-5
3000  !209314567!Heuss-Knapp, Elly*1881-1952*
3010  !161412017!Heuss, Theodor*1884-1963*[Ill.]
4000  Ausblick vom Münsterturm$dErinnerungen$hElly Heuss-Knapp. Mit vier
      Kohlezeichn. von Theodor Heuss
4030  Stuttgart [u.a.]$nHohenheim-Verl.
4060  188 S.
4061  Ill.
```

Abb. 6: RAK-Katalogisat in Pica 3 im SWB (gekürzt)

1.5.4 Eintragungen und Verweisungen im EDV-Katalog

Im Zettelkatalog musste für jede Eintragung eine eigene Katalogkarte produziert werden (vgl. Kap. 1.4.1). Bei EDV-Katalogisierung entstehen die Eintragungen einfach dadurch, dass die dafür vorgesehenen Felder belegt werden.

> Anders als in einem Zettelkatalog ist in einem EDV-Katalog üblicherweise fast jeder Teil der Titelaufnahme suchbar – auch die bibliografische Beschreibung. Trotzdem braucht man weiterhin eigene Felder für Eintragungen: Denn ohne sie wäre nur die in der Verantwortlichkeitsangabe verwendete Namensform suchbar.

Auch für jede Verweisungsform musste im Zettelkatalog eine eigene Verweisungskarte geschrieben werden. Bei EDV-Katalogisierung wird stattdessen für jede Person oder Körperschaft ein Datensatz angelegt, in dem die Ansetzungsform und alle Verweisungsformen sozusagen 'gesammelt' werden – ein sogenannter Normdatensatz (vgl. Abb. 7, S. 14).

Um eine Eintragung unter einer Person anzulegen, wird in der angloamerikanischen Praxis einfach die Ansetzungsform als Textstring in das entsprechende Feld eingetragen (Feld 100 und 700 in Abb. 5, S. 12). Bei dieser Methode muss jede Ansetzungsform eindeutig sein, um Verwechslungen von gleichnamigen Personen zu vermeiden. Der Name wird deshalb häufig durch eine weitere Information (meist Lebensdaten) ergänzt.

Im deutschsprachigen Raum wird hingegen anders gearbeitet: Man trägt nicht die Ansetzungsform als Text ein, sondern die Identnummer des Datensatzes für die Person. Der Titeldatensatz und der Normdatensatz werden also miteinander verknüpft (Feld 3000 und 3010 in Abb. 6, S. 13): Der eigentliche Inhalt dieser Felder sind nur die zwischen den beiden Ausrufezeichen stehenden Zahlen (die Identnummern). Dahinter sieht man zwar auch die Namen, doch diese Information 'steht' nicht wirklich hier, sondern wird nur für die Anzeige aus den verknüpften Datensätzen geholt. Die Ansetzungsformen müssen nicht eindeutig sein: Unterscheidende Informationen (z. B. Lebensdaten) werden in anderen Feldern des Normdatensatzes abgelegt. Die Verknüpfungsmethode hat außerdem sowohl bei der Recherche als auch bei der Datenpflege Vorteile gegenüber der angloamerikanischen Textstring-Methode.

Im deutschsprachigen Raum ist es auch in anderen Fällen üblich, Datensätze über Identnummern zu verknüpfen. Beispielsweise legt man bei einem mehrbändigen Werk sowohl einen Datensatz für das Gesamtwerk als auch Datensätze für die einzelnen Bände an und verknüpft diese miteinander.

1.5.5 Normdateien

Mithilfe von kooperativ aufgebauten Normdateien (engl. authority files, in der Schweiz: Autoritätsdateien) werden die Ansetzungsformen auf überregionaler Ebene normiert. Enthalten sind insbesondere Normdatensätze für Personen, Körperschaften und Geografika. Die „Library of Congress Authorities" sind die zentrale angloamerikanische Normdatei. Im deutschsprachigen Raum bestanden früher drei getrennte Normdateien für Personen, Körperschaften und Schlagwörter. Im Jahr 2012 wurden diese in der „Gemeinsamen Normdatei" (GND) zusammengeführt. Dafür wurde ein neues Format entwickelt, das auf MARC 21 basiert.

```
050 Tp1
006 http://d-nb.info/gnd/118704397
008 piz
011 s;f
035 gnd/118704397
043 XA-DE
065 16.5p; 12.2p
100 Heuss-Knapp, Elly
400 Heuss-Knapp, Elli
400 Heuß-Knapp, Elly
400 Knapp, Elly
400 Knapp, Elly Heuss-
400 Heuss Knapp, Elly
400 Knapp, Elisabeth Eleonore Anna Justine$vVollst. Namensform
500 !118723650!Knapp, Georg Friedrich*1842-1926*$4bezf$vVater
500 !118550578!Heuss, Theodor*1884-1963*$4bezf$vEhemann
548 1881$b1952$4datl
548 25.01.1881$b19.07.1952$4datx
550 !040533115!Schriftstellerin$4berc
550 !041750195!Politikerin$4beru
551 !04057878X!Straßburg$4ortg
551 !040076660!Bonn$4orts
678 $bGründet 1950 das Deutsche Müttergenesungswerk
```

Abb. 7: GND-Datensatz bei der DNB (gekürzt)

Abb. 7 (S. 14) zeigt den GND-Datensatz für Elly Heuss-Knapp im Katalogisierungssystem der Deutschen Nationalbibliothek (DNB). Die Ansetzungsform steht in Feld 100, Verweisungsformen stehen in Feld 400. Der Datensatz enthält aber auch noch zahlreiche andere, insbesondere biografische Informationen, etwa die Lebensdaten in Feld 548.

Viele Informationen werden in Form einer Verknüpfung mit einem anderen GND-Datensatz angegeben, sodass ein Netz von Beziehungen entsteht: In Feld 500 finden sich familiäre Beziehungen von Elly Heuss-Knapp (als Verknüpfung mit den Personensätzen für Vater und Ehemann); in Feld 550 stehen ihre Berufe (als Verknüpfung mit den zugehörigen Schlagwortsätzen); in Feld 551 werden Geburts- und Sterbeort verknüpft. Die Codes im Unterfeld $4 geben näher an, um was für eine Information es sich handelt (1-11). Auch andere Informationen werden codiert: So sagt Feld 011 aus, dass der Datensatz sowohl in der Formal- als auch in der Sacherschließung verwendet werden kann, und in Feld 043 steht der Ländercode für Deutschland (zur geografischen Einordnung der Person).

Beispiel 1-11
Beispiele für Codes im Unterfeld $4 der GND (vgl. Abb. 7, S. 14):
bezf   familiäre Beziehung
datl   Lebensdaten (nur als Jahre)
datx   exakte Lebensdaten
berc   charakteristischer Beruf
beru   Beruf
ortg   Geburtsort
orts   Sterbeort

Nähere Informationen zur GND finden Sie auf der Website der Deutschen Nationalbibliothek.

1.5.6 Kooperation und Rationalisierung

Der Einsatz der EDV hat die Möglichkeiten für kooperative und rationelle Katalogisierung erheblich gesteigert. Vor allem wissenschaftliche Bibliotheken sind häufig Mitglied in einem Bibliotheksverbund, der auch eine gemeinsame Katalogdatenbank betreibt. Darin muss jeder bibliografische Datensatz nur ein einziges Mal angelegt werden und wird dann von allen Verbundteilnehmern gemeinsam genutzt. Soll ein neues Medium katalogisiert werden, so findet sich vielfach bereits ein passendes, von einer anderen Bibliothek erstelltes Katalogisat im Verbundkatalog. Man muss dann nur noch einige lokale Angaben wie z. B. die Signatur in der eigenen Bibliothek ergänzen (Lokal- bzw. Exemplardaten).

Weitere Rationalisierungseffekte ergeben sich durch die Nutzung sogenannter Fremddaten. Dabei handelt es sich um bibliografische Daten von unterschiedlichen Produzenten, die man erwerben und für die eigene Katalogisierung nachnutzen kann. Je nach Anbieter ist hier allerdings häufig eine gewisse Nacharbeit nötig. Fremddaten werden u. a. von der Deutschen Nationalbibliothek, anderen Nationalbibliotheken und großen internationalen Buchhändlern angeboten.

1.6 Aktuelle Herausforderungen

1.6.1 Ein zeitgemäßes Regelwerk

Warum wurde mit RDA überhaupt ein neues Regelwerk erarbeitet – kann man nicht einfach die bisherigen Regelwerke weiter benutzen? Regelwerke wie RAK und AACR2 stammen noch aus der Zeit der Zettelkataloge und waren in verschiedener Hinsicht nicht mehr zeitgemäß. So gab es in RAK viele Begrenzungsregeln: Beispielsweise wurde nur unter dem ersten Herausgeber eine Nebeneintragung gemacht, auch wenn es zwei oder drei Herausgeber gab. Damit sollte der Aufwand für die Nebeneintragungen in Grenzen gehalten werden. Im EDV-Zeitalter ist eine solche Regelung überholt: Für eine weitere Nebeneintragung muss ja keine neue Karte produziert und in den Katalog einsortiert werden, sondern man füllt nur ein zusätzliches Datenfeld aus.

Oft ist es schwierig, mit den bisherigen Regelwerken moderne Arten von Ressourcen zu beschreiben. So stellt eine elektronische Landkarte auf einer CD-ROM für AACR2-Anwender ein Problem dar: Soll man diese nun gemäß den Bestimmungen in Kap. 3 von AACR2 (Kartografische Materialien) behandeln oder gemäß Kap. 9 (Elektronische Ressourcen)? AACR2 vermischt die Ebene des „content" (Inhalt, hier: Landkarte) und die Ebene des „carrier" (Datenträger, hier: CD-ROM). Ein wichtiges Prinzip von RDA ist es hingegen, diese beiden Aspekte klar voneinander zu trennen (vgl. Kap. 3.3.6).

Eine besondere Herausforderung ist die Anpassung an die Erfordernisse des Semantic Web. Dessen Grundidee ist es, Daten im Internet so zur Verfügung zu stellen, dass auch Maschinen sie verstehen und automatisch weiterverarbeiten können. Viele Informationen in herkömmlichen Katalogisaten sind aber nur für Menschen interpretierbar.

Ein gutes Beispiel dafür sind die „anderen physischen Details", ein Teil der physischen Beschreibung. Im ISBD-Format stehen sie hinter der Umfangsangabe, abgetrennt durch einen Doppelpunkt (1-12, 1-13, 1-14). In den Datenformaten gibt es jeweils ein Datenfeld dafür – in MARC 21 ist es das Unterfeld 300 $b. Wie die Beispiele 1-12, 1-13 und 1-14 zeigen, handelt es sich bei der hinter dem Doppelpunkt stehenden Angabe aber um drei völlig unterschiedliche Informationen: Bei 1-12 wird ausgesagt, dass die Ressource (ein Buch) Abbildungen enthält, bei 1-13 handelt es sich um die Verkleinerungsrate der Mikrofiches und bei 1-14 um die Angabe des auf den CDs verwendeten Audio-Formats.

Beispiel 1-12
188 S. : Ill.

Beispiel 1-13
7 Mikrofiches : 24x

Beispiel 1-14
3 CDs : MP3

Ein Mensch kann sich die Zusammenhänge aufgrund seines Weltwissens trotzdem 'zusammenreimen' – aber eine Maschine braucht exakte Angaben, um die Informationen richtig zu interpretieren. Deshalb begnügt sich RDA nicht mit einem einzigen Informationselement „andere physische Details", sondern kennt nicht weniger als 14 (!) unterschiedliche Elemente für die Dinge, die im MARC-Feld 300 $b erfasst werden: Darunter sind auch der illustrierende Inhalt (RDA 7.15), der Verkleinerungsfaktor (RDA 3.15) und das Kodierungsformat (RDA 3.19.3). Die Angaben aus unseren Beispielen kommen also nicht mehr in 'denselben Topf', sondern werden als verschiedene Elemente erfasst. Informationen sind feiner aufgegliedert und genau spezifiziert – und damit maschinell gut interpretierbar.

Auch beim GND-Format (vgl. Kap. 1.5.5) wurden Anforderungen des Semantic Web bewusst berücksichtigt: Beispielsweise werden unterschiedliche Arten von Beziehungen mit Hilfe von Codes eindeutig und maschinenlesbar spezifiziert.

1.6.2 Ein internationales Regelwerk

Das zweite Hauptargument für den Umstieg auf RDA ist der Wunsch, die internationale Zusammenarbeit und insbesondere den Austausch und die Nachnutzung von Katalogisaten zu verbessern. RDA ist ein internationales Regelwerk, auch wenn dieser Anspruch derzeit noch nicht vollständig eingelöst wird (vgl. Kap. 3.3.2).

In welchem Maße der Datenaustausch durch den Umstieg auf RDA verbessert werden kann, wird die Praxis zeigen. Eine vollständige Identität von Katalogisaten aus dem deutschsprachigen und angloamerikanischen Raum wird es auch zukünftig nicht geben – schon wegen der unterschiedlichen Arbeitssprachen. Dies wirkt sich in manchen Fällen auch auf die Ansetzungen aus (1-15). Auch bietet RDA große Spielräume, sodass es zwangsläufig eine gewisse Vielfalt in der Katalogisierungspraxis geben wird (vgl. Kap. 3.3.3 und 3.3.4). Zumindest jedoch werden deutsche und angloamerikanische RDA-Katalogisate künftig strukturell weitestgehend übereinstimmen.

Beispiel 1-15
Ansetzung gemäß „RDA-englisch":
Benedict XVI, Pope
Ansetzung gemäß „RDA-deutsch":
Benedikt XVI., Papst

2 Das FRBR-Modell

2.1 Grundlagen

2.1.1 Ziele der FRBR-Studie

Eine wichtige Grundlage von RDA ist das theoretische Modell der „Functional Requirements for Bibliographic Records" (Funktionale Anforderungen an bibliografische Datensätze), üblicherweise zitiert als „FRBR". In der FRBR-Studie von 1998 (überarbeitete Fassung 2009) steht die Sicht der Nutzer im Vordergrund: Welche Informationen müssen bibliografische Datensätze enthalten, um die Nutzer bestmöglich bei ihren Aufgaben zu unterstützen? Dabei geht man von vier zentralen Anforderungen aus: Nutzer möchten Dinge finden, sie identifizieren, auswählen und Zugang zu ihnen erhalten.

2.1.2 Methodik

Das FRBR-Modell bildet das sogenannte „bibliografische Universum" ab – d. h. alles, was für Nutzer und Katalogisierer von Bedeutung ist (u. a. Autoren, Werke, Ausgaben, Verlage). Dafür wurde ein Entitäten-Beziehungsmodell entwickelt, wie man es von relationalen Datenbanken her kennt. Man überlegt sich dabei, welche Arten von 'Dingen' vorkommen, über die man Informationen speichern möchte – diese werden als Entitäten bezeichnet.

Geht es beispielsweise um einen Online-Shop, so wird man u. a. die Entitäten „Produkt", „Kunde" und „Bestellung" vorsehen. Für jede Entität werden bestimmte Merkmale definiert: Beim Produkt wären dies u. a. die Produktnummer, der Produktname und der Verkaufspreis, beim Kunden die Kundennummer, der Name und die Adresse. Ebenso wird festgelegt, welche Beziehungen zwischen den Entitäten bestehen können. In einem Online-Shop wären dies z. B. „Kunde veranlasst Bestellung" oder „Bestellung enthält Produkt".

Das FRBR-Modell unterscheidet drei Gruppen von Entitäten, von denen im Folgenden nur die Gruppen 1 und 2 behandelt werden (die Gruppe 3 betrifft Themen von Werken und ist in erster Linie für die Sacherschließung von Interesse; vgl. Kap. 12).

Nutzeranforderungen nach FRBR
- Materialien gemäß bestimmter, vom Nutzer gewählter Kriterien **finden**
- das Gefundene **identifizieren** (bestätigen, dass es dem Gesuchten entspricht)
- wenn mehrere Ressourcen gefunden wurden: die am besten geeignete **auswählen**
- zum Gewünschten **Zugang erhalten** (z. B. durch Bestellung, Online-Zugriff)

Entitäten im FRBR-Modell
Gruppe 1:
Werk
Expression
Manifestation
Exemplar
Gruppe 2:
Person
Körperschaft
Gruppe 3:
Begriff
Gegenstand
Ereignis
Ort (Geografikum)

2.2 Entitäten der Gruppe 1

2.2.1 Werk

Die Gruppe 1 besteht aus vier Entitäten (Abb. 8, S. 18, linke Seite): Werk, Expression, Manifestation und Exemplar. Nach den Anfangsbuchstaben der englischen Bezeichnungen (work, expression, manifestation, item) wird dafür auch die Abkürzung „WEMI" verwendet. FRBR definiert ein Werk als eine intellektuelle oder künstlerische Schöpfung. Ein Werk ist etwas sehr Abstraktes, das eigentlich nur im Kopf seines geistigen Schöpfers existiert. Betrachten wir als Beispiel den Roman „Pride and prejudice" von Jane Austen. Zu den Merkmalen eines Werks gehören u. a. sein Titel (im Beispiel: Pride and prejudice), seine Gattung (im Beispiel: Roman) sowie der historisch-künstlerische Kontext, in dem das Werk entstanden ist (im Beispiel: die Epoche des Regency in England).

> Die Verfasserin (im Beispiel: Jane Austen) gehört nicht zu den Merkmalen eines Werks. Sie stattdessen eine eigene Entität dar, die mit dem Werk in Beziehung gesetzt wird.

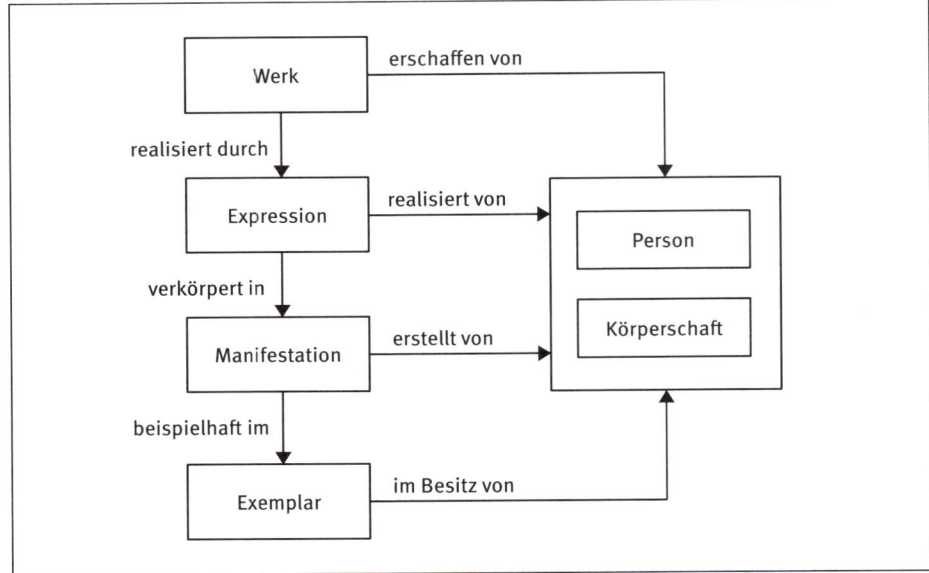

Abb. 8: FRBR-Entitäten der Gruppe 1 (links) und 2 (rechts)

2.2.2 Expression

Jedes Werk wird durch eine oder mehrere sogenannte Expressionen realisiert. Dabei wird die abstrakte künstlerische Idee z. B. in Form von Text oder Tönen umgesetzt. Jede unterschiedliche Realisierung eines Werks stellt eine eigene Expression dar (2-1). So ist die englische Original-Textfassung von „Pride and prejudice", die 1813 erstmalig veröffentlicht wurde, eine Expression des Werks. Einige Jahre zuvor hatte Jane Austen eine erste Fassung ihres Romans geschrieben; diese frühe Fassung ist eine weitere Expression.

Auch eine Übersetzung, also die Realisierung in einer anderen Sprache, stellt eine neue Expression dar. „Pride and prejudice" wurde mehrfach ins Deutsche übersetzt. Da keine Übersetzung der anderen gleicht (2-2), ist jede von ihnen eine eigene Expression. Weitere Expressionen entstehen, wenn z. B. ein textuelles Werk vorgelesen oder ein musikalisches Werk aufgeführt wird. Zu den Merkmalen einer Expression gehören u. a. ihre Form (z. B. Text, gesprochenes Wort) und ihre Sprache.

> Eine Verfilmung oder eine Parodie gilt nicht als Expression des ursprünglichen Werks, sondern als ein neues, eigenständiges Werk.

2.2.3 Manifestation

Eine Manifestation ist eine physische Verkörperung einer Expression. Die englische Textfassung von „Pride and prejudice" beispielsweise wurde im Lauf der Zeit in zahllosen unterschiedlichen Ausgaben, d. h. Manifestationen, veröffentlicht.

Beispiel 2-1
Eine neue Expression ist z. B.:
– eine inhaltlich überarbeitete Fassung
– eine Übersetzung in eine andere Sprache
– eine vorgelesene Fassung (Hörbuch)

Beispiel 2-2
Der Anfang von „Pride and prejudice" in zwei deutschen Übersetzungen:

„Es ist eine allgemein anerkannte Wahrheit, dass ein Junggeselle, der ein beachtliches Vermögen besitzt, zu seinem Glück nur noch einer Frau bedarf."
(Übersetzung: Margarete Rauchenberger)

„Es ist eine allgemein anerkannte Wahrheit, dass ein Junggeselle im Besitz eines schönen Vermögens nichts dringender braucht als eine Frau."
(Übersetzung: Ursula und Christian Grawe)

Abb. 9 (S. 19) zeigt eine Manifestation einer anderen Expression von „Pride and prejudice", nämlich der deutschen Übersetzung von Ursula und Christan Grawe. Diese ist u. a. dadurch gekennzeichnet, dass sie einen Umfang von 479 Seiten hat, 18 cm hoch ist, die ISBN 978-3-15-021729-0 trägt, dass als Verlag „Philipp Reclam jun." angegeben ist und dass sie als Nr. 21729 in der Reihe „Reclam Taschenbuch" erschienen ist – bei allen diesen Informationen handelt es sich um Merkmale der Manifestation.

> Jane Austen
>
> **Stolz und Vorurteil**
>
> Roman
>
> Aus dem Englischen übersetzt von
> Ursula und Christian Grawe
>
> Nachwort und Anmerkungen
> von Christian Grawe
>
> Philipp Reclam jun. Stuttgart

Abb. 9: Stolz und Vorurteil / Jane Austen

Zusätzliche Angaben zu Abb. 9
Angaben von der Rückseite der Titelseite:
Englischer Originaltitel:
Pride and Prejudice
RECLAM TASCHENBUCH Nr. 21729
© 1997, 2008 Philipp Reclam jun.
GmbH & Co. KG, Stuttgart
Printed in Germany 2010
ISBN 978-3-15-021729-0
479 Seiten, 19 cm. Vgl. Lösungen 13-10, 16-1, 16-2, 16-3 und 16-28.

Ändert sich ein Merkmal, so ergibt sich eine neue Manifestation. Der Reclam-Verlag bietet beispielsweise eine weitere gedruckte Manifestation der Grawe-Übersetzung als Nr. 9781 in der Reihe „Reclams Universal-Bibliothek" an – mit anderer ISBN, kleinerem Format und anderer Seitenzahl. Außerdem gibt es eine E-Book-Ausgabe im E-Pub-Format. Beispiele für unterschiedliche Manifestationen zeigt 2-3.

Ein unveränderter Nachdruck ist keine neue Manifestation. Wenn sich nur das Herstellungsjahr geändert hat, aber ansonsten alles gleich geblieben ist (sowohl bei der physischen Form als auch beim Inhalt), so gehört der Nachdruck zur selben Manifestation wie der ursprüngliche Druck.

Beispiel 2-3
Verschiedene Manifestationen derselben Expression sind z. B.:
– Ausgaben bei verschiedenen Verlagen
– Normaldruck- vs. Großdruckausgabe
– Druckausgabe vs. PDF-Dokument
– bei Filmen: auf DVD oder Blu-ray Disc
– Ausgaben mit verschiedenen Ausgabebezeichnungen (z. B. „Sonderausgabe")

2.2.4 Exemplar

Schließlich gibt es noch das Exemplar, d. h. ein Einzelstück einer Manifestation. Für den Scan in Abb. 9 (S. 19) wurde beispielsweise ein ganz konkretes Exemplar aus dem Bücherschrank der Verfasserin verwendet. Weitere Exemplare derselben Manifestation gibt es in verschiedenen Bibliotheken oder Buchhandlungen. Typische Merkmale eines Exemplars sind die Signatur (bei Bibliotheksexemplaren) sowie Angaben über Widmungen oder Beschädigungen.

2.2.5 Primärbeziehungen und weitere Beziehungen

Abb. 10 (S. 20) zeigt einen kleinen Ausschnitt aus einem FRBR-Baum: Man sieht das Werk „Pride and prejudice" und zwei seiner Expressionen (zwei deutsche Übersetzungen). Diese haben jeweils Manifestationen, von denen es wiederum Exemplare gibt. Die Beziehungen zwischen einem Werk und seinen Expressionen, Manifestationen und Exemplaren (in Abb. 10 dargestellt durch braune Pfeile) heißen Primärbeziehungen.

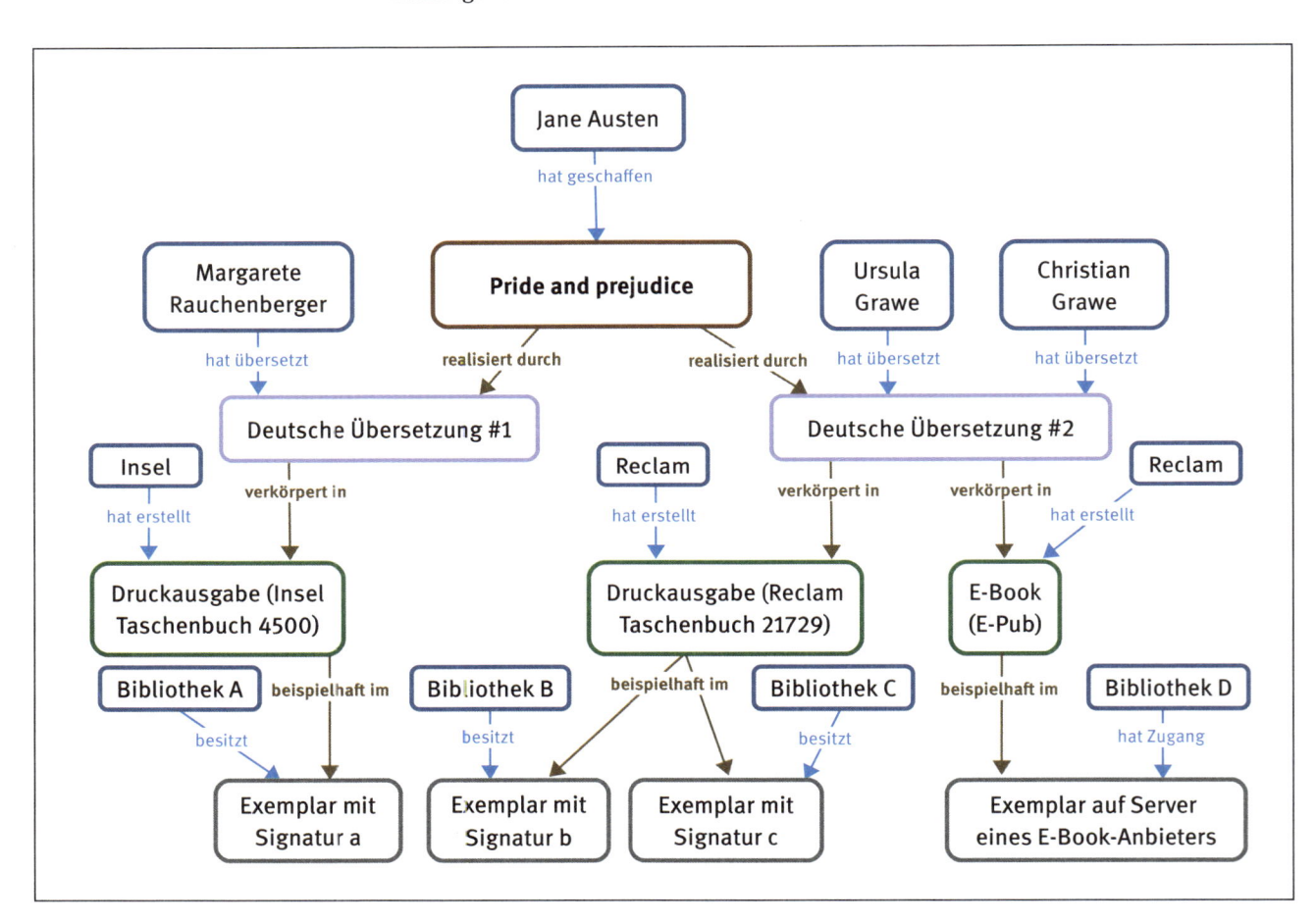

Abb. 10: Ausschnitt aus einem FRBR-Baum

Daneben können noch weitere Beziehungen zwischen Entitäten der Gruppe 1 auftreten. So könnte man beispielsweise die „Pride and prejudice"-Verfilmung von 1995 als eigenes Werk in Abb. 10 einzeichnen. Zwischen dieser Verfilmung und dem ursprünglichen Roman-Werk besteht die Beziehung „ist eine Adaption von".

2.3 Entitäten der Gruppe 2

Entitäten der Gruppe 2 sind Personen und Körperschaften, die für die Entitäten der Gruppe 1 auf unterschiedliche Weise Verantwortung tragen (Abb. 8, S. 18). Ihre wichtigsten Merkmale sind ihre Namen. Weitere Merkmale sind z. B. die Lebensdaten einer Person oder der Sitz einer Körperschaft.

In Abb. 10 (S. 20) sind die Entitäten der Gruppe 2 als blaue Kästen eingezeichnet. Jede von ihnen steht in Beziehung zu einer Entität der Gruppe 1: Jane Austen ist die geistige Schöpferin des Werks. Margarete Rauchenberger sowie Ursula und Christian Grawe stehen in Beziehung zu den von ihnen verantworteten Expressionen (ihren Übersetzungen). Für die Produktion der Manifestationen zeichnen die Verlage Reclam und Insel verantwortlich. Die Exemplare schließlich stehen in einer Beziehung zu den Bibliotheken, die sie besitzen.

FRBR behandelt nur Titeldaten. Für Normdaten gibt es ein entsprechendes Modell, „Functional Requirements for Authority Data" (Funktionale Anforderungen an Normdaten, FRAD). FRAD erweitert die FRBR-Gruppe 2 um eine Entität „Familie" und führt darüber hinaus noch einige weitere, für Normdaten relevante Entitäten ein. Das FRAD-Modell kennt auch Beziehungen zwischen Entitäten der Gruppe 2. Beispielsweise könnte man zwischen Ursula Grawe und Christian Grawe eine Beziehung „ist verheiratet mit" einzeichnen.

2.4 FRBR in der Praxis

2.4.1 FRBR in der Katalogisierung

Trotz der ungewohnten Terminologie sind viele Aspekte des FRBR-Modells nichts wirklich Neues. Die Merkmale entsprechen den Informationen, die in einzelne Datenfelder eingetragen werden (vgl. Kap. 1.5.1). Beziehungen kann man mit Eintragungen (vgl. Kap. 1.4.1) gleichsetzen: Die Beziehung zwischen einem Werk und seinem geistigen Schöpfer entspricht einer Eintragung unter einem Verfasser.

Jedoch geht FRBR häufig über das hinaus, was bei herkömmlicher Katalogisierung üblich ist. Unter den Merkmalen einer Manifestation finden sich z. B. auch Schriftart (z. B. Times New Roman) und Schriftgrad (z. B. 12 Punkt) – Details, die bisher nicht erfasst wurden. Und anders als die älteren Regelwerke, die keine Eintragungen unter Verlagen vorsahen, kennt FRBR auch die Beziehung zwischen einem Verlag und einer Manifestation. Es gibt allerdings keinen Zwang, sämtliche Merkmale und Beziehungen, die im FRBR-Modell vorkommen, auch tatsächlich zu erfassen.

Die wichtigste Neuerung von FRBR ist die Unterscheidung von Werk, Expression und Manifestation. Für Personen und Körperschaften gibt es in den bibliothekarischen Datenmodellen schon länger eigene Datensätze. Auch Informationen, die sich auf bestimmte Exemplare beziehen, werden in Katalogen bereits getrennt gehalten (als Lokal- oder Exemplardaten). Die Ebenen Werk, Expression und Manifestation hingegen liegen in herkömmlichen bibliografischen Datensätzen vermischt vor. Die meisten der darin erfassten Informationen beziehen sich auf die Ebene der Manifestation. Die Beschreibung der Manifestation wird jedoch durch Informationen angereichert, die im Verständnis von FRBR auf der Expressions- und Werkebene anzusiedeln sind (2-4).

Beispiel 2-4
Zuordnung der Informationen in einem herkömmlichen bibliografischen Datensatz zu den FRBR-Ebenen am Beispiel von Abb. 9 (S. 19):

Ebene des Werks:
– Beziehung zur Verfasserin Jane Austen
– Originaltitel: Pride and prejudice

Ebene der Expression:
– Beziehung zu Übersetzern Ursula und Christian Grawe
– Sprache: Deutsch

Ebene der Manifestation:
– vorliegender Titel: Stolz und Vorurteil
– Verantwortlichkeitsangabe
– Verlag, Ort und Jahr
– Umfangsangabe
– Angabe der Schriftenreihe
– ISBN

> Um die Entitäten der Gruppe 1 FRBR optimal abzubilden, müsste man eigene Datensätze für Werke, Expressionen und Manifestationen erstellen und diese miteinander verknüpfen. Eine solche Umsetzung wäre jedoch sehr aufwendig und ist in technischer Hinsicht nicht zwingend. Denn man kann auch vorhandene 'gemischte' Datensätze auswerten und die FRBR-Ebenen daraus für die Nutzeranzeige erzeugen (vgl. Kap. 8.2).

2.4.2 FRBR für Nutzer

Die Grundidee eines FRBRisierten Katalogs ist es, bibliografische Daten in einer übersichtlichen und sinnvoll geordneten Form anzubieten und es den Nutzern zu ermöglichen, sich entlang der FRBR-Beziehungen im „bibliografischen Universum" zu bewegen.

In einem normalen Katalog erhält man z. B. mit der Recherche nach „jane austen pride prejudice" eine große Menge von Einträgen ganz unterschiedlicher Art: Ausgaben des englischen Textes, Ausgaben von verschiedenen Übersetzungen, Hörbücher, Adaptionen (z. B. Verfilmungen) sowie Literatur über das Werk – und dies auch noch in unterschiedlichen physischen Formen. In einem FRBR-Katalog könnte man sich stattdessen zunächst nur die Werkebene anzeigen lassen und das gewünschte Werk auswählen. In weiteren Schritten könnte ein Nutzer dann entscheiden, welche Expression ihn besonders interessiert und in was für einer Manifestation er diese haben möchte.

Kataloge, die das FRBR-Konzept vollständig umsetzen, gibt es bisher kaum. Häufiger implementiert sind einzelne Komponenten, insbesondere das maschinelle Clustering aller Manifestationen eines Werks. Im Katalog gibt es dann die Option, sich auch alle anderen vorhandenen Ausgaben desselben Werks anzeigen zu lassen. Manchmal besteht zusätzlich die Möglichkeit, die Liste aller Manifestationen eines Werks z. B. nach Sprache oder physischem Format einzugrenzen.

3 RDA: Grundlagen

3.1 Die Entwicklung von RDA

3.1.1 Von AACR3 zu RDA

Im Jahr 2004 begannen die Arbeiten an einem Nachfolgeregelwerk für AACR2, das zunächst als „AACR3" bezeichnet wurde – geplant war also eine neue Ausgabe der „Anglo-American Cataloguing Rules" (vgl. Kap. 1.2.2). Nachdem die ersten Entwürfe als nicht weit genug gehend kritisiert wurden, kam es 2005 zu einer Neuausrichtung. Das Ziel war nunmehr ein deutlich verändertes und besser an aktuelle Erfordernisse angepasstes Regelwerk. Dies wurde auch durch einen neuen Titel signalisiert: „Resource Description and Access" (RDA).

Statement des Joint Steering Committee von 2005
„Although the content of the new edition will be built on AACR2, and records resulting from use of the new edition will be compatible with those created in the past, what is being developed is in effect a new standard for resource description and access, designed for the digital world."

Eine offizielle deutsche Übersetzung des Titels „Resource Description and Access" gibt es nicht. Man könnte ihn übersetzen als: „Ressourcen beschreiben und zugänglich machen". Die deutsche Übersetzung verwendet „RDA" als Plural und mit Artikel (z. B.: „Die RDA sind ..."). Das vorliegende Lehrbuch folgt hingegen der originalsprachlichen Praxis und verwendet „RDA" als Singular und ohne Artikel (z. B. „RDA ist ...").

Die beiden angesprochenen Aspekte „description" (Beschreibung) und „access" (Zugang) entsprechen der traditionellen Zweiteilung innerhalb der Erschließung (vgl. Kap. 1.3 und 1.4). Auf die Charakterisierung als „Anglo-American" hat man bewusst verzichtet, denn RDA soll ein internationales, nicht mehr auf den angloamerikanischen Raum beschränktes Regelwerk sein. Das Wort „cataloguing" ist ebenfalls entfallen, da RDA nicht nur von Bibliotheken, sondern auch von anderen Gedächtnis- und Kultureinrichtungen angewendet werden kann.

Das Lenkungsgremium für die Erarbeitung und Weiterentwicklung von RDA ist das „Joint Steering Committee for Development of RDA" (JSC). Seit 2012 ist auch die Deutsche Nationalbibliothek Mitglied in diesem Gremium.

Zusammensetzung des JSC:
- American Library Association
- Australian Committee on Cataloguing
- British Library
- Canadian Committee on Cataloguing
- CILIP (Chartered Institute of Library and Information Professionals)
- Deutsche Nationalbibliothek
- Library of Congress

3.1.2 Veröffentlichung, Test und Implementierung

Im Juni 2010 erschien die erste Ausgabe von RDA im Online-Werkzeug „RDA Toolkit" (vgl. Kap. 3.4). Im zweiten Halbjahr 2010 wurde in den USA ein umfangreicher Test durchgeführt, um sowohl das neue Regelwerk als auch das Online-Werkzeug auf ihre Anwendbarkeit in der Praxis zu überprüfen. Als Folge dieses Tests wurde der Text stilistisch überarbeitet, um ihn besser verständlich zu machen. Auch wurde deutlich, dass viele Vorteile von RDA in einer MARC-Umgebung nicht wirklich zum Tragen kommen. Deshalb wurde mit der Entwicklung von BIBFRAME (Bibliographic Framework), einem modernen Nachfolgeformat für MARC 21, begonnen. Im Frühjahr 2013

> **Beschluss des Standardisierungs-
> ausschusses vom 5. Oktober 2011**
> „Der Standardisierungsausschuss
> spricht sich grundsätzlich für die
> Einführung des neuen Erschließungs-
> standards Resource Description and
> Access (RDA) im deutschsprachigen
> Raum aus."

stellten die Library of Congress, die British Library, die National Library of Australia sowie weitere Bibliotheken auf RDA um.

Im Oktober 2011 empfahl der Standardisierungsausschuss (vgl. Kap. 1.2.4) den Einsatz von RDA auch im deutschsprachigen Raum; im Mai 2012 wurde dieser Beschluss konkretisiert. Im Rahmen der Vorbereitungen wurden gemeinsame Anwendungsrichtlinien für den deutschsprachigen Raum erarbeitet (D-A-CH), die im vorliegenden Lehrbuch berücksichtigt werden. Seit Mai 2013 ist im RDA Toolkit auch die deutsche Übersetzung enthalten. Als Termin für den Vollumstieg wurde Ende 2015 festgelegt.

3.2 RDA und FRBR

3.2.1 Der Aufbau von RDA

> **RDA 0.3.1**
> „Die Modelle FRBR und FRAD liefern
> den RDA einen grundlegenden
> Rahmen (...)."

In den ersten Entwürfen orientierte sich der Aufbau von RDA noch sehr an AACR2. Im Oktober 2007 wurde jedoch eine völlig neue Gliederung vorgelegt, die sich stark von Regelwerken wie AACR2 oder RAK unterscheidet. Der Grund dafür ist die enge Orientierung an FRBR und FRAD (RDA 0.3.1). RDA umfasst zehn Abschnitte. Die ersten vier stehen unter der Überschrift „Merkmale", die restlichen sechs unter der Überschrift „Beziehungen". Diese Struktur folgt exakt dem FRBR-Modell (vgl. Kap. 2).

In den ersten vier Abschnitten werden die drei Entitätengruppen von FRBR abgehandelt. Die Entitäten der Gruppe 1 (vgl. Kap. 2.2) sind dabei auf zwei Abschnitte aufgeteilt: Im ersten Abschnitt geht es um Manifestationen und Exemplare, im zweiten um Werke und Expressionen. Im dritten Abschnitt werden die Entitäten der Gruppe 2 (Personen, Familien, Körperschaften; vgl. Kap. 2.3) behandelt, im vierten die 'Themen'-Entitäten der Gruppe 3 (Begriffe, Gegenstände, Ereignisse, Orte bzw. Geografika). Für jede Entität werden die in Frage kommenden Merkmale erläutert.

In den restlichen Abschnitten werden nacheinander alle Arten von Beziehungen thematisiert, die das FRBR-Modell kennt. Am Anfang stehen die Primärbeziehungen, also die Beziehungen zwischen einem Werk und seinen Expressionen, Manifestationen und Exemplaren (Abschnitt 5). In Abschnitt 6 folgen Beziehungen zwischen der Entitätengruppe 2 und der Entitätengruppe 1 (z. B. die Beziehung zwischen einem Werk und seinem geistigen Schöpfer). Abschnitt 7 beschäftigt sich mit der Beziehung zwischen einem Werk und seinem Thema (Sacherschließung). Neben den schon angesprochenen Primärbeziehungen können auch weitere Beziehungen zwischen Entitäten der Gruppe 1 vorkommen; diese werden in Abschnitt 8 erläutert. Die beiden letzten Abschnitte behandeln Beziehungen zwischen mehreren Entitäten der Gruppe 2 (z. B. die Beziehung zwischen einer Musikgruppe und den einzelnen Musikern darin) bzw. mehreren Entitäten der Gruppe 3 (z. B. die Beziehung zwischen einem Begriff und seinem Oberbegriff).

> RDA bezieht auch Aspekte der Sacherschließung mit ein. Die relevanten Abschnitte (4, 7, 10) sind jedoch erst zu einem kleinen Teil erarbeitet (vgl. Kap. 12).

Tab. 2 (S. 25) zeigt die Struktur von RDA und macht die Zusammenhänge zu FRBR deutlich. Dabei stehen die Zahlen in den Kreisen für die drei Gruppen von Entitäten. Werk wird mit W, Expression mit E, Manifestation mit M und Exemplar mit I abgekürzt. Beziehungen werden durch einen Doppelpfeil dargestellt. Zusätzlich ist angegeben, in welchem Kapitel dieses Lehrbuchs der jeweilige RDA-Abschnitt behandelt wird.

Tab. 2: Die Struktur von RDA (mit Konkordanz zu FRBR und zum Lehrbuch)

Nr.	Inhalt	FRBR	Lehrbuch
	Merkmale		
1	Erfassen der Merkmale von Manifestationen und Exemplaren	① (M, I)	Kap. 4
2	Erfassen der Merkmale von Werken und Expressionen	① (W, E)	Kap. 5
3	Erfassen der Merkmale von Personen, Familien und Körperschaften	②	Kap. 6
4	Erfassen der Merkmale von Begriffen, Gegenständen, Ereignissen und Geografika	③	Kap. 7 Kap. 12
	Beziehungen		
5	Erfassen der Primärbeziehungen zwischen Werk, Expression, Manifestation und Exemplar	W⇔E⇔M⇔I	Kap. 8
6	Erfassen der Beziehungen zu Personen, Familien und Körperschaften, die mit einer Ressource in Verbindung stehen	①⇔②	Kap. 9
7	Erfassen der Beziehungen zu Begriffen, Gegenständen, Ereignissen und Orten	W⇔③	Kap. 12
8	Erfassen der Beziehungen zwischen Werken, Expressionen, Manifestationen und Exemplaren	①⇔①	Kap. 10
9	Erfassen der Beziehungen zwischen Personen, Familien und Körperschaften	②⇔②	Kap. 11
10	Erfassen der Beziehungen zwischen Begriffen, Gegenständen, Ereignissen und Geografika	③⇔③	Kap. 12

Die geschilderte Struktur ist in sich sehr schlüssig, erfordert aber eine völlig andere Herangehensweise als ein herkömmlich aufgebautes Regelwerk. Ist man mit einer konkreten Katalogisierungsfrage konfrontiert, so muss man diese sozusagen auf das FRBR-Modell abbilden: Man muss sich überlegen, ob es sich dabei um ein Merkmal oder um eine Beziehung handelt, und um welche Entitätengruppe(n) es geht.

Betrachten wir als Beispiel den bevorzugten Namen einer Körperschaft: Ein Name ist keine Beziehung, sondern ein Merkmal; die einschlägigen Regeln müssen also in der ersten Hälfte von RDA zu finden sein. Eine Körperschaft ist eine Entität der Gruppe 2; die gesuchten Regeln stehen folglich in Abschnitt 3. Will man hingegen wissen, wie RDA mit Eintragungen unter Personen (z. B. Herausgebern) umgeht, so wird man in der zweiten Hälfte des Regelwerks fündig. Denn hier handelt es sich um eine Beziehung – und zwar um eine zwischen den Entitätengruppen 1 und 2 (Abschnitt 6). Weitere Beispiele für die Zuordnung zu den Abschnitten von RDA zeigt 3-1.

3.2.2 Weitere FRBR-Aspekte in RDA

Auch sonst übernimmt RDA sehr viel von FRBR und dessen Schwestermodell FRAD für Normdaten (vgl. Kap. 2). Durchgängig wird die aus FRBR bekannte Terminologie benutzt (z. B. Expression und Manifestation); immer wieder tauchen auch die vier Nutzeranforderungen der FRBR in RDA auf (finden, identifizieren, auswählen, Zugang erhalten).

Beispiel 3-1
Wo finde ich was? Beispiele für die Zuordnung zu den Abschnitten von RDA:

Merkmale der Manifestation:
– Verantwortlichkeitsangabe
– Erscheinungsvermerk
– ISBN
⇨ Abschnitt 1

Merkmale von Expressionen und Werken:
– Sprache einer Übersetzung (Expression)
– Originaltitel (Werk)
⇨ Abschnitt 2

Beziehungen zwischen mehreren Entitäten der Gruppe 1:
– Eintragung unter einer Schriftenreihe
⇨ Abschnitt 8

3.3 Weitere Grundprinzipien von RDA

3.3.1 Kompatibilität zu AACR2

RDA 0.2
„Ein Schlüsselfaktor bei der Konzeption der RDA ist die Notwendigkeit, Daten, die unter Verwendung der RDA erzeugt wurden, in existierende Datenbanken zu integrieren, die unter Verwendung der AACR und damit verwandter Standards entwickelt wurden."

Aufgrund der neuartigen Struktur und Terminologie sieht RDA auf den ersten Blick ganz anders aus als AACR2. Doch oft betreffen die Änderungen nur die Oberfläche, während der inhaltliche Kern unverändert geblieben ist. Zahllose aus AACR2 bekannte Regeln gelten von der Sache her unverändert weiter, auch wenn sie z. T. ganz anders formuliert sind. Dies war durchaus beabsichtigt, denn auch die Kompatibilität zu AACR2 ist ein Grundprinzip von RDA (RDA 0.2). Insbesondere bei Ansetzungsformen und Haupteintragungen (vgl. Kap. 1.4) sollten Änderungen möglichst vermieden werden.

In einigen wenigen, besonders wichtigen Fällen wurde die AACR2-Praxis dennoch revidiert, z. B. bei der „Dreier-Regel" für Verfasserwerke: Gemäß AACR2 wurde – genau wie nach RAK – die Haupteintragung nur dann unter einer Person (dem ersten Verfasser) gemacht, wenn maximal drei Verfasser beteiligt waren. Bei mehr als drei Verfassern wurde die Haupteintragung stattdessen unter dem Haupttitel gemacht. In RDA gibt es eine solche Begrenzung auf drei Verfasser nicht mehr.

RDA verwendet den Begriff „Haupteintragung" nicht mehr. Das Konzept ist jedoch implizit weiter enthalten und wird nun über den geistigen Schöpfer eines Werks (vgl. Kap. 5.6.1) definiert. Der erste geistige Schöpfer entspricht der früheren Haupteintragung. Er kann entweder eine Person sein (Verfasserwerk) oder eine Körperschaft (Urheberwerk). Gibt es keinen geistigen Schöpfer, so entspricht dies einem Sachtitelwerk.

3.3.2 Internationalität

RDA 0.11.1
„Die RDA sind zur Anwendung im internationalen Kontext konzipiert."

RDA 0.4.3.7
„Daten, die nicht von der Ressource selbst übertragen werden, sollten die allgemeine Verwendung der Sprache und Schrift widerspiegeln, die für das Erfassen der Daten ausgewählt wurde."

AACR2 drückte schon in seinem Namen („Anglo-American Cataloguing Rules") aus, dass es speziell für die angloamerikanische Welt gedacht war. RDA hingegen soll ein internationales Regelwerk sein, das nicht nur in englischsprachigen Ländern angewendet werden kann (RDA 0.11). Als Grundregel gilt, dass alle Daten, die nicht direkt vom zu katalogisierenden Objekt abgeschrieben werden, in der Arbeitssprache der Katalogisierungsagentur erfasst werden (RDA 0.4.3.7; vgl. RDA 1.4). Ein amerikanischer Katalogisierer wird also z. B. eine Anmerkung auf Englisch schreiben, seine österreichische Kollegin auf Deutsch. Zwar gibt RDA bei einigen Regeln englischsprachige Bezeichnungen vor, doch darf man diese in die eigene Arbeitssprache übersetzen. Auch Ziffern, Daten und Maßeinheiten können gemäß den eigenen Konventionen erfasst werden.

Nichtsdestoweniger ist RDA in einigen Bereichen noch spezifisch auf den angloamerikanischen Kulturkreis zugeschnitten, z. B. bei juristischen Werken. Da sich das angloamerikanische Rechtssystem von unserem grundsätzlich unterscheidet, lassen sich manche Regeln im rechtlichen Rahmen der deutschsprachigen Länder nicht anwenden. Es ist jedoch zu erwarten, dass die Internationalisierung von RDA weiter fortschreitet.

3.3.3 Kernelemente

Beim Katalogisieren werden viele kleine Informationseinheiten (Merkmale und Beziehungen) erfasst. Diese heißen in RDA „Elemente". Nicht alle Elemente sind von gleicher Bedeutung. Die wichtigsten von ihnen – die sogenannten „Kernelemente"

– bilden sozusagen das Minimum an Informationen, das stets zu berücksichtigen ist. Standardmäßig werden deshalb alle Kernelemente erfasst, die im jeweiligen Fall anwendbar sind, soweit sie ohne größeren Aufwand ermittelt werden können (RDA 0.6.1).

Kernelemente sind u. a. der Haupttitel, die Verantwortlichkeitsangabe, die Ausgabebezeichnung, der Erscheinungsort, der Verlag, das Erscheinungsdatum und die Gesamttitelangabe. Keine Kernelemente sind u. a. Titelzusätze und Paralleltitel. Bei den Beziehungen gilt nur der geistige Schöpfer als Kernelement. Herausgeber oder Übersetzer sind hingegen keine Kernelemente, ebenso wenig wie die Beziehung zu einer Schriftenreihe.

Manchmal kommt dasselbe Kernelement mehrfach vor, z. B. wenn ein Werk mehrere geistige Schöpfer hat oder wenn auf einer Ressource mehrere Verantwortlichkeitsangaben, Verlage oder Erscheinungsorte genannt sind. In einem solchem Fall muss jeweils nur ein Vorkommen des Kernelements (d. h. ein geistiger Schöpfer, eine Verantwortlichkeitsangabe, ein Verlag, ein Erscheinungsort) zwingend erfasst werden; die restlichen sind optional.

Würde man sich damit begnügen, nur die verpflichtend vorgeschriebenen Elemente zu erfassen, so wäre dies wenig benutzerfreundlich. Beispielsweise sind Titelzusätze oft aussagekräftiger als der Haupttitel. Und hat ein Werk zwei Verfasser, so wird vielleicht auch nach dem zweiten gesucht. Es ist deshalb nicht zu empfehlen, solche Informationen beim Katalogisieren wegzulassen.

Für den Umgang mit nicht verpflichtenden Elementen sieht RDA zwei Möglichkeiten vor: Entweder kann die jeweilige Katalogisierungsagentur (Bibliothek, Bibliotheksverbund etc.) dafür eigene Richtlinien festlegen oder man kann die Entscheidung in das Ermessen des einzelnen Katalogisierers stellen (RDA 0.6.1). Dieser hohe Spielraum hat zur Folge, dass RDA-Katalogisate für dieselbe Ressource ganz unterschiedlich aussehen können – je nachdem, welche Entscheidungen in der Bibliothek bzw. vom einzelnen Katalogisierer getroffen wurden.

RDA 0.6.1
„Das Einbeziehen weiterer spezifischer Elemente oder nachfolgender Vorkommen dieser Elemente ist Ermessenssache."

Um eine einheitliche Praxis und einen gemeinsamen Mindeststandard im deutschsprachigen Raum zu gewährleisten, wurden in den Anwendungsrichtlinien für den deutschsprachigen Raum (D-A-CH) sogenannte Zusatzelemente festgelegt. Diese sollen – genau wie die Kernelemente – stets erfasst werden. Kernelemente und Zusatzelemente bilden zusammen das Standardelemente-Set. Bei Bedarf können über die Standardelemente hinaus noch weitere Elemente erfasst werden.

3.3.4 Alternativen und Optionen

Unterschiede können sich auch deshalb ergeben, weil RDA in manchen Fällen eine Alternative anbietet, die anstelle der Grundregel angewendet werden kann. Außerdem gibt es häufig Optionsregelungen: Diese ermöglichen es entweder, mehr Informationen zu erfassen als in der Grundregel vorgesehen (optionale Ergänzung) oder weniger Informationen zu erfassen (optionale Weglassung). Auch in diesen Fällen kann die Katalogisierungsagentur entweder eigene Richtlinien festlegen oder die Entscheidung dem Einzelnen überlassen (RDA 0.8).

RDA 0.8
„Die RDA enthalten eine Reihe von Richtlinien und Bestimmungen, die als Alternativen oder als Optionen bezeichnet sind."

In den Anwendungsrichtlinien D-A-CH wurde jeweils festgelegt, ob eine Alternative oder Option angewendet werden soll oder nicht, oder ob die Anwendung in das Ermessen der Bibliothek bzw. des einzelnen Katalogisierers gestellt ist.

3.3.5 Beispiele in RDA

Die Beispiele in RDA zeigen jeweils nur das Element, um das es gerade geht. Sie sind als illustrativ zu verstehen, nicht als präskriptiv, d. h. sie zeigen eine oder mehrere regelkonforme Möglichkeiten für die Umsetzung. Es kann jedoch durchaus noch andere Lösungen geben, die den Text der Regel ebenso gut erfüllen. Man muss also nicht in jedem Fall die vorgegebenen Beispiele exakt nachbilden.

In der deutschen Übersetzung wurden die Beispiele aus dem englischen Original zunächst weitgehend unverändert übernommen. Sie entsprechen deshalb z. T. nicht genau der für den deutschsprachigen Raum festgelegten Anwendungspraxis. Dies soll in einer späteren Fassung verbessert werden.

3.3.6 RDA als „content standard"

RDA 0.1
„In den RDA gibt es eine klare Trennung zwischen den Richtlinien zum Erfassen der Daten und denen zur Präsentation der Daten."

RDA wird häufig als „content standard" bezeichnet, also als eine Norm für den Inhalt: Das Regelwerk legt nur fest, welche Elemente es gibt und was darin erfasst werden soll, macht aber keine Vorgaben dafür, wie die Elemente dem Nutzer präsentiert werden sollen. Dies bezieht sich insbesondere auf die Verwendung der ISBD, die in AACR2 noch vorausgesetzt wurde. Gemäß RDA ist eine Darstellung im ISBD-Format zwar weiterhin möglich, aber nicht mehr zwingend. Auch die einzelnen Elemente müssen nicht genauso angezeigt werden, wie sie erfasst wurden. Beispielsweise könnten beim Element „Datenträgertyp" (vgl. Kap. 4.12.2) anstatt der erfassten normierten Bezeichnungen (z. B. „Videokassette", „Mikrofiche", „Computerdisk") entsprechende Symbole angezeigt werden.

Auch das Erfassungsformat wird von RDA nicht vorgeschrieben. In der angloamerikanischen Welt ist es typischerweise MARC 21. Im deutschsprachigen Raum werden in der Regel die dort verbreiteten Erfassungsformate auch für die Katalogisierung mit RDA verwendet.

In Anhang D.1 von RDA finden Sie Informationen zur ISBD-Darstellung. Im Bereich „RDA Mappings" des RDA Toolkit (vgl. Kap. 3.4.2) finden Sie Informationen zur Erfassung im Format MARC 21.

3.4 Das RDA Toolkit

Anders als frühere Regelwerke liegt RDA primär elektronisch im „RDA Toolkit" (RDA-Werkzeugkasten) vor. Dieses enthält den Text des Regelwerks (derzeit auf englisch, deutsch und französisch, in Kürze auch auf spanisch und italienisch) sowie weitere Dokumente und Hilfsmittel.

Neben dem RDA Toolkit, für das jährliche Lizenzgebühren zu zahlen sind, gibt es auch eine Printausgabe des Regelwerks (1. Auflage 2013).

3.4.1 Der Reiter „RDA"

Der Bildschirm des RDA Toolkit (Abb. 11, S. 29) ist in einen Navigationsbereich und einen Hauptbereich unterteilt. Das eigentliche Regelwerk findet man im ersten Reiter („RDA"). Über einen Button kann man zwischen den Sprachversionen wechseln; man kann auch eine zweisprachige Ansicht einstellen. Im Text kann man sich entweder über den Navigationsbaum oder über das Gesamtinhaltsverzeichnis bewegen. Außerdem gibt es eine Suchfunktion.

In den Suchschlitz der einfachen Suche können Sie auch eine genaue Regelwerksstelle eingeben (mit Punkten, z. B. „2.8.6.3"), um rasch dorthin zu gelangen. Sie können außerdem persönliche Lesezeichen an Stellen setzen, die Sie häufig brauchen, und diese mit einem Kommentar versehen.

Beispiele (vgl. Kap. 3.3.5) sind gelb unterlegt. Alternativ- und Optionsregelungen (vgl. Kap. 3.3.4) sind mit einem senkrechten Strich markiert. Auf die Kernelemente (vgl. Kap. 3.3.3) wird besonders hingewiesen (in hellblau). Innerhalb der Regeln finden sich zahlreiche Links zu anderen relevanten Stellen. Stößt man auf einen Fachbegriff, so kann man direkt zur Erläuterung im Glossar springen.

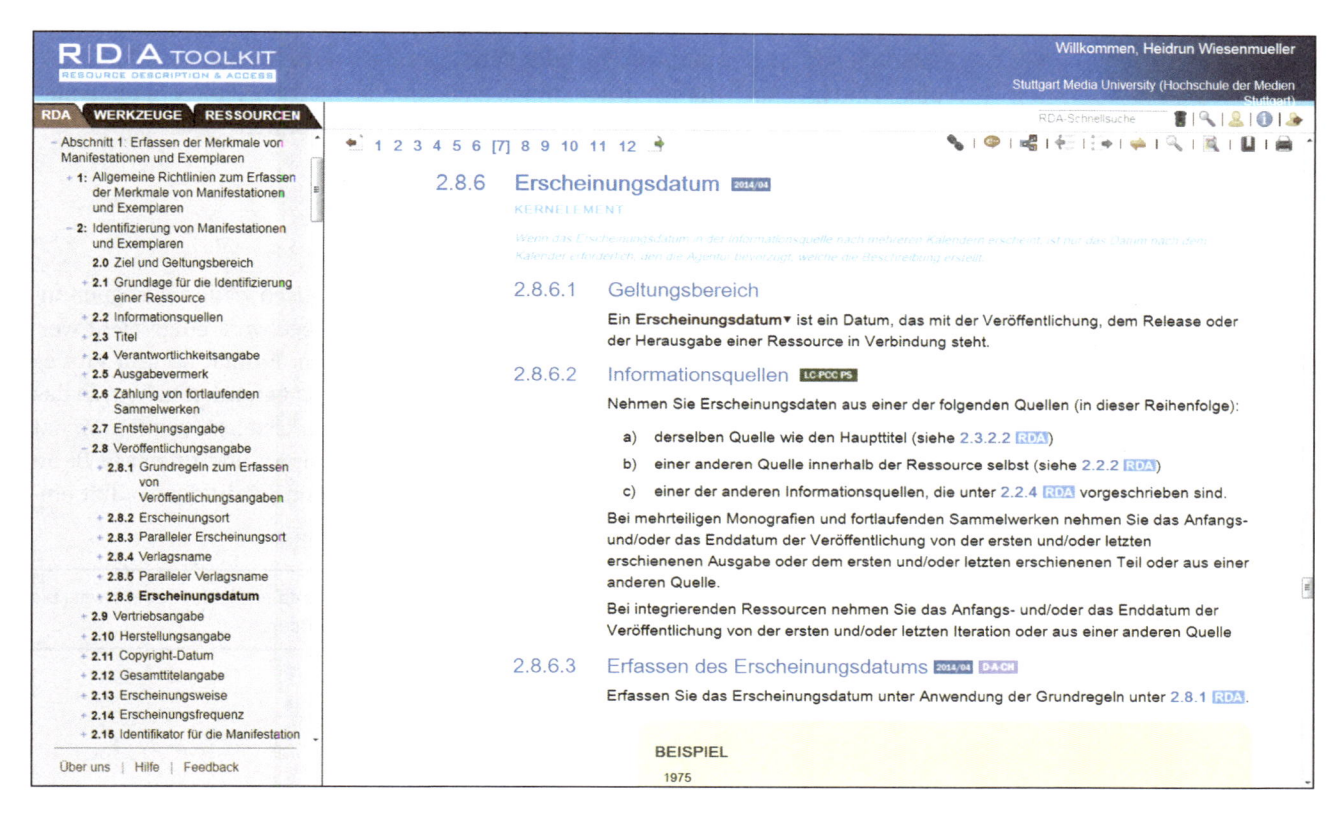

Abb. 11: Darstellung des deutschen Regelwerkstextes im RDA Toolkit

Ein Button „D-A-CH" (in violett) zeigt an, dass es zu dieser Stelle eine deutschsprachige Anwendungsrichtlinie gibt; man kann sie direkt über den Button aufrufen. Die D-A-CH sind außerdem auf der Website der Deutschen Nationalbibliothek veröffentlicht.

Ganz entsprechend weist ein Button „LC-PCC PS" (in grün) darauf hin, dass es zu dieser Stelle ein „Policy Statement", d. h. eine Anwendungsrichtlinie, der Library of Congress (LC) und ihrer Partnerbibliotheken im „Program for Cooperative Cataloging" (PCC) gibt. Man kann sich also auch über die Praxis in der angloamerikanischen Welt informieren. Auch weitere Anwendergemeinschaften veröffentlichen ihre Richtlinien im RDA Toolkit.

3.4.2 Die Reiter „Werkzeuge" und „Ressourcen"

Im Reiter „Werkzeuge" kann man u. a. Konkordanzen zwischen den RDA-Elementen und MARC 21 sowie Beispieldatensätze im MARC-Format abrufen. Unter dem Punkt „Maps" kann man selbst Konkordanzen erstellen, z. B. zwischen dem eigenen Erfassungsformat und den RDA-Elementen.

Nützlich ist die Möglichkeit, sogenannte „Workflows" (Ablaufpläne) zu erstellen. Hier kann der Arbeitsablauf für einen bestimmten Fall in einer Schritt-für-Schritt-Anweisung zusammengestellt, kommentiert und mit den relevanten RDA-Regeln verlinkt werden. Man kann einstellen, ob ein solcher Workflow nur für den eigenen Gebrauch gedacht ist oder für alle Nutzer des RDA Toolkit weltweit sichtbar sein soll. Beispielsweise stellt die Library of Congress eine Reihe ihrer Workflows öffentlich zur Verfügung.

Unter dem dritten Reiter („Ressourcen") finden sich verschiedene zusätzliche Materialien, u. a. der komplette Text des Vorgängerregelwerks AACR2. Vollständig abrufbar sind hier auch die schon genannten angloamerikanischen „Policy Statements" (LC-PCC PS) sowie die deutschsprachigen Anwendungsrichtlinien.

3.4.3 Aktualisierung des RDA Toolkit

RDA ist kein statischer Text, sondern entwickelt sich dynamisch weiter. In sogenannten „Proposals" können Vorschläge für Änderungen am Regelwerk eingereicht werden, die dann vom JSC (vgl. Kap. 3.1.1) begutachtet werden. Einmal im Jahr gibt es eine Aktualisierung, bei der die Vorschläge, die Zustimmung gefunden haben, in das Toolkit eingebracht werden. Bei den betroffenen Regelwerksstellen werden Monat und Jahr der Änderung angegeben (in dunkelblau). Kleinere Änderungen (z. B. an den Formulierungen oder Beispielen) werden mehrmals jährlich in das Toolkit eingespielt.

Der englische Originaltext von RDA bietet stets die aktuelle Fassung. Es dauert in der Regel etwas, bis die Änderungen auch in der deutschen Übersetzung nachvollzogen werden.

Hauptteil

4 Manifestationen und Exemplare

4.1 Allgemeines

4.1.1 Inhalt und Gliederung von RDA Abschnitt 1

Im ersten Abschnitt von RDA wird das Erfassen der Merkmale (d. h. die Beschreibung) von Manifestationen und Exemplaren behandelt. Die meisten Regelungen beziehen sich dabei auf die Manifestation. Der Abschnitt ist in vier Kapitel unterteilt: In RDA 1 finden sich allgemeine Erläuterungen und Richtlinien für die Beschreibung (vgl. Kap. 4.1 bis 4.2). In RDA 2 werden die verschiedenen Merkmale erläutert, mit denen Manifestationen und Exemplare beschrieben werden – z. B. Titel, Verantwortlichkeitsangabe oder Ausgabebezeichnung (vgl. Kap. 4.3 bis 4.11 sowie 4.16). Alles, was mit dem Datenträger – d. h. dem physischen Medium, auf dem die Informationen gespeichert sind – zu tun hat, wird in RDA 3 behandelt. Darunter fallen z. B. der Umfang oder die Maße (vgl. Kap. 4.12 bis 4.14). In RDA 4 geht es um Angaben über Bezug und Zugänglichkeit, z. B. Preisangaben oder URL (vgl. Kap. 4.15).

RDA Abschnitt 1
Erfassen der Merkmale von Manifestationen und Exemplaren
(RDA 1 bis 4)
RDA 1: Allgemeine Richtlinien zum Erfassen der Merkmale von Manifestationen und Exemplaren
RDA 2: Identifizierung von Manifestationen und Exemplaren
RDA 3: Beschreibung der Datenträger
RDA 4: Bereitstellung von Bezugs- und Zugangsinformationen

4.1.2 Erscheinungsweise von Ressourcen

Gemäß ihrer Erscheinungsweise unterscheidet RDA vier Typen von Ressourcen (RDA 1.1.3): einzelne Einheiten, mehrteilige Monografien, fortlaufende Ressourcen und integrierende Ressourcen.

Eine einzelne Einheit ist z. B. eine einbändige gedruckte Publikation (also ein normales Buch), eine Audio-CD oder eine PDF-Datei im Internet.

Mehrteilige Monografien bestehen aus mehreren Einheiten, deren Zahl jedoch von vornherein begrenzt ist. Die einzelnen Einheiten können gleichzeitig oder nacheinander erscheinen – wichtig ist, dass es einen geplanten Abschluss gibt (4-1; vgl. Kap. 4.18).

Fortlaufende Ressourcen bestehen aus mehreren Einheiten, die nacheinander erscheinen und meist eine Zählung besitzen. Bei ihnen gibt es keinen von Anfang an geplanten Abschluss (4-2; vgl. Kap. 4.19).

Von einer integrierenden Ressource spricht man, wenn die Ressource immer wieder aktualisiert wird. Die Updates werden dabei nicht einfach angefügt wie ein neues Heft einer Zeitschrift, sondern in das Ganze integriert (4-3; vgl. Kap. 4.20).

Beispiel 4-1
Beispiele für mehrteilige Monografien:
– Lexikon in fünf Bänden
– Set von drei Video-DVDs
– Sprachkurs, der aus Buch und Audio-CD besteht

Beispiel 4-2
Beispiele für fortlaufende Ressourcen:
– Zeitung
– Zeitschrift
– monografische Reihe (Schriftenreihe)

Beispiel 4-3
Beispiele für integrierende Ressourcen:
– Loseblattsammlung
– Datenbank
– regelmäßig veränderte Website

4.1.3 Arten der Beschreibung

RDA unterscheidet drei Beschreibungsarten (RDA 1.1.4 und 1.5): Bei der sogenannten umfassenden Beschreibung wird die Ressource als Ganzes beschrieben. Bei einer analytischen Beschreibung wird ein Bestandteil einer größeren Ressource beschrieben. Bei einer hierarchischen Beschreibung wird sowohl für das übergeordnete Ganze als auch für einen oder mehrere Bestandteile davon eine Beschreibung angefertigt; beides wird miteinander kombiniert.

Die umfassende Beschreibung ist der normale Beschreibungstyp für Ressourcen, die als einzelne Einheit erscheinen, für Zeitschriften und Zeitungen sowie für integrierende Ressourcen.

In der deutschen Katalogisierungstradition spielt die hierarchische Beschreibung eine große Rolle. Bei mehrteiligen Monografien werden zumeist die Beschreibungen für die einzelnen Teile mit einer Beschreibung für das Ganze verknüpft (vgl. Kap. 4.18). Auch bei monografischen Reihen (Schriftenreihen) wird häufig ein eigener Datensatz für die Reihe angelegt, der mit den Datensätzen für die einzelnen Bände verknüpft wird (vgl. Kap. 4.19). Im deutschsprachigen Raum wird die hierarchische Beschreibung vielfach auch verwendet, um einzelne Teile innerhalb einer Ressource zu beschreiben – etwa einen Beitrag in einem Sammelband, ein Musikstück auf einer Audio-CD oder ein einzelnes Heft einer Zeitschrift.

In der angloamerikanischen Welt wird die hierarchische Beschreibung hingegen in der Regel nicht angewendet. Für mehrteilige Monografien wird häufig eine umfassende Beschreibung angefertigt. Die Zahl der Bände wird beim Umfang mit angegeben; ihre Titel können in einer Anmerkung aufgeführt werden. Ein Beispiel für die angloamerikanische Praxis zeigt 4-4. In einem deutschsprachigen Katalog würde hingegen im Regelfall für jeden der vier Bände ein eigener Datensatz erstellt und mit dem Datensatz für das Gesamtwerk verknüpft werden. Aber auch an deutschsprachigen Bibliotheken wird teilweise die umfassende Beschreibung angewendet.

Eine analytische Beschreibung ist beispielsweise bei ungezählten monografischen Reihen typisch: Es werden dann nur die einzelnen Bände beschrieben; eine eigene Beschreibung für die Reihe gibt es nicht. Auch unselbständig erschienene Publikationen (z. B. Zeitschriftenaufsätze) werden häufig analytisch beschrieben, etwa in Spezialbibliotheken.

Beispiel 4-4
Umfassende Beschreibung der Library of Congress für eine mehrteilige Monografie (im ISBD-Format, gekürzt):
Climate change : an encyclopedia of science and history / Brian C. Black, general editor. - Santa Barbara, California : ABC-CLIO, [2013]. - 4 volumes (xx, 1774 pages) : illustrations ; 26 cm
ISBN 978-1-59884-761-1
Contents: volume 1. A-D - volume 2. E-G - volume 3. H-S - volume 4. T-W

4.2 Grundprinzipien beim Erfassen und Übertragen

In RDA 1 geht es auch um das Erfassen und Übertragen von Informationen. „Erfassen" (record) ist ein allgemeiner Begriff. Er sagt nur aus, dass eine bestimmte Information im Katalogisat angegeben wird. „Übertragen" (transcribe) ist eine besondere Form des Erfassens. Es meint die exakte, vorlagegetreue Übernahme – d. h. das genaue Abschreiben – von Angaben, die sich auf der zu katalogisierenden Ressource befinden.

Die folgenden Elemente werden übertragen:
– alle Arten von Titeln und Titelzusätzen
– alle Arten von Verantwortlichkeitsangaben
– alle Bestandteile des Ausgabevermerks
– Erscheinungs-, Vertriebs-, Herstellungs-, Entstehungsorte
– Verlags-, Vertriebs-, Hersteller-, Erzeugernamen

4.2.1 Sprache und Schrift

Beispiel 4-5
Anne Welsh and Sue Batley
Erfassung:
Anne Welsh and Sue Batley

Es liegt auf der Hand, dass ein zu übertragendes Element auch in der vorliegenden Sprache eingegeben wird. So bleibt etwa eine englische Verantwortlichkeitsangabe unverändert (4-5). Auch einige weitere Elemente wie z. B. das Erscheinungsdatum werden in der Sprache erfasst, die man in der Informationsquelle vorfindet (RDA 1.4). Bei allen übrigen Elementen – z. B. den verschiedenen Arten von Anmerkungen – wird hingegen die Arbeitssprache, also Deutsch, verwendet.

Liegen die in RDA 1.4 aufgelisteten Elemente in einer nicht-lateinischen Schrift (z. B. Kyrillisch) vor, so wird auch dies übertragen, sofern das Katalogsystem es ermöglicht; zusätzlich wird eine Umschrift in das lateinische Alphabet erfasst. Ist die originalschriftliche Eingabe nicht möglich, erfasst man nur die Umschrift (RDA 1.4 mit D-A-CH).

4.2.2 Nimm, was du siehst!

Das Grundprinzip von RDA bei den zu übertragenden Elementen ist „Take what you see!" (Nimm, was du siehst!). Im Normalfall werden die Angaben also genau so übernommen, wie sie in der Informationsquelle stehen – ohne dass etwas weggelassen oder abgekürzt wird. Gemäß RAK wurden hingegen standardmäßig bestimmte Änderungen vorgenommen. Beispielsweise wurden in der Verantwortlichkeitsangabe akademische Titel weggelassen sowie festgelegte Abkürzungen für häufig vorkommende Wörter verwendet. Ein Beispiel für solche Unterschiede zwischen RDA und RAK zeigt 4-6.

In RDA 1.7 findet man Vorgaben für die Erfassung der zu übertragenden Elemente, z. B. für die Groß-/Kleinschreibung. Diese Richtlinien werden z. T. durch deutsche Anwendungsregeln ergänzt.

Beispiel 4-6
Herausgeber: Dr. P. Müller
Erfassung nach RDA:
Herausgeber: Dr. P. Müller
Erfassung nach RAK:
Hrsg.: P. Müller

Die Vorgaben in RDA 1.7 und den D-A-CH gelten nur für selbst erstellte Katalogisate. Werden Daten maschinell erzeugt (z. B. durch Harvesting von Metadaten aus Repositorien) oder erhält man sie als Fremddaten, so können sie unverändert übernommen werden (RDA 1.7.1, Alternativen, mit D-A-CH).

4.2.3 Groß- und Kleinschreibung

Auf Titelseiten wird aus Gründen des Designs häufig Großschreibung verwendet. Bei Abb. 12 (S. 36) hat der Verlag den gesamten Haupttitel in Großbuchstaben gesetzt. Im Katalog sollen die Informationen jedoch in möglichst leicht lesbarer Form geboten werden. Deshalb werden bei der Wiedergabe die normalen Schreibregeln der jeweiligen Sprache verwendet – und zwar so, wie sie für das Vorkommen der Wörter in einem Fließtext (nicht in einer Überschrift!) gelten (RDA 1.7.2). Der Haupttitel wird deshalb in normale Groß-/Kleinschreibung umgesetzt (4-7).

Beispiel 4-7
vgl. Abb. 12 (S. 36)
LEXIKON BUCH DRUCK PAPIER
Erfassung:
Lexikon Buch, Druck, Papier

Beispiel 4-8
vgl. Abb. 13 (S. 41)
Theoretische Konzepte – Klinische Probleme – Ärztliches Handeln
Erfassung:
theoretische Konzepte - klinische Probleme - ärztliches Handeln

Beispiel 4-9
Zeitreihenanalyse in der Empirischen Wirtschaftsforschung
Erfassung:
Zeitreihenanalyse in der empirischen Wirtschaftsforschung

Für die deutsche Sprache richtet sich die Groß-/Kleinschreibung nach der jeweils aktuellen Ausgabe des Duden (RDA 1.7.2 D-A-CH). Regeln für die Groß- und Kleinschreibung weiterer Sprachen finden Sie im Anhang A von RDA.

Häufig kommt es vor, dass Wörter, die man normalerweise im Fließtext klein schreibt (z. B. Adjektive), auf einer Titelseite mit einem Großbuchstaben beginnen wie bei dem Titelzusatz in 4-8; die Schreibung muss dann angepasst werden. Besonders oft findet man dies bei Wortgruppen, die als feste Begriffe aufgefasst werden können, auch wenn es eigentlich keine Namen sind (z. B. „analytische Geometrie", „wissenschaftliche Bibliothek"). Hier schreibt man die Adjektive klein (4-9).

Eine Ausnahme von der normalen Groß-/Kleinschreibung wird gemacht, wenn man in der Informationsquelle eine bewusst ausgefallene Schreibung vorfindet – häufig im Zusammenhang mit Eigennamen oder Marken. Diese wird exakt übernommen, etwa bei dem Haupttitel in 4-10 („eBay") und dem Verlagsnamen „transcript" in 4-11.

Für bestimmte Elemente ist festgelegt, dass sie stets mit einem Großbuchstaben beginnen (RDA Anhänge A4 bis A9): Z. B. beginnt ein Haupt-, Parallel- oder Alternativtitel immer großgeschrieben, auch wenn am Anfang ein normalerweise kleingeschriebenes Wort steht (4-10, 4-12, 4-40). Die Großschreibung gilt auch, wenn der Titel eines Werks innerhalb eines anderen Titels zitiert wird, wie „The hobbit" in 4-12. Immer großgeschrieben beginnt außerdem die erste Ausgabebezeichnung (4-51, 4-53) sowie jede Anmerkung (4-30). Am Anfang anderer Elemente, z. B. eines Titelzusatzes

Beispiel 4-10
Mein eBay-Shop für DUMMIES
Erfassung:
Mein eBay-Shop für Dummies

Beispiel 4-11
[transcript]
Erfassung:
transcript

Beispiel 4-12
Exploring J.R.R. Tolkien's The HOBBIT
Erfassung:
Exploring J.R.R. Tolkien's The hobbit

Beispiel 4-13
Deutsches Institut für angewandte Pflegeforschung e. V. (Hrsg.)
Erfassung:
Deutsches Institut für Angewandte Pflegeforschung e.V. (Hrsg.)

Zusätzliche Angaben zu Abb. 12
Rückseite der Titelseite:
ISBN: 978-3-258-07370-5
Copyright © 2008 by Haupt Berne
www.haupt.ch
319 Seiten, 24 cm. Enthält Abbildungen. Literaturverzeichnis auf Seite 314-317. Vgl. Lösung 13-18.

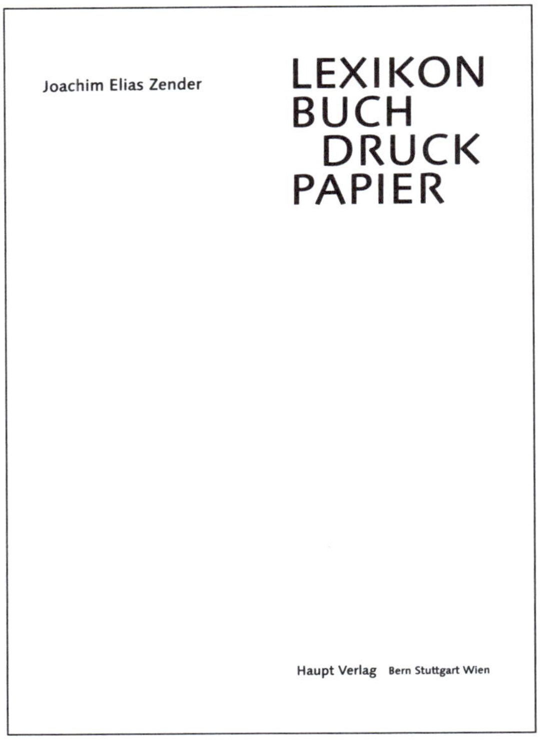
Joachim Elias Zender

LEXIKON
BUCH
DRUCK
PAPIER

Haupt Verlag Bern Stuttgart Wien

Abb. 12: Lexikon Buch, Druck, Papier / Joachim Elias Zender

(4-8, 4-15) oder einer Verantwortlichkeitsangabe (4-14, 4-45, 4-46), gilt hingegen die normale Groß-/Kleinschreibung.

Namen von Körperschaften beginnen großgeschrieben. Im Inneren eines Körperschaftsnamens werden in den meisten Sprachen alle Wörter großgeschrieben – mit Ausnahme von Artikeln, Präpositionen und Konjunktionen (4-13; vgl. Kap. 6.6.2).

4.2.4 Zeichensetzung

Beispiel 4-14
Editor/Mike Montesa
Erfassung:
editor: Mike Montesa

Beispiel 4-15
Cataloging and Classification: An Introduction
Erfassung:
Cataloging and classification
(1. Element: Haupttitel)
an introduction
(2. Element: Titelzusatz)

Entsprechend dem Grundprinzip „Nimm, was du siehst!“ werden vorhandene Satzzeichen genau übernommen (RDA 1.7.3). Im Beispiel 4-8 bleiben deshalb die Gedankenstriche erhalten. Die vorhandene Interpunktion wird nur in Ausnahmefällen weggelassen oder geändert, falls sie zu einer schlechten Lesbarkeit führen würde oder missverständlich wäre (RDA 1.7.3 D-A-CH). Ein Beispiel dafür sind die eckigen Klammern um den Namen des Verlags in 4-11: Diese sollte man weglassen, da eckige Klammern normalerweise anzeigen, dass eine Information ermittelt wurde (vgl. Kap. 4.3.3). Man könnte auch argumentieren, dass die Klammern hier gar nicht als echte Interpunktionszeichen gedacht sind, sondern nur Design-Zwecken dienen. Ein weiteres Beispiel zeigt 4-14: Hier wurde zwischen der Funktion und dem Namen ein sehr ungewöhnliches Satzzeichen verwendet. Zur besseren Verständlichkeit sollte der Schrägstrich durch einen Doppelpunkt ersetzt werden.

Manchmal soll ein Zeichen in der zu katalogisierenden Ressource nur signalisieren, dass als nächstes eine andere Information (ein neues Element) kommt. Beispielsweise wird zwischen Haupttitel und Titelzusatz häufig ein Gedankenstrich oder ein Doppelpunkt gesetzt (4-15). Auch zwischen mehreren Verlagsorten steht oft ein Satzzeichen, z. B. ein Schrägstrich. Solche Zeichen werden weggelassen (RDA 1.7.3 Ausnahme).

Die zu übernehmenden Wörter und Zeichen werden – unabhängig von ihrer Form in der Informationsquelle – gemäß den normalen Schreibkonventionen erfasst. Beispielsweise wird in Abb. 14 (S. 43) der Verlag als „Edition Panorama" erfasst, obwohl das Leerzeichen zwischen den beiden Wörtern auf der Titelseite vom Designer weggelassen wurde. In RDA 1.7.3 D-A-CH ist u. a. festgelegt, dass Schrägstriche ohne Leerzeichen davor und dahinter geschrieben werden (4-61). Nach einem mit einem Punkt abgekürzten Wort steht ein Leerzeichen (sofern nicht ein Satzzeichen o. ä. folgt). Zwischen mehreren aufeinanderfolgenden Abkürzungen aus Einzelbuchstaben steht jedoch kein Leerzeichen (4-13). Dies gilt auch für Akronyme und Initialen (s. u.). Eckige Klammern werden grundsätzlich durch runde ersetzt (4-20).

Striche werden stets als kurze Striche geschrieben, und zwar:
1. Ohne Leerzeichen:
   - Bindestrich (Beispiel: Klaus-Peter Wolf)
   - Strich für „bis" (Beispiele: 1997-1999, Seite 260-268)
2. Mit Leerzeichen:
   - Gedankenstrich (Beispiel: theoretische Konzepte - klinische Probleme - ärztliches Handeln)
   - Streckenstrich (Beispiel: Berlin - Leipzig)
   - Strich für „gegen" und verwandte Bedeutungen (Beispiele: Volleyballspiele Schweiz - Österreich, Deutsch - Englisch)

Fehlen in der Ressource Satzzeichen, so werden sie ergänzt, um die Lesbarkeit und Verständlichkeit zu erhöhen (RDA 1.7.3). Beispielsweise hat der Verlag bei Abb. 12 (S. 36) die Kommas im Haupttitel weggelassen, obwohl eine Aufzählung vorliegt – im Katalogisat werden sie ergänzt (4-7). Auch die Namen mehrerer Personen (z. B. Verfasser) finden sich häufig ohne Satzzeichen neben- oder untereinander. Auch hier werden Kommas ergänzt (4-16).

Manchmal stößt man auf auseinander und ohne Bindestrich geschriebene Wörter, die eigentlich zusammengesetzte Substantive (Komposita) sind. Besonders häufig tritt dies bei Namen von Verlagen und Körperschaften auf (4-59, 4-76). In solchen Fällen wird kein Bindestrich ergänzt. Fehlt jedoch ein Bindestrich in einem rechercherelevanten Bereich (z. B. im Haupttitel), so sollte das Kompositum auch in seiner Gesamtheit suchbar gemacht werden. Eine Möglichkeit dafür ist die Erfassung eines abweichenden Titels (vgl. Kap. 4.4.4), in dem der Bindestrich ergänzt wird (4-17).

Beispiel 4-16
Wolfgang Bergmann
Gerald Hüther
Erfassung:
Wolfgang Bergmann, Gerald Hüther

Beispiel 4-17
Die
JOHANNITER
KAPELLE
in Bokelesch
Haupttitel:
Die Johanniter Kapelle in Bokelesch
Abweichender Titel:
Die Johanniter-Kapelle in Bokelesch

4.2.5 Diakritische Zeichen, Symbole

Gemäß dem Grundprinzip werden vorhandene diakritische Zeichen, z. B. Akzente im Französischen, exakt übernommen. Fehlen solche Zeichen in der Informationsquelle, werden sie gemäß den Regeln der jeweiligen Sprache ergänzt (4-18), sofern ausreichende Sprachkenntnisse vorhanden sind (RDA 1.7.4, optionale Ergänzung, mit D-A-CH).

Auch Symbole und Sonderzeichen werden gemäß dem Grundprinzip exakt übernommen, beispielsweise ein „&"-Zeichen in einem Verlagsnamen (4-64). Erscheint das Symbol in einem Titel, so ist es häufig sinnvoll, zusätzlich einen geeigneten abweichenden Titel zu erfassen (4-19; vgl. Kap. 4.4.4). Lässt sich ein Symbol mit dem vorhandenen Zeichensatz nicht wiedergeben, so wird es stattdessen verbal beschrieben (RDA 1.7.5 mit D-A-CH). Diese Beschreibung wird, soweit möglich, in der Sprache des Elements verfasst (bei einem englischen Haupttitel also auf Englisch) und in eckige Klammern gesetzt. Zusätzlich kann eine Anmerkung gemacht werden.

Beispiel 4-18
L'ECOLE DES FEMMES
Erfassung:
L'école des femmes

Beispiel 4-19
Der BHV-Co@ch Windows Vista
Haupttitel:
Der BHV-Co@ch Windows Vista
Abweichender Titel:
Der BHV-Coach Windows Vista

Beispiel 4-20
vgl. Abb. 22 (S. 112)
B. Brunhöber | K. Höffler | J. Kaspar | T. Reinbacher | M. Vormbaum [Hrsg.]
Erfassung:
B. Brunhöber, K. Höffler, J. Kaspar, T. Reinbacher, M. Vormbaum (Hrsg.)

Auf Titelseiten werden aus Design-Gründen häufig senkrechte Striche oder andere Zeichen verwendet, die der typografischen Gestaltung dienen – beispielsweise, um mehrere Namen voneinander zu trennen. Diese werden nicht vorlagegemäß wiedergegeben (RDA 1.7.5). Je nach Sachlage entfallen sie ersatzlos oder werden in Interpunktionszeichen umgewandelt (4-20).

4.2.6 Akronyme, Initialen, Abkürzungen

Akronyme (Initialwörter) werden stets ohne Leerzeichen wiedergegeben (z. B. „ADAC", „F.A.Z.") – unabhängig davon, ob in der Informationsquelle Leerzeichen zwischen den einzelnen Buchstaben stehen oder nicht (RDA 1.7.6). Diese Regel gilt auch beim Aufeinandertreffen mehrerer Initialen (abgekürzter Vornamen) in einem Personen- oder Körperschaftsnamen, wie bei „J.R.R. Tolkien" (4-12).

Beachten Sie, dass mehrere abgekürzte Vornamen einer Person nur in der bibliografischen Beschreibung ohne Leerzeichen geschrieben werden – also nur dann, wenn der Name z. B. im Haupttitel oder in der Verantwortlichkeitsangabe auftritt. In bevorzugten oder abweichenden Namen von Personen werden hingegen Leerzeichen gesetzt (vgl. Kap. 6.2.2).

RDA sieht nur in ganz wenigen Fällen vor, dass beim Erfassen etwas abgekürzt wird (RDA 1.7.8 mit Anhang B). Ein Beispiel dafür ist die Angabe der Abspielzeit einer Audio- oder Videoressource unter Verwendung von „min" für „Minuten" (RDA 7.22.1.3; vgl. Kap. 5.7.7).

Bei den zu übertragenden Elementen werden natürlich Abkürzungen, die schon in der Informationsquelle vorkommen, exakt übernommen und nicht ausgeschrieben – z. B. ein „Dr." in der Verantwortlichkeitsangabe (4-6).

Beispiel 4-21
Manheim
Verlagsort:
Manheim
Anmerkung zur Veröffentlichungsangabe:
Verlagsort Mannheim fälschlich als "Manheim" angegeben

Beispiel 4-22
Der Risenkavalier
Haupttitel:
Der Risenkavalier
Abweichender Titel:
Der Rosenkavalier
Anmerkung zum Titel:
Titel sollte richtig lauten: Der Rosenkavalier

4.2.7 Schreib- und Druckfehler

Gemäß dem Grundprinzip werden auch offensichtliche Fehler genauso erfasst, wie sie in der Informationsquelle stehen (RDA 1.7.9; für eine Ausnahme beim Haupttitel von fortlaufenden Ressourcen und integrierenden Ressourcen vgl. Kap. 4.19.3 und 4.20.2). In einer Anmerkung gemäß RDA 2.17 kann auf den Fehler hingewiesen werden (4-21; vgl. Kap. 4.11). Kommt der Fehler in einem Titel vor, sollte zusätzlich ein abweichender Titel (vgl. Kap. 4.4.4) mit einer entsprechenden Korrektur erfasst werden (4-22).

4.2.8 Zahlen

Beispiel 4-23
Il giardino classico francese dal XVII al XVIII secolo
Haupttitel:
Il giardino classico francese dal XVII al XVIII secolo

Beispiel 4-24
Band XXV
Zählung innerhalb der Reihe:
Band 25

In den zu übertragenden Elementen werden Zahlen (auch innerhalb von Daten) genauso übernommen, wie sie in der Informationsquelle stehen. Steht beispielsweise im Haupttitel eine mit römischen Ziffern geschriebene Zahl, so kommt sie in genau dieser Form in das Katalogisat (4-23). Man kann jedoch Varianten (z. B. ausgeschriebene Zahl oder arabisch) in abweichenden Titeln erfassen (4-38; vgl. Kap. 4.4.4).

In Elementen, die nicht übertragen werden (z. B. Zählung innerhalb der Reihe, Zählung von fortlaufenden Ressourcen; vgl. Kap. 4.8.1 und 4.19.3), werden Zahlen hingegen in normierter Form angegeben (RDA 1.8.1). Die Zahlen werden dabei stets als arabische Ziffern wiedergegeben (RDA 1.8.2 mit D-A-CH und RDA 1.8.3). Römische Zahlen (4-24) sowie Zahlwörter setzt man entsprechend um. Ordnungszahlen (Ordinalzahlen) werden so dargestellt, wie es in der Sprache der Ressource üblich ist: Ist die Informationsquelle deutsch, so schreibt man „1.", „2." etc. Bei einer englischen Informationsquelle verwendet man „1st", „2nd", „3rd" etc. (RDA 1.8.5).

4.3 Informationsquellen

4.3.1 Bevorzugte Informationsquelle

Beim Katalogisieren hat man in der Regel ein konkretes Exemplar der Manifestation vor sich. Von welcher Stelle der Ressource entnimmt man nun die benötigten Informationen?

> Die folgenden Ausführungen beziehen sich auf Ressourcen, die als einzelne Einheit erschienen sind. Bei mehrteiligen Monografien und fortlaufenden Ressourcen kommt noch die Frage hinzu, welcher der Teile als Grundlage der Beschreibung dienen soll (vgl. Kap. 4.18 und 4.19).

Bei einem gedruckten Buch gilt die Titelseite als die zentrale Stelle, an der sich die Beschreibung in erster Linie orientieren soll. Sie ist prominenter als z. B. das Impressum oder das Vorwort. Eine solche besonders wichtige Stelle, die bei der bibliografischen Beschreibung als erstes konsultiert wird, bezeichnet man als bevorzugte Informationsquelle. Sie ist im Normalfall ein Bestandteil der Ressource selbst (RDA 2.2.2.1).

Bei Ressourcen, die aus einer oder mehreren Seiten, Blättern, Karten o. ä. (bzw. Abbildungen davon, z. B. bei einem PDF-Dokument) bestehen, gilt die Titelseite (das Titelblatt, die Titelkarte o. ä.) als bevorzugte Informationsquelle (RDA 2.2.2.2 mit D-A-CH; vgl. 4-25). Eine Ausnahme bilden Landkarten: Hier gilt die gesamte Ressource als bevorzugte Informationsquelle. Ist keine Titelseite etc. vorhanden, so verwendet man ersatzweise Einband, Hülle oder Schutzumschlag.

Manchmal gibt es in einer Ressource mehrere Stellen, die als bevorzugte Informationsquelle in Frage kommen, z. B. zwei gleichartig gestaltete Titelseiten in unterschiedlichen Sprachen (RDA 2.2.3.1 mit D-A-CH). Verwendet wird dann die Variante, die dem Text des Inhalts bzw. der hauptsächlichen Sprache in der Ressource entspricht. Im Zweifelsfall nimmt man die erste Titelseite – bei zwei einander gegenüberliegenden Seiten also die linke. Bei einem sogenannten Wendebuch (einem Buch, das man von beiden Seiten zu lesen beginnen kann; vgl. Abb. 49, S. 216) wählt man bevorzugt eine Titelseite in der Sprache der Katalogisierungsagentur, ansonsten eine beliebige.

Beispiel 4-25
Beispiele für Ressourcen, die unter RDA 2.2.2.2 fallen:
– gedrucktes Buch
– Atlas
– Fotografien auf Mikrofilm
– PDF-Datei eines Textes

4.3.2 Bevorzugte Informationsquelle bei Filmen und sonstigen Ressourcen

Bei Ressourcen, die aus bewegten Bildern bestehen (4-26), ist die bevorzugte Informationsquelle gemäß der Grundregel das Titelbild bzw. der Titelbildschirm (RDA 2.2.2.3 mit D-A-CH). Man müsste beim Katalogisieren den Film o. ä. also tatsächlich starten, um die benötigten Informationen zu erhalten – dies wäre sehr aufwendig. Mit Ausnahme von Fernsehmitschnitten wird deshalb im deutschsprachigen Raum die Alternativregel angewendet: Bei Filmen auf physischen Datenträgern gilt als bevorzugte Informationsquelle eine Beschriftung oder ein Etikett, das auf der Ressource selbst fest angebracht ist (z. B. direkt auf die DVD aufgedruckt oder aufgeklebt) und das einen Titel enthält.

Beispiel 4-26
Beispiele für Ressourcen, die unter RDA 2.2.2.3 fallen:
– Film auf Video-DVD
– Videospiel (z. B. Rollenspiel, Sportspiel) auf DVD-ROM
– Youtube-Film

> Die Informationen auf einer solchen Beschriftung sind in der Regel nur sehr knapp; oft steht nur der Titel darauf. Fehlende Informationen können dann anderen Informationsquellen entnommen werden, z. B. dem Behältnis (vgl. Kap. 4.3.3).

Beispiel 4-27
Beispiele für Ressourcen, die unter RDA 2.2.2.4 fallen:

auf physischen Datenträgern:
– Musik-CD
– Hörbuch auf Tonkassette
– Software auf CD-ROM

Online-Ressourcen:
– Online-Datenbank
– Website

Die sonstigen Ressourcen – also Medien, die weder aus einer oder mehreren Seiten etc. noch aus bewegten Bildern bestehen – werden in zwei Gruppen unterteilt (4-27). Bei Ressourcen auf physischen Datenträgern wird als bevorzugte Informationsquelle ein Text auf der Ressource selbst oder eine fest angebrachte Beschriftung verwendet (RDA 2.2.2.4.1). An zweiter Stelle folgen Quellen innerhalb der Ressource (z. B. Titelbildschirm), an dritter Stelle Angaben vom Behältnis oder dem Begleitmaterial. Bei Online-Ressourcen (RDA 2.2.2.4.2) wird an erster Stelle ein Text in der Ressource verwendet, der den Titel nennt; alternativ nimmt man eingebettete Metadaten.

> Bei einer Website ist die bevorzugte Informationsquelle der Eingangsbildschirm. Manchmal kommt davor noch ein „Intro" (z. B. ein kleiner Film). Ein solches ist in der Regel nicht als bevorzugte Informationsquelle geeignet.

4.3.3 Zusammenspiel der Informationsquellen

Findet man eine benötigte Angabe nicht in der bevorzugten Informationsquelle, so sieht man an anderen Stellen der Ressource nach. Die ISBN steht z. B. häufig nicht auf der Titelseite selbst, sondern auf deren Rückseite, im Kolophon (d. h. am Ende des Buchs) oder auf der Rückseite des Buchs. Dann übernimmt man die gesuchte Information von dieser Stelle. Auch Originalbehältnisse (z. B. eine DVD-Box oder die Schachtel bei einem Spiel) gelten als Teil der Ressource (RDA 2.2.2.1), sodass man Informationen daraus entnehmen kann.

Manchmal taucht dieselbe Information mehrfach auf: So kann der Verlag sowohl auf der Titelseite als auch auf deren Rückseite genannt sein, mitunter in etwas unterschiedlicher Form. Dann stellt die Fassung der Titelseite – der bevorzugten Informationsquelle – die Basis für die Beschreibung dar. In Beispiel 4-28 wird also die kürzere Variante als Verlagsname verwendet, weil sich der Verlag so auf der Titelseite präsentiert.

Beispiel 4-28
Titelseite:
Harrassowitz Verlag
Rückseite der Titelseite:
Otto Harrassowitz GmbH & Co. KG
Verlagsname:
Harrassowitz Verlag

Beispiel 4-29
Verlag:
Echter Verlag GmbH
Verlagsort, ermittelt auf der Website:
Würzburg
Verlagsort:
[Würzburg]

> Für jedes Element, das zur Beschreibung von Manifestationen und Exemplaren verwendet wird, gibt es eine spezielle Regelwerksstelle, welche die zu verwendenden Informationsquellen und ggf. ihre Rangfolge im Detail erläutert.

Gelegentlich kommt es vor, dass eine zu übertragende Information weder in der bevorzugten Informationsquelle noch an einer anderen Stelle der Ressource steht. Soweit möglich, entnimmt man die Angabe dann einer externen Quelle, z. B. einem Verlagsprospekt, einer Website oder einem Nachschlagewerk. Dies wird durch eckige Klammern gekennzeichnet (RDA 2.2.4 mit D-A-CH). In Beispiel 4-29 war der Verlagsort in der Ressource nicht angegeben, konnte aber leicht ermittelt werden.

4.4 Titel der Manifestation

4.4.1 Arten von Titeln

RDA unterscheidet mehrere Arten von Titeln. Sie werden beim Erfassen exakt aus der Informationsquelle übertragen (vgl. Kap. 4.2). Ausnahmen gibt es nur bei abweichenden Titeln (vgl. Kap. 4.4.4).

Als Haupttitel (RDA 2.3.2; vgl. Kap. 4.4.2) wird der Name einer Ressource bezeichnet, unter dem sie normalerweise zitiert wird. Gemeinsam mit dem Haupttitel können weitere Angaben auftreten, die diesem nachgeordnet sind (in der Alltagssprache: Untertitel). Sie geben häufig zusätzliche Informationen über Art, Inhalt oder Anlass und werden als Titelzusätze bezeichnet (RDA 2.3.4 mit D-A-CH; vgl. Kap. 4.4.2). Bei Abb. 13 (S. 41) ist „Medizinische Ethik am Beginn des 21. Jahrhunderts" der Haupttitel und „theoretische Konzepte - klinische Probleme - ärztliches Handeln" der Titelzusatz.

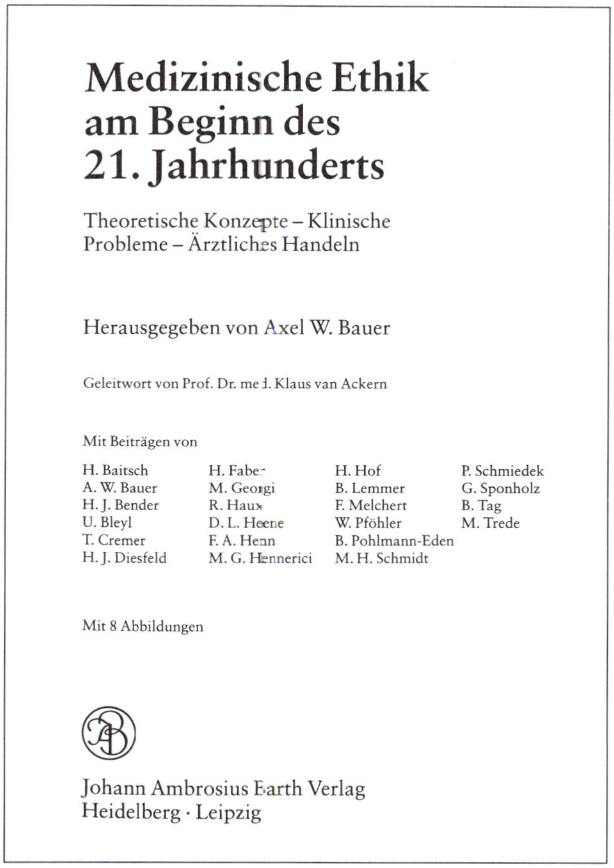

Medizinische Ethik am Beginn des 21. Jahrhunderts

Theoretische Konzepte – Klinische Probleme – Ärztliches Handeln

Herausgegeben von Axel W. Bauer

Geleitwort von Prof. Dr. med. Klaus van Ackern

Mit Beiträgen von

H. Baitsch	H. Faber	H. Hof	P. Schmiedek
A. W. Bauer	M. Georgi	B. Lemmer	G. Sponholz
H. J. Bender	R. Haux	F. Melchert	B. Tag
U. Bleyl	D. L. Heene	W. Pföhler	M. Trede
T. Cremer	F. A. Henn	B. Pohlmann-Eden	
H. J. Diesfeld	M. G. Hennerici	M. H. Schmidt	

Mit 8 Abbildungen

Johann Ambrosius Barth Verlag
Heidelberg · Leipzig

Abb. 13: Medizinische Ethik am Beginn des 21. Jahrhunderts / herausgegeben von Axel W. Bauer

Zusätzliche Angaben zu Abb. 13
Vortitelseite:
Medizin im Dialog
Rückseite der Titelseite:
© 1998
ISBN 3-335-00538-4
XIII, 257 Seiten, 25 cm. Enthält 20 Aufsätze. Literaturverzeichnis auf Seite 221-229. Vgl. Lösung 13-27.

Manchmal treten Varianten des Haupttitels auf: So kann z. B. an einer anderen Stelle der Ressource eine Fassung stehen, die von der Formulierung in der bevorzugten Informationsquelle etwas abweicht (4-30). Eine solche Variante wird als abweichender Titel bezeichnet (RDA 2.3.6; vgl. Kap. 4.4.4).

Ein besonderer Fall liegt vor, wenn der Haupttitel und ggf. auch Titelzusätze zusätzlich noch in einer oder mehreren anderen Sprachen oder Schriften vorliegen (vgl. Kap. 4.4.3): Dann spricht man von Paralleltiteln (RDA 2.3.3) bzw. parallelen Titelzusätzen (RDA 2.3.5). Ein Beispiel dafür zeigt Abb. 14 (S. 43).

Beispiel 4-30
Titelseite:
Ravensburger Tierlexikon von A-Z
Vorderumschlag des Buches:
Das große Ravensburger Tierlexikon von A-Z
Haupttitel:
Ravensburger Tierlexikon von A-Z
Abweichender Titel:
Das große Ravensburger Tierlexikon von A-Z
Anmerkung zum Titel:
Abweichender Titel vom Umschlag

4.4.2 Haupttitel und Titelzusatz

Der Haupttitel ist ein Kernelement, muss also stets erfasst werden. Er wird im Normalfall der bevorzugten Informationsquelle entnommen (RDA 2.3.2.2). Titelzusätze wurden für die deutsche Anwendung als Zusatzelemente definiert (RDA 2.3.4 D-A-CH). Zumindest der erste Titelzusatz wird also stets erfasst.

Titelzusätze müssen zwingend derselben Informationsquelle entnommen werden wie der Haupttitel. Angaben mit dem Charakter eines Titelzusatzes, die an einer anderen Stelle in der Ressource stehen, können als abweichende Titel (vgl. Kap. 4.4.4) oder als Anmerkung zum Titel (vgl. Kap. 4.11) erfasst werden (RDA 2.3.4.2 mit D-A-CH).

Beispiel 4-31
DAS FRÄULEIN VON SCUDERI und andere Erzählungen
Haupttitel:
Das Fräulein von Scuderi und andere Erzählungen

Beispiel 4-32
*Beraterhandbuch –
Präventive Hausbesuche bei Senioren*
Haupttitel:
Beraterhandbuch - präventive Hausbesuche bei Senioren

Beispiel 4-33
*Fritz Blumenstein
1898 - 1993*
Haupttitel:
Fritz Blumenstein 1898-1993

Beispiel 4-34
*So lernt mein Kind sich konzentrieren
Mit Praxistest*
Haupttitel:
So lernt mein Kind sich konzentrieren
Titelzusatz:
mit Praxistest

Beispiel 4-35
*95. Deutscher Bibliothekartag in Dresden 2006
Netzwerk Bibliothek*
Haupttitel:
Netzwerk Bibliothek
Titelzusatz:
95. Deutscher Bibliothekartag in Dresden 2006

Beispiel 4-36
*RAK versus AACR
Projekte – Prognosen – Perspektiven
Beiträge zur aktuellen Regelwerksdiskussion*
Haupttitel:
RAK versus AACR
1. Titelzusatz:
Projekte - Prognosen - Perspektiven
2. Titelzusatz:
Beiträge zur aktuellen Regelwerksdiskussion
ISBD-Darstellung:
RAK versus AACR : Projekte - Prognosen - Perspektiven : Beiträge zur aktuellen Regelwerksdiskussion

Ein Haupttitel kann sich über mehrere Zeilen erstrecken wie bei „Medizinische Ethik am Beginn des 21. Jahrhunderts" in Abb. 13 (S. 41). Es kommt auch vor, dass ein Teil davon typografisch abgesetzt ist – trotzdem wird die gesamte Angabe als Haupttitel erfasst, sofern die Teile grammatisch miteinander verbunden sind (RDA 2.3.2.7 mit D-A-CH; vgl. 4-31). Als grammatisch verbunden gelten auch sogenannte Appositionen wie „Lexikon Buch, Druck, Papier" (vgl. Abb. 12, S. 36) oder „Basiswissen RDA". In solchen Fällen bildet die gesamte Phrase den Haupttitel.

Haupttitel und Titelzusätze lassen sich in den meisten Fällen leicht voneinander abgrenzen. Manchmal muss man aber auch abwägen und seine Entscheidung unter Berücksichtigung der Sachaussage und des Layouts treffen (RDA 2.3.4.3 D-A-CH). Häufig kommt etwa im Titelbereich ein Doppelpunkt oder Gedankenstrich vor. Dann ist zu überlegen, ob dieser nur die Trennstelle zwischen Haupttitel und Titelzusatz markiert wie in 4-15 oder ob beide Teile zusammen als Haupttitel anzusehen sind. In 4-32 würde „Beraterhandbuch" für sich alleine keinen sinnvollen Haupttitel ergeben, weshalb das Ganze als Haupttitel erfasst wird.

Jahres- und Datumsangaben, die am Anfang oder Ende stehen, werden in der Regel als Teil des Haupttitels erfasst (4-33), sofern sie nicht klar als Titelzusatz präsentiert werden (z. B. deutlich abgesetzt und kleiner gedruckt). Vermerke über textliche Beigaben werden als Titelzusatz erfasst (4-34). Angaben wie „mit 20 Tabellen" werden in der Regel weggelassen. Bei Bedarf können sie in einer Anmerkung gemäß RDA 7.16 erfasst werden (vgl. Kap. 5.7.2).

Findet sich auf der Titelseite des Tagungsbands einer Konferenz sowohl ein Thema als auch eine Angabe, die den Namen der Konferenz enthält (alleine oder mit weiteren Angaben), so wird das Thema als Haupttitel und die andere Angabe als Titelzusatz erfasst. Dies gilt unabhängig von Reihenfolge und Layout dieser Angaben in der Informationsquelle (4-35).

Gibt es mehrere Titelzusätze zum Haupttitel, so werden sie in der vorgefundenen Reihenfolge erfasst (4-36). Bei ISBD-Darstellung wird jeder Titelzusatz mit einem Doppelpunkt eingeleitet.

4.4.3 Paralleltitel und paralleler Titelzusatz

Liegen Titelfassungen in unterschiedlichen Sprachen vor, so ist in der Regel auch der Inhalt in mehreren Sprachen verfasst. Bei einem Aufsatzband könnte z. B. ein Teil der Beiträge in Deutsch, der andere in Englisch geschrieben sein. Manchmal ist auch der komplette Text in beiden Sprachen abgedruckt, wie bei Abb. 14 (S. 43).

Zunächst muss entschieden werden, welche der Titelfassungen die primäre ist. Das Kriterium dafür ist die Sprache, in der der Hauptteil der Ressource verfasst ist

Menschenaffen wie wir

Porträts einer Verwandtschaft

Apes Like Us

Portraits of a Kinship

Jutta Hof & Volker Sommer

EDITION**PANORAMA**

Abb. 14: Menschenaffen wie wir / Jutta Hof & Volker Sommer

Zusätzliche Angaben zu Abb. 14
Kolophon:
© 2010
ISBN: 978-3-89823-435-1
Edition Panorama GmbH
G7, 14
D-68159 Mannheim
190 Seiten, 24 cm. Bildanteil mehr als die Hälfte; enthält außerdem einige Karten. Jutta Hof ist die Fotografin, Volker Sommer der Verfasser der Texte. Vgl. Lösung 13-17.

LEBENSBILDER			LIFESTYLES
4. Orang-Utans *Eremiten im Urwald*	88	92	4. Orangutans *Hermits in the Jungle*
5. Gorillas *Milde und wilde Riesen*	98	103	5. Gorillas *Mild and Wild Giants*
6. Schimpansen *Keine besseren Menschen*	110	114	6. Chimpanzees *Not Better People*
7. Bonobos *Im feministischen Utopia?*	122	126	7. Bonobos *In Feminist Utopia?*

Ausschnitt aus dem Inhaltsverzeichnis:

(RDA 2.3.2.4): Ist bei einem Aufsatzband die überwiegende Zahl der Beiträge auf Englisch verfasst, dann ist die englische Variante als Haupttitel anzusehen. Sind die Sprachen ungefähr im selben Umfang vertreten, dann wählt man denjenigen Titel als Haupttitel, der durch das Layout hervorgehoben ist oder der von der Reihenfolge her zuerst kommt – in Abb. 14 (S. 43) also den deutschen Titel (4-37; vgl. auch Kap. 4.3.1 zu gleichartig gestalteten Titelseiten in unterschiedlichen Sprachen). Weitere Titel in anderen Sprachen oder Schriften heißen Paralleltitel. Bei ISBD-Darstellung werden Paralleltitel mit einem Gleichheitszeichen eingeleitet (4-37).

Der Paralleltitel ist als Zusatzelement definiert (RDA 2.3.3 D-A-CH): Zumindest der erste Paralleltitel wird stets erfasst. Kommt ein deutscher Paralleltitel an späterer Stelle vor – z. B. als zweiter oder dritter Paralleltitel – wird auch dieser angegeben (RDA 2.3.3.3 D-A-CH). Die Erfassung weiterer Paralleltitel sowie der parallelen Titelzusätze ist optional. In 4-37 könnte man also „portraits of a kinship“ weglassen. Steht der Paralleltitel nicht auf der bevorzugten Informationsquelle, sondern an einer anderen Stellen der Ressource, so kann dies in einer Anmerkung erläutert werden (vgl. Kap. 4.11 und Lösung 13-18).

Beispiel 4-37
vgl. Abb. 14 (S. 43)
Menschenaffen wie wir
Porträts einer Verwandtschaft
Apes Like Us
Portraits of a Kinship
Haupttitel:
Menschenaffen wie wir
Titelzusatz:
Porträts einer Verwandtschaft
Paralleltitel:
Apes like us
Paralleler Titelzusatz:
portraits of a kinship
ISBD-Darstellung:
Menschenaffen wie wir : Porträts einer Verwandtschaft = Apes like us : portraits of a kinship

4.4.4 Abweichender Titel

Abweichende Titel sind normalerweise optional; nur für fortlaufende Ressourcen wurden sie als Zusatzelement definiert (RDA 2.3.6 mit D-A-CH; vgl. Kap. 4.19.3). Ihre Erfassung ist jedoch oft sinnvoll, um den Nutzern zusätzliche Recherchemöglichkeiten zu bieten. Dabei sollten nicht nur Varianten berücksichtigt werden, die in der Ressource selbst vorkommen (4-30), sondern auch weitere, unter denen Nutzer möglicherweise suchen. Besonders wichtig ist ein abweichender Titel bei Schreibfehlern (4-22).

Beispiel 4-38
100 + 3 Schweizer Plakate
Haupttitel:
100 + 3 Schweizer Plakate
Abweichender Titel:
Hundert plus drei Schweizer Plakate

Ziffern, Symbole oder Abkürzungen können mithilfe eines abweichenden Titels zusätzlich in aufgelöster Form suchbar gemacht werden (4-19, 4-38, 4-39). Dabei sollte man jedoch Aufwand und Nutzen abwägen, zumal bei mehreren denkbaren Varianten (z. B. „100" als „hundert" und „einhundert"). Auch fehlende Bindestriche bei fälschlich getrennten Komposita können in einem abweichenden Titel ergänzt werden (4-17).

4.4.5 Besonderheiten bei Titeln

Ein Alternativtitel ist ein Titel, der mit einem „oder" (bzw. „or", „ou" etc.) angeschlossen ist, wie z. B. in „Monrepos oder Die Kälte der Macht" (4-40). Der Alternativtitel gilt als Teil des Haupttitels (RDA 2.3.2.1) und beginnt gemäß der Grundregel für die Schreibung von Titeln stets mit einem Großbuchstaben (vgl. Kap. 4.2.3). Zusätzlich kann er als abweichender Titel erfasst werden.

Manchmal ist der Name einer verantwortlichen Person, etwa des Verfassers (z. B. „Eichendorffs gesammelte Werke") oder Sprechers (z. B. „Jürgen von der Lippe liest Kurt Tucholsky"), oder der Name des Verlags (4-41) grammatisch fest in den Haupttitel integriert. Entsprechend wird er als dessen Teil angesehen (RDA 2.3.1.5); zusätzlich sollte ein abweichender Titel ohne den Namen erfasst werden (4-41). Davon zu unterscheiden sind die vor allem bei Nichtbuch-Ressourcen anzutreffenden Formulierungen wie „Disney presents", die den eigentlichen Haupttitel nur ankündigen. Diese gelten nicht als Teil des Haupttitels (RDA 2.3.1.6 mit D-A-CH).

Sind mehrere Werke in einer Ressource verkörpert, so können auf der Informationsquelle sowohl ein Titel für das Ganze als auch die Titel der enthaltenen Werke stehen. Ein Beispiel dafür zeigt 4-42, ein Band mit drei Romanen von David Lodge. Bei einer umfassenden Beschreibung wird der übergeordnete Titel als Haupttitel erfasst (RDA 2.3.2.6). Die Titel der einzelnen Romane entfallen an dieser Stelle. Man kann jedoch eine Beziehung zu den einzelnen Romanen anlegen und die Titel auf diese Weise berücksichtigen (RDA 2.3.2.6 D-A-CH; vgl. Kap. 10.2.2).

Bei manchen Ressourcen gibt es gar keinen übergeordneten Titel – auf der Titelseite sind dann nur die Titel der einzelnen Werke genannt, welche die Ressource enthält. Ein Beispiel zeigt Abb. 44 (S. 205), wo die Titel zweier Reden von Günter Grass auf der Titelseite untereinander aufgeführt sind. Manchmal gibt es stattdessen auch ein eigenes Titelblatt für jedes Werk im Inneren der Ressource. Der Haupttitel der Ressource besteht dann aus den Haupttiteln aller Werke (RDA 2.3.2.9; 4-43). Bei ISBD-Darstellung werden diese hintereinander aufgeführt und mit einem Semikolon verbunden. Ggf. kommen noch Titelzusätze und Paralleltitel dazu (in 4-43 bezieht sich der Titelzusatz auf beide Titel). Bei Werken von unterschiedlichen Autoren werden in der ISBD-Darstellung die Angaben für jedes Werk mit einem Punkt voneinander abgetrennt, z. B.: Haupttitel des 1. Werks : Titelzusatz / Verantwortlichkeitsangabe. Haupttitel des 2. Werks : Titelzusatz / Verantwortlichkeitsangabe (RDA Anhang D.1.2.2).

Beispiel 4-39
Dr. Jekyll und Mr. Hyde
Haupttitel:
Dr. Jekyll und Mr. Hyde
Abweichender Titel:
Doktor Jekyll und Mister Hyde

Beispiel 4-40
Monrepos oder Die Kälte der Macht
Haupttitel:
Monrepos oder Die Kälte der Macht
Abweichender Titel:
Die Kälte der Macht

Beispiel 4-41
Langenscheidts
Grundwortschatz Latein
Haupttitel:
Langenscheidts Grundwortschatz Latein
Abweichender Titel:
Grundwortschatz Latein

Beispiel 4-42
vgl. Abb. 30 (S. 152)
A DAVID LODGE TRILOGY
Changing Places
Small World
Nice Work
Haupttitel:
A David Lodge trilogy

Beispiel 4-43
vgl. Abb. 44 (S. 205)
Günter Grass
Freiheit nach Börsenmaß
Geschenkte Freiheit
Zwei Reden zum 8. Mai 1945
Haupttitel:
Freiheit nach Börsenmaß
Geschenkte Freiheit
ISBD-Darstellung:
Freiheit nach Börsenmaß ; Geschenkte Freiheit : zwei Reden zum 8. Mai 1945 / Günter Grass

Beispiel 4-44
vgl. Abb. 46 (S. 210)
Haupttitel:
Das Heimatbuch Enzklösterle
Erfassung mit Nichtsortierzeichen:
¬Das¬ Heimatbuch Enzklösterle

Erfassen von Titeln mit Artikeln am Anfang:
Beginnt ein Haupttitel, Paralleltitel oder abweichender Titel mit einem bestimmten oder unbestimmten Artikel (z. B. „Das Heimatbuch Enzklösterle", „Ein kalter Strom" oder „A David Lodge trilogy"), so ist es in der bibliothekarischen Tradition üblich, den einleitenden Artikel bei der Sortierung zu übergehen. Der Haupttitel „Das Heimatbuch Enzklösterle" wird also in einem Register nicht unter „D", sondern unter „H" eingeordnet. Beim Katalogisieren müssen deshalb am Anfang stehende Artikel in der Regel besonders gekennzeichnet werden; je nach System werden dafür unterschiedliche Steuerzeichen verwendet. In 4-44 wurde der einleitende Artikel mit sogenannten „Nichtsortierzeichen" markiert.

4.5 Verantwortlichkeitsangabe

4.5.1 Verantwortlichkeitsangabe: Allgemeines

In Verantwortlichkeitsangaben (RDA 2.4) werden Personen, Familien oder Körperschaften aufgeführt, die für die Ressource Verantwortung tragen – sei es als geistige Schöpfer, als Herausgeber, Redakteure, Übersetzer, Illustratoren, Verfasser enthaltener Werke etc. Im Normalfall sind die verantwortlichen Personen, Familien oder Körperschaften namentlich genannt. Dies ist jedoch nicht zwingend: Auch eine Information wie „Mit Illustrationen der Autorin" wird als Verantwortlichkeitsangabe erfasst (RDA 2.4.1.9).

Beachten Sie bei Nichtbuch-Ressourcen:
Für Angaben, die Ausführende (z. B. Schauspieler) oder Moderatoren o. ä. nennen, gibt es ein eigenes, zur Expressionsebene gehörendes Element (RDA 7.23; vgl. Kap. 5.7.6). Dasselbe gilt für die Nennung von Regisseuren, Produzenten, Kostümbildnern, Toningenieuren etc. (RDA 7.24; vgl. Kap. 5.7.6). Gemäß RDA werden solche Informationen nicht als Verantwortlichkeitsangaben betrachtet, sondern in einer Anmerkung angegeben.

Neben Verantwortlichkeitsangaben, die sich auf den Haupttitel beziehen (RDA 2.4.2; im Folgenden nur als „Verantwortlichkeitsangabe" bezeichnet), gibt es weitere Typen. Zu diesen gehören parallele Verantwortlichkeitsangaben in einer anderen Sprache oder Schrift (RDA 2.4.3) und solche, die im Zusammenhang mit einer Ausgabebezeichnung erscheinen (RDA 2.5.4; vgl. 4-45). Nur die Verantwortlichkeitsangabe, die sich auf den Haupttitel bezieht, ist ein Kernelement – sie muss also stets erfasst werden. Eine Ausnahme gilt für fortlaufende Ressourcen (vgl. Kap. 4.19.3).

Beispiel 4-45
Christine Jakobi-Mirwald
Buchmalerei
Dritte, überarbeitete und erweiterte Auflage unter Mitarbeit von Martin Roland
Verantwortlichkeitsangabe, die sich auf den Haupttitel bezieht:
Christine Jakobi-Mirwald
Verantwortlichkeitsangabe, die sich auf die Ausgabe bezieht:
unter Mitarbeit von Martin Roland

4.5.2 Mehrere Verantwortlichkeitsangaben

Häufig gibt es zu einem Haupttitel mehrere Verantwortlichkeitsangaben: Bei Abb. 1 (S. 8) wird in der ersten davon die Verfasserin genannt und in der zweiten der Illustrator (4-46). „Mit vier Kohlezeichnungen von Theodor Heuss" gilt als eine Verantwortlichkeitsangabe, weil darin eine verantwortliche Person genannt wird. Hätte es hingegen nur „Mit vier Kohlezeichnungen" geheißen, so wäre dies als Titelzusatz erfasst worden (vgl. Kap. 4.4.2 und 4-34).

Bei Abb. 13 (S. 41) sind es sogar drei Verantwortlichkeitsangaben (für den Herausgeber, den Verfasser des Geleitworts und die Verfasser der Aufsätze). Mehrere solcher Angaben werden in der Reihenfolge erfasst, die man auf der Informationsquelle vorfindet (RDA 2.4.1.6 mit D-A-CH). Bei ISBD-Darstellung steht dazwischen jeweils ein Semikolon (4-46).

Nur eine Verantwortlichkeitsangabe – nämlich die wichtigste – muss zwingend erfasst werden (RDA 2.4.2.3 mit D-A-CH). Es sollte diejenige sein, die den oder die geistigen Schöpfer nennt; ersatzweise (z. B. bei einem Aufsatzband) den oder die Herausgeber. Im Zweifelsfall nimmt man die erste. Bei 4-46 muss „Elly Heuss-Knapp" in jedem Fall erfasst werden. Außerdem ist es sinnvoll, immer dann, wenn eine Beziehung angelegt wird, auch die zugehörige Verantwortlichkeitsangabe zu berücksichtigen (vgl. Kap. 9.1.5). Erstellt man also eine Beziehung zu Theodor Heuss als Illustrator, so sollte man auch die ihn nennende Verantwortlichkeitsangabe übernehmen. Man darf eine Verantwortlichkeitsangabe aber auch dann erfassen, wenn keine entsprechende Beziehung angelegt wird.

Beispiel 4-46
vgl. Abb. 1 (S. 8)
Elly Heuss-Knapp
Mit vier Kohlezeichnungen von Theodor Heuss
1. Verantwortlichkeitsangabe:
Elly Heuss-Knapp
2. Verantwortlichkeitsangabe:
mit vier Kohlezeichnungen von Theodor Heuss
ISBD-Darstellung:
Elly Heuss-Knapp ; mit vier Kohlezeichnungen von Theodor Heuss

Angaben zu Verfassern von Geleitworten oder unterstützenden Personen werden häufig weggelassen. Verzichtbar sind im Normalfall auch Angaben zu Lektoren, Setzern, Layoutern, Designern etc.

4.5.3 Erfassen von Verantwortlichkeitsangaben

Ebenso wie Titel werden auch Verantwortlichkeitsangaben – von wenigen Ausnahmen abgesehen (vgl. Kap. 4.5.4 und 4.5.5) – exakt aus der Informationsquelle übertragen: Steht also ein „von" oder ein „by" vor dem Namen des Autors, so wird dies genauso abgeschrieben. Steht kein solches Wörtchen da, so wird es auch nicht erfasst.

Beachten Sie, dass sich für ein und denselben Sachverhalt in den Ressourcen ganz unterschiedliche Formulierungen finden können. Ein Herausgeber kann beispielsweise in der Form „Herausgegeben von XY", „Herausgeber: XY", „XY (Hrsg.)" oder „XY (Hg.)" in der Informationsquelle angegeben sein – dies wird in der Beschreibung der Ressource jeweils genau abgebildet.

Beispiel 4-47
Die Stadt der träumenden Bücher
Ein Roman aus Zamonien von
Hildegunst von Mythenmetz
Verantwortlichkeitsangabe:
ein Roman aus Zamonien von
Hildegunst von Mythenmetz

Die Abgrenzung von Haupttitel bzw. Titelzusatz und Verantwortlichkeitsangabe ist in der Regel unproblematisch. Aufpassen muss man jedoch bei Nominalphrasen, die grammatisch fest mit dem Namen einer verantwortlichen Person, Familie oder Körperschaft verbunden sind und auch vom Layout her als Teil der Verantwortlichkeitsangabe präsentiert werden. Diese gehören zur Verantwortlichkeitsangabe mit dazu, werden also nicht als Titelzusatz erfasst (RDA 2.4.1.8; vgl. 4-47).

Beispiel 4-48
bearbeitet von Ludger Breitbach,
Noyan Dinckal, Peter Köddermann,
Jörg Lesczenski, Thorsten Lichtblau,
Andrea Niewerth, Roland Schlenker
Verantwortlichkeitsangabe:
bearbeitet von Ludger Breitbach,
Noyan Dinckal, Peter Köddermann,
Jörg Lesczenski, Thorsten Lichtblau,
Andrea Niewerth, Roland Schlenker
Beispiel für optionale Weglassung:
bearbeitet von Ludger Breitbach,
Thorsten Lichtblau [und fünf
anderen]

4.5.4 Angaben mit mehreren Personen, Familien oder Körperschaften

Nennt eine Verantwortlichkeitsangabe mehrere Personen, Familien oder Körperschaften, so werden alle abgeschrieben. Bei mehr als drei Namen darf man die Angabe aber auch kürzen. Der erste Name in der Liste muss dabei in jedem Fall erhalten bleiben; weitere können nach Belieben angegeben werden (RDA 2.4.1.5 mit D-A-CH). 4-48 zeigt ein Beispiel, in dem außer der ersten noch die fünfte Person aufgeführt wurde (die vielleicht besonders wichtig für die katalogisierende Institution ist). Die Weglassung wird in eckigen Klammern erläutert – und zwar stets auf Deutsch, auch wenn die Angabe selbst in einer anderen Sprache vorliegt.

Die Anwendung dieser optionalen Weglassung sollte jedoch auf lange Listen beschränkt bleiben, bei denen eine vollständige Erfassung zu aufwendig wäre. Ein Beispiel dafür ist die Liste der 22 Beiträger in Abb. 13 (S. 41). Bei 4-48 würde man hingegen im Normalfall die Grundregel anwenden und alle sieben Namen abschreiben.

Beispiel 4-49
Prof. Dr. Sigmund Rehm
Dipl.-Ing. agr. Gustav Espig
Institut für Pflanzenbau und
Tierhygiene in den Tropen und
Subtropen der Universität Göttingen
Verantwortlichkeitsangabe:
Prof. Dr. Sigmund Rehm, Dipl.-Ing. agr. Gustav Espig (Institut für Pflanzenbau und Tierhygiene in den Tropen und Subtropen der Universität Göttingen)
Beispiel für optionale Weglassung:
Sigmund Rehm, Gustav Espig

Häufig stehen die Namen mehrerer Personen in gleicher Funktion neben- oder untereinander. Sie werden als eine einzige Verantwortlichkeitsangabe betrachtet, auch wenn die Zusammengehörigkeit nicht durch eine verbindende Wendung oder durch Satzzeichen deutlich gemacht wird. Für die beiden Verfasser aus 4-16, deren Namen „Wolfgang Bergmann" und „Gerald Hüther" untereinander stehen, erfasst man also eine gemeinsame Verantwortlichkeitsangabe („Wolfgang Bergmann, Gerald Hüther") und nicht etwa eine für jede Person.

Beispiel 4-50
Dissertation zur Erlangung des
Doktorgrades der Fakultät für
Agrarwissenschaften der
Georg-August-Universität
Göttingen
vorgelegt von
Christoph Niederhut-Bollmann
geboren in Springe
Verantwortlichkeitsangabe:
vorgelegt von Christoph Niederhut-Bollmann, geboren in Springe

4.5.5 Personalangaben, formelhafte Wendungen

Personalangaben sind z. B. akademische Titel, der Ort, an dem eine Person wirkt, oder die Institution, an der sie tätig ist. Solche Informationen werden im Normalfall exakt übernommen, können optional aber auch weggelassen werden (RDA 2.4.1.4 mit D-A-CH). 4-49 zeigt neben der Standardlösung eine Variante, bei der auf sämtliche Personalangaben verzichtet wurde. Eine weitere Möglichkeit wäre hier, zumindest die akademischen Titel anzugeben und nur das Institut wegzulassen. Insgesamt sollte man jedoch von der optionalen Weglassung nur bei umfangreichen Verantwortlichkeitsangaben Gebrauch machen.

Beachten Sie die Zeichensetzung in 4-49: Im Original ist die Institution, an der die Autoren tätig sind, deutlich kleiner gedruckt als die Namen der Personen – dies verbessert die Verständlichkeit. Im Katalogisat muss man dies anders lösen. Das Institut wurde deshalb nicht mit einem Komma abgetrennt, sondern in Klammern gesetzt (vgl. RDA 2.4.1.5 D-A-CH).

Bei Hochschulschriften finden sich typischerweise sehr lange, formelhafte Verantwortlichkeitsangaben, die von der jeweiligen Hochschule exakt vorgegeben sind. In diesen Fällen wird empfohlen, die Angabe zu kürzen (4-50).

4.6 Ausgabevermerk

4.6.1 Ausgabebezeichnung

Ausgabebezeichnungen (RDA 2.5.2) werden in der Regel mit Bezeichnungen wie „Auflage", „Ausgabe", „edition", „release", „Version", „Fassung" o. ä. gebildet. Häufig werden dabei Unterschiede im Inhalt („2., erweiterte Auflage"), in der geografischen Abdeckung („Canadian edition"), in der Sprache („Ausgabe in deutscher Sprache"), in der Zielgruppe („Ausgabe für Lehrer"), im Format oder der physischen Darstellung („Widescreen version") oder beim Stand des Inhalts („Stand 1.1.2012") angesprochen (RDA 2.5.2.1). Die Ausgabebezeichnung ist ein Kernelement.

Angaben wie „Lizenzausgabe mit freundlicher Genehmigung des Verlags XY" werden nicht als Ausgabebezeichnung betrachtet. Sie sind vielmehr eine Erläuterung zur Publikationsgeschichte. Ein entsprechender Hinweis kann als Anmerkung zur Veröffentlichungsangabe erfasst werden (RDA 2.17.7; vgl. Kap. 4.11).

Zahlen und Zahlwörter werden genau übertragen (4-51, 4-52). Die erste Ausgabebezeichnung beginnt großgeschrieben (4-51, 4-53). Mehrere Ausgabebezeichnungen werden in der vorgefundenen Reihenfolge erfasst (4-53). Bei ISBD-Darstellung verbindet man sie mit einem Komma. Davon zu unterscheiden sind Fälle, in denen in der Ressource auch Ausgabebezeichnungen früherer Manifestationen aufgeführt sind, um die Publikationsgeschichte zu dokumentieren. Von den drei in 4-54 abgedruckten Ausgabebezeichnungen beziehen sich die ersten beiden auf frühere Manifestationen; nur die letzte gehört tatsächlich zur vorliegenden Ausgabe. Wenn man der Ansicht ist, dass es die Lesbarkeit verbessert, könnte man hinter „3." noch ein Komma ergänzen.

4.6.2 Ausgabebezeichnung einer näher erläuterten Überarbeitung

Manchmal findet sich zusätzlich zu einer benannten Ausgabe ein Hinweis darauf, dass die vorliegende Ausgabe im Vergleich zur ursprünglichen etwas verändert ist, z. B. „reprinted with corrections". Eine solche Angabe wird nicht als eine zweite Ausgabebezeichnung betrachtet wie in 4-53, sondern als ein gesondertes Element „Ausgabebezeichnung einer näher erläuterten Überarbeitung" (RDA 2.5.6; vgl. 4-55). Auch dieses ist ein Kernelement. Bei ISBD-Darstellung wird es mit einem Komma an die Ausgabebezeichnung angeschlossen.

Beachten Sie: Tritt eine Angabe wie „2., korrigierter Druck" nicht in Zusammenhang mit einer weiteren Angabe wie „3. Auflage" auf, sondern steht für sich alleine, so gilt sie als eine normale Ausgabebezeichnung (RDA 2.5.2.3 D-A-CH; vgl. 4-56).

Beispiel 4-51
ZWEITE AUFLAGE
Ausgabebezeichnung:
Zweite Auflage

Beispiel 4-52
4th edition
Ausgabebezeichnung:
4th edition

Beispiel 4-53
Ungekürzte Ausgabe   3. Auflage
1. Ausgabebezeichnung:
Ungekürzte Ausgabe
2. Ausgabebezeichnung:
3. Auflage
ISBD-Darstellung:
Ungekürzte Ausgabe, 3. Auflage

Beispiel 4-54
1. Auflage 2002
2. Auflage 2005
3. völlig überarbeitete Auflage 2009
Ausgabebezeichnung:
3. völlig überarbeitete Auflage

Beispiel 4-55
Fourth edition
Reprinted with corrections
Ausgabebezeichnung:
Fourth edition
Ausgabebezeichnung einer näher erläuterten Überarbeitung:
reprinted with corrections
ISBD-Darstellung:
Fourth edition, reprinted with corrections

Beispiel 4-56
2., korrigierter Druck
Ausgabebezeichnung:
2., korrigierter Druck

4.6.3 Hinweis auf unveränderten Nachdruck

Angaben, die einen unveränderten Nachdruck anzeigen – beispielsweise „reprinted", „Nachdruck", „3. Druck", „2nd printing", „35th impression" oder „43.-47. Tausend" – werden ignoriert (RDA 2.5.6.3). Im Beispiel 4-57 ist die Ausgabebezeichnung folglich nur „Fourth edition"; das „third printing" entfällt. Dies gilt auch für entsprechende Angaben aus Druckziffernleisten, wie man sie bei Abb. 44 (S. 205) sieht (dort handelt es sich um den ersten Druck, wie die rechts stehende Zahl „1" zeigt). Konsequenterweise wird auch die zu einem unveränderten Nachdruck gehörende Jahresangabe nicht beachtet (vgl. Kap. 4.7.3).

Vor allem bei Belletristik und Sachbüchern steht eine Formulierung wie „3. Auflage" manchmal nicht für eine echte neue Ausgabe, sondern nur für einen unveränderten Nachdruck. Im Beispiel 4-58 zeigt der kurze Zeitabstand zwischen den „Auflagen", dass es sich in Wirklichkeit um Drucke handelt; die Angabe wird deshalb weggelassen. Jedoch sind nicht alle Fälle so eindeutig. Im Zweifelsfall wird eine solche Angabe als Ausgabebezeichnung erfasst (RDA 2.5.2.1 mit D-A-CH).

Man lässt die Nachdruck-Angaben deshalb weg, weil es für die Benutzer keinen Unterschied macht, welchen Druck sie verwenden, sofern die Drucke inhaltlich identisch sind. Die Regelung hat zugleich den Vorteil, dass das ursprüngliche Katalogisat auch für alle unveränderten Nachdrucke verwendet werden kann. Zur Entscheidung, ob tatsächlich ein unveränderter Nachdruck vorliegt oder doch eine eigene Ausgabe, vgl. RDA 2.1 D-A-CH. Pflichtexemplarbibliotheken können davon abweichend auch einzelne Drucke nachweisen.

4.7 Erscheinungsvermerk

4.7.1 Veröffentlichungsangabe

Für veröffentlichte Ressourcen, wie sie typischerweise in Bibliotheken vorkommen, wird eine Veröffentlichungsangabe erfasst (RDA 2.8). Sie besteht aus den drei Elementen Erscheinungsort, Verlagsname und Erscheinungsdatum (4-59). Bei ISBD-Darstellung steht nach dem Ort ein Doppelpunkt und nach dem Verlag ein Komma.

Der Erscheinungsort (RDA 2.8.2) ist typischerweise der Verlagsort oder der Sitz der Körperschaft, die für die Herausgabe bzw. Veröffentlichung der Ressource verantwortlich ist. Erscheinungsorte werden vorrangig aus derselben Informationsquelle genommen wie der Verlagsname. Beim Übertragen von Erscheinungsorten werden auch Angaben zur geografischen Lage und zu übergeordneten Geografika berücksichtigt (4-60, 4-61). Eine solche Information kann man beim Katalogisieren auch ergänzen, wenn man sie für wichtig hält. Sie muss dann eckig geklammert werden (4-62). Adressangaben wie Postleitzahl, Straße und Hausnummer werden weggelassen (RDA 2.8.2.3 D-A-CH).

Der Erscheinungsort ist ein Kernelement. Sind mehrere angegeben, so muss mindestens der erste erfasst werden. In der deutschen Anwendung sollen möglichst auch alle anderen Orte angegeben werden, sofern dies zu leisten ist (RDA 2.8.2 D-A-CH). Die Erfassung erfolgt in der vorgefundenen Reihenfolge (RDA 2.8.2.4; vgl. 4-63). Bei ISBD-Darstellung steht zwischen zwei Erscheinungsorten jeweils ein Semikolon.

Manchmal muss der Erscheinungsort aus einer externen Quelle ergänzt werden, z. B. von der Website (4-29) oder aus Katalogisaten für andere Ressourcen desselben Verlags. Die Ergänzung erfolgt entweder in der Sprache des Landes, in dem der Ort liegt, oder auf Deutsch (RDA 1.4 D-A-CH). Beim Erscheinungsort Neapel wäre also

---

Beispiel 4-57
Fourth edition
Third printing
Ausgabebezeichnung:
Fourth edition

Beispiel 4-58
3. Auflage Januar 2007
Erschienen im Fischer Taschenbuch Verlag, Frankfurt am Main, Dezember 2006
Die Angabe „3. Auflage" ist hier keine Ausgabebezeichnung, sondern nur eine Angabe des Drucks.

Beispiel 4-59
2008
Harrassowitz Verlag • Wiesbaden
Erscheinungsort:
Wiesbaden
Verlagsname:
Harrassowitz Verlag
Erscheinungsdatum:
2008
ISBD-Darstellung:
Wiesbaden : Harrassowitz Verlag, 2008

Beispiel 4-60
Santa Barbara, California
Erscheinungsort:
Santa Barbara, California

Beispiel 4-61
Niedernhausen/Ts.
Erscheinungsort:
Niedernhausen/Ts.

Beispiel 4-62
Dublin
Erscheinungsort mit optionaler Ergänzung:
Dublin [Ohio]

Beispiel 4-63
vgl. Abb. 13 (S. 41)
Heidelberg • Leipzig
1. Erscheinungsort:
Heidelberg
2. Erscheinungsort:
Leipzig
ISBD-Darstellung:
Heidelberg ; Leipzig

sowohl „[Napoli]" als auch „[Neapel]" möglich. Ein unsicherer Ort wird mit einem Fragezeichen dahinter angegeben; notfalls beschränkt man sich auf die Angabe des Erscheinungslandes. Sollte nicht einmal dieses herauszufinden sein, erfasst man „[Erscheinungsort nicht ermittelbar]" (RDA 2.8.2.6 mit D-A-CH).

Der Verlagsname (RDA 2.8.4) bezieht sich nicht nur auf kommerzielle Verlage, sondern auch auf Personen oder Körperschaften, die für das Erscheinen einer Ressource verantwortlich sind. Waren mehrere Verlage beteiligt, so muss nur der erste Verlagsname als Kernelement erfasst werden. Es können aber auch mehrere Verlage berücksichtigt werden; in diesem Fall erhält jeder seine eigene Veröffentlichungsangabe.

Nicht zu verwechseln ist dieser Fall mit einem sogenannten Imprint: Dabei teilt ein Verlag sein Programm in mehrere Segmente unter eigenen Namen auf. Häufig wird dabei der Name eines aufgekauften Verlags als Marke weitergeführt. Dann erscheint z. B. „Artemis & Winkler" auf der Titelseite und „Patmos Verlag" auf deren Rückseite, oder man stößt auf Angaben wie „BirCom, ein Imprint des Birkhäuser Verlags". In diesen Fällen sollte man nur den Imprint („Artemis & Winkler" bzw. „BirCom") angeben und den übergeordneten Verlag weglassen (RDA 2.8.4.3, optionale Weglassung).

Verlagsnamen werden exakt so übertragen, wie sie in der Informationsquelle stehen (RDA 2.8.4.3, vgl. 4-59, 4-64, 4-65). Auch juristische Zusätze wie „GmbH" bleiben erhalten (4-66). Begleitende Formulierungen wie „In Kommission bei" werden übernommen, nicht aber solche, die nur die Funktion des Verlegens ausdrücken, wie z. B. „verlegt bei" (RDA 2.8.4.4 mit D-A-CH). Ist der Verlagsname nicht in der Ressource angegeben und kann er auch nicht in externen Quellen ermittelt werden, erfasst man „[Verlagsname nicht ermittelbar]" (RDA 2.8.4.7).

Bei „echten", nicht in einem kommerziellen Verlag erschienenen Hochschulschriften (z. B. Online-Dissertationen) wird – jeweils in Vorlageform – der Name der Hochschule als Verlagsname und der Hochschulort als Erscheinungsort angegeben (RDA 2.8.2.1 D-A-CH und 2.8.4.1 D-A-CH).

Ein Erscheinungsdatum (RDA 2.8.6.1 D-A-CH) ist ein in der Regel nicht gekennzeichnetes Datum, das häufig in der Nähe des Erscheinungsorts bzw. der Erscheinungsorte oder des Verlagsnamens erscheint (4-59). Oft findet sich das Erscheinungsdatum auch im Zusammenhang mit der Ausgabebezeichnung (4-54, 4-67). Gelegentlich wird das Erscheinungsdatum explizit als solches benannt, z. B. mit „published" oder „veröffentlicht" (4-74). Meistens ist nur das Jahr angegeben, manchmal aber auch Monat oder gar Tagesdatum – dies wird dann ebenfalls übernommen (4-67, 4-74). Man gibt das Erscheinungsjahr stets mit arabischen Ziffern an (4-68).

Ist in der Ressource kein Erscheinungsdatum angegeben, versucht man das wahrscheinliche Jahr zu ermitteln, indem man auf andere in der Ressource genannte Jahre zurückgreift (RDA 2.8.6.6 mit D-A-CH). Sehr häufig gibt es zwar kein explizites Erscheinungsjahr, aber ein Copyright-Jahr wie bei Abb. 14 (S. 43). Sofern anzunehmen ist, dass es sich auf die vorliegende Ausgabe bezieht, wird es als Erscheinungsdatum in eckigen Klammern übernommen (4-69) – und zwar auch dann, wenn in der Ressource zusätzlich ein späteres Herstellungsjahr angegeben ist (4-70).

Nicht als Erscheinungsdatum verwenden kann man ein Copyright-Jahr, das zu einem anderen Verlag gehört als dem, der die vorliegende Ausgabe publiziert hat (z. B. bei einer Übersetzung oder Lizenzausgabe). Sind mehrere Copyright-Jahre angegeben, nimmt man das jüngste. Ältere Copyright-Jahre beziehen sich typischerweise auf frühere Ausgaben: In 4-71 ist 2007 das Copyright-Jahr der aktuell vorliegenden dritten Auflage; 1987 und 1997 gehören zur ersten und zweiten Auflage. Bei Filmressourcen bezieht sich ein älteres Copyright-Jahr in der Regel auf den Film selbst.

Beispiel 4-64
Duncker & Humblot
Verlagsname:
Duncker & Humblot

Beispiel 4-65
PETER LANG
Europäischer Verlag der Wissenschaften
Verlagsname:
Peter Lang, Europäischer Verlag der Wissenschaften

Beispiel 4-66
Wissenschaftliche Verlagsgesellschaft mbH
Verlagsname:
Wissenschaftliche Verlagsgesellschaft mbH

Beispiel 4-67
1. Auflage September 2006
Erscheinungsdatum:
September 2006

Beispiel 4-68
MDCCCXLVII
Erscheinungsdatum:
1847

Beispiel 4-69
vgl. Abb. 14 (S. 43)
© 2010
Erscheinungsdatum:
[2010]

Beispiel 4-70
© 1999
Second Printing 2002
Erscheinungsdatum:
[1999]

Beispiel 4-71
3., überarbeitete und erweiterte Auflage
© 1987, 1997 und 2007 Hogrefe Verlag
Erscheinungsdatum:
[2007]

Beispiel 4-72
Printed in Germany 2004
Erscheinungsdatum:
[2004?]

Beispiel 4-73
Unveränderter Nachdruck 2012
Erscheinungsdatum:
[nicht nach 2012]

Ist zwar kein Copyright-Jahr, aber zumindest ein Vertriebsjahr vorhanden (z. B. „Distributed 2008"), wird dieses als ermitteltes Erscheinungsdatum verwendet. Häufiger findet sich ein Herstellungsjahr, bei Printmaterialien also ein Druckjahr. Dieses wird verwendet, sofern es explizit als Jahr des ersten Drucks angegeben ist (z. B. „First printing 2007"). Kann man nur vermuten, dass es sich auf den ersten Druck bezieht, kennzeichnet man dies mit einem Fragezeichen (4-72). Wird das Jahr hingegen ausdrücklich einem späteren Druck zugeordnet, lässt sich daraus nur eine grobe Angabe ableiten (4-73).

Lässt sich das Erscheinungsdatum mit diesen Methoden nicht ermitteln, zieht man weitere Indizien in der Ressource (z. B. Datierung des Vorworts) oder von externen Quellen (z. B. Website des Verlags) heran, um zu einem wahrscheinlichen Erscheinungsjahr oder zumindest Zeitraum zu kommen. Auch der Zeitpunkt der Katalogisierung stellt ein Indiz dar. Notfalls wird geschätzt (z. B. „[zwischen 1970 und 1980?]".

4.7.2 Copyright-Datum

Beispiel 4-74
Veröffentlicht im Fischer Taschenbuch Verlag, einem Unternehmen der S. Fischer Verlag GmbH, Frankfurt am Main, November 2009
Für die deutschsprachige Ausgabe
© S. Fischer Verlag, Frankfurt am Main 2005
Erscheinungsdatum:
November 2009
Copyright-Datum:
© 2005

Das Copyright-Datum wird meist nur als mutmaßliches Erscheinungsjahr verwendet (vgl. Kap. 4.7.1), kann jedoch auch in einem eigenen Element erfasst werden (RDA 2.11 mit D-A-CH; vgl. RDA 2.8.6.6 D-A-CH). Mit Ausnahme von Musikressourcen (RDA 2.11.1.3 D-A-CH) ist dies fakultativ. Eine Erfassung ist vor allem dann sinnvoll, wenn sich das Copyright-Jahr vom Erscheinungsjahr unterscheidet wie in 4-74. Sofern technisch möglich, wird das ©-Symbol verwendet, ansonsten das Wort „Copyright". Dem Copyright-Datum entspricht bei Ton- und Musikaufnahmen das Phonogramm-Datum. Dafür wird das ℗-Symbol verwendet.

4.7.3 Vertriebs-, Herstellungs- und Entstehungsangabe

Die Vertriebsangabe (RDA 2.9 mit D-A-CH) und die Herstellungsangabe (RDA 2.10 mit D-A-CH) sind strukturell genauso aufgebaut wie die Veröffentlichungsangabe, bestehen also aus jeweils einem Element für Ort, Namen und Datum.

Sie sind jedoch nachrangig und werden meist nur benutzt, um einen Ersatz für etwaige nicht ermittelte Elemente der Veröffentlichungsangabe zu bieten. Wurde beispielsweise in der Veröffentlichungsangabe „[Verlagsname nicht ermittelbar]" erfasst, so nimmt man ersatzweise einen Vertriebs- bzw. Herstellernamen (sofern angegeben bzw. ermittelbar). In einem solchen Fall wird dann also zusätzlich zur Veröffentlichungsangabe eine Vertriebs- bzw. Herstellungsangabe erfasst. In dieser muss der zugehörige Ort gemäß deutschsprachiger Praxis immer belegt sein; man kann auch alle drei Elemente erfassen.

> Die Vertriebsangabe kann fakultativ auch zusätzlich zu einer vollständigen Veröffentlichungsangabe erfasst werden. Bei Herstellungsangaben wird das hingegen in der Regel nicht gemacht, damit derselbe Datensatz für unterschiedliche Drucke o. ä. verwendet werden kann. Folglich wird auch ein Herstellungsjahr (z. B. Druckjahr) nicht berücksichtigt.

Für nicht veröffentlichte Ressourcen (z. B. eine Handschrift oder ein Kunstwerk) wird anstatt der Veröffentlichungsangabe eine Entstehungsangabe (RDA 2.7) erfasst.

4.8 Gesamttitelangabe

Eine Ressource kann Bestandteil eines größeren Ganzen sein – etwa einer monografischen Reihe (vgl. Kap. 4.19) oder einer mehrteiligen Monografie (vgl. Kap. 4.18). Ein Beispiel dafür zeigt Abb. 15 (S. 51): Die Ressource mit dem Haupttitel „Christian Gottlob Leberecht Großmann (1783-1857)" ist zugleich ein Teil der monografischen Reihe „Arbeiten zur Theologie- und Kirchengeschichte". Bei dieser Schriftenreihe hat jeder Band eine Zählung; es gibt aber auch ungezählte monografische Reihen.

4.8.1 Haupttitel der Reihe und Zählung

Im Rahmen der Beschreibung für den Einzelband gibt man Informationen über die Reihe in der Gesamttitelangabe (RDA 2.12) an. Mit „Reihe" ist hier das größere Ganze gemeint – unabhängig davon, ob es sich dabei um eine monografische Reihe oder um etwas anderes handelt. Im deutschsprachigen Raum beschränken sich die Angaben in der Regel auf den Haupttitel der Reihe (RDA 2.12.2) und – sofern vorhanden – die Zählung innerhalb der Reihe (RDA 2.12.9); beides sind Kernelemente. Ein Beispiel zeigt 4-75.

Beispiel 4-75
vgl. Abb. 15 (S. 51)
Arbeiten zur Kirchen- und Theologiegeschichte
Band 27
Haupttitel der Reihe:
Arbeiten zur Kirchen- und Theologiegeschichte
Zählung innerhalb der Reihe:
Band 27
ISBD-Darstellung:
(Arbeiten zur Kirchen- und Theologiegeschichte ; Band 27)

Zusätzliche Angaben zu Abb. 15
Rückseite der Titelseite:
© 2009
ISBN 978-3-374-02727-9
Aus dem Vorwort:
Gedankt sei den Herausgebern der Reihe (...), dass diese Arbeit, die 2006 unter dem Titel „Christian Gottlob Leberecht Großmann (1783-1857): Leben und Wirken des Gründervaters der Gustav-Adolf-Stiftung" von der Theologischen Fakultät der Universität Leipzig als Dissertation angenommen wurde, in diesem Rahmen in überarbeiteter Form veröffentlicht werden kann.
499 Seiten, 25 cm. Literaturverzeichnis auf Seite 455-483, Bibliografie von Großmanns Schriften auf Seite 453-455. Vgl. Lösungen 13-14, 15-1 und 16-7.

Angelika Rotter

Christian Gottlob Leberecht Großmann (1783–1857)

Vereinsgründung und kirchliche Verantwortung zwischen Rationalismus und Neuluthertum

EVANGELISCHE VERLAGSANSTALT
Leipzig

Arbeiten zur Kirchen- und Theologiegeschichte

Begründet von Helmar Junghans, Kurt Nowak † und Günther Wartenberg †
Herausgegeben von Klaus Fitschen, Wolfram Kinzig und Volker Leppin

Band 27

Abb. 15: Christian Gottlob Leberecht Großmann (1783-1857) / Angelika Rotter. Rechts: Vortitelseite

Manchmal gibt es eine eigene Titelseite für die Reihe, auf der ihr Titel und ggf. weitere Angaben (z. B. Herausgeber) stehen – typischerweise auf der Vortitelseite oder gegenüber der Titelseite für den Band. Diese Reihentitelseite ist die bevorzugte Informationsquelle für ihren Haupttitel, während die Zählung jeder beliebigen Stelle der Ressource entnommen werden kann. Angaben wie „Band", „Nummer" oder „volume" werden übertragen, die Bandnummer selbst wird hingegen stets als arabische Zahl erfasst (4-24). Ordnungszahlen werden so angegeben, wie es in der jeweiligen Sprache üblich ist (RDA 1.8.5), also „2. Band", aber „4th part". Bei ISBD-Darstellung wird die Gesamttitelangabe in runde Klammern gesetzt; zwischen Haupttitel und Zählung steht ein Semikolon (4-75).

4.8.2 Verantwortlichkeitsangabe der Reihe

Ist der Haupttitel der Reihe für sich alleine genommen nicht aussagekräftig, so wird zusätzlich noch die Verantwortlichkeitsangabe der Reihe (RDA 2.12.6) in der Gesamttitelangabe erfasst (4-76). Bei ISBD-Darstellung wird diese mit einem Schrägstrich an den Haupttitel der Reihe angeschlossen.

Beispiel 4-76
WALTER EUCKEN INSTITUT
Vorträge und Aufsätze
150
Haupttitel der Reihe:
Vorträge und Aufsätze
Verantwortlichkeitsangabe, die sich auf eine Reihe bezieht:
Walter Eucken Institut
Zählung innerhalb der Reihe:
150
ISBD-Darstellung:
(Vorträge und Aufsätze / Walter Eucken Institut ; 150)

Auf die Angabe weiterer Elemente in der Gesamttitelangabe wie z. B. Paralleltitel (RDA 2.12.3), Titelzusatz (RDA 2.12.4) oder ISSN der Reihe (RDA 2.12.8) wird in der deutschsprachigen Praxis verzichtet. Stattdessen wird für das übergeordnete Werk eine eigene Beschreibung angelegt, in der man die entsprechenden Informationen ablegt (vgl. Kap. 4.18 und 4.19).

4.9 Erscheinungsweise

RDA teilt die Ressourcen nach ihrer Erscheinungsweise in vier Gruppen ein. Für eine Erklärung der verschiedenen Typen vgl. Kap. 4.1.2.
   Im entsprechenden Element (RDA 2.13) wird einer der vier Begriffe aus der nebenstehenden Liste erfasst. Die Erscheinungsweise wurde als Zusatzelement definiert (RDA 2.13 D-A-CH).

Erscheinungsweise (RDA 2.13)
– einzelne Einheit
– mehrteilige Monografie
– fortlaufende Ressource
– integrierende Ressource

Für Besonderheiten bei der Beschreibung von mehrteiligen Monografien, fortlaufenden Ressourcen und integrierenden Ressourcen vgl. Kap. 4.18 bis 4.20.

4.10 Identifikator für die Manifestation

4.10.1 ISBN, URN, weitere Identifikatoren

Die wichtigsten Identifikatoren für eine Manifestation (RDA 2.15) sind die Standardnummern ISBN (International Standard Book Number) für abgeschlossene Publikationen und ISSN (International Standard Serial Number) für fortlaufend erscheinende Publikationen. Es gibt noch weitere Standardnummern, z. B. die ISMN (International Standard Music Number) für Musikdrucke. Auch nicht standardisierte Nummern, z. B. Bestellnummern von Verlagen, gelten als Identifikatoren.
   Der Identifikator ist ein Kernelement. Sind mehrere vorhanden, so muss mindestens einer davon erfasst werden – bevorzugt eine internationale Standardnummer. Ein Identifikator kann jeder beliebigen Stelle entnommen werden (RDA 2.15.1.2). Auch wenn er aus einer externen Quelle kommt, wird er nicht eckig geklammert.

Eine ISBN besteht aus 13 Stellen in fünf Gruppen; bis 2007 waren es zehn Stellen in vier Gruppen. In den Ressourcen findet man die Gruppen teils mit Bindestrichen getrennt, teils mit Leerzeichen voneinander abgesetzt; für die deutsche Anwendung werden einheitlich Bindestriche verwendet (RDA 2.15.1.4 D-A-CH; vgl. 4-77). Vor der Nummer steht „ISBN" (ohne Doppelpunkt dahinter). In den meisten Erfassungssystemen muss dies aber nicht eingegeben werden, sondern wird automatisch ergänzt. Gelegentlich steht in einer Ressource eine falsche ISBN (z. B. mit Zahlendreher). Auch eine solche wird – entsprechend gekennzeichnet – erfasst, denn es könnte jemand danach suchen (RDA 2.15.1.6).

Für Online-Ressourcen sind sogenannte persistente, d. h. dauerhafte Identifikatoren wie URN (Uniform Resource Name), DOI (Digital Object Identifier) oder Handle von großer Bedeutung. Die Identifikatoren werden im vorgeschriebenen Format erfasst, sofern ein solches existiert. Ein Beispiel für den URN einer Online-Dissertation auf einem deutschen Hochschulschriftenserver zeigt 4-78.

4.10.2 Mehrere ISBNs

Auch mehrere ISBNs werden erfasst, wenn sie sich auf dieselbe Manifestation beziehen. So wurde eine Zeit lang in vielen Ressourcen sowohl eine 10-stellige als auch eine 13-stellige ISBN angegeben. International agierende Verlage führen für ein und dieselbe Ressource oft eine deutsche und eine amerikanische ISBN (4-79). Auch wenn der gleiche Buchblock mit unterschiedlichen Einbandarten erscheint, werden sämtliche ISBNs übernommen (4-80). Denn in einem solchen Fall wird nur ein einziges Katalogisat erstellt, das alle Einbandarten umfasst. Hinter die ISBN kann eine kurze Erläuterung in runden Klammern geschrieben werden – entweder gemäß Vorlage (4-80) oder in selbst gewählter Form (4-79).

Anders ist es, wenn ISBNs für eine gedruckte Ausgabe und das entsprechende E-Book zusammen angegeben sind. Für jede dieser Manifestationen wird ein eigener Datensatz erstellt (RDA 3.1.2). Folglich gehört die Print-ISBN in das Katalogisat der gedruckten Ausgabe und die ISBN für die elektronische Ressource in das Katalogisat des E-Books (4-81). Zwischen den beiden Manifestationen kann aber eine Beziehung hergestellt werden (vgl. Kap. 10.4)

Bei monografischen Reihen und mehrteiligen Ressourcen muss genau beachtet werden, welche Standardnummer auf welche Ebene bzw. zu welchem Teil gehört (vgl. Kap. 4.18 und 4.19).

4.11 Anmerkung zur Manifestation

Zu jedem der in Kap. 4.4 bis 4.10 vorgestellten Elemente kann man zusätzliche Informationen angeben, die man für relevant oder nützlich hält (RDA 2.17). Solche Anmerkungen werden auf Deutsch geschrieben; sie können frei formuliert werden. Jede Anmerkung beginnt großgeschrieben; eine Reihenfolge ist nicht vorgeschrieben.

Als Anmerkung zum Titel (RDA 2.17.2) kann man beispielsweise die Herkunft eines abweichenden Titels (4-30) oder eines Paralleltitels (4-82) angeben oder auf einen Schreibfehler hinweisen (4-22). In einer Anmerkung zur Verantwortlichkeitsangabe können zusätzliche Informationen gegeben werden. Dies ist z. B. in 4-83 sinnvoll, wo sich der eigentliche Autor nur als Übersetzer und Illustrator präsentiert.

Als Anmerkung zum Ausgabevermerk (RDA 2.17.4) könnte beispielsweise eine Information wie „Fälschlich als 3. Auflage bezeichnet" erfasst werden. Auf eine Lizenz-

---

Aufbau einer ISBN
– Kennung für „Buch" (derzeit 978)
– Sprachkreis (z. B. 3 für Deutsch)
– Nummer des Verlags
– Nummer des Titels im Verlag
– Prüfziffer (bei 10-stelliger ISBN kann diese auch ein „X" für „10" sein)

Beispiel 4-77
ISBN 978 0 340 97836 8
Identifikator für die Manifestation:
ISBN 978-0-340-97836-8

Beispiel 4-78
URN: urn:nbn:de:bsz:16-opus-134129
Identifikator für die Manifestation:
urn:nbn:de:bsz:16-opus-134129

Beispiel 4-79
ISBN 3-437-11148-5
ISBN (NY) 1-56081-373-3
Identifikator für die Manifestation:
ISBN 3-437-11148-5 (Deutschland)
Identifikator für die Manifestation:
ISBN 1-56081-373-3 (USA)

Beispiel 4-80
ISBN 3-533-02958-1 Kart.
ISBN 3-533-02959-X Ln.
Identifikator für die Manifestation:
ISBN 3-533-02958-1 (kart.)
Identifikator für die Manifestation:
ISBN 3-533-02959-X (Ln.)

Beispiel 4-81
ISBN 978-3-11-023497-8
e-ISBN 978-3-11-023498-5
Identifikator für die gedruckte Manifestation:
ISBN 978-3-11-023497-8
Identifikator für die elektronische Manifestation:
ISBN 978-3-11-023498-5

Beispiel 4-82
Haupttitel:
Wörterbuch des Bibliothekswesens
Paralleltitel:
Dictionary of librarianship
Anmerkung zum Titel:
Paralleltitel gegenüber der Titelseite

> **Beispiel 4-83**
> *Die Stadt der träumenden Bücher*
> *Ein Roman aus Zamonien von*
> *Hildegunst von Mythenmetz*
> *Aus dem Zamonischen übertragen*
> *und illustriert von Walter Moers*
> **Anmerkung zur Verantwortlichkeitsangabe:**
> Hildegunst von Mythenmetz ist ein Pseudonym von Walter Moers

ausgabe (die ja nicht als Ausgabebezeichnung erfasst wird, vgl. Kap. 4.6.1) kann in einer Anmerkung zur Veröffentlichungsangabe (RDA 2.17.7) hingewiesen werden, z. B. „Lizenz des Verlags Schnell und Steiner, Regensburg".

4.12 Medientyp und Datenträgertyp

In RDA 3 geht es um die physische Beschreibung der Ressource, d. h. um die Merkmale, die sich auf den Datenträger beziehen. Dazu gehören die beiden Elemente Medientyp und Datenträgertyp. Diese bieten grundlegende Informationen über die physische Form der Ressource. Nutzer sollen erkennen, um was es sich überhaupt handelt und ob die Ressource für sie verwendbar ist. Im deutschsprachigen Raum werden standardmäßig beide Elemente erfasst: Der Medientyp ist ein Zusatzelement (RDA 3.2 D-A-CH), der Datenträgertyp ein Kernelement.

4.12.1 Medientyp

> **Medientyp (RDA 3.2)**
> – audio
> – Computermedien
> – Mikroform
> – mikroskopisch
> – ohne Hilfsmittel zu benutzen
> – projizierbar
> – stereografisch
> – video

Der Medientyp (RDA 3.2) gibt an, ob man zur Nutzung der Ressource ein bestimmtes Gerät benötigt – und falls ja, welche Art von Gerät. Dafür verwendet man einen oder mehrere der acht festgelegten Begriffe aus der nebenstehenden Liste.

Für gedruckte Bücher wird – ebenso wie z. B. für eine Druckgrafik, ein Notenblatt oder ein Brettspiel – kein besonderes Gerät benötigt; ihr Medientyp ist deshalb „ohne Hilfsmittel zu benutzen". Mikrofiches und Mikrofilme erhalten den Medientyp „Mikroform".

Unter „Computermedien" fallen Ressourcen, die für die Computeranwendung konzipiert sind, z. B. eine Datenbank, ein Computerspiel oder eine Online-Ressource. Auch Youtube-Filme, Webcasts oder Streaming Media fallen also unter „Computermedien" und nicht unter „audio" oder „video" – obwohl sie Film und Ton enthalten.

Der Medientyp „audio" wird für alle Ressourcen auf Datenträgern verwendet, die Ton enthalten und in erster Linie für die Nutzung in einem Audio-Abspielgerät (z. B. CD-Player, MP3-Player, Plattenspieler) gedacht sind – z. B. eine Musik-CD, ein Hörbuch auf einer Audiokassette, eine Langspielplatte mit Vogelgesang oder eine DVD-ROM mit MP3-Dateien.

Den Medientyp „video" vergibt man für alle Ressourcen auf Datenträgern, die bewegte oder unbewegte Bilder enthalten und in erster Linie für die Nutzung in einem Video-Abspielgerät (z. B. DVD-Player, Videorekorder) gedacht sind – z. B. ein Film auf DVD-Video oder auf Videokassette. Ein Dia oder ein Super-8-Film würde hingegen unter „projizierbar" fallen, weil man dafür ein Projektionsgerät (Dia-Projektor, Film-Projektor etc.) braucht.

> Viele unter „audio" oder „video" fallende Datenträger kann man mit einer geeigneten Player-Software auch am Computer abspielen, z. B. Audio-CDs oder Filme auf DVDs. Trotzdem wird in diesen Fällen nicht noch zusätzlich „Computermedien" vergeben.

In der deutschsprachigen Praxis werden alle wesentlichen Medientypen angegeben, die in der Ressource vorkommen (RDA 3.2.1.3 D-A-CH). Begleitmaterial bleibt grundsätzlich unberücksichtigt (vgl. Kap. 4.17.2). Mehrere Medientypen kommen vor allem bei mehrteiligen Monografien (vgl. Kap. 4.18) vor – z. B. bei einer Medienkombination aus Buch und Audio-CD. Es gibt jedoch auch hybride Datenträger: Beispielsweise kann eine DVD sowohl einen Film für den DVD-Player als auch ein Computerspiel enthalten. Entsprechend wird dann sowohl „video" als auch „Computermedien" als Medientyp vergeben.

4.12.2 Datenträgertyp

Jedem Medientyp sind mehrere Datenträgertypen (RDA 3.3) zugeordnet. Die nebenstehende Übersicht zeigt die wichtigsten davon. In der deutschsprachigen Praxis werden alle wesentlichen Datenträgertypen angegeben, die in der Ressource vorkommen (RDA 3.3.1.3 D-A-CH). Begleitmaterial bleibt grundsätzlich unberücksichtigt (vgl. Kap. 4.17.2).

Beim Datenträgertyp „Band" sind mehrere Blätter zu einer Einheit zusammengebunden. Er wird z. B. bei einem Buch, einer Broschüre oder einem Wandkalender vergeben. „Blatt" verwendet man für Einzelblätter und ungebundene Materialien – z. B. ein Plakat oder eine Landkarte in mehreren Blättern. Ein „Gegenstand" wäre z. B. ein Globus, ein Brettspiel oder ein Architekturmodell.

Der Datenträgertyp bietet nur eine recht grobe Kategorisierung: So kann eine „Audiodisk" ebenso gut eine CD sein wie eine Schallplatte und eine „Computerdisk" ebenso gut eine CD-ROM wie eine DVD-ROM. Speziellere Begriffe werden jedoch beim Umfang erfasst (vgl. Kap. 4.13.1).

Datenträgertyp (RDA 3.3, Auswahl)
ohne Hilfsmittel zu benutzen:
– Band
– Blatt
– Gegenstand
Computermedien:
– Computerdisk
– Online-Ressource
audio:
– Audiodisk
– Audiokassette
video:
– Videodisk
– Videokassette
Mikroform:
– Mikrofiche
– Mikrofilmrolle

4.13 Umfang

4.13.1 Anzahl, Einheit, Untereinheit

Der Umfang (RDA 3.4) ist bei abgeschlossenen Ressourcen ein Kernelement. Das Grundprinzip ist, jeweils die Anzahl und eine Bezeichnung für die Einheit zu erfassen (RDA 3.4.1.3 mit D-A-CH). In den meisten Fällen wird als Einheit standardmäßig der Datenträgertyp (vgl. Kap. 4.12.2) verwendet, also z. B. „3 Blätter", „20 Mikrofiches", „1 Online-Ressource". Alternativ kann man auch einen gebräuchlichen Namen verwenden: Im deutschsprachigen Raum wird anstatt „Audiodisk", „Videodisk" und „Computerdisk" nach Möglichkeit ein spezifischer Begriff wie z. B. CD, CD-ROM oder DVD-Video erfasst (4-84, 4-85).

Beispiel 4-84
Umfang nach Grundregel:
5 Audiodisks
Umfang nach Alternativregel (D-A-CH):
5 CDs

Beispiel 4-85
Umfang nach Grundregel:
1 Computerdisk (12 Datendateien)
Umfang nach Alternativregel (D-A-CH):
1 DVD-ROM (12 Datendateien)

Für einige Typen von Ressourcen gibt es spezielle Regelungen:
– kartografische Ressourcen (RDA 3.4.2)
– Musiknoten (RDA 3.4.3)
– Bilder, z. B. Gemälde, Plakate oder Postkarten (RDA 3.4.5)
– Text-Ressourcen (RDA 3.4.5; vgl. Kap. 4.13.2)
– dreidimensionale Objekte (RDA 3.4.6; vgl. Kap. 4.13.3)

Untereinheiten können fakultativ in einer runden Klammer angegeben werden, wenn sie leicht zu ermitteln sind und man sie für relevant hält (RDA 3.4.1.7; vgl. 4-85, 4-88).

4.13.2 Umfang von Text-Ressourcen

Bei einteiligen gedruckten Ressourcen (für mehrteilige Monografien vgl. Kap. 4.18), die Text und ggf. auch Illustrationen enthalten, wird als Umfang die Zahl der Seiten erfasst (bzw. bei einseitigem Druck: Zahl der Blätter), z. B. „254 Seiten" (RDA 3.4.5.2). Man nimmt dafür die Zahl, die auf der letzten paginierten (d. h. mit einer Seitenzahl

Beispiel 4-86
Die erste Seitenzählung der Ressource endet mit „XVII". Danach beginnt eine neue Seitenzählung, die mit „198" endet.
Umfang:
XVII, 198 Seiten

Beispiel 4-87
Keine Seitenzählung vorhanden
Umfang:
circa 300 Seiten

Beispiel 4-88
Für die PDF-Datei eines Textes im Internet
Umfang:
1 Online-Ressource (32 Seiten)

versehen) Seite steht. Manchmal gibt es mehrere Zählungen, beispielsweise eine römische und eine arabische. Dann wird von jeder Zählung jeweils die letzte eingedruckte Zahl angegeben (4-86). In der deutschsprachigen Praxis werden römische Zahlen dabei entweder mit Groß- oder mit Kleinbuchstaben wiedergegeben – je nachdem, wie man es in der Ressource vorfindet (RDA 3.4.5.2 D-A-CH).

Nicht paginierte Seiten der Ressource werden ignoriert, sofern es sich dabei nicht um umfangreiche Teile handelt (RDA 3.4.5.3.1 und 3.4.5.3.2). Zumeist sind es jedoch nur kleine Teile (z. B. eine letzte Textseite, auf der keine Seitenzahl steht), leere Seiten oder Seiten mit Werbung. Gibt es überhaupt keine Zählung, so werden die Seiten gezählt oder ihre Zahl wird geschätzt (4-87).

Mikroformen und elektronische Ressourcen sind zwar selbst nicht gedruckt, können jedoch das Abbild einer gedruckten Ressource enthalten (RDA 3.4.1.7.1, 3.4.1.7.4, 3.4.1.7.5). Ein Beispiel dafür ist die PDF-Datei eines Textes im Internet. In einem solchen Fall kann die Seitenzahl in runden Klammern angegeben werden (4-88).

Atlanten werden nicht nach den Regeln für Text-Ressourcen behandelt, sondern nach den Regeln für kartografische Ressourcen (RDA 3.4.2.5). Die Umfangsangabe ist dann beispielsweise „1 Atlas (272 Seiten)".

4.13.3 Umfang von dreidimensionalen Objekten

Beispiel 4-89
Umfang:
1 Spiel (72 Landschaftstafeln, 1 Wertungstafel, 40 Gefolgsleute, 1 Spielanleitung)

Bei dreidimensionalen Objekten wird als Bezeichnung der Einheit ein geeigneter Begriff aus der Liste in RDA 3.4.6.2 – z. B. „Münze", „Modell" oder „Spiel" – verwendet (4-89). Falls kein Ausdruck aus der Liste passt, nimmt man einen selbst gewählten Begriff.

4.14 Weitere Merkmale von Datenträgern

Es gibt zahlreiche weitere Merkmale von Datenträgern, von denen im Folgenden die wichtigsten vorgestellt werden. Ihre Erfassung ist stets fakultativ.

Beispiel 4-90
Für ein Buch mit Rückenhöhe 24,4 cm
Maße:
25 cm

Beispiel 4-91
Für Mikrofiches im Format DIN A 6
Maße:
11 x 15 cm

Beispiel 4-92
Für eine Audio-CD
Maße (des Datenträgers):
12 cm
Maße (des Behältnisses):
13 x 14 x 3 cm
ISBD-Darstellung:
1 CD ; 12 cm, Behältnis 13 x 14 x 3 cm

4.14.1 Maße

Die Maße des Datenträgers können unter RDA 3.5 erfasst werden. Von wenigen Ausnahmen abgesehen, rundet man auf den nächsten vollen Zentimeter auf (RDA 3.5.1.3). Bei einem Buch misst man die Höhe des Buchrückens (4-90). Liegt diese unter 10 cm, so nimmt man den exakten Wert in Millimetern, z. B. „75 mm" (RDA 3.5.1.4.14).

Bei flachen viereckigen Materialien gibt man Höhe (Länge) mal Breite an (4-91), wobei es für Landkarten und grafische Blätter besondere Regeln gibt (RDA 3.5.2 und 3.5.3). Bei Scheiben (Langspielplatte, CD-ROM etc.) wird der Durchmesser angegeben (RDA 3.5.1.4.4) – bei modernen Audio-, Video- und Computerdisks ist dies 12 cm (4-92).

Die Maße des Behältnisses einer Ressource können in der Form „Höhe x Breite x Tiefe" angegeben werden (RDA 3.5.1.5) – entweder zusätzlich zu den Maßen des Datenträgers (4-92) oder als einzige Maßangabe (4-93). Bei handelsüblichen Hüllen von CDs, DVDs u. ä. wird auf diese Angabe jedoch in der Regel verzichtet. Für das Behältnis kann, sofern sinnvoll, auch eine spezifischere Benennung verwendet werden (z. B. „Ringordner").

Bei ISBD-Darstellung werden die Maße mit einem Semikolon an den Umfang (vgl. Kap. 4.13) und ggf. weitere physische Details wie Toneigenschaften (vgl. Kap. 4.14.2) angeschlossen (4-92 bis 4-94).

Beispiel 4-93
Für ein Kartenspiel
Maße (des Behältnisses):
10 x 7 x 2 cm
ISBD-Darstellung:
1 Spiel (32 Fragekarten, 1 Spielanleitung) ; Behältnis 10 x 7 x 2 cm

4.14.2 Ton- und Video-Eigenschaft

Unter Toneigenschaft (RDA 3.16) können technische Angaben zum Toninhalt einer Ressource gemacht werden. Dazu zählen die Art der Aufnahme (analog oder digital; RDA 3.16.2), die Konfiguration der Wiedergabekanäle, d. h. die Anzahl der Tonkanäle (z. B. mono oder stereo; RDA 3.16.8), oder die Verwendung besonderer Verfahren, etwa zur Rauschunterdrückung (z. B. Dolby B; RDA 3.16.9). Bei ISBD-Darstellung werden die Toneigenschaften mit einem Doppelpunkt an den Umfang angeschlossen; dahinter folgen ggf. die Maße (4-94).

Unter Video-Eigenschaft (RDA 3.18) können technische Angaben zum Videoinhalt einer Ressource gemacht werden. Für die Angabe des Videoformats (RDA 3.18.2) wird ein geeigneter Begriff aus der Liste in RDA 3.18.2.3 verwendet, z. B. „Beta" oder „VHS". Den Sendestandard (RDA 3.18.3) kann man gemäß einer entsprechenden Liste in RDA 3.18.3.3 erfassen, z. B. „HDTV" oder „PAL". Falls nichts aus diesen Listen passt, nimmt man einen anderen, treffenden Begriff. Bei ISBD-Darstellung werden solche Angaben als Anmerkungen präsentiert.

Beispiel 4-94
Für eine Audio-CD
Art der Aufnahme:
digital
Konfiguration der Wiedergabekanäle:
stereo
ISBD-Darstellung:
1 CD : digital, stereo ; 12 cm

4.14.3 Eigenschaft einer digitalen Datei

Als Eigenschaft einer digitalen Datei (RDA 3.19) können technische Angaben zu Dateien gemacht werden. Als Dateityp kommt gemäß der Liste in RDA 3.19.2 u. a. „Audiodatei", „Bilddatei" oder „Textdatei" in Frage. Beim Dateiformat (Kodierungsformat, RDA 3.19.3) wird – gemäß der umfangreichen Liste in RDA 3.19.3.3 – z. B. „MP3" für eine entsprechende Audiodatei erfasst, „XML" für eine Datendatei, „TIFF" für eine Bilddatei, „PDF" oder „HTML" für eine Textdatei, „QuickTime" oder „Blu-ray" für eine Videodatei. Angegeben werden kann u. a. auch noch die Dateigröße (RDA 3.19.4), die Auflösung bei einer Grafikdatei (RDA 3.19.5) und der Regionalcode bei einer Videodisk (RDA 3.19.6). Bei ISBD-Darstellung werden solche technischen Angaben als Anmerkungen präsentiert.

4.14.4 Geräte- oder Systemanforderungen

Die Geräte- oder Systemanforderungen (RDA 3.20) sind eine für Nutzer sehr wichtige Information und sollten deshalb – sofern leicht zu ermitteln – erfasst werden (4-95). Stehen die technischen Anforderungen auf der Ressource, so werden sie exakt übernommen (RDA 3.20.1.3 mit D-A-CH). Als einleitende Wendung schreibt man üblicherweise „Systemanforderungen:", was jedoch oft automatisch vom Katalogisierungssystem ergänzt wird. Bei ISBD-Darstellung wird die Information als Anmerkung präsentiert.

Beispiel 4-95
Auf der Rückseite der Box einer CD-ROM
Hard- und Softwarevoraussetzungen:
– *mind. 386-PC mit Maus, VGA-Karte und Farbmonitor, CD-Rom-Laufwerk*
– *Windows ab Version 3.1*
Geräte- oder Systemanforderungen:
Systemanforderungen: mind. 386-PC mit Maus, VGA-Karte und Farbmonitor, CD-Rom-Laufwerk; Windows ab Version 3.1

4.14.5 Anmerkung zum Datenträger

Bei Bedarf kann man zusätzliche Informationen, die über die Angaben in den jeweiligen Elementen hinausgehen, in Form einer Anmerkung zum Datenträger (RDA 3.21) erfassen.

4.15 Bezugs- und Zugangsinformationen

Die in RDA 4 behandelten Merkmale geben Nutzern Informationen darüber, wie sie an die beschriebene Ressource kommen können, z. B. per Kauf oder Online-Zugriff. In diesem Zusammenhang können auch Kontaktinformationen (z. B. die Adresse oder Website des Verlags, RDA 4.3) oder Zugangsbeschränkungen (z. B. Sperrfristen bei Archivalien, RDA 4.4) erfasst werden.

4.15.1 Preis

Beispiel 4-96
Bezugsbedingungen:
EUR 8.99
ISBD-Darstellung:
ISBN 978-3-7724-6781-3 : EUR 8.99

Fakultativ kann im Element Bezugsbedingungen (RDA 4.2) der Preis der Ressource angegeben werden (4-96). Dabei werden die in der ISO-Norm 4217 festgelegten Währungsbezeichnungen verwendet, z. B. EUR oder CHF (RDA 4.2.1.3 D-A-CH). Bei ISBD-Darstellung wird die Preisangabe mit einem Doppelpunkt an den Identifikator für die Manifestation (vgl. Kap. 4.10) angeschlossen.

4.15.2 URL

Die URL (Uniform Resource Locator) wurde als Zusatzelement festgelegt (RDA 4.6 mit D-A-CH). Nicht selten gibt es mehrere URLs für dieselbe Ressource; diese können alle angegeben werden. Beispielsweise kann eine deutsche Online-Dissertation sowohl auf dem universitätseigenen Hochschulschriftenserver verfügbar sein als auch auf dem Archivserver der Deutschen Nationalbibliothek. Oft gibt es auch eine URL, die auf eine Eingangsseite (sogenannte „Frontdoor") verweist, und eine weitere, die unmittelbar zum Dokument führt.

Die URL ist nicht mit dem URN zu verwechseln: Die beiden Informationen werden in unterschiedlichen Elementen erfasst. Ein URN ist ein unveränderlicher Identifikator in einem bestimmten Format (vgl. Kap. 4.10.1). Eine URL beginnt in der Regel mit „http://" und steht für eine Zugangsadresse, die nicht zwingend von Dauer ist. Man kann jedoch den URN auch in Form einer URL angeben, z. B. den URN aus 4-78 als „http://nbn-resolving.de/urn:nbn:de:bsz:16-opus-134129".

4.16 Merkmale auf Exemplar-Ebene

Die meisten der in RDA 2 bis RDA 4 dargestellten Merkmale befinden sich auf der Ebene der Manifestation (vgl. Kap. 4.4 bis 4.15). Es gibt aber auch Merkmale auf der Exemplar-Ebene. Ein Beispiel dafür ist der Identifikator für das Exemplar (RDA 2.20), d. h. die Signatur in einer bestimmten Bibliothek.

Beispiel 4-97
Anmerkung zu einer exemplarspezifischen Datenträgereigenschaft:
Mit Widmung des Verfassers

Informationen über den Zustand (z. B. Beschädigungen) oder besondere Spezifika eines Exemplars können als Anmerkung zu einer exemplarspezifischen Datenträgereigenschaft (RDA 3.22; vgl. 4-97) erfasst werden. Vor allem für historische Bestände ist außerdem die Besitzhistorie des Exemplars (RDA 2.18), d. h. Angaben zu früheren Besitzern (Provenienz), von Bedeutung.

Exemplarspezifische Informationen werden im deutschsprachigen Raum üblicherweise nicht im Titeldatensatz erfasst, sondern in gesonderten Datenbereichen (Lokal- bzw. Exemplardaten oder „Holdings"). Sie werden im vorliegenden Lehrbuch nicht näher berücksichtigt.

4.17 Begleitmaterial

4.17.1 Ressourcen mit Begleitmaterial

Manchen Ressourcen sind weitere Ressourcen beigegeben, die einen ergänzenden Charakter haben und nur im Zusammenhang mit dem Hauptbestandteil sinnvoll zu benutzen sind. Dies wird als Begleitmaterial oder Beilage bezeichnet (RDA 3.1.4 D-A-CH). Typische Beispiele dafür zeigt 4-98. Aber nicht alle Fälle sind so eindeutig: Befindet sich vorne oder hinten in einem Buch eine Audio-CD, CD-ROM oder DVD, so lässt sich nicht immer sofort entscheiden, ob es sich dabei um Begleitmaterial handelt oder nicht.

Indizien für Begleitmaterial sind Angaben wie „CD-ROM zum Buch", „Bonus-CD", „Zusatzmaterial" oder Formulierungen, die den ergänzenden Charakter deutlich machen (4-99). Zumeist haben Begleitmaterialien auch keinen eigenen, aussagekräftigen Titel – auf der CD-ROM steht dann beispielsweise nur „Anhänge und Quellenverzeichnis". Das Vorhandensein eines eigenen Titels und/oder die Nennung von Verantwortlichen spricht hingegen eher dafür, dass es sich nicht um Begleitmaterial handelt – zumal, wenn die fragliche Ressource einen hohen Eigenwert hat. Ein Beispiel für einen solchen Fall zeigt 4-100: Zwischen dem Buch „Developmental biology" und der Computeranwendung „vade mecum2" bestehen zwar inhaltliche Bezüge, aber die Software ist nichtsdestoweniger etwas Eigenständiges. Deshalb liegt keine Ressource mit Begleitmaterial vor, sondern eine mehrteilige Monografie (vgl. Kap. 4.18). Im Zweifel sollte man sich aber für den Typ „Ressource mit Begleitmaterial" entscheiden.

Das Vorhandensein von Begleitmaterial wirkt sich nicht auf die Erscheinungsweise aus. Auch bei einer CD mit Booklet oder einem Buch mit CD-ROM ist die Erscheinungsweise daher „einzelne Einheit" und nicht „mehrteilige Monografie".

4.17.2 Erfassung von Begleitmaterial

Begleitmaterial wird gemäß ISBD hinter dem Umfang und ggf. den weiteren Datenträger-Merkmalen des Hauptbestandteils (vgl. Kap. 4.13 und 4.14) angegeben. Es wird mit einem Plus-Zeichen angeschlossen (RDA 3.1.4 D-A-CH). Die Beschreibung des Begleitmaterials kann sich auf dessen Umfang beschränken, der gemäß den normalen Regeln angegeben wird (vgl. Kap. 4.13), also beispielsweise „+ 1 CD-ROM" oder „+ 1 Lupe". Zusätzlich kann man in Klammern weitere Merkmale des Datenträgers erfassen (4-101). Ist das Begleitmaterial eine Text-Ressource, so verwendet man eine geeignete Benennung, z. B. „+ 1 Beiheft", „+ 1 Lösungsheft" oder „+ 1 Installationsanleitung". In Klammern kann die Seitenzahl angegeben werden (4-102).

Bei der Erfassung von Medientyp und Datenträgertyp (vgl. Kap. 4.12) bleibt das Begleitmaterial grundsätzlich unberücksichtigt. Ein Buch mit einer Audio-CD als Begleitmaterial erhält deshalb nur den Medientyp „ohne Hilfsmittel zu benutzen" und den Datenträgertyp „Band", aber nicht zusätzlich noch „audio" und „Audiodisk".

Beispiel 4-98
Beispiele für Begleitmaterialien:
– Kartenbeilage zu einem Reiseführer
– Lösungsheft zu einem Schulbuch
– Booklet zu einer Audio-CD
– Installationsanleitung zu einer CD-ROM
– beigegebene Gegenstände wie 3-D-Brille oder Spielzeug

Beispiel 4-99
Aus dem Vorwort eines Buchs über Programmierung mit Java:
Alle Projekte, die für die Diskussionen und Übungen in diesem Buch verwendet wurden, stehen auf der beiliegenden CD zur Verfügung.
Es handelt sich um Begleitmaterial.

Beispiel 4-100
Aus dem Klappentext eines Buchs über Entwicklungsbiologie von Scott F. Gilbert:
Every copy of Developmental Biology includes: vade mecum²: An Interactive Guide to Developmental Biology, Version 2.2 by Mary S. Tyler and Ronald N. Kozlowski.
Es handelt sich nicht um Begleitmaterial.

Beispiel 4-101
Buch mit Audio-CDs als Begleitmaterial
ISBD-Darstellung:
198 Seiten : Illustrationen ; 18 cm + 2 CDs (digital, stereo ; 12 cm)

Beispiel 4-102
CD-ROM mit Booklet als Begleitmaterial
ISBD-Darstellung:
1 CD-ROM + 1 Beiheft (16 Seiten)

4.18 Beschreibung von mehrteiligen Monografien

4.18.1 Allgemeines

Ressourcen, die aus mehreren Teilen bestehen und bei denen es sich weder um den Typ „Hauptbestandteil mit Begleitmaterial" (vgl. Kap. 4.17) noch um eine fortlaufende Ressource (vgl. Kap. 4.1.2) handelt, werden als mehrteilige Monografien bezeichnet. Im deutschsprachigen Raum werden sie im Normalfall entweder umfassend oder hierarchisch beschrieben (vgl. Kap. 4.18.3 bis 4.18.5).

Die Unterscheidung zwischen einer mehrteiligen Monografie, deren Teile unabhängige Titel haben (vgl. Kap. 4.18.2), und einer monografischen Reihe (vgl. Kap. 4.19) ist nicht immer ganz einfach. Entscheidend ist, dass eine mehrteilige Monografie einen von vornherein geplanten Abschluss hat, während eine monografische Reihe (zumindest theoretisch) unendlich lange weiterlaufen kann. Es kann auch vorkommen, dass eine mehrteilige Monografie ihre Erscheinungsweise ändert und zu einer fortlaufenden Ressource oder einer integrierenden Ressource wird; dann wird eine neue Beschreibung angelegt (RDA 1.6.1.1).

Die Teile einer mehrteiligen Monografie können gleichartig sein (z. B. 5 Bände oder 200 Mikrofiches), aber auch unterschiedlich (z. B. Sprachkurs, bestehend aus Buch und Audio-CD). Letzteres wird als „Medienkombination" bezeichnet. Ob die einzelnen Teile einer mehrteiligen Monografie gleichzeitig oder nacheinander erscheinen, ist grundsätzlich unerheblich. Ändert sich aber im Laufe des Erscheinens der Medientyp der Teile, so wird eine neue Beschreibung angelegt (RDA 1.6.1.2 mit D-A-CH; vgl. 4-103).

Beispiel 4-103
Änderung des Medientyps bei einer mehrteiligen Monografie:
– Band 1 bis 3 erscheinen gedruckt (Medientyp: ohne Hilfsmittel zu benutzen)
– Band 4 bis 7 erscheinen online (Medientyp: Computermedien)
Für Band 4 bis 7 wird eine eigene Beschreibung angelegt.

4.18.2 Teile mit abhängigen oder unabhängigen Titeln

Bei mehrteiligen Monografien lassen sich zwei Fälle unterscheiden (RDA 1.5.4 D-A-CH): Im ersten Fall besitzt jeder Teil einen aussagekräftigen Titel, der auch unabhängig vom übergeordneten Titel einen Sinn ergibt.

Zusätzliche Angaben zu Abb. 16
Rückseite der Titelseite:
3., durchgesehene und bibliographisch ergänzte Auflage 1988
Kleine Vandenhoeck-Reihe 1397
© 1988, 1974 Vandenhoeck & Ruprecht in Göttingen
ISBN 3-525-33548-2
259 Seiten, 19 cm. „Bibliographische Hinweise" auf Seite 225-238, „Bibliographische Ergänzungen" auf Seite 239-246. Vgl. Lösung 14-1.

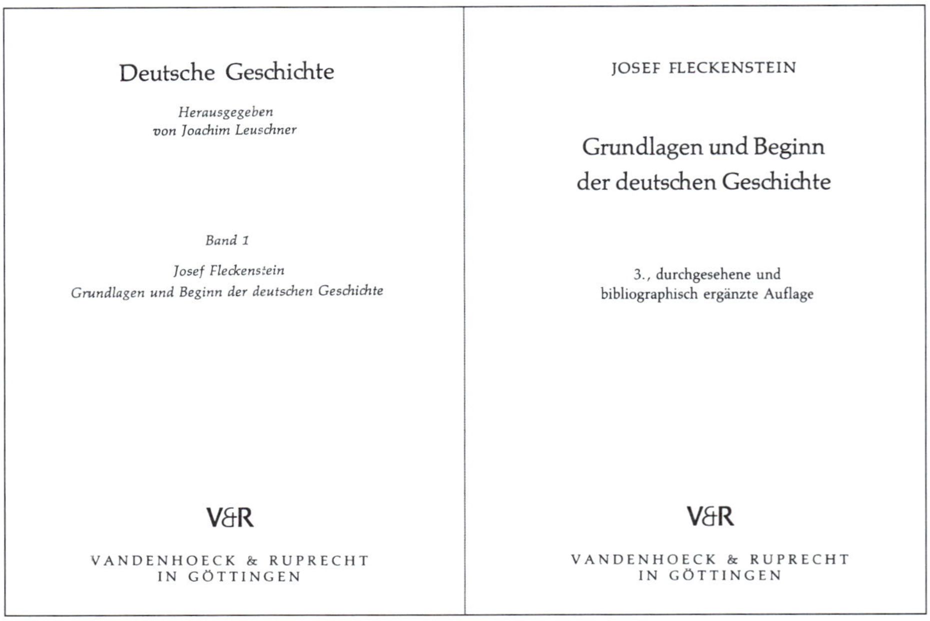

Deutsche Geschichte

Herausgegeben
von Joachim Leuschner

Band 1
Josef Fleckenstein
Grundlagen und Beginn der deutschen Geschichte

V&R
VANDENHOECK & RUPRECHT
IN GÖTTINGEN

JOSEF FLECKENSTEIN

Grundlagen und Beginn
der deutschen Geschichte

3., durchgesehene und
bibliographisch ergänzte Auflage

V&R
VANDENHOECK & RUPRECHT
IN GÖTTINGEN

Abb. 16: Grundlagen und Beginn der deutschen Geschichte / Josef Fleckenstein

Abb. 16 (S. 60) zeigt den ersten Band einer auf zehn Bände angelegten Monografie zur deutschen Geschichte: Auf der Titelseite (rechts) sieht man die Angaben für den Teil: Er trägt den Titel „Grundlagen und Beginn der deutschen Geschichte" und wurde von Josef Fleckenstein verfasst. Auf der gegenüberliegenden Seite sieht man die Angaben zur mehrteiligen Monografie als Ganzes: Ihr Titel ist „Deutsche Geschichte", und sie wurde von Joachim Leuschner herausgegeben. Man muss aber gar nicht unbedingt wissen, dass der Band zu Leuschners „Deutscher Geschichte" gehört – denn der Teil kann problemlos für sich alleine stehen. Man spricht deshalb von einem „Teil mit unabhängigem Titel".

Zusätzliche Angaben zu Abb. 17
Rückseite der Titelseite (bei beiden Bänden identisch):
ISBN 978-3-11-020036-2
e-ISBN 978-3-11-021192-4
© 2010 Walter de Gruyter GmbH & Co. KG, Berlin/New York
Band 1: XVI, 602 Seiten; Band 2: XIV, Seite 603-1109; 24 cm. Aufsätze verschiedener Verfasser. In beiden Bänden Literaturhinweise am Ende jedes Beitrags. Der erste Band enthält auch Abbildungen. Vgl. Lösung 14-4.

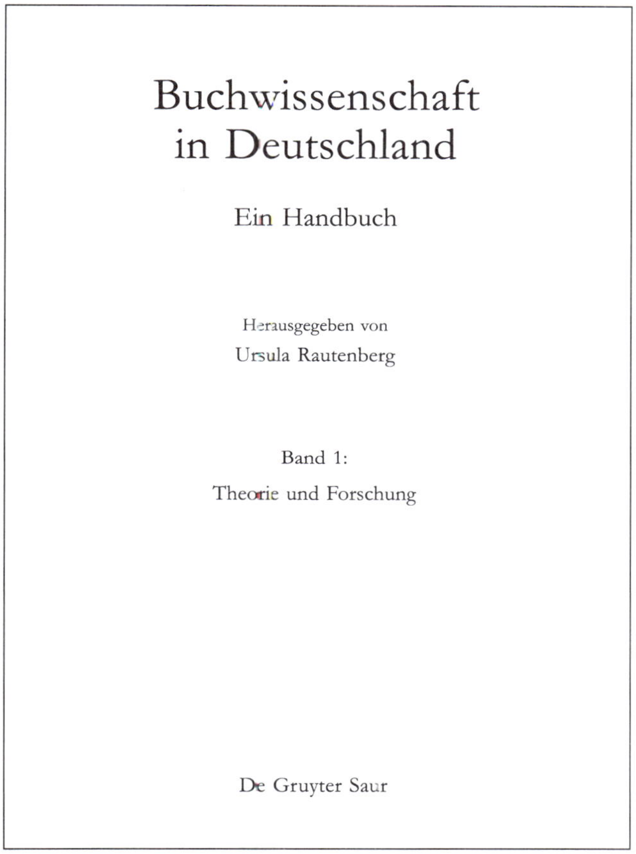
Buchwissenschaft
in Deutschland

Ein Handbuch

Herausgegeben von
Ursula Rautenberg

Band 1:
Theorie und Forschung

De Gruyter Saur

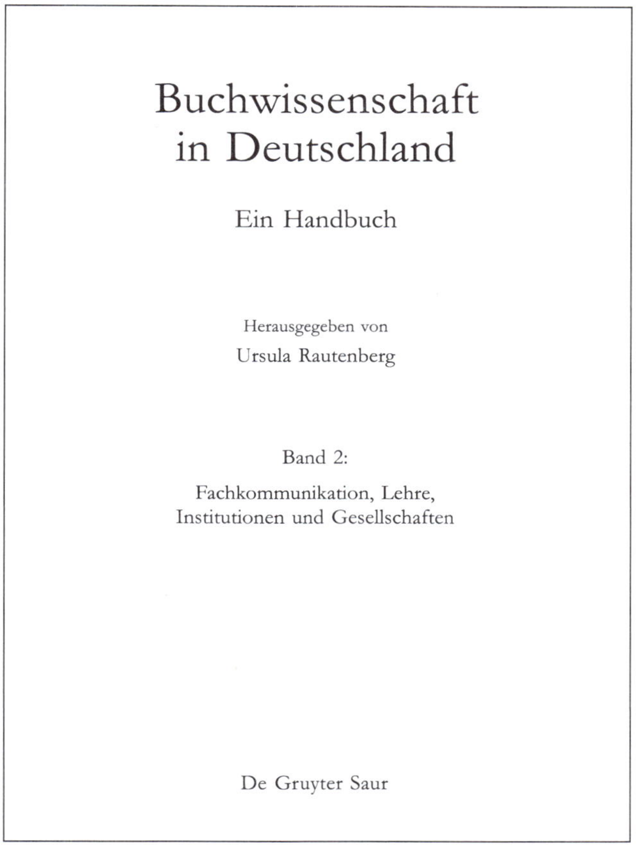
Buchwissenschaft
in Deutschland

Ein Handbuch

Herausgegeben von
Ursula Rautenberg

Band 2:
Fachkommunikation, Lehre,
Institutionen und Gesellschaften

De Gruyter Saur

Abb. 17: Buchwissenschaft in Deutschland / herausgegeben von Ursula Rautenberg

Im zweiten Fall können die Titel der einzelnen Teile nicht für sich alleine stehen, sondern ergeben nur im Zusammenhang mit dem übergeordneten Titel einen Sinn. Es handelt sich deshalb um „Teile mit abhängigen Titeln". Die Teile sind entweder nur durchnummeriert (z. B. „Band 1", „Band 2" etc.; „Teil A", „Teil B" etc.), nur nach formalen Kriterien gegliedert (z. B. chronologisch oder geografisch) oder sie haben nur ganz allgemeine, unspezifische Titel, deren Bedeutung sich erst in Kombination mit dem Gesamtthema der mehrteiligen Monografie erschließt. Ein Beispiel ist Abb. 17 (S. 61): Mit dem Titel „Theorie und Forschung" kann man nur dann etwas anfangen, wenn man weiß, dass er sich auf „Buchwissenschaft in Deutschland" bezieht. Weitere Beispiele zeigt 4-104.

Beispiel 4-104
Beispiele für Teile mit abhängigen Titeln:
- „A bis Ang", „Anh bis Bahn" etc.
- „Textband", „Tafelband" etc.
- „Theoretische Grundlagen", „Allgemeine Methoden" etc.
- „Mittelalter", „Frühe Neuzeit" etc.
- „1871-1914", „1914-1945" etc.
- „Bayern", „Baden-Württemberg" etc.
- „Gesellschaft", „Wirtschaft" etc.

4.18.3 Umfassende Beschreibung

Ressourcen aus dem Nichtbuchbereich, die zwar physisch aus mehreren Teilen bestehen, jedoch ein unteilbares Ganzes bilden, werden umfassend beschrieben (RDA 1.5.2 D-A-CH). In diesen Fällen erscheinen die Teile in der Regel gleichzeitig und stellen auch benutzungstechnisch eine Einheit dar – man würde sie also nur komplett ausleihen. Die einzelnen Teile sind allenfalls nummeriert. Beispiele für diesen Typ zeigt 4-105.

Von der Erscheinungsweise „mehrteilige Monografie" abgesehen, unterscheidet sich die Katalogisierung in diesen Fällen kaum von der einer einteiligen Ressource. Die Mehrteiligkeit wird nur im Element Umfang (RDA 3.4; vgl. Kap. 4.13) deutlich, wo Angaben wie „5 CDs" oder „3 Mikrofiches" erfasst werden. Im Beispiel des Gesellschaftsspiels ist der mehrteilige Charakter sogar nur bei der Auflistung der Untereinheiten zu erkennen (4-89).

Über die bereits beschriebenen Fälle hinaus wird die umfassende Beschreibung zum Teil auch bei gedruckten mehrteiligen Monografien angewendet, sofern die Teile abhängige Titel haben (vgl. Kap. 4.18.2). Dies ist vor allem in der deutschsprachigen Schweiz üblich.

Die Basis der Beschreibung bildet der Teil mit der niedrigsten Zählung bzw. der zuerst erschienene Teil (RDA 2.1.2.3). Liegt dieser nicht vor, so sollte man den stattdessen verwendeten Teil in einer Anmerkung angeben (RDA 2.17.13.3). Kommt es zu einem späteren Zeitpunkt zu einer Titeländerung, so wird die neue Titelfassung als späterer Haupttitel (RDA 2.3.8) erfasst. Für andere Änderungen können Anmerkungen gemacht werden, beispielsweise bei geänderter Verantwortlichkeitsangabe (RDA 2.17.3.6.1) oder Veröffentlichungsangabe (RDA 2.17.7.5.1; vgl. 4-106). Erscheinen die Teile gleichzeitig und ohne definierte Reihenfolge, so wählt man eine Informationsquelle, die sich auf das Ganze bezieht und möglichst einen übergreifenden Titel nennt (RDA 2.1.2.3). Bei Medienkombinationen ist dann häufig das Behältnis zu verwenden (vgl. Abb. 56, S. 243).

Erscheinen die Teile nicht zum selben Zeitpunkt, sondern nacheinander, so gibt man als Erscheinungsdatum das des ersten bzw. frühesten Teils an, gefolgt von einem Strich für „bis" (z. B. „1999-"). Das Datum des letzten Teils wird ergänzt (z. B. „1968-1973"), sobald die mehrteilige Monografie abgeschlossen ist (RDA 2.8.6.5). Der Umfang wird in Bänden angegeben, z. B. „10 Bände" (RDA 3.4.5.16). Die Seitenzahl kann zusätzlich in Klammern angegeben werden – sowohl bei durchgehender Zählung als auch bei individuell gezählten Bänden (RDA 3.4.5.17 bis 3.4.5.18 mit D-A-CH; vgl. 4-107 und 4-108). Ist die mehrteilige Monografie noch nicht abgeschlossen, so wird das Element Umfang nicht besetzt (RDA 3.4.1.10 mit D-A-CH).

Bei den Identifikatoren der Manifestation gibt es verschiedene Möglichkeiten: Manchmal gibt es nur eine ISBN für das Ganze, manchmal nur ISBNs für die einzelnen Teile, manchmal beides. Eine ISBN für das Ganze wird in jedem Fall angegeben; ISBNs für die Teile können zusätzlich erfasst werden (RDA 2.15.1.5; vgl. 4-109). Gibt es nur ISBNs für die Teile, so werden diese alle angegeben. Bei mehreren erfassten ISBNs fügt man eine passende Erläuterung hinzu (RDA 2.15.1.7; vgl. 4-109). Sollen auch die Titel und ggf. Verantwortlichkeitsangaben einzelner Teile angegeben werden, so legt man dafür entsprechende Beziehungen an (vgl. Kap. 10.2.2).

Beispiel 4-105
Beispiele für umfassend zu beschreibende mehrteilige Monografien aus dem Nichtbuchbereich:
– Hörbuch auf 5 Audio-CDs
– Dissertation auf 3 Mikrofiches
– Computerprogramm auf 10 Disketten
– Gesellschaftsspiel mit Spielfeld, Spielfiguren, Spielkarten etc.

Beispiel 4-106
Erscheinungsort:
Berg am Irchel
Verlagsname:
KiK-Verlag
Anmerkung zur Veröffentlichungsangabe:
Ab Band 3 im Theologischen Verlag Zürich erschienen

Beispiel 4-107
Seitenzählung von Band 1: i-xiii, 1-371
Seitenzählung von Band 2: i-xiv, 372-897
Umfang:
2 Bände (xiii, 897 Seiten)
Der römisch gezählte Einleitungsteil wird nur beim ersten Band berücksichtigt.

Beispiel 4-108
Seitenzählung von Band 1: I-XX, 1-235
Seitenzählung von Band 2: I-XII, 1-205
Umfang:
2 Bände (XX, 235; XII, 205 Seiten)

Beispiel 4-109
Identifikator für die Manifestation:
ISBN 3-598-10588-6 (Set)
ISBN 3-598-10589-4 (Band 1)
ISBN 3-598-10590-8 (Band 2)

4.18.4 Hierarchische Beschreibung: Allgemeines

Die hierarchische (mehrstufige) Beschreibung einer mehrteiligen Monografie besteht aus einer übergeordneten Aufnahme für das Ganze und untergeordneten Aufnahmen für die einzelnen Teile, die im Zusammenhang präsentiert werden. Dafür wird der

Datensatz für die übergeordnete Aufnahme mit den Datensätzen für die untergeordneten Aufnahmen datentechnisch verbunden, sodass man zwischen den beiden Ebenen hin- und herspringen kann.

Zwar werden bei dieser Methode mehrere Datensätze angelegt, doch handelt es sich trotzdem nur um eine einzige Beschreibung. Es müssen deshalb nicht zwingend in jedem Datensatz alle Kern- und Zusatzelemente belegt sein, solange die verbundenen Datensätze in ihrer Gesamtheit alle Standardelemente abdecken. Beispielsweise wird das Element Erscheinungsweise (RDA 2.13; vgl. Kap. 4.9) nur in der übergeordneten Aufnahme belegt (mit „mehrteilige Monografie") und bleibt in den untergeordneten Aufnahmen unbesetzt. Umgekehrt muss der Umfang (RDA 3.4; vgl. Kap. 4.13) zwingend nur in den untergeordneten Aufnahmen erfasst werden. Beispiel 4-110 bezieht sich auf dieselbe Ressource wie 4-108 – nun allerdings hierarchisch beschrieben. Man darf aber über den Mindeststandard hinausgehen und den Umfang zusätzlich auch in der übergeordneten Aufnahme erfassen („2 Bände"), sofern die Ressource abgeschlossen ist.

Eine weitere Leitlinie für die hierarchische Beschreibung ist, dass Angaben, die sich auf das Ganze beziehen, in der übergeordneten Aufnahme zu erfassen sind, während Angaben, die sich auf einen Teil beziehen, in die untergeordnete Aufnahme für diesen Teil gehören. Entsprechend werden die drei ISBNs aus 4-109 bei hierarchischer Beschreibung sachlich zutreffend auf die drei Aufnahmen verteilt (4-111).

Für die untergeordneten Aufnahmen ist die Basis der Beschreibung der jeweilige Teil. Für die übergeordnete Aufnahme gelten dieselben Prinzipien wie bei der umfassenden Beschreibung (vgl. Kap. 4.18.3), d. h. die Basis der Beschreibung ist in der Regel der erste bzw. früheste Teil. Kommt es im Laufe des Erscheinens einer mehrteiligen Monografie zu Änderungen, z. B. bei der Veröffentlichungsangabe, so können diese in der übergeordneten Aufnahme genauso vermerkt werden wie bei der umfassenden Beschreibung (vgl. Kap. 4.18.3). In der untergeordneten Beschreibung wird natürlich stets der für diesen Teil zutreffende Sachverhalt dargestellt. Nur in Ausnahmefällen wird eine neue übergeordnete Aufnahme erstellt (vgl. Kap. 4.18.1 und 4.18.5).

In der deutschsprachigen Praxis gibt es zwei unterschiedliche Typen von untergeordneten Aufnahmen – für Teile mit unabhängigen Titeln und für Teile mit abhängigen Titeln (vgl. Kap. 4.18.2). Der Hauptunterschied liegt im Umgang mit dem Titel des Ganzen: Bei der Aufnahme für einen Teil mit unabhängigem Titel werden der übergeordnete Titel und die Zählung in Form einer Gesamttitelangabe (RDA 2.12; vgl. Kap. 4.8) erfasst und entsprechend dargestellt (4-112). Bei der Aufnahme für einen Teil mit abhängigem Titel wird der übergeordnete Titel zwar nicht in der untergeordneten Aufnahme erfasst, jedoch stets für die Anzeige mit hinzugezogen. Er steht dabei vor dem Titel des Teils (4-113).

4.18.5 Hierarchische Beschreibung: Einzelne Elemente

Eine Übersicht über die Verteilung der Elemente auf die übergeordnete Aufnahme und die untergeordneten Aufnahmen bietet Tab. 3 (S. 64; vgl. dazu auch RDA 1.5.4 D-A-CH). Ein Plus-Zeichen zeigt an, dass das Element auf dieser Ebene zwingend erfasst werden muss. Ein Minus-Zeichen bedeutet, dass das Element auf der jeweiligen Ebene unbesetzt bleibt. Dies stellt den Mindeststandard dar; man kann also auch mehr erfassen. Bei den untergeordneten Aufnahmen ist in einigen Fällen zwischen Teilen mit unabhängigen Titeln (TUT) und solchen mit abhängigen Titeln (TAT) zu unterscheiden: Bei letzteren müssen weniger Elemente zwingend erfasst werden. Ergänzend zur Tabelle werden im Anschluss noch einige wichtige Elemente im Detail erläutert.

Beispiel 4-110
Übergeordnete Aufnahme:
Umfang:
nicht besetzt

Untergeordnete Aufnahme für Band 1:
Umfang:
XX, 235 Seiten

Untergeordnete Aufnahme für Band 2:
Umfang
XII, 205 Seiten

Beispiel 4-111
Übergeordnete Aufnahme:
Identifikator für die Manifestation:
ISBN 3-598-10588-6

Untergeordnete Aufnahme für Band 1:
Identifikator für die Manifestation:
ISBN 3-598-10589-4

Untergeordnete Aufnahme für Band 2:
Identifikator für die Manifestation:
ISBN 3-598-10590-8

Beispiel 4-112
vgl. Abb. 16 (S. 60)
ISBD-Darstellung (gekürzt):
Grundlagen und Beginn der deutschen Geschichte / Josef Fleckenstein. - 3., durchgesehene und bibliografisch ergänzte Auflage. - Göttingen : Vandenhoeck & Rupprecht, 1988. - 259 Seiten (Deutsche Geschichte / herausgegeben von Joachim Leuschner ; Band 1)
ISBN 3-525-33548-2

Beispiel 4-113
vgl. Abb. 17 (S. 61)
ISBD-Darstellung (gekürzt):
Buchwissenschaft in Deutschland : ein Handbuch / herausgegeben von Ursula Rautenberg. - Berlin ; New York : De Gruyter Saur
Band 1, Theorie und Forschung. - [2010]. - XVI, 602 Seiten

> Die Verteilung der Elemente auf übergeordnete und untergeordnete Aufnahmen, wie sie in diesem Lehrbuch beschrieben wird, entspricht theoretischen Überlegungen. In der Praxis kann es Abweichungen geben. Beispielsweise werden in manchen Systemen Elemente aus der übergeordneten in die untergeordnete Aufnahme kopiert, um die Recherchemöglichkeiten zu verbessern. Auch für den Datenaustausch im MARC 21-Format werden z. T. Elemente hinzugespielt.

Tab. 3: Verteilung der Elemente der Manifestation innerhalb der hierarchischen Beschreibung

Übergeordnete Aufnahme		
Element	**+ / −**	**Erläuterungen**
Titel (Haupttitel, Titelzusatz, Paralleltitel, Abweichender Titel)	+	diejenigen, die sich auf das Ganze beziehen bei Änderung des Haupttitels: neuen Titel als späteren Haupttitel erfassen
Verantwortlichkeitsangabe	+	diejenigen, die sich auf das Ganze beziehen bei späteren Änderungen: ggf. Anmerkung machen
Ausgabebezeichnung	(+)	nur solche mit formaler oder sachlicher Aussage, die für alle Teile gelten (z. B. „Sonderausgabe", „Canadian edition")
Erscheinungsort	+	bei späteren Änderungen: ggf. Anmerkung machen
Verlagsname	+	bei späteren Änderungen: ggf. Anmerkung machen
Erscheinungsdatum	+	Muster für die Erfassung: noch laufende Ressource: 1999- abgeschlossene Ressource: 1999-2005 alle Teile aus demselben Jahr: 1999
Haupttitel der Reihe (bezogen auf eine monografische Reihe, in der die mehrteilige Monografie erschienen ist)	+	Ausnahme: wenn nicht alle Teile in derselben monografischen Reihe erschienen sind (dann nur in untergeordneten Aufnahmen erfassen)
Zählung innerhalb der Reihe (bezogen auf eine monografische Reihe, in der die mehrteilige Monografie erschienen ist)	(+)	nur, wenn alle Teile gemeinsam eine einzige Zählung haben (Beispiel: eine dreibändige Monografie ist zugleich Band 7 der monografischen Reihe)
Erscheinungsweise	+	„mehrteilige Monografie" erfassen
Identifikator für die Manifestation	+	diejenigen, die sich auf das Ganze beziehen
Medientyp	+	die Medientypen aller Teile berücksichtigen
Datenträgertyp	+	die Datenträgertypen aller Teile berücksichtigen
Umfang	−	wird nur in untergeordneten Aufnahmen erfasst
Maße	(+)	ggf. Maße eines gemeinsamen Behältnisses für alle Teile; ansonsten nur in untergeordneten Aufnahmen erfassen
Uniform Resource Locator	+	diejenigen, die sich auf das Ganze beziehen
Untergeordnete Aufnahme		
Element	**+ / −**	**Erläuterungen**
Titel (Haupttitel, Titelzusatz, Paralleltitel, Abweichender Titel)	+	diejenigen, die sich auf den Teil beziehen Teile mit abhängigen Titeln: Bandbezeichnung und Zählung gehören zum Haupttitel (z. B.: Band 1, Theorie und Forschung)
Verantwortlichkeitsangabe	+	diejenigen, die sich auf den Teil beziehen Teile mit unabhängigen Titeln: Ist der geistige Schöpfer nur in einer Verantwortlichkeitsangabe genannt, die sich auf das Ganze bezieht, diese auch in der untergeordneten Aufnahme erfassen. Teile mit abhängigen Titeln: oft keine eigene Verantwortlichkeitsangabe vorhanden (Element bleibt unbesetzt)

Ausgabebezeichnung	+	sowohl gezählte Auflagen als auch Ausgabebezeichnungen mit formaler oder sachlicher Aussage
Erscheinungsort	+ (TUT) − (TAT)	nur bei Teilen mit unabhängigen Titeln erfassen
Verlagsname	+ (TUT) − (TAT)	nur bei Teilen mit unabhängigen Titeln erfassen
Erscheinungsdatum	+	Datum, das sich auf den Teil bezieht
Haupttitel der Reihe (bezogen auf eine monografische Reihe, in der die mehrteilige Monografie erschienen ist)	+	Ausnahme: nicht erfassen, wenn Teile mit abhängigen Titeln vorliegen und es sich entweder um eine ungezählte Reihe handelt oder alle Teile gemeinsam nur eine Zählung haben (dann nur in der übergeordneten Aufnahme erfassen)
Zählung innerhalb der Reihe (bezogen auf eine monografische Reihe, in der die mehrteilige Monografie erschienen ist)	+	Ausnahme: nicht erfassen bei Teilen mit abhängigen Titeln, wenn alle Teile gemeinsam nur eine Zählung haben (dann nur in der übergeordneten Aufnahme erfassen)
Haupttitel der Reihe (bezogen auf die mehrteilige Monografie, d. h. Titel des Ganzen)	+ (TUT) − (TAT)	nur bei Teilen mit unabhängigen Titeln erfassen
Zählung innerhalb der Reihe (bezogen auf die mehrteilige Monografie)	+ (TUT) − (TAT)	nur bei Teilen mit unabhängigen Titeln erfassen. Bei Teilen mit abhängigen Titeln gehören Bandbezeichnung und Zählung zum Haupttitel.
Erscheinungsweise	−	wird nur in übergeordneter Aufnahme erfasst
Identifikator für die Manifestation	+	diejenigen, die sich auf den Teil beziehen
Medientyp	+	diejenigen, die sich auf den Teil beziehen
Datenträgertyp	+	diejenigen, die sich auf den Teil beziehen
Umfang	+	Umfang des Teils
Maße	+	diejenigen, die sich auf den Teil beziehen
Uniform Resource Locator	+	diejenigen, die sich auf den Teil beziehen

Haupttitel, Titelzusätze, Paralleltitel und abweichende Titel (RDA 2.3.2 bis 2.3.6; vgl. Kap. 4.4), die sich auf die mehrteilige Monografie als Ganzes beziehen, werden in der übergeordneten Aufnahme erfasst. Entsprechende Elemente, die sich auf den Teil beziehen, werden in der untergeordneten Aufnahme erfasst (RDA 2.3.1.7 D-A-CH; vgl. 4-114, 4-115). Bei Teilen mit abhängigen Titeln werden Bandbezeichnung und Zählung als zum Haupttitel gehörig aufgefasst und mit einem Komma abgetrennt (4-115). Die Bandbezeichnung beginnt immer großgeschrieben (z. B. „Volume"); die Zählung gibt man gemäß RDA 1.8.2 bis 1.8.5 an (RDA 2.3.1.7 D-A-CH). Dies bedeutet u. a., dass römische Zahlen in arabische umgewandelt werden. Auch der eigentliche Titel des Teils beginnt immer großgeschrieben (RDA Anhang A.4.1).

Auch Verantwortlichkeitsangaben (RDA 2.4; vgl. Kap. 4.5) werden in der übergeordneten oder der untergeordneten Aufnahme erfasst – je nachdem, worauf sie sich beziehen. Teile mit abhängigen Titeln haben häufig keine eigene Verantwortlichkeitsangabe; das Element bleibt dann unbesetzt (4-115). Eine Besonderheit gibt es bei Teilen mit unabhängigen Titeln, deren geistiger Schöpfer (vgl. Kap. 9.2) nur in der Verantwortlichkeitsangabe für das Ganze erscheint. Diese wird dann auch in der untergeordneten Aufnahme verwendet (4-116). Für andere Verantwortliche (z. B. Herausgeber) gilt dies nicht.

Beim Ausgabevermerk (RDA 2.5; vgl. Kap. 4.6) ist zu beachten, dass gezählte Auflagen nur in den untergeordneten Aufnahmen erfasst werden – denn diese Information gilt nicht zwingend für die gesamte mehrteilige Monografie. Erscheint ein Teil in neuer Auflage, so wird dafür eine weitere untergeordnete Aufnahme angelegt und mit

Beispiel 4-114
vgl. Abb. 16 (S. 60)
Übergeordnete Aufnahme:
Haupttitel:
Deutsche Geschichte
Verantwortlichkeitsangabe:
herausgegeben von Joachim Leuschner

Untergeordnete Aufnahme für Band 1:
Haupttitel:
Grundlagen und Beginn der deutschen Geschichte
Verantwortlichkeitsangabe:
Josef Fleckenstein
Haupttitel der Reihe:
Deutsche Geschichte
Zählung innerhalb der Reihe:
Band 1

Beispiel 4-115
vgl. Abb. 17 (S. 61)
Übergeordnete Aufnahme:
Haupttitel:
Buchwissenschaft in Deutschland
Titelzusatz:
ein Handbuch
Verantwortlichkeitsangabe:
herausgegeben von Ursula Rautenberg

Untergeordnete Aufnahme für Band 1:
Haupttitel:
Band 1, Theorie und Forschung

Beispiel 4-116
Titelseite:
Dichtung und Wahrheit
Gegenüber der Titelseite:
GOETHE
WERKE
Fünfter Band

Übergeordnete Aufnahme:
Haupttitel:
Werke
Verantwortlichkeitsangabe:
Goethe

Untergeordnete Aufnahme für den 5. Band:
Haupttitel:
Dichtung und Wahrheit
Verantwortlichkeitsangabe:
Goethe

der vorhandenen übergeordneten Aufnahme verknüpft. Häufig gibt es deshalb für denselben Teil mehrere Aufnahmen (eine pro Auflage). Ändert sich jedoch bei einer Neuauflage die Bandeinteilung, so legt man eine neue Beschreibung für die mehrteilige Monografie an (RDA 2.5 D-A-CH). Ausgabebezeichnungen mit formaler oder sachlicher Aussage, die für alle Teile gelten (z. B. „Sonderausgabe", „Canadian edition"), werden auch in der übergeordneten Aufnahme erfasst (RDA 2.5.1.5 D-A-CH).

Mit „Reihe" ist jeweils ein größeres Ganzes gemeint; dies kann sich auf zwei unterschiedliche Dinge beziehen. Im ersten Fall ist das größere Ganze eine monografische Reihe, in der die mehrteilige Monografie erschienen ist. Beispielsweise kann eine dreibändige Monografie zugleich der siebte Band einer Schriftenreihe sein. Der Haupttitel der Reihe ist dann der Titel dieser monografischen Reihe; er wird auf beiden Ebenen erfasst (zu Ausnahmen bei Teilen mit abhängigen Titeln vgl. Tab. 3, S. 64). Ist die monografische Reihe gezählt, so gibt man die Zählung in der übergeordneten Aufnahme nur dann an, wenn sie für alle Teile der mehrteiligen Monografie identisch ist. Dies trifft im gerade angeführten Beispiel zu, bei dem die drei Bände gemeinsam den siebten Band der monografischen Reihe bilden. Es wäre hingegen nicht der Fall, wenn die drei Bände als Band 7, 8 und 9 der monografischen Reihe gezählt wären. In den untergeordneten Aufnahmen wird die Zählung normalerweise erfasst (zur Ausnahme bei Teilen mit abhängigen Titeln vgl. Tab. 3, S. 64).

Der zweite Fall kommt nur auf der unteren Ebene vor, und auch dort nur bei untergeordneten Aufnahmen für Teile mit unabhängigen Titeln. Das größere Ganze ist hier die mehrteilige Monografie selbst. Mit Haupttitel der Reihe ist entsprechend der Titel des Ganzen gemeint, der in der Gesamttitelangabe erfasst wird (4-114). Auch die Zählung innerhalb der Reihe wird angegeben (4-114). Bei einem Teil mit abhängigem Titel gehört sie hingegen zum Haupttitel (4-115).

Medientyp und Datenträgertyp (RDA 3.2 und 3.3; vgl. Kap. 4.12) werden grundsätzlich auf beiden Ebenen belegt: In den untergeordneten Aufnahmen macht man die jeweils auf den Teil zutreffenden Angaben. In der übergeordneten Aufnahme werden sämtliche Medien- und Datenträgertypen erfasst, die in irgendeinem Teil vorkommen.

Bei der hierarchischen Beschreibung einer mehrteiligen Monografie werden nicht nur die in Kap. 4 dieses Lehrbuchs behandelten Merkmale der Manifestation auf übergeordnete und untergeordnete Aufnahmen verteilt, sondern auch andere RDA-Elemente – beispielsweise die Merkmale von Werk und Expression. Hinweise dazu finden Sie in den entsprechenden Kapiteln. Eine umfassende tabellarische Darstellung für die wichtigsten Elemente aus allen Bereichen finden Sie am Anfang von Kap. 14 (Tab. 8, S. 237).

4.19 Beschreibung von monografischen Reihen

4.19.1 Allgemeines

Abb. 15 (S. 51) zeigt ein Beispiel für einen Band, der in einer gezählten monografischen Reihe erschienen ist: Der Band heißt „Christian Gottlob Leberecht Großmann (1783-1857)", die monografische Reihe heißt „Arbeiten zur Theologie- und Kirchengeschichte". In solchen Fällen ist es üblich, nicht nur eine Beschreibung für den Band anzulegen (bei dem die Reihe in der Gesamttitelangabe aufgeführt wird; vgl. Kap. 4.8), sondern auch eine für die monografische Reihe. Zwischen beiden wird eine Beziehung auf Werkebene hergestellt (vgl. Kap. 10.2.2). Die Datensätze werden außerdem datentechnisch miteinander verbunden, sodass man auch in diesem Fall von einer hierarchischen Beschreibung sprechen kann (vgl. Kap. 4.1.3). Ausgehend vom Band kann man zu den Informationen über das übergeordnete Werk navigieren oder sich umgekehrt alle Bände anzeigen lassen, die in einer monografischen Reihe erschienen sind.

Manche Verlage führen gezählte monografische Reihen, die thematisch sehr breit angelegt sind und in denen oft Hunderte oder gar Tausende von Bänden erscheinen (4-117). Bei solchen sogenannten „Verlegerserien" wird häufig darauf verzichtet, eine eigene Beschreibung für die Reihe anzulegen. Für monografische Reihen ohne Bandzählung werden im deutschsprachigen Raum grundsätzlich keine eigenen Beschreibungen angelegt.

Beispiel 4-117
Beispiele für Verlegerserien:
– „Fischer Taschenbücher"
– „Bibliothek Suhrkamp"
– „Sammlung Luchterhand"
– „Universal-Bibliothek" (Reclam)

4.19.2 Basis der Beschreibung

Monografische Reihen gehören zu den fortlaufenden Ressourcen. Da diese oft über einen langen Zeitraum hinweg erscheinen, ergeben sich mitunter Veränderungen. Bei einer einschneidenden Änderung legt man eine neue Beschreibung an (RDA 1.6.2; vgl. 4-118) und stellt eine Beziehung zur älteren Beschreibung her (vgl. Kap. 10.2.1). Der häufigste Fall ist eine größere Titeländerung, beispielsweise von „Studien zum modernen islamischen Orient" zu „Studien zum modernen Orient". Ändert sich hingegen nur eine Kleinigkeit (z. B. „Vogelkundliche Mitteilungen" statt vorher „Vogelkundliche Mittheilungen"), so wird keine neue Beschreibung angelegt (RDA 2.3.2.12.2 mit D-A-CH und RDA 2.3.2.13). Auch ein Wechsel des Verlags o. ä. führt nicht zu einer neuen Beschreibung (RDA 2.8.1.5.2 mit D-A-CH).

Die angloamerikanische Tradition sieht vor, bei solchen kleinen Änderungen die ursprünglichen Angaben unverändert zu belassen. Eine neue Titelfassung wird als „Späterer Haupttitel" (RDA 2.3.8) erfasst; andere Änderungen können in entsprechenden Anmerkungen gemäß RDA 2.17 abgelegt werden. Als Basis der Beschreibung wird also gemäß RDA stets der erste bzw. älteste Band verwendet (RDA 2.1.2.3) – dies wird auch als „first issue"-Prinzip bezeichnet.

Im deutschsprachigen Raum ist hingegen bei fortlaufenden Ressourcen – anders als bei mehrteiligen Monografien (vgl. Kap. 4.18.3 und 4.18.4) – genau der umgekehrte Ansatz verbreitet: Bei einer Änderung, die nicht zu einer neuen Beschreibung führt, bringt man die entsprechenden Angaben auf den aktuellen Stand. Informationen zu älteren Ständen können als früherer Haupttitel (Zusatzelement für fortlaufende Ressourcen; RDA 2.3.7 mit D-A-CH) bzw. als Anmerkung erfasst werden. Die Basis der Beschreibung ist also stets der jüngste bzw. letzte Band, weshalb man auch vom „latest issue"-Prinzip spricht. Die deutschsprachigen Anwender werden ihre Praxis beim Umstieg auf RDA beibehalten (RDA 2.1.2.3 D-A-CH).

Das JSC hat 2013 beschlossen, RDA so zu flexibilisieren, dass beide Ansätze in gleicher Weise möglich sind. Bis zur Umsetzung müssen die einschlägigen Regelwerksstellen vor diesem Hintergrund gelesen werden. Die abweichende deutschsprachige Praxis ist jeweils in den D-A-CH dokumentiert.

Beispiel 4-118
In den folgenden Fällen wird eine neue Beschreibung für eine fortlaufende Ressource angelegt:
– Änderung der Erscheinungsweise
– Änderung des Datenträgertyps von „Computerdisk" zu „Online-Ressource" oder umgekehrt
– Wesentliche Änderung beim Haupttitel
– Geänderter normierter Sucheinstieg für das Werk aufgrund einer Änderung in der Verantwortlichkeit
– neue Ausgabebezeichnung, die auf eine erhebliche Änderung hinweist

4.19.3 Einzelne Elemente

Die Angaben für die Beschreibung einer monografischen Reihe entnimmt man einem in dieser Reihe erschienenen Band. Dabei darf man die Informationen, die für die Reihe als Ganzes gelten, nicht mit denen verwechseln, die sich auf den einzelnen Band beziehen. Als Haupttitel (RDA 2.3.2; vgl. Kap. 4.4) wird also der Haupttitel der mono-

Beispiel 4-119
vgl. Abb. 15 (S. 51)
Arbeiten zur Kirchen- und Theologiegeschichte
Begründet von Helmut Junghans,
Kurt Nowak † und Günther
Wartenberg †
Herausgegeben von Klaus Fitschen,
Wolfram Kinzig und Volker Leppin
Haupttitel:
Arbeiten zur Kirchen- und Theologiegeschichte
Verantwortlichkeitsangabe:
entfällt

grafischen Reihe verwendet, nicht der Haupttitel des Einzelbands (4-119). Dasselbe gilt für Titelzusätze, Paralleltitel und abweichende Titel.

Normalerweise werden Druckfehler u. ä. vorlagegemäß übertragen (vgl. Kap. 4.2.7). Für den Haupttitel einer fortlaufenden Ressource gilt jedoch eine Ausnahmeregel: Offensichtliche Fehler werden korrigiert; die Variante mit dem Fehler wird als abweichender Titel erfasst (RDA 2.3.1.4 Ausnahme). Abweichende Titel wurden als Zusatzelement für fortlaufende Ressourcen festgelegt (RDA 2.3.6 D-A-CH). Denn Titelvarianten kommen in diesem Bereich häufig vor, und ihre Erfassung ist für die Recherche wichtig.

Bei Verantwortlichkeitsangaben gibt es für fortlaufende Ressourcen eine Besonderheit: Angaben zu Personen, die die Funktion eines Herausgebers ausüben, werden nur dann erfasst, wenn die fortlaufende Ressource sehr stark mit dem Herausgeber identifiziert wird (RDA 2.4.1.4 Ausnahme, mit D-A-CH); dies kommt nur selten vor. In 4-119 ist es sicher nicht der Fall, weshalb die Angabe weggelassen wird. Der Hintergrund für die Regel ist, dass Herausgebergremien häufig ihre Besetzung ändern; nach Herausgebern fortlaufender Ressourcen wird üblicherweise auch nicht gesucht. Angaben zu Begründern, Beiräten etc. werden ebenfalls nur in besonderen Fällen erfasst (4-119). Anders ist es bei Verantwortlichkeitsangaben, welche Körperschaften nennen; für diese gelten die normalen Regeln (4-120; vgl. Kap. 4.5).

Spezifisch für fortlaufende Ressourcen gedacht ist das Element „Zählung von fortlaufenden Ressourcen" (RDA 2.6). Die alphanumerische Bezeichnung des ersten Teils der monografischen Reihe ist als Kernelement stets anzugeben (RDA 2.6.2). Sie besteht üblicherweise aus einer Nummer, häufig zusammen mit einer Angabe wie „Band", „Nummer", „volume" oder „number". Zahlen werden normiert angegeben (vgl. Kap. 4.2.8). Das erste Wort wird stets großgeschrieben, also z. B. „Volume" (RDA Anhang A.6). Der erste Band der monografischen Reihe „Arbeiten zur Kirchen- und Theologiegeschichte" erschien 1996 und trug die Bezeichnung „Band 1" (4-121). Eine chronologische Angabe wie z. B. „April 2012" (RDA 2.6.3 und 2.6.5) findet sich in der Regel nur bei Zeitschriften, nicht aber bei monografischen Reihen. Hat die monografische Reihe ihr Erscheinen eingestellt, wird auch die alphanumerische Bezeichnung des letzten Teils erfasst (RDA 2.6.4).

Als Erscheinungsort (RDA 2.8.2) und Verlagsname (RDA 2.8.4) werden dieselben Angaben verwendet wie bei der Beschreibung des Einzelbands (4-121). Als Erscheinungsdatum (RDA 2.8.6; vgl. Kap. 4.7.1) gibt man das des ersten Bands an, gefolgt von einem Strich für „bis" (4-121). Ist die monografische Reihe abgeschlossen, so wird auch das Datum des letzten Bands erfasst (z. B. „1978-2004"). Bei Änderungen wie einem Wechsel des Verlags werden die Angaben im Erscheinungsvermerk auf den aktuellen Stand gebracht. Informationen zum früheren Verlag können in einer Anmerkung zur Veröffentlichungsangabe dokumentiert werden (RDA 2.17.7; vgl. 4-121). Die Erscheinungsweise (RDA 2.13; vgl. Kap. 4.9) einer monografischen Reihe ist „fortlaufende Ressource".

Beispiel 4-120
Wolfenbütteler Schriften zur Geschichte des Buchwesens
In Zusammenarbeit mit dem Wolfenbütteler Arbeitskreis für Bibliotheks-, Buch- und Mediengeschichte
herausgegeben von der Herzog August Bibliothek
Verantwortlichkeitsangabe:
in Zusammenarbeit mit dem Wolfenbütteler Arbeitskreis für Bibliotheks-, Buch- und Mediengeschichte herausgegeben von der Herzog August Bibliothek

Beispiel 4-121
vgl. Abb. 15 (S. 51)
Beschreibung der monografischen Reihe „Arbeiten zur Kirchen- und Theologiegeschichte"
Alphanumerische Bezeichnung der ersten Ausgabe oder des ersten Teils einer Folge:
Band 1
Erscheinungsort:
Leipzig
Verlagsname:
Evangelische Verlagsanstalt
Erscheinungsdatum:
1996-
Anmerkung zur Veröffentlichungsangabe:
Band 1 erschienen im Verlag Hermann Böhlaus Nachfolger, Weimar

Beispiel 4-122
ISBN 978-3-16-150153-1
ISSN 0720-1141
Beschreibung des Bands:
Identifikator für die Manifestation:
ISBN 978-3-16-150153-1
Beschreibung der monografischen Reihe:
Identifikator für die Manifestation:
ISSN 0720-1141

Die Standardnummern ISBN und ISSN sind in der Informationsquelle häufig unmittelbar untereinander abgedruckt. Zwar handelt es sich bei beiden um Identifikatoren von Manifestationen (RDA 2.15; vgl. Kap. 4.10.1), doch beziehen sie sich auf unterschiedliche Ressourcen: Die ISBN gehört in die Beschreibung für den Band, die ISSN hingegen in die Beschreibung der monografischen Reihe (4-122).

Medientyp und Datenträgertyp (RDA 3.2 und 3.3; vgl. Kap. 4.12) werden nach den normalen Regeln angegeben. Auf die Angabe des Umfangs wird verzichtet, solange die monografische Reihe noch läuft (RDA 3.4.1.10 mit D-A-CH). Hat sie ihr Erscheinen eingestellt, gibt man bei einer gedruckten Reihe die Zahl der Bände an, z. B. „42 Bände" (RDA 3.4.5.16). Bei anderen Datenträgern werden entsprechende Angaben gemacht,

z. B. „25 CD-ROMs" (vgl. Kap. 4.13). Das Element „Maße" (RDA 3.5; vgl. Kap. 4.14.1) sollte bei der Beschreibung einer monografischen Reihe nicht belegt werden. Da sich die Größe von Band zu Band ändern kann, ist es besser, diese Angabe nur bei den einzelnen Bänden zu machen.

4.20 Beschreibung von integrierenden Ressourcen

4.20.1 Basis der Beschreibung

Die Besonderheit von integrierenden Ressourcen wie z. B. einer Loseblattsammlung, einer Datenbank oder einer regelmäßig aktualisierten Website ist, dass sie sich immer wieder ändern (vgl. Kap. 4.1.2). Die Website aus Abb. 18 (S. 69) sieht schon deshalb

Abb. 18: Familie Burger

Zusätzliche Angaben zu Abb. 18
Aus dem Impressum:
Paul Burger
27356 Rotenburg
URL: http://www.familie-burger.de.
Enthält mehr Bilder als Text. Vgl.
Lösungen 15-8 und 16-12.

Beispiel 4-123
Beschreibung einer regelmäßig
aktualisierten Website
**Iteration, die als Grundlage für die
Identifizierung einer integrierenden
Ressource verwendet wird:**
Gesehen: 17.04.2014

Beispiel 4-124
In den folgenden Fällen wird eine
neue Beschreibung für eine integrierende Ressource angelegt:
– Änderung der Erscheinungsweise
– Änderung des Medientyps
– neues Grundwerk (bei einer Loseblattsammlung)
– neue Ausgabebezeichnung, die auf eine erhebliche Änderung hinweist

jeden Tag anders aus, weil die aktuelle Wettervorhersage angezeigt wird. Außerdem werden sicher öfter Texte und Bilder geändert, ergänzt oder gelöscht. Jede Änderung führt zu einem neuen Zustand, einer sogenannten „Iteration".

Die Grundlage der Beschreibung ist immer die aktuelle Iteration (RDA 2.1.2.4). In der Praxis kann man natürlich nicht jeden Tag überprüfen, ob sich an einer integrierenden Ressource etwas geändert hat. Deshalb gibt man das Datum der beim Katalogisieren verwendeten Iteration an (RDA 2.17.13.4; vgl. 4-123).

Ändert sich der Haupttitel einer integrierenden Ressource, so wird auch die Beschreibung entsprechend aktualisiert (RDA 2.3.2.12.3). Damit man die Ressource auch noch unter dem älteren Titel findet, kann man diesen als früheren Haupttitel erfassen (RDA 2.3.7). Ähnliches gilt für andere Elemente wie die Verantwortlichkeitsangabe (RDA 2.4.1.10.3) und die Veröffentlichungsangabe (RDA 2.8.1.5.3); die nicht mehr gültigen Informationen können als Anmerkungen erfasst werden.

Es gibt jedoch auch einige Fälle, in denen man nicht einfach die bisherige Beschreibung aktualisiert, sondern eine neue Beschreibung anlegt (RDA 1.6.3; vgl. 4-124). Die ältere und die jüngere Beschreibung sollten durch eine Beziehung verbunden werden (vgl. Kap. 10.2.1).

4.20.2 Einzelne Elemente

Als Erscheinungsweise (RDA 2.13; vgl. Kap. 4.9) wird „integrierende Ressource" erfasst. Für das Erscheinungsdatum (RDA 2.8.6; vgl. Kap. 4.7.1) gelten dieselben Prinzipien wie für fortlaufende Ressourcen (vgl. Kap. 4.19.3): Läuft die integrierende Ressource noch, so wird nur das Erscheinungsdatum der ersten Iteration angegeben, gefolgt von einem Strich für „bis" (z. B. „2005-"). Läuft die integrierende Ressource nicht mehr, so wird auch das Datum der letzten Iteration erfasst (z. B. „2005-2010").

Für Druckfehler u. ä. im Haupttitel einer integrierenden Ressource gilt dieselbe Ausnahmeregel wie bei fortlaufenden Ressourcen (vgl. Kap. 4.19.3): Offensichtliche Fehler werden korrigiert; die Variante mit dem Fehler kann als abweichender Titel erfasst werden (RDA 2.3.1.4 Ausnahme).

5 Werke und Expressionen

5.1 Allgemeines

5.1.1 Inhalt und Gliederung von RDA Abschnitt 2

Im zweiten Abschnitt von RDA wird das Erfassen der Merkmale (d. h. die Beschreibung) von Werken und Expressionen behandelt (vgl. Kap. 2.2.2 und 2.2.3). Der Abschnitt ist in drei Kapitel unterteilt: In RDA 5 werden wichtige Begriffe definiert und allgemeine Grundsätze aufgestellt (vgl. Kap. 5.1.2 und 5.1.3). In RDA 6 werden die Merkmale erläutert, mit denen Werke und Expressionen beschrieben werden – z. B. der Titel des Werks, der Inhaltstyp oder die Sprache der Expression (vgl. Kap. 5.2 bis 5.5). Außerdem wird die Bildung von Sucheinstiegen für Werke und Expressionen behandelt (vgl. Kap. 5.6). Alle Merkmale, die im weiteren Sinne mit dem Inhalt zu tun haben, findet man in RDA 7 (vgl. Kap. 5.7). Darunter fällt beispielsweise die Zielgruppe oder die Angabe, ob in der Expression Illustrationen oder Literaturangaben enthalten sind. Sacherschließung im engeren Sinne ist damit nicht gemeint.

RDA Abschnitt 2
Erfassen der Merkmale von Werken und Expressionen (RDA 5 bis 7)
RDA 5: Allgemeine Richtlinien zum Erfassen der Merkmale von Werken und Expressionen
RDA 6: Identifizierung von Werken und Expressionen
RDA 7: Beschreibung des Inhalts

5.1.2 Sprache und Schrift

Titel von Werken werden in der vorliegenden Sprache und Schrift übernommen. Handelt es sich um eine nicht-lateinische Schrift (z. B. Kyrillisch), so wird zusätzlich eine Umschrift in das lateinische Alphabet erfasst, sofern das Katalogsystem es ermöglicht (RDA 5.4 mit D-A-CH). Ist die originalschriftliche Eingabe nicht möglich, erfasst man nur die Umschrift. Andere Merkmale von Werken und Expressionen werden in der beim jeweiligen Element vorgeschriebenen Sprache angegeben; in der Regel ist dies Deutsch.

5.1.3 Erfassung in Titel- und Normdatensätzen

Es gibt in RDA keine Vorgabe, an welcher Stelle im Datenmodell man die Merkmale von Werken und Expressionen erfassen soll. Im deutschsprachigen Raum werden sie üblicherweise in denselben Datensatz eingetragen wie die Merkmale der Manifestation, also in den Titeldatensatz. Man spricht in diesem Fall von einer „zusammengesetzten Beschreibung": Die Merkmale der Manifestation machen den Hauptteil der erfassten Informationen aus, werden aber ergänzt durch Merkmale (und auch Beziehungen), die sich auf der Ebene der Expression und des Werks befinden (vgl. Kap. 8.2.2).

Es ist jedoch auch möglich, für ein Werk oder eine Expression einen Normdatensatz (vgl. Kap. 1.5.5) anzulegen und die Merkmale (und Beziehungen) dort zu erfassen.

Im deutschsprachigen Raum werden Normdatensätze derzeit nur angelegt, wenn es sich um ein Werk der Musik handelt oder wenn das Werk in der Sacherschließung als Schlagwort benötigt wird. Unter Umständen wird diese Praxis aber künftig ausgeweitet. Auch gibt es Überlegungen, Normdatensätze für Werke mit Hilfe von automatischen Verfahren zu erstellen. Normdatensätze für Expressionen werden im Rahmen der Formalerschließung bis auf Weiteres grundsätzlich nicht erstellt.

Gibt es einen entsprechenden Normdatensatz, so kann man darin auch Hinweise redaktioneller Art ablegen: Man kann angeben, auf welcher Quelle die erfassten Informationen basieren (RDA 5.8), und bei Bedarf eine erläuternde Anmerkung machen (RDA 5.9). Auch der redaktionelle Status des Normdatensatzes kann gekennzeichnet werden – z. B. als vorläufig oder als vollständig (RDA 5.7).

5.2 Titel des Werks

5.2.1 Arten von Werktiteln, Erfassungsregeln

Beispiel 5-1
Deutsche Übersetzung eines Romans von Thomas Mullen
Haupttitel der Manifestation:
Die Stadt am Ende der Welt
Bevorzugter Titel des Werks nach deutscher Praxis:
The last town on earth
Bevorzugter Titel des Werks nach angloamerikanischer Praxis:
Last town on earth

Als Titel des Werks wird ein Titel bezeichnet, unter dem das Werk bekannt ist (RDA 6.2.1.1). Ist ein Werk unter mehreren Titeln bekannt, so gilt derjenige als bevorzugter Titel des Werks (RDA 6.2.2), mit dem das Werk in erster Linie identifiziert wird. Andere Titel, unter denen das Werk ebenfalls bekannt ist, heißen abweichende Titel des Werks (RDA 6.2.3). Der bevorzugte Titel des Werks ist ein Kernelement. Er wird jedoch im deutschsprachigen Raum nur unter bestimmten Voraussetzungen in einem eigenen Datenfeld erfasst (vgl. Kap. 5.2.2).

Bei der Erfassung von Titeln von Werken gelten im Wesentlichen dieselben Regeln wie beim Übertragen von Merkmalen einer Manifestation (vgl. Kap. 4.2): Der Titel eines Werks beginnt also – ebenso wie der einer Manifestation – stets großgeschrieben. Ansonsten gilt die normale Groß-/Kleinschreibung (RDA 6.2.1.4 mit D-A-CH). Akzente und andere diakritische Zeichen werden übernommen bzw. nach Möglichkeit ergänzt (RDA 6.2.1.6 mit D-A-CH). Die in RDA 1.7.3 D-A-CH zusammengestellten Schreibkonventionen und Regelungen zur Zeichensetzung sowie die Regeln für Symbole (RDA 1.7.5 mit D-A-CH) gelten sinngemäß auch bei der Erfassung der Titel von Werken (RDA 6.2.1.3 D-A-CH).

Artikel am Anfang eines Werktitels werden im deutschsprachigen Raum gemäß der Grundregel mit erfasst (RDA 6.2.1.7 mit D-A-CH). In der angloamerikanischen Welt lässt man diese hingegen üblicherweise gemäß der Alternative weg (5-1).

5.2.2 Titel des Werks vs. Haupttitel der Manifestation

Beispiel 5-2
vgl. Abb. 9 (S. 19)
Deutsche Übersetzung eines Romans von Jane Austen
Haupttitel der Manifestation:
Stolz und Vorurteil
Bevorzugter Titel des Werks:
Pride and prejudice

Beispiel 5-3
Werner Goez
Lebensbilder aus dem Mittelalter
Angabe auf der Rückseite der Titelseite:
2., überarbeitete und erweiterte Auflage.
Die erste Auflage erschien 1983 unter dem Titel
„Gestalten des Hochmittelalters"
Haupttitel der Manifestation:
Lebensbilder aus dem Mittelalter
Bevorzugter Titel des Werks:
Gestalten des Hochmittelalters

Der bevorzugte Titel des Werks sollte nicht mit dem Haupttitel der Manifestation (vgl. Kap. 4.4.2) verwechselt werden. Letzteres meint den Titel, den man auf einer bestimmten Ausgabe vorfindet – also das, was man von der Titelseite abschreibt. In den meisten Fällen stimmen allerdings die beiden Titel überein. Beim vorliegenden Lehrbuch etwa ist „Basiswissen RDA" nicht nur der Haupttitel aller derzeit existierenden Manifestationen. Es ist zugleich auch der Titel, den man verwendet, wenn man über das Werk als Ganzes sprechen will (und nicht nur über eine bestimmte Manifestation oder Expression) – also der bevorzugte Titel des Werks.

Der Haupttitel der Manifestation und der bevorzugte Titel des Werks können jedoch auch voneinander abweichen. Ein typisches Beispiel dafür sind Übersetzungen: In Abb. 9 (S. 19) gilt der englische Originaltitel „Pride and prejudice" als bevorzugter Titel des Werks, während der Haupttitel der Manifestation – „Stolz und Vorurteil" – auf Deutsch ist (5-2). Bei einer englischen Ausgabe desselben Romans, bei der „Pride and prejudice" auf der Titelseite steht, wäre hingegen der Haupttitel der Manifestation wieder identisch mit dem bevorzugten Titel des Werks.

Manchmal erscheint eine spätere Ausgabe eines Werks unter einem anderen Titel als die Erstausgabe. Ein Beispiel für eine solche Titeländerung zeigt 5-3. Als bevorzugter Titel des Werks wird der ältere Titel verwendet, sofern nicht der jüngere Titel als besser bekannt gilt (RDA 6.2.2.4 und 6.27.1.5; für fortlaufende Ressourcen und integrierende Ressourcen gilt eine Ausnahme, vgl. RDA 6.2.2.2 D-A-CH und 6.1.3.3). Auch in einem solchen Fall weichen also der Titel der Manifestation und der bevorzugte Titel des Werks voneinander ab.

Im deutschsprachigen Raum wird der bevorzugte Titel des Werks nur dann als eigenes Datenelement im Titeldatensatz erfasst, wenn er vom Haupttitel der vorliegenden Manifestation abweicht oder wenn ein zusätzliches unterscheidendes Merkmal erfasst werden muss (vgl. Kap. 5.3). In allen anderen Fällen übernimmt der Titel, der als Haupttitel der Manifestation erfasst wurde, zugleich auch die Funktion des bevorzugten Titels des Werks (RDA 6.2.2.8 D-A-CH).

5.2.3 Bevorzugter Titel bei neuzeitlichen Werken

Der bevorzugte Titel eines nach 1500 (d. h. ab 1501) entstandenen Werks ist der originalsprachliche Titel, unter dem das Werk am besten bekannt ist (RDA 6.2.2.4). Man bestimmt diesen Titel anhand von Ausgaben des Werks (welcher Titel kommt am häufigsten vor?) oder Nachschlagewerken. Diese beiden Quellen sind gleichberechtigt (RDA 6.2.2.2). Alternativtitel (vgl. Kap. 4.4.5) werden nicht als Teil des bevorzugten Werktitels erfasst (RDA 6.2.2.4; vgl. Lösung 13-2).

Bei Übersetzungen von Werken der jüngeren Zeit ist in der Ressource meist ein originalsprachlicher Titel angegeben, der als bevorzugter Titel des Werks verwendet wird. Nur der Haupttitel wird übernommen; Titelzusätze entfallen (5-4).

Vor allem bei älteren Werken ist es ratsam, Nachschlagewerke heranzuziehen, um den bekanntesten Titel festzustellen. Oft ist dies nicht der Titel, unter dem sie ursprünglich veröffentlicht wurden. So gab Hans Jakob Christoffel von Grimmelshausen seinem berühmten Schelmenroman den Titel „Der abentheuerliche Simplicissimus Teutsch". Nachschlagewerke wie „Kindlers neues Literaturlexikon" weisen das Werk jedoch schlicht unter „Simplizissimus" nach. Dies wird als bevorzugter Titel verwendet (5-14).

Beispiel 5-4
Angabe auf der Rückseite der Titelseite:
Die Originalausgabe erschien unter dem Titel „Tekstwetenschap. Een interdisciplinaire inleiding"
im Verlag Het Spektrum
Bevorzugter Titel des Werks:
Tekstwetenschap

Das wichtigste Nachschlagewerk ist die GND (vgl. Kap. 1.5.5). Weitere geeignete Nachschlagewerke können der jeweils gültigen Fassung der „Liste der fachlichen Nachschlagewerke für die GND" entnommen werden (zugänglich über die „Informationsseite zur GND" im Wiki der Deutschen Nationalbibliothek).

Lässt sich anhand von Ausgaben und Nachschlagewerken kein bekanntester Titel bestimmen, so nimmt man stattdessen den Titel der ersten Ausgabe in der Originalsprache (RDA 6.2.2.4).

5.2.4 Bevorzugter Titel bei mittelalterlichen und antiken Werken

Der bevorzugte Titel eines vor 1501 (d. h. bis einschließlich 1500) entstandenen Werks ist der originalsprachliche Titel, unter dem das Werk in modernen Nachschlagewerken geführt wird (RDA 6.2.2.5). Der bevorzugte Titel des berühmten mittelalterlichen Heldenepos ist deshalb „Nibelungenlied", obwohl sich in den Ausgaben viele andere Titel finden (Das Lied der Nibelungen, Der Nibelungen Not, Kriemhilds Rache etc.).

Bei altgriechischen, byzantinischen und älteren orientalischen Werken wird – gemäß der in der deutschsprachigen Welt üblichen Tradition – die gebräuchlichste lateinische Titelfassung als bevorzugter Titel des Werks verwendet (5-5).

Beispiel 5-5
Griechischer Originaltitel einer Komödie von Aristophanes:
Ornithes
Bevorzugter Titel des Werks:
Aves

Es gibt besondere Regeln für die bevorzugten Titel von musikalischen Werken (RDA 6.14), juristischen Werken (RDA 6.19), religiösen Werken (RDA 6.23) sowie offiziellen Verlautbarungen (RDA 6.26). Auf diese wird im Folgenden nicht näher eingegangen.

5.2.5 Bevorzugter Titel bei Teilen von Werken

Auch für Teile von Werken werden bei Bedarf bevorzugte Titel erfasst (RDA 6.2.2.9). Manchmal ist ein spezifischer Titel vorhanden: Der bevorzugte Werktitel für den ersten Teil von Tolkiens „The lord of the rings" lautet „The fellowship of the ring". Diesen Werktitel würde man nicht nur bei einer Ausgabe verwenden, die nur diesen Teil enthält, sondern auch bei einer hierarchisch beschriebenen mehrteiligen Monografie (vgl. Kap. 4.18.4), die das gesamte Werk enthält. Denn wenn die Teile unabhängige Titel haben (vgl. Kap. 4.18.2), erfasst man auch in den untergeordneten Aufnahmen einen bevorzugten Titel des Werks – nämlich den für den entsprechenden Teil. In der übergeordneten Aufnahme steht der bevorzugte Titel des Gesamtwerks (5-6).

Gibt es für den Teil eines Werks keinen spezifischen Titel, so wird der Titel des Werks mit der Zählung des Teils und ggf. einer passenden Bezeichnung (sinnvollerweise in der Sprache des Werktitels) kombiniert. Bei der „Aeneis", deren einzelne Bücher einfach durchgezählt sind, ergibt sich dann z. B. „Aeneis. Liber 6" bzw. für mehrere aufeinander folgende Teile z. B. „Aeneis. Liber 1-6".

Derartige Werktitel werden in der deutschsprachigen Praxis jedoch nur dann gebildet, wenn die Ressource insgesamt nur einen Teil bzw. mehrere Teile eines Werks enthält, wie in 5-7. Bei mehrteiligen Monografien, deren Teile abhängige Titel haben (vgl. Kap. 4.18.2), wird der Werktitel hingegen grundsätzlich nur in der übergeordneten Aufnahme erfasst. Hat man also eine mehrbändige Ausgabe der gesamten Aeneis, so gibt es in den untergeordneten Aufnahmen keine bevorzugten Werktitel für die Teile (5-8).

Die Verwendung von „Liber", „Buch" etc. an dieser Stelle entspricht nicht der deutschen wissenschaftlichen und bibliothekarischen Tradition. Bei Redaktionsschluss dieses Lehrbuchs war noch nicht entschieden, ob die bisherige deutschsprachige Praxis, die auf solche Bezeichnungen verzichtet, beibehalten wird oder nicht.

5.2.6 Zusammenstellungen von Werken derselben Person

Liegt kein Einzelwerk vor, sondern eine Zusammenstellung mehrerer Werke derselben Person, so wird unter bestimmten Bedingungen ein sogenannter Formaltitel als bevorzugter Titel des Werks verwendet (RDA 6.2.2.10 mit D-A-CH). Umfasst die Zusammenstellung sämtliche Werke der Person (bzw. zumindest alle, die bis zum Erscheinen der Zusammenstellung existierten), so lautet dieser Formaltitel „Werke" (RDA 6.2.2.10.1 mit D-A-CH; vgl. 5-9).

Es muss nicht geprüft werden, ob wirklich alle Werke der Person enthalten sind. Wichtig ist nur, dass die Zusammenstellung sich als vollständig präsentiert, z. B. durch einen Titel wie „Sämtliche Werke".

Beispiel 5-6
Hierarchische Beschreibung einer dreibändigen Ausgabe des „Herrn der Ringe"

Übergeordnete Aufnahme:
Haupttitel:
Der Herr der Ringe
Bevorzugter Titel des Werks:
The lord of the rings

Untergeordnete Aufnahme für Band 1:
Haupttitel:
Die Gefährten
Bevorzugter Titel des Werks:
The fellowship of the ring

Beispiel 5-7
Einbändige Ausgabe, die nur das sechste Buch von Vergils „Aeneis" enthält
Bevorzugter Titel des Werks:
Aeneis. Liber 6

Beispiel 5-8
Hierarchische Beschreibung einer zweibändigen Ausgabe der „Aeneis"

Übergeordnete Aufnahme:
Haupttitel:
Virgils Aeneis
Bevorzugter Titel des Werks:
Aeneis

Untergeordnete Aufnahme für Band 1:
Haupttitel:
1. Theil, Erster bis sechster Gesang
Bevorzugter Titel des Werks:
entfällt

Beispiel 5-9
Werkausgabe von Rabindranath Tagore
Gesammelte Werke
Lyrik, Prosa, Dramen
Bevorzugter Titel des Werks:
Werke

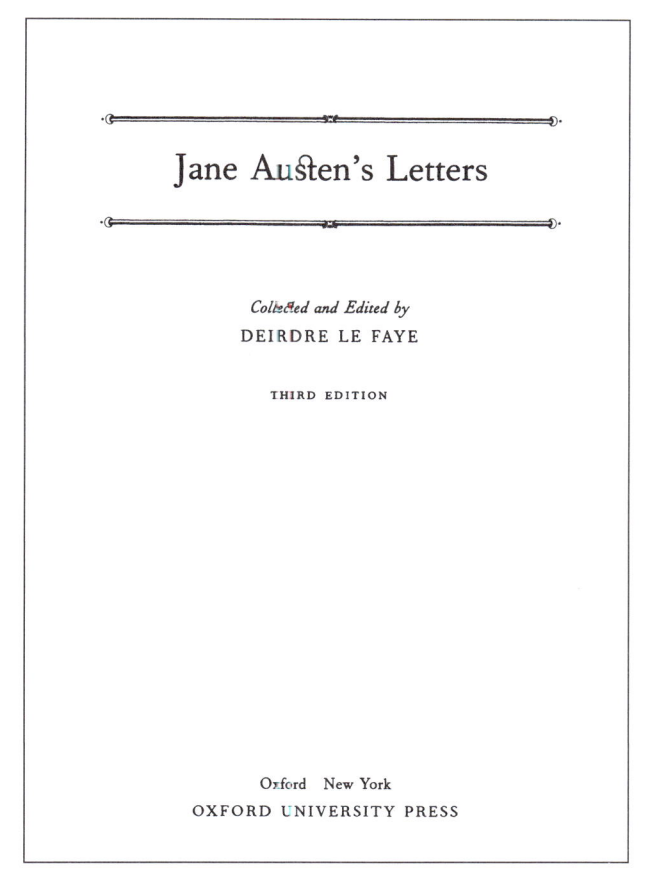

Abb. 19: Jane Austen's letters / collected and edited by Deirdre Le Faye

Manche Zusammenstellungen enthalten sämtliche Werke einer Person in einer bestimmten literarischen Form, z. B. alle Dramen oder alle Romane. Es ist dabei unerheblich, ob die Person auch noch Werke in anderen Gattungen geschrieben hat. Auch in diesen Fällen sieht RDA Formaltitel vor. Im deutschsprachigen Raum wird dies jedoch nur bei denjenigen Gattungen praktiziert, die in der Liste von RDA 6.2.2.10.2 mit D-A-CH aufgeführt sind. Ein Beispiel dafür bietet Abb. 19 (S. 75): Diese Zusammenstellung umfasst alle überlieferten Briefe von Jane Austen. „Briefe" kommt in der Liste der Gattungen vor und wird deshalb als bevorzugter Titel des Werks verwendet (5-10).

Ein Gegenbeispiel zeigt 5-11: Da „Fabeln" nicht in der Gattungsliste genannt ist, wird in diesem Fall kein Formaltitel benutzt, sondern es gelten die normalen Regeln für die bevorzugten Titel von Werken (vgl. Kap. 5.2.3 und 5.2.4). Im vorliegenden Beispiel ergibt sich der originalsprachliche Titel „Fables" als bevorzugter Titel des Werks.

Sind in der Ressource mehrere Gattungen vollständig enthalten, so wird für die Bestimmung des Formaltitels diejenige zugrunde gelegt, die den größten Umfang ausmacht. Für andere enthaltene Gattungen können zusätzlich geeignete Formaltitel erfasst werden, sofern sie in der Liste der Gattungen vorkommen.

Bei anderen Zusammenstellungen von Werken derselben Person, denen der Charakter der Vollständigkeit fehlt, wird gemäß deutschsprachiger Praxis normalerweise kein Formaltitel verwendet (RDA 6.2.2.10.3 mit D-A-CH). Besitzt die Zusammenstellung einen übergeordneten Titel, so gelten die normalen Regeln für den bevorzugten Titel des Werks (vgl. Kap. 5.2.3 und 5.2.4). Ein Beispiel dafür zeigt 5-12.

Manchmal gibt es bei einer Zusammenstellung von Werken einer Person keinen übergeordneten Titel, sondern es sind nur die Titel der einzelnen Werke auf der

---

Zusätzliche Angaben zu Abb. 19
Rückseite der Titelseite:
This edition © Deirdre Le Faye 1995
First published 1995
Second impression 1995
ISBN: 0-19-811764-7
xxviii, 643 Seiten, 22 cm. Literaturverzeichnis auf Seite 473-482; Personen-, Orts- und allgemeines Register auf Seite 483-643. Vgl. Lösungen 13-24, 16-1 und 16-6.

Beispiel 5-10
vgl. Abb. 19 (S. 75)
Jane Austen's letters
Bevorzugter Titel des Werks:
Briefe

Beispiel 5-11
Jean de La Fontaine
Sämtliche Fabeln
Aus dem Französischen von
Ernst Dohm und Gustav Fabricius
Titel der französischen
Originalausgabe: Fables
Bevorzugter Titel des Werks:
Fables

Beispiel 5-12
Siegfried Lenz
Gelegenheit zum Staunen
Ausgewählte Essays
Bevorzugter Titel des Werks:
Gelegenheit zum Staunen

Beispiel 5-13
Eugène Ionesco
Die Stühle
Der neue Mieter
Zwei Theaterstücke
Bevorzugter Titel des Werks:
Les chaises
Le nouveau locataire

Titelseite aufgeführt. In diesem Fall erfasst man die bevorzugten Titel aller Werke, die in der Zusammenstellung enthalten sind (5-13). In den seltenen Fällen, in denen dies vom Aufwand her nicht zu leisten ist, kann stattdessen ein geeigneter Formaltitel und das Wort „Auswahl" verwendet werden (z. B. Dramen. Auswahl).

5.2.7 Abweichender Titel des Werks

Abweichende Titel von Werken (RDA 6.2.3) werden im deutschsprachigen Raum nicht in Titeldatensätzen erfasst, sondern nur dann, wenn ein Normdatensatz für das Werk angelegt wird (vgl. Kap. 5.1.3). Ein abweichender Titel kann einer beliebigen Quelle entnommen werden (RDA 6.2.3.2).

Zu den abweichenden Werktiteln gehören alle Varianten, die sich aufgrund einer anderen Sprache (z. B. Titel von Übersetzungen), einer anderen Schrift, einer abweichenden Schreibweise (z. B. ältere Rechtschreibung) oder einer anderen Methode der Umschrift ergeben (RDA 6.2.3.4). Aber auch weitere Titel, unter denen das Werk veröffentlicht wurde oder unter denen es in Nachschlagewerken aufgeführt wird, können als abweichende Titel erfasst werden (RDA 6.2.3.5). Eine Auswahl der abweichenden Titel für Grimmelshausens „Simplizissimus" zeigt 5-14.

Bei vollständigen Zusammenstellungen aller Werke bzw. aller Werke in derselben Gattung von einer Person, für die ein Formaltitel vergeben wurde (vgl. Kap. 5.2.6), gelten die vorliegenden Haupttitel der Manifestationen als abweichende Titel des Werks (5-15).

Beispiel 5-14
Bevorzugter Titel des Werks:
Simplizissimus
Abweichender Titel des Werks u. a.:
Simplicissimus
Simplicius Simplicissimus
Der abentheuerliche Simplicissimus
Der abenteuerliche Simplicissimus
The adventurous Simplicissimus

Beispiel 5-15
Vollständige Zusammenstellungen der Werke von Franz Kafka
Bevorzugter Titel des Werks:
Werke
Abweichender Titel des Werks u. a.:
Sämtliche Werke
Gesammelte Werke
Œuvres complètes

5.3 Weitere Merkmale von Werken

Neben dem Titel definiert RDA noch einige weitere Merkmale von Werken. Als Form des Werks (RDA 6.3) können Begriffe wie „Drama", „Gedicht", „Computerspiel", „Zeitschrift" oder „Fernsehserie" erfasst werden. Bei der Wahl eines geeigneten Begriffs sollte man sich an der Vorzugsbenennung des entsprechenden Schlagworts in der GND (vgl. Kap. 1.5.5) orientieren. Als Datum des Werks (RDA 6.4) gilt in der Regel das Datum seiner ersten Manifestation, da der Zeitpunkt der tatsächlichen Schöpfung meist nicht bekannt ist. Der Ursprungsort des Werks (RDA 6.5) kann ein Ort oder Land sein. Bei fortlaufenden Ressourcen kann man hier beispielsweise den Sitz des Verlags oder der herausgebenden Körperschaft angeben. Eine sonstige unterscheidende Eigenschaft des Werks (RDA 6.6) kann etwa der Nachname eines Herausgebers oder Regisseurs sein.

Die genannten Merkmale dienen in erster Linie dazu, Verwechslungen zwischen mehreren Werken zu vermeiden. Nach RDA müssen sie nur dann zwingend erfasst werden, wenn zwei Werke denselben bevorzugten Titel haben oder wenn der bevorzugte Titel eines Werks identisch mit dem Namen einer Person oder Körperschaft ist. In der deutschsprachigen Praxis ist die Erfassung noch stärker eingeschränkt, weil nicht nur Titel bzw. Namen verglichen werden, sondern stattdessen die normierten Sucheinstiege. Nur wenn der normierte Sucheinstieg für das Werk identisch zu dem eines anderen Werks bzw. einer Person oder Körperschaft ist, werden in Titeldatensätzen unterscheidende Merkmale angegeben (RDA 5.3 D-A-CH). Wie der normierte Sucheinstieg gebildet wird, wird in Kap. 5.6.1 im Detail erläutert.

Zu identischen normierten Sucheinstiegen kommt es am ehesten bei Werken, die keinem hauptverantwortlichen geistigen Schöpfer zugeordnet werden können, z. B. bei Filmen. Erich Kästners Kinderbuch „Das fliegende Klassenzimmer" wurde bisher dreimal verfilmt. Jede Verfilmung stellt ein eigenes Werk dar, wobei der normierte Sucheinstieg für alle drei identisch wäre. Denn gemäß den Regeln zur Bildung des normierten Sucheinstiegs würde er nur aus dem bevorzugten Titel des Werks bestehen. Über ihre Form lassen sich die Werke nicht unterscheiden – alle drei sind Filme. Jedoch könnte das Jahr der Verfilmung, d. h. das Datum des Werks, als unterscheidendes Merkmal dienen (5-16).

Beispiel 5-16
Drei Verfilmungen mit demselben Werktitel
Bevorzugter Titel bei allen drei Werken:
Das fliegende Klassenzimmer
Datum des 1. Werks:
1954
Datum des 2. Werks:
1973
Datum des 3. Werks:
2003

Um eine Verwechslung von zwei Werken zu vermeiden, genügt es, wenn eines davon ein unterscheidendes Merkmal besitzt. Sobald ein Konflikt auftritt, ergänzt man eine entsprechende Angabe beim neu hinzugekommenen Werk. Die Daten des schon vorhandenen Werks müssen nicht geändert werden.

Bei vollständigen Zusammenstellungen von Werken derselben Person, für die ein Formaltitel vergeben wurde (vgl. Kap. 5.2.6), muss niemals ein unterscheidendes Merkmal erfasst werden (egal, ob es sich um das gesamte Werk oder vollständige Werke in einer Form handelt). Denn alle gleichartigen Zusammenstellungen gelten als zum selben Werk gehörig (RDA 6.2.2.10.1 D-A-CH und 6.2.2.10.2 D-A-CH). Gibt es beispielsweise mehrere, von unterschiedlichen Personen herausgegebene vollständige Werkausgaben desselben Autors, so wird dies als ein Unterschied auf der Ebene der Expression betrachtet.

Ist ein unterscheidendes Merkmal im Titeldatensatz anzugeben, so wird auch der Werktitel erfasst (auch wenn dieser mit dem Titel der Manifestation übereinstimmt). Bei der hierarchischen Beschreibung einer mehrteiligen Monografie (vgl. Kap. 4.18.4) werden entsprechende Merkmale dort angegeben, wo es zur Unterscheidung nötig ist. Dies kann sowohl in der übergeordneten Aufnahme als auch in der untergeordneten Aufnahme für einen Teil mit unabhängigem Titel (vgl. Kap. 4.18.2) der Fall sein. In untergeordneten Aufnahmen für Teile mit abhängigen Titeln kommt es hingegen niemals vor, weil dort grundsätzlich keine Werktitel erfasst werden (vgl. Kap. 5.2.5).

Wenn es für das Werk einen Normdatensatz gibt, werden die genannten Merkmale auch dort erfasst. Dies ist fakultativ auch dann möglich, wenn sie nicht zur Unterscheidung benötigt werden. Überdies können im Normdatensatz für ein Werk Angaben zur Geschichte des Werks abgelegt werden (RDA 6.7). Die Identnummer des Normdatensatzes ist zugleich der Identifikator für das Werk (RDA 6.8).

5.4 Inhaltstyp

5.4.1 Bedeutung des Inhaltstyps

Ein wichtiges Merkmal der Expression ist der sogenannte Inhaltstyp (RDA 6.9), der ein Kernelement ist und stets im Titeldatensatz erfasst wird. Mit dem Inhaltstyp macht man eine grundsätzliche Aussage darüber, in welcher Form das Werk realisiert ist – also über den Charakter der jeweiligen Expression. Handelt es sich um einen Text, ein Bild, ein Computerprogramm etc.? Dafür gibt es eine Liste von 23 normierten Begriffen (RDA 6.9.1.3). Die wichtigsten davon zeigt Tab. 4 (S. 78).

Das Entscheidende bei der Auswahl des Inhaltstyps ist, wie ein Nutzer die Expression wahrnimmt. Deshalb wird auch für die PDF-Datei eines Aufsatzes „Text" vergeben und nicht etwa „Computerdaten" – obwohl der Text natürlich in Form von Bits und Bytes gespeichert ist. Die Information, dass ein Text, ein Bild, eine Karte, ein Film etc. digital vorliegt, wird auf der Ebene der Manifestation angegeben, nämlich mit dem Medientyp „Computermedien" (vgl. Kap. 4.12.1).

Tab. 4: Die wichtigsten Inhaltstypen

Inhaltstyp	Erläuterung
Text	für alles, was in Textform ist (z. B. Buch, Online-Dissertation)
taktiler Text	für Blindenschrift
unbewegtes Bild	für Bilder (z. B. Foto, Originalgrafik, Bildband)
zweidimensionales bewegtes Bild	für Filme, 2D-Videospiele etc.
dreidimensionales bewegtes Bild	für 3D-Filme, 3D-Videospiele etc.
Computerprogramm	für Software (z. B. Betriebssysteme, Anwendungssoftware)
kartografisches Bild	für Karten (z. B. Kartenserie, Stadtplan, Atlas)
kartografische dreidimensionale Form	für kartografische Objekte zum Anfassen (z. B. Globus, Relief)
Noten	für Musiknoten (z. B. Partitur)
aufgeführte Musik	für Musik zum Anhören (z. B. Musik-CD)
gesprochenes Wort	für Texte, Gespräche etc. zum Anhören (z. B. Hörbuch, Diskussionsrunde im Radio, Aufnahme einer Rede)
Geräusche	für Dinge zum Anhören, die nicht unter „aufgeführte Musik" oder „gesprochenes Wort" fallen (z. B. Vogelstimmen)
dreidimensionale Form	für Objekte zum Anfassen (z. B. Spiel, Skulptur)

5.4.2 Erfassung des Inhaltstyps

Gemäß RDA können auch mehrere Inhaltstypen erfasst werden, wenn dies sachlich zutreffend ist. Begleitmaterial (vgl. Kap. 4.17) wird dabei grundsätzlich nicht berücksichtigt. Bei einer Musik-CD mit einem Booklet wird deshalb nur „aufgeführte Musik" als Inhaltstyp erfasst und nicht noch zusätzlich „Text".

Kommen in der Ressource mehrere Inhaltstypen vor, so beschränkt man sich auf die Inhaltstypen der wesentlichen Teile der Ressource (RDA 6.9.1.3 mit D-A-CH). Bei einem Buch, das nur einige wenige Karten enthält, gibt man deshalb nur „Text" an und verzichtet auf „kartografisches Bild". Sind aber mehrere Inhaltstypen von Bedeutung wie z. B. bei dem Bildband aus Abb. 14 (S. 43), so werden diese auch alle erfasst (5-17).

Bei der hierarchischen Beschreibung einer mehrteiligen Monografie (vgl. Kap. 4.18.4) wird der Inhaltstyp grundsätzlich auf beiden Ebenen belegt: In den untergeordneten Aufnahmen macht man die jeweils auf den Teil zutreffenden Angaben. In der übergeordneten Aufnahme werden alle wesentlichen Inhaltstypen angegeben, die irgendwo in der Ressource vorkommen.

5.5 Weitere Merkmale von Expressionen

5.5.1 Sprache der Expression

Die Sprache der Expression (RDA 6.11) ist ein Kernelement und wird stets im Titeldatensatz erfasst. Bei Abb. 15 (S. 51) würde man beispielsweise „Deutsch" eintragen und bei Abb. 19 (S. 75) „Englisch". Besitzt eine Ressource Anteile in mehreren Sprachen, so werden alle Sprachen erfasst (5-18).

Beispiel 5-17
vgl. Abb. 14 (S. 43)
Bildband „Menschenaffen wie wir"
(Text und Abbildungen ungefähr gleichwertig)
Inhaltstyp:
Text
unbewegtes Bild

Beispiel 5-18
Aufsatzband mit deutschen, englischen und französischen Beiträgen
Sprache der Expression:
Deutsch
Englisch
Französisch

Davon zu unterscheiden sind Fälle, bei denen in einer Ressource mehrere Expressionen desselben Werks in verschiedenen Sprachen vorliegen. Ein Beispiel dafür ist der Bildband aus Abb. 14 (S. 43), bei dem der gesamte Text in zwei Sprachen abgedruckt ist. In der deutschsprachigen Praxis werden auch hier alle Sprachen im Element „Sprache der Expression" erfasst (5-19). Welcher der beiden Typen vorliegt, sollte über eine entsprechende Anmerkung im Element „Sprache des Inhalts" deutlich gemacht werden (RDA 7.12; vgl. Kap. 5.7.3).

Bei der hierarchischen Beschreibung einer mehrteiligen Monografie (vgl. Kap. 4.18.4) wird die Sprache der Expression grundsätzlich auf beiden Ebenen belegt: In den untergeordneten Aufnahmen macht man die jeweils auf den Teil zutreffenden Angaben. In der übergeordneten Aufnahme werden alle Sprachen angegeben, die irgendwo in der Ressource vorkommen.

Beispiel 5-19
vgl. Abb. 14 (S. 43)
Bildband „Menschenaffen wie wir"
(der gesamte Text liegt in zwei Sprachen vor)
Sprache der Expression:
Deutsch
Englisch

5.5.2 Datum, unterscheidende Eigenschaft, Identifikator

Außer dem Inhaltstyp und der Sprache kennt RDA noch weitere Merkmale, die sich auf die Expression beziehen. Im deutschsprachigen Raum haben diese jedoch nur eine geringe Bedeutung: Die Elemente Datum der Expression (RDA 6.10) und sonstige unterscheidende Eigenschaft der Expression (RDA 6.12) werden nur verwendet, wenn sie beim normierten Sucheinstieg für eine Expression benötigt werden (vgl. Kap. 5.6.3). Der Identifikator für die Expression (RDA 6.13) wird in der Praxis überhaupt nicht verwendet, da für Expressionen keine Normdatensätze erstellt werden (vgl. Kap. 5.1.3).

5.6 Sucheinstiege für Werke und Expressionen

Unter Sucheinstiegen, die Werke und Expressionen repräsentieren (RDA 5.1.4), versteht man normierte Textstrings, mit denen man ein Werk oder eine Expression eindeutig benennen kann – also sozusagen ihre Namen.

Im Folgenden werden nur die Grundregeln für die Bildung von Sucheinstiegen behandelt. Daneben gibt es besondere Regeln für die Sucheinstiege von musikalischen Werken (RDA 6.28), juristischen Werken (RDA 6.29), religiösen Werken (RDA 6.30) sowie offiziellen Verlautbarungen (RDA 6.31).

5.6.1 Normierte Sucheinstiege für Werke

Der normierte Sucheinstieg, der ein Werk repräsentiert, setzt sich zusammen aus dem normierten Sucheinstieg für den geistigen Schöpfer des Werks (sofern es einen solchen gibt), dem bevorzugten Titel des Werks und ggf. weiteren Angaben (RDA 5.5; vgl. Kap. 5.6.2). Der normierte Sucheinstieg für den geistigen Schöpfer (siehe unten) und der bevorzugte Titel des Werks werden mit einem Punkt getrennt (5-20).

Beispiel 5-20
vgl. Abb. 1 (S. 8)
Autobiografie von Elly Heuss-Knapp
Normierter Sucheinstieg, der das Werk repräsentiert:
Heuss-Knapp, Elly, 1881-1952. Ausblick vom Münsterturm

Darüber hinaus kann es noch zusätzliche Sucheinstiege geben (RDA 6.27.4), die z. B. mit einem abweichenden Titel des Werks oder mit dem Namen des zweiten geistigen Schöpfers gebildet werden. In dem Datenmodell, das im deutschsprachigen Raum üblich ist, spielen solche zusätzlichen Sucheinstiege jedoch keine Rolle.

Ein einziger geistiger Schöpfer: Oft ist nur ein einziger geistiger Schöpfer (vgl. Kap. 9.2.1) für das Werk verantwortlich. Dann wird der normierte Sucheinstieg für diese Person (vgl. Kap. 6.3.5) mit dem bevorzugten Titel des Werks kombiniert (RDA 6.27.1.2).

Bei Abb. 1 (S. 8) ist die Verfasserin Elly Heuss-Knapp die geistige Schöpferin (5-20). Beim Roman aus Abb. 9 (S. 19) ist es Jane Austen. Hier muss natürlich der englischsprachige Originaltitel (der bevorzugte Titel des Werks) verwendet werden und nicht der deutsche Übersetzungstitel (5-21).

Auch Familien oder Körperschaften können geistige Schöpfer eines Werks sein (vgl. Kap. 9.2.4 und 9.3). Entsprechend wird dann der normierte Sucheinstieg für die Familie bzw. die Körperschaft (vgl. Kap. 6.5, 6.8.4, 6.9.2 und 6.10.3) mit dem bevorzugten Titel des Werks kombiniert.

Mehrere geistige Schöpfer: Nicht selten sind mehrere geistige Schöpfer gemeinsam für ein Werk verantwortlich, beispielsweise mehrere Verfasser. Lässt sich erkennen, wer von ihnen die Hauptverantwortung getragen hat, so bildet man den normierten Sucheinstieg für das Werk mit dieser Person (RDA 6.27.1.3; vgl. Kap. 9.2.2). Meist werden die geistigen Schöpfer jedoch gleichrangig präsentiert, wie z. B. bei dem gemeinschaftlich von der Fotografin Jutta Hof und dem Textautor Volker Sommer geschaffenen Bildband aus Abb. 14 (S. 43). In diesem Fall nimmt man den zuerst genannten geistigen Schöpfer – in unserem Fall also Jutta Hof (5-22). Auch mehrere Körperschaften oder Familien können geistige Schöpfer eines Werks sein; die Regeln gelten dann entsprechend.

Ein besonderer Fall liegt vor, wenn für ein Werk sowohl eine oder mehrere Personen als auch eine oder mehrere Körperschaften als geistige Schöpfer verantwortlich sind. Dann haben die Körperschaften Vorrang, d. h. der normierte Sucheinstieg für das Werk wird mit dem Namen der hauptverantwortlichen bzw. ersten Körperschaft gebildet (RDA 6.27.1.3, Ausnahme). Bei dem Bestandskatalog aus Abb. 28 (S. 135; vgl. 9-17) wird daher das zuerst genannte Museum für den normierten Sucheinstieg des Werks herangezogen und nicht die Person, die den Katalog zusammengestellt hat.

Kein geistiger Schöpfer: Manche Werke können keinem geistigen Schöpfer zugeordnet werden. Dies gilt nicht nur für anonym überlieferte Werke, sondern auch für Zusammenstellungen von Werken mehrerer Personen – beispielsweise für eine Anthologie von Gedichten verschiedener Lyriker oder eine Sammlung von Aufsätzen unterschiedlicher Autoren. In diesem Fall besteht der normierte Sucheinstieg für das Werk nur aus dessen bevorzugtem Titel (RDA 6.27.1.4). Der Aufsatzband aus Abb. 13 (S. 41) ist ein solches Beispiel (5-23). Ebenso wird bei Filmen verfahren (RDA 6.27.1.3 Ausnahme). Denn an der Erschaffung eines Filmwerks sind so viele Personen und Körperschaften beteiligt, dass man nicht von hauptverantwortlichen geistigen Schöpfern sprechen kann.

5.6.2 Unterscheidende Merkmale im normierten Sucheinstieg für Werke

Der normierte Sucheinstieg, der ein Werk repräsentiert, muss eindeutig und unverwechselbar sein. Solange die geistigen Schöpfer verschieden sind, ist dies gewährleistet. Beispielsweise gibt es mehrere Werke mit dem bevorzugten Titel „Die Staufer". Da diese jedoch von unterschiedlichen Verfassern stammen, unterscheiden sich auch ihre normierten Sucheinstiege (5-24). Mangels Verwechslungsgefahr erfasst man in diesen Fällen auch kein unterscheidendes Merkmal als eigenes Element im Titeldatensatz (vgl. Kap. 5.3).

Bei Werken mit demselben bevorzugten Titel, die keinem geistigen Schöpfer zugeordnet werden können, wären die normierten Sucheinstiege hingegen identisch. Dass in solchen Fällen unterscheidende Merkmale (Form des Werks, Datum des Werks,

---

Beispiel 5-21
vgl. Abb. 9 (S. 19)
Roman von Jane Austen in deutscher Übersetzung (Titel der Manifestation: „Stolz und Vorurteil")
Normierter Sucheinstieg, der das Werk repräsentiert:
Austen, Jane, 1775-1817. Pride and prejudice

Beispiel 5-22
vgl. Abb. 14 (S. 43)
Jutta Hof & Volker Sommer
Normierter Sucheinstieg, der das Werk repräsentiert:
Hof, Jutta. Menschenaffen wie wir

Beispiel 5-23
vgl. Abb. 13 (S. 41)
Sammlung von Aufsätzen verschiedener Autoren
Normierter Sucheinstieg, der das Werk repräsentiert:
Medizinische Ethik am Beginn des 21. Jahrhunderts

Beispiel 5-24
Zwei Werke mit demselben bevorzugten Titel, aber von unterschiedlichen geistigen Schöpfern
Normierter Sucheinstieg, der das 1. Werk repräsentiert:
Engels, Odilo, 1928-2012. Die Staufer
Normierter Sucheinstieg, der das 2. Werk repräsentiert:
Görich, Knut, 1959-. Die Staufer

Beispiel 5-25
Mehrere Werke ohne geistigen Schöpfer mit demselben bevorzugten Titel
Normierter Sucheinstieg, der das 1. Werk repräsentiert:
King Kong (Computerspiel)
Normierter Sucheinstieg, der das 2. Werk repräsentiert:
King Kong (Film : 1933)
Normierter Sucheinstieg, der das 3. Werk repräsentiert:
King Kong (Film : 1976)
Normierter Sucheinstieg, der das 4. Werk repräsentiert:
King Kong (Film : 2005)

Ursprungsort des Werks oder sonstige unterscheidende Eigenschaft des Werks) im Titeldatensatz zu erfassen sind, wurde bereits erläutert (vgl. Kap. 5.3). Genau dieselben Merkmale werden Teil des normierten Sucheinstiegs für das Werk (RDA 6.27.1.9), um auch hier Unverwechselbarkeit zu garantieren. Das unterscheidende Merkmal steht jeweils in runden Klammern hinter dem bevorzugten Titel des Werks. Sind mehrere Merkmale nötig, trennt man diese mit einem Doppelpunkt (RDA Anhang E.1.2.5). Beispiel 5-25 zeigt die normierten Sucheinstiege für vier Werke, die durch ein bzw. zwei zusätzliche Merkmale unterschieden werden.

5.6.3 Normierte Sucheinstiege für Expressionen

Nicht nur ein Werk kann benannt werden, sondern auch eine bestimmte Expression eines Werks. Dafür wird der normierte Sucheinstieg für das Werk um mindestens ein Merkmal der Expression ergänzt (RDA 6.27.3). Man verwendet dafür den Inhaltstyp (vgl. Kap. 5.4), die Sprache (vgl. Kap. 5.5.1), das Datum oder eine sonstige unterscheidende Eigenschaft der Expression (vgl. Kap. 5.5.2). Das zusätzliche Merkmal wird durch einen Punkt abgetrennt.

Beispiel 5-26 zeigt den normierten Sucheinstieg für eine Hörbuchfassung von Hans Falladas Roman „Ein Mann will nach oben": Der normierte Sucheinstieg für das Werk wurde dafür um den Inhaltstyp „Gesprochenes Wort" ergänzt. Handelt es sich um eine Übersetzung, so verwendet man als zusätzliches Merkmal die Sprache, in die das Werk übersetzt wurde (5-27).

Beispiel 5-26
Hans Fallada
Ein Mann will nach oben
Gelesen von Ulrich Noethen
Normierter Sucheinstieg, der die Expression repräsentiert:
Fallada, Hans, 1893-1947. Ein Mann will nach oben. Gesprochenes Wort

Beispiel 5-27
Teun A. van Dijk
Textwissenschaft
Eine interdisziplinäre Einführung
Deutsche Übersetzung von Christoph Sauer
Normierter Sucheinstieg, der die Expression repräsentiert:
Dijk, Teun Adrianus van, 1943-. Tekstwetenschap. Deutsch

5.7 Beschreibung des Inhalts

5.7.1 Illustrierender Inhalt

RDA definiert eine Vielzahl von Merkmalen, die sich auf den Inhalt des Werks bzw. der Expression beziehen. Besonders häufig verwendet wird der illustrierende Inhalt (RDA 7.15). Damit ist gemeint, dass in der zu beschreibenden Expression mindestens eine Abbildung, Karte o. ä. enthalten ist. Unwesentliche Illustrationen werden dabei ignoriert, ebenso Abbildungen auf dem Umschlag oder den Titelseiten. Nicht als Illustrationen gelten außerdem Tabellen, die nur Text enthalten.

Der illustrierende Inhalt wurde für den deutschsprachigen Raum als Zusatzelement definiert (RDA 7.15 D-A-CH). Dies gilt jedoch nur für einzelne Einheiten und mehrteilige Monografien, nicht für fortlaufende Ressourcen und integrierende Ressourcen. Verpflichtend ist außerdem nur die Grundregel, der zufolge man bei einer einzigen Illustration (welcher Art auch immer) „Illustration" bzw. bei mehreren „Illustrationen" schreibt (5-28). Als optionale Ergänzung kann die genaue Anzahl angegeben werden, wenn man sie leicht herausfinden kann (5-28). Bei ISBD-Darstellung folgen die Illustrationen auf den Umfang (vgl. Kap. 4.13), abgetrennt mit einem Doppelpunkt (5-28 bis 5-30). Bei der hierarchischen Beschreibung einer mehrteiligen Monografie (vgl. Kap. 4.18.4) wird illustrierender Inhalt nur in den untergeordneten Aufnahmen angegeben.

Beispiel 5-28
vgl. Abb. 1 (S. 8)
Mit vier Kohlezeichnungen von Theodor Heuss
Illustrierender Inhalt:
Illustrationen
mit optionaler Ergänzung:
4 Illustrationen
ISBD-Darstellung:
188 Seiten : 4 Illustrationen

Beispiel 5-29
Ressource enthält Abbildungen und Karten
Illustrierender Inhalt nach Grundregel:
Illustrationen
nach Alternativregel:
Illustrationen
Karten
ISBD-Darstellung:
139 Seiten : Illustrationen, Karten

„Illustrierender Inhalt" ist nur für solche Fälle vorgesehen, in denen die Illustrationen eine Ergänzung des primären Inhalts (typischerweise Text) darstellen. Das Element darf nicht verwendet werden, wenn die Abbildungen selbst die Hauptsache sind. Man erfasst dann stattdessen „Bildband" als Art des Inhalts (RDA 7.2; vgl. Kap. 5.7.4 und Lösungen 13-16, 13-17 14-2 und 15-8).

> **Beispiel 5-30**
> Ressource mit farbigen Illustrationen
> **Illustrierender Inhalt:**
> Illustrationen
> **Farbinhalt:**
> farbig
> **ISBD-Darstellung:**
> 298 Seiten : Illustrationen (farbig)

„Illustration(en)" ist ein übergreifender Begriff, der für alle Arten von illustrierendem Inhalt verwendet wird. Alternativ kann man anstelle davon oder zusätzlich dazu einen oder mehrere präzise Begriffe aus einer festen Liste verwenden (5-29), darunter „Karte(n)", „Plan" bzw. „Pläne" (z. B. Bauplan, technische Zeichnung) und „Notenbeispiel(e)" (bei Abdruck einzelner Notenzeilen innerhalb des Texts). „Porträt(s)" gibt es u. a. in vielen Festschriften, wie z. B. in Abb. 45 (S. 208). Der Begriff kann aber auch für Gruppenporträts benutzt werden. „Fotografie(n)" wird nur für echte Fotos (z. B. in einem Fotoalbum) verwendet, nicht jedoch für Reproduktionen von Fotos, wie man sie in vielen Büchern findet. Mehrere solcher Begriffe werden bei ISBD-Darstellung mit einem Komma getrennt; die Reihenfolge ist nicht vorgeschrieben. Sind die Illustrationen ganz oder teilweise in Farbe, kann dies im Element Farbinhalt (RDA 7.17.1; vgl. Kap. 5.7.7) erfasst werden. Bei ISBD-Darstellung stehen entsprechende Angaben – z. B. „farbig", „teilweise farbig" oder „überwiegend farbig" – in Klammern hinter dem Begriff, auf den sie sich beziehen (5-30).

5.7.2 Ergänzender Inhalt

Oft finden sich in der Ressource zusätzliche Materialien wie ein Literaturverzeichnis, Anhänge oder Register. Diese können als ergänzender Inhalt (RDA 7.16) angegeben werden, wenn man sie für wichtig hält. Unabhängig von der Sprache der Ressource werden solche Angaben auf Deutsch erfasst (5-31). Für die Form der Anmerkung gibt es keine Vorgabe. Bei der hierarchischen Beschreibung einer mehrteiligen Monografie (vgl. Kap. 4.18.4) wird ergänzender Inhalt nur in den untergeordneten Aufnahmen angegeben.

> **Beispiel 5-31**
> In der Ressource auf Seite 473-482:
> *Select Bibliography*
> **Ergänzender Inhalt:**
> Literaturverzeichnis: Seite 473-482
>
> **Beispiel 5-32**
> vgl. Abb. 45 (S. 208)
> In der Ressource auf Seite 305-314:
> *Verzeichnis der Publikationen von Jörn Garber*
> **Ergänzender Inhalt:**
> Bibliografie Jörn Garber: Seite 305-314

Literaturverzeichnisse werden meist mit Seitenzahlen angegeben (5-31); ihre Erfassung ist am ehesten bei umfangreichen Verzeichnissen sinnvoll. „Literaturangaben" (ohne Seitenzahlen) wird in der Regel verwendet, wenn die Hinweise in der Ressource verstreut vorkommen (z. B. bei einem Aufsatzband am Ende jedes Beitrags). In Festschriften wie der aus Abb. 45 (S. 208) ist oft eine Personalbibliografie der gefeierten Person (d. h. ein Verzeichnis ihrer Veröffentlichungen) enthalten. Diese nützliche Information sollte möglichst erfasst werden (5-32).

5.7.3 Sprache des Inhalts, barrierefreier Inhalt, Schrift

Im Element Sprache der Expression (RDA 6.11; vgl. Kap. 5.5.1) erfasst man nur die Sprache(n) selbst. Diese Angabe wird vor allem zur Einschränkung von Recherchen verwendet (z. B. wenn ein Benutzer nur Ressourcen auf Deutsch haben möchte). Die Sprache des Inhalts (RDA 7.12) dagegen ist für zusätzliche Informationen gedacht, die im Katalog als Anmerkung angezeigt werden. Bei der hierarchischen Beschreibung einer mehrteiligen Monografie (vgl. Kap. 4.18.4) genügt es, das Element in der übergeordneten Aufnahme zu belegen.

> **Beispiel 5-33**
> Aufsatzband mit deutschen, englischen und französischen Beiträgen
> **Sprache des Inhalts:**
> Beiträge teilweise deutsch, teilweise englisch, teilweise französisch
>
> **Beispiel 5-34**
> vgl. Abb. 14 (S. 43)
> Bildband „Menschenaffen wie wir" (der gesamte Text liegt in zwei Sprachen vor)
> **Sprache des Inhalts:**
> Text deutsch und englisch

Beim Vorliegen mehrerer Sprachen sollte mit entsprechenden Formulierungen deutlich gemacht werden, ob es sich um eine einzige Expression mit Anteilen in mehreren Sprachen handelt (5-33) oder ob mehrere Expressionen desselben Werks in verschiedenen Sprachen vorliegen (vgl. Kap. 8.3.4). Letzteres ist beim Bildband aus Abb. 14 (S. 43) der Fall, bei dem der gesamte Text in zwei Sprachen abgedruckt ist (5-34).

Bei Filmen gibt man als Sprache des Inhalts die vorhandenen Sprachfassungen an (z. B. französische Original- und deutsche Synchronfassung; vgl. Lösung 13-37). Untertitel werden nur dann in diesem Element erfasst, wenn sie in einer anderen

Sprache vorliegen als der gesprochene Text (z. B. bei einem italienischen Film mit deutschen Untertiteln).

Untertitel in einer Sprache, die auch als Tonfassung vorhanden ist, gibt man hingegen als barrierefreien Inhalt (RDA 7.14; vgl. Lösung 13-37) an. In diesem Element werden außerdem alle Hilfen erfasst, die spezifisch für Menschen mit einer Behinderung gedacht sind (unabhängig von der Sprache). Dazu gehören Untertitel für Hörgeschädigte oder Audiodeskriptionen für Sehbehinderte (vgl. Lösung 13-37).

Die Schrift des Inhalts (RDA 7.13.2 mit D-A-CH) wurde als Zusatzelement festgelegt – jedoch nur dann, wenn die Ressource in einer anderen Schrift als der lateinischen vorliegt, z. B. „In kyrillischer Schrift" (RDA 7.13.2.3 mit D-A-CH). Bei der hierarchischen Beschreibung einer mehrteiligen Monografie (vgl. Kap. 4.18.4) wird das Element auf beiden Ebenen belegt.

5.7.4 Art des Inhalts, Zielgruppe, Zusammenfassung des Inhalts

Auch die Art des Inhalts (RDA 7.2) kann man erfassen. Für die deutschsprachige Praxis wurde eine feste Liste von Formbegriffen festgelegt, die dafür – sofern sachlich zutreffend – zu verwenden sind (RDA 7.2.1.3 D-A-CH). Das Kernset besteht aus zwölf besonders wichtigen Begriffen (5-35); die erweiterte Liste enthält über hundert Termini. Bei Bedarf können auch mehrere Begriffe verwendet werden. Findet sich in der Liste kein geeigneter Formbegriff, so kann man auch eine andere zutreffende Angabe machen (z. B. „Brettspiel für 3-6 Spieler" oder „Computerspiel" in Lösung 13-38).

Die Formbegriffe aus der Liste werden unabhängig vom vorliegenden Datenträger vergeben: „Bildband" wird also auch für eine CD-ROM mit hohem Bildanteil benutzt, „Kochbuch" auch für Kochrezepte auf einer Website etc.

Auch für die Zielgruppe (RDA 7.7) wurde eine feste Liste empfohlener Begriffe definiert (RDA 7.7.1.3 D-A-CH; vgl. 5-36). Man kann jedoch auch andere zutreffende Angaben machen. So wird bei Filmen typischerweise die Altersfreigabe als Zielgruppe erfasst (z. B. „FSK ab 12"; vgl. Lösung 13-37).

Als Zusammenfassung des Inhalts (RDA 7.10) kann z. B. ein Abstract, eine vom Verlag bereitgestellte Inhaltsangabe oder der Klappentext eingegeben oder verlinkt werden.

Bei der hierarchischen Beschreibung einer mehrteiligen Monografie (vgl. Kap. 4.18.4) werden Art des Inhalts, Zielgruppe und Zusammenfassung des Inhalts in der Regel nur in der übergeordneten Aufnahme belegt.

5.7.5 Hochschulschriftenvermerk

Eine Abschluss- oder Prüfungsarbeit zur Erlangung eines akademischen Grads wird als Hochschulschrift bezeichnet. Abb. 20 (S. 84) zeigt eine Dissertation, die in elektronischer Form auf dem Hochschulschriftenserver der Universität Tübingen zur Verfügung steht. Arbeiten, wie sie zur Prüfung eingereicht wurden, werden auch als „echte" Hochschulschriften bezeichnet.

Häufig wird eine Dissertation etc. zu einem späteren Zeitpunkt in einem Verlag publiziert. Ein Beispiel dafür zeigt Abb. 15 (S. 51). Solche Verlagsausgaben werden in der deutschsprachigen Praxis genauso behandelt wie echte Hochschulschriften – auch wenn es sich um eine überarbeitete, gekürzte oder erweiterte Fassung der

Beispiel 5-35
Kernset zur Angabe der Art des Inhalts:
– Ausstellungskatalog
– Autobiografie
– Bibliografie (auch, wenn nur ein Teil der Veröffentlichung eine solche darstellt)
– Bildband (Bildanteil mindestens 40 %)
– Biografie
– Festschrift (für Personen und Körperschaften)
– Hochschulschrift
– Konferenzschrift
– Schulbuch
– Website
– Zeitschrift
– Zeitung

Beispiel 5-36
Empfohlene Angaben für die Zielgruppe:
– Jugend
– Kind
– Lehrer
– Leseanfänger
– Schüler
– Sehbehinderter
– Vorschulkind

ursprünglichen Arbeit handelt. Angaben zur Hochschulschrift erfasst man im sogenannten Hochschulschriftenvermerk, der ein Zusatzelement ist (RDA 7.9 mit D-A-CH). Bei der hierarchischen Beschreibung einer mehrteiligen Monografie (vgl. Kap. 4.18.4) wird der Hochschulschriftenvermerk auf beiden Ebenen belegt.

Zusätzliche Angaben zu Abb. 20
Zusätzliche Informationen vom Hochschulschriftenserver:
Craniomandibular Dysfunction Cross-sectional study of prevalence in catchment area of Tübingen (a retrospective data collection)
Dateien: Diss_Druckfreigabe.pdf, 872 KB
Zitierfähiger Link:
http://nbn-resolving.de/ urn:nbn:de:bsz:21-opus-58189
http://hdl.handle.net/10900/45894
Tag der mündl. Prüfung: 2011-06-04

Im Browser wird als URL angezeigt: https://publikationen. uni-tuebingen.de/xmlui/ handle/10900/45894

PDF-Datei: VI, 101 Seiten. Enthält Diagramme, Literaturverzeichnis auf Seite 69-73. Im Katalog gibt es auch einen Titeldatensatz für die Druckausgabe. Vgl. Lösungen 13-13, 16-8 und 16-16

Aus der Universitätsklinik für Zahn-, Mund- und Kieferheilkunde
Tübingen
Abteilung Poliklinik für Kieferorthopädie
Ärztlicher Direktor: Professor Dr. Dr. G. Göz

Craniomandibuläre Dysfunktion
Querschnittsstudie der Prävalenz im Einzugsbereich
Tübingen (eine retrospektive Datenerhebung)

Inaugurale-Dissertation
zur Erlangung des Doktorgrades
der Zahnheilkunde

der
Medizinischen Fakultät
der Eberhard Karls Universität
zu Tübingen

vorgelegt von

Lisa Marx-Janson (geb. Kraus)

aus Tübingen

2011

Abb. 20: Craniomandibuläre Dysfunktion / vorgelegt von Lisa Marx-Janson (geb. Kraus) aus Tübingen

Beispiel 5-37
vgl. Abb. 20 (S. 84)
Akademischer Grad (als Charakter der Hochschulschrift):
Dissertation
Verleihende Institution oder Fakultät:
Universität Tübingen
Jahr, in dem der Grad verliehen wurde:
2011

Die für den Hochschulschriftenvermerk benötigten Informationen können aus einer beliebigen Quelle stammen (RDA 7.9.1.2). RDA sieht die folgenden drei Informationen vor: den akademischen Grad (RDA 7.9.2; z. B. „M.A.", „Dr. phil."), die Hochschule oder Fakultät, die den Grad verliehen hat (RDA 7.9.3), und das Jahr, in dem der Grad verliehen wurde (RDA 7.9.4). In der deutschsprachigen Praxis wird auf den genauen akademischen Grad verzichtet und stattdessen der Charakter der Hochschulschrift gemäß einer festen Liste angegeben, z. B. „Dissertation", „Habilitationsschrift" oder „Bachelorarbeit". Die Hochschule oder Universität, an der der akademische Grad erworben wurde, wird in Form ihres normierten Sucheinstiegs angegeben. In Abb. 20 (S. 84) ist dies nicht „Eberhard Karls Universität zu Tübingen", wie es auf dem Titelblatt steht, sondern „Universität Tübingen" (5-37; vgl. Kap. 6.6.5 und Lösung 16-16). Anstelle der Universität könnte man auch die jeweilige Fakultät angeben, was jedoch meistens nicht sinnvoll ist.

Als Jahr, in dem der Grad verliehen wurde, wird – sofern genannt – vorrangig das Prüfungsjahr angegeben. Ist dies nicht bekannt, so verwendet man ersatzweise das Jahr der Urkundenübergabe (was bei echten Hochschulschriften manchmal angegeben ist) bzw. das Jahr, in dem die Arbeit von der Fakultät angenommen wurde. Notfalls nimmt man das Jahr, in dem die Arbeit eingereicht wurde. Manchmal wird auf ein Wintersemester Bezug genommen (z. B. „wurde im Wintersemester 2001/2002 als Dissertation angenommen"). Anzugeben ist dies als „2001/02".

Bei Verlagsausgaben finden sich Hinweise zur Hochschulschrift oft auf der Rückseite der Titelseite (z. B. „Dissertation, Neuphilologische Fakultät der Universität Heidelberg, 2005") oder im Vorwort (5-38). Nicht immer sind die Angaben vollständig: So fehlt bei 5-39 das Jahr der Gradverleihung. Lässt sich die fehlende Angabe nicht leicht ermitteln, bleibt das entsprechende Element unbesetzt.

5.7.6 Ausführender, Erzähler, Präsentator sowie künstlerische und technische Angabe

Personen, Familien und Körperschaften, die in irgendeiner Weise für eine Ressource verantwortlich sind, werden in den meisten Fällen in Verantwortlichkeitsangaben erfasst (RDA 2.4; vgl. Kap. 4.5). Ausnahmen gibt es jedoch in Bereichen wie Ton und Film: Bestimmte Verantwortliche für die Expression werden in zwei speziellen Elementen erfasst.

Dies betrifft zum einen Verantwortliche, die in der Produktion einen Auftritt haben, z. B. als Schauspieler, Sprecher eines Hörbuchs oder Gastgeber einer Talkshow. Diese werden unter „Ausführender, Erzähler und/oder Präsentator" erfasst (RDA 7.23). Zum anderen sind Verantwortliche gemeint, die an der künstlerischen oder technischen Produktion beteiligt sind, z. B. als Regisseure, Produzenten, Kameraleute, Kostümbildner oder Toningenieure. Sie werden unter „Künstlerische und/oder technische Angabe" erfasst (RDA 7.24).

Im Beispiel 5-40 – einem Hörbuch – gehören der Autor des Romans sowie der Übersetzer in die Verantwortlichkeitsangabe. Der Sprecher wird gemäß RDA 7.23 erfasst, der Regisseur und der technische Bearbeiter gemäß RDA 7.24. Die Angaben können frei formuliert oder genau von der Informationsquelle übernommen werden. Statt „Sprecher: Hans Korte" hätte man also auch „Gelesen von Hans Korte" schreiben können.

Bei der hierarchischen Beschreibung einer mehrteiligen Monografie (vgl. Kap. 4.18.4) genügt es in der Regel, diese beiden Elemente in der übergeordneten Aufnahme zu erfassen.

2014 wurde in einem Proposal vorgeschlagen, die Elemente RDA 7.23 und 7.24 abzuschaffen und solche Informationen stattdessen entweder als Verantwortlichkeitsangabe (RDA 2.4) oder als Anmerkung zur Verantwortlichkeitsangabe (RDA 2.17.3) zu erfassen. Ob dieser Vorschlag umgesetzt wird, stand bei Redaktionsschluss dieses Lehrbuchs noch nicht fest.

5.7.7 Weitere auf den Inhalt bezogene Merkmale

Das Element Farbinhalt (RDA 7.17.1) wurde schon im Zusammenhang mit der Farbigkeit von Illustrationen erwähnt (vgl. Kap. 5.7.1). Hier gibt es auch spezielle Elemente, z. B. für bewegte Bilder (RDA 7.17.3). Damit kann beispielsweise ein Schwarzweißfilm charakterisiert werden. Unter Toninhalt (RDA 7.18) kann z. B. angegeben werden, ob ein Ton- oder ein Stummfilm vorliegt.

Beispiel 5-38
Aus dem Vorwort einer im Verlag publizierten Hochschulschrift:
Es handelt sich hierbei um die leicht überarbeitete Fassung meiner Dissertation, die im Juli 2006 vom Fachbereich Geschichts- und Kulturwissenschaften der Philipps-Universität Marburg angenommen worden ist.
Akademischer Grad (als Charakter der Hochschulschrift):
Dissertation
Verleihende Institution oder Fakultät:
Universität Marburg
Jahr, in dem der Grad verliehen wurde:
2006

Beispiel 5-39
Rückseite der Titelseite einer im Verlag publizierten Hochschulschrift:
Habilitationsschrift zur Erlangung der venia legendi an der Medizinischen Fakultät der Universität Innsbruck
Akademischer Grad (als Charakter der Hochschulschrift):
Habilitationsschrift
Verleihende Institution oder Fakultät:
Universität Innsbruck
Jahr, in dem der Grad verliehen wurde:
entfällt, da nicht ohne Weiteres zu ermitteln

Beispiel 5-40
George Orwell
FARM DER TIERE
Gelesen von Hans Korte
Aus dem Englischen von Michael Walter
Regie: Nils Lundgren
Aufnahme, Schnitt, Mastering: Detlef Fischer
Verantwortlichkeitsangabe:
George Orwell
aus dem Englischen von Michael Walter
Ausführender, Erzähler und/oder Präsentator:
Sprecher: Hans Korte
Künstlerische und/oder technische Angabe
Regie: Nils Lundgren; Aufnahme, Schnitt, Mastering: Detlef Fischer

Ein wichtiges Merkmal von Tonaufnahmen und Filmen ist ihre Dauer (RDA 7.22). Beispielsweise ist bei Hörbüchern in der Regel die Abspielzeit in Minuten angegeben (vgl. Lösung 14-3). Unter Auszeichnung (RDA 7.28) können Preisverleihungen oder Nominierungen für Preise – z. B. Literaturpreise, Filmpreise, Spiel des Jahres – angegeben werden (5-41). Außerdem gibt es noch einige Elemente für spezielle Bereiche, beispielsweise in der Musik für die Angabe der Besetzung (d. h. der Instrumente oder Singstimmen; RDA 7.21) oder für den Maßstab von Karten (RDA 7.25).

Beispiel 5-41
Christoph Peters
Stadt Land Fluss
Roman
Ausgezeichnet mit dem aspekte-Literaturpreis
Auszeichnung:
aspekte-Literaturpreis 1999
(Hinweis: Das Jahr der Preisverleihung wurde im Internet ermittelt)

6 Personen, Familien und Körperschaften

6.1 Allgemeines

6.1.1 Inhalt und Gliederung von RDA Abschnitt 3

Im dritten Abschnitt von RDA wird das Erfassen der Merkmale (d. h. die Beschreibung) von Personen, Familien und Körperschaften behandelt. Es geht also um die Entitäten der Gruppe 2 gemäß FRBR und FRAD (vgl. Kap. 2.3). Diese kommen in der Formalerschließung beispielsweise als Autoren oder als Herausgeber vor (vgl. Kap. 9).

Der Abschnitt ist in vier Kapitel unterteilt: In RDA 8 werden wichtige Begriffe definiert und allgemeine Grundsätze aufgestellt (vgl. Kap. 6.1.2 bis 6.1.5). Personen werden in RDA 9 behandelt (vgl. Kap. 6.2 bis 6.4), Familien in RDA 10 (vgl. Kap. 6.5) und Körperschaften in RDA 11 (vgl. Kap. 6.6 bis 6.10).

RDA Abschnitt 3
Erfassen der Merkmale von Personen, Familien und Körperschaften (RDA 8 bis 11)
RDA 8: Allgemeine Richtlinien zum Erfassen der Merkmale von Personen, Familien und Körperschaften
RDA 9: Identifizierung von Personen
RDA 10: Identifizierung von Familien
RDA 11: Identifizierung von Körperschaften

6.1.2 Bevorzugter und abweichender Name

Den Kern von RDA 9 bis 11 machen die Regeln über die Namen von Personen, Familien und Körperschaften aus. Dabei wird zwischen bevorzugten und abweichenden Namen unterschieden (RDA 8.1.3), was der traditionellen Unterscheidung zwischen Ansetzungsform und Verweisungsformen entspricht (vgl. Kap. 1.4.2).

Der bevorzugte Name ist diejenige Form, mit der die Person, Familie oder Körperschaft am besten identifiziert werden kann (RDA 8.2). In den meisten Fällen ist dies der Name, der in den zugehörigen Ressourcen am häufigsten vorkommt. So publiziert ein deutscher Politiker stets unter „Joschka Fischer", woraus sich sein bevorzugter Name ergibt (6-1). In anderen Fällen verwendet man als bevorzugten Namen eine gängige deutsche Form, etwa bei regierenden Fürsten (vgl. Kap. 6.4.1). Weitere Namensvarianten werden als abweichende Namen bezeichnet – z. B. Joschka Fischers eigentlicher Name „Joseph Martin Fischer" (6-1).

Beispiel 6-1
Bevorzugter Name:
Fischer, Joschka
Abweichender Name:
Fischer, Joseph Martin

6.1.3 Allgemeine Schreibregeln und Schrift

Namen von Personen, Familien und Körperschaften beginnen im Normalfall mit einem Großbuchstaben (RDA 8.5.2 und Anhang A.2.1). In der Informationsquelle vorhandene diakritische Zeichen, z. B. Akzente, werden exakt übernommen. Fehlen sie dort, so werden sie ggf. ergänzt (RDA 8.5.4). Die normalen Schreibkonventionen und Regeln für die Zeichensetzung sowie die Regelungen für Symbole (RDA 1.7.3 und 1.7.5 mit D-A-CH; vgl. Kap. 4.2.4 und 4.2.5) gelten sinngemäß auch für Namen von Personen, Familien und Körperschaften (RDA 8.5.1 D-A-CH).

Liegt der Name einer Person, Familie oder Körperschaft in einer nicht-lateinischen Schrift (z. B. Kyrillisch) vor, so wird die originalschriftliche Form verwendet, sofern das Katalogsystem es ermöglicht. Zusätzlich wird eine transliterierte Form – d. h. eine Umschrift in das lateinische Alphabet – erfasst. Ist die originalschriftliche Eingabe nicht möglich, erfasst man nur die Umschrift (RDA 8.4 mit D-A-CH).

6.1.4 Weitere Merkmale, Sucheinstiege

Außer den Namen werden in RDA 9 bis 11 noch weitere Merkmale erläutert, mit denen Personen, Familien und Körperschaften beschrieben werden können. Bei den Personen sind dies u. a. die Lebensdaten, der Geburtsort oder der Beruf (vgl. Kap. 6.3.1 bis 6.3.4), bei Körperschaften u. a. das Gründungsdatum oder der Sitz (vgl. Kap. 6.8.1 bis 6.8.3).

In RDA 9 bis 11 findet man außerdem Regeln für die Bildung von Sucheinstiegen für Personen, Familien und Körperschaften. Die Basis dafür ist stets ein Name, der in manchen Fällen noch mit einem oder mehreren weiteren Merkmalen kombiniert wird – bei einer Person beispielsweise mit ihren Lebensdaten (6-2). Der normierte Sucheinstieg wird mit dem bevorzugten Namen der Person, Familie oder Körperschaft gebildet (RDA 8.6). Zusätzliche Sucheinstiege werden mit abweichenden Namen gebildet (RDA 8.7). Ein Beispiel für beide Typen zeigt 6-2.

Der normierte Sucheinstieg soll gemäß RDA stets eindeutig und unverwechselbar sein. Deshalb wird etwa zur Unterscheidung von zwei gleichnamigen Körperschaften ihr Sitz zum Namen hinzugefügt (6-3). Für Personen gilt dieses Prinzip in der deutschsprachigen Praxis jedoch nur mit Einschränkungen (vgl. Kap. 6.3.5).

Beispiel 6-2
Normierter Sucheinstieg, der die Person repräsentiert:
Fischer, Joschka, 1948-
Zusätzlicher Sucheinstieg, der die Person repräsentiert:
Fischer, Joseph Martin, 1948-

Beispiel 6-3
Zwei gleichnamige Körperschaften
Normierter Sucheinstieg, der die 1. Körperschaft repräsentiert:
Institut für Angewandte Wirtschaftsforschung (Berlin)
Normierter Sucheinstieg, der die 2. Körperschaft repräsentiert:
Institut für Angewandte Wirtschaftsforschung (Tübingen)

6.1.5 Normdatensätze

Im deutschsprachigen Raum wird üblicherweise für jede Person, Familie oder Körperschaft ein Normdatensatz erstellt (vgl. Kap. 1.5.5), in dem alle Informationen abgelegt werden. Um eine Beziehung zu einer Person, Familie oder Körperschaft anzulegen (vgl. Kap. 9), wird der entsprechende Normdatensatz mit dem Titeldatensatz verknüpft.

> In manchen Katalogsystemen ist es nicht zwingend, für jede Person, Familie oder Körperschaft einen Normdatensatz zu erstellen. Um eine Beziehung anzulegen, wird dann im Titeldatensatz der normierte Sucheinstieg der in Beziehung stehenden Entität erfasst.

In Normdatensätzen für Personen, Familien und Körperschaften werden auch Hinweise redaktioneller Art abgelegt: Man kann u. a. angeben, auf welcher Quelle die erfassten Informationen basieren (RDA 8.12), oder bei Bedarf eine erläuternde Anmerkung (RDA 8.13) machen. Auch der redaktionelle Status des Normdatensatzes (RDA 8.10) kann gekennzeichnet werden – z. B. als vorläufig oder als vollständig. Existiert ein Normdatensatz, so stellt die Nummer dieses Datensatzes zugleich einen eindeutigen Identifikator für die jeweilige Person (RDA 9.18), Familie (RDA 10.10) oder Körperschaft (RDA 11.12) dar.

6.2 Moderne Personennamen

6.2.1 Bevorzugter Name

Der bevorzugte Name einer Person (RDA 9.2.2) ist ein Kernelement. Es ist der Name, unter dem die Person allgemein bekannt ist (RDA 9.2.2.3). Dieser muss nicht mit dem Eintrag auf der Geburtsurkunde identisch sein – es kann sich z. B. auch um einen Spitznamen (6-1) oder einen Künstlernamen (6-4) handeln.

Bei modernen Personen wird der allgemein bekannte Name in erster Linie anhand von Ressourcen festgestellt, die mit der Person in Verbindung stehen (RDA 9.2.2.2) – also z. B. Bücher oder andere Medien, an denen die Person als Autor, Komponist,

Beispiel 6-4
Bevorzugter Name:
Nena
Abweichender Name:
Kerner, Gabriele Susanne

Herausgeber etc. beteiligt war. Zu diesen Ressourcen gehört auch die Homepage der Person. Man nimmt den Namen so, wie man ihn auf den bevorzugten Informationsquellen der Ressourcen (vgl. Kap. 4.3.1 bis 4.3.2) vorfindet. Bei einem gedruckten oder elektronischen Buch sieht man also auf der Titelseite nach. Die Autorinnen des vorliegenden Lehrbuchs erscheinen dort als „Heidrun Wiesenmüller" und „Silke Horny"; dies sind die bevorzugten Namen.

Gewöhnliche Namen wie diese werden in der Struktur „Nachname, Vorname" erfasst (RDA 9.2.2.4), also als „Wiesenmüller, Heidrun" und „Horny, Silke". Es gibt aber auch Namen, die von diesem Schema abweichen wie z. B. der Künstlername Nena (6-4). Solche Namen müssen beim Erfassen im Datenformat meist besonders gekennzeichnet werden. Für Doppelnamen und Namen mit Präfixen gelten besondere Regeln (vgl. Kap. 6.2.5 und 6.2.6).

Findet sich der Name nicht auf den bevorzugten Informationsquellen, so werden zunächst andere Angaben in den Ressourcen herangezogen, die einen „förmlichen" (offiziellen) Charakter haben – beispielsweise eine Namensangabe im Impressum auf der Rückseite der Titelseite oder der Name, mit dem der Autor das Vorwort unterzeichnet hat. Auf drittem Rang folgen alle anderen Quellen: Darunter fällt u. a. eine nicht-förmliche Nennung in einer Ressource (z. B. eine Erwähnung im Fließtext) oder der Eintrag in einem Nachschlagewerk (RDA 9.2.2.2).

6.2.2 Mehrere Formen desselben Namens

Manchmal gibt es unterschiedliche Formen desselben Namens. So kann die Zahl der Vornamen variieren oder ein Vorname erscheint teils abgekürzt, teils ausgeschrieben. Für den bevorzugten Namen verwendet man diejenige Form, unter der die Person allgemein bekannt ist. Die Autorin der Harry-Potter-Bücher beispielsweise kennt man mit abgekürztem zweiten Vornamen (Joanne K. Rowling), den deutschen Dichter E. T. A. Hoffmann mit drei abgekürzten Vornamen.

In bevorzugten oder abweichenden Namen von Personen steht zwischen mehreren Initialen jeweils ein Leerzeichen (RDA 8.5.6.1), also „Hoffmann, E. T. A.". Anders ist es, wenn Personennamen in der bibliografischen Beschreibung auftauchen, z. B. in der Verantwortlichkeitsangabe. Dann werden keine Leerzeichen gesetzt, z. B. „von E.T.A. Hoffmann" (vgl. Kap. 4.2.6).

Welche Form die bekannteste ist, wird wiederum anhand der Ressourcen festgestellt: Als bevorzugten Namen wählt man die am häufigsten vorkommende Variante (6-5). Wenn keine Form eindeutig überwiegt, nimmt man die chronologisch jüngste, im Zweifelsfall die längste Variante (RDA 9.2.2.5.1). Die anderen Formen werden als abweichende Namen erfasst (vgl. Kap. 6.2.7).

In der Regel wird der Normdatensatz für eine Person angelegt, wenn sie zum ersten Mal in einer Ressource auftaucht, sodass es noch keine Vergleichsobjekte gibt. Fällt zu einem späteren Zeitpunkt auf, dass die Form, die als bevorzugter Name gewählt wurde, nicht mehr die häufigste ist, müsste der Normdatensatz eigentlich geändert werden. In der Praxis bleibt jedoch oft die zuerst aufgetretene Form als bevorzugter Name stehen. Zu den Fällen, in denen der bevorzugte Name auf alle Fälle geändert werden sollte, vgl. RDA 9.2.2.7 D-A-CH.

Ergibt sich eine Namensvariante aufgrund unterschiedlicher Sprachen (z. B. englisch „George Mikes" vs. ungarisch „György Mikes"), so wird die Form gewählt, die der Sprache der meisten Ressourcen zu dieser Person (z. B. im Verbundkatalog) entspricht; zusätzlich können Nachschlagewerke herangezogen werden (RDA 9.2.2.5.2

Beispiel 6-5
In den meisten Ressourcen:
Geoffrey Leech
In manchen Ressourcen:
Geoffrey N. Leech
Bevorzugter Name:
Leech, Geoffrey
Abweichender Name:
Leech, Geoffrey N.

mit D-A-CH). Im Fall schwankender Schreibung (z. B. „Rudolf" vs. „Rudolph") wird aus pragmatischen Gründen die Variante verwendet, die man als erstes vorliegen hat (RDA 9.2.2.5.4). Die anderen Formen werden als abweichende Namen erfasst.

6.2.3 Mehrere unterschiedliche Namen, Namensänderung

Manche Personen haben gleichzeitig mehrere unterschiedliche Namen (also nicht nur unterschiedliche Formen desselben Namens): So kennt man den Fernsehmoderator Alfred Biolek auch unter seinem Spitznamen „Bio". Als bevorzugter Name wird in solchen Fällen der bekannteste Name gewählt. Ist dieser nicht festzustellen, nimmt man den am häufigsten in den Ressourcen vorkommenden Namen (RDA 9.2.2.6). Der andere Name wird als abweichender Name erfasst (6-6). Pseudonyme werden jedoch anders behandelt (vgl. Kap. 6.2.4).

Häufiger ist der Fall der Namensänderung, z. B. bei Heirat (6-10) oder aus religiösen Gründen (6-7). Im Regelfall gilt der jüngste Name als bevorzugter Name (RDA 9.2.2.7); ältere Namen werden als abweichende Namen erfasst – es sei denn, dass man die Person auch weiterhin besser unter dem früheren Namen kennt. Ein Beispiel für diesen Fall ist die Schriftstellerin Ilse Aichinger: Auch nach ihrer Heirat publizierte sie unter diesem Namen (ihrem Geburtsnamen) und nicht unter ihrem Ehenamen Ilse Eich. Der bevorzugte Name ist deshalb „Aichinger, Ilse".

Beispiel 6-6
Bevorzugter Name:
Biolek, Alfred
Abweichender Name:
Bio

Beispiel 6-7
Geburtsname:
Cassius Clay
Ab 1964 geführter Name:
Muhammad Ali
Bevorzugter Name:
Ali, Muhammad
Abweichender Name:
Clay, Cassius

6.2.4 Pseudonyme

Manche Personen verwenden in ihren Publikationen grundsätzlich nicht ihren wirklichen Namen, sondern stattdessen ein Pseudonym. So hieß der als George Orwell bekannte britische Autor in Wirklichkeit Eric Arthur Blair (6-8). In einem solchen Fall ist das Pseudonym der bevorzugte Name; der wirkliche Name wird, sofern bekannt, als abweichender Name erfasst (RDA 9.2.2.8 Ausnahme).

Anders ist es zu bewerten, wenn eine Person bewusst unter verschiedenen Identitäten auftritt. Ein solcher Fall liegt immer dann vor, wenn jemand sowohl unter seinem wirklichen Namen als auch unter einem Pseudonym publiziert oder wenn er mehrere Pseudonyme führt. Ein bekanntes Beispiel ist der Autor von „Alice im Wunderland": Für die Kinderbücher verwendete er das Pseudonym Lewis Carroll, unter seinem wirklichen Namen Charles Lutwidge Dodgson schrieb er mathematische Fachliteratur. Somit liegen zwei Identitäten vor (6-9).

Jede Identität wird als eigene Person betrachtet (RDA 9.2.2.8 mit D-A-CH; vgl. Lösung 16-10). Im Beispiel 6-9 werden deshalb zwei Personennormdatensätze angelegt. In einem davon ist „Dodgson, Charles Lutwidge" der bevorzugte Name, im anderen „Carroll, Lewis". Der jeweils andere Name wird, anders als in Beispiel 6-8, nicht als abweichender Name erfasst. Stattdessen wird eine Beziehung zum jeweils anderen Normdatensatz angelegt (vgl. Kap. 11.2.2). Je nachdem, ob man ein Alice-Buch oder ein mathematisches Werk katalogisiert, wird entweder mit dem einen oder mit dem anderen Normdatensatz verknüpft.

Beispiel 6-8
Pseudonym (grundsätzlich verwendet):
George Orwell
Bevorzugter Name:
Orwell, George
Abweichender Name:
Blair, Eric Arthur

Beispiel 6-9
Bei mathematischen Fachbüchern:
Charles Lutwidge Dodgson
Pseudonym (bei Kinderbüchern):
Lewis Carroll
Bevorzugter Name der 1. Person:
Dodgson, Charles Lutwidge
Bevorzugter Name der 2. Person:
Carroll, Lewis

6.2.5 Zusammengesetzte Namen

Zusammengesetzte Namen bestehen aus zwei oder mehr Bestandteilen, zwischen denen entweder ein Bindestrich (z. B. Astrid Schmidt-Händel) oder ein Leerzeichen (z. B. David Lloyd George) steht. Dazu kann noch eine Konjunktion (z. B. José Ortega y Gasset) oder ein Präfix (z. B. Roger Martin du Gard) kommen (RDA 9.2.2.10). Nicht darunter fallen Namen, die nur ein Präfix wie „von" oder ein Element wie „Mac" oder „Ben" enthalten. Für diese gibt es eigene Regeln (vgl. Kap. 6.2.6).

Im Normalfall gelten alle Teile des zusammengesetzten Nachnamens als Familienname, d. h. sie stehen vor dem Komma. Der bevorzugte Name von Astrid Schmidt-Händel ist also „Schmidt-Händel, Astrid" (6-10). Eine Ausnahme wird gemacht, wenn die Person eine andere Einordnung ihres Namens bevorzugt und man davon Kenntnis hat (RDA 9.2.2.10.1) – dies kommt aber nur sehr selten vor. Häufiger passiert es, dass man unsicher ist, ob überhaupt ein zusammengesetzter Name vorliegt: Ist das „Vaughan" bei „Ralph Vaughan Williams" der zweite Vorname oder der erste Teil eines zusammengesetzten Nachnamens?

Manchmal hilft die Typografie: Steht auf der Titelseite „Ralph VAUGHAN WILLIAMS", so spricht dies für einen zusammengesetzten Namen. Oft machen auch Formulierungen im Titel (z. B. „Hilary Hahn spielt Bach, Barber, Vaughan Williams") oder im Haupttext klar, dass ein zusammengesetzter Name vorliegt. Auch Abkürzungen können ein Indiz sein: In Beispiel 6-11 kann man aus der Angabe im Copyright-Vermerk schließen, dass „Lopez" kein Teil des Nachnamens ist – sonst würde es dort nicht abgekürzt erscheinen. Gibt es kein solches Indiz, sieht man in Nachschlagewerken in der Sprache der Person bzw. aus dem Land, in dem die Person lebt, nach. In englischsprachigen Lexika steht der Eintrag für David Lloyd George unter „L", der Eintrag für Harriet Beecher Stowe unter „S". Entsprechend sind die bevorzugten Namen „Lloyd George, David", aber „Stowe, Harriet Beecher" (6-12).

Findet man die Person nicht in einem Nachschlagewerk, so orientiert man sich an der üblichen Praxis in dem Land, in dem die Person lebt. Bei deutschen Bindestrich-Doppelnamen kann man davon ausgehen, dass die Kombination als Ganzes als Nachname aufzufassen ist (6-10). In den USA wird oft ein Nachname als sogenannter Mittelname verwendet – häufig der Mädchenname (z. B. Hillary Rodham Clinton) oder der Name einer berühmten Person (z. B. Martin Luther King). Diese gelten nicht als Teil des Nachnamens. Auch der schon betrachtete Name Harriet Beecher Stowe (6-12) zählt zu diesem Typ.

Beispiel 6-10
In der Ressource:
Astrid Schmidt-Händel
Bevorzugter Name:
Schmidt-Händel, Astrid
Abweichender Name:
Händel, Astrid Schmidt-Händel, Astrid

Beispiel 6-11
Angabe auf der Titelseite:
Nelson Lopez Abril
Angabe im Copyright-Vermerk:
Nelson L. Abril
Bevorzugter Name:
Abril, Nelson Lopez
Abweichender Name:
Abril, Nelson L.
Lopez Abril, Nelson

Beispiel 6-12
In den Ressourcen:
Harriet Beecher Stowe
in englischsprachigen Lexika:
Stowe, Harriet Beecher
Bevorzugter Name:
Stowe, Harriet Beecher
Abweichender Name:
Beecher Stowe, Harriet

Namen in einigen ausgefalleneren Sprachen, z. B. Isländisch, Indisch und Rumänisch, werden in RDA Anhang F behandelt. Die gängige Praxis für viele Länder ist in der IFLA-Publikation „Names of persons : national usages for entry in catalogues" zusammengestellt. Nützliche Regeln für ausgewählte Länder finden sich auch in §§ 318 und 318a des früheren deutschen Regelwerks RAK-WB.

Zur Unterstützung der Recherche sollte bei zusammengesetzten Namen grundsätzlich eine umgestellte Form als abweichender Name erfasst werden (RDA 9.2.3.10 mit D-A-CH). Beachten Sie, dass bei Bindestrich-Namen der Strich auch dort erhalten bleibt (6-10). Besteht der zusammengesetzte Name aus mehr als zwei Teilen, so werden entsprechend mehr abweichende Namen erfasst. Auch bei Namen, die als zusammengesetzte Namen aufgefasst werden könnten, obwohl sie keine sind, ist die Erfassung eines abweichenden Namens sinnvoll (6-11, 6-12).

6.2.6 Präfixe und Verwandtschaftsangaben

Manche Namen enthalten ein oder mehrere getrennt geschriebene Präfixe – meist Artikel oder Präpositionen. Diese können auch gemeinsam auftreten, mitunter zu einem einzigen Wort verschmolzen. Auch bei Namen mit Präfixen stellt sich die Frage, welche der Bestandteile zum Nachnamen gehören, also vor dem Komma stehen.

Als erstes Element des Nachnamens wird derjenige Bestandteil erfasst, unter dem der Name in alphabetischen Listen üblicherweise einsortiert wird (RDA 9.2.2.11.1 mit

Beispiele für Präfixe
Artikel:
– de, den, het, 's (niederländisch)
– l', la, le, les (französisch)
Präposition alleine:
– von, zu (deutsch)
– van (niederländisch)
– d', de (französisch)
Präposition und Artikel (getrennt):
– aus dem, in der, von der (deutsch)
– op de, uit den, van der (niederländisch)
– de la (französisch)
Präposition und Artikel (verschmolzen):
– am, im, vom, zum, zur (deutsch)
– vander, ten (niederländisch)
– des, du (französisch)

D-A-CH). Wie solche Namen eingeordnet werden, ist jedoch nicht einheitlich, sondern kann sich von Land zu Land unterscheiden. Ausschlaggebend für die Bestimmung des bevorzugten Namens ist, was im Sprachraum der jeweiligen Person üblich ist.

Sehr ähnlich aussehende Namen werden deshalb u. U. unterschiedlich behandelt, wie die Beispiele 6-13 und 6-14 zeigen: Der bevorzugte Name des deutschen Theologen Hans von der Au ist „Au, Hans von der" (6-13). Denn Namen mit einer Präposition und einem Artikel als Präfix werden im deutschen Sprachraum unter dem Hauptbestandteil eingeordnet. Hingegen werden in der englischsprachigen Welt Namen mit Präfixen grundsätzlich unter dem Präfix einsortiert. Für den amerikanischen Historiker John T. von der Heide ergibt sich deshalb als bevorzugter Name „Von der Heide, John T." (6-14).

Für den deutschen Sprachraum sollte man sich außerdem merken, dass auch diejenigen Namen unter dem Hauptbestandteil eingeordnet werden, bei denen das Präfix nur aus einer Präposition besteht: Bei Heinrich von Kleist ist der bevorzugte Name also „Kleist, Heinrich von". Ein Signalwort ist außerdem „und" innerhalb der Präfixe: Auch dann beginnt der bevorzugte Name mit dem Hauptbestandteil. Ein Beispiel dafür ist der Adressat der Briefe in Abb. 47 (S. 212), der als „Gilsa, Georg Ernst von und zu" anzugeben ist (6-15). Anders ist es bei Verschmelzungen aus Präposition und Artikel wie „vom" und „zum" (sofern diese nicht zusammen mit „und" vorkommen): Sie gehören zum Nachnamen (6-16).

Im französischen Sprachraum werden Namen mit einem Artikel oder einer Verschmelzung aus Artikel und Präposition als Präfix unter diesem eingeordnet. Namen mit einer Präposition wie „de" als Präfix stehen unter dem Hauptbestandteil. Besteht das Präfix aus Präposition und Artikel, so beginnt der bevorzugte Name mit dem Artikel (6-17).

Beispiel 6-13
Hans von der Au
(deutscher Theologe)
Bevorzugter Name:
Au, Hans von der
Abweichender Name:
Von der Au, Hans
Der Au, Hans von

Beispiel 6-14
John T. von der Heide
(amerikanischer Historiker)
Bevorzugter Name:
Von der Heide, John T.
Abweichender Name:
Heide, John T. von der
Der Heide, John T. von

Beispiel 6-15
vgl. Abb. 47 (S. 212)
Georg Ernst von und zu Gilsa
(hessischer Kriegsrat)
Bevorzugter Name:
Gilsa, Georg Ernst von und zu
Abweichender Name:
Von und zu Gilsa, Georg Ernst
Zu Gilsa, Georg Ernst von und

Beispiel 6-16
Alexandra zum Felde
(deutsche Agrarwissenschaftlerin)
Bevorzugter Name:
Zum Felde, Alexandra
Abweichender Name:
Felde, Alexandra zum

Beispiel 6-17
Jean de La Fontaine
(französischer Schriftsteller)
Bevorzugter Name:
La Fontaine, Jean de
Abweichender Name:
Fontaine, Jean de La
De La Fontaine, Jean

Weitere Detailregeln finden sich im Anhang F.11 von RDA. Bei den Regeln für die deutsche Sprache (RDA F.11.6) werden jedoch Änderungen beantragt; bis zur Entscheidung über diese werden die Vorgaben von RAK-WB, § 314a, 2, angewendet (RDA 9.2.2.11.1 D-A-CH). Darüber hinaus können Nachschlagewerke in der Sprache der Person bzw. aus ihrem Land verwendet werden.

Es sind immer die Regeln anzuwenden, die für die Sprache der jeweiligen Person gelten. Diese bestimmt man anhand der (Original-)Sprache ihrer Werke (RDA 9.2.2.11.1). Hat eine Person in mehreren Sprachen publiziert, so wird die Sprache der meisten Werke zugrunde gelegt. Im Zweifelsfall gilt: Ist eine der Sprachen Deutsch, nimmt man diese. Trifft dies nicht zu und es ist bekannt, dass die Person ins Ausland gegangen ist, so zählt die Sprache des neuen Landes. Notfalls orientiert man sich an der sprachlichen Herkunft des Namens selbst.

Bei Namen mit Präfixen sollte man grundsätzlich eine umgestellte Form als abweichenden Namen erfassen (6-13 bis 6-17), um eine Suche unter verschiedenen Bestandteilen des Namens zu ermöglichen (RDA 9.2.3.10). Enthält der Name mehrere Präfixe, so werden entsprechend mehrere abweichende Namen erfasst (6-13 bis 6-15, 6-17).

Beachten Sie zur Groß- und Kleinschreibung der Präfixe:
Steht ein Präfix am Anfang eines bevorzugten oder abweichenden Namens, so wird es immer großgeschrieben (RDA Anhang A.2.1). An anderer Position eines bevorzugten oder abweichenden Namens werden Präfixe meist kleingeschrieben. Ausnahmen gibt es zum einen, wenn die Person selbst das Präfix immer groß schreibt (RDA Anhang A.11.2; vgl. Lösung 16-6 zu Deirdre Le Faye), und zum anderen in manchen Sprachen, wo in bestimmten Fällen Großschreibung üblich ist (z. B. Französisch: RDA Anhang A.40.3; vgl. 6-17).

Als separat geschriebene Präfixe können auch Elemente vorkommen, die ursprünglich einmal für „Sohn des" bzw. „Tochter der" und ähnliche Verwandtschaftsangaben standen (z. B. Mac, Nic, Ó, Ní, Ap, Fitz, Abu, Ibn, Bar, Ben). Sie werden als Teil des Nachnamens betrachtet (RDA 9.2.2.11.2; vgl. 6-18). Eine umgestellte Form kann als abweichender Name erfasst werden, was aber eher unüblich ist.

Präfixe können auch fest mit dem Hauptbestandteil des Namens verbunden sein, z. B. „Adelaide Fitz-Allen" oder „Claude J. DeRossi" (RDA 9.2.2.12). Auch hier kann eine umgestellte Form als abweichender Name erfasst werden (6-19).

Angaben wie „Jr." für Junior, „père" für Vater, „fils" für Sohn oder römische Zählungen hinter einem (bürgerlichen) Namen werden als Teil des Namens erfasst (RDA 9.2.2.9.5 mit D-A-CH); letztere werden gemäß der deutschsprachigen Praxis als Ordinalzahlen, also mit einem Punkt, geschrieben. Man trennt solche Angaben mit einem Komma ab, z. B. „Williams, Hank, Jr.", „Rockefeller, John D., III.".

Beispiel 6-18
Tim Mac Brian
Bevorzugter Name:
Mac Brian, Tim
Abweichender Name:
Brian, Tim Mac

Beispiel 6-19
Claude J. DeRossi
Bevorzugter Name:
DeRossi, Claude J.
Abweichender Name:
Rossi, Claude J. de

Es gibt weitere Regeln für besondere Fälle, u. a. für Personen, die man nur unter ihrem Nachnamen kennt (z. B. „Miss Read", RDA 9.2.2.9.3); für Personen, die mit dem Namen ihres Ehepartners identifiziert werden (z. B. „Mrs. Davis Maxwell", RDA 9.2.2.9.4); für Namen, die nur aus Initialen bestehen (z. B. „H. D.", RDA 9.2.2.21); für Personen, die üblicherweise mit einer Phrase benannt werden (z. B. „Dr. Wort"; RDA 9.2.2.22).

6.2.7 Abweichende Namen

Als abweichende Namen (RDA 9.2.3) können alle Namen bzw. Namensformen einer Person erfasst werden, die sich vom bevorzugten Namen unterscheiden, sofern es sich nicht um getrennte Identitäten handelt (vgl. Kap. 6.2.4). Sie können aus den Ressourcen selbst oder aus Nachschlagewerken stammen (RDA 9.2.3.2). Manche abweichende Namen ergeben sich auch aufgrund einer bloßen Umstellung, um unterschiedliche Einstiegspunkte in die Recherche zu ermöglichen.

Abweichende Namen sind keine Kernelemente und gelten im deutschsprachigen Raum auch nicht als Zusatzelemente. Dennoch ist es sinnvoll, möglichst alle tatsächlich auftretenden Namen bzw. Namensformen zu erfassen. Ebenfalls erfasst werden sollten weitere Namen und Formen, nach denen mit einer gewissen Wahrscheinlichkeit gesucht werden könnte.

Zu den wichtigsten Typen von abweichenden Namen gehören wirkliche Namen bei Personen, die grundsätzlich unter einem Pseudonym schreiben (RDA 9.2.3.4; vgl. 6-8), frühere bzw. spätere Namen bei einer Namensänderung (RDA 9.2.3.7 und 9.2.3.8; vgl. 6-7, 6-10) sowie unterschiedliche Namen bzw. Namensformen, die sich aufgrund von Variationen in Sprache, Schrift, Rechtschreibung oder Umschrift (RDA 9.2.3.9) ergeben. RDA 9.2.3.10 behandelt weitere Fälle von abweichenden Namen, u. a. Varianten bei den Vornamen (6-5, 6-11) oder umgestellte Formen im Kontext von zusammengesetzten Namen, Präfixen und Verwandtschaftsbezeichnungen (6-10 bis 6-19).

6.3 Moderne Personen: Merkmale und Sucheinstiege

Neben dem bevorzugten Namen und ggf. abweichenden Namen gibt es weitere Merkmale, mit denen Personen identifiziert werden können.

6.3.1 Daten der Person

> **Beispiel 6-20**
> Für Rudi Carrell
> **Geburtsdatum:**
> 1934
> 19.12.1934
> **Sterbedatum:**
> 2006
> 07.07.2006

Das Geburtsdatum (RDA 9.3.2) und das Sterbedatum (RDA 9.3.3) einer Person sind Kernelemente, müssen also – sofern sie bekannt sind – stets erfasst werden. Gemäß der Grundregel gibt man nur das Jahr an. Fakultativ kann zusätzlich auch das exakte Datum in der Form TT.MM.JJJJ angegeben werden (6-20). Für die Erfassung des genauen Geburtsdatums lebender Personen gelten jedoch aus Gründen des Datenschutzes starke Einschränkungen (RDA 9.3.1.3 D-A-CH). Ein unsicheres Jahr wird mit einem Fragezeichen gekennzeichnet (1816?). Möglich sind auch Angaben wie „1666 oder 1667" oder „circa 1315" (RDA 9.3.1.3).

Sind weder Geburts- noch Sterbedatum bekannt, wird ersatzweise angegeben, wann die Person gewirkt hat (RDA 9.3.4) – entweder als einzelnes Jahr oder als Zeitspanne. Notfalls sollte zumindest eine grobe Einordnung erfolgen, z. B. „16. Jahrhundert" oder „13. Jahrhundert-14. Jahrhundert".

6.3.2 Orte mit Beziehung zur Person

> **Beispiel 6-21**
> Für Rudi Carrell
> **Geburtsort:**
> Alkmaar
> **Sterbeort:**
> Bremen
>
> **Beispiel 6-22**
> Für Rudi Carrell
> **Land, das mit der Person in Verbindung steht:**
> Niederlande
> Deutschland

Erfasst werden können Geburtsort (RDA 9.8), Sterbeort (RDA 9.9) sowie Wohn- oder Wirkungsorte (RDA 9.11) einer Person (6-21).

Die Angabe eines Orts erfolgt immer in der Form seines bevorzugten Namens (vgl. Kap. 7.2). In der GND (vgl. Kap. 1.5.5) wird der Normdatensatz für die Person direkt mit dem Normdatensatz für den Ort verknüpft.

Ein eigenes Element (RDA 9.10) bilden das Land bzw. die Länder, das bzw. die man mit der Person assoziiert (6-22). In der GND (vgl. Kap. 1.5.5) wird diese Information als Code erfasst (z. B. XA-DE für Deutschland).

6.3.3 Beruf oder Tätigkeit

> **Beispiel 6-23**
> Für Rudi Carrell
> **Beruf oder Tätigkeit:**
> Musiker
> Showmaster

Auch ausgeübte Berufe bzw. andere Tätigkeiten (z. B. Widerstandskämpfer) sind nützliche Informationen und können erfasst werden. In der deutschsprachigen Praxis verwendet man für eine solche Angabe keine frei gewählte Bezeichnung, sondern die bevorzugte Benennung des entsprechenden Sachschlagworts gemäß den „Regeln für den Schlagwortkatalog" (RSWK), dem Standardregelwerk für die verbale Sacherschließung im deutschsprachigen Raum (RDA 9.16 mit D-A-CH; vgl. 6-23). In der GND (vgl. Kap. 1.5.5) kann auch eine Verknüpfung mit dem Normdatensatz für das Schlagwort hergestellt werden.

6.3.4 Weitere Merkmale

> **Beispiel 6-24**
> Für Heidrun Wiesenmüller
> **Affiliation:**
> Hochschule der Medien

Es können noch weitere Merkmale erfasst werden, u. a. das Geschlecht der Person (RDA 9.7), ihre Sprache (RDA 9.14) oder biografische Angaben als Fließtext (RDA 9.17). Ebenfalls angegeben werden kann die sogenannte Affiliation – typischerweise die Institution, an der die Person beschäftigt ist (RDA 9.13; vgl. 6-24). Diese wird in der Form ihres normierten Sucheinstiegs (vgl. Kap. 6.8.4 und 6.9.2) erfasst. In der GND (vgl. Kap. 1.5.5) kann auch eine Verknüpfung mit dem Normdatensatz für die Körperschaft hergestellt werden.

Im Normdatensatz für eine Person können darüber hinaus noch Informationen erfasst werden, die im Verständnis von RDA keine Merkmale, sondern Beziehungen sind, z. B. Ehepartner oder Verwandte. Diese werden in RDA Abschnitt 9 behandelt (vgl. Kap. 11).

6.3.5 Sucheinstiege

Nach RDA soll der normierte Sucheinstieg für eine Person stets eindeutig sein. Ist der bevorzugte Name mehrerer Personen identisch, müssen weitere Merkmale ergänzt werden, bis die normierten Sucheinstiege klar unterscheidbar sind (RDA 9.19.1.1). In der deutschsprachigen Praxis werden jedoch prinzipiell nur die Lebensdaten als Teil des normierten Sucheinstiegs dargestellt – zusätzlich zur Erfassung als eigenes Datenelement (vgl. Kap. 6.3.1). Ausnahmen gelten für einige besondere Personengruppen (vgl. Kap. 6.4.1 und 6.4.2).

Vor dem Hintergrund des im deutschsprachigen Raum verbreiteten Datenmodells wäre die von RDA vorgesehene, sehr aufwendige Differenzierung nicht sinnvoll. Da – anders als in der angloamerikanischen Welt – die Titeldatensätze in der Regel direkt mit den Normdatensätzen für Personen verknüpft sind, können zur Unterscheidung gleichnamiger Personen auch Informationen aus anderen Feldern des Datensatzes herangezogen werden (z. B. Beruf oder Geburtsort). Es ist also nicht zwingend, solche Informationen vollständig im normierten Sucheinstieg unterzubringen.

Beispiel 6-25
Bereits gestorbene Person
Normierter Sucheinstieg, der die Person repräsentiert:
Carrell, Rudi, 1934-2006

Beispiel 6-26
Noch lebende Person
Normierter Sucheinstieg, der die Person repräsentiert:
Wiesenmüller, Heidrun, 1968-

In der GND (vgl. Kap. 1.5.5) werden die Lebensdaten einer Person nur in einem getrennten Datenfeld erfasst. Beim Datenaustausch werden sie automatisch zum bevorzugten Namen hinzugefügt, sodass der korrekte normierte Sucheinstieg entsteht.

Sind Lebensdaten bekannt, so werden sie dem bevorzugten Namen auch dann hinzugefügt, wenn es keine weitere gleichnamige Person gibt (RDA 9.19.1.3 mit D-A-CH). In Sucheinstiegen werden prinzipiell nur die Jahre angegeben, auch wenn exakte Lebensdaten bekannt sind (6-25). Bei noch lebenden Personen wird nur das Geburtsjahr eingetragen, gefolgt von einem Strich für „bis" (6-26).

Neben dem normierten Sucheinstieg kann es auch zusätzliche Sucheinstiege geben. Ein zusätzlicher Sucheinstieg basiert nicht auf dem bevorzugten, sondern auf einem abweichenden Namen der Person. Auch hier werden – sofern bekannt – die Lebensdaten hinzugefügt (6-2).

6.3.6 Nicht individualisierte Namen

In manchen Fällen hat man nicht genügend Informationen, um eine Person eindeutig zu identifizieren (RDA 8.11; vgl. RDA 9.19.1.1 D-A-CH). Man weiß beispielsweise nur, dass der Verfasser einer Ressource „Peter Müller" heißt, kann aber nicht sagen, um welchen Peter Müller es sich genau handelt, weil entsprechende Angaben (z. B. Lebensdaten, Beruf, Geburtsort) fehlen. Dann werden nur der bevorzugte Name und etwaige abweichende Namen erfasst, aber keine weiteren Merkmale. Entsprechend besteht der normierte Sucheinstieg nur aus dem bevorzugten Namen. Ein solcher Da-

Beispiel 6-27
Peter Müller
keine weiteren Informationen bekannt
Bevorzugter Name:
Müller, Peter
Indikator:
nicht individualisiert
Normierter Sucheinstieg, der die Person repräsentiert:
Müller, Peter

tensatz wird mit einem Indikator für „nicht individualisiert" versehen; dieser Indikator ist ein Zusatzelement (6-27; vgl. Lösung 16-11).

> Der nicht individualisierte Normdatensatz „Müller, Peter" aus Beispiel 6-27 wird in allen Fällen genutzt, in denen ein Verfasser, Herausgeber etc. dieses Namens nicht näher identifiziert werden kann. Ein solcher Namenssatz steht also u. U. für mehrere gleichnamige Personen. Hingegen wird ein individualisierter Personendatensatz immer nur für eine einzige, genau definierte Person verwendet. In der GND (vgl. Kap. 1.5.5) erhalten individualisierte Normdatensätze die Kennung „Tp" (Personensatz), nicht individualisierte Normdatensätze erhalten die Kennung „Tn" (Namenssatz).

6.4 Besondere Personengruppen

Bei einigen Personengruppen gibt es Besonderheiten bei Namen und Sucheinstiegen; teilweise spielen auch Adels- und Fürstentitel eine Rolle. Die wichtigsten dieser Personengruppen werden im Folgenden mit ihren Spezifika vorgestellt. Darüber hinaus gelten die normalen Regeln (vgl. Kap. 6.3). Es können also dieselben weiteren Merkmale erfasst werden wie bei modernen Personen, z. B. Daten, Orte und Berufe. Ebenso gilt auch hier das Prinzip, dass bei Sucheinstiegen die Lebens- oder Wirkungsdaten hinzugefügt werden (6-28 bis 6-34).

6.4.1 Fürsten

Beispiel 6-28
Bevorzugter Name:
Ludwig XIV.
Fürstentitel:
Frankreich, König
Normierter Sucheinstieg, der die Person repräsentiert:
Ludwig XIV., Frankreich, König, 1638-1750
Zusätzlicher Sucheinstieg, der die Person repräsentiert:
Louis XIV., France, Roi, 1638-1750
Ludwig der Sonnenkönig, 1638-1750
Sonnenkönig, 1638-1750
Roi Soleil, 1638-1750
Ludwig der Große, 1638-1750

Bei Personen mit dem höchsten fürstlichen Rang in einem Territorium (z. B. König, Kaiser, Sultan; im Römisch-Deutschen Reich u. a. auch Herzog, Markgraf, Landgraf) besteht der bevorzugte Name aus dem persönlichen Namen, ggf. mit einer Ordnungszahl (RDA 9.2.2.20 mit D-A-CH). Es wird die im Deutschen gebräuchliche Form des Namens verwendet, also z. B. nicht „Louis XIV.", sondern „Ludwig XIV." (RDA 9.2.2.5.2 Ausnahme; vgl. 6-28). Formen in anderen Sprachen können als abweichende Namen erfasst werden, ebenso Beinamen (RDA 9.2.3.9 und 9.2.3.10).

Als Fürstentitel (RDA 9.4.1.4.1 mit D-A-CH) wird in der deutschsprachigen Praxis zuerst das Territorium und dann (nach einem Komma) der Herrschertitel erfasst – beides in der im Deutschen gebräuchlichen Form, also z. B. „Frankreich, König" (6-28). Diese Angabe wird nicht als eigenes Element gehalten, sondern ausschließlich als Teil des normierten Sucheinstiegs erfasst. Dieser besteht also aus dem persönlichen Namen, dem Fürstentitel und den Lebensdaten. Beispiel 6-28 zeigt außerdem einige der möglichen zusätzlichen Sucheinstiege. Wird dabei eine andere Sprachform des persönlichen Namens verwendet („Louis XIV."), so erfasst man auch den Fürstentitel in dieser Sprache („France, Roi").

> Es gibt weitere spezielle Regeln für Angehörige ehemaliger fürstlicher Häuser (RDA 9.2.2.13) sowie für Ehepartner und Kinder von Fürsten (RDA 9.4.1.4.2 mit D-A-CH und 9.4.1.4.3).

6.4.2 Adlige

Bei Adligen muss man unterscheiden, ob ihr Adelstitel als Teil des bevorzugten Namens gilt oder nicht. Manche Adlige kennt man in erster Linie unter ihrem Adelstitel, sodass dieser als Teil des bevorzugten Namens betrachtet wird (RDA 9.2.2.14 mit D-A-CH). Gemeint sind hier Fälle, wie sie beispielsweise in Großbritannien üblich sind: Eine

Person besitzt neben ihrem Familiennamen auch einen Adelstitel, der aus einer Rangbezeichnung (z. B. Earl, Duke) und einem Eigennamen (z. B. Arundel, Buckingham) besteht. So wurde der Sieger von Waterloo und spätere Premierminister Arthur Wellesley zum ersten „Duke of Wellington" ernannt. In den Ressourcen wird er überwiegend „Wellington" oder „Duke of Wellington" genannt, und nicht „Arthur Wellesley". Auch in Nachschlagewerken findet man ihn unter „Wellington".

Der bevorzugte Name beginnt in diesem Fall mit dem Eigennamen aus dem Titel, gefolgt vom individuellen Namen (in der Form „Vorname Nachname") und der Rangbezeichnung. Im normierten Sucheinstieg kommen noch die Lebensdaten dazu (6-29). Eine etwaige Zählung wird nicht berücksichtigt. In den meisten Sprachen werden Adelstitel mit großem Anfangsbuchstaben geschrieben (RDA Anhang A.2.4). Eine mit dem Familiennamen beginnende Variante sollte als zusätzlicher Sucheinstieg erfasst werden.

Es gibt auch Fälle, in denen eine Person einen solchen Adelstitel besitzt, ihn aber nicht führt – wie z. B. die Ehefrau des siebten Duke of Wellington. Obwohl sie offiziell „Duchess of Wellington" war, verwendete sie stets nur ihren Familiennamen. Der bevorzugte Name ist deshalb in ihrem Fall schlicht „Wellesley, Dorothy".

Von Titeln wie „Duke of Wellington" zu unterscheiden sind Adelstitel, die nur aus einer Rangbezeichnung wie „Fürst", „Graf", „comte" etc. bestehen. Ein Beispiel für einen Namen mit einem derartigen Titel ist Johann Christoph Freiherr von Aretin (6-30). Solche Adelstitel, die u. a. im deutschsprachigen Raum üblich sind, gelten nicht als Teil des Namens. Es handelt sich vielmehr um ein separates Merkmal, das aber als Kernelement stets zu erfassen ist (RDA 9.4.1.5 mit D-A-CH). Der Titel wird in der Sprache angegeben, in der er verliehen wurde. Er wird zum einen in einem eigenen Datenfeld erfasst, zum anderen auch im normierten Sucheinstieg sowie ggf. in zusätzlichen Sucheinstiegen – jeweils im Anschluss an den bevorzugten Namen (RDA 9.19.1.2 mit D-A-CH). Ein Adelsprädikat wie „von" steht in diesem Fall erst hinter dem Adelstitel (6-30).

Es gibt jedoch auch Personen, die einen derartigen Adelstitel in der Praxis nicht führen. So kann man zwar in den Nachschlagewerken lesen, dass der frühere deutsche Bundespräsident Richard von Weizsäcker den „Freiherr"-Titel besaß. In seinen Publikationen taucht dieser jedoch nicht auf; er nannte sich stets nur „Richard von Weizsäcker". Entsprechend wird der Titel in diesem Fall nicht als Bestandteil der Sucheinstiege erfasst, sondern nur als getrenntes Element (RDA 9.19.1.2 mit D-A-CH; vgl. 6-31).

Beispiel 6-29
Arthur Wellesley, 1st Duke of Wellington
Bevorzugter Name:
Wellington, Arthur Wellesley, Duke of
Normierter Sucheinstieg, der die Person repräsentiert:
Wellington, Arthur Wellesley, Duke of, 1769-1852
Zusätzlicher Sucheinstieg, der die Person repräsentiert:
Wellesley, Arthur, Duke of Wellington, 1769-1852

Beispiel 6-30
Johann Christoph Freiherr von Aretin
Bevorzugter Name:
Aretin, Johann Christoph von
Adelstitel:
Freiherr
Normierter Sucheinstieg, der die Person repräsentiert:
Aretin, Johann Christoph, Freiherr von, 1772-1824

Beispiel 6-31
Richard von Weizsäcker
Bevorzugter Name:
Weizsäcker, Richard von
Adelstitel:
Freiherr
Normierter Sucheinstieg, der die Person repräsentiert:
Weizsäcker, Richard von, 1920-2015

Es gibt außerdem spezielle Regeln für geistliche Würdenträger (z. B. Päpste und Bischöfe, RDA 9.4.1.6 bis 9.4.1.8) und für Heilige (RDA 9.2.2.18.1).

6.4.3 Personen der Antike und des Mittelalters

Die Namen von Personen der Antike und des Mittelalters enthalten häufig weder einen Nachnamen, wie man ihn heutzutage kennt, noch einen Adelstitel. Als erster Teil des bevorzugten Namens wird jeweils der Bestandteil erfasst, unter dem die Person in Nachschlagewerken eingeordnet ist (RDA 9.2.2.18).

Antike römische Namen bestehen in der Regel aus mehreren Bestandteilen. Findet man die Person im Nachschlagewerk unter dem ersten Namensbestandteil, so ergibt sich eine nicht-invertierte Form (z. B. „Martianus Capella"). Der römische Dichter Quintus Horatius Flaccus hingegen steht in den Lexika unter dem zweiten Teil seines Namens. Sein bevorzugter Name beginnt deshalb mit „Horatius" (6-32). Es können abweichende Namen erfasst werden, die mit einem anderen Teil des Namens beginnen.

Beispiel 6-32
Quintus Horatius Flaccus
Bevorzugter Name:
Horatius, Quintus Flaccus
Abweichender Name:
Flaccus, Horatius Quintus
Horaz
Horace
Normierter Sucheinstieg, der die Person repräsentiert:
Horatius, Quintus Flaccus, 65 vor Christus-8 vor Christus

> **Beispiel 6-33**
> *Theophrastos*
> **Bevorzugter Name:**
> Theophrastus
> **Abweichender Name:**
> Theophrastos
> Theophrast
> **Normierter Sucheinstieg, der die Person repräsentiert:**
> Theophrastus, circa 369 vor Christus-circa 288 vor Christus

> **Beispiel 6-34**
> *Hermann von Reichenau*
> **Bevorzugter Name:**
> Hermann, von Reichenau
> **Abweichender Name:**
> Hermannus, Augiensis
> Herimannus, de Reichenau
> Hermann, der Lahme
> Hermannus, Contractus
> Reichenau, Hermann von
> Contractus, Hermannus
> **Normierter Sucheinstieg, der die Person repräsentiert:**
> Hermann, von Reichenau, 1013-1054

Häufig liegen Namensformen in verschiedenen Sprachen vor. Bei Personen der Antike, die als Autoren aufgetreten sind, wird die lateinische Form als bevorzugter Name erfasst – also „Horatius, Quintus Flaccus" und nicht „Horaz" (RDA 9.2.2.5.2 D-A-CH; vgl. 6-32). Dies gilt entsprechend der wissenschaftlichen Tradition auch für griechisch schreibende Personen (6-33). Namensformen in anderen Sprachen werden als abweichende Namen erfasst (6-32, 6-33). Bei antiken Personen, die nicht als Autoren aufgetreten sind, wird die im Deutschen gebräuchliche Form verwendet, d. h. man orientiert sich an der Praxis der allgemeinen Nachschlagewerke.

Für Namen antiker Autoren existiert eine umfangreiche, an der Bayerischen Staatsbibliothek in München gepflegte Datenbank, die „Personennamen der Antike" (PAN). Sie ist in die GND (vgl. Kap. 1.5.5) integriert. PAN basiert auf der Auswertung wichtiger altertumswissenschaftlicher Nachschlagewerke.

Bei Personen des Mittelalters wird der persönliche Name oft durch einen Beinamen ergänzt, der den Beruf bzw. Stand (z. B. Paulus Diaconus) oder die Herkunft (z. B. Wolfram von Eschenbach) angibt. Ein solcher Beiname folgt nach einem Komma auf den persönlichen Namen (RDA 9.2.2.18 mit D-A-CH). Eine mit dem Beinamen beginnende Form kann als abweichender Name erfasst werden. 6-34 zeigt den bevorzugten Namen sowie einige der abweichenden Namen des Hermann von Reichenau.

Liegen Namensformen in unterschiedlichen Sprachen vor, so wird die im Deutschen gebräuchliche Form verwendet, d. h. man orientiert sich an der Praxis der allgemeinen Nachschlagewerke: Je nachdem, ob man den Eintrag dort unter einer deutschen Form (wie z. B. bei Hermann von Reichenau oder Hildegard von Bingen) oder unter einer lateinischen (wie z. B. bei Albertus Magnus oder Paulus Diaconus) findet, wählt man den bevorzugten Namen (RDA 9.2.2.5.2 D-A-CH). Namensformen in anderen Sprachen werden als abweichende Namen erfasst (6-34).

6.5 Familien

Auch Familien werden mit ihrem bevorzugten Namen charakterisiert (RDA 10.2.2); Varianten können als abweichende Namen erfasst werden (RDA 10.2.3). Als Kernelement ist außerdem die Art der Familie festzuhalten (RDA 10.3), z. B. „Familie", „Clan" oder „Königshaus". Ebenfalls ein Kernelement ist das Datum, das mit der Familie in Verbindung steht (RDA 10.4): Dies ist üblicherweise der Zeitraum, in dem die Familie nachgewiesen ist. Es können auch Angaben wie „1. Hälfte 21. Jahrhundert" gemacht werden (RDA 10.4.1.3 mit D-A-CH; vgl. Lösung 16-12). Bei einem Herrscherhaus nimmt man die Regierungszeit. In der GND (vgl. Kap. 1.5.5) sind Abkürzungen üblich, also z. B. „1. H. 21. Jh.".

> **Beispiel 6-35**
> **Bevorzugter Name:**
> Pistohlkors
> **Abweichender Name:**
> Pistolkors
> Pistolekors
> **Art der Familie:**
> Familie
> **Datum, das mit der Familie in Verbindung steht:**
> 17. Jahrhundert-
> **Ort, der mit der Familie in Verbindung steht:**
> Baltikum
> **Bedeutendes Familienmitglied:**
> Pistohlkors, Gert von, 1935-
> **Normierter Sucheinstieg, der die Familie repräsentiert:**
> Pistohlkors (Familie : 17. Jahrhundert-)

Erfasst werden können außerdem Orte, die mit der Familie in Verbindung stehen (RDA 10.5). Für die Erfassung von Daten und Orten gelten dieselben Regeln wie bei Personen (vgl. Kap. 6.3.1 und 6.3.2). Weitere mögliche Merkmale einer Familie sind bedeutende Familienmitglieder (RDA 10.6), erbliche Titel (RDA 10.7) sowie Angaben zur Familiengeschichte (RDA 10.9). 6-35 zeigt Namen und weitere Elemente am Beispiel des deutsch-baltischen Adelsgeschlechts Pistohlkors.

Für den normierten Sucheinstieg (RDA 10.11.1.1) wird der bevorzugte Name durch die Art der Familie sowie die Daten ergänzt (6-35). Falls zur Unterscheidung von einer anderen Familie benötigt, wird als weiterer Bestandteil ein Ort oder ein bedeutendes Familienmitglied angegeben.

6.6 Namen von Körperschaften

6.6.1 Definition von Körperschaft

Eine Körperschaft ist eine Organisation oder Gruppe von Personen und/oder Organisationen, die einen spezifischen Namen trägt und als Einheit handelt oder handeln kann (RDA 8.1.2 und 11.0). Indizien für einen spezifischen Namen können Großschreibung (z. B. von Adjektiven) und die Verwendung des bestimmten Artikels sein: Spricht man etwa von „der Arbeitsgemeinschaft Fahrradfreundlicher Kommunen in Baden-Württemberg", so ist dies ein spezifischer Name. Hingegen wäre „eine Gruppe Fahrrad fahrender Studierender" nur eine allgemeine Beschreibung.

In den meisten Fällen ist leicht zu erkennen, dass es sich um eine Körperschaft handelt, z. B. bei Vereinen oder Institutionen. Weniger offensichtlich ist der körperschaftliche Charakter z. B. bei Konferenzen (vgl. Kap. 6.10), bei Projekten (z. B. „Forschungsprojekt Raub- und Beutegut" der Universität Göttingen) oder Programmen (z. B. „Programm für Lebenslanges Lernen" der Europäischen Union).

Beispiele für Körperschaften
- Gesellschaften, Vereine, Verbände
- Parteien, Genossenschaften
- Unternehmen, Firmen
- Museen, Hochschulen, Bibliotheken
- Diözesen, Pfarreien, Orden
- Gebietskörperschaften
- Parlamente, Ministerien, Behörden
- Projekte, Programme
- Konferenzen, Messen
- Musikfestivals, Sportwettkämpfe
- Schiffe, Raumschiffe

6.6.2 Schreibung von Körperschaftsnamen

Körperschaftsnamen beginnen – wie andere Namen auch – großgeschrieben (vgl. Kap. 6.1.3). Die Schreibung im Inneren des Namens ist abhängig von der vorliegenden Sprache: Im Deutschen und Englischen sowie in einigen weiteren Sprachen (z. B. Niederländisch, Spanisch) schreibt man mit Ausnahme von Artikeln, Präpositionen und Konjunktionen alle Wörter groß – also z. B. im Deutschen auch Adjektive wie „Ehrbare" in 6-36, „Intelligente" in 6-52 oder „Junger" in 6-86. Hingegen gelten u. a. für Französisch und Italienisch andere Prinzipien (6-46). Die Details regelt Anhang A (RDA Anhang A.10, A.15, A.33 bis A.55).

Beispiel 6-36
Verein Ehrbare Versicherungskaufleute e.V.
Bevorzugter Name:
Verein Ehrbare Versicherungskaufleute

Beispiel 6-37
spek DESIGN GbR
Bevorzugter Name:
spek DESIGN

Beispiel 6-38
B.I.T. Datentechnik GmbH & Co. KG
Bevorzugter Name:
B.I.T. Datentechnik
Abweichender Name:
BIT Datentechnik

Beispiel 6-39
Theodor Kramer Gesellschaft
Bevorzugter Name:
Theodor Kramer Gesellschaft
Abweichender Name:
Theodor-Kramer-Gesellschaft

> Die Regeln für die Groß- und Kleinschreibung gelten nicht nur für bevorzugte und abweichende Namen, sondern auch dann, wenn eine Körperschaft z. B. in der Verantwortlichkeitsangabe oder dem Haupttitel genannt ist (vgl. Kap. 4.2.3). In den zu katalogisierenden Ressourcen wird dieses Prinzip aber nicht immer eingehalten. Die vorliegende Groß-/Kleinschreibung muss deshalb mitunter bei der Erfassung korrigiert werden (4-13).

Verwendet eine Körperschaft eine bewusst ungewöhnliche Groß-/Kleinschreibung, so wird diese exakt übernommen (6-37, vgl. auch 4-10, 4-11). Auch ein ganz in Kleinbuchstaben geschriebener Name fällt unter diese Kategorie (z. B. „ex pose verlag"). Ein vollständig in Großbuchstaben geschriebener Name dient hingegen oft nur der Hervorhebung in der jeweiligen Ressource.

Treten in einem Körperschaftsnamen Initialen oder Akronyme auf, so schreibt man diese mit oder ohne Punkte dazwischen – je nachdem, wie sie in den Ressourcen üblicherweise erscheinen (RDA 11.2.2.7; vgl. 6-38). Sofern sich der Unterschied bei der Recherche auswirkt, kann die jeweils andere Form (ohne bzw. mit Punkten dazwischen) als abweichender Name erfasst werden (RDA 11.2.3.5; vgl. 6-38). Zwischen mehreren Initialen bzw. zwischen den einzelnen Buchstaben eines Akronyms steht bei einer Körperschaft – unabhängig von der Schreibung in der Informationsquelle – grundsätzlich kein Leerzeichen (RDA 8.5.6.2; vgl. 6-38, 6-42). Dies ist ein wichtiger Unterschied zu den Namen von Personen, die mit Leerzeichen geschrieben werden (vgl. Kap. 6.2.2).

Körperschaftsnamen sind häufig zusammengesetzte Substantive (Komposita), bei denen nach den Regeln der deutschen Rechtschreibung eigentlich Bindestriche gesetzt werden müssten, z. B. „Theodor-Kramer-Gesellschaft". Gemäß dem RDA-Grundprinzip „Nimm, was du siehst!" (vgl. Kap. 4.2.2) wird jedoch die selbstgewählte Schreibung der Körperschaft akzeptiert. Fehlende Bindestriche werden folglich nicht ergänzt (6-39). Die entsprechende Form mit Bindestrich sollte jedoch – auch zur Unterstützung der Recherche – als abweichender Name erfasst werden (6-39, 6-43).

6.6.3 Artikel, juristische Zusätze, Orte am Anfang bzw. Ende

In den meisten Fällen gehört ein am Anfang stehender Artikel nicht zum Namen der Körperschaft (6-40). Es gibt jedoch auch Fälle, wo der Artikel offensichtlich ein Bestandteil des Namens ist (RDA 11.2.2.8 mit D-A-CH; vgl. 6-41). Dann wird er bei der Erfassung beibehalten und muss entsprechend großgeschrieben werden.

Häufig steht am Anfang oder Schluss des Namens eine juristische Wendung, die die Rechtsform der Körperschaft angibt, wie z. B. „Inc." oder „e.V." (RDA 11.2.2.10). Solche Wendungen werden im Regelfall sowohl in bevorzugten als auch in abweichenden Namen weggelassen (6-36 bis 6-38).

Beispiel 6-40
Herausgegeben von der Heinrich-Böll-Stiftung
Bevorzugter Name:
Heinrich-Böll-Stiftung

Beispiel 6-41
Die Linke
Bevorzugter Name:
Die Linke

Beispiel 6-42
C. H. Knorr GmbH
Bevorzugter Name:
C.H. Knorr GmbH

In der GND (vgl. Kap. 1.5.5) ist es üblich, die vollständige Form des Körperschaftsnamens inkl. des juristischen Zusatzes als abweichenden Namen zu erfassen und mit dem Code für „Name in unveränderter Form" zu kennzeichnen.

Man behält eine juristische Wendung jedoch bei, wenn sie untrennbar mit dem Namen der Körperschaft verbunden ist (z. B. „Verkehrs-Aktiengesellschaft") oder wenn ansonsten nicht zu erkennen wäre, dass es sich um eine Körperschaft handelt. Ein Beispiel für Letzteres ist 6-42: Ohne das „GmbH" könnte man fälschlich annehmen, dass es sich um eine Person handelt.

Ob ein am Ende stehender Ort zum Namen der Körperschaft gehört oder nicht, lässt sich nicht pauschal sagen. Dies hängt davon ab, wie der Name in den Informationsquellen (vgl. Kap. 6.6.4) präsentiert wird. In manchen Fällen ist der Ort tatsächlich Teil des bevorzugten Namens (z. B. „Heimatmuseum Ebermannstadt"), in anderen Fällen nicht. Beispielsweise ist der nach den Regeln ermittelte bevorzugte Name der in Stuttgart angesiedelten Landesbibliothek nur „Württembergische Landesbibliothek" und nicht „Württembergische Landesbibliothek Stuttgart". Denn an den entscheidenden Stellen, z. B. im Impressum der Homepage, steht nur „Württembergische Landesbibliothek", ohne den Ort dahinter.

6.6.4 Bevorzugter Name

Der bevorzugte Name einer Körperschaft (RDA 11.2.2) ist ein Kernelement. Es ist der Name, unter dem die Körperschaft allgemein bekannt ist (RDA 11.2.2.3). Dieser wird in erster Linie anhand von Ressourcen festgestellt, die mit der Körperschaft in Verbindung stehen (RDA 11.2.2.2) – also z. B. Bücher oder andere Medien, an denen die Körperschaft als geistiger Schöpfer, herausgebendes Organ etc. beteiligt war. Auch die Homepage der Körperschaft gehört zu diesen Ressourcen.

Als bevorzugten Namen der Körperschaft nimmt man den Namen, wie man ihn auf der bevorzugten Informationsquelle der jeweiligen Ressource (vgl. Kap. 4.3) vorfindet – also z. B. auf der Titelseite eines Buchs oder auf dem Eingangsbildschirm einer Website. Findet sich der Name dort nicht, so werden andere Angaben in den Ressourcen herangezogen, die einen „förmlichen" (offiziellen) Charakter haben –

beispielsweise eine Namensangabe im Impressum auf der Rückseite der Titelseite. Auf drittem Rang folgen alle anderen Quellen, beispielsweise eine Angabe im Fließtext einer Ressource oder in einem Nachschlagewerk.

6.6.5 Bevorzugter Name bei Universitäten und Hochschulen

Für Universitäten, technische Hochschulen sowie Gesamthochschulen des deutschen Sprachraums gilt in der deutschsprachigen Praxis eine Besonderheit: Als bevorzugter Name wird grundsätzlich die Form verwendet, die aus dem Wort „Universität", „Technische Hochschule" etc. und dem Ort besteht. Denn dies ist der bei uns gebräuchliche Name, mit dem die Universität etc. am besten identifiziert werden kann (RDA 11.2.2.3 D-A-CH; vgl. 6-43 und Lösung 16-16). Unterscheidet sich der offizielle Name davon, so wird er als abweichender Name erfasst (RDA 11.2.3.7; vgl. 6-43 und Lösung 16-16).

Beispiel 6-43
Offizieller Name:
Johannes Gutenberg-Universität Mainz
Gebräuchlicher Name:
Universität Mainz
Bevorzugter Name:
Universität Mainz
Abweichender Name:
Johannes Gutenberg-Universität Mainz
Johannes-Gutenberg-Universität Mainz

Andere Arten von Hochschulen (z. B. Pädagogische Hochschulen, Musikhochschulen, Fachhochschulen) im deutschen Sprachraum werden nach den normalen Regeln behandelt, ebenso alle Universitäten und Hochschulen außerhalb des deutschen Sprachraums.

6.6.6 Mehrere Formen desselben Namens

Oft gibt es in den Ressourcen mehrere Formen des Körperschaftsnamens. Bei der Wahl des bevorzugten Namens sollte man sich zuerst an der Angabe auf der bevorzugten Informationsquelle orientieren (RDA 11.2.2.5). Man verwendet außerdem möglichst eine Namensform, die förmlich präsentiert wird (RDA 11.2.2.5 mit D-A-CH). Als förmlich präsentiert gilt z. B. der Name der Körperschaft in der Verantwortlichkeitsangabe oder im Erscheinungsvermerk, nicht aber eine Nennung im Titel, im Fließtext oder in einem Logo. In Beispiel 6-44 wird deshalb von den beiden Varianten auf der Titelseite diejenige aus der Verantwortlichkeitsangabe gewählt und nicht die aus dem Haupttitel.

Beispiel 6-44
Haupttitel:
25 Jahre DGEG e. V.
Verantwortlichkeitsangabe:
DEUTSCHE GESELLSCHAFT FÜR EISENBAHNGESCHICHTE E. V.
Bevorzugter Name:
Deutsche Gesellschaft für Eisenbahngeschichte
Abweichender Name:
DGEG

Findet sich auf der bevorzugten Informationsquelle keine förmlich präsentierte Namensvariante, so nimmt man ersatzweise eine förmlich präsentierte Form von einer anderen Stelle der Ressource (z. B. aus dem Impressum) oder aus anderen Ressourcen, die mit der Körperschaft in Verbindung stehen (vgl. Kap. 6.6.4). Die Homepage der Körperschaft ist dabei eine besonders wichtige Quelle. An ihr kann man sich auch orientieren, wenn auf der bevorzugten Informationsquelle mehrere förmlich präsentierte Varianten vorhanden sind.

Auf der Homepage einer Körperschaft entnimmt man den Namen vorrangig dem Impressum bzw. der Kontaktadresse (RDA 11.2.2.5 D-A-CH). Auf zweitem Rang folgen Bereiche wie „Über uns", eine Darstellung der Geschichte oder die Satzung der Körperschaft. Erst an dritter Stelle stehen hervorgehobene Namen oder ggf. eine Kurzbezeichnung im Layout der Website (z. B. oberste Zeile, Logo).

Im Zweifelsfall wird eine kurze Form gegenüber einer längeren bevorzugt, sofern sie ausreichend spezifisch ist. Dies kann auch eine Initialenform sein, wenn diese gebräuchlich ist (RDA 11.2.2.5 mit D-A-CH). Formen, die nicht als bevorzugter Name gewählt wurden, können als abweichende Namen erfasst werden (RDA 11.2.3; vgl. Kap. 6.6.9).

6.6.7 Unterschiede in Schreibung und Sprache

Findet sich zu einem späteren Zeitpunkt eine Variante mit abweichender Schreibung (z. B. „Club" vs. „Klub"), so wird der einmal gewählte bevorzugte Name nicht mehr geändert (RDA 11.2.2.5.1 mit D-A-CH). Die Form mit der anderen Schreibung gilt als abweichender Name (RDA 11.2.3.6). Eine Ausnahme wird gemäß deutschsprachiger Praxis jedoch gemacht, wenn die Änderung aufgrund einer Rechtschreibreform erfolgt – dann sollte der bevorzugte Name auf die neue Form geändert werden.

Liegen Namen in mehreren Sprachen vor (RDA 11.2.2.5.2), so gilt die Form in der offiziellen Sprache der Körperschaft als bevorzugter Name – beim Britischen Museum wird also der englische Name genommen und nicht der deutsche (6-45). Es gibt aber auch Körperschaften, die mehrere offizielle Sprachen haben – insbesondere in mehrsprachigen Ländern. Ist eine davon Deutsch, so wird der deutsche Name zum bevorzugten Namen (6-46). Ansonsten wird die am häufigsten vorkommende Form, im Zweifelsfall die zuerst vorliegende verwendet. Anderssprachige Namen können als abweichende Namen erfasst werden (RDA 11.2.3.6; vgl. 6-46).

Eine besondere Regel gilt für internationale Körperschaften (RDA 11.2.2.5.3 mit D-A-CH): Liegt in den Ressourcen (einschließlich der Homepage) kein deutschsprachiger Name vor, so konsultiert man Nachschlagewerke wie den „Brockhaus", um den im Deutschen gebräuchlichen Namen zu ermitteln. Dieser wird als bevorzugter Name gewählt (6-47). Wird man in den Nachschlagewerken nicht fündig, so kommt RDA 11.2.2.5.2 zur Anwendung, d. h. man nimmt den Namen in der offiziellen Sprache.

Mit „im Deutschen gebräuchlicher Name" ist der Name gemeint, wie er unter Sprechern der deutschen Sprache üblich ist. Ein solcher Name muss nicht zwingend deutsch sein. Beispielsweise ist „USA" der im Deutschen gebräuchliche Name für die Vereinigten Staaten von Amerika, obwohl es sich dabei um eine englische Abkürzung handelt (United States of America).

6.6.8 Namensänderung

Im Laufe ihrer häufig langen Existenz kann es vorkommen, dass eine Körperschaft sich einen neuen Namen gibt. In diesem Fall geht man davon aus, dass etwas Neues – eine neue Entität – entsteht. Anders als bei Personen wird deshalb in einem solchen Fall nicht einfach der bevorzugte Name geändert (vgl. Kap. 6.2.3), sondern man legt einen neuen Normdatensatz an, der die veränderte Situation darstellt.

Die 1897 gegründete „Vereinigung Schweizerischer Bibliothekare" wurde 1992 in „Verband der Bibliotheken und der Bibliothekarinnen, Bibliothekare der Schweiz" umbenannt. Dieser wiederum fusionierte 2008 mit der „Schweizerischen Vereinigung für Dokumentation" unter dem neuen Namen „Bibliothek Information Schweiz". Dies führt zu drei unterschiedlichen Körperschaften, die jeweils ihren eigenen bevorzugten Namen haben (6-48). Entsprechend gibt es auch drei getrennte Normdatensätze. Beim Katalogisieren wird jeweils die chronologisch passende Körperschaft verwendet (RDA 11.2.2.6), wenn man sie z. B. als geistigen Schöpfer oder herausgebendes Organ benötigt (vgl. Kap. 9): Im Beispiel 6-48 wird also bei Ressourcen, die seit 2008 erschienen sind, die Beziehung zur dritten Körperschaft hergestellt. Bei älteren Ressourcen benutzt man entsprechend – je nach Erscheinungsdatum – die erste oder zweite.

Frühere bzw. spätere Namen einer Körperschaft werden nicht als abweichende Namen erfasst. Stattdessen wird eine Beziehung zwischen den jeweils chronologisch aufeinanderfolgenden Körperschaften – also zwischen direktem Vorgänger und Nachfolger – hergestellt (RDA 32; vgl. Kap. 11.4.2).

Beispiel 6-45
Aufgefundene Namensformen:
Britisches Museum
British Museum
Bevorzugter Name:
British Museum
Abweichender Name:
Britisches Museum

Beispiel 6-46
Aufgefundene Namensformen:
Association des bibliothécaires suisses
Associazione dei bibliotecari svizzeri
Vereinigung Schweizerischer Bibliothekare
Bevorzugter Name:
Vereinigung Schweizerischer Bibliothekare
Abweichender Name:
Association des bibliothécaires suisses
Associazione dei bibliotecari svizzeri

Beispiel 6-47
In der Ressource:
World Health Organization
Im Nachschlagewerk:
Weltgesundheitsorganisation
Bevorzugter Name:
Weltgesundheitsorganisation
Abweichender Name:
World Health Organization

Beispiel 6-48
1897-1992
Vereinigung Schweizerischer Bibliothekare
1992-2007
Verband der Bibliotheken und der Bibliothekarinnen, Bibliothekare der Schweiz
seit 2008
Bibliothek Information Schweiz
Bevorzugter Name der 1. Körperschaft:
Vereinigung Schweizerischer Bibliothekare
Bevorzugter Name der 2. Körperschaft:
Verband der Bibliotheken und der Bibliothekarinnen, Bibliothekare der Schweiz
Bevorzugter Name der 3. Körperschaft:
Bibliothek Information Schweiz

6.6.9 Abweichende Namen

Als abweichende Namen (RDA 11.2.3) können alle Namen oder Namensformen einer Körperschaft erfasst werden, die sich vom bevorzugten Namen unterscheiden. Sie können aus den Ressourcen selbst oder aus Nachschlagewerken stammen (RDA 11.2.3.2). Manche werden auch nur erfasst, um zusätzliche Recherchemöglichkeiten zu schaffen.

> Abweichende Namen sind keine Kernelemente und gelten im deutschsprachigen Raum auch nicht als Zusatzelemente. Dennoch ist es sinnvoll, möglichst alle tatsächlich auftretenden Namen bzw. Namensformen zu erfassen. Ebenfalls erfasst werden sollten weitere Namen bzw. Formen, nach denen mit einer gewissen Wahrscheinlichkeit gesucht werden könnte.

Zu den häufigsten Typen gehört die Abkürzung eines Körperschaftsnamens (RDA 11.2.3.5; vgl. 6-44, 6-49). Umgekehrt sollte eine Vollform erfasst werden, wenn der bevorzugte Name eine Abkürzung, Initialenform o. ä. enthält (RDA 11.2.3.4; vgl. 6-49). Dies gilt auch für Symbole wie „&" vs. „und".

Häufig ergeben sich unterschiedliche Formen auch aufgrund von Variationen in der Sprache (6-45 bis 6-47), der Schrift, der Rechtschreibung (6-49: „Club" vs. „Klub") oder der Umschrift (RDA 11.2.3.6). Enthält ein Name eine in Ziffern oder als Zahlwort geschriebene Zahl, so kann die jeweils andere Form in einem abweichenden Namen erfasst werden. In Beispiel 6-49 wurde dies für „1." gemacht, weil vielleicht jemand stattdessen nach „erster" sucht. Bei „1923" wurde darauf verzichtet, denn es ist recht unwahrscheinlich, dass mit „neunzehnhundertdreiundzwanzig" gesucht wird.

Ein weiterer wichtiger Typ von abweichenden Namen sind kürzere Formen (RDA 11.2.3.7), die oft für die Recherche hilfreich sind: So kann man sich gut vorstellen, dass jemand nur nach dem „Lilienthal-Museum" sucht und nicht nach dem vollständigen Namen „Otto-Lilienthal-Museum" (6-50). Häufig weggelassen werden auch am Anfang vorkommende Zahlen (6-49), Titel (z. B. „Dr. Hirsch Akademie") oder geografische Adjektive (6-51).

Beispiel 6-49
Bevorzugter Name:
1. FC Rechberghausen 1923
Abweichender Name:
1. Fußball-Club Rechberghausen 1923
1. Fußball-Klub Rechberghausen 1923
Erster FC Rechberghausen 1923
FC Rechberghausen 1923
FCR

Beispiel 6-50
Bevorzugter Name:
Otto-Lilienthal-Museum
Abweichender Name:
Lilienthal-Museum

Beispiel 6-51
Bevorzugter Name:
Deutsche Gesellschaft für Eisenbahngeschichte
Abweichender Name:
DGEG
Gesellschaft für Eisenbahngeschichte

6.7 Namen von untergeordneten Körperschaften

6.7.1 Selbständig und unselbständig gebildete Namen

Manche Körperschaften sind einer anderen Körperschaft unterstellt oder zugehörig: So ist das „Max-Planck-Institut für Intelligente Systeme" eine Einrichtung der Max-Planck-Gesellschaft zur Förderung der Wissenschaften und der Allgemeine Deutsche Fahrrad-Club hat einen „Landesverband Bremen".

> Auch eine rechtlich eigenständige Körperschaft wird als untergeordnete Körperschaft betrachtet, wenn sie eine enge Beziehung zu einer anderen Körperschaft hat. Beispiele dafür sind Fördervereine von Körperschaften (z. B. Gesellschaft der Freunde der Österreichischen Nationalbibliothek; 6-63) oder sogenannte „An-Institute", d. h. Forschungseinrichtungen, die einer Universität angegliedert sind (z. B. Leibniz-Institut für Arbeitsforschung an der TU Dortmund).

Bei einer solchen untergeordneten Körperschaft gibt es grundsätzlich zwei Möglichkeiten für die Struktur des bevorzugten Namens: Er kann entweder selbständig gebildet sein, d. h. er besteht (nur) aus dem Namen der untergeordneten Körperschaft (RDA 11.2.2.13; vgl. 6-52). Oder er wird unselbständig gebildet, d. h. die untergeordnete Körperschaft wird als Abteilung der übergeordneten Körperschaft angegeben. In diesem Fall folgt der Name der untergeordneten Körperschaft auf den normierten

Beispiel 6-52
Max-Planck-Institut für Intelligente Systeme
Bevorzugter Name:
Max-Planck-Institut für Intelligente Systeme
Abweichender Name:
Max-Planck-Gesellschaft zur Förderung der Wissenschaften. Max-Planck-Institut für Intelligente Systeme

Beispiel 6-53
Allgemeiner Deutscher Fahrrad-Club Landesverband Bremen
Bevorzugter Name:
Allgemeiner Deutscher Fahrrad-Club. Landesverband Bremen
Abweichender Name:
Landesverband Bremen

Sucheinstieg (vgl. Kap. 6.8 und 6.10.3) der übergeordneten Körperschaft, abgetrennt mit einem Punkt (RDA 11.2.2.14; vgl. 6-53).

Die unterschiedliche Behandlung der beiden Fälle ist nachvollziehbar: Während „Max-Planck-Institut für Intelligente Systeme" ein aussagekräftiger Name ist, kann „Landesverband Bremen" nicht für sich alleine stehen; die Angabe ist nur in Verbindung mit der übergeordneten Körperschaft sinnvoll. Auch in den Ressourcen taucht der Name der untergeordneten Körperschaft in solchen Fällen i. d. R. nicht alleine auf, sondern man findet zusätzlich auch den Namen der übergeordneten Körperschaft angegeben (6-53, 6-56, 6-61).

Wird der bevorzugte Name selbständig gebildet, so sollte eine unselbständig gebildete Form als abweichender Name erfasst werden (6-52, 6-62, 6-65). Im umgekehrten Fall – bei unselbständiger Bildung des bevorzugten Namens – sieht RDA dies nur im Ausnahmefall vor. In der deutschsprachigen Praxis ist es jedoch üblich, auch in diesem Fall grundsätzlich die umgekehrt gebildete Namensform als abweichenden Namen zu erfassen, sofern dies für die Recherche hilfreich ist (RDA 11.2.2.14 D-A-CH und 11.2.3.7 mit D-A-CH). Sinnvoll ist die Erfassung der selbständigen Form als abweichender Name z. B. bei 6-53 bis 6-56, weil der abweichende Name an einer ganz anderen Stelle im Alphabet steht als der bevorzugte. Unnötig ist ein abweichender Name dagegen in Beispiel 6-64: Hier ist der bevorzugte Name „Yale University. Library", der abweichende Name wäre praktisch identisch („Yale University Library").

Für sich alleine genommen sind abweichende Namen wie „Landesverband Bremen" wenig aussagekräftig. Sie erhalten deshalb bei der Bildung des zusätzlichen Sucheinstiegs einen geeigneten identifizierenden Zusatz (vgl. Kap. 6.8.4).

6.7.2 Entscheidung zwischen selbständig und unselbständig

RDA listet sechs Typen von untergeordneten Körperschaften auf, bei denen der bevorzugte Name unselbständig zu bilden ist; diese werden im Folgenden vorgestellt. Darüber hinaus ist die unselbständige Namensbildung für bestimmte Körperschaften festgelegt, die einer Gebietskörperschaft untergeordnet sind, z. B. für Ministerien, Parlamente oder Konsulate (RDA 11.2.2.14.7 bis 11.2.2.14.14, vgl. Kap. 6.9.3). Entsprechendes gilt für die Unterordnung unter eine religiöse Körperschaft (RDA 11.2.2.14.15 bis 11.2.2.14.18). In allen anderen Fällen wird der bevorzugte Name einer untergeordneten Körperschaft selbständig gebildet.

Beispiel 6-54
Kreuzer-Abteilung des Deutschen Segler-Verbandes e.V.
Bevorzugter Name:
Deutscher Seglerverband. Kreuzer-Abteilung
Abweichender Name:
Kreuzer-Abteilung

Beispiel 6-55
BBC Political Research Unit
Bevorzugter Name:
British Broadcasting Corporation. Political Research Unit
Abweichender Name:
Political Research Unit

Bestehen Zweifel daran, dass es sich überhaupt um eine untergeordnete Körperschaft handelt oder dass sie unter einen der unselbständig zu behandelnden Typen fällt, so bildet man den bevorzugten Namen selbständig (RDA 11.2.2.14).

Typ 1) Name zeigt an, dass es sich um einen Teil handelt: Grundsätzlich unselbständig behandelt werden untergeordnete Körperschaften, wenn ihr Name einen Begriff enthält, der eindeutig anzeigt, dass es sich dabei um einen Teil einer anderen Körperschaft handelt (RDA 11.2.2.14.1 mit D-A-CH). Schlüsselwörter sind im Deutschen z. B. „Abteilung", „Dezernat", „Referat", „Sektion" und „Zweigstelle"; im Englischen „Branch", „Department", „Division" und „Unit" (6-54, 6-55).

Beachten Sie bei der unselbständigen Namensbildung: Der Name der übergeordneten Körperschaft kommt stets nur ein einziges Mal vor, nämlich im ersten Teil des bevorzugten Namens (d. h. vor dem Trennpunkt). Im zweiten Teil des bevorzugten Namens wird er nicht wiederholt. Es heißt also „Deutscher Seglerverband. Kreuzer-Abteilung" und nicht „Deutscher Seglerverband. Kreuzer-Abteilung des Deutschen Seglerverbands" (6-54). Dies gilt auch, wenn der Name der übergeordneten Körperschaft in abgekürzter Form erscheint (6-55).

Typ 2) Name zeigt administrative Unterordnung an: Ähnlich gelagert ist der zweite Typ der unselbständig zu behandelnden untergeordneten Körperschaften: Ihr Name enthält einen Begriff, der häufig auf eine administrative Unterordnung hinweist (RDA 11.2.2.14.2 mit D-A-CH). Schlüsselwörter sind im Deutschen z. B. „Arbeitsgemeinschaft", „Arbeitsgruppe", „Arbeitskreis", „Ausschuss", „Beirat", „Büro", „Direktion", „Gruppe", „Kommission", „Komitee" und „Sekretariat". Schlüsselwörter im Englischen sind z. B. „agency", „board", „office" und „task force".

Jedoch genügt es nicht, dass ein solcher Begriff vorhanden ist. Es kommt nur dann zu einer unselbständigen Namensbildung, wenn die untergeordnete Körperschaft ohne den Namen der übergeordneten Körperschaft nicht hinreichend identifiziert wäre. In 6-56 ist dies der Fall: Nur „Arbeitskreis Vegetationsgeschichte" macht nicht klar, wo man diesen Arbeitskreis zu verorten hat. Deshalb wird der bevorzugte Name unselbständig gebildet. Anders ist es in 6-57: Die im Namen der untergeordneten Körperschaft enthaltene Abkürzung „ACS" erlaubt eine Zuordnung zur übergeordneten Körperschaft. Typ 2 trifft daher nicht zu. Da das Beispiel auch unter keinen der anderen Typen fällt, wird der bevorzugte Name selbständig gebildet.

Schwierig zu interpretieren sind Angaben wie „herausgegeben vom Literarischen Beirat des Literaturbüros Lüneburg": Heißt die untergeordnete Körperschaft nun „Literarischer Beirat des Literaturbüros Lüneburg" oder nur „Literarischer Beirat"? Nur letzteres fällt unter Typ 2. Oft lässt sich durch eine Recherche feststellen, ob der Genitiv fester Teil des Namens ist. Beim vorliegenden Beispiel dient er offenbar nur der Beschreibung, wie Formulierungen auf der Website deutlich machen („entscheidet der Vorstand des Literaturbüros Lüneburg nach Empfehlung des Literarischen Beirats"). Ist ein solcher Genitiv hingegen fester Teil des Namens, so fällt die untergeordnete Körperschaft nicht unter Typ 2, sondern unter Typ 6 (siehe unten).

Natürlich sind nicht alle Körperschaften mit Wörtern wie „Arbeitsgemeinschaft" etc. in ihrem Namen auch tatsächlich einer anderen Körperschaft unterstellt oder zugehörig. Liegt keine untergeordnete Körperschaft vor, so wird der bevorzugte Name nach den normalen Regeln bestimmt (6-58; vgl. Kap. 6.6.4).

Typ 3) Name ist nicht aussagekräftig: Beim dritten Typ ist der Name der untergeordneten Körperschaft überhaupt nicht aussagekräftig (RDA 11.2.2.14.3): Entweder handelt es sich um einen ganz allgemeinen Namen wie „Archiv", „Bibliothek" (6-59), „Forschungsinstitut" etc. oder der Name drückt nur eine Untergliederung der übergeordneten Körperschaft nach formalen Kriterien aus. Dies ist häufig eine geografische Einteilung („Landesverband Bremen", 6-53) oder eine zeitliche Gliederung (z. B. „Maturajahrgang 2011").

Eine untergeordnete Körperschaft fällt nur dann unter den Typ 3, wenn ihr Name wirklich nur aus einem solchen unaussagekräftigen Begriff besteht und nicht noch zusätzlich eine weitere Angabe enthält. Ein Name wie „Bibliothek der Universität Konstanz" (6-60), bei dem der Name der übergeordneten Körperschaft ein fester Bestandteil ist, ist nicht mehr unaussagekräftig und fällt deshalb nicht unter diese Regel. Allerdings gehört er zum Typ 6 (siehe unten), sodass der bevorzugte Name trotzdem unselbständig gebildet wird.

Typ 4) Name weist nicht auf eine Körperschaft hin: Auf den vierten Typ (RDA 11.2.2.14.4) trifft man nur selten: Hier macht der untergeordnete Name für sich genommen nicht klar, dass es sich überhaupt um eine Körperschaft handelt, z. B. „Human Resources" oder „Collection Development".

Beispiel 6-56
Reinhold-Tüxen-Gesellschaft e.V. Arbeitskreis Vegetationsgeschichte
Bevorzugter Name:
Reinhold-Tüxen-Gesellschaft. Arbeitskreis Vegetationsgeschichte
Abweichender Name:
Arbeitskreis Vegetationsgeschichte

Beispiel 6-57
ACS Office for Statistical Services
Bevorzugter Name:
ACS Office for Statistical Services
Abweichender Name:
American Chemical Society. Office for Statistical Services

Beispiel 6-58
Historische Kommission für Sachsen-Anhalt
(keine untergeordnete Körperschaft)
Bevorzugter Name:
Historische Kommission für Sachsen-Anhalt

Beispiel 6-59
Deutsche Gesellschaft für Chronometrie, Bibliothek
Bevorzugter Name:
Deutsche Gesellschaft für Chronometrie. Bibliothek
Abweichender Name:
Bibliothek

Beispiel 6-60
Bibliothek der Universität Konstanz
Bevorzugter Name:
Universität Konstanz. Bibliothek
Abweichender Name:
Bibliothek der Universität Konstanz

Zusätzliche Angaben zu Abb. 21
Rückseite der Titelseite:
Copyright 2008 by Deutscher
Anwaltverlag, Bonn
ISBN: 978-3-8240-5236-3
Auf dem Vorderumschlag:
Band 27
Schriftenreihe des Instituts für
Anwaltsrecht
an der Universität zu Köln
Aus dem Vorwort:
Die vorliegende Arbeit wurde von der
Rechtswissenschaftlichen Fakultät der
Universität zu Köln im Sommersemes-
ter 2007 als Dissertation angenommen.
234 Seiten, 21 cm. Literaturver-
zeichnis auf Seite 14-21. Vgl. Lösun-
gen 13-15, 15-6 und 16-18.

Schriftenreihe des Instituts für Anwaltsrecht
Herausgegeben von Prof. Dr. Barbara Grunewald,
Prof. Dr. Martin Henssler und Prof. Dr. Hanns Prütting

Waschkau
EU-Dienstleistungsrichtlinie und Berufsanerkennungsrichtlinie

---

EU-Dienstleistungsrichtlinie und Berufsanerkennungsrichtlinie

Analyse der Auswirkungen auf das Recht der
freien Berufe in Deutschland unter besonderer
Berücksichtigung der Rechtsanwälte,
Steuerberater und Wirtschaftsprüfer

Michael Waschkau
Köln

DeutscherAnwaltVerlag

Abb. 21: EU-Dienstleistungsrichtlinie und Berufsanerkennungsrichtlinie / Michael Waschkau, Köln
Links: Vortitelseite

Typ 5) Abteilung einer Hochschule, die nur mit einem Fach benannt ist: Auch Fakultäten, Fachbereiche, Institute etc. von Universitäten, Fachhochschulen u. ä. fallen unter die unselbständige Namensbildung, sofern ihr Name nur ein bestimmtes Studienfach oder Wissenschaftsgebiet benennt wie z. B. „Institut für Politikwissenschaft" (RDA 11.2.2.14.5 mit D-A-CH; vgl. 6-61). Der bevorzugte Name beginnt also im Beispiel mit „Universität Marburg" (zum bevorzugten Namen von Universitäten im deutschsprachigen Raum vgl. Kap. 6.6.5 mit Beispiel 6-43). Besitzt die Hochschulabteilung hingegen einen spezifischen Namen wie „Albrecht-von-Haller-Institut für Pflanzenwissenschaften", so wird der bevorzugte Name selbständig gebildet (6-62).

Beispiel 6-61
Philipps-Universität Marburg
Institut für Politikwissenschaft
Bevorzugter Name:
Universität Marburg. Institut für Politikwissenschaft
Abweichender Name:
Institut für Politikwissenschaft

Beispiel 6-62
Albrecht-von-Haller-Institut für
Pflanzenwissenschaften
Bevorzugter Name:
Albrecht-von-Haller-Institut für Pflanzenwissenschaften
Abweichender Name:
Universität Göttingen. Albrecht-von-Haller-Institut für Pflanzenwissenschaften

Auch hier ist es Voraussetzung, dass der Name der untergeordneten Körperschaft wirklich nur aus einer Angabe wie „Institut" und der Nennung eines Fachs besteht. Ein Name wie „Geographisches Institut der Universität Bonn" fällt also nicht darunter. Ob der bevorzugte Name wirklich nur aus „Institut" und dem Fach besteht, ist oft nicht leicht zu entscheiden: In Abb. 21 (S. 106) ist auf der Vortitelseite, die als Titelseite für die Reihe gilt (vgl. Kap. 4.8.1), der Name nur als „Institut für Anwaltsrecht" angegeben. Auf der Instituts-Homepage unter „Kontakt" steht hingegen „Institut für Anwaltsrecht an der Universität zu Köln". In der Praxis stellt dies jedoch kein Problem dar: Denn auch wenn „an der Universität zu Köln" zum Namen gehört, wird der bevorzugte Name des Instituts unselbständig gebildet. Dies fällt dann jedoch nicht unter Typ 5, sondern unter Typ 6 (siehe unten).

Typ 6) Übergeordnete Körperschaft im Namen enthalten: Der sechste Typ (RDA 11.2.2.14.6 mit D-A-CH) betrifft untergeordnete Körperschaften, deren Name den vollständigen Namen der übergeordneten Körperschaft enthält. Manche dieser Fälle sind bereits durch Typ 1 abgedeckt (6-54). Zu beachten ist außerdem, dass Körperschaften, die einer Gebietskörperschaft untergeordnet sind (vgl. Kap. 6.9.3), explizit von der Regel ausgenommen sind.

> Gemeint sind nur die Fälle, bei denen der Name der übergeordneten Körperschaft tatsächlich fest grammatikalisch in den der untergeordneten integriert ist. Es reicht nicht aus, dass der Name der übergeordneten Körperschaft nur gemeinsam mit dem der untergeordneten erscheint (z. B. wenn der Name der übergeordneten Körperschaft über oder vor dem Namen der untergeordneten steht) wie bei 6-56 oder 6-61.

In Beispiel 6-63 enthält der Name der Gesellschaft den vollständigen Namen der übergeordneten Körperschaft („Österreichische Nationalbibliothek"). Der bevorzugte Name wird deshalb unselbständig gebildet. Ein weiteres Beispiel für Typ 6 ist „Bibliothek der Universität Konstanz" (6-60): Hier ist „Universität Konstanz" im Namen der untergeordneten Körperschaft enthalten.

Beim Typ 6 muss man oft sehr genau hinsehen: Mit „vollständiger Name" ist der komplette bevorzugte Name der übergeordneten Körperschaft gemeint. „Yale University Library" fällt daher unter Typ 6, weil die übergeordnete Körperschaft „Yale University" heißt (6-64). Anders ist es bei „Cambridge University Library", denn der bevorzugte Name dieser Universität ist nicht „Cambridge University", sondern „University of Cambridge" (6-65). Auch das „ACS Office for Statistical Services" (6-57) fällt nicht unter Typ 6, weil nur die Abkürzung „ACS" enthalten ist und nicht „American Chemical Society". Bei der „Universitätsbibliothek Greifswald" (6-66) greift Typ 6 ebenfalls nicht, da der Name der übergeordneten Körperschaft („Universität Greifswald") nicht genau in dieser Form enthalten ist. Er ist so in das Kompositum integriert, dass er nicht herausgelöst werden kann. Da diese drei Beispiele auch unter keinen der anderen Typen fallen, werden ihre Namen selbständig gebildet.

> **Beachten Sie bei Einrichtungen von Universitäten im deutschsprachigen Raum:** Eine Körperschaft, die einer Universität untergeordnet ist, wird auch dann gemäß Typ 6 behandelt, wenn in ihrem Namen nicht der bevorzugte Name der Universität gemäß RDA 11.2.2.3 D-A-CH (vgl. Kap. 6.6.5) erscheint, sondern eine andere Form, z. B. die Langform. Das „Institut für Psychologie an der Otto-Friedrich-Universität Bamberg" fällt also auch unter Typ 6, obwohl der bevorzugte Name der übergeordneten Körperschaft nur „Universität Bamberg" ist (RDA 11.2.2.14.6 D-A-CH).

Beispiel 6-63
Gesellschaft der Freunde der Österreichischen Nationalbibliothek
Bevorzugter Name:
Österreichische Nationalbibliothek. Gesellschaft der Freunde
Abweichender Name:
Gesellschaft der Freunde der Österreichischen Nationalbibliothek

Beispiel 6-64
Yale University Library
Bevorzugter Name:
Yale University. Library

Beispiel 6-65
Cambridge University Library
Bevorzugter Name:
Cambridge University Library
Abweichender Name:
University of Cambridge. Library

Beispiel 6-66
Universitätsbibliothek Greifswald
Bevorzugter Name:
Universitätsbibliothek Greifswald
Abweichender Name:
Universität Greifswald. Bibliothek

6.7.3 Mehrere Hierarchiestufen

In manchen Fällen gibt es mehrere Hierarchiestufen: So besitzt die „Forschungsgesellschaft für Straßen- und Verkehrswesen" einen „Arbeitsausschuss Grundsatzfragen der Verkehrsplanung", der wiederum einen „Arbeitskreis Hinweise zum Rechtlichen Rahmen der Verkehrsplanung" eingerichtet hat – hier gibt es also insgesamt drei Ebenen.

Der bevorzugte Name des Arbeitskreises fällt unter Typ 2 (vgl. Kap. 6.7.2) und wird deshalb unselbständig gebildet. Die Zwischenstufe wird dabei übergangen (6-67), sofern dies nicht zu Unklarheiten oder Verwechslungen führen könnte (RDA 11.2.2.15). Jedoch sollte in einem solchen Fall ein abweichender Name erfasst werden, in dem die vollständige Hierarchie abgebildet wird (RDA 11.2.3.7 D-A-CH).

> Auch bei Universitätsinstituten liegt üblicherweise eine dreistufige Hierarchie vor. Denn in der Regel existiert zwischen der Universität und dem Institut eine mittlere Ebene – die Fakultät bzw. der Fachbereich (vgl. Lösungen 16-17 und 16-18).

Beispiel 6-67
Bevorzugter Name:
Forschungsgesellschaft für Straßen- und Verkehrswesen. Arbeitskreis Hinweise zum Rechtlichen Rahmen der Verkehrsplanung
Abweichender Name:
Forschungsgesellschaft für Straßen- und Verkehrswesen. Arbeitsausschuss Grundsatzfragen der Verkehrsplanung. Arbeitskreis Hinweise zum Rechtlichen Rahmen der Verkehrsplanung

6.8 Körperschaften: Merkmale und Sucheinstiege

6.8.1 Sitz bzw. Wirkungsgebiet der Körperschaft

Der Sitz einer Körperschaft (RDA 11.3.3 mit D-A-CH; vgl. 6-68) ist nur dann ein Kernelement, wenn er im Sucheinstieg benötigt wird, um gleichnamige Körperschaften voneinander zu unterscheiden (vgl. Kap. 6.8.4). In der deutschsprachigen Praxis ist es jedoch üblich, den Sitz einer Körperschaft – sofern es einen solchen gibt und er leicht zu ermitteln ist – grundsätzlich in einem eigenen Datenfeld zu erfassen. Dies erfolgt unabhängig davon, ob der Ortsname im bevorzugten Namen enthalten ist (6-69) oder nicht (6-68). Es können auch mehrere Sitze einer Körperschaft erfasst werden (6-69). In der GND (vgl. Kap. 1.5.5) wird außerdem standardmäßig der Ländercode für das Land bzw. Bundesland abgelegt, in dem die Körperschaft ihren Sitz hat.

Bei Körperschaften mit Bezug zu einem Land, Bundesland etc. kann auch das Wirkungsgebiet im Element 11.3.3 erfasst werden. In der Formalerschließung wird dies normalerweise nur gemacht, um gleichnamige Körperschaften zu unterscheiden – etwa die Labour Party in Großbritannien und die Labour Party in Irland (6-70). Man erfasst das Wirkungsgebiet dann nur als Bestandteil des Sucheinstiegs (vgl. Kap. 6.8.4). Es ist jedoch auch möglich, das Wirkungsgebiet in einem eigenen Datenfeld zu erfassen (auch, wenn es nicht zur Unterscheidung benötigt wird). Die Angabe eines Ortes erfolgt – genau wie bei Orten, die in Verbindung mit Personen stehen (vgl. Kap. 6.3.2) – immer in der Form seines bevorzugten Namens (RDA 11.3.3.3 D-A-CH; vgl. Kap. 7.2).

6.8.2 Daten der Körperschaft

Als Daten einer Körperschaft kann man das Datum ihrer Gründung (RDA 11.4.3) erfassen sowie das Datum, an dem sie aufgehoben oder aufgelöst wurde (RDA 11.4.4). Solche Daten sind nur dann ein Kernelement, wenn sie im normierten Sucheinstieg benötigt werden, um zwei gleichnamige Körperschaften zu unterscheiden (vgl. Kap. 6.8.4). In der deutschsprachigen Praxis werden die Daten einer Körperschaft – sofern sie bekannt sind – jedoch grundsätzlich erfasst, und zwar in einem eigenen Datenfeld.

RDA sieht die Angabe von Daten einer Körperschaft nach derzeitigem Regelwerksstand nur auf der Ebene der Jahre vor (6-71). In der deutschsprachigen Praxis können aber auch exakte Daten in der Form TT.MM.JJJJ erfasst werden.

6.8.3 Art der Körperschaft, weitere Merkmale

In manchen Fällen macht der Name alleine nicht klar, dass es sich um eine Körperschaft handelt. In einem solchen Fall wird zur Erläuterung die Art der Körperschaft angegeben (RDA 11.7.1.4 mit D-A-CH).

In der deutschsprachigen Praxis sind die folgenden fünf Kennzeichnungen vorgesehen: Firma, Künstlervereinigung, Musikgruppe, Veranstaltung und Körperschaft. „Veranstaltung" umfasst auch Sportveranstaltungen. „Körperschaft" wird verwendet, wenn keiner der spezielleren Begriffe passt.

Ohne die Angabe „Firma" könnte man etwa in 6-72 fälschlich annehmen, dass es sich um eine Person handelt. Eine solche Kennzeichnung wird in der deutschsprachigen Praxis ausschließlich im Sucheinstieg erfasst (vgl. Kap. 6.8.4) und nicht auch noch zusätzlich in einem eigenen Datenfeld.

Beispiel 6-68
Für das Otto-Lilienthal-Museum
Sitz:
Anklam

Beispiel 6-69
Für die Universität Duisburg-Essen
Sitz:
Duisburg
Essen

Beispiel 6-70
Bevorzugter Name der 1. Körperschaft:
Labour Party
Sitz der 1. Körperschaft (Wirkungsgebiet):
Großbritannien
Normierter Sucheinstieg, der die 1. Körperschaft repräsentiert:
Labour Party (Großbritannien)
Bevorzugter Name der 2. Körperschaft:
Labour Party
Sitz der 2. Körperschaft (Wirkungsgebiet):
Irland
Normierter Sucheinstieg, der die 2. Körperschaft repräsentiert:
Labour Party (Irland)

Beispiel 6-71
Für den Verband der Bibliotheken und der Bibliothekarinnen, Bibliothekare der Schweiz
Gründungsdatum:
1992
Auflösungsdatum:
2007

Beispiel 6-72
Bevorzugter Name:
Karl Pfankuch
Art der Körperschaft:
Firma
Normierter Sucheinstieg, der die Körperschaft repräsentiert:
Karl Pfankuch (Firma)

Zu den weiteren Merkmalen einer Körperschaft gehört ihre Adresse. In der GND (vgl. Kap. 1.5.5) gibt man hier nur die URL der Homepage an, nicht aber Post- oder Mailadressen (RDA 11.9 mit D-A-CH). Erfassen kann man u. a. noch die Sprache einer Körperschaft (RDA 11.8), ihr Betätigungsfeld (RDA 11.10) sowie die Geschichte der Körperschaft als Fließtext (RDA 11.11).

Im Normdatensatz für eine Körperschaft können darüber hinaus noch Informationen erfasst werden, die im Verständnis von RDA keine Merkmale, sondern Beziehungen sind, z. B. der Vorgänger und der Nachfolger einer Körperschaft. Diese werden in RDA Abschnitt 9 behandelt (vgl. Kap. 11).

6.8.4 Sucheinstiege

Die Basis für den normierten Sucheinstieg, der eine Körperschaft repräsentiert, bildet stets der bevorzugte Name der Körperschaft. Dieser wird bei Bedarf noch durch ein oder mehrere weitere Elemente in einer runden Klammer ergänzt.

Falls der Name alleine nicht auf eine Körperschaft schließen lässt, wird die Art der Körperschaft hinzugefügt (RDA 11.13.1.2 mit D-A-CH; vgl. Kap. 6.8.3 mit 6-72). Andere Elemente werden nur dann zum Bestandteil des normierten Sucheinstiegs, wenn eine Verwechslungsgefahr zwischen mehreren Körperschaften besteht. In erster Linie verwendet man Orte, um zwei gleichnamige Körperschaften voneinander zu unterscheiden (RDA 11.13.1.3 mit D-A-CH). Eine „Freiherr-vom-Stein-Schule" gibt es zweimal, sodass man ihren Sitz ergänzen muss (6-73). Bei Körperschaften mit Bezug zu einem Land, Bundesland etc. wird das Wirkungsgebiet zur Unterscheidung verwendet (6-70).

Ist eine Differenzierung mit dem Sitz bzw. Wirkungsgebiet nicht möglich oder nicht sinnvoll, so können gleichnamige Körperschaften auch mit Hilfe einer zugehörigen Institution (RDA 11.13.1.4), einer Jahresangabe (RDA 11.13.1.5) oder einer anderen geeigneten Angabe (RDA 11.13.1.7) voneinander unterschieden werden.

Ein zusätzlicher Sucheinstieg basiert nicht auf dem bevorzugten, sondern auf einem abweichenden Namen der Körperschaft (RDA 11.13.2.1 mit D-A-CH). Es können dieselben Elemente hinzugefügt werden wie beim normierten Sucheinstieg, wenn es zur Identifizierung der Körperschaft und zur Vermeidung von Verwechslungen nötig ist. Dies ist beispielsweise häufig bei abweichenden Namen von untergeordneten Körperschaften der Fall: Bei der Körperschaft aus Beispiel 6-74 ist der abweichende Name nur „Landesverband Bremen". Eine Ergänzung des Sitzes wäre hier wenig hilfreich. Stattdessen sollte im zusätzlichen Sucheinstieg die übergeordnete Körperschaft mit angegeben werden, damit man weiß, um welchen Landesverband Bremen es sich handelt.

Ein weiteres Beispiel zeigt 6-75: Es gibt sowohl eine „Deutsche Gesellschaft für Psychologie" als auch eine „Österreichische Gesellschaft für Psychologie". Die beiden bevorzugten Namen sind klar zu unterscheiden, sodass im normierten Sucheinstieg nichts ergänzt werden muss. Lässt man jedoch für den abweichenden Namen das geografische Adjektiv weg (vgl. Kap. 6.6.9), so ist dieser in beiden Fällen identisch: „Gesellschaft für Psychologie". Zur Unterscheidung tritt deshalb im zusätzlichen Sucheinstieg jeweils das Wirkungsgebiet dazu.

Nicht selten verwenden mehrere Körperschaften dieselbe Abkürzung. Beispielsweise steht „VDB" nicht nur für „Verein Deutscher Bibliothekare", sondern u. a. auch für „Verband der Binnenschiffer", „Verein Deutscher Bergleute" und „Verband Deutscher Briefmarkensammler". In der GND (vgl. Kap. 1.5.5) werden solche Abkürzungen von Körperschaften durch einen besonderen Code gekennzeichnet und grundsätzlich nicht durch weitere Elemente differenziert.

Beispiel 6-73
Normierter Sucheinstieg, der die 1. Körperschaft repräsentiert:
Freiherr-vom-Stein-Schule (Frankfurt am Main)
Normierter Sucheinstieg, der die 2. Körperschaft repräsentiert:
Freiherr-vom-Stein-Schule (Immenhausen)

Beispiel 6-74
Bevorzugter Name:
Allgemeiner Deutscher Fahrrad-Club. Landesverband Bremen
Abweichender Name:
Landesverband Bremen
Normierter Sucheinstieg, der die Körperschaft repräsentiert:
Allgemeiner Deutscher Fahrrad-Club. Landesverband Bremen
Zusätzlicher Sucheinstieg, der die Körperschaft repräsentiert:
Landesverband Bremen (Allgemeiner Deutscher Fahrrad-Club)

Beispiel 6-75
Normierter Sucheinstieg, der die 1. Körperschaft repräsentiert:
Deutsche Gesellschaft für Psychologie
Zusätzlicher Sucheinstieg, der die 1. Körperschaft repräsentiert :
Gesellschaft für Psychologie (Deutschland)
Normierter Sucheinstieg, der die 2. Körperschaft repräsentiert:
Österreichische Gesellschaft für Psychologie
Zusätzlicher Sucheinstieg, der die 2. Körperschaft repräsentiert:
Gesellschaft für Psychologie (Österreich)

6.9 Gebietskörperschaften und die ihnen untergeordneten Körperschaften

6.9.1 Namen von Gebietskörperschaften

Staaten, Gliedstaaten, Bundesländer, Kantone, Provinzen, Bezirke, Landkreise, Départements, Counties, Städte und Gemeinden etc. werden als Gebietskörperschaften bezeichnet. Sie üben staatliche Funktionen in einem bestimmten Gebiet aus.

Als bevorzugten Namen einer Gebietskörperschaft verwendet man den im Deutschen gebräuchlichen geografischen Namen des Gebiets (RDA 11.2.2.5.4 Ausnahme). Die Regeln für geografische Namen finden sich in RDA 16 (vgl. Kap. 7.2). Häufig ist der gebräuchliche geografische Name nicht mit dem offiziellen Namen identisch: Man sagt nicht „Republik Österreich", sondern nur „Österreich" (6-76) – dies ist folglich der bevorzugte Name. Der offizielle Name wird als abweichender Name erfasst. Ist jedoch der offizielle Name der Gebietskörperschaft allgemein gebräuchlich wie z. B. beim „Kreis Gütersloh", so wird dieser auch als bevorzugter Name gewählt (6-77).

Beispiel 6-76
Offizieller Name:
Republik Österreich
Gebräuchlicher Name:
Österreich
Bevorzugter Name:
Österreich
Abweichender Name:
Republik Österreich

Beispiel 6-77
Bevorzugter Name:
Kreis Gütersloh
Art der Gebietskörperschaft:
Landkreis
Normierter Sucheinstieg, der die Körperschaft repräsentiert:
Kreis Gütersloh
Zusätzlicher Sucheinstieg, der die Körperschaft repräsentiert:
Gütersloh (Landkreis)

6.9.2 Merkmale und Sucheinstiege

Für Gebietskörperschaften kommen grundsätzlich dieselben Merkmale in Frage wie bei anderen Körperschaften auch (vgl. Kap. 6.8.1 bis 6.8.3), soweit sie sinnvoll angewendet werden können – beispielsweise Daten (RDA 11.4) oder die Geschichte der Körperschaft (RDA 11.11).

Ein spezifisch für Gebietskörperschaften vorgesehenes Merkmal ist die Art der Gebietskörperschaft (RDA 11.7.1.5 mit D-A-CH). Diese Information gibt man jedoch nur oberhalb der kommunalen Ebene an (also nicht bei einer Stadt). In der deutschsprachigen Praxis verwendet man dafür eine feste Liste, die u. a. „Landkreis" (6-77), „Kanton" und „County" enthält.

Das Merkmal wird außerdem bei Bedarf in Sucheinstiegen verwendet, um Verwechslungen auszuschließen. Will man beim Kreis Gütersloh (6-77) einen zusätzlichen Sucheinstieg unter „Gütersloh" anlegen, so sollte „(Landkreis)" ergänzt werden. Andernfalls könnte man denken, es ginge um die Stadt Gütersloh.

6.9.3 Körperschaft ist einer Gebietskörperschaft untergeordnet

Für Körperschaften, die einer Gebietskörperschaft unterstellt oder zugehörig sind, gelten prinzipiell dieselben Regeln wie für andere untergeordnete Körperschaften (vgl. Kap. 6.7.2). Beispielsweise fällt 6-78 unter den Typ 1, weil das Wort „Abteilung" anzeigt, dass es sich um einen Teil der übergeordneten Körperschaft handelt. Der bevorzugte Name wird deshalb unselbständig gebildet. Der umgekehrt – also selbständig – gebildete Name sollte als abweichender Name erfasst werden. Im zusätzlichen Sucheinstieg sollte man noch „(Stuttgart)" ergänzen, um klarzumachen, zu welcher übergeordneten Körperschaft die „Abteilung Kommunikation" gehört.

Eine Ausnahme stellt der Typ 6 der Körperschaften mit unselbständiger Namensbildung dar. Dieser wird grundsätzlich nicht bei Körperschaften angewendet, die einer Gebietskörperschaft untergeordnet sind (RDA 11.2.2.14.6 mit D-A-CH). Obwohl also in Beispiel 6-79 der vollständige Name der übergeordneten Körperschaft („Linz") enthalten ist, erfolgt die Namensbildung nicht unselbständig wie bei Beispiel 6-60, 6-63 oder 6-64. Auch Typ 3 trifft nicht zu, denn das Wort „Archiv" ist zwar allgemein, doch besteht – anders als in Beispiel 6-59 („Bibliothek") – der Name der untergeordneten Körperschaft

Beispiel 6-78
Landeshauptstadt Stuttgart, Abteilung Kommunikation
Bevorzugter Name:
Stuttgart. Abteilung Kommunikation
Abweichender Name:
Abteilung Kommunikation
Normierter Sucheinstieg, der die Körperschaft repräsentiert:
Stuttgart. Abteilung Kommunikation
Zusätzlicher Sucheinstieg, der die Körperschaft repräsentiert:
Abteilung Kommunikation (Stuttgart)

Beispiel 6-79
Archiv der Stadt Linz
Bevorzugter Name:
Archiv der Stadt Linz
Abweichender Name:
Linz. Archiv

nicht nur aus dem Wort „Archiv". Der Name des Archivs wird deshalb selbständig gebildet. Die unselbständige Form sollte jedoch als abweichender Name erfasst werden.

Unter den Typ 2 (Name zeigt administrative Unterordnung an) fallen Ämter und Behörden, sofern der Name wirklich nur aus „Amt für ..." o. ä. besteht. Dies ist bei 6-80 der Fall, denn hier gibt es keine feste grammatikalische Verbindung zu „Stadt Köln". Die Körperschaft ist folglich ohne den Namen der übergeordneten Körperschaft nicht hinreichend identifiziert; der bevorzugte Name wird unselbständig gebildet. Auch hier sollte im zusätzlichen Sucheinstieg „(Köln)" ergänzt werden, um das Amt zuordnen zu können. Ein Gegenbeispiel ist 6-81: Da „Baden-Württemberg" zum Namen der untergeordneten Körperschaft dazugehört, lässt sich das Landesamt problemlos der richtigen Gebietskörperschaft zuordnen. Der Name wird deshalb selbständig gebildet. Die unselbständige Form sollte als abweichender Name erfasst werden.

Für einige besondere Fälle (RDA 11.2.2.14.7 bis 11.2.2.14.14) ist festgelegt, dass man den Namen der untergeordneten Körperschaft grundsätzlich unselbständig bildet. Dazu gehören Ministerien, Parlamente (6-82), Gerichte und Botschaften.

> Bei Körperschaften, die einer Gebietskörperschaft untergeordnet sind, sind häufig geografische Adjektive anzutreffen. Diese bleiben bei unselbständiger Namensbildung erhalten, da der Name der übergeordneten Körperschaft nur dann hinter dem Trennpunkt weggelassen wird, wenn er im Namen der untergeordneten Körperschaft als Substantiv vorkommt (RDA 11.2.2.14). Im Beispiel 6-82 kommt aber nicht das Substantiv „Hessen" vor, sondern das Adjektiv „Hessisch".

Eine Besonderheit ist, dass auch Staatsoberhäupter und Regierungschefs (z. B. Präsident, Premierminister, Bundeskanzler, Gouverneur) als untergeordnete Körperschaften der jeweiligen Gebietskörperschaft betrachtet werden (RDA 11.2.2.18). 6-83 zeigt am Beispiel des früheren US-Präsidenten Bill Clinton, wie der bevorzugte Name in einem solchen Fall gebildet wird. Der Datensatz für die Körperschaft wird nur dann benutzt, wenn Clinton in offizieller Funktion handelt, also z. B. bei einer amtlichen Proklamation. Daneben gibt es auch einen Datensatz für Bill Clinton als Person, der beispielsweise für seine Autobiografie verwendet wird. Zwischen der Körperschaft und der Person wird eine Beziehung angelegt (vgl. Kap. 11.2.2 sowie Lösungen 16-5 und 16-24 zu Theodor Heuss).

> Andere Regierungsvertreter wie z. B. Minister werden nicht in dieser Weise behandelt (RDA 11.2.2.18.5). Heißt es beispielsweise in der Verantwortlichkeitsangabe einer Ressource „herausgegeben vom Bundesminister der Justiz", so wird eine Beziehung zum entsprechenden Ministerium angelegt.

6.10 Konferenzen und ähnliche Veranstaltungen

6.10.1 Definition von Konferenz

Als Konferenz betrachtet RDA Tagungen, auf denen bestimmte Themen diskutiert werden (z. B. wissenschaftliche Symposien und Kongresse). Es fallen aber auch Treffen von Vertretern einer Körperschaft darunter, z. B. Vorstandssitzungen, Delegiertenversammlungen und Parteitage (RDA Glossar).

> Die Regeln für Konferenzen gelten sinngemäß auch für andere Veranstaltungen wie z. B. Ausstellungen, Messen, Festivals und Sportwettkämpfe. Ist in RDA von einer „Konferenz usw." die Rede, so ist dieses breitere Bedeutungsspektrum gemeint. Ausstellungen werden allerdings nur dann als Körperschaft behandelt, wenn es sich um eine regelmäßig mit demselben Namen wiederkehrende Veranstaltung handelt, wie z. B. die „Documenta", die „Biennale di Venezia" oder die „Triennale Kleinplastik" (RDA 11.0 D-A-CH).

Beispiel 6-80
Stadt Köln – Amt für Straßen und Verkehrstechnik
Bevorzugter Name:
Köln. Amt für Straßen und Verkehrstechnik
Abweichender Name:
Amt für Straßen und Verkehrstechnik
Normierter Sucheinstieg, der die Körperschaft repräsentiert:
Köln. Amt für Straßen und Verkehrstechnik
Zusätzlicher Sucheinstieg, der die Körperschaft repräsentiert:
Amt für Straßen und Verkehrstechnik (Köln)

Beispiel 6-81
Statistisches Landesamt Baden-Württemberg
Bevorzugter Name:
Statistisches Landesamt Baden-Württemberg
Abweichender Name:
Baden-Württemberg. Statistisches Landesamt

Beispiel 6-82
Hessischer Landtag
Bevorzugter Name:
Hessen. Hessischer Landtag
Abweichender Name:
Hessischer Landtag
Landtag
Normierter Sucheinstieg:
Hessen. Hessischer Landtag
Zusätzlicher Sucheinstieg:
Hessischer Landtag
Landtag (Hessen)

Beispiel 6-83
für Bill Clinton in offizieller Funktion:
Bevorzugter Name der Körperschaft:
USA. Präsident (1993-2001 : Clinton)
für Bill Clinton als Privatperson:
Bevorzugter Name der Person:
Clinton, Bill

Beispiel 6-84
53. Paracelsustag 2004
Bevorzugter Name:
Paracelsustag

6.10.2 Name einer Konferenz usw.

Auch eine Konferenz muss einen Namen haben, um als Körperschaft betrachtet zu werden (vgl. Kap. 6.6.1). In vielen Fällen enthält dieser Name einen Konferenzbegriff wie „Konferenz", „Kongress", „-tag" (6-84), „Symposium" (6-86), „Tagung" (6-88), bzw. ein Pendant in einer anderen Sprache, z. B. „Conference" (6-87).

Dies ist jedoch nicht zwingend: Der Name kann auch nur aus der Angabe eines Themas bestehen wie in Beispiel 6-85: Hier wird die deutsche Form „Archäologie der Brücken" als bevorzugter Name erfasst und die englische Form „Archaeology of Bridges" als abweichender Name (RDA 11.2.2.5.2; vgl. Kap. 6.6.7). Da der Name alleine nicht klar macht, dass eine Körperschaft vorliegt, kommt die Art der Körperschaft (RDA 11.7.1.4 mit D-A-CH; vgl. Kap. 6.8.3) hinzu.

Beispiel 6-85
vgl. Abb. 50 (S. 220)
Angabe im Vorwort des Tagungsbands:
(…) kamen vom 5. bis 8. November 2009 über hundert Experten in Regensburg zum internationalen Fachkongress „Archäologie der Brücken – Archaeology of Bridges" zusammen.
Bevorzugter Name:
Archäologie der Brücken
Abweichender Name:
Archaeology of Bridges
Art der Körperschaft:
Veranstaltung

Beachten Sie: Ein im Titel genanntes Thema wird nur dann als bevorzugter Name der Konferenz behandelt, wenn es in der Ressource (z. B. im Vorwort) einen expliziten Hinweis darauf gibt, dass die Konferenz genauso hieß. In Beispiel 6-85 ist dies der Fall. Weitergehende Recherchen, um den tatsächlichen Namen herauszufinden, werden nicht angestellt. Gibt es keinen expliziten Hinweis in der Ressource, wird keine Beziehung zu einer Konferenz hergestellt.

Zusätzliche Angaben zu Abb. 22
Rückseite der Titelseite:
*ISBN 978-3-8329-7905-8
1. Auflage 2013
© Nomos Verlagsgesellschaft, Baden-Baden 2013
169 Seiten, 23 cm. Vgl. Lösungen 13-33 und 16-25.*

Abb. 22: Strafrecht und Verfassung / B. Brunhöber, K. Höffler, J. Kaspar, T. Reinbacher, M. Vormbaum (Hrsg.)

Findet sich auf der Informationsquelle einer Ressource, die in Verbindung mit einer Konferenz steht, sowohl ein Thema als auch ein Name, der einen Konferenzbegriff beinhaltet, so verwendet man letzteren als den bevorzugten Namen. Wenn man es für sinnvoll hält, kann man das Thema als abweichenden Namen erfassen (RDA 11.2.2.5.4 D-A-CH). In Abb. 22 (S. 112) wird also „Symposium Junger Strafrechtlerinnen und Strafrechtler" als bevorzugter Name verwendet und nicht „Strafrecht und Verfassung" (6-86).

Häufig enthält der Name einer Konferenz usw. eine Zählung und/oder eine Jahresangabe. Derartige Informationen werden bei der Bildung des bevorzugten Namens weggelassen (RDA 11.2.2.11; vgl. 6-84, 6-86 bis 6-89), kommen jedoch später bei den Sucheinstiegen in anderer Form wieder hinzu (vgl. Kap. 6.10.3). Angaben zur Regelmäßigkeit einer Konferenz (z. B. „Annual Meeting ...") bleiben hingegen grundsätzlich als Teil des Namens erhalten.

Weggelassen werden außerdem Angaben zum Ort der Veranstaltung (6-86, 6-88). Eine Ausnahme sind jedoch Fälle, bei denen der Name des Ortes ein fester Teil des Namens der Veranstaltung ist wie bei „Leipziger Hochschultage für Medien und Kommunikation" (6-89).

Gibt es mehrere Namensformen, so gelten die normalen Regeln, die auch für andere Körperschaften anzuwenden sind (vgl. Kap. 6.6.9). Oft gibt es beispielsweise Namen in mehreren Sprachen (6-85). Häufig finden sich auch Initialformen oder ähnliche Buchstabenfolgen, die meist als abweichender Name zu erfassen sind (6-87). Manchmal stellt eine solche Form aber auch den bevorzugten Namen dar, insbesondere bei Messen (z. B. „IMEX", „Interboot", „Optatec").

Für abweichende Namen von Konferenzen gelten die normalen Regeln (vgl. Kap. 6.6.9). Beispielsweise ist es sinnvoll, einen abweichenden Namen zu erfassen, wenn am Anfang des bevorzugten Namens ein geografisches Adjektiv steht (6-87, 6-89).

Eine Besonderheit in der GND (vgl. Kap. 1.5.5) ist, dass zusätzlich auch der Name der Veranstaltung in unveränderter Form erfasst werden kann. In einem solchen Fall werden dann auch Zählung, Datum und Ort genauso angegeben, wie sie in der Informationsquelle stehen (RDA 11.2.3.7 mit D-A-CH). So könnte man in der GND bei Beispiel 6-84 noch „53. Paracelsustag 2004" als abweichenden Namen erfassen, bei Beispiel 6-88 „Tagung der Vereinigung für Verfassungsgeschichte in Hofgeismar vom 27. bis 29. März 2006" und bei Beispiel 6-89 „VIII. Leipziger Hochschultage für Medien und Kommunikation". Derartige abweichende Namen werden jedoch nicht als Basis für zusätzliche Sucheinstiege (vgl. Kap. 6.10.3) verwendet, d. h. an eine solche Namensform werden nicht nochmals Zählung, Jahr und Ort angehängt.

Die Regeln für untergeordnete Körperschaften gelten auch für Konferenzen und entsprechende Veranstaltungen. Namen, die aus einem Konferenzbegriff und der abhaltenden Körperschaft bestehen, fallen unter den Typ 6 (RDA 11.2.2.14.6; vgl. Kap. 6.7.2), weil sie den vollständigen Namen der übergeordneten Körperschaft enthalten. Der bevorzugte Name wird deshalb unselbständig gebildet (6-88). Die selbständig gebildete Form sollte als abweichender Name erfasst werden. Im zusätzlichen Sucheinstieg wird dann die Körperschaft in Klammern ergänzt, damit man die Konferenz zuordnen kann.

6.10.3 Merkmale und Sucheinstiege

Beispiel 6-89 zeigt im Überblick Namen, Merkmale und Sucheinstiege für eine Konferenz. Für Konferenzen und ähnliche Veranstaltungen sind in RDA drei spezifische Merkmale definiert: Ort, Datum und Zählung. Der Ort einer Konferenz usw. ist die Stadt o. ä., wo die Veranstaltung stattgefunden hat (6-88, 6-89). Sofern zutreffend, können auch mehrere Orte erfasst werden; bei Bedarf kann auch ein Bauwerk angegeben werden (RDA 11.3.2.3 mit D-A-CH). Das Datum wird nach RDA nur als Jahr(e)

Beispiel 6-86
vgl. Abb. 22 (S. 112)
2. Symposium Junger Strafrechtlerinnen und Strafrechtler
Berlin 2012

Strafrecht und Verfassung
Bevorzugter Name:
Symposium Junger Strafrechtlerinnen und Strafrechtler
Abweichender Name:
Strafrecht und Verfassung

Beispiel 6-87
European Conference on Data Analysis 2013
ECDA 2013
Bevorzugter Name:
European Conference on Data Analysis
Abweichender Name:
ECDA
Conference on Data Analysis

Beispiel 6-88
vgl. Abb. 51 (S. 223)
Tagung der Vereinigung für Verfassungsgeschichte
in Hofgeismar vom 27. bis 29. März 2006
Bevorzugter Name:
Vereinigung für Verfassungsgeschichte. Tagung
Abweichender Name:
Tagung
Ort der Konferenz usw.:
Hofgeismar
Datum der Konferenz usw.:
2006
27.03.2006-29.03.2006
Normierter Sucheinstieg, der die Körperschaft repräsentiert:
Vereinigung für Verfassungsgeschichte. Tagung (2006 : Hofgeismar)
Zusätzlicher Sucheinstieg, der die Körperschaft repräsentiert:
Tagung (Vereinigung für Verfassungsgeschichte) (2006 : Hofgeismar)

Beispiel 6-89
VIII. Leipziger Hochschultage für Medien und Kommunikation
Bevorzugter Name:
Leipziger Hochschultage für Medien und Kommunikation
Abweichender Name:
Hochschultage für Medien und Kommunikation
Zählung der Konferenz usw.:
8.
Ort der Konferenz usw.:
Leipzig
Datum der Konferenz usw.:
1998
Normierter Sucheinstieg, der die Körperschaft repräsentiert:
Leipziger Hochschultage für Medien und Kommunikation (8. : 1998 : Leipzig)
Zusätzlicher Sucheinstieg, der die Körperschaft repräsentiert:
Hochschultage für Medien und Kommunikation (8. : 1998 : Leipzig)

erfasst (sofern nicht zur Unterscheidung von zwei Konferenzen im selben Jahr genauere Angaben nötig sind). Gemäß deutschsprachiger Praxis können aber grundsätzlich auch exakte Daten in der Form TT.MM.JJJJ erfasst werden (RDA 11.4.2.3 mit D-A-CH; vgl. 6-88). Die Zählung wird als Ordinalzahl (Ordnungszahl) in der von der Katalogisierungsagentur bevorzugten Form erfasst – im deutschsprachigen Raum stets als arabische Ziffer mit einem Punkt dahinter (RDA 11.6 mit D-A-CH). Dies gilt unabhängig von der Form in der Informationsquelle: Beispielsweise werden „Achte", „8th" und „VIII." alle in der normierten Form „8." wiedergegeben (6-89).

Der normierte Sucheinstieg, der eine Konferenz usw. repräsentiert, besteht aus dem bevorzugten Namen sowie ggf. der Zählung, dem Jahr und dem Ort bzw. den Orten der Veranstaltung, sofern diese Informationen bekannt oder leicht zu ermitteln sind (RDA 11.13.1.8.1). Diese drei Elemente stehen in runden Klammern und werden durch „Leerzeichen Doppelpunkt Leerzeichen" voneinander getrennt (6-89). Die Vorlageform „VIII. Leipziger Hochschultage für Medien und Kommunikation" wird also umgewandelt in „Leipziger Hochschultage für Medien und Kommunikation (8. : 1998 : Leipzig)". In Sucheinstiegen werden in der deutschsprachigen Praxis bis zu drei Orte erfasst (RDA 11.13.1.8.1 mit D-A-CH).

Mit abweichenden Namen – z. B. mit der Namensvariante „Hochschultage für Medien und Kommunikation" – können zusätzliche Sucheinstiege gebildet werden. Es werden dieselben Ergänzungen angehängt wie beim normierten Sucheinstieg (6-89).

7 Geografika

7.1 Allgemeines

7.1.1 Inhalt und Gliederung von RDA Abschnitt 4

Der vierte Abschnitt von RDA ist für die Behandlung der vier Entitäten aus der Gruppe 3 von FRBR vorgesehen: Begriff, Gegenstand, Ereignis sowie Ort bzw. Geografikum (vgl. Kap. 2.1). In erster Linie kommen diese Entitäten als Themen von Werken vor. Sie gehören also in den Bereich der Sacherschließung, die im vorliegenden Lehrbuch nicht näher behandelt wird. Eine Ausnahme bilden die Geografika, die auch in der Formalerschließung eine wichtige Rolle spielen (vgl. Kap. 7.1.2).

Die folgende Darstellung beschränkt sich deshalb auf die Geografika, deren Beschreibung in RDA 16 thematisiert wird; zu den übrigen Kapiteln von RDA Abschnitt 4 vgl. Kap. 12. RDA 16 ist noch nicht vollständig ausgearbeitet. So werden nur die Namen von Geografika behandelt; Regeln für weitere Merkmale und die Bildung von Sucheinstiegen werden erst zu einem späteren Zeitpunkt ergänzt. Auch wurden bisher keine Kernelemente definiert. Außerdem sind die primär für die Sacherschließung relevanten naturräumlichen Geografika wie Berge oder Seen ausgeblendet.

> **RDA Abschnitt 4**
> Erfassen der Merkmale von Begriffen, Gegenständen, Ereignissen und Geografika (RDA 12 bis 16)
> RDA 12: Allgemeine Richtlinien zum Erfassen der Merkmale von Begriffen, Gegenständen, Ereignissen und Geografika (noch nicht erarbeitet)
> RDA 13: Identifizierung von Begriffen (noch nicht erarbeitet)
> RDA 14: Identifizierung von Gegenständen (noch nicht erarbeitet)
> RDA 15: Identifizierung von Ereignissen (noch nicht erarbeitet)
> RDA 16: Identifizierung von Geografika

Derzeit wird der Bereich Geografika von einer Arbeitsgruppe des JSC grundlegend neu bearbeitet, was möglicherweise zu erheblichen Änderungen im Regelwerk führen wird. Deshalb soll zunächst abgewartet werden, wie sich RDA in diesem Bereich weiterentwickelt, ehe die bisherige deutschsprachige Praxis an RDA angepasst wird. Dort, wo sich diese von RDA unterscheidet, wird vorläufig weiter so verfahren wie bisher. Entsprechend bezieht sich die folgende Darstellung auf die tatsächliche Praxis im deutschsprachigen Raum, die an manchen Stellen vom jetzigen Stand des Regelwerks abweicht.

7.1.2 Geografika in der Formalerschließung

Geografika treten in der Formalerschließung an verschiedenen Stellen auf (RDA 16.0). Ihre wichtigste Rolle spielen sie im Bereich der Körperschaften, denn als Name einer Gebietskörperschaft (z. B. Staat, Bundesland, Stadt) wird der Name des entsprechenden Geografikums verwendet (RDA 11.2.2.5.4; vgl. Kap. 6.9.1). Geografika tauchen also in der Gestalt von Gebietskörperschaften auf. Für diese gelten die normalen Prinzipien für Körperschaften, wie sie in RDA 8 und RDA 11 festgelegt sind (vgl. Kap. 6.1 und Kap. 6.6 bis 6.9). Es werden also auch die in RDA 11 vorgesehenen Elemente verwendet. Die Regeln aus RDA 16 können als Ergänzung dazu betrachtet werden.

Geografika kommen außerdem als weitere Merkmale anderer Entitäten vor: als Geburts-, Sterbe-, Wohn- oder Wirkungsort einer Person (RDA 9.8 bis 9.11; vgl. Kap. 6.3.2); als Ort, der mit einer Familie in Verbindung steht (RDA 10.5; vgl. Kap. 6.5); als Sitz bzw. Wirkungsgebiet einer Körperschaft oder als Ort einer Konferenz (RDA 11.3.2. und 11.3.3; vgl. Kap. 6.8.1 und 6.10.3) sowie als Ursprungsort eines Werks (RDA 6.5; vgl. Kap. 5.3). Diese Merkmale werden z. T. auch in Sucheinstiegen erfasst.

7.2 Namen von Geografika

7.2.1 Informationsquellen, Sprache und Schrift

Der bevorzugte Name eines Geografikums wurde als Zusatzelement definiert (RDA 16.2.2 mit D-A-CH). Er wird anhand von geografischen Verzeichnissen und anderen Nachschlagewerken (z. B. Ortslexika, Atlanten) bestimmt. Dabei werden vorrangig deutschsprachige Nachschlagewerke verwendet, erst in zweiter Linie Nachschlagewerke in der offiziellen Sprache des jeweiligen Geografikums (RDA 16.2.2.2 mit D-A-CH).

> Welche Nachschlagewerke im Einzelnen zu verwenden sind und in welcher Reihenfolge sie geprüft werden, ist der jeweils gültigen Fassung der „Liste der fachlichen Nachschlagewerke für die GND" zu entnehmen (verlinkt in RDA 16.2.2.2 D-A-CH).

Beispiel 7-1
In der Informationsquelle:
Milano
Im Nachschlagewerk:
Mailand
Bevorzugter Name:
Mailand
Abweichender Name:
Milano
Milan

Beispiel 7-2
In der Informationsquelle:
Orléans
Im Nachschlagewerk:
Orléans
Bevorzugter Name:
Orléans

Diese Methode stellt sicher, dass die im Deutschen gebräuchliche Namensform als bevorzugter Name gewählt wird. Damit ist der Name gemeint, der von Sprechern der deutschen Sprache üblicherweise verwendet wird (RDA 16.2.2.3 mit D-A-CH; vgl. RDA 16.2.2.6). Vielfach gibt es auch für Geografika außerhalb des deutschsprachigen Gebiets eine gebräuchliche deutschsprachige Namensform wie beispielsweise „Danzig" für „Gdańsk", „Kopenhagen" für „København" oder „Mailand" für „Milano" (7-1). Ansonsten ist die im Deutschen gebräuchliche Namensform typischerweise der Name des Geografikums in der offiziellen Sprache des jeweiligen Landes (7-2). Namen in anderen Sprachen können als abweichende Namen erfasst werden (RDA 16.2.3; vgl. 7-1, 7-8).

Liegt der Name eines Geografikums in einer nicht-lateinischen Schrift (z. B. Kyrillisch) vor, so wird eine Umschrift in das lateinische Alphabet als bevorzugter Name verwendet. Die genaue Form der Umschrift ergibt sich aus der Praxis des Nachschlagewerks, das als Grundlage dient (RDA 16.2.2.5 mit D-A-CH). Die originalschriftliche Form sowie andere Umschriften können als abweichende Namen erfasst werden.

7.2.2 Namensbestandteile

Einleitende Artikel werden, wenn sie zum Namen gehören wie bei „Le Mans" oder „Los Angeles", als Teil des Namens erfasst (RDA 16.2.2.4 mit D-A-CH).

Beispiel 7-3
Im Nachschlagewerk:
Bad Reichenhall
Bevorzugter Name:
Bad Reichenhall
Abweichender Name:
Reichenhall

Beispiel 7-4
Im Nachschlagewerk:
Neustadt a. d. Donau
Bevorzugter Name:
Neustadt a.d. Donau
Abweichender Name:
Neustadt an der Donau
Neustadt, Donau

Einleitende Bezeichnungen wie „Sankt", „Markt" oder „Bad" werden als Teil des bevorzugten Namens erfasst, wenn sie im maßgeblichen Nachschlagewerk als fester Bestandteil des geografischen Namens nachgewiesen sind (7-3; vgl. als Gegenbeispiel 7-13). Es wird empfohlen, in solchen Fällen eine Form ohne diese Angabe als abweichenden Namen zu erfassen (RDA 16.2.3.3 mit D-A-CH; vgl. 7-3).

Häufig finden sich bei Ortsnamen erläuternde Zusätze, z. B. „Frankfurt (Oder)", „Rothenburg ob der Tauber", „Zell am See", „Muri bei Bern" etc. Diese werden als Teil des Namens erfasst. Beim bevorzugten Namen orientiert man sich am Gebrauch des maßgeblichen Nachschlagewerks. Varianten sollten als abweichende Namen erfasst werden (7-4).

> Beachten Sie im Beispiel 7-4 die Schreibung von „a.d." ohne Leerzeichen: Da es sich um eine Gebietskörperschaft handelt, gelten die Schreibregeln für Körperschaften. Dazu gehören auch die normalen Schreibkonventionen und Regeln für die Zeichensetzung (RDA 8.5.1 mit D-A-CH; vgl. Kap. 6.1.3 und 6.6.2).

7.2.3 Land, in dem sich das Geografikum befindet

Gemäß der angloamerikanischen Tradition wird bei einem Geografikum unterhalb der Länderebene jeweils das Land, in dem sich das Geografikum befindet, als Teil des Namens mit angegeben (RDA 16.2.2.4 mit D-A-CH und 16.2.2.12 mit D-A-CH). Sonderregeln gelten für Geografika in bestimmten Gebieten, z. B. für die Bundesstaaten der USA, die Provinzen und Territorien Kanadas oder für Orte in Großbritannien (RDA 16.2.2.9 bis 16.2.2.11, jeweils mit D-A-CH). Das Land steht in runden Klammern. Bei Anwendung der derzeitigen RDA-Regeln käme man also zu Namen wie „Paris (Frankreich)" (7-5).

In der deutschsprachigen Praxis ist der Name dieses Geografikums hingegen nur „Paris", ohne hinzugefügtes Land. In der GND (vgl. Kap. 1.5.5) wird aber das zugehörige Land in einem eigenen Datenfeld in codierter Form erfasst (7-5). Die Information ist also im Normdatensatz durchaus enthalten – nur nicht im Namen selbst, sondern an anderer Stelle.

Beispiel 7-5
Bevorzugter Name nach RDA:
Paris (Frankreich)
Bevorzugter Name nach D-A-CH:
Paris
in der GND zzgl. Erfassung des Ländercodes „XA-FR" für Frankreich

Beispiel 7-6
Im Nachschlagewerk:
San Francisco, Stadt in Kalifornien
Bevorzugter Name:
San Francisco, Calif.

Die beschriebene Praxis bleibt vorläufig unverändert erhalten. 2013 wurde beim JSC ein Proposal (vgl. Kap. 3.4.3) eingereicht, um eine Regelwerksänderung im Sinne der deutschsprachigen Praxis zu erreichen. Die JSC-Arbeitsgruppe zu Geografika (vgl. Kap. 7.1.1) beschäftigt sich auch mit dieser Frage. Es ist zu erwarten, dass sich die Neuregelung besser mit der deutschsprachigen Tradition vereinbaren lassen wird.

Einen Sonderfall stellen Orte in den USA dar. Als der im Deutschen gebräuchliche Name gilt die Kombination aus dem Ortsnamen und der Abkürzung des Bundesstaats, abgetrennt mit einem Komma (RDA 16.2.2.9.2 D-A-CH; vgl. 7-6). Für die Abkürzungen der Bundesstaaten gibt es eine feste Liste.

7.2.4 Verwaltungseinheiten

Bei Verwaltungseinheiten (z. B. Landkreis, Regierungsbezirk, Kanton, Provinz, County, Département, Oblast) folgt man weiter der bisherigen Praxis (RDA 16.2.2.8 D-A-CH): Bei deutschsprachigen Verwaltungseinheiten wird als bevorzugter Name diejenige Form verwendet, die man auf ihrer Homepage oder einer anderen Internetquelle (möglichst offiziellen Charakters) vorfindet.

Wird die Gattungsbezeichnung auf der Homepage o. ä. entsprechend präsentiert, so gilt sie als Teil des Namens (7-7). Es wird auch nicht normierend eingegriffen: Beispielsweise werden manche Landkreise in Deutschland als „Landkreis" bezeichnet (z. B. „Landkreis Ludwigsburg"), andere wiederum als „Kreis" (z. B. „Kreis Mettmann"; vgl. 7-7) – dies wird im bevorzugten Namen jeweils so übernommen. Zusätzlich sollte die Art der Gebietskörperschaft (RDA 11.7.1.5; vgl. Kap. 6.9.2) als eigenes Element erfasst werden; dies geschieht in normierter Form gemäß einer festen Liste (7-7).

Bei fremdsprachigen Verwaltungseinheiten ist das Vorgehen etwas anders (RDA 16.2.2.8 D-A-CH): Zuerst wird der bevorzugte Name für das zugrunde liegende Geografikum ermittelt, z. B. „Mailand" für „Milano" in „Provincia di Milano" (7-8). Davor wird der Gattungsbegriff für die Verwaltungseinheit (gemäß einer festen Liste) gesetzt. Damit ergibt sich „Provinz Mailand". Der originalsprachliche Name sollte als abweichender Name erfasst werden (7-8).

Beispiel 7-7
Auf der Homepage:
Kreis Mettmann
Bevorzugter Name:
Kreis Mettmann
Art der Gebietskörperschaft:
Landkreis

Beispiel 7-8
Provincia di Milano
Bevorzugter Name:
Provinz Mailand
Abweichender Name:
Provincia di Milano

7.2.5 Gleichnamige Geografika

Viele häufig vorkommende Ortsnamen treten in Kombination mit dem Namen eines nahe gelegenen Flusses, Berges, Ortes o. ä. auf und sind somit problemlos zu unterscheiden (z. B. Neustadt an der Orla, Neustadt am Kulm, Neustadt b. Coburg, Neustadt am Rennsteig). In anderen Fällen muss beim Katalogisieren eine geeignete zusätzliche Angabe in runden Klammern ergänzt werden, um zwei oder mehr Geografika mit demselben Namen zu unterscheiden (RDA 16.2.2.13 mit D-A-CH). In der GND (vgl. Kap. 1.5.5) wird eine solche Angabe als „identifizierender Zusatz" bezeichnet. In der deutschsprachigen Praxis verwendet man dafür üblicherweise den Namen der nächsthöheren Verwaltungseinheit (7-9). Hat eine Stadt denselben Namen wie ein Staat oder Gliedstaat, so erhält nur die Stadt einen identifizierenden Zusatz (7-10). Für gleichnamige Staaten werden geeignete Zusätze verwendet, z. B. „Deutschland (Bundesrepublik)" und „Deutschland (DDR)".

Beispiel 7-9
Bevorzugter Name des 1. Geografikums:
Hausen (Landkreis Miltenberg)
Bevorzugter Name des 2. Geografikums:
Hausen (Landkreis Forchheim)

Beispiel 7-10
Bevorzugter Name des 1. Geografikums:
Luxemburg
Bevorzugter Name des 2. Geografikums:
Luxemburg (Stadt)

> Gemäß RDA gilt ein solcher identifizierender Zusatz bei Geografika als Teil des bevorzugten bzw. abweichenden Namens. Dies ist ein Unterschied zu den Körperschaften, bei denen das unterscheidende Merkmal erst im Sucheinstieg ergänzt wird und nicht als Teil des Namens gilt (vgl. Kap. 6.8.4).

7.2.6 Ortsteile

Bei Ortsteilen gilt in Deutschland und Österreich die Bindestrich-Form „Hauptort-Ortsteil" als gebräuchlich und wird als bevorzugter Name verwendet (RDA 16.2.2.14 D-A-CH; vgl. 7-11). Beim Hauptort entfallen dabei erläuternde Zusätze (z. B. „Frankfurt am Main", aber „Frankfurt-Bockenheim").

Beispiel 7-11
Bevorzugter Name:
Berlin-Wedding
Abweichender Name:
Wedding

Beispiel 7-12
Bevorzugter Name:
Riedbach (Bern)
Abweichender Name:
Bern-Riedbach

> Besteht entweder der Hauptort oder der Ortsteil aus mehreren Wörtern, so wird nach dem Bindestrich ein Leerzeichen gesetzt, um eine falsche Sortierung in Registern zu vermeiden, z. B. „Stuttgart- Bad Cannstatt" oder „Bad Iburg- Ostenfelde".

Für Ortsteile in der Schweiz und außerhalb des deutschsprachigen Raums wird die im Deutschen gebräuchliche Form anhand der Nachschlagewerke festgestellt (vgl. Kap. 7.2.1). Für den Berner Ortsteil Riedbach im Beispiel 7-12 ergibt dies die selbständige Form „Riedbach". Da es „Riedbach" mehrfach gibt, wird der Name des übergeordneten Geografikums als identifizierender Zusatz verwendet (vgl. Kap. 7.2.5). Die Bindestrich-Form sollte als abweichender Name erfasst werden.

7.2.7 Abweichende Namen

Abweichende Namen von Geografika (RDA 16.2.3) sind grundsätzlich fakultativ. Dennoch ist es sinnvoll, zumindest die für die Recherche wichtigen Varianten zu erfassen (RDA 16.2.3.3 mit D-A-CH). Einige typische Fälle wurden bereits besprochen: Namensformen in anderen Sprachen (7-1, 7-8); Namensformen ohne einleitendes „Bad", „Markt", „Kurort" etc. (7-3) bzw. umgekehrt mit dieser Angabe, falls sie nicht im bevorzugten Namen vorkommt (7-13); Varianten bei erläuternden Zusätzen (7-4); selbständig bzw. unselbständig gebildete Namensformen bei Ortsteilen (7-11 und 7-12).

Beispiel 7-13
Bevorzugter Name:
Garmisch-Partenkirchen
Abweichender Name:
Markt Garmisch-Partenkirchen

Beispiel 7-14
Bevorzugter Name:
St. Georgen im Lavanttal
Abweichender Name:
Sankt Georgen im Lavanttal

„Sankt", „Mount" etc. erscheint manchmal in der gebräuchlichen Form ausgeschrieben (z. B. „Sankt Augustin"), manchmal abgekürzt (z. B. „St. Georgen im Lavanttal"). Die jeweils andere Form sollte als abweichender Name erfasst werden (7-14).

Auch bei Initialformen wie „USA" ist die Erfassung eines abweichenden Namens sinnvoll (7-15).

Häufig finden sich zusätzliche Namensformen mit „Gemeinde" (z. B. „Gemeinde Oberammergau"), „Stadt" (z. B. „Stadt Osnabrück"), „Landeshauptstadt" (z. B. „Landeshauptstadt Bregenz"), „Freistaat" (z. B. „Freistaat Bayern"; vgl. 7-17) o. ä. am Anfang, die als abweichende Namen erfasst werden sollten. Auch Beinamen wie „Lutherstadt Wittenberg", „Messestadt Leipzig" oder „Stadt der Auslandsdeutschen" (für Stuttgart) können als abweichende Namen angegeben werden.

Abweichende Namen sollten eindeutig sein (RDA 16.2.3.3 D-A-CH). Ggf. ist ein identifizierender Zusatz zu erfassen, um die Namensform vom bevorzugten oder abweichenden Namen eines anderen Geografikums zu unterscheiden (vgl. Kap. 7.2.5).

Beispiel 7-15
Bevorzugter Name:
USA
Abweichender Name:
United States of America
Vereinigte Staaten von Amerika

7.2.8 Namensänderung

Wie bei den Körperschaften (vgl. Kap. 6.6.8) wird auch bei Geografika eine neue Entität angelegt, wenn sich der Name ändert (RDA 16.2.2.7 mit D-A-CH). Ob sich der im Deutschen gebräuchliche Name eines Geografikums geändert hat, wird anhand der Nachschlagewerke (vgl. Kap. 7.2.1) bzw. der Website (vgl. Kap. 7.2.4) festgestellt. Beispielsweise wurde 1993 die Tschechoslowakei in zwei neue Staaten aufgeteilt, die auch neue Namen erhielten: Slowakei und Tschechische Republik. Diese erhalten jeweils einen eigenen Normdatensatz (7-16). Zwischen der Tschechoslowakei und ihren Nachfolgestaaten sollte eine Beziehung gemäß RDA 32 erfasst werden (vgl. Kap. 11.4.2).

Allerdings wird nicht in jedem Fall eine neue Entität gebildet (RDA 16.2.2.7 D-A-CH): Kommt beispielsweise nur eine Angabe wie „Bad" o. ä. dazu bzw. fällt sie weg oder gibt es eine Änderung beim identifizierenden Zusatz (vgl. Kap. 7.2.5), so wird kein neuer Normdatensatz angelegt, sondern der bevorzugte Name wird einfach auf den aktuellen Stand gebracht. Ebenfalls nicht zu einer neuen Entität führt es, wenn sich zwar der Status ändert, jedoch der geografische Name gleich bleibt. Beispielsweise war Bayern zeitweilig ein Herzogtum, ein Kurfürstentum und ein Königreich. Da aber der gebräuchliche Name des Geografikums stets „Bayern" war, handelt es sich nicht um getrennte Entitäten (7-17).

Beispiel 7-16
Bevorzugter Name des 1. Geografikums:
Tschechoslowakei
Bevorzugter Name des 2. Geografikums:
Slowakei
Bevorzugter Name des 3. Geografikums:
Tschechische Republik

Beispiel 7-17
Bevorzugter Name:
Bayern
Abweichender Name:
Freistaat Bayern
Herzogtum Bayern
Kurfürstentum Bayern
Königreich Bayern

8 Primärbeziehungen

8.1 Allgemeines

8.1.1 Inhalt und Gliederung von RDA Abschnitt 5

RDA Abschnitt 5
Erfassen der Primärbeziehungen zwischen Werk, Expression, Manifestation und Exemplar (RDA 17)
RDA 17: Allgemeine Richtlinien zum Erfassen der Primärbeziehungen

Im fünften Abschnitt von RDA wird das Erfassen der sogenannten Primärbeziehungen beschrieben, d. h. der Beziehungen, die zwischen einem Werk, seinen Expressionen, Manifestationen und Exemplaren bestehen. Es geht also um die Beziehungen zwischen den Entitäten der Gruppe 1 innerhalb eines FRBR-Baums (vgl. Kap. 2.2) – und damit um das Zusammenspiel der Ebenen Werk, Expression, Manifestation und Exemplar, die im Zentrum des FRBR-Modells stehen. Der Abschnitt 5 besteht nur aus einem einzigen Kapitel (RDA 17).

8.1.2 Arten von Primärbeziehungen

RDA unterscheidet vier Arten von Primärbeziehungen, die jeweils paarweise – immer in beide Richtungen – vorkommen (RDA 17.0). Für jede dieser Beziehungen gibt es ein eigenes Element, ingesamt also acht (RDA 17.5 bis RDA 17.12).

Dies sind zunächst die Beziehungen, die zwischen den jeweils benachbarten Entitäten der Gruppe 1 bestehen: Die Beziehung von einem Werk zu einer Expression dieses Werks (RDA 17.5) bzw. umgekehrt (RDA 17.6); die Beziehung von einer Expression zu einer Manifestation dieser Expression (RDA 17.9) bzw. umgekehrt (RDA 17.10); die Beziehung von einer Manifestation zu einem Exemplar dieser Manifestation (RDA 17.11) bzw. umgekehrt (RDA 17.12). Die Beziehung von Jane Austens „Pride and prejudice" (Werk) zur deutschen Übersetzung von Ursula und Christian Grawe (Expression) würde also unter RDA 17.5 fallen und die Beziehung dieser deutschen Übersetzung (Expression) zur Reclam-Ausgabe (Manifestation) aus Abb. 9 (S. 19) unter RDA 17.9.

Außerdem kann eine direkte Beziehung von einem Werk zu einer Manifestation (RDA 17.7) bzw. umgekehrt (RDA 17.8) angegeben werden, d. h. die Ebene der Expression wird übersprungen. Man kann also beispielsweise auch von der Reclam-Ausgabe (Manifestation) ausgehen und – unter Übergehung der Expression – direkt die Beziehung zum Werk „Pride and prejudice" von Jane Austen im Element RDA 17.8 angeben. Diese Möglichkeit wurde aus praktischen Gründen geschaffen (RDA 17.0).

8.2 Primärbeziehungen und Datenmodelle

Für die Abbildung der Primärbeziehungen gibt es drei verschiedene Techniken, die auch in Kombination miteinander vorkommen können (RDA 17.4.2). Diese Techniken sind eng verbunden mit dem jeweils verwendeten Datenmodell. Dabei schreibt RDA kein bestimmtes Datenmodell verpflichtend vor.

8.2.1 Identifikator und normierter Sucheinstieg

Als erste Möglichkeit zur Abbildung von Primärbeziehungen kann man einen Identifikator für die in Beziehung stehende Entität erfassen (RDA 17.4.2.1). Naheliegend ist diese Technik insbesondere dann, wenn das FRBR-Modell in Reinform verwirklicht ist. In einem solchen Datenmodell sind die Entitäten der Gruppe 1 streng voneinander getrennt; für jede von ihnen gibt es einen eigenen Datensatz. Abb. 23 (S. 121) zeigt schematisch ein solches Szenario, wobei auf die Ebene des Exemplars verzichtet wurde. Als fingierte Identifikatoren werden XXX (für das Werk), YYY (für die Expression) und ZZZ (für die Manifestation) verwendet.

geistiger Schöpfer:
Austen, Jane,
1775-1817
(Verfasser/-in)

Identifikator: XXX
Bevorzugter Titel des Werks:
Pride and prejudice
Form des Werks: Roman
(...)

Mitwirkender:
Grawe, Christian,
1935-
(Übersetzer/-in)

Identifikator: YYY
Sprache der Expression:
Deutsch
Inhaltstyp: Text
(...)

Identifikator: ZZZ
Haupttitel der Manifestation:
Stolz und Vorurteil
Verlagsname:
Philipp Reclam jun.
(...)

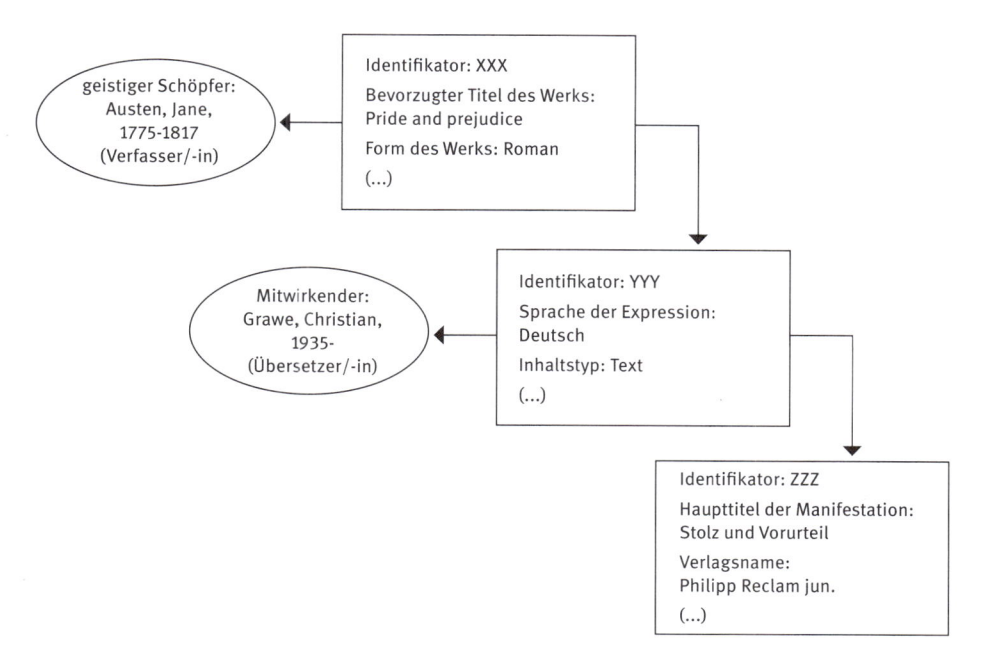

Abb. 23: Eigene Datensätze für Werk, Expression und Manifestation

Bei diesem Datenmodell befinden sich in jedem Datensatz nur die Merkmale, die sich tatsächlich auf die entsprechende Ebene beziehen. Der bevorzugte Titel des Werks ist also im Datensatz für das Werk erfasst, die Sprache der Expression im Datensatz für die Expression, der Haupttitel der Manifestation im Datensatz für die Manifestation. Auch bei den Beziehungen zu den Entitäten der Gruppe 2 (vgl. Kap. 9) wird immer die richtige Ebene eingehalten. Nur das Werk wird also mit dem Datensatz für die Autorin in Beziehung gesetzt und nur die Expression mit dem Datensatz für den Übersetzer.

Die Datensätze für Werk, Expression und Manifestation sind untereinander über ihre Identnummern verknüpft. Man würde also etwa im Datensatz für die Manifestation das Element „In der Manifestation verkörperte Expression" (RDA 17.10) angeben und es mit YYY, der Identnummer des Datensatzes für die Expression, belegen (8-1).

Ein solches Szenario ist zum jetzigen Zeitpunkt allerdings weder in der angloamerikanischen noch in der deutschsprachigen Welt umgesetzt. Aber auch in anderen Datenmodellen können – zumindest in begrenztem Maße – Identifikatoren verwendet werden, um Primärbeziehungen abzubilden. So könnte eine ISBN (vgl. Kap. 4.10) als Identifikator für eine bestimmte Manifestation verwendet werden. Und im deutschsprachigen Raum existieren zum Teil Normdatensätze für Werke (vgl. Kap. 5.1.3 und 5.3), deren Identnummern als Identifikator für das Werk dienen können.

Bei Werken und Expressionen kann man als zweite Möglichkeit (RDA 17.4.2.2) auch den normierten Sucheinstieg (vgl. Kap. 5.6) erfassen. Beispiel 8-2 zeigt die Erfassung des in Abb. 9 (S. 19) verkörperten Werks einmal als Identifikator, einmal als normierten Sucheinstieg und einmal in der kombinierten Methode, bei der beides angegeben wird. Als Identifikator wurde die Nummer des Normdatensatzes für das Werk in der GND (vgl. Kap. 1.5.5) verwendet.

Beispiel 8-1
Element im Datensatz für die Manifestation aus Abb. 23 (S. 121)
In der Manifestation verkörperte Expression (Identifikator):
YYY

Beispiel 8-2
(vgl. Abb. 9, S. 19)
Jane Austen
Stolz und Vorurteil
In der Manifestation verkörpertes Werk (Identifikator):
GND: 4099118-0
In der Manifestation verkörpertes Werk (Normierter Sucheinstieg):
Austen, Jane, 1775-1817. Pride and prejudice
In der Manifestation verkörpertes Werk (Identifikator und Sucheinstieg):
GND: 4099118-0
Austen, Jane, 1775-1817. Pride and prejudice

8.2.2 Zusammengesetzte Beschreibung

Die dritte Möglichkeit zur Abbildung der Primärbeziehungen ist die sogenannte zusammengesetzte Beschreibung (RDA 17.4.2.3). Dabei wird eine gemischte Beschreibung angelegt, die Informationen aus den drei Ebenen Werk, Expression und Manifestation miteinander kombiniert.

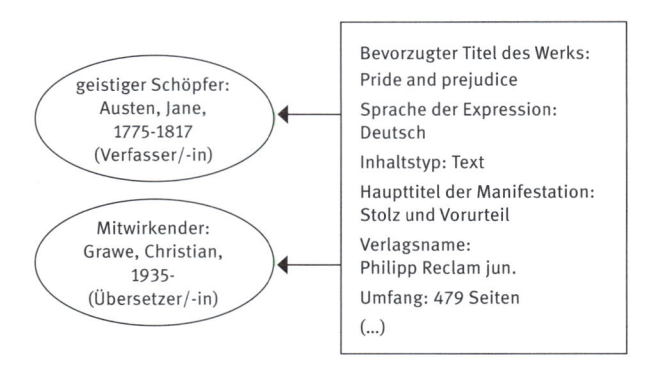

Abb. 24: Zusammengesetzte Beschreibung

Ein Beispiel dafür zeigt Abb. 24 (S. 122). Hier gibt es nur einen einzigen Datensatz für die drei Entitäten Werk, Expression und Manifestation. Entsprechend enthält dieser Datensatz sowohl die Merkmale der Manifestation (z. B. Haupttitel, Verlagsname, Umfang) als auch Merkmale, die sich auf das Werk und die Expression beziehen wie den bevorzugten Titel des Werks, die Sprache der Expression und den Inhaltstyp. Da der gemischte Datensatz gleichzeitig alle drei FRBR-Ebenen repräsentiert, wird er auch mit Personen, Familien und Körperschaften auf allen drei Ebenen in Beziehung gesetzt (vgl. Kap. 9). In der Abbildung gibt es deshalb sowohl eine Beziehung zur Autorin (Ebene des Werks) als auch eine Beziehung zum Übersetzer (Ebene der Expression).

In der zusammengesetzten Beschreibung werden die Primärbeziehungen zwar nicht explizit angegeben, lassen sich jedoch aus den eingebundenen Elementen für das Werk und die Expression ableiten. So lässt sich in Abb. 24 (S. 122) aus der Angabe des bevorzugten Titels des Werks und der Beziehung zur geistigen Schöpferin schließen, dass eine Verkörperung des Werks „Pride and prejudice" von Jane Austen vorliegt (8-3). Dies gilt allerdings nur, wenn lediglich ein einziges Werk in der Manifestation verkörpert ist. Sind mehrere Werke in einer Manifestation verkörpert, so müssen sie explizit angegeben werden (vgl. Kap. 8.3.2).

Die zusammengesetzte Beschreibung entspricht dem Normalfall in der angloamerikanischen Welt und dem Mindeststandard in der deutschsprachigen Welt.

Beispiel 8-3
(vgl. Abb. 9, S. 19)
Jane Austen
Stolz und Vorurteil
In der Manifestation verkörpertes Werk in der zusammengesetzten Beschreibung, identifiziert über die Elemente:
Geistiger Schöpfer:
Austen, Jane, 1775-1817
Bevorzugter Titel des Werks:
Pride and prejudice

8.2.3 Datenmodell der Deutschen Nationalbibliothek

Die Deutsche Nationalbibliothek (DNB) plant, über diesen Mindeststandard hinauszugehen. Sobald mindestens zwei Manifestationen desselben Werks vorliegen, soll ein Normdatensatz für das Werk (vgl. Kap. 5.1.3) erstellt werden – entweder intellektuell oder über ein automatisches Verfahren. Die zusammengesetzten Beschreibungen werden dann über die Identnummer mit dem Normdatensatz für das Werk verknüpft. Abb. 25 (S. 123) zeigt das Ergebnis in schematischer Form.

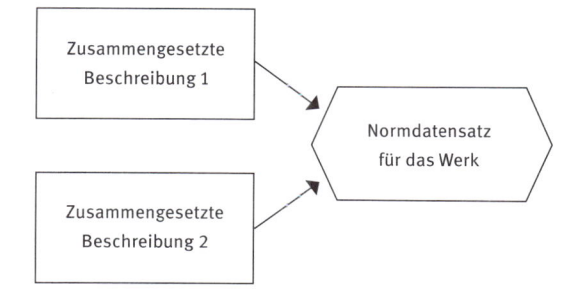

Abb. 25: Zusammengesetzte Beschreibung mit Verknüpfung zum Werk

Beim Datenmodell der DNB werden also die Primärbeziehungen einerseits implizit in der zusammengesetzten Beschreibung dargestellt (vgl. Kap. 8.2.2). Die besonders wichtige Beziehung zum verkörperten Werk wird andererseits aber auch explizit abgebildet (durch die Erfassung des Identifikators für das Werk), sobald es mehrere Manifestationen gibt. Inwieweit auch andere Institutionen im deutschsprachigen Raum diesem Datenmodell folgen werden, ist noch offen.

8.3 Kernelemente bei den Primärbeziehungen

Nur zwei der insgesamt acht Primärbeziehungen, die RDA unterscheidet (vgl. Kap. 8.1), sind Kernelemente (RDA 17.3): das in der Manifestation verkörperte Werk und die in der Manifestation verkörperte Expression.

8.3.1 In der Manifestation verkörpertes Werk

Im deutschsprachigen Raum wird das in der Manifestation verkörperte Werk (RDA 17.8) normalerweise implizit im Rahmen der zusammengesetzten Beschreibung angegeben sowie ggf. zusätzlich über eine Beziehung zum Normdatensatz für das Werk abgebildet (vgl. Kap. 8.2.3). Dies gilt immer dann, wenn nur ein Werk in der Ressource verkörpert ist.

In den vollständigen Beispielen im vorliegenden Lehrbuch (Kap. 13 bis 15) wird das Element 17.8 „In der Manifestation verkörpertes Werk" in allen Fällen auch explizit angegeben, und zwar stets in Form des normierten Sucheinstiegs für das Werk.

Bei der hierarchischen Beschreibung einer mehrteiligen Monografie (vgl. Kap. 4.18.4) wird das in der Manifestation verkörperte Gesamtwerk in der übergeordneten Aufnahme erfasst. In der untergeordneten Aufnahme für einen Teil mit unabhängigem Titel (vgl. Kap. 4.18.2) erfasst man entsprechend das verkörperte Teilwerk. In der untergeordneten Aufnahme für einen Teil mit abhängigem Titel wird hingegen kein Werk beschrieben (vgl. Kap. 10.2.2), sodass auch kein verkörpertes Teilwerk angegeben werden kann.

8.3.2 Mehrere verkörperte Werke

In manchen Ressourcen sind mehrere Werke verkörpert. In Beispiel 8-4 hat der Verlag zwei Arbeiten verschiedener Autoren im selben Band publiziert. Die Ressource hat keinen übergeordneten Titel; die beiden Werke stehen in der Manifestation sozusagen unverbunden nebeneinander. Gemäß RDA 17.8 muss nur die Primärbezie-

Beispiel 8-4
vgl. Abb. 48 (S. 214)
»An der Front zwischen den Kulturen«
Thomas Müntzer über Volkskultur und Kultur der Gebildeten
von Michael G. Baylor

Autorität und Gewissen im Zeitalter der Reformation
von Alexandre Ganoczy

In der Manifestation verkörpertes Werk (Normierter Sucheinstieg):
Baylor, Michael G., 1942-. "An der Front zwischen den Kulturen"
In der Manifestation verkörpertes Werk (Normierter Sucheinstieg):
Ganoczy, Alexandre, 1928-. Autorität und Gewissen im Zeitalter der Reformation

hung zu einem der verkörperten Werke erfasst werden – nämlich zu dem Werk, das die Hauptsache ausmacht oder das als erstes genannt ist. Als hauptsächliches Werk kann man entweder das bedeutendere Werk bzw. dasjenige, das für die Bibliothek am wichtigsten ist, auffassen oder dasjenige mit dem größten Umfang. Normalerweise nimmt man einfach das als erstes genannte Werk als Kernelement – in 8-4 also die Studie von Michael G. Baylor.

Anders als bei Fällen, in denen nur ein einziges Werk verkörpert ist, genügt in diesem Fall eine implizite Angabe nicht. Stattdessen muss der normierte Sucheinstieg für das Werk erfasst werden. Zusätzlich oder alternativ könnte man eine Verknüpfung mit dem Normdatensatz für das Werk machen. In Beispiel 8-4 ist es außerdem sinnvoll, auch das zweite verkörperte Werk explizit über den normierten Sucheinstieg und ggf. eine zusätzliche Verknüpfung mit dem Werknormdatensatz anzugeben.

Auch in der Aufsatzsammlung aus Abb. 13 (S. 41) sind mehrere Werke verkörpert, denn jeder einzelne Beitrag kann als ein eigenständiges Werk angesehen werden. Es wäre also theoretisch möglich, den ersten bzw. den wichtigsten oder umfangreichsten Aufsatz als dasjenige verkörperte Werk anzusehen, das als Kernelement erfasst werden muss. Aber auch das Gesamte – also die Aufsatzsammlung als Ganzes – kann als Werk betrachtet werden (RDA 17.1.2). Folgt man dieser Sichtweise, so ist nur ein einziges Werk verkörpert – nämlich das mit dem Titel „Medizinische Ethik am Beginn des 21. Jahrhunderts". Entsprechend ist dieses das Kernelement (8-5). Folglich ist in diesem Fall eine implizite Angabe im Rahmen der zusammengesetzten Beschreibung möglich (vgl. Kap. 8.2.2).

Die Entscheidung, ob bei einer Zusammenstellung das Ganze als das verpflichtend zu erfassende verkörperte Werk betrachtet werden soll oder eines der enthaltenen Einzelwerke, ist in vielen Fällen leicht zu treffen. Bei 8-4 ist es sinnvoll, zwei verkörperte Werke anzunehmen, da die Zusammenstellung nicht einmal einen übergeordneten Titel hat. Bei 8-5 hingegen liegt es nahe, die Aufsatzsammlung selbst als verkörpertes Werk anzusehen, da man das Buch eher mit dem Titel „Medizinische Ethik am Beginn des 21. Jahrhunderts" assoziiert als mit den Angaben für einen der 20 enthaltenen Aufsätze. Es gibt aber auch weniger eindeutige Fälle. Die Entscheidung liegt im eigenen Ermessen (vgl. dazu RDA 17.8 D-A-CH).

8.3.3 In der Manifestation verkörperte Expression

Die Beziehung zur in der Manifestation verkörperten Expression muss nur dann als Kernelement erfasst werden, wenn es mehrere Expressionen des Werks gibt (RDA 17.10). Im deutschsprachigen Raum wird die Expression ausschließlich im Rahmen der zusammengesetzten Beschreibung abgebildet; Normdatensätze für Expressionen werden grundsätzlich nicht angelegt (vgl. Kap. 5.1.3).

In den meisten Fällen genügt die Erfassung des Inhaltstyps (vgl. Kap. 5.4) und der Sprache der Expression (vgl. Kap. 5.5.1), um die vorliegende Expression eindeutig zu identifizieren – beide werden als Kernelemente ohnehin stets erfasst. In Beispiel 8-6 macht der Inhaltstyp „Gesprochenes Wort" deutlich, dass es sich um die Hörbuchfassung des Romans „Ein Mann will nach oben" von Hans Fallada handelt und nicht um eine Ausgabe des gedruckten Texts. Bei Übersetzungen ist die Sprache der Expression das entscheidende Kriterium, um das Original und die Fassungen in anderen Sprachen zu unterscheiden.

In manchen Fällen reichen diese beiden Elemente zur eindeutigen Identifizierung nicht aus. So wurde Jane Austens „Pride and prejudice" mehrfach ins Deutsche übersetzt – u. a. von Margarete Rauchenberger sowie dem Ehepaar Ursula und Chris-

---

Beispiel 8-5
vgl. Abb. 13 (S. 41)
Medizinische Ethik am Beginn des 21. Jahrhunderts
Herausgegeben von Axel W. Bauer
In der Manifestation verkörpertes Werk (Normierter Sucheinstieg):
Medizinische Ethik am Beginn des 21. Jahrhunderts

Beispiel 8-6
Hans Fallada
Ein Mann will nach oben
Gelesen von Ulrich Noethen
In der Manifestation verkörperte Expression in der zusammengesetzten Beschreibung, identifiziert über die Elemente:
Inhaltstyp:
Gesprochenes Wort
Sprache der Expression:
Deutsch

Beispiel 8-7
(vgl. Abb. 9, S. 19)
Jane Austen
Stolz und Vorurteil
Aus dem Englischen übersetzt von Ursula und Christan Grawe
In der Manifestation verkörperte Expression in der zusammengesetzten Beschreibung, identifiziert über die Elemente:
Inhaltstyp:
Text
Sprache der Expression:
Deutsch
Mitwirkender (Übersetzer/-in):
Grawe, Christian, 1935-
Grawe, Ursula

tian Grawe. Beide Übersetzungen haben „Text" als Inhaltstyp und „Deutsch" als Sprache der Expression – diese Angaben genügen also nicht zur Differenzierung. Dennoch können die beiden Übersetzungen über die Beziehung zu den Übersetzern als Mitwirkende (vgl. Kap. 9.5.3) klar voneinander unterschieden werden. Beispiel 8-7 zeigt die Situation für die Übersetzung von Christian und Ursula Grawe; im anderen Fall wäre entsprechend Margarete Rauchenberger als Übersetzerin angegeben. In solchen Fällen ist es deshalb besonders wichtig, die Mitwirkenden zu erfassen.

8.3.4 Mehrere verkörperte Expressionen

Es gibt Ressourcen, in denen mehrere Expressionen desselben Werks verkörpert sind. Typische Beispiele dafür sind Filmressourcen mit mehreren Sprachfassungen oder zweisprachige Textausgaben, die Original und Übersetzung eines Werks nebeneinander präsentieren. So ist in Beispiel 8-8 eine lateinische und eine deutsche Expression von Ciceros Werk „De re publica" verkörpert. Dieselbe Situation liegt bei Werken vor, die von vornherein zweisprachig geplant wurden, wie z. B. bei dem in Abb. 14 (S. 43) gezeigten Bildband. Er enthält den kompletten Text in zwei Sprachen (deutsch und englisch). In einem solchen Fall muss nur die hauptsächliche oder zuerst genannte Expression verpflichtend angegeben werden (RDA 17.10).

Nur mit dem Element „Sprache der Expression" lässt sich die Situation allerdings nicht klar ausdrücken, denn man kann nicht unterscheiden, ob es sich um eine einzige Expression mit Anteilen in zwei Sprachen handelt oder um zwei Expressionen in unterschiedlichen Sprachen.

Beispiel 8-8 zeigt zwei Lösungsmöglichkeiten: Sollen die in der Manifestation verkörperten Expressionen explizit angegeben werden, kann man ihre normierten Sucheinstiege erfassen. Gemäß deutschsprachiger Praxis wird die Information jedoch nur implizit gegeben. Dafür wird bei der Sprache des Inhalts ein entsprechender Hinweis gegeben (RDA 7.12 mit D-A-CH; vgl. Kap. 5.7.3).

Beispiel 8-8
Marcus Tullius Cicero
De re publica
Vom Gemeinwesen
Explizite Angabe der Expressionen:
In der Manifestation verkörperte Expression:
Cicero, Marcus Tullius, 106 vor Christus-43 vor Christus. De re publica. Lateinisch
In der Manifestation verkörperte Expression:
Cicero, Marcus Tullius, 106 vor Christus-43 vor Christus. De re publica. Deutsch

Implizite Angabe über eine Anmerkung:
Sprache des Inhalts:
Text lateinisch und deutsch

9 Beziehungen zu Personen, Familien und Körperschaften

9.1 Allgemeines

9.1.1 Inhalt und Gliederung von RDA Abschnitt 6

Im sechsten Abschnitt von RDA wird das Erfassen von Beziehungen beschrieben, die gemäß FRBR und FRAD zwischen einer Entität der Gruppe 1 und einer Entität der Gruppe 2 (vgl. Kap. 2.2 und 2.3) bestehen können – also zwischen Werk, Expression, Manifestation oder Exemplar auf der einen Seite und einer dafür in irgendeiner Weise verantwortlichen Person, Familie oder Körperschaft auf der anderen Seite. Darunter fällt beispielsweise die Beziehung zwischen einem Werk und seinem geistigen Schöpfer, die Beziehung zwischen einer Expression in einer anderen Sprache und dem dafür verantwortlichen Übersetzer oder die Beziehung zwischen einer Manifestation und dem Verlag, der sie publiziert hat. Als übergreifende Benennung für die Entitäten der Gruppe 1 wird im sechsten Abschnitt der Begriff „Ressource" verwendet (RDA 18.1.3).

Der Abschnitt 6 ist in fünf Kapitel unterteilt: In RDA 18 werden wichtige Begriffe definiert und allgemeine Grundsätze aufgestellt (vgl. Kap. 9.1.2 bis 9.1.6). Die übrigen vier Kapitel sind nach den Entitäten der Gruppe 1 gegliedert: RDA 19 behandelt die Beziehungen auf der Ebene des Werks (vgl. Kap. 9.2 bis 9.4), RDA 20 die Beziehungen auf der Ebene der Expression (vgl. Kap. 9.5), RDA 21 die Beziehungen auf der Ebene der Manifestation (vgl. Kap. 9.7) und RDA 22 die Beziehungen auf der Ebene des Exemplars (vgl. Kap. 9.8).

9.1.2 Methoden der Abbildung

Für die Abbildung der Beziehungen zwischen einer Ressource und einer Person, Familie oder Körperschaft gibt es mehrere Methoden (RDA 18.4.1): Man kann entweder nur den Identifikator für die in Beziehung stehende Person, Familie oder Körperschaft (vgl. Kap. 6.1.5) erfassen oder nur den normierten Sucheinstieg (vgl. Kap. 6.3.5, 6.5, 6.8.4, 6.9.2 und 6.10.3) oder man gibt beides an. Beispiel 9-1 zeigt diese drei Varianten; als Identifikator wurde die Nummer des Datensatzes in der GND (vgl. Kap. 1.5.5) verwendet. In den weiteren Beispielen in diesem Kapitel wird nur noch der normierte Sucheinstieg angegeben.

> In der deutschsprachigen Praxis wird üblicherweise nur die GND-Nummer als Identifikator erfasst. Die Systeme zeigen jedoch in der Regel nicht nur diese Identnummer an, sondern nehmen automatisch auch den normierten Sucheinstieg für die Anzeige hinzu.

Es kann vorkommen, dass zwischen einer Person, Familie oder Körperschaft und einer Ressource mehrere Beziehungen auf unterschiedlichen Ebenen bestehen. Beispielsweise kann die Person, die einen Text verfasst hat, diesen auch mit ergänzenden Illustrationen versehen haben (9-2). Sie hat dann sowohl eine Beziehung zum Werk (als dessen geistiger Schöpfer) als auch eine Beziehung zur Expression (als sogenannter Mitwirkender). Gemäß der Praxis im deutschsprachigen Raum wird in einem solchen Fall nur eine Beziehung erfasst, nämlich die höchstrangige (RDA 18.4.1 D-A-CH). Gibt es eine Beziehung als geistiger Schöpfer, so verwendet man diese. In absteigender Rangfolge kommen danach eine Beziehung als sonstige Person, Fami-

---

RDA Abschnitt 6
Erfassen der Beziehungen zu Personen, Familien und Körperschaften, die mit einer Ressource in Verbindung stehen (RDA 18 bis 22)
RDA 18: Allgemeine Richtlinien zum Erfassen der Beziehungen zwischen einer Ressource und den mit ihr in Verbindung stehenden Personen, Familien und Körperschaften
RDA 19: Personen, Familien und Körperschaften, die mit einem Werk in Verbindung stehen
RDA 20: Personen, Familien und Körperschaften, die mit einer Expression in Verbindung stehen
RDA 21: Personen, Familien und Körperschaften, die mit einer Manifestation in Verbindung stehen
RDA 22: Personen, Familien und Körperschaften, die mit einem Exemplar in Verbindung stehen

---

Beispiel 9-1
(vgl. Abb. 9, S. 19)
Jane Austen
Stolz und Vorurteil
Geistiger Schöpfer (Identifikator):
GND: 118505173
Geistiger Schöpfer (Normierter Sucheinstieg):
Austen, Jane, 1775-1817
Geistiger Schöpfer (Identifikator und Sucheinstieg):
GND: 118505173
Austen, Jane, 1775-1817
Beziehungskennzeichnung:
Verfasser/-in

lie oder Körperschaft in Verbindung mit einem Werk (vgl. Kap. 9.4), eine Beziehung zur Expression (vgl. Kap. 9.5), und schließlich eine Beziehung zur Manifestation (vgl. Kap. 9.7). In unserem Beispiel wird also die Beziehung als geistiger Schöpfer erfasst und nicht die Beziehung als Mitwirkender. Jedoch können mehrere Beziehungskennzeichnungen vergeben werden (vgl. Kap. 9.1.3); diese können auch auf verschiedenen FRBR-Ebenen liegen (9-2).

Beispiel 9-2
Eine Person hat eine Ressource sowohl verfasst als auch illustriert, ist also sowohl geistiger Schöpfer als auch Mitwirkender
Beziehung wird erfasst als:
Geistiger Schöpfer
Beziehungskennzeichnung:
Verfasser/-in
Illustrator/-in

Verwechseln Sie das Erfassen der Beziehung zu einer verantwortlichen Person, Familie oder Körperschaft nicht mit dem Erfassen einer Verantwortlichkeitsangabe als Merkmal der Manifestation (vgl. Kap. 4.5 und 9.1.5). Bei der Verantwortlichkeitsangabe geht es darum, die Ressource abzubilden und exakt zu zeigen, wie die verantwortliche Person etc. auf der Informationsquelle präsentiert wird. Für die Recherche hilft dies nur bedingt weiter. Sofern die Verantwortlichkeitsangabe überhaupt indexiert ist, kann nur nach der Namensform gesucht werden, die in der Verantwortlichkeitsangabe verwendet wird. Über eine Beziehung (frühere Terminologie: Eintragung; vgl. Kap. 1.4.1) werden hingegen alle mit der Person etc. in Verbindung stehenden Ressourcen zusammengeführt, und man kann auch mit abweichenden Namen und Namensformen suchen.

9.1.3 Beziehungskennzeichnungen

Die genaue Art der Beziehung wird mit einer geeigneten Beziehungskennzeichnung angezeigt (RDA 18.5.1.3 mit D-A-CH; vgl. 9-1). Beziehungskennzeichnungen sind keine Kernelemente und wurden auch nicht als Zusatzelemente definiert. Nichtsdestoweniger sollten sie möglichst immer erfasst werden. In komplizierten Fällen (z. B. bei unsicherer Autorschaft) kann die Beziehung außerdem in einer Anmerkung näher erläutert werden (RDA 18.6).

Beispiel 9-3
Verfasser bzw. Verfasserin
Anzeige der Beziehungskennzeichnung u. a. möglich als:
Verfasser
Verfasser/-in
VerfasserIn

Eine Liste von möglichen Beziehungskennzeichnungen findet sich in RDA Anhang I. In manchen Fällen sind die dort angegebenen Begriffe nochmals untergliedert. Beispielsweise gibt es zusätzlich zum „Regisseur" noch die spezielleren Beziehungskennzeichnungen „Fernsehregisseur", „Filmregisseur" und „Hörfunkregisseur". In einem solchen Fall vergibt man möglichst die genaueste zutreffende Bezeichnung (RDA 18.5.1.3 D-A-CH). Hat man sich für eine spezifische Beziehungskennzeichnung entschieden, sollte man nicht zusätzlich noch die übergeordnete Bezeichnung vergeben (und umgekehrt), also z. B. nicht sowohl „Fernsehregisseur" als auch „Regisseur" für dieselbe Person. Die meisten Beziehungskennzeichnungen können für alle drei Arten von Entitäten der Gruppe 2 verwendet werden – also für Personen, Familien und Körperschaften.

Bei den Beziehungskennzeichnungen wird nicht zwischen männlicher und weiblicher Form unterschieden (RDA 18.5.1.3 D-A-CH). Im Deutschen sind unterschiedliche Anzeigeformen möglich – entweder als generisches Maskulinum (also z. B. „Verfasser" für Männer und Frauen) oder in einer Form, die beide Geschlechter umfasst (9-3). In diesem Lehrbuch wird eine Bindestrich-Variante verwendet, z. B. „Verfasser/-in".

Es gibt nicht für jeden denkbaren Fall eine passende Beziehungskennzeichnung. Findet sich in Anhang I keine geeignete Bezeichnung oder besteht Unsicherheit über die genaue Funktion, so vergibt man stattdessen den Elementnamen der erfassten Beziehung als Beziehungskennzeichnung (also z. B. „geistige/-r Schöpfer/-in" oder „Mitwirkende/-r"; vgl. Lösungen 13-20, 13-40, 14-2 und 14-3). Selbst geprägte Bezeichnungen sind nicht zulässig (RDA 18.5.1.3 D-A-CH).

Manchmal übt eine Person, Familie oder Körperschaft in Bezug auf dieselbe Ressource mehrere Funktionen aus. Beispielsweise hat Christian Grawe bei der in Abb. 9 (S. 19) gezeigten deutschen Ausgabe von Jane Austens „Pride and prejudice" nicht nur

Beispiel 9-4
(vgl. Abb. 9, S. 19)
Aus dem Englischen übersetzt von Ursula und Christian Grawe
Nachwort und Anmerkungen von Christian Grawe
Mitwirkender:
Grawe, Christian, 1935-
Beziehungskennzeichnung:
Übersetzer/-in
Verfasser/-in von ergänzendem Text

als Übersetzer gewirkt, sondern auch Anmerkungen und ein Nachwort dafür verfasst. Entsprechend können zwei Beziehungskennzeichnungen vergeben werden. Da sich beide auf der Ebene der Expression befinden, ist die Reihenfolge egal (9-4). Befinden sich die zutreffenden Beziehungskennzeichnungen jedoch auf unterschiedlichen Ebenen, so werden sie in der Reihenfolge „Werk – Expression – Manifestation" angeordnet. Beispielsweise wird „Verfasser" vor „Illustrator" angegeben, weil ersteres auf der Ebene des Werks, letzteres auf der Ebene der Expression angesiedelt ist (9-2). Auf der Ebene des Werks steht eine Beziehungskennzeichnung für einen geistigen Schöpfer vor einer solchen für eine sonstige Person, Familie oder Körperschaft mit Verbindung zum Werk (RDA 18.5.1.3 D-A-CH).

9.1.4 Informationsquellen

Informationen über Beziehungen auf der Ebene des Werks, der Expression und der Manifestation werden vorrangig der bevorzugten Informationsquelle (vgl. Kap. 4.3) der zu katalogisierenden Ressource entnommen. Bei einem gedruckten Buch sieht man also zuerst auf der Titelseite nach, ob dort entsprechende Personen, Familien oder Körperschaften genannt sind. Reichen diese Angaben nicht aus oder sind sie nicht eindeutig, so verwendet man (in dieser Reihenfolge) andere an prominenter Stelle in der Ressource erscheinende Angaben (z. B. von der Rückseite der Titelseite), Angaben aus dem Inneren der Ressource (z. B. aus dem Vorwort, Inhaltsverzeichnis oder Haupttext eines Buchs) und schließlich sonstige Quellen (RDA 19.1.1, 20.1.1 und 21.1.1). Für Beziehungen auf der Ebene des Exemplars kann jede beliebige Informationsquelle verwendet werden (RDA 22.1.1).

9.1.5 Zugehörige Verantwortlichkeitsangaben

Wird eine Beziehung zu einer Person, Familie oder Körperschaft angelegt, so sollte man – sofern vorhanden – stets auch die Verantwortlichkeitsangaben (als Merkmal der Manifestation) erfassen, in denen die Person, Familie oder Körperschaft genannt wird (RDA 2.4.2.3 D-A-CH; vgl. Kap. 4.5.2). In 9-4 führt man also auch die beiden Verantwortlichkeitsangaben auf, welche Christian Grawe als Übersetzer und Verfasser ergänzender Texte ausweisen. Der Umkehrschluss gilt nicht. Man muss also nicht zwingend zu jeder Verantwortlichkeitsangabe, die man erfasst, auch eine Beziehung anlegen.

Das für die Verantwortlichkeitsangaben beschriebene Prinzip gilt sinngemäß auch für Personen, Familien oder Körperschaften, die in einer Ton- oder Filmproduktion einen Auftritt haben bzw. an der künstlerischen oder technischen Produktion beteiligt waren. Für diese werden anstelle von Verantwortlichkeitsangaben eigene Elemente verwendet (RDA 7.23 und 7.24; vgl. Kap. 5.7.6). Legt man eine Beziehung an, so sollte auch eine entsprechende Angabe in diesen Elementen gemacht werden.

9.1.6 Änderungen in der Verantwortlichkeit

Mehrteilige Monografien, fortlaufende Ressourcen und integrierende Ressourcen (vgl. Kap. 4.1.2) erscheinen über einen längeren Zeitraum. Bei solchen Ressourcen kann es vorkommen, dass im Lauf der Zeit Beziehungen zu Personen, Familien oder Körperschaften wegfallen und/oder neue hinzukommen, z. B. wenn der Herausgeber wechselt oder ein weiterer Verfasser ins Team aufgenommen wird. In der Regel bleiben in solchen Fällen die bestehenden Beziehungen erhalten und die neuen Beziehungen werden – sofern man sie für wichtig hält – zusätzlich erfasst (RDA 18.4.2).

9.2 Geistiger Schöpfer: Allgemeines

9.2.1 Begriff des geistigen Schöpfers

Ein geistiger Schöpfer ist eine Person, Familie oder Körperschaft, die ein Werk geschaffen hat (RDA 19.2.1.1). Nicht nur Autoren (z. B. 9-1, 9-6) fallen unter den Begriff des geistigen Schöpfers, sondern – je nach Art des Werks – z. B. auch Komponisten, Architekten oder Maler (9-5). Für besondere Fälle von geistigen Schöpfern (z. B. bei Bibliografien, Kunstbänden und Ausstellungskatalogen) vgl. Kap. 9.6. Der geistige Schöpfer ist ein Kernelement. Sind mehrere geistige Schöpfer für das Werk verantwortlich, so muss nur einer zwingend erfasst werden (vgl. Kap. 9.2.2).

In RDA Anhang I.2.1 sind Beziehungskennzeichnungen für geistige Schöpfer zusammengestellt. Eine Auswahl daraus zeigt Tab. 5 (S. 129). Neben Personen und Familien gelten auch Körperschaften unter bestimmten Bedingungen als geistige Schöpfer eines Werks (vgl. Kap. 9.3).

Beispiel 9-5
Beispiele für geistige Schöpfer:
– Verfasser eines Romans
– Komponist einer Sinfonie
– Kartograf, der eine Karte erstellt hat
– Künstler, der ein Bild gemalt hat
– Architekt eines Bauwerks
– Familie, die eine Homepage erstellt hat

Tab. 5: Wichtige Beziehungskennzeichnungen für geistige Schöpfer

Beziehungskennzeichnung	Hinweise
Filmemacher/-in	Nur verwenden, wenn eine Person etc. im Wesentlichen alleine für das Konzept und die Realisierung eines Films verantwortlich ist (bei privaten und unabhängigen Produktionen). Bei „normalen" Filmen gibt es keinen geistigen Schöpfer.
Fotograf/-in	Für den geistigen Schöpfer eines fotografischen Werks (z. B. Kunstband oder Bildband mit Fotografien).
Geistige/-r Schöpfer/-in	Eigentlich Name des Beziehungselements. Wird verwendet, wenn es in RDA Anhang I.2.1 keine geeignete Bezeichnung gibt.
Kartograf/-in	Für den geistigen Schöpfer eines kartografischen Werks (z. B. Landkarte, Atlas, Globus).
Komponist/-in	Für den geistigen Schöpfer eines musikalischen Werks.
Künstler/-in	Wird auch verwendet, wenn nicht die Kunstwerke selbst (z. B. die Original-Grafik oder das Original-Gemälde), sondern Reproduktionen davon katalogisiert werden (z. B. bei einem Kunstband).
Programmierer/-in	Für den geistigen Schöpfer eines Computerprogramms.
Verfasser/-in	Für den geistigen Schöpfer eines textuellen Werks. Wird auch für den Verfasser des Textanteils bei einem Bildband o. ä. verwendet. Wird auch für eine als „Bearbeiter" bezeichnete Person verwendet, sofern diese geistiger Schöpfer und nicht Herausgeber (vgl. Kap. 9.5.2) ist. Nicht verwenden für Verfasser einer Einleitung, eines ergänzenden Kommentars o. ä. (vgl. Kap. 9.5.3).
	Für den Verfasser eines enthaltenen Werks, z. B. eines Beitrags in einer Aufsatzsammlung, nur dann verwenden, wenn das enthaltene Werk selbst katalogisiert wird (z. B. bei Katalogisierung des Aufsatzes etc. als unselbständiges Werk).
Zusammenstellende/-r	Für eine Person etc., die eine Bibliografie, ein Wörterbuch, einen Katalog o. ä. zusammengestellt hat, sofern sich ihre Leistung nicht nur auf eine herausgeberische Tätigkeit beschränkt.

9.2.2 Mehrere geistige Schöpfer

Nicht selten entsteht ein Werk aus dem gemeinschaftlichen Wirken mehrerer Personen, Familien und/oder Körperschaften (RDA 19.2.1.1). Ein solches Werk hat entsprechend nicht nur einen, sondern mehrere geistige Schöpfer. Die geistigen Schöpfer können alle dieselbe Funktion ausüben, z. B. bei mehreren Verfassern. So wurde das Beispiel in Abb. 26 (S. 130) von nicht weniger als vier Autoren gemeinsam geschrieben. In diesem Fall erhalten alle vier dieselbe Beziehungskennzeichnung (9-6).

Die geistigen Schöpfer können jedoch auch unterschiedliche Funktionen ausüben. Ein typisches Beispiel dafür sind Bildbände, die in Zusammenarbeit eines Bild- und eines Textautors entstehen. So vereinigt der Bildband aus Abb. 14 (S. 43) Fotografien von Jutta Hof und Texte von Volker Sommer. Beide sind geistige Schöpfer, erhalten jedoch unterschiedliche Beziehungskennzeichnungen (9-7).

> Verwechseln Sie diesen Fall nicht mit dem eines illustrierten Textes wie in Abb. 1 (S. 8): Hier ist der Text von Elly Heuss-Knapp die Hauptsache und die Zeichnungen von Theodor Heuss sind nur eine Zugabe. Deshalb ist nur die Autorin die geistige Schöpferin des Werks; der Illustrator gilt als Mitwirkender (vgl. Kap. 9.5).

Bei mehreren geistigen Schöpfern ist nur einer ein Kernelement (RDA 19.2 mit D-A-CH). Werden die geistigen Schöpfer gleichrangig dargestellt, so ist es der zuerst genannte – in 9-6 also Engelbert Plassmann und in 9-7 Jutta Hof. Man sollte sich in solchen Fällen jedoch nicht auf nur einen geistigen Schöpfer beschränken, da unter Umständen auch nach einem der weiter hinten aufgeführten gesucht wird. Sofern es zu leisten ist, sollte man deshalb möglichst alle gleichrangig genannten geistigen Schöpfer erfassen.

Beispiel 9-6
vgl. Abb. 26 (S. 130)
Engelbert Plassmann, Hermann Rösch, Jürgen Seefeldt, Konrad Umlauf
Geistiger Schöpfer:
Plassmann, Engelbert, 1935-
Rösch, Hermann, 1954-
Seefeldt, Jürgen, 1953-
Umlauf, Konrad, 1952-
Beziehungskennzeichnung:
Verfasser/-in
(für alle vier geistigen Schöpfer)

Beispiel 9-7
vgl. Abb. 14 (S. 43)
Jutta Hof & Volker Sommer
Geistiger Schöpfer:
Hof, Jutta
Beziehungskennzeichnung:
Fotograf/-in
Geistiger Schöpfer:
Sommer, Volker, 1954-
Beziehungskennzeichnung:
Verfasser/-in

Zusätzliche Angaben zu Abb. 26
Rückseite der Haupttitelseite:
© *Otto Harrassowitz GmbH & Co. KG, Wiesbaden 2011*
ISBN 978-3-447-06474-3
X, 388 Seiten, 24 cm. Enthält Literaturverzeichnis auf Seite 325-353 sowie 6 Karten (gemäß Kartenverzeichnis). Vgl. Lösung 13-7.

> Engelbert Plassmann, Hermann Rösch,
> Jürgen Seefeldt, Konrad Umlauf
>
> **Bibliotheken
> und Informationsgesellschaft
> in Deutschland**
> Eine Einführung
> 2., gründlich überarbeitete und erweiterte Auflage
>
> 2011
> Harrassowitz Verlag · Wiesbaden

Abb. 26: Bibliotheken und Informationsgesellschaft in Deutschland / Engelbert Plassmann, Hermann Rösch, Jürgen Seefeldt, Konrad Umlauf

In manchen Fällen werden die geistigen Schöpfer nicht gleichrangig präsentiert, sondern man kann erkennen, wer von ihnen die hauptsächliche Verantwortung für das Werk getragen hat – z. B. aufgrund der Formulierung oder typografischen Gestaltung.

Das Kernelement ist dann der hauptverantwortliche geistige Schöpfer (bzw. der erste davon, falls mehrere von ihnen als hauptverantwortlich dargestellt werden). In 9-8 beispielsweise ist Adi Winteler der Hauptverantwortliche für das Werk. Die drei anderen genannten Personen haben – wie aus der Einleitung und dem Inhaltsverzeichnis des Bandes ersichtlich wird – jeweils nur ein Kapitel zum Gesamtwerk beigetragen. Trotzdem handelt es sich um ein gemeinschaftlich geschaffenes Werk, und alle vier Personen sind geistige Schöpfer – doch nur Adi Winteler müsste gemäß RDA zwingend erfasst werden. Auf die Angabe von nicht hauptverantwortlichen geistigen Schöpfern kann verzichtet werden (RDA 19.2 D-A-CH). In 9-8 würde es also genügen, nur Adi Winteler zu erfassen.

Beispiel 9-8
Adi Winteler
Unter Mitarbeit von Hans-Christoph Bartscherer, Claudia Geyer und Gerhard Lehrberger
Geistiger Schöpfer:
Winteler, Adi, 1944- (Hauptverantwortlicher)
Bartscherer, Hans-Christoph
Geyer, Claudia
Lehrberger, Gerhard
Beziehungskennzeichnung:
Verfasser/-in
(für alle vier geistigen Schöpfer)

Angaben wie „Unter Mitarbeit von" können auf verschiedene Sachverhalte hinweisen. Die als Mitarbeiter bezeichneten Personen können entweder Verfasser ohne Hauptverantwortung sein wie in 9-8. Sie können aber auch in anderer Weise geholfen haben, z. B. durch Schreibarbeiten, Beschaffen von Literatur, Anfertigen des Registers etc. Solche unterstützenden Personen sind keine geistigen Schöpfer, sondern Mitwirkende (vgl. Kap. 9.5). Manchmal werden auch die Verfasser der in einer Ressource enthaltenen Aufsätze als Mitarbeiter bezeichnet. Diese sind jedoch nur geistige Schöpfer ihres eigenen Beitrags, nicht Mit-Schöpfer des Gesamtwerks (vgl. Kap. 9.2.3).

Derjenige geistige Schöpfer, der als Kernelement zwingend zu erfassen ist, wird auch verwendet, wenn der normierte Sucheinstieg für das Werk zu bilden ist (RDA 6.27.1.3; vgl. Kap. 5.6.1). Eine Sonderregel gilt beim Aufeinandertreffen von Personen und Körperschaften als geistige Schöpfer desselben Werks – dann hat die hauptverantwortliche bzw. erste Körperschaft Vorrang (vgl. Kap. 5.6.1).

9.2.3 Mehrere Werke in einer Ressource

Enthält eine Ressource mehrere Werke, die alle von derselben Person, Familie oder Körperschaft stammen, so wird diese Person, Familie oder Körperschaft als geistiger Schöpfer des Gesamten betrachtet (9-9).

Anders verhält es sich, wenn die Werke von verschiedenen Personen, Familien oder Körperschaften geschaffen wurden. Ein typisches Beispiel dafür sind Aufsatzsammlungen wie der Band „Medizinische Ethik am Beginn des 21. Jahrhunderts" aus Abb. 13 (S. 41). Dieser enthält 20 Beiträge von insgesamt 22 Personen (zwei Aufsätze wurden von je zwei Personen geschrieben). Die 22 Personen haben aber nicht gemeinsam ein 'großes' Werk geschaffen wie die vier Autoren in Beispiel 9-6, sondern jeder von ihnen bzw. jedes Autorenteam war nur für seinen eigenen Beitrag verantwortlich. Deshalb sind diese Personen nicht geistige Schöpfer der Aufsatzsammlung, sondern jeweils nur ihres eigenen Aufsatzes (RDA 19.1.2) – die Zusammenstellung als Ganzes hat also keinen geistigen Schöpfer. Entsprechend stehen die Beiträger in keiner direkten Beziehung zur Aufsatzsammlung als Ganzes (9-10). Will man sie trotzdem erfassen, so lässt sich dies entsprechend der Logik von RDA nur auf indirektem Weg tun, indem man eine Beziehung vom Gesamtwerk zu den darin enthaltenen Einzelwerken – den Aufsätzen – anlegt (vgl. Kap. 10.2.2).

Beispiel 9-9
vgl. Abb. 30 (S. 152)
A DAVID LODGE TRILOGY
Changing Places
Small World
Nice Work
Geistiger Schöpfer der Zusammenstellung:
Lodge, David, 1935-

Beispiel 9-10
Mit Beiträgen von
H. Baitsch
A. W. Bauer
H. J. Bender
(es folgen 19 weitere Namen)
Helmut Baitsch und die weiteren Beiträger sind keine geistigen Schöpfer der Aufsatzsammlung als Ganzes.

Es ist nicht immer leicht, zwischen einem gemeinschaftlich von mehreren Personen geschaffenen Werk und einer Ressource, die mehrere Einzelwerke verschiedener Personen enthält, zu unterscheiden. Von einer gemeinsamen Verfasserschaft ist in der Regel auszugehen, wenn man nicht erkennen kann, wer welchen Teil geschrieben hat. Der Umkehrschluss gilt hingegen nicht: Es kann sich auch dann um ein gemeinschaftliches Werk handeln, wenn die Teile namentlich gekennzeichnet sind. Entscheidend ist die Überlegung, ob die Personen als Team zusammengearbeitet haben oder nicht. Bei einer hohen Zahl von Personen liegt die Annahme nahe, dass es sich um getrennte Werke handelt.

9.2.4 Familien als geistige Schöpfer

Familien treten vor allem im Archivbereich häufig als geistige Schöpfer auf, z. B. bei Sammlungen von Fotos, Briefen oder familiengeschichtlichen Dokumenten einer Familie. Aber auch bei Bibliotheksmaterialien gibt es entsprechende Fälle (9-11), z. B. Familienzeitschriften oder Homepages von Familien wie in Abb. 18 (S. 69). Meist besteht dann auch ein inhaltlicher Zusammenhang mit der Familie.

Wichtig ist dabei, dass die Ressource tatsächlich explizit als Werk einer Familie präsentiert wird (RDA 19.2.1.1 D-A-CH). Es muss also auch das Wort „Familie", „family" etc. oder eine andere Formulierung vorkommen, die dies deutlich macht (z. B. „die Müllers"). Hingegen genügt es nicht, wenn mehrere zu einer Familie gehörende Personen einzeln aufgeführt sind (z. B. „von Walter und Inge Jens") oder wenn mehrere verwandte Personen (meist Geschwister) zusammenfassend mit einer Kurzform bezeichnet werden (z. B. „Brüder Grimm"). In diesen Fällen legt man keine Beziehung zu „Jens (Familie)" bzw. „Grimm (Familie)" an, sondern erfasst stattdessen Beziehungen zu den einzelnen Personen.

Beispiel 9-11
Beispiele für Ressourcen mit einer Familie als geistigem Schöpfer
Geschichtsblätter der Familie Knab
Die Homepage der Familie Buck
Zu Gast bei Daimlers
Schwäbische Rezepte aus dem privaten Kochbuch der Familie Daimler

---

9.2.5 Erfassung in hierarchischen Beschreibungen

Wird eine mehrteilige Monografie hierarchisch beschrieben (vgl. Kap. 4.18.4), so werden die geistigen Schöpfer des Gesamtwerks sowohl in der übergeordneten Aufnahme erfasst als auch in untergeordneten Aufnahmen für Teile mit unabhängigen Titeln (vgl. Kap. 4.18.2). In untergeordneten Aufnahmen für Teile mit abhängigen Titeln (vgl. Kap. 4.18.2) lässt man sie normalerweise weg. Geistige Schöpfer der Teilwerke werden nur bei Teilen mit unabhängigen Titeln erfasst, und zwar in der jeweiligen untergeordneten Aufnahme.

9.3 Körperschaft als geistiger Schöpfer

9.3.1 Vorbedingung: Werk stammt von der Körperschaft

Damit eine Körperschaft als geistiger Schöpfer gelten kann, muss zunächst eine Vorbedingung erfüllt sein: Das Werk muss von der Körperschaft stammen, d. h. die Körperschaft muss für seine Existenz verantwortlich sein. Dabei gibt es drei Spielarten (RDA 19.2.1.1.1 mit D-A-CH).

a) Körperschaft hat Werk selbst veröffentlicht: Im ersten Fall hat die Körperschaft die Ressource selbst veröffentlicht, also die Rolle eines Verlags übernommen. Auf der Ressource ist dann kein kommerzieller Verlag genannt, sondern nur der Name der Körperschaft – meist im Impressum oder im Copyright-Vermerk (z. B. „© 2003 Gemeinde Enzklösterle"). Manchmal ist die Körperschaft auch nur als Herausgeber angegeben oder steht ohne erläuternde Angabe auf einer Titelseite. In selteneren Fällen wird die Körperschaft explizit als Verlag bezeichnet (9-12) oder es ist ihr Selbstverlag genannt (z. B. „Im Verlag der Deutschen Gesellschaft für Schiffahrts- und Marinegeschichte e.V.").

Beispiel 9-12
Herausgeber und Verlag:
Institut für Zeitmeßtechnik, Fein- und Mikrotechnik
Breitscheidstraße 2b
70174 Stuttgart
Werk stammt von der Körperschaft (explizite Nennung der Körperschaft als Verlag)

9.3 Körperschaft als geistiger Schöpfer — 133

Abb. 27: Richtlinien zur Gewinnung von Blut und Blutbestandteilen und zur Anwendung von Blutprodukten (Hämotherapie) / aufgestellt gemäß Transfusionsgesetz von der Bundesärztekammer im Einvernehmen mit dem Paul-Ehrlich-Institut

> **Zusätzliche Angaben zu Abb. 27**
> Rückseite der Haupttitelseite:
> *ISBN 978-3-7691-1250-4*
> *Copyright © 2008 by*
> *Deutscher Ärzte-Verlag GmbH*
> *Dieselstraße 2, 50859 Köln*
> Aus dem Vorwort:
> *Grundlage ist das Transfusionsgesetz (TFG), das der Bundesärztekammer die Aufgabe zuweist, im Einvernehmen mit dem Paul-Ehrlich-Institut als zuständige Bundesoberbehörde in Richtlinien den allgemein anerkannten Stand der medizinischen Wissenschaft und Technik (...) festzustellen.*
> 115 Seiten, 21 cm. Literaturverzeichnis auf Seite 103–106. Vgl. Lösung 13-20.

b) Körperschaft hat Veröffentlichung veranlasst: Im zweiten Fall hat die Körperschaft die Ressource zwar nicht selbst veröffentlicht, jedoch die Veröffentlichung veranlasst. In diesen Fällen findet sich auf der Ressource sowohl der Name der Körperschaft als auch der des mit der Veröffentlichung beauftragten Verlags (9-13). Meist handelt es sich dabei um einen kommerziellen Verlag; es könnte aber auch eine andere Körperschaft sein, die als Verlag fungiert.

Der Zusammenhang ist nur selten explizit benannt (z. B. „Published for the Historical Association by Routledge & Paul"); meist muss er erschlossen werden. Indizien dafür sind, dass die Körperschaft als Herausgeberin genannt ist wie in Abb. 29 (S. 139) oder zumindest prominent wie eine Herausgeberin auf einer Titelseite steht, dass sie im Copyright-Vermerk aufgeführt ist oder dass die Ressource in einer Reihe der Körperschaft erschienen ist (z. B. „Veröffentlichungen der Max-Traeger-Stiftung"). Manchmal hat die Körperschaft auch nur den Herausgeber beauftragt (9-13). Mitunter macht allein der Sachzusammenhang deutlich, dass die Körperschaft die Veröffentlichung veranlasst haben muss, wie z. B. bei Abb. 27 (S. 133): Da die Bundesärztekammer die Richtlinien erarbeitet hat, ist es schwer vorstellbar, dass sie nicht auch für deren Veröffentlichung gesorgt haben sollte.

> **Beispiel 9-13**
> *Herausgegeben im Auftrag der Deutschen Steuerjuristischen Gesellschaft e.V.*
> *von Prof. Dr. Dieter Birk*
> *Verlag Dr. Otto Schmidt, Köln*
> Werk stammt von der Körperschaft (sie hat den Herausgeber beauftragt)

c) Werk ist bei der Körperschaft entstanden: Im dritten Fall hat die Körperschaft zwar nicht direkt etwas mit der Veröffentlichung zu tun, nichtsdestoweniger ist das Werk bei ihr entstanden. Ein Beispiel dafür ist Abb. 28 (S. 135), ein Katalog der ägyptischen Sammlungen von zwei Braunschweiger Museen. Eines davon – das Herzog Anton

Ulrich-Museum – hat die Veröffentlichung veranlasst (das Museum steht im Copyright-Vermerk und der Band ist außerdem in einer Reihe des Museums erschienen). Für das Städtische Museum gibt es kein entsprechendes Indiz; es scheint nicht direkt an der Veröffentlichung beteiligt gewesen zu sein. Dennoch ist der Inhalt des Werks zumindest zum Teil bei diesem Museum entstanden, da auch seine Sammlung vorgestellt wird. Damit stammt das Werk von beiden Museen.

Werk stammt nicht von der Körperschaft: Ein Werk stammt hingegen nicht von einer Körperschaft, wenn diese nur als Förderer, Sponsor o. ä. genannt ist (9-14). Auch Formulierungen wie „in Verbindung mit" oder „in Zusammenarbeit mit" weisen darauf hin, dass das Werk nicht von der betreffenden Körperschaft stammt. So ist der Wolfenbütteler Arbeitskreis für Bibliotheks-, Buch- und Mediengeschichte zwar in einer nicht genauer definierten Weise an der monografischen Reihe aus 9-15 beteiligt. Doch nur die als Herausgeberin genannte Herzog August Bibliothek gilt als Körperschaft, von der das Werk stammt. Entsprechendes gilt für die Formulierung „im Einvernehmen mit dem Paul-Ehrlich-Institut" in Abb. 27 (S. 133): Das Werk stammt nur von der Bundesärztekammer und nicht auch vom Paul-Ehrlich-Institut. Ebenfalls nicht ausreichend ist es, wenn das Werk sich nur inhaltlich mit der Körperschaft beschäftigt, es aber kein Indiz dafür gibt, dass es auch von der Körperschaft stammt, wie in der Dissertation aus 9-16.

9.3.2 Fälle, in denen die Körperschaft geistiger Schöpfer ist

Die Vorbedingung – das Werk muss von der Körperschaft stammen – ist in den meisten Fällen erfüllt, wenn diese auf einer Titelseite genannt ist und nicht nur Thema, Sponsor oder in untergeordneter Weise am Werk beteiligt ist. Im Zweifelsfall sollte man davon ausgehen, dass die Vorbedingung erfüllt ist. Doch nur, wenn die Ressource auch zu einem der im Folgenden erläuterten Typen gehört, gilt die Körperschaft tatsächlich als geistiger Schöpfer des Werks (RDA 19.2.1.1.1 mit D-A-CH).

Typ 1: Administrative Werke über die Körperschaft. Den ersten Typ von Publikationen bilden Werke administrativer Natur, die bestimmte Aspekte der Körperschaft selbst behandeln (RDA 19.2.1.1.1 a): ihre internen Richtlinien und Verfahrensweisen (z. B. Organisationshandbuch); Finanzen und Aktivitäten (z. B. Sitzungsprotokoll, Jahresbericht, Forschungsbericht, Struktur- und Entwicklungsplan); ihre Amtsträger, Mitarbeiter und Mitglieder (z. B. Mitgliederverzeichnis); ihre Mittel und Ressourcen (z. B. Inventare, Bestandskataloge).

Meist sind derartige Werke vor allem für den Gebrauch der Körperschaft selbst, ihrer Träger, Aufsichtsgremien etc. bestimmt. Manche sind jedoch auch für eine breitere Öffentlichkeit von Interesse, wie z. B. Kataloge von Sammlungen in Museen. Beim Katalog aus Abb. 28 (S. 135) gelten beide Braunschweiger Museen als geistige Schöpfer, da das Werk ihren Bestand, also ihre Mittel und Ressourcen behandelt (9-17). Es spricht nichts dagegen, auch in einem solchen Fall „Verfasser/-in" als Beziehungskennzeichnung zu verwenden; es handelt sich ja um geistige Schöpfer eines textuellen Werks. Das Beispiel zeigt zugleich, dass es auch ein Zusammenwirken von Körperschaften und Personen als geistige Schöpfer geben kann. Denn auch Iris Tinius, die den Katalog zusammengestellt hat, gilt als geistige Schöpferin (vgl. Kap. 9.6.1).

Auch die Homepage einer Körperschaft fällt üblicherweise unter den Typ „administratives Werk über die Körperschaft", weil sich dort z. B. meist auch die Satzung, Informationen über Amtsträger etc. befinden. Imagebroschüren u. ä. sind Grenzfälle,

---

Beispiel 9-14
Publiziert mit Unterstützung des Vereins der Tiroler Zahnärzte
Werk stammt nicht von der Körperschaft (diese hat die Veröffentlichung nur finanziell unterstützt)

Beispiel 9-15
Wolfenbütteler Schriften zur Geschichte des Buchwesens
In Zusammarbeit mit dem Wolfenbütteler Arbeitskreis für Bibliotheks-, Buch- und Mediengeschichte
herausgegeben von der Herzog August Bibliothek
Werk stammt nicht vom Wolfenbütteler Arbeitskreis für Bibliotheks-, Buch- und Mediengeschichte (dieser ist nur beteiligt)

Beispiel 9-16
Zwischen Außenpolitik und Wissenschaft
Entstehung und Geschichte der Deutschen Gesellschaft für Auswärtige Politik (1945/55 bis 1972)
von Daniel Friedrich Eisermann
Werk stammt nicht von der Körperschaft (diese ist nur Thema)

Beispiel 9-17
vgl. Abb. 28 (S. 135)
Iris Tinius
Altägypten in Braunschweig
Die Sammlungen des Herzog Anton Ulrich-Museums und des Städtischen Museums
Geistiger Schöpfer:
Herzog Anton Ulrich-Museum
Städtisches Museum Braunschweig
Beziehungskennzeichnung:
Verfasser/-in (für beide)
Geistiger Schöpfer:
Tinius, Iris
Beziehungskennzeichnung:
Zusammenstellende/-r

Iris Tinius

Altägypten in Braunschweig
Die Sammlungen des Herzog Anton Ulrich-Museums und des Städtischen Museums

2011
Harrassowitz Verlag · Wiesbaden

Abb. 28: Altägypten in Braunschweig / Iris Tinius

Zusätzliche Angaben zu Abb. 28
Gegenüber der Titelseite:
HERZOG ANTON ULRICH-MUSEUM BRAUNSCHWEIG
Kunstmuseum des Landes Niedersachsen
Rückseite der Titelseite:
Sammlungskataloge des Herzog Anton Ulrich-Museums, hg. v. Jochen Luckhardt (ab Bd. II)
Band XVI Iris Tinius, Altägypten in Braunschweig, 2011
© Otto Harrassowitz GmbH & Co. KG, Wiesbaden 2011
© Herzog Anton Ulrich-Museum Braunschweig und Autorin 2011
ISBN 978-3-447-06441-5
235 Seiten, 31 cm. Enthält viele farbige Abbildungen, Literaturverzeichnis auf Seite 223-227. Vgl. Lösungen 13-22, 15-5, 16-14 und 16-23.

bei denen die Entscheidung anhand des konkreten Inhalts getroffen werden muss. Dies gilt auch bei Festschriften für eine Körperschaft, welche typischerweise zu einem runden Jubiläum der Körperschaft erscheinen (vgl. Kap. 9.4.2). Das in 9-18 gezeigte Beispiel enthält u. a. Beiträge über die Bibliothek und die medizinhistorische Sammlung des Instituts, ein vollständiges Personalverzeichnis sowie eine Bibliografie der am Institut entstandenen Dissertationen und Forschungsarbeiten. Es berichtet also über Ressourcen, Personal und Aktivitäten, weshalb die Körperschaft als geistiger Schöpfer anzusehen ist. Der Inhalt von 9-19 hingegen besteht aus einer rein historischen Darstellung über den Ort Frickingen; die Gebietskörperschaft gilt folglich nicht als geistiger Schöpfer.

Auch bei Zeitschriften, Newslettern, monografischen Reihen etc. von Körperschaften muss jeweils gemäß Inhalt und Intention abgewogen werden. Beispielsweise fällt „WLB-Forum", die Hauszeitschrift der Württembergischen Landesbibliothek, eindeutig unter den Typ „administratives Werk über die Körperschaft". Sie berichtet über die Aktivitäten der Bibliothek (z. B. Ausstellungen, Projekte), stellt besondere Sammlungen vor und enthält u. a. einen Pressespiegel und regelmäßige statistische Berichte (z. B. Zahlen über Bestand, Benutzung, Personal). Hingegen bietet „Mobil", die Kundenzeitschrift der Deutschen Bahn, kaum Informationen über die Körperschaft selbst, sondern überwiegend Reiseberichte und Reportagen zu verschiedenen Themen. Die Deutsche Bahn gilt deshalb nicht als geistiger Schöpfer.

Beispiel 9-18
vgl. Abb. 43 (S. 200)
100 Jahre Karl-Sudhoff-Institut für Geschichte der Medizin und der Naturwissenschaften an der Universität Leipzig
Herausgegeben von Ortrun Riha
Geistiger Schöpfer:
Universität Leipzig. Karl-Sudhoff-Institut für Geschichte der Medizin und der Naturwissenschaften
Beziehungskennzeichnung:
Verfasser/-in
Gefeierte/-r

Beispiel 9-19
900 Jahre Frickingen
1094-1994
Dorfgeschichte
Herausgeber: Gemeinde Frickingen
Körperschaft ist nicht geistiger Schöpfer

Zusammenfassung:
Beim Typ „administratives Werk über die Körperschaft" genügt es nicht, dass die Publikation von der Körperschaft handelt. Sie muss auch einen „administrativen Charakter" haben, also von der Körperschaft benutzt werden. Die meisten Publikationen, die darunter fallen, sind leicht zu erkennen (z. B. Mitgliederverzeichnis, Jahresbericht). Leicht übersehen wird allerdings, dass auch Publikationen über den Besitz einer Körperschaft darunter fallen, z. B. Kataloge von Museen und Sammlungen. Bei einigen wenigen Typen muss genauer geprüft werden, ob noch ein ausreichender „administrativer Charakter" vorhanden ist. Dies betrifft insbesondere Publikationen, die sich stark an die Öffentlichkeit wenden (z. B. Festschrift für die Körperschaft, Kundenzeitschrift).

Beispiel 9-20
vgl. Abb. 27 (S. 133)
Richtlinien zur Gewinnung von Blut und Blutbestandteilen und zur Anwendung von Blutprodukten (Hämotherapie)
aufgestellt gemäß Transfusionsgesetz von der Bundesärztekammer im Einvernehmen mit dem Paul-Ehrlich-Institut
Geistiger Schöpfer:
Bundesärztekammer
Beziehungskennzeichnung:
Verfasser/-in

Beispiel 9-21
vgl. Abb. 29 (S. 139)
Gesellschaft für Recht und Politik im Gesundheitswesen (Hrsg.)
Fairneß, Effizienz und Qualität in der Gesundheitsversorgung
Was kann der Risikostrukturausgleich dazu leisten?
Körperschaft ist nicht geistiger Schöpfer

Typ 2: Kollektives Gedankengut der Körperschaft. Den zweiten Typ von Publikationen, bei denen die Körperschaft als geistiger Schöpfer gilt, bilden Werke, die das kollektive Gedankengut der Körperschaft wiedergeben (RDA 19.2.1.1.1 b). Gemeint sind damit z. B. Berichte von Ausschüssen, offizielle Stellungnahmen oder von der Körperschaft aufgestellte Richtlinien (die sich nicht mit der Körperschaft selbst beschäftigen, sondern mit anderen Themen). Ein solches Werk enthält Empfehlungen, fordert also zu bestimmten Handlungen, Verfahrensweisen, Entwicklungen, Veränderungen etc. auf. Ein typisches Beispiel für ein derartiges Werk zeigt 9-20.

Hingegen ist es nicht ausreichend, wenn das Werk nur ein für die Körperschaft relevantes Thema darstellt bzw. Informationen dazu liefert. So enthält Abb. 29 (S. 139) eine Reihe von Beiträgen, die sich mit einem finanziellen Ausgleichsmechanismus in der deutschen gesetzlichen Krankenversicherung beschäftigen. Dieses Thema fällt in das Arbeitsgebiet der Gesellschaft für Recht und Politik im Gesundheitswesen, von der das Werk stammt (sie ist als Herausgeberin genannt). Doch da es sich nur um eine Darstellung handelt und der Charakter einer offiziellen Stellungnahme oder Empfehlung fehlt, gilt die Gesellschaft nicht als geistiger Schöpfer (9-21).

Zusammenfassung:
Mit einer Publikation, die unter „kollektives Gedankengut" fällt, will die Körperschaft nicht nur einfach über ein bestimmtes Thema informieren, sondern sie will damit etwas Konkretes erreichen. Entweder sollen sich andere gemäß ihren Empfehlungen verhalten (Beispiele: Richtlinien, Leitlinien, Standards) oder es sollen Entscheidungsträger, politische Gremien, die Fachöffentlichkeit oder eine größere Allgemeinheit von der Haltung der Körperschaft zu einem bestimmten Thema beeinflusst werden (Beispiele: offizielle Stellungnahme, offener Brief, Positionspapier, Denkschrift, Parteiprogramm).

Die beiden bisher beschriebenen Typen „administrative Werke über die Körperschaft" und „kollektives Gedankengut der Körperschaft" sollten nur in eindeutigen Fällen angewendet werden. Ist man nicht wirklich davon überzeugt, dass eine zu katalogisierende Ressource unter einen der beiden Typen fällt, so sollte man die Körperschaft nicht als geistigen Schöpfer betrachten. Sie kann trotzdem bei der Katalogisierung berücksichtigt werden – in der Regel als sonstige Körperschaft in Verbindung mit einem Werk (vgl. Kap. 9.4.)

Typ 3: Kollektive Aktivität einer Konferenz o. ä. Den dritten Typ von Publikationen, bei denen die Körperschaft als geistiger Schöpfer gilt, bilden Werke, die über die kollektive Aktivität einer Konferenz, Expedition, Messe etc. berichten (RDA 19.2.1.1.1 d). Es handelt sich also um Publikationen, die im Zusammenhang mit derartigen Ereignissen erscheinen und die Aktivität vieler an der Veranstaltung Beteiligter dokumentieren. Die Konferenz etc. muss dabei unter die Definition einer Körperschaft fallen (vgl. Kap. 6.10.1) und in der Ressource genannt sein. Ein typisches Beispiel für diesen Fall sind Tagungsbände, die die ausformulierten Vorträge einer Konferenz oder zumindest deren Abstracts enthalten. In diesem Fall gilt die Konferenz als geistiger Schöpfer, sofern sie als Körperschaft betrachtet wird (9-22). Auch das Ausstellerverzeichnis einer Messe oder das Programmheft eines Festivals fallen unter diesen Typ. Kataloge von Ausstellungen werden hingegen nur unter bestimmten Umständen nach dieser Regel behandelt (vgl. Kap. 9.6.4).

Beispiel 9-22
Globalisierung aus unternehmensstrategischer Sicht Kongress-Dokumentation 62. Deutscher Betriebswirtschafter-Tag 2008
Geistiger Schöpfer: Deutscher Betriebswirtschafter-Tag (62. : 2008 : Frankfurt am Main)
Beziehungskennzeichnung: Verfasser/in

Neben den beschriebenen drei Haupttypen gibt es noch einige weitere Fälle, in denen die Körperschaft als geistiger Schöpfer gilt. Diese betreffen bestimmte Arten juristischer Werke (u. a. Gesetze und Verträge) sowie kartografischer und künstlerischer Werke (RDA 19.2.1.1.1 c) und e) bis h)).

9.3.3 Staatsoberhäupter etc. als geistige Schöpfer

Staatsoberhäupter und Regierungschefs werden als untergeordnete Körperschaften der jeweiligen Gebietskörperschaft betrachtet (vgl. Kap. 6.9.3). Sie gelten als geistige Schöpfer offizieller Verlautbarungen, für die sie die Verantwortung tragen (RDA 19.2.1.1.2).

9.4 Sonstige Person, Familie oder Körperschaft, die mit einem Werk in Verbindung steht

9.4.1 Allgemeines

Neben den geistigen Schöpfern gibt es auf der Ebene des Werks noch sonstige Personen, Familien oder Körperschaften, die mit einem Werk in Verbindung stehen (RDA 19.3). Diese sind – abgesehen von Ausnahmen im Bereich der juristischen Werke (RDA 6.29) – keine Kernelemente und wurden auch nicht als Zusatzelemente definiert. Trotzdem ist es empfehlenswert, zumindest die wichtigen Fälle bei der Katalogisierung zu berücksichtigen.

In RDA Anhang I.2.2 sind entsprechende Beziehungskennzeichnungen zusammengestellt. Eine Auswahl daraus zeigt Tab. 6 (S. 137). Einige Fälle werden weiter unten näher beschrieben (vgl. Kap. 9.4.2 bis 9.4.4).

Tab. 6: Wichtige Beziehungskennzeichnungen für sonstige Personen, Familien und Körperschaften, die mit einem Werk in Verbindung stehen

Beziehungskennzeichnung	Hinweise
Adressat/-in	Für eine Person etc., an die Briefe gerichtet sind.
Bildregisseur/-in	Für eine Person etc., die für die Licht- und bildatmosphärische Gestaltung eines Filmes o. ä. zuständig ist („leitender Kameramann", „director of photography").
Gastgebende Institution	Für eine Institution, bei der eine Konferenz, Ausstellung, Messe etc. stattgefunden hat, ohne dass die Institution der eigentliche Veranstalter war.
Gefeierte/-r	Für eine Person, Körperschaft etc., die durch eine Festschrift oder Gedenkschrift geehrt wird.
Grad-verleihende Institution	Für die Universität oder Hochschule, an der eine Hochschulschrift entstanden ist.
Herausgebendes Organ	Für eine Körperschaft etc., die ein Werk entweder selbst veröffentlicht oder dessen Veröffentlichung veranlasst hat (vgl. Kap. 9.3.1).

Beziehungskennzeichnung	Hinweise
Produktionsfirma	Für eine Körperschaft (Firma), die für eine Produktion im Bereich Film, Funk, Fernsehen etc. in finanzieller, organisatorischer und technischer Hinsicht verantwortlich ist (z. B. 20th Century Fox, Bavaria Fernsehproduktion GmbH).

Produzent/-in
    Fernsehproduzent/-in
    Filmproduzent/-in
    Hörfunkproduzent/-in
	Für eine Person etc., die eine Produktion im Bereich Film, Funk, Fernsehen etc. vorbereitet und betreut hat (z. B. Einholen der Rechte, Engagieren des Drehbuchschreibers) und für deren wirtschaftlichen Erfolg verantwortlich ist.

Regisseur/-in
    Fernsehregisseur/-in
    Filmregisseur/-in
    Hörfunkregisseur/-in
	Für eine Person etc., die die künstlerische Leitung bei einem Werk aus dem Bereich Film, Funk, Fernsehen etc. hatte.
	Nicht zu verwenden für Regisseure mit Beziehung zur Expression wie den Regisseur eines Theaterstücks oder den Regisseur eines Hörbuchs (vgl. Kap. 9.5.4).

Sonstige Person, Familie oder Körperschaft, die mit einem Werk in Verbindung steht	Eigentlich Name des Beziehungselements. Wird verwendet, wenn es in RDA Anhang I.2.2 keine geeignete Bezeichnung gibt.
Sponsor/-in	Für eine Körperschaft etc., die finanzielle Unterstützung geleistet hat. Die Unterstützung muss sich dabei auf das Werk selbst beziehen (z. B. Forschungsförderung, Sponsoring einer Konferenz). Bezieht sich die Förderung nur auf die Drucklegung, handelt es sich um eine Beziehung zur Manifestation (vgl. Kap. 9.7.2).
Veranstalter/-in	Für eine Körperschaft etc., die eine Konferenz, Ausstellung, Messe etc. veranstaltet hat.
Widmungsempfänger/-in	Für eine Person etc., der ein Werk gewidmet ist.

Beispiel 9-23
Typische Formulierungen bei Festschriften für Personen:
– Festschrift / Festgabe für …
– zum 65. Geburtstag von …
– Beiträge zu Ehren von …
– a tribute to … / in honour of …
– essays offered to …
– melanges offertes a …
– studi in honore de …

Beispiel 9-24
Staat, Verwaltung, Information
Festschrift für Hans Peter Bull
zum 75. Geburtstag
Sonstige Person, Familie oder Körperschaft mit Beziehung zum Werk:
Bull, Hans Peter, 1936-

Beispiel 9-25
vgl. Abb. 29 (S. 139)
Gesellschaft für Recht und Politik im Gesundheitswesen (Hrsg.)
Fairneß, Effizienz und Qualität in der Gesundheitsversorgung
Was kann der
Risikostrukturausgleich dazu leisten?
Sonstige Person, Familie oder Körperschaft mit Beziehung zum Werk:
Gesellschaft für Recht und Politik im Gesundheitswesen

9.4.2 Gefeierter

Festschriften sind Publikationen, die meist anlässlich eines Geburts- oder Todestags einer Person bzw. des Jubiläums einer Körperschaft erscheinen. Festschriften für Personen erkennt man in der Regel schon an typischen Formulierungen (9-23). Sie enthalten üblicherweise wissenschaftliche Aufsätze aus dem Fachgebiet des oder der Gefeierten, dazu häufig eine Personalbibliografie (vgl. Kap. 5.7.2). Oft werden sie nicht mit ihrem Haupttitel zitiert, sondern nur mit dem Wort „Festschrift" und der gefeierten Person, z. B. „Festschrift Hans Peter Bull". Deshalb sollte die Beziehung zur gefeierten Person unbedingt erfasst werden (9-24). Zusätzlich gibt man „Festschrift" unter „Art des Inhalts" an (RDA 7.2; vgl. Kap. 5.7.4).

Festschriften für Körperschaften thematisieren in der Regel die Körperschaft selbst und erscheinen zu einem Jubiläum, z. B. zum 100-jährigen Bestehen. Sofern die jeweilige Körperschaft nicht schon als geistiger Schöpfer erfasst wurde wie in 9-18 (vgl. Kap. 9.3.2), sollte man sie als gefeierte Körperschaft berücksichtigen. Die Gebietskörperschaft Frickingen aus 9-19 könnte also als sonstige Person, Familie oder Körperschaft mit Beziehung zum Werk und der Beziehungskennzeichnung „Gefeierte/-r" erfasst werden.

9.4.3 Herausgebendes Organ

In den meisten Fällen, in denen die Körperschaft, von der das Werk stammt, nicht als geistiger Schöpfer anzusehen ist (vgl. Kap. 9.3), ist sie als herausgebendes Organ zu betrachten. „Herausgeben" ist hier in einem breiteren Sinne zu verstehen. Man könnte es umschreiben mit „verantwortlich für das Erscheinen sein". Davon zu un-

> Gesellschaft für Recht und Politik
> im Gesundheitswesen (Hrsg.)
>
> ## Fairneß, Effizienz und Qualität in der Gesundheitsversorgung
>
> Was kann der Risikostrukturausgleich dazu leisten?
>
> Springer

Abb. 29: Fairneß, Effizienz und Qualität in der Gesundheitsversorgung / Gesellschaft für Recht und Politik im Gesundheitswesen (Hrsg.)

Zusätzliche Angaben zu Abb. 29
Auf der Rückseite der Haupttitelseite:
Gesellschaft für Recht und Politik im Gesundheitswesen (GRPG)
Parzivalplatz 1
80804 München
ISBN 3-540-63685-4
© Springer-Verlag Berlin Heidelberg 1998
Aus dem Vorwort:
Vor dem Hintergrund der deutschen Diskussion (...) würdigten hochkarätige Referenten die bislang vorliegenden Erfahrungen in einem Symposium am 30. September 1996 in München. Dieser Band enthält die vollständigen Referate (...).
146 Seiten, 24 cm. Band mit sieben Aufsätzen, jeweils mit Literaturhinweisen am Ende. Enthält einige Abbildungen. Vgl. Lösung 13-36.

terscheiden sind Herausgeber im engeren Sinne, welche ein Werk für die Veröffentlichung vorbereitet haben. Dies sind meist Personen und keine Körperschaften; sie gehören zu den Mitwirkenden (vgl. Kap. 9.5.2). Vielfach ist die Körperschaft explizit als „Herausgeber" benannt (9-25); dies ist jedoch nicht zwingend. Gemeint sind diejenigen Fälle, in denen die Körperschaft das Werk entweder selbst veröffentlicht oder die Veröffentlichung des Werks zumindest veranlasst hat (vgl. Kap. 9.3.1). Im ersten Fall fungiert die Körperschaft zugleich als Verlag, d. h. man könnte zusätzlich noch die Beziehungskennzeichnung „Verlag" vergeben (vgl. Kap. 9.7.1).

9.4.4 Weitere Fälle

Sonstige Personen, Familien oder Körperschaften, die mit einem Werk in Verbindung stehen, sind beispielsweise auch Adressaten von Briefen (9-26) sowie Personen, Familien oder Körperschaften, denen ein Werk gewidmet ist (Widmungsempfänger). Auch Regisseure, Produzenten und Produktionsfirmen von Filmen, Fernseh- und Hörfunkproduktionen gehören in diese Kategorie.

Beispiel 9-26
Gustav Landauers Briefe an Clara Tannhauser 1892
Sonstige Person, Familie oder Körperschaft mit Beziehung zum Werk:
Tannhauser, Clara, 1872-1935
Beziehungskennzeichnung:
Adressat/-in

Wird ein Kino- oder Fernsehfilm katalogisiert, so ist auch der Verfasser des Drehbuchs als sonstige Person in Verbindung mit dem Werk anzusehen. Doch fehlt derzeit eine geeignete Beziehungskennzeichnung, denn „Drehbuchautor" gibt es nur für einen geistigen Schöpfer – also dann, wenn das Drehbuch selbst katalogisiert wird. Vorläufig muss deshalb der Name des Beziehungselements verwendet werden (eine Änderung ist beantragt).

Bei Konferenzen, Ausstellungen etc. ist oft eine Körperschaft genannt, die eine Veranstaltung organisiert hat. Sie kann als „Veranstalter/-in" berücksichtigt werden. Eine Körperschaft, bei der eine Veranstaltung stattgefunden hat, kann als „Gastgebende Institution" erfasst werden. Bei einer Hochschulschrift (vgl. Kap. 5.7.5) kann die Universität oder andere Hochschule, an der der Prüfling seinen Abschluss gemacht hat, als „Grad-verleihende Institution" erfasst werden.

9.4.5 Erfassung in hierarchischen Beschreibungen

Wird eine mehrteilige Monografie hierarchisch beschrieben (vgl. Kap. 4.18.4), so werden sonstige Personen, Familien und Körperschaften, die mit dem Gesamtwerk in Verbindung stehen, sowohl in der übergeordneten Aufnahme erfasst als auch in untergeordneten Aufnahmen für Teile mit unabhängigen Titeln (vgl. Kap. 4.18.2). In untergeordneten Aufnahmen für Teile mit abhängigen Titeln (vgl. Kap. 4.18.2) lässt man sie normalerweise weg. Sonstige Personen, Familien und Körperschaften, die mit einem Teilwerk in Verbindung stehen, werden nur bei Teilen mit unabhängigen Titeln erfasst, und zwar in der jeweiligen untergeordneten Aufnahme.

9.5 Mitwirkender

9.5.1 Allgemeines

Personen, Familien und Körperschaften, die in Beziehung zu einer Expression stehen, werden als Mitwirkende bezeichnet (RDA 20.2). Zu den Mitwirkenden gehören u. a. Herausgeber (im engeren Sinne), Übersetzer, Illustratoren, Verfasser von Zusatztexten oder Ausführende wie z. B. Sprecher oder Sänger.

In RDA Anhang I.3.1 sind mögliche Beziehungskennzeichnungen zusammengestellt. Eine Auswahl daraus zeigt Tab. 7 (S. 140). Einige Fälle werden weiter unten näher beschrieben (vgl. Kap. 9.5.2 bis 9.5.4).

Tab. 7: Wichtige Beziehungskennzeichnungen für Mitwirkende

Beziehungskennzeichnung	Hinweise

Ausführende/-r
    Dirigent/-in
    Diskussionsteilnehmer/-in
    Erzähler/-in
    Instrumentalmusiker/-in
    Moderator/-in
    Sänger/-in
    Schauspieler/-in
    (und weitere Unterarten)
	Für eine Person etc., die durch ihren Auftritt – beispielsweise als Sänger von klassischer Musik, als Schauspieler in einem Film oder als Moderator einer Diskussionsrunde – an der Expression eines Werks beteiligt ist.
	
	Erzähler/-in wird auch für den Sprecher eines Hörbuchs (d. h. die Person, die einen Roman o. ä. vorliest) verwendet.

Bühnenregisseur/-in	Für den Regisseur einer Theateraufführung. Nicht zu verwenden für Regisseure von Filmen, Fernseh- und Hörfunkproduktionen; diese haben eine Beziehung zum Werk (vgl. Kap. 9.4.4). Für den Regisseur eines Hörbuchs gibt es keine spezifische Beziehungskennzeichnung (dann wird „Mitwirkende/-r" verwendet).
Cutter/-in	Für eine Person etc., die einen Film geschnitten hat.

Beziehungskennzeichnung	Hinweise
Herausgeber/-in	Für eine Person etc., die ein Werk für die Veröffentlichung vorbereitet hat, z. B. durch redaktionelle Arbeiten, Zusammenstellung mehrerer Einzelwerke, Ergänzung von Einleitung und Anmerkungen etc. Auch für Redakteure zu verwenden. Auch eine als „Bearbeiter" bezeichnete Person fällt üblicherweise in diese Kategorie, sofern es sich nicht um einen geistigen Schöpfer des Werks handelt (vgl. Kap. 9.2.1).
Illustrator/-in	Für eine Person etc., die ein in der Regel textuelles Werk mit Illustrationen ergänzt hat (z. B. Abbildungen, Fotografien, Diagramme). Nicht zu verwenden bei einem Bild- oder Kunstband (vgl. Kap. 9.2.1).
Kartograf/-in (Expression)	Für eine Person etc., die ein in der Regel textuelles Werk mit Karten ergänzt hat. Nicht zu verwenden für den geistigen Schöpfer eines kartografischen Werks (z. B. Karte), wenn dieses selbst katalogisiert wird (vgl. Kap. 9.2.1).
Komponist/-in (Expression)	Für eine Person etc., die musikalische Aspekte zu einem Werk beigetragen hat (z. B. Komponist von Filmmusik). Nicht zu verwenden für den geistigen Schöpfer eines Musikwerks, wenn dieses selbst katalogisiert wird (vgl. Kap. 9.2.1).
Kostümbildner/-in	Für eine Person etc., die die Kostüme für eine Theater- oder Filmproduktion entworfen hat.
Kürzende/-r	Für eine Person etc., die ein vorhandenes Werk gekürzt oder zusammengefasst hat, ohne dabei jedoch den Charakter und Inhalt substanziell zu verändern. Für Fälle, in denen eine Bearbeitung zu einem neuen Werk führt, vgl. Kap. 9.6.2.
Mitwirkende/-r	Eigentlich Name des Beziehungselements. Wird verwendet, wenn es in RDA Anhang I.3.1 keine geeignete Bezeichnung gibt.
Toningenieur/-in	Für eine Person etc., die eine Ton- oder Filmaufnahme in tontechnischer Hinsicht betreut hat.
Übersetzer/-in	Für eine Person etc., die ein Werk in eine andere Sprache übersetzt hat. Auch bei der Übertragung von einer älteren in eine jüngere Stufe derselben Sprache (z. B. von Mittelhochdeutsch in modernes Deutsch) zu verwenden.
Verfasser/-in von ergänzendem Text Kommentarverfasser/-in Verfasser/-in der Einleitung Verfasser/-in des Vorworts Verfasser/-in des Nachworts Verfasser/-in von Zusatztexten (und weitere Unterarten)	Für eine Person etc., die ein Werk durch zusätzliche Texte ergänzt hat. „Verfasser/-in von Zusatztexten" wird für Fälle verwendet, in denen ein nicht-textuelles Werk durch zusätzliche Texte ergänzt wird (z. B. Bildunterschriften oder Beschreibungen zu Abbildungen).

Mitwirkende sind kein Kernelement, sie wurden aber als Zusatzelement definiert (RDA 20.2 D-A-CH). Man muss jedoch nicht sämtliche Mitwirkende berücksichtigen, sondern nur diejenigen, die erstens auf der bevorzugten Informationsquelle (vgl. Kap. 4.3) genannt sind und die zweitens einen bedeutenden Teil zur Ressource beigetragen haben (RDA 20.2.1.3 D-A-CH). Die Entscheidung, ob ein solcher bedeutender Anteil vorliegt, liegt im eigenen Ermessen. Fakultativ können natürlich auch weitere Mitwirkende erfasst werden.

Die Nennung auf der bevorzugten Informationsquelle (vgl. Kap. 4.3.1 bis 4.3.2) ist bereits ein gutes Indiz für die Bedeutung eines Mitwirkenden. Wird beispielsweise ein Illustrator auf der Titelseite aufgeführt, so handelt es sich vermutlich um Illustrationen mit einem individuellen künstlerischen Anspruch – die Berücksichtigung ist deshalb sinnvoll. Hingegen sind Zeichner oder Grafikbüros, die nur auf der Rückseite der Titelseite genannt werden, in der Regel dem Bereich der Gebrauchsgrafik zuzuordnen und müssen nicht erfasst werden.

Manche Funktionen sind generell von eher geringer Bedeutung. So müssen Verfasser von Geleitworten im Normalfall nicht berücksichtigt werden, auch wenn sie auf der bevorzugten Informationsquelle genannt sind. Dasselbe gilt für Personen, die nur in unterstützender Funktion tätig waren (z. B. durch Anfertigen des Registers); diese werden häufig als Mitarbeiter bezeichnet.

Will man Mitwirkende, zu denen keine Beziehung angelegt wird, nicht ganz 'unter den Tisch fallen lassen', so kann man zumindest die zugehörige Verantwortlichkeitsangabe erfassen (vgl. Kap. 4.5.2 und 9.1.5).

9.5.2 Herausgeber und Redakteure

Ein Herausgeber bereitet ein Werk für die Veröffentlichung vor. Diese konkrete Tätigkeit wird in den meisten Fällen von Personen ausgeübt und nicht von einer Familie oder Körperschaft. Nicht zu verwechseln ist dies mit der breiteren Bedeutung von „herausgeben" im Sinne von „für das Erscheinen verantwortlich sein"; dies kommt meist im Zusammenhang mit Körperschaften vor (vgl. Kap. 9.4.3).

Herausgeber tauchen häufig bei Zusammenstellungen auf, etwa bei Aufsatzsammlungen (9-27), bei Zusammenstellungen mehrerer Werke desselben Autors (z. B. Werkausgaben) oder bei Anthologien, d. h. Sammlungen von Texten desselben Typs (z. B. Märchen aus Irland, Gedichte der Romantik). Der Herausgeber ist in solchen Fällen auch für die Auswahl und Konzeption zuständig. Er hat deshalb eine hohe Bedeutung und ist zwingend zu erfassen.

Beispiel 9-27
(vgl. Abb. 13, S. 41)
Medizinische Ethik
am Beginn des 21. Jahrhunderts
Herausgegeben von Axel W. Bauer
Mitwirkender:
Bauer, Axel W., 1955-
Beziehungskennzeichnung:
Herausgeber/-in

Beispiel 9-28
JANE AUSTEN
Pride and Prejudice
Edited with an introduction and notes by
VIVIEN JONES
Mitwirkender:
Jones, Vivien, 1952-
Beziehungskennzeichnung:
Herausgeber/-in
Verfasser/-in der Einleitung

Beispiel 9-29
Unternehmenserwerb und Besteuerung in den USA
Von Dr. Hildegard Dreissig
Auf der Rückseite der Titelseite:
Herausgeber: Rechtsanwalt Steuerberater Dr. Karl Peter, Recklinghausen
Die Beziehung zum Herausgeber muss nicht erfasst werden.

Sind mehrere Herausgeber beteiligt, sollte man sie möglichst alle berücksichtigen, sofern dies geleistet werden kann. Bei einer sehr großen Anzahl von Herausgebern kann man allerdings annehmen, dass nicht alle einen bedeutenden Beitrag geleistet haben, und sich beispielsweise auf die Erfassung des zuerst genannten beschränken.

Unbedingt zu erfassen sind auch Herausgeber von Werken der schönen Literatur oder von älteren wissenschaftlichen Texten, zumal es hier oft mehrere Ausgaben von unterschiedlichen Herausgebern gibt. Der Herausgeber steuert in solchen Fällen meist erläuternde Begleittexte oder Anmerkungen bei; zum Teil trifft er auch Entscheidungen über die genaue Textgestalt (wenn unterschiedliche Fassungen überliefert sind). Es kann deshalb einen großen Unterschied machen, ob man etwa Jane Austens „Pride and prejudice" in der von Vivien Jones herausgegebenen Ausgabe benutzt (9-28) oder in der eines anderen Herausgebers.

Den Herausgeber in 9-29 würde man hingegen üblicherweise nicht erfassen. Seine geringere Bedeutung wird schon dadurch deutlich, dass er nur auf der Rückseite der Titelseite genannt ist. Es erscheint wenig wahrscheinlich, dass Benutzer in diesem Fall nach dem Herausgeber suchen oder die Ressource mit ihm assoziieren würden – ganz anders als in 9-27 oder 9-28.

Manchmal wird anstatt eines Herausgebers oder zusätzlich dazu ein Redakteur genannt. Redakteure tragen nicht im selben Maße konzeptionelle bzw. inhaltliche Verantwortung wie Herausgeber, sondern arbeiten in erster Linie direkt am Text und seiner Gestaltung (z. B. Korrekturlesen, Anpassen an redaktionelle Vorgaben, Layout). Der Übergang zwischen den Funktionen ist jedoch fließend. Redakteure können erfasst werden, insbesondere wenn sie prominent in der Ressource erscheinen. Eine eigene Beziehungskennzeichnung für sie gibt es nicht; man verwendet auch in solchen Fällen „Herausgeber" (RDA Anhang I.3.1 D-A-CH).

Personen, die als Herausgeber oder Redakteure von fortlaufenden Ressourcen (z. B. monografischen Reihen) wirken, werden in der Regel nicht erfasst. Denn zum einen spielen sie bei der Recherche kaum eine Rolle, zum anderen gibt es häufig Änderungen, die jeweils nachvollzogen werden müssten.

9.5.3 Übersetzer, Illustratoren, Verfasser ergänzender Texte

Übersetzer, die auf der bevorzugten Informationsquelle genannt sind, sollten in jedem Fall berücksichtigt werden (9-4). An anderen Stellen aufgeführte Übersetzer sollten zumindest dann erfasst werden, wenn es sich um eine literarische Übersetzung handelt, also bei Belletristik (9-30). Bei Fach- und Sachbüchern ist es hingegen meist von eher geringer Bedeutung, wer die Übersetzung angefertigt hat.

Von einem Illustrator spricht man, wenn jemand ein primär textuelles Werk mit Zeichnungen, Fotos etc. angereichert hat. Die Bilder, die manchmal erst zu einem deutlich späteren Zeitpunkt entstehen als der Text, sind also nur eine Beigabe. Dieser Fall darf nicht mit Bildbänden und Bilderbüchern verwechselt werden. Bei diesen sind Text und Bilder von ungefähr gleichwertiger Bedeutung, und sie sind gemeinschaftlich vom Text- und vom Bildautor geschaffen. Die für den Bildanteil eines Bildbands zuständige Person gilt deshalb nicht als Mitwirkender, sondern als geistiger Schöpfer des Werks (9-7).

Illustratoren, die auf der bevorzugten Informationsquelle genannt sind, sollten in jedem Fall berücksichtigt werden (9-31). An anderen Stellen aufgeführte Illustratoren sollten erfasst werden, wenn die Illustrationen als wichtiger Bestandteil des Werks betrachtet werden, z. B. bei einer bibliophilen Ausgabe mit künstlerischen Illustrationen.

Als Mitwirkende werden auch Personen, Familien oder Körperschaften betrachtet, die ergänzende Texte zum eigentlichen Werk geschrieben haben. Dies kann beispielsweise eine Einführung in das Werk, ein Nachwort (9-32) oder ein Kommentar dazu sein. Sofern diese nicht ohnehin schon als Herausgeber berücksichtigt wurden (9-28), ist im Einzelfall abzuwägen, ob eine Erfassung sinnvoll ist.

9.5.4 Ausführende und weitere Mitwirkende

An musikalischen Darbietungen, Theateraufführungen, Film- und Fernsehproduktionen sind oft zahlreiche Mitwirkende beteiligt, die unter die übergreifende Beziehungskennzeichnung „Ausführender" fallen. Zu den verschiedenen Unterkategorien gehören u. a. „Dirigent", „Sänger", „Schauspieler" oder „Moderator".

Pauschale Regeln dafür, welche Ausführenden einen bedeutenden Anteil an der Ressource haben, lassen sich nicht geben, da die Ausführlichkeit der Erschließung auch von den Bedürfnissen der einzelnen Bibliothek abhängig ist. Gewiss sinnvoll ist es aber beispielsweise, die wichtigsten Darsteller in einem Film oder den Sprecher eines Hörbuchs (9-33) zu berücksichtigen. Für letzteren wird die Beziehungskennzeichnung „Erzähler" verwendet (RDA Anhang I.3.1 D-A-CH). Zu den Mitwirkenden gehören außerdem technisch-gestalterische Funktionen wie „Cutter", „Toningenieur" oder „Kostümbildner".

9.5.5 Erfassung in hierarchischen Beschreibungen

Wird eine mehrteilige Monografie hierarchisch beschrieben (vgl. Kap. 4.18.4), so werden Mitwirkende mit einer Beziehung zum Ganzen nur in der übergeordneten Aufnahme erfasst. Mitwirkende mit einer Beziehung zu einem Teil kommen in die jeweilige untergeordnete Aufnahme (egal, ob es sich um Teile mit abhängigen oder mit unabhängigen Titeln handelt).

Beispiel 9-30
Edgar Wallace
Zimmer 13
Auf der Rückseite der Titelseite:
Übertragung aus dem Englischen
von Edith Walter
Mitwirkender:
Walter, Edith, 1927-
Beziehungskennzeichnung:
Übersetzer/-in

Beispiel 9-31
(vgl. Abb. 1, S. 8)
Elly Heuss-Knapp
Ausblick vom Münsterturm
Erinnerungen
Mit vier Kohlezeichnungen von
Theodor Heuss
Mitwirkender:
Heuss, Theodor, 1884-1963
Beziehungskennzeichnung:
Illustrator/-in

Beispiel 9-32
Ferdinand Bordewijk
Charakter
Roman von Sohn und Vater
Mit einem Nachwort von Cees
Nooteboom
Mitwirkender:
Nooteboom, Cees, 1933-
Beziehungskennzeichnung:
Verfasser/-in des Nachworts

Beispiel 9-33
George Orwell
Farm der Tiere
Gelesen von Hans Korte
Mitwirkender:
Korte, Hans, 1929-
Beziehungskennzeichnung:
Erzähler/-in

9.6 Geistige Schöpfer und Mitwirkende: Besondere Fälle

9.6.1 Bibliografien, Wörterbücher etc.

Beispiel 9-34
Bibliographie Gerhard Leibholz zusammengestellt und bearbeitet von Franz Schneider, Bibliotheksoberrat
Geistiger Schöpfer:
Schneider, Franz, 1928-1993
Beziehungskennzeichnung:
Zusammenstellende/-r

Als geistiger Schöpfer gilt auch eine Person, Familie oder Körperschaft, die eine Bibliografie, ein Sprachwörterbuch, ein Sachwörterbuch (Lexikon), einen Katalog o. ä. zusammengestellt hat – sofern sich ihre Leistung nicht nur auf eine herausgeberische Tätigkeit beschränkt (RDA 19.2.1.1). Ein Beispiel dafür zeigt 9-34: Franz Schneider hat eine Bibliografie der Veröffentlichungen von Gerhard Leibholz erstellt; er gilt als geistiger Schöpfer dieser Personalbibliografie. Als Beziehungskennzeichnung wird „Zusammenstellende/-r" verwendet (vgl. auch 9-17 und Lösungen 13-18 bis 13-19).

9.6.2 Bearbeitung eines existierenden Werks

Beispiel 9-35
*Die Räuber
nach Friedrich Schiller
Neu erzählt von Barbara Kindermann*
Geistiger Schöpfer:
Kindermann, Barbara, 1955-
Beziehungskennzeichnung:
Verfasser/-in

In manchen Fällen entsteht bei der Bearbeitung eines bereits vorhandenen Werks ein neues, eigenständiges Werk – beispielsweise, wenn ein neues Theaterstück nach einer vorhandenen literarischen Vorlage entsteht, wenn ein existierendes Werk parodiert wird oder wenn ein altbekanntes Werk ganz neu erzählt wird. Entsprechend gilt dann die dafür verantwortliche Person, Familie oder Körperschaft als geistiger Schöpfer des neuen Werks (RDA 19.2.1.1). In 9-35, einem Band aus der Reihe „Weltliteratur für Kinder", ist folglich nicht mehr Friedrich Schiller der geistige Schöpfer, sondern Barbara Kindermann. Zwischen dem neuen Werk und dem Werk, auf dem es beruht, kann jedoch eine Beziehung hergestellt werden (vgl. Kap. 10.2.1).

9.6.3 Originalwerk und Kommentar in derselben Ressource

Beispiel 9-36
*Friedrich Schiller
Die Räuber
Ein Schauspiel
Mit einem Kommentar von Wilhelm Große*
Geistiger Schöpfer:
Schiller, Friedrich, 1759-1805
Beziehungskennzeichnung:
Verfasser/-in
Mitwirkender:
Große, Wilhelm, 1948-
Beziehungskennzeichnung:
Kommentarverfasser/-in

Manchmal findet sich in derselben Ressource ein Kommentar zusammen mit dem kommentierten Werk. Entscheidend ist dann, wer in der Ressource als geistiger Schöpfer präsentiert wird – der Verfasser des ursprünglichen Werks oder der Verfasser des Kommentars (RDA 6.27.1.6). Von der Aufmachung der Titelseite her wirkt das Beispiel in 9-36 wie eine Ausgabe von Schillers Drama „Die Räuber". Entsprechend wird Friedrich Schiller als geistiger Schöpfer erfasst. Der Kommentar von Wilhelm Große ist hingegen nur als Beigabe zum Hauptwerk erwähnt; Wilhelm Große hat deshalb nur den Rang eines Mitwirkenden.

Anders ist es bei 9-37: In dieser Ressource sind der Text der Kraftverkehrsordnung sowie ein Kommentar dieses Gesetzes enthalten. Auf der Titelseite werden die Verfasser des Kommentars wie geistige Schöpfer präsentiert. Auf dem Vorderumschlag ist dies sogar noch deutlicher: Hier stehen die Namen der Verfasser typografisch hervorgehoben vor dem Haupttitel („ANDRESEN / POLLNOW"). Es handelt sich also nicht um eine Ausgabe des Gesetzestextes mit einem ergänzenden Kommentar, sondern der Kommentar ist als eigenständiges Werk zu betrachten. Dazu passt auch, dass der Kommentar deutlich mehr Umfang einnimmt als der Gesetzestext selbst. Man kann in einem solchen Fall eine Beziehung zum kommentierten Werk, also der Kraftverkehrsordnung, anlegen (vgl. Kap. 10.2.1).

Beispiel 9-37
*Kraftverkehrsordnung für den Güterfernverkehr mit Kraftfahrzeugen (KVO)
Textausgabe und Kommentar
Von Dr. Bernd Andresen, Rechtsanwalt,
und Kurt Pollnow, Leitender Regierungsdirektor a.D.*
Geistiger Schöpfer:
Andresen, Bernd, 1944-
Pollnow, Kurt
Beziehungskennzeichnung:
Verfasser/-in
(für beide)

9.6.4 Ausstellungs- und Bestandskataloge, Kunstbände, Werke über Künstler

Im Bereich der Kunst gibt es zwei Fälle, in denen eine Körperschaft geistiger Schöpfer ist. Der erste liegt vor, wenn es sich um eine Publikation im Zusammenhang mit einer Ausstellung handelt, die als Körperschaft betrachtet wird. Dies ist nur dann der Fall, wenn die Ausstellung regelmäßig unter demselben Namen stattfindet (vgl. Kap. 6.10.1). Die zugehörigen Ausstellungskataloge fallen unter den Typ „kollektive Aktivität einer Konferenz o. ä." (vgl. Kap. 9.3.2); die Ausstellung gilt als geistiger Schöpfer.

Der zweite Fall liegt bei Publikationen vor, die den Charakter eines Bestandskatalogs haben (vgl. Kap. 9.3.2). Es kann sich dabei entweder um reine Bestandskataloge handeln wie bei dem Katalog der ägyptischen Sammlungen von zwei Braunschweiger Museen aus Abb. 28 (S. 135). Es können auch Publikationen im Zusammenhang mit einer Ausstellung sein, wenn an prominenter Stelle darauf hingewiesen wird, dass es sich um Stücke aus einem bestimmten Museum handelt (9-38). Die Personen, die den Bestands- oder Ausstellungskatalog erarbeitet haben, zählen als weitere geistige Schöpfer (Zusammenstellende/-r). Die Künstler, deren Werke in einer solchen Publikation gezeigt werden, können als Mitwirkende (Illustrator/-in) berücksichtigt werden.

Künstler kommen aber auch selbst als geistige Schöpfer vor. Der Künstler wird nicht nur bei einem Originalkunstwerk als geistiger Schöpfer betrachtet, sondern auch bei der Reproduktion eines einzelnen Kunstwerks (9-42) oder bei einem Kunstband, der in der Hauptsache aus Reproduktionen oder Abbildungen von Werken eines einzigen Künstlers besteht. Ein Beispiel dafür zeigt 9-39, das ausschließlich Abbildungen von Gemälden Vincent van Goghs enthält. Entsprechend gilt bei Werken von mehreren Künstlern, die zusammengearbeitet haben, der hervorgehobene bzw. zuerst genannte Künstler als erster geistiger Schöpfer. Sind Erläuterungen o. ä. vorhanden, so kann die dafür zuständige Person als Mitwirkender berücksichtigt werden (Verfasser/-in von ergänzendem Text).

Anders ist es bei einem Werk über einen Künstler, bei dem eine andere Person als geistiger Schöpfer auftritt. Meist handelt es sich dabei um Biografien oder kunsthistorische Arbeiten, die die Werke des Künstlers sozusagen kommentieren (9-40). Entsprechend sind sie häufig mit vielen Abbildungen von Werken des Künstlers angereichert, sodass man den Künstler als Illustrator betrachten kann (9-40). Auch bei einem Werkverzeichnis gilt nicht der Künstler als geistiger Schöpfer, sondern die Person, die das Verzeichnis erarbeitet hat.

In vielen Fällen handelt es sich bei Kunstbänden und Ausstellungskatalogen um Zusammenstellungen von Werken mehrerer Personen – beispielsweise Werke von mehreren Künstlern, die nicht zusammengearbeitet haben, und/oder Aufsätze von mehreren Autoren. In solchen Fällen gibt es keinen geistigen Schöpfer für das Werk als Ganzes (vgl. Kap. 9.2.3). Künstler können als Illustratoren berücksichtigt werden. Ein Museum, in dem eine Ausstellung stattgefunden hat, das aber nicht als geistiger Schöpfer gilt, kann – je nach Sachlage – als gastgebende Institution oder Veranstalter/-in berücksichtigt werden (vgl. Kap. 9.4.4).

Beispiel 9-38
Brueghel, Rubens, Ruisdal
Die Graphische Sammlung der Staatsgalerie zeigt ihre Schätze
Katalog zu einer Ausstellung
Geistiger Schöpfer:
Staatsgalerie Stuttgart. Graphische Sammlung
Beziehungskennzeichnung:
Verfasser/-in

Beispiel 9-39
Vincent van Gogh in Farben
Geistiger Schöpfer:
Gogh, Vincent van, 1853-1890
Beziehungskennzeichnung:
Künstler/-in

Beispiel 9-40
Karin Sagner
Gustave Caillebotte
Neue Perspektiven des Impressionismus
Geistiger Schöpfer:
Sagner, Karin
Beziehungskennzeichnung:
Verfasser/-in
Mitwirkender:
Caillebotte, Gustave, 1848-1894
Beziehungskennzeichnung:
Illustrator/-in

9.7 Beziehungen auf der Manifestationsebene

9.7.1 Verlag, Vertrieb, Hersteller, Erzeuger

Frühere Regelwerke wie RAK oder AACR2 sahen im Normalfall keine Eintragung unter dem Verlag, dem Vertrieb oder dem Hersteller (z. B. Druckerei) vor. Derartige Informationen wurden nur im Erscheinungsvermerk angegeben, also als Merkmal der

Beispiel 9-41
Campus
Frankfurt/New York
Verlagsname:
Campus
Verlag:
Campus Verlag
Beziehungskennzeichnung:
Verlag

Manifestation (vgl. Kap. 4.7). Da sich RDA an FRBR orientiert (vgl. Kap. 2.3), können nun jedoch auch entsprechende Beziehungen auf der Manifestationsebene angelegt werden.

Man könnte also zusätzlich zur Erfassung des Verlags als Bestandteil der Veröffentlichungsangabe im Element „Verlagsname" (RDA 2.8.4, vgl. Kap. 4.7.1) auch noch eine Beziehung im Element „Verlag" (RDA 21.3) anlegen. 9-41 zeigt beide Elemente – den Verlagsnamen als Merkmal der Manifestation und den Verlag als Beziehung. Der kleine Unterschied in der Form ergibt sich, weil der Verlagsname exakt von der Ressource übertragen wird. Steht also auf der Titelseite nur „Campus", so wird dies auch so übernommen. Für die Beziehung wird hingegen der normierte Sucheinstieg für die Körperschaft verwendet, in unserem Fall „Campus Verlag".

Beziehungen können auch zu Vertrieben (RDA 21.4) und Herstellern (RDA 21.5) – beispielsweise einem Drucker (9-42) – angelegt werden sowie zu den Erzeugern von nicht-veröffentlichten Ressourcen (RDA 21.2). Es gibt nur ganz wenige besondere Beziehungskennzeichnungen (RDA Anhang I.4). Wenn keine davon passt, wird der Name des jeweiligen Elements verwendet (9-41).

Das Anlegen einer Beziehung zu einem Verlag o. ä. bringt Vorteile für die Recherche: Alle Ressourcen werden unter dem normierten Sucheinstieg zusammengeführt; man kann aber auch mit abweichenden Namen suchen. Dem steht jedoch ein erheblicher Mehraufwand bei der Katalogisierung gegenüber. In der Praxis werden deshalb für normale Bibliotheksmaterialien im Allgemeinen keine derartigen Beziehungen angelegt. Am ehesten sinnvoll sind solche Beziehungen bei besonderen Materialien, z. B. bei Alten Drucken oder grafischen Materialien (9-42).

9.7.2 Buchgestalter, Lithograf etc.

Beispiel 9-42
Das Königliche Landhaus Rosenstein
Gemalt von Gustav Steinkopf
Gedr. v. G. Küstner
Auf Stein gez. v. E. Emminger
Geistiger Schöpfer:
Steinkopf, Gustav
Beziehungskennzeichnung:
Künstler/-in
Sonstige Person, Familie oder Körperschaft in Verbindung zur Manifestation:
Emminger, Eberhard, 1808-1885
Beziehungskennzeichnung:
Lithograf/-in
Hersteller:
Küstner, Gottfried, 1800-1864
Beziehungskennzeichnung:
Drucker/-in

Erfasst werden können außerdem Beziehungen zu weiteren Personen, Familien und Körperschaften, die mit einer Manifestation in Beziehung stehen (RDA 21.6). Darunter fallen u. a. Buchgestalter, Formgießer und Graveure; vgl. die Beziehungskennzeichnungen in RDA Anhang I.4.1.

Solche Angaben sind vor allem bei Sondermaterialien sinnvoll, z. B. bei Pressendrucken oder grafischen Blättern. Beispiel 9-42 zeigt die Aufschrift auf einer Ansicht von ca. 1840, die im Steindruckverfahren (Lithografie) hergestellt wurde. Die künstlerische Vorlage stammt von Gustav Steinkopf; er ist der geistige Schöpfer. Eberhard Emminger hat als Lithograf die Zeichnung von Gustav Steinkopf für den Druck vorbereitet, indem er sie seitenverkehrt auf den Druckstein übertragen hat. Den eigentlichen Druck hat Gottfried Küstner verantwortet, der als Hersteller zu betrachten ist (vgl. Kap. 9.7.1).

9.7.3 Erfassung in hierarchischen Beschreibungen

Wird eine mehrteilige Monografie hierarchisch beschrieben (vgl. Kap. 4.18.4), so werden Personen, Familien und Körperschaften, die mit der Manifestation in Verbindung stehen und eine Beziehung zum Ganzen haben, nur in der übergeordneten Aufnahme erfasst. Entsprechende Personen, Familien und Körperschaften mit einer Beziehung zu einem Teil kommen in die jeweilige untergeordnete Aufnahme (egal, ob es sich um Teile mit abhängigen oder mit unabhängigen Titeln handelt).

9.8 Beziehungen auf der Exemplar-Ebene

9.8.1 Eigentümer

Auch auf der Ebene des Exemplars können Beziehungen zu Personen, Familien und Körperschaften erfasst werden. Die wichtigste Funktion ist dabei die des früheren oder gegenwärtigen Eigentümers eines Exemplars (RDA 22.2 und Anhang I.5.1).

> Die Verzeichnung früherer Eigentümer einer Ressource hat in letzter Zeit stark an Bedeutung gewonnen. Bekannt geworden ist die sogenannte Provenienzerschließung vor allem durch Forschungen zu Kulturgütern aus meist jüdischem Besitz, die während der Zeit des Nationalsozialismus geraubt wurden. Sie ist aber auch bei ganz normalen Erwerbungsvorgängen wichtig; man kann etwa den Stifter einer Schenkung erfassen. Über die Erschließung früherer Eigentümer lassen sich beispielsweise auch heute zerstreute Bibliotheken (z. B. Klosterbibliotheken) rekonstruieren.

9.8.2 Weitere Beziehungen auf Exemplar-Ebene

Handelt es sich um ein Depositum oder eine Leihgabe, so kann auch der Verwahrer erfasst werden (RDA 22.3). Darüber hinaus können sonstige Personen, Familien und Körperschaften berücksichtigt werden, die mit einem Exemplar in Verbindung stehen (RDA 22.4 und Anhang I.5.2). Dazu gehören u. a. Personen, die das Exemplar mit Buchmalerei verziert (Buchmaler) oder etwas hineingeschrieben haben (annotierende Person, beschriftende Person), Buchbinder und Restauratoren.

10 Beziehungen zwischen Werken, Expressionen, Manifestationen und Exemplaren

10.1 Allgemeines

10.1.1 Inhalt und Gliederung von RDA Abschnitt 8

RDA Abschnitt 8
Erfassen der Beziehungen zwischen Werken, Expressionen, Manifestationen und Exemplaren (RDA 24 bis 28)
RDA 24: Allgemeine Richtlinien zum Erfassen der Beziehungen zwischen Werken, Expressionen, Manifestationen und Exemplaren
RDA 25: In Beziehung stehende Werke
RDA 26: In Beziehung stehende Expressionen
RDA 27: In Beziehung stehende Manifestationen
RDA 28: In Beziehung stehende Exemplare

Im achten Abschnitt von RDA wird das Erfassen von Beziehungen beschrieben, die zwischen Werken, Expressionen, Manifestationen und Exemplaren – den Entitäten der Gruppe 1 gemäß FRBR und FRAD (vgl. Kap. 2.2) – bestehen können. Von wenigen Ausnahmen abgesehen (vgl. Kap. 10.4), besteht eine solche Beziehung immer zwischen zwei Entitäten desselben Typs (also z. B. zwischen zwei Werken oder zwischen zwei Manifestationen). Beispiele dafür sind die Beziehung zwischen einer Verfilmung und ihrer literarischen Vorlage (10-1), die Beziehung zwischen einer ursprünglichen Fassung und einer Überarbeitung oder die Beziehung zwischen einer Druckausgabe und einer E-Book-Ausgabe.

> Die hier betrachteten Beziehungen zwischen Entitäten der Gruppe 1 sind nicht mit den Primärbeziehungen innerhalb eines FRBR-Baums zu verwechseln (d. h. den Beziehungen zwischen einem Werk, seinen Expressionen, Manifestationen und Exemplaren). Die Primärbeziehungen werden im fünften Abschnitt von RDA behandelt (vgl. Kap. 8).

Der Abschnitt 8 ist in fünf Kapitel unterteilt: In RDA 24 werden wichtige Begriffe definiert und allgemeine Grundsätze aufgestellt (vgl. Kap. 10.1.2 und 10.1.3). Beziehungen zu Werken werden in RDA 25 behandelt (vgl. Kap. 10.2), Beziehungen zu Expressionen in RDA 26 (vgl. Kap. 10.3), Beziehungen zu Manifestationen in RDA 27 (vgl. Kap. 10.4) und Beziehungen zu Exemplaren in RDA 28 (vgl. Kap. 10.5).

10.1.2 Erfassung von Beziehungen zwischen Werken, Expressionen, Manifestationen und Exemplaren

Beispiel 10-1
Beschreibung für das Werk „Das fliegende Klassenzimmer (Film : 2003)"
In Beziehung stehendes Werk (Identifikator):
GND: 7779632-9
In Beziehung stehendes Werk (Normierter Sucheinstieg):
Kästner, Erich, 1899-1974. Das fliegende Klassenzimmer
In Beziehung stehendes Werk (Strukturierte Beschreibung):
Filmbearbeitung von (Werk): Das fliegende Klassenzimmer / Erich Kästner
In Beziehung stehendes Werk (Unstrukturierte Beschreibung):
Verfilmung des Jugendbuchs "Das fliegende Klassenzimmer" von Erich Kästner
Beziehungskennzeichnung:
Filmbearbeitung von (Werk)

Beziehungen zwischen zwei Entitäten der Gruppe 1 werden gemäß dem im deutschsprachigen Raum üblichen Datenmodell vor allem in Titeldatensätzen erfasst. Beziehungen zwischen mehreren Werken können außerdem in Normdatensätzen für Werke erfasst werden. Derartige Beziehungen sind keine Kernelemente und wurden – von einer einzigen Ausnahme abgesehen (vgl. Kap. 10.4) – auch nicht als Zusatzelemente definiert. Ihre Erfassung ist deshalb normalerweise fakultativ. Nichtsdestoweniger handelt es sich vielfach um wichtige Informationen, sodass eine Erfassung empfehlenswert ist. In vielen Fällen genügt es dabei, die Beziehung in eine Richtung zu erfassen.

Für die Abbildung der Beziehungen zwischen Werken, Expressionen, Manifestationen und Exemplaren gibt es drei Methoden (RDA 24.4), von denen auch mehrere gleichzeitig angewendet werden können. Die erste Möglichkeit ist die Erfassung eines Identifikators für die in Beziehung stehende Entität (RDA 24.4.1). Handelt es sich dabei um ein Werk, für das ein Normdatensatz existiert, so wird die Identnummer dieses Datensatzes als Identifikator verwendet (10-1; vgl. Kap. 5.3).

> In der Praxis dienen auch Identnummern von Titeldatensätzen als Identifikatoren. Beispielsweise kann die Beziehung zwischen einer fortlaufenden Ressource und ihrem Nachfolger oder zwischen einer Druck- und einer Online-Ausgabe durch eine Verlinkung der beiden Titeldatensätze ausgedrückt werden. Obwohl beide Male ein gleichartiger Identifikator verwendet wird, besteht die Beziehung im ersten Fall auf der Ebene des Werks, im zweiten Fall jedoch auf der Ebene der Manifestation. Die Erklärung dafür ist, dass es sich bei den im deutschsprachigen Raum üblichen Titeldatensätzen um zusammengesetzte Beschreibungen handelt, die Aspekte des Werks, der Expression und der Manifestation in sich vereinigen (vgl. Kap. 8.2.2).

Die zweite Option ist die Erfassung des normierten Sucheinstiegs, der die in Beziehung stehende Entität repräsentiert (RDA 24.4.2). Dies ist nur bei Werken und Expressionen möglich (10-1; vgl. Kap. 5.6), da für Manifestationen und Exemplare keine normierten Sucheinstiege vorgesehen sind.

Als dritte Möglichkeit kann man die in Beziehung stehende Entität beschreiben (RDA 24.4.3). Dafür verwendet man entweder einen frei formulierten Text in Satzform (unstrukturierte Beschreibung) oder man gibt die Elemente zur Beschreibung der Entität in gegliederter Form an, z. B. im ISBD-Format (strukturierte Beschreibung). 10-1 zeigt Beispiele für beide Typen. In strukturierten Beschreibungen werden meist nur wenige Elemente der in Beziehung stehenden Entität angegeben. Man kann sich sogar nur auf ein Element beschränken: So zeigt 10-2 die Beschreibung einer gedruckten Ausgabe, die es auch als Scan im Internet gibt. Als Beschreibung dieser in Beziehung stehenden Manifestation wurde nur ihre URL (RDA 4.6; vgl. Kap. 4.15.2) angegeben.

Beispiel 10-2
(vgl. Abb. 42, S. 197)
Beschreibung der Druckausgabe von „Richtlinien Handschriftenkatalogisierung / Deutsche Forschungsgemeinschaft, Unterausschuß für Handschriftenkatalogisierung"
In Beziehung stehende Manifestation:
http://www.manuscripta-mediaevalia.de/hs/kataloge/HSKRICH.htm
Beziehungskennzeichnung:
Elektronische Reproduktion

> Konsequenterweise dürften in strukturierten Beschreibungen eigentlich immer nur solche Elemente angegeben werden, die zur FRBR-Ebene der in Beziehung stehenden Entität passen – bei einem in Beziehung stehenden Werk also nur Elemente der Werkebene. In der Praxis verwendet man jedoch auch Elemente der Manifestationsebene (z. B. Haupttitel, Verantwortlichkeitsangabe, Ausgabebezeichnung), um Werke und Expressionen zu charakterisieren.

Bei Erfassung einer Beziehung im Normdatensatz für ein Werk kann auch eine Quelle angegeben werden, aus der die Information über die Beziehung stammt (RDA 24.7). Wenn es sinnvoll erscheint, kann man außerdem genauere Informationen als Anmerkung des Katalogisierers erfassen (RDA 24.8). Dieses Element ist insbesondere für andere Katalogisierer gedacht, die mit dem Normdatensatz arbeiten. Daneben gibt es noch das Element „Erläuterung der Beziehung" (RDA 25.2). Hier können zusätzliche Hinweise gegeben werden, die sich primär an die Endnutzer richten. In der Praxis lassen sich die beiden Elemente allerdings nicht immer klar unterscheiden.

10.1.3 Beziehungskennzeichnungen

Die Art der Beziehung kann mit einer geeigneten Beziehungskennzeichnung angegeben werden (RDA 24.5; vgl. 10-1). Umfangreiche Listen dafür finden sich in RDA Anhang J. Vielfach geht die FRBR-Ebene, auf der sich die Beziehung befindet, nicht schon aus der Benennung hervor. Dann ist sie jeweils am Ende der Beziehungskennzeichnung in Klammern angegeben, z. B. „Filmbearbeitung von (Werk)" oder „Gekürzt als (Expression)". Die Beziehungskennzeichnungen werden auch als einleitende Wendungen für strukturierte Beschreibungen verwendet (10-1). Bei unstrukturierten Beschreibungen ist man hingegen in der Formulierung frei (RDA 24.5.1.3) und muss auch die FRBR-Ebene nicht explizit angeben. In 10-1 wurde deshalb „Verfilmung von" statt des etwas sperrigen „Filmbearbeitung von (Werk)" verwendet.

Beispiel 10-3
Ausschnitt aus den Beziehungskennzeichnungen für Äquivalenzbeziehungen auf Manifestationsebene (RDA Anhang J.4.2)

Äquivalente Manifestation
    Erscheint auch als (Manifestation)
    Mirror-Site
    Reproduktion von (Manifestation)
        Digitale Übertragung von
        Elektronische Reproduktion von (Manifestation)
        Faksimile von (Manifestation)
    (...)

Beispiel 10-4
Beispiel für eine Beziehungskennzeichnung mit Definition und reziproker Beziehung (aus RDA Anhang J.2.2)

Filmbearbeitung von (Werk): Ein Werk, das zu einem Film umgearbeitet wurde. Reziproke Beziehung: Bearbeitet als Film (Werk)

Beispiel 10-5
Arten von Beziehungen zwischen Werken mit ihren jeweiligen Beziehungskennzeichnungen in RDA Anhang J:
– abgeleitete Beziehungen (J.2.2)
– beschreibende Beziehungen (J.2.3)
– Teil-Ganzes-Beziehungen (J.2.4)
– begleitende Beziehungen (J.2.5)
– Nachfolge-Beziehungen (J.2.6)

Beispiel 10-6
Holm Tetens
Kants „Kritik der reinen Vernunft"
Ein systematischer Kommentar
In Beziehung stehendes Werk:
Kant, Immanuel, 1724-1804. Kritik der reinen Vernunft
Beziehungskennzeichnung:
Kommentar zu (Werk)

Beispiel 10-7
Hans Otto Horch
Register zu Gottscheds „Versuch einer critischen Dichtkunst"
In Beziehung stehendes Werk:
Gottsched, Johann Christoph, 1700-1766. Versuch einer kritischen Dichtkunst vor die Deutschen
Beziehungskennzeichnung:
Index zu (Werk)

Beispiel 10-8
Beschreibung des Werks „Studien zum modernen islamischen Orient"
In Beziehung stehendes Werk:
Studien zum modernen Orient
Beziehungskennzeichnung:
Fortgesetzt von (Werk)

Beispiel 10-9
Beschreibung des Werks „Studien zum modernen Orient"
In Beziehung stehendes Werk:
Studien zum modernen islamischen Orient
Beziehungskennzeichnung:
Setzt fort (Werk)

Die Beziehungskennzeichnungen in Anhang J sind in der Regel nochmals untergliedert, teilweise auf mehreren Stufen. Einen Ausschnitt aus einer solchen Hierarchie von Beziehungskennzeichnungen zeigt 10-3. Man sollte möglichst die genaueste zutreffende Bezeichnung vergeben.

Zu jeder Beziehungskennzeichnung gibt es ein Pendant, das dieselbe Beziehung in umgekehrter Richtung benennt. Diese reziproke Beziehung wird in RDA Anhang J jeweils im Anschluss an die Definition angegeben (10-4). Da die Bezeichnungen oft sehr ähnlich sind, muss man gut aufpassen, um nicht die Beziehungskennzeichnung für die falsche Richtung zu verwenden. Beispielsweise wird „Filmbearbeitung von (Werk)" aus 10-4 in der Beschreibung des Films benutzt. „Bearbeitet als Film (Werk)" hingegen würde man in der Beschreibung der literarischen Vorlage verwenden.

10.2 In Beziehung stehende Werke

10.2.1 Beziehungen auf Werkebene

Beziehungen auf Werkebene werden im Element „In Beziehung stehendes Werk" (RDA 25.1) erfasst. RDA unterteilt die möglichen Beziehungen zwischen zwei Werken in fünf Gruppen (10-5). Die besonders wichtigen Teil-Ganzes-Beziehungen werden weiter unten gesondert behandelt (vgl. Kap. 10.2.2).

Eine abgeleitete Beziehung liegt vor, wenn das ursprüngliche Werk so stark verändert wird, dass ein neues Werk entsteht. Typische Beispiele dafür sind Adaptionen, z. B. wenn aus einem literarischen Werk ein Film (10-1), ein Theaterstück oder ein Computerspiel gemacht wird, sowie Parodien (verspottende Nachahmungen).

Eine beschreibende Beziehung liegt vor, wenn ein Werk durch ein anderes beschrieben, analysiert oder bewertet wird. Ein Beispiel für diesen Typ sind Kommentare (10-6).

Von einer begleitenden Beziehung spricht man, wenn ein Werk durch ein anderes, sekundäres Werk ergänzt wird. Beispiele dafür sind ein getrennt veröffentlichter Index (10-7), ein getrennt veröffentlichter Anhang, ein Supplement (z. B. Beihefte zu einer Zeitschrift; vgl. Lösung 15-3) oder eine Lektürehilfe zu einem Werk. Als begleitende Beziehung gilt aber auch, wenn zwei Werke in einem Zusammenhang stehen, ohne dass eins von beiden als die Hauptsache angesehen werden kann. Darunter fällt beispielsweise die Beziehung zwischen einem Filmdrehbuch und dem Film selbst oder die Beziehung zwischen einem Gedicht und seiner Vertonung. In einem solchen Fall sollte die Beziehung möglichst in beide Richtungen angelegt (d. h. in beiden Beschreibungen erfasst) werden.

Man kann eine Beziehung zu einem begleitenden Werk auch dann erfassen, wenn es zusammen mit dem anderen Werk in ein und derselben Ressource vorliegt. Sinnvoll ist dies bei Abb. 54 (S. 232), wo der Gedichtzyklus „Die Winterreise" von Wilhelm Müller als Anhang zu Peter Härtlings Essay „Der Wanderer" abgedruckt ist (RDA 6.27.1.4 D-A-CH; vgl. Lösung 13-39). Meistens ist die Erfassung solcher Beziehungen jedoch unnötig. Man könnte zwar bei Abb. 1 (S. 8) die Zeichnungen von Theodor Heuss als eigenes Werk betrachten, welches das Werk „Ausblick vom Münsterturm" von Elly Heuss-Knapp ergänzt. Entsprechend wäre es möglich, eine Beziehung gemäß RDA 25.1 mit der Beziehungskennzeichnung „Illustrationen (Werk)" anzulegen. In der Praxis genügt es aber, Theodor Heuss als Mitwirkenden (Illustrator) zu erfassen und die Abbildungen als illustrierenden Inhalt anzugeben.

Nachfolgebeziehungen sind vor allem im Bereich der fortlaufenden Ressourcen häufig. Wird beispielsweise aufgrund einer größeren Titeländerung bei einer Zeitschrift oder monografischen Reihe eine neue Beschreibung angelegt (vgl. Kap. 4.19.2), so werden die beiden Beschreibungen über entsprechende Beziehungen miteinander verbunden. Diese sind immer in beide Richtungen anzulegen (10-8 und 10-9). Ein weiteres Beispiel für Nachfolgebeziehungen stellen Werke dar, die an den Erzählstrang eines früheren Werks anknüpfen (z. B. Fortsetzungen von Filmen).

10.2.2 Teil-Ganzes-Beziehungen

Von hoher Bedeutung sind Teil-Ganzes-Beziehungen zwischen Werken. Ein typischer Fall sind die einzelnen Bände innerhalb einer gezählten monografischen Reihe (vgl. Kap. 4.19): Nicht nur jeder einzelne Band ist ein eigenes Werk, sondern auch die monografische Reihe als Ganzes – und der Einzelband ist ein Teil dieses Gesamtwerks.

So ist das Werk von Angelika Rotter aus Abb. 15 (S. 51) ein Teil des Werks „Arbeiten zur Kirchen- und Theologiegeschichte". Letzteres wird in der Beschreibung für den Band als in Beziehung stehendes Werk mit der Beziehungskennzeichnung „In der Reihe" erfasst (10-10). Als Zählung des Teils (RDA 24.6) wird angegeben, um welchen Band der Reihe es sich handelt. Die Nummer wird dabei in normierter Form geschrieben: Es werden stets arabische Ziffern verwendet; Ordnungszahlen (Ordinalzahlen) schreibt man so, wie es in der Sprache der Ressource üblich ist (RDA 1.8.2 bis 1.8.5 mit D-A-CH; vgl. Kap. 4.2.8). Eine etwaige Benennung („Band", „Heft", „Volume" etc.) wird vorlagegemäß angegeben. Wenn die Benennung in der Informationsquelle abgekürzt ist, so wird sie unverändert übernommen. Ansonsten wird die Benennung ausgeschrieben. RDA Anhang B.5.5 wird nach deutschsprachiger Praxis nicht angewendet (RDA 24.6 D-A-CH).

Umgekehrt werden in der Beschreibung für die monografische Reihe Beziehungen zu allen darin erschienenen Bänden angelegt. Als Beziehungskennzeichnung verwendet man „Reihe enthält" (vgl. Lösungen 15-1 bis 15-7).

Der zweite wichtige Fall für Teil-Ganzes-Beziehungen sind mehrteilige Monografien, die hierarchisch beschrieben werden (vgl. Kap. 4.18.4 und 4.18.5). So wird bei der mehrteiligen Monografie aus Abb. 16 (S. 60) in der übergeordneten Aufnahme das Gesamtwerk – die von Joachim Leuschner herausgegebene „Deutsche Geschichte" – beschrieben. In den untergeordneten Aufnahmen werden die einzelnen Teilwerke beschrieben. Die zwischen diesen Werken bestehenden Teil-Ganzes-Beziehungen werden sowohl in der übergeordneten Aufnahme als auch in den untergeordneten Aufnahmen erfasst (10-11, vgl. Lösung 14-1).

„Reihe" bezieht sich nicht nur auf eine monografische Reihe (10-10), sondern ganz allgemein auf ein größeres Ganzes, zu dem das beschriebene Objekt gehört (vgl. Kap. 4.8.1). Dies kann auch eine mehrteilige Monografie sein wie in 10-11. Wird ein unselbständig erschienenes Werk beschrieben – beispielsweise ein Aufsatz in einem Sammelband – so gilt entsprechend der Aufsatzband als „Reihe".

Die Teile der mehrteiligen Monografie aus 10-11 haben unabhängige Titel, können also für sich stehen (vgl. Kap. 4.18.2). Haben die Teile hingegen – wie in Abb. 17 (S. 61) – abhängige Titel, die ohne den übergeordneten Titel keinen Sinn ergeben, so wird grundsätzlich nur in der übergeordneten Aufnahme ein bevorzugter Titel des Werks erfasst (vgl. Kap. 5.2.5). In den untergeordneten Aufnahmen wird also gar kein Werk beschrieben. Konsequenterweise ist es in diesen Fällen nicht sinnvoll, eine Beziehung gemäß RDA 25.1 anzulegen (vgl. Lösungen 14-4 und 14-5). Anders ist das Vorgehen jedoch, wenn eine mehrteilige Monografie, deren Teile abhängige Titel haben, umfassend beschrieben wird (siehe unten).

Teil-Ganzes-Beziehungen können auch in einer umfassenden Beschreibung erfasst werden – etwa bei einer einteiligen Ressource, die mehrere Werke enthält.

Beispiel 10-10
(vgl. Abb. 15, S. 51)
Angelika Rotter
Christian Gottlob Leberecht
Großmann (1783-1857)
Arbeiten zur Kirchen- und
Theologiegeschichte
Band 27
In Beziehung stehendes Werk:
Arbeiten zur Kirchen- und Theologiegeschichte
Beziehungskennzeichnung:
In der Reihe
Zählung des Teils:
Band 27

Beispiel 10-11
(vgl. Abb. 16, S. 60)
Übergeordnete Aufnahme:
In der Manifestation verkörpertes Werk:
Deutsche Geschichte (Leuschner)
In Beziehung stehendes Werk:
Fleckenstein, Josef, 1919-2004. Grundlagen und Beginn der deutschen Geschichte
Beziehungskennzeichnung:
Reihe enthält

Untergeordnete Aufnahme für Band 1:
In der Manifestation verkörpertes Werk:
Fleckenstein, Josef, 1919-2004. Grundlagen und Beginn der deutschen Geschichte
In Beziehung stehendes Werk:
Deutsche Geschichte (Leuschner)
Beziehungskennzeichnung:
In der Reihe
Zählung des Teils:
Band 1

Beispiel 10-12
(vgl. Abb. 30, S. 152)
In der Manifestation verkörpertes Werk:
Lodge, David, 1935-. A David Lodge trilogy
In Beziehung stehendes Werk:
Enthält (Werk): Changing places - Small world - Nice work

Beispiel 10-13
Ernst Tremp Johannes Huber Karl Schmuki
STIFTSBIBLIOTHEK ST. GALLEN
Ein Rundgang durch Geschichte, Räumlichkeiten und Sammlungen
In Beziehung stehendes Werk:
Enthält (Werk): Geschichte der Stiftsbibliothek / Ernst Tremp - Der barocke Bibliothekssaal / Johannes Huber - Das Lapidarium / Johannes Huber - Die Handschriftensammlung / Karl Schmuki

Zusätzliche Angaben zu Abb. 30
Rückseite der Titelseite:
Penguin Books Ltd, 27 Wrights Lane, London W8 5TZ, England
Penguin Books USA Inc., 375 Hudson Street, New York, New York 10014, USA
Penguin Books Australia Ltd, Ringwood, Victoria, Australia
Penguin Books Canada Ltd, 10 Alcorn Avenue, Toronto, Ontario, Canada M4V 3B2
Penguin Books (NZ) Ltd, 182-190 Wairau Road, Auckland 10, New Zealand
This omnibus edition first published in Penguin Books 1993
Rückumschlag des Buchs:
ISBN 0-14-017297-1
PENGUIN Fiction
897 Seiten, 20 cm. Vgl. Lösung 13-25.

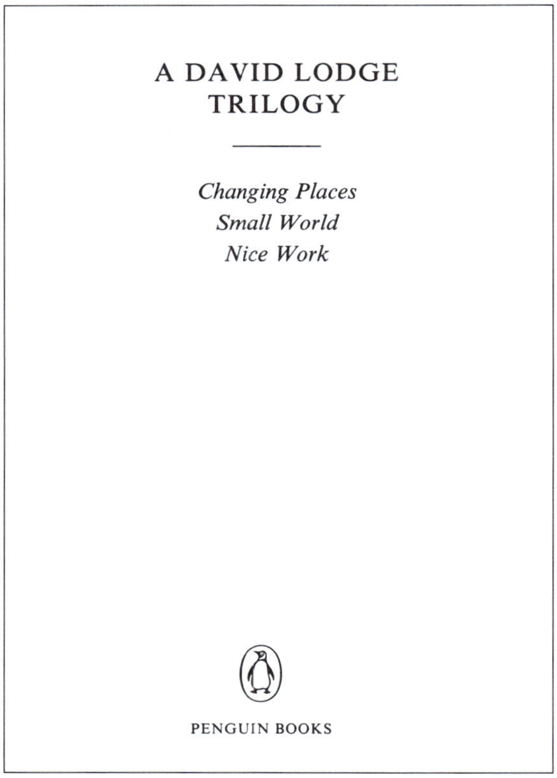

Beispiel 10-14
Umfassende Beschreibung des Werks „Lexikon der Kartographie und Geomatik"
In Beziehung stehendes Werk:
Enthält (Werk): 1. Band. A-Karti - 2. Band. Karto-Z

Abb. 30 (S. 152) zeigt eine solche Zusammenstellung: einen Band mit drei Romanen von David Lodge. Zwischen den Einzelwerken (den drei Romanen) und dem Gesamtwerk (mit dem Werktitel „A David Lodge trilogy") bestehen Teil-Ganzes-Beziehungen. Gemäß deutschsprachiger Praxis werden diese – wenn man sie erfassen will – bevorzugt in Form einer strukturierten Beschreibung angegeben (RDA 2.3.2.6.1 mit D-A-CH und RDA 25.1.1.3 D-A-CH). Diese wird eingeleitet mit der Beziehungskennzeichnung „Enthält (Werk):". Es folgen die Haupttitel der enthaltenen Werke, jeweils getrennt durch einen Bindestrich (10-12).

Beachten Sie, dass in der strukturierten Beschreibung nicht die bevorzugten Titel der einzelnen Werke angegeben werden, sondern die Haupttitel der Manifestation. Auch bei einer Übersetzung nimmt man dafür also die in der Ressource vorliegenden Titel, nicht die Originaltitel. Sie werden entweder von der Titelseite (wie in 10-12) oder von den Anfangsseiten der jeweiligen Teile (wie in 10-13) übertragen.

Stammen die Teile von unterschiedlichen Verfassern, so sollten auch die Verantwortlichkeitsangaben mit angegeben werden (10-13); auch Titelzusätze können erfasst werden. Einleitende und weniger wichtige Beiträge kann man weglassen. Bei Ressourcen mit vielen einzelnen Bestandteilen (z. B. Aufsatzbänden) ist diese Art der Erfassung allerdings nur schwer zu leisten. In der Praxis wird deshalb stattdessen häufig ein eingescanntes Inhaltsverzeichnis zur Verfügung gestellt.

> A DAVID LODGE
> TRILOGY
>
> *Changing Places*
> *Small World*
> *Nice Work*
>
> PENGUIN BOOKS

Abb. 30: A David Lodge trilogy

Die strukturierte Beschreibung der Teile in der hier dargestellten Form ist unabhängig davon, ob die Teile aussagekräftige Titel haben oder nicht. Sie kann auch bei der umfassenden Beschreibung einer mehrteiligen Monografie (vgl. Kap. 4.18.3) angewendet werden. Ein Beispiel dafür ist 10-14: Bei diesem Lexikon haben die beiden Bände abhängige Titel.

10.3 In Beziehung stehende Expressionen

Beziehungen auf Expressionsebene werden im Element „In Beziehung stehende Expression" (RDA 26.1) erfasst. RDA sieht dafür dieselben fünf Gruppen von Beziehungen vor wie bei Werken (vgl. Kap. 10.2.1): abgeleitete Beziehungen, beschreibende Beziehungen, Teil-Ganzes-Beziehungen, begleitende Beziehungen und Nachfolge-Beziehungen (RDA Anhang J.3.2 bis J.3.6). Der entscheidende Unterschied ist, dass die Beziehungen auf Werkebene für alle Expressionen des Werks bzw. der Werke gültig sind, während die Beziehungen auf Expressionsebene nur zwischen bestimmten Expressionen bestehen. Im Folgenden werden Beispiele für einige wichtige Fälle gegeben.

Eine abgeleitete Beziehung auf Expressionsebene besteht u. a. dann, wenn eine Expression in eine andere Sprache übersetzt wurde. In der Regel geht dies bereits aus anderen Elementen in der Beschreibung hervor: Häufig steht es in der Verantwortlichkeitsangabe (z. B. „aus dem chilenischen Spanisch von Willy Zurbrüggen"). Ansonsten sieht man es daran, dass der bevorzugte Titel des Werks in einer anderen Sprache verfasst ist als der vorliegende Titel. Gibt es jedoch keinen Hinweis in der Verantwortlichkeitsangabe und ist nicht gesichert, dass jeder Nutzer die Sprache des Originaltitels erkennt, so kann man die Beziehung als eigenes Element angeben. In 10-15 wurde dafür eine unstrukturierte Beschreibung verwendet. Es ist auch möglich, genau die Expression anzugeben, die als Basis der Übersetzung verwendet wurde – beispielsweise, wenn es mehrere Fassungen in der Originalsprache gibt.

Manche Werke werden gleichzeitig in mehreren Sprachen publiziert. Dann ist ein Hinweis auf die anderen Ausgaben, die wiederum in Beziehung stehende Expressionen darstellen, nützlich. In 10-16 werden zwei Lösungen dafür gezeigt – einmal eine unstrukturierte Beschreibung und einmal eine strukturierte Beschreibung. Bei letzterer wird das Element dreimal angegeben. In ähnlicher Weise kann auch auf andere parallele Expressionen hingewiesen werden, z. B. wenn eine Zeitung in mehreren unterschiedlichen Regionalausgaben erscheint oder wenn es ein Schulbuch nicht nur in der Schüler-Ausgabe gibt, sondern auch in einer „Ausgabe für Lehrer".

Genau wie bei Übersetzungen sollte auch bei Überarbeitungen eine in Beziehung stehende Expression nur dann angegeben werden, wenn der Sachverhalt nicht bereits aus anderen Elementen der Beschreibung hervorgeht. Ein Beispiel dafür ist 10-17, wo die frühere Expression mit einem anderen Titel erschienen ist – der Zusammenhang ist also nicht offensichtlich. In der Lösung wurde eine strukturierte Beschreibung verwendet.

10.4 In Beziehung stehende Manifestationen

Beziehungen auf Manifestationsebene werden im Element „In Beziehung stehende Manifestation" (RDA 27.1) erfasst. Auch hier sieht RDA mehrere Arten von Beziehungen vor: Äquivalenzbeziehungen, beschreibende Beziehungen, Teil-Ganzes-Beziehungen und begleitende Beziehungen (RDA Anhang J.4.2 bis J.4.5). Die wichtigsten davon sind die Äquivalenzbeziehungen.

Viele Ressourcen erscheinen gleichzeitig in unterschiedlichen physischen Formaten. So bezieht sich 10-18 auf eine Druckausgabe; dass es auch eine E-Book-Ausgabe gibt, sieht man schon an der auf der Rückseite der Titelseite angegebenen „e-ISBN" (d. h. der ISBN des E-Books). Solche parallelen Manifestationen sollten über entsprechende Beziehungen wechselseitig miteinander verbunden werden (10-18 und 10-19). Die Beziehungskennzeichnung dafür lautet in beiden Richtungen „Erscheint auch

---

Beispiel 10-15
Wiktor Woroszylski
Cyril, wo bist du?
Kurz, aber ein Roman
In Beziehung stehende Expression:
Aus dem Polnischen übersetzt

Beispiel 10-16
Barbara Schock-Werner
Kölner Dom
Bildführer mit Schatzkammer
In Beziehung stehende Expression (Unstrukturierte Beschreibung):
Englische Ausgabe: Cologne Cathedral; französische Ausgabe: Le dom de Cologne; italienische Ausgabe: Il duomo di Colonia
In Beziehung stehende Expression (Strukturierte Beschreibung):
Übersetzt als: Cologne Cathedral
In Beziehung stehende Expression (Strukturierte Beschreibung):
Übersetzt als: Le dom de Cologne
In Beziehung stehende Expression (Strukturierte Beschreibung):
Übersetzt als: Il duomo di Colonia

Beispiel 10-17
Werner Goez
Lebensbilder aus dem Mittelalter
Angabe auf der Rückseite der Titelseite:
2., überarbeitete und erweiterte Auflage.
Die erste Auflage erschien 1983 unter dem Titel „Gestalten des Hochmittelalters"
In Beziehung stehende Expression:
Überarbeitung von: Gestalten des Hochmittelalters / Werner Goez

Beispiel 10-18
Gedruckte Ausgabe:
Klaus Gantert
Erfolgreich recherchieren –
Germanistik
Angabe auf der Rückseite der Titelseite:
ISBN 978-3-11-026051-9
e-ISBN 978-3-11-027055-6
In Beziehung stehende Manifestation:
Erscheint auch als: Online-Ressource [Identnummer des Titeldatensatzes für die E-Book-Ausgabe]

Beispiel 10-19
Beschreibung der E-Book-Ausgabe:
In Beziehung stehende Manifestation:
Erscheint auch als: Band [Identnummer des Titeldatensatzes für die Druckausgabe]

als". Bei den strukturierten Beschreibungen in 10-18 und 10-19 wird die in Beziehung stehende Manifestation mit ihrem Datenträgertyp („Online-Ressource" bzw. „Band") charakterisiert. Außerdem wurde angenommen, dass der Titeldatensatz für die Online-Ausgabe ebenfalls im Katalog vorhanden ist. Dann kann über die Identnummern ein direkter Link zur jeweils anderen Beschreibung hergestellt werden. Ist dies nicht der Fall, könnte man die ISBN der jeweils anderen Ausgabe als Identifikator angeben, z. B.: „Erscheint auch als: Online-Ressource. - ISBN 978-3-11-027055-6".

Eine Äquivalenzbeziehung besteht auch zwischen einem Original und einer Reproduktion, z. B. bei einem Faksimile oder bei der digitalen Reproduktion einer analogen Vorlage (10-2). Erfolgt die Reproduktion in anderer physischer Form (auf einem anderen Datenträger oder als Online-Ressource), muss die Beziehung zwingend als Zusatzelement erfasst werden (RDA 27.1 D-A-CH).

Ein Beispiel für eine beschreibende Beziehung wäre eine Rezension, die sich auf eine spezifische Manifestation bezieht (z. B. nur auf die Online-Ausgabe, aber nicht auf die parallel erschienene Druckausgabe). In diesem Fall besteht die Beziehung nicht zwischen zwei gleichartigen Entitäten der Gruppe 1, sondern zwischen einer Manifestation und einem Werk (der Rezension).

Die übrigen Beziehungsarten auf Manifestationsebene – Teil-Ganzes-Beziehungen und begleitende Beziehungen – sind in der deutschsprachigen Praxis kaum von Bedeutung. Denn sie setzen voraus, dass Einzelbestandteile wie z. B. ein Band einer mehrteiligen Monografie oder ein Sonderheft einer Zeitschrift analytisch, d. h. für sich alleine stehend, beschrieben werden (vgl. Kap. 4.1.3). In der deutschsprachigen Praxis wird jedoch typischerweise die hierarchische Beschreibung angewendet. Dabei werden Informationen zu den verschiedenen Teilen der Manifestation – z. B. zu einzelnen Komponenten einer Medienkombination – im Zusammenhang präsentiert (vgl. Kap. 4.18.4). Die Tatsache, dass die Komponenten miteinander publiziert werden und dass zwischen der Manifestation als Ganzem und den einzelnen Bestandteilen eine Teil-Ganzes-Beziehung besteht, ergibt sich deshalb bereits durch die Anlage der Beschreibung und muss nicht durch Beziehungen ausgedrückt werden.

10.5 In Beziehung stehende Exemplare

Schließlich sind auch Beziehungen auf Exemplar-Ebene möglich. Dafür ist das Element „In Beziehung stehendes Exemplar" (RDA 28.1) vorgesehen. Auch für Exemplare definiert RDA unterschiedliche Arten von Beziehungen (RDA Anhang J.5).

Eine Beziehung auf Exemplar-Ebene besteht beispielsweise, wenn Exemplare von zwei getrennt veröffentlichten Ressourcen in einer Bibliothek zusammengebunden, also in derselben Bindeeinheit vereinigt, wurden (begleitende Beziehung; RDA Anhang J.5.5). Für jede der beiden Ressourcen wird eine eigene Beschreibung erstellt. Darin kann man die Beziehung zwischen den beiden Exemplaren jeweils als „Eingebunden mit: (...)" angeben.

Genau wie Merkmale auf Exemplar-Ebene (vgl. Kap. 4.16), werden auch entsprechende Beziehungen im deutschsprachigen Raum üblicherweise nicht im Titeldatensatz erfasst, sondern in gesonderten Datenbereichen (Lokal- bzw. Exemplardaten oder „Holdings"). Sie werden in diesem Lehrbuch nicht näher behandelt.

11 Beziehungen zwischen Personen, Familien und Körperschaften

11.1 Allgemeines

11.1.1 Inhalt und Gliederung von RDA Abschnitt 9

Im neunten Abschnitt von RDA wird das Erfassen von Beziehungen beschrieben, die zwischen Personen, Familien und Körperschaften – den Entitäten der Gruppe 2 gemäß FRBR und FRAD (vgl. Kap. 2.3) – bestehen können. Darunter fallen beispielsweise die Beziehung zwischen einer Person und ihrem Ehepartner, die Beziehung zwischen einer Familie und ihren Mitgliedern oder die Beziehung zwischen einer aktuell bestehenden Körperschaft und ihrer Vorgängerin. Der Abschnitt ist in vier Kapitel unterteilt: In RDA 29 werden wichtige Begriffe definiert und allgemeine Grundsätze aufgestellt (vgl. Kap. 11.1.2). Beziehungen zu Personen werden in RDA 30 behandelt (vgl. Kap. 11.2), Beziehungen zu Familien in RDA 31 (vgl. Kap. 11.3) und Beziehungen zu Körperschaften in RDA 32 (vgl. Kap. 11.4).

RDA Abschnitt 9
Erfassen der Beziehungen zwischen Personen, Familien und Körperschaften (RDA 29 bis 32)
RDA 29: Allgemeine Richtlinien zum Erfassen der Beziehungen zwischen Personen, Familien und Körperschaften
RDA 30: In Beziehung stehende Personen
RDA 31: In Beziehung stehende Familien
RDA 32: In Beziehung stehende Körperschaften

11.1.2 Erfassung von Beziehungen zwischen Personen, Familien und Körperschaften

Beziehungen zwischen zwei Entitäten der Gruppe 2 werden gemäß dem im deutschsprachigen Raum üblichen Datenmodell ausschließlich in Normdatensätzen für Personen, Familien und Körperschaften erfasst, nicht aber in Titeldatensätzen. Solche Beziehungen sind keine Kernelemente und wurden auch nicht als Zusatzelemente definiert. Ihre Erfassung ist deshalb grundsätzlich fakultativ. Nichtsdestoweniger handelt es sich vielfach um sehr wichtige Informationen, sodass eine Erfassung empfehlenswert ist.

Für die Abbildung der Beziehungen zwischen Personen, Familien und Körperschaften gibt es zwei Methoden (RDA 29.4): Man erfasst entweder den Identifikator (vgl. Kap. 6.1.5) oder den normierten Sucheinstieg, der die in Beziehung stehende Person, Familie oder Körperschaft repräsentiert (vgl. Kap. 6.3.5, 6.5, 6.8.4, 6.9.2 und 6.10.3). Die beiden Methoden können auch gleichzeitig angewendet werden. Beispiel 11-1 zeigt alle Varianten. Als Identifikator wurde die Identnummer des Normdatensatzes in der GND (vgl. Kap. 1.5.5) verwendet. In den weiteren Beispielen in diesem Kapitel wird nur noch der normierte Sucheinstieg angegeben.

Beispiel 11-1
vgl. Abb. 9 (S. 19)
Beschreibung für die Person „Grawe, Ursula"
In Beziehung stehende Person (Normierter Sucheinstieg):
Grawe, Christian, 1935-
In Beziehung stehende Person (Identifikator):
GND: 122705912
In Beziehung stehende Person (Identifikator und normierter Sucheinstieg):
GND: 122705912
Grawe, Christian, 1935-
Beziehungskennzeichnung:
Ehemann

In der deutschsprachigen Praxis ist die Erfassung eines Identifikators üblich. Angezeigt wird aber in der Regel auch der normierte Sucheinstieg, der automatisch aus dem über die Identnummer verknüpften Normdatensatz geholt wird.

Die Art der Beziehung kann mit einer geeigneten Beziehungskennzeichnung angegeben werden (RDA 29.5; vgl. 11-1). Eine Liste findet sich in RDA Anhang K. Dieser Anhang ist jedoch noch wenig ausgebaut (beispielsweise fehlen familiäre Beziehungskennzeichnungen wie „Ehemann" und „Ehefrau"); er soll zu einem späteren Zeitpunkt erweitert werden. Ist in Anhang K keine geeignete Beziehungskennzeichnung vorhanden, so werden in diesem Lehrbuch stattdessen die für die GND (vgl. Kap. 1.5.5) festgelegten Bezeichnungen verwendet. In der Praxis werden diese in codierter Form gemäß einer festen Liste erfasst.

> Es ist in vielen Fällen sinnvoll, Beziehungen zwischen Entitäten der Gruppe 2 in beide Richtungen anzulegen. Als Entsprechung zu der in 11-1 gezeigten Beziehung sollte deshalb im Normdatensatz für Christian Grawe eine Beziehung zu Ursula Grawe mit der reziproken Beziehungskennzeichnung „Ehefrau" erfasst werden.

Im Normdatensatz kann auch eine Quelle angegeben werden, aus der die Information über die Beziehung stammt (RDA 29.6). Wenn es sinnvoll erscheint, kann man außerdem genauere Informationen als Anmerkung des Katalogisierers erfassen (RDA 29.7). Diese ist insbesondere für andere Katalogisierer gedacht, die mit dem Normdatensatz arbeiten. Daneben gibt es in jedem der speziellen Kapitel noch das Element „Erläuterung der Beziehung" (RDA 30.2, 31.2 und 32.2). Hier können zusätzliche Hinweise gegeben werden, die sich primär an die Endnutzer richten. In der Praxis lassen sich die beiden Elemente allerdings nicht immer klar unterscheiden.

11.2 In Beziehung stehende Personen

11.2.1 Beziehungen zu Personen

Beispiel 11-2
Beschreibung für die Körperschaft „Simon and Garfunkel"
In Beziehung stehende Person:
Simon, Paul, 1941-
Beziehungskennzeichnung:
Gruppenmitglied
In Beziehung stehende Person:
Garfunkel, Art, 1942-
Beziehungskennzeichnung:
Gruppenmitglied

In Beziehung stehende Personen werden im gleichnamigen Element (RDA 30.1) erfasst. Zwischen zwei Personen können zahlreiche Arten von Beziehungen bestehen. Familiäre Beziehungen (11-1) sind nur ein Beispiel dafür. Im GND-Normdatensatz für den Schriftsteller Thomas Mann sind derzeit nicht weniger als 16 Beziehungen zu anderen Personen eingetragen. Die meisten davon sind familiärer Natur (Tochter, Sohn, Bruder, Mutter, Ehefrau, Schwager etc.), doch wurde auch die Beziehung zu seiner Sekretärin Hilde Reach und seiner Archivarin Ida Herz berücksichtigt.

In Beziehung stehende Personen können nicht nur in einem Normdatensatz für eine andere Person erfasst werden, sondern auch in Normdatensätzen für Familien oder Körperschaften. Beispielsweise kann man im Normdatensatz für eine Familie Beziehungen zu einzelnen Familienmitgliedern angeben (vgl. Lösung 16-12) oder im Normdatensatz für eine Musikgruppe Beziehungen zu ihren Mitgliedern (11-2).

11.2.2 Mehrere Identitäten: Pseudonyme, Amtsträger vs. Privatperson

Beispiel 11-3
Beschreibung für die Person „Carroll, Lewis, 1832-1898"
In Beziehung stehende Person:
Dodgson, Charles Lutwidge, 1832-1898
Beziehungskennzeichnung:
Wirkliche Identität

Beispiel 11-4
Beschreibung für die Person „Dodgson, Charles Lutwidge, 1832-1898"
In Beziehung stehende Person:
Carroll, Lewis, 1832-1898
Beziehungskennzeichnung:
Andere Identität

Manche Personen treten unter verschiedenen Identitäten auf. Ein bekanntes Beispiel dafür ist der Autor von „Alice in Wonderland", der für seine Kinderbücher das Pseudonym Lewis Carroll wählte. Unter seinem wirklichen Namen Charles Lutwidge Dodgson schrieb er mathematische Fachliteratur. In einem solchen Fall wird für jede Identität ein eigener Personennormdatensatz angelegt (vgl. Kap. 6.2.4 und Lösung 16-10).

Die beiden Identitäten sollten über eine Beziehung miteinander verbunden werden. Für die Beziehung zum wirklichen Namen wird „Wirkliche Identität" als Beziehungskennzeichnung verwendet (11-3), für die Beziehung zu einem Pseudonym „Andere Identität" (11-4). Hat eine Person mehr als zwei Identitäten, so wird die bekannteste davon als Basis-Identität (sogenanntes „Basic heading") verwendet. Alle anderen Identitäten werden mit dieser Basis-Identität in Beziehung gesetzt (RDA 9.2.2.8 D-A-CH).

Staatsoberhäupter und Regierungschefs werden als untergeordnete Körperschaften der jeweiligen Gebietskörperschaft betrachtet, wenn sie in offizieller Funktion handeln (vgl. Kap. 6.9.3). Auch hier gibt es sozusagen zwei Identitäten: eine Körperschaft (für den Amtsinhaber) und eine Person (für die Privatperson). Im Datensatz für die Körperschaft wird eine Beziehung zur Person angelegt (11-5; vgl. Lösung 16-24). Umgekehrt wird im Datensatz für die Person eine Beziehung zur Körperschaft angelegt (11-7; vgl. Kap. 11.4 und Lösung 16-5).

11.3 In Beziehung stehende Familien

Auch Beziehungen zu Familien (RDA 31.1) können in Normdatensätzen abgelegt werden. Besonders naheliegend ist es, die Beziehung eines Familienmitglieds zu seiner Familie zu erfassen. Man kann aber beispielsweise auch ganz speziell die Beziehung des Stammvaters zu der von ihm begründeten Familie angeben (11-6).

Auch andere Beziehungen zu Familien sind denkbar. Bei manchen Firmen handelt es sich beispielsweise um Gründungen von Familien. Im Normdatensatz für die Firma kann dann eine Beziehung zur Gründerfamilie eingetragen werden.

11.4 In Beziehung stehende Körperschaften

11.4.1 Beziehungen zu Körperschaften

Vielfältige Beziehungen sind auch zu Körperschaften möglich (RDA 32.1). Bereits erwähnt wurde die Beziehung zwischen einer Privatperson und ihrer Funktion als Amtsinhaber (11-7; vgl. Kap. 11.2). Es kann beispielsweise auch die Beziehung zwischen einer Person und der von ihr gegründeten Körperschaft erfasst werden.

Die sogenannte Affiliation – also die Körperschaft, der eine Person angehört (z. B. die Hochschule, an der ein Professor lehrt, oder das Unternehmen, in dem eine Person tätig ist) – wird nach dem derzeitigen Regelwerksstand von RDA nicht als eine Beziehung zwischen einer Person und einer Körperschaft betrachtet, sondern als ein Merkmal der Person. Sie fällt deshalb nicht unter RDA 32.1, sondern wird im Abschnitt 3 behandelt (RDA 9.13; vgl. Kap. 6.3.4). In einem Diskussionspapier wurde 2014 angeregt, diese Praxis zu überdenken.

11.4.2 Überordnung/Unterordnung, Vorgänger/Nachfolger, Fusion/Teilung

Besonders wichtig sind Beziehungen, die zwischen mehreren Körperschaften bestehen; diese sollten stets erfasst werden. Die zugehörigen Beziehungskennzeichnungen finden sich in RDA Anhang K.4.3.

Viele Körperschaften sind einer anderen Körperschaft zugehörig oder unterstellt (vgl. Kap. 6.7). In einem solchen Fall sollte stets eine Beziehung zur übergeordneten Körperschaft erfasst werden (11-8) – und zwar unabhängig davon, ob der bevorzugte Name der Körperschaft selbständig oder unselbständig gebildet wird (vgl. Kap. 6.7.1). Die Erfassung der umgekehrten Beziehung – also die Angabe aller untergeordneten Körperschaften – wäre gemäß RDA ebenfalls möglich, wird jedoch in der GND (vgl. Kap. 1.5.1) nicht praktiziert.

Während des oft langen Bestehens einer Körperschaft kommt es nicht selten zu Veränderungen. Gibt sich eine Körperschaft einen neuen Namen, so entsteht eine neue Entität (vgl. Kap. 6.6.8) und es wird ein neuer Normdatensatz angelegt. Die beiden Normdatensätze werden über eine Vorgänger-Nachfolger-Beziehung miteinander verbunden. Die Beziehung wird in beide Richtungen angelegt, aber jeweils nur zwischen unmittelbar aufeinanderfolgenden Körperschaften.

Beispiel 11-5
Beschreibung für die Körperschaft „USA. Präsident (1993-2001 : Clinton)"
In Beziehung stehende Person:
Clinton, Bill, 1946-
Beziehungskennzeichnung:
Amtsinhaber

Beispiel 11-6
Beschreibung für die Person „Fugger, Hans, ungefähr 1345-ungefähr 1408"
In Beziehung stehende Familie:
Fugger (Familie : 14. Jahrhundert-)
Beziehungskennzeichnung:
Stammvater

Beispiel 11-7
Beschreibung für die Person „Clinton, Bill, 1946-"
In Beziehung stehende Körperschaft:
USA. Präsident (1993-2001 : Clinton)
Beziehungskennzeichnung:
Körperschaft, in der die Person ein Amt innehat

Beispiel 11-8
Beschreibung für die Körperschaft „Allgemeiner Deutscher Fahrrad-Club. Landesverband Bremen"
In Beziehung stehende Körperschaft:
Allgemeiner Deutscher Fahrrad-Club
Beziehungskennzeichnung:
Übergeordnete Körperschaft

Ein Beispiel für eine Namensänderung ist die 1897 gegründete „Vereinigung Schweizerischer Bibliothekare", die 1992 in „Verband der Bibliotheken und der Bibliothekarinnen, Bibliothekare der Schweiz" umbenannt wurde. Die Beispiele 11-9 und 11-10 zeigen die Vorgänger-Nachfolger-Beziehung zwischen diesen beiden Körperschaften.

Es kommt auch vor, dass sich zwei oder mehr zuvor selbständige Körperschaften zu einer neuen Körperschaft zusammenschließen. So fusionierte der „Verband der Bibliotheken und der Bibliothekarinnen, Bibliothekare der Schweiz" im Jahr 2008 mit der „Schweizerischen Vereinigung für Dokumentation" unter dem neuen Namen „Bibliothek Information Schweiz". RDA sieht dafür spezielle Beziehungskennzeichnungen vor („Ergebnis einer Fusion" bzw. „Fusionierte Körperschaft"), die jedoch in der deutschsprachigen Praxis nicht verwendet werden. Dass eine Fusion vorliegt, erkennt man im Beispiel 11-11 einfach daran, dass die neue Körperschaft zwei Vorgänger-Körperschaften hat.

Dasselbe gilt für den umgekehrten Prozess, bei dem sich eine Körperschaft in zwei oder mehr neue Körperschaften aufspaltet. Auf die Beziehungskennzeichnungen „Ergebnis einer Teilung" und „Körperschaft, die geteilt wurde" wird in der deutschsprachigen Praxis verzichtet. Dass eine Teilung vorliegt, sieht man daran, dass eine Körperschaft mehrere Nachfolger-Körperschaften hat.

Beispiel 11-9
Beschreibung für die Körperschaft „Vereinigung Schweizerischer Bibliothekare"
In Beziehung stehende Körperschaft:
Verband der Bibliotheken und der Bibliothekarinnen, Bibliothekare der Schweiz
Beziehungskennzeichnung:
Nachfolger

Beispiel 11-10
Beschreibung für die Körperschaft „Verband der Bibliotheken und der Bibliothekarinnen, Bibliothekare der Schweiz"
In Beziehung stehende Körperschaft:
Vereinigung Schweizerischer Bibliothekare
Beziehungskennzeichnung:
Vorgänger
In Beziehung stehende Körperschaft:
Bibliothek Information Schweiz
Beziehungskennzeichnung:
Nachfolger

Beispiel 11-11
Beschreibung für die Körperschaft „Bibliothek Information Schweiz"
In Beziehung stehende Körperschaft:
Verband der Bibliotheken und der Bibliothekarinnen, Bibliothekare der Schweiz
Beziehungskennzeichnung:
Vorgänger
In Beziehung stehende Körperschaft:
Schweizerische Vereinigung für Dokumentation
Beziehungskennzeichnung:
Vorgänger

12 Sacherschließung in RDA

12.1 Allgemeines

12.1.1 Inhalt und Gliederung der Sacherschließungsabschnitte

Da RDA auf FRBR beruht, hat es auch den Bereich der Sacherschließung im Blick. Denn FRBR definiert in der Gruppe 3 auch vier Entitäten, die als Themen von Werken vorkommen: Begriff, Gegenstand, Ereignis sowie Ort bzw. Geografikum (vgl. Kap. 2.1.2). Die Sacherschließungsteile von RDA wurden jedoch bei der Erarbeitung des Regelwerks zurückgestellt und sind bisher noch nicht ausformuliert. An den entsprechenden Stellen im RDA Toolkit befinden sich nur leere Dokumente, die als Platzhalter dienen. Die einzige Ausnahme bildet das Kapitel RDA 16, in dem die Beschreibung von Geografika behandelt wird; diese sind auch für die Formalerschließung von Bedeutung (vgl. Kap. 7.1.2).

In drei der zehn Abschnitte von RDA geht es überwiegend oder ausschließlich um Aspekte der Sacherschließung: Der vierte Abschnitt von RDA ist für die Erfassung der Merkmale (d. h. die Beschreibung) der vier Entitäten aus der Gruppe 3 von FRBR vorgesehen – für Begriffe (RDA 13), Gegenstände (RDA 14), Ereignisse (RDA 15) und Geografika (RDA 16). Der siebte Abschnitt von RDA ist für die Behandlung der Beziehung zwischen einem Werk und seinem Thema vorgesehen. Hier ist nur ein einziges Kapitel mit allgemeinen Vorgaben geplant (RDA 23). Der zehnte Abschnitt von RDA ist für die Behandlung der Beziehungen vorgesehen, die jeweils zwischen zwei Themen-Entitäten desselben Typs bestehen – zwischen zwei Begriffen (RDA 34), zwei Gegenständen (RDA 35), zwei Ereignissen (RDA 36) und zwei Geografika (RDA 37).

12.1.2 Weiterentwicklung der Sacherschließungsabschnitte

Die Zukunft der Sacherschließungsabschnitte von RDA ist derzeit offen. 2013 wurden zwei sehr unterschiedliche Vorschläge zu ihrer Ausgestaltung vorgelegt, über die vom JSC (vgl. Kap. 3.1.1) noch nicht abschließend beraten wurde. Der Hintergrund dafür sind grundsätzliche Diskussionen darüber, ob die im FRBR-Modell vorgesehenen vier Entitäten der Gruppe 3 überhaupt ihren Zweck erfüllen. In den „Functional Requirements for Subject Authority Data" (FRSAD) – einem jüngeren FR-Modell speziell für die Sacherschließung – wurden sie verworfen und durch eine einzige, flexibel einzusetzende Entität ersetzt. Diese wird schlicht als „Thema" bezeichnet.

Eine Arbeitsgruppe der IFLA (International Federation of Library Associations and Institutions), die „FRBR Review Group", arbeitet derzeit an einer Harmonisierung der FR-Modelle und wird sich auch mit den unterschiedlichen Sichtweisen von FRBR und FRSAD beschäftigen. Die endgültige Entscheidung über die Sacherschließungsabschnitte in RDA ist erst nach Abschluss dieser Arbeiten zu erwarten. Es erscheint nicht unmöglich, dass die Abschnitte dann deutlich anders umgesetzt werden als ursprünglich geplant. Dies könnte auch zu Änderungen bei der Nummerierung der Kapitel führen.

RDA Abschnitt 4
Erfassen der Merkmale eines Begriffs, eines Gegenstands, eines Ereignisses und eines Geografikums (RDA 12 bis 16)
RDA 12: Allgemeine Richtlinien zum Erfassen der Merkmale von Begriffen, Gegenständen, Ereignissen und Geografika
(noch nicht erarbeitet)
RDA 13: Identifizierung von Begriffen
(noch nicht erarbeitet)
RDA 14: Identifizierung von Gegenständen
(noch nicht erarbeitet)
RDA 15: Identifizierung von Ereignissen
(noch nicht erarbeitet)
RDA 16: Identifizierung von Geografika

RDA Abschnitt 7
Erfassen der Beziehungen zu Begriffen, Gegenständen, Ereignissen und Geografika (RDA 23)
RDA 23: Allgemeine Richtlinien zum Erfassen des Themas eines Werkes
(noch nicht erarbeitet)

RDA Abschnitt 10
Erfassen der Beziehungen zwischen Begriffen, Gegenständen, Ereignissen und Geografika (RDA 33 bis 37)
RDA 33: Allgemeine Richtlinien zum Erfassen von Beziehungen zwischen Begriffen, Gegenständen, Ereignissen und Geografika
(noch nicht erarbeitet)
RDA 34: In Beziehung stehende Begriffe
(noch nicht erarbeitet)
RDA 35: In Beziehung stehende Gegenstände
(noch nicht erarbeitet)
RDA 36: In Beziehung stehende Ereignisse
(noch nicht erarbeitet)
RDA 37: In Beziehung stehende Geografika
(noch nicht erarbeitet)

2014 wurde ein Vorschlag für eine Zwischenlösung vorgelegt. Diesem zufolge soll RDA Abschnitt 7 in „Erfassen von Themen-Beziehungen" umbenannt werden. Für RDA 23 ist die Einführung eines Beziehungselements „Thema" (RDA 23.4) vorgesehen, welches bewusst nicht näher definiert wird. Seine Ausgestaltung soll vielmehr den von der jeweiligen Katalogisierungsagentur verwendeten Sacherschließungssystemen überlassen werden. RDA würde also vorhandene Erschließungssysteme wie die „Regeln für den Schlagwortkatalog" (RSWK) und die verschiedenen Klassifikationen nicht ablösen, sondern nur einen ganz allgemeinen Rahmen dafür bieten. Bei Redaktionsschluss dieses Lehrbuchs war noch nicht bekannt, ob dieser Vorschlag umgesetzt wird.

Beispielteil

13 Beispiele für einteilige Monografien

Die folgenden Beispiele für einteilige Monografien zeigen jeweils eine zusammengesetzte Beschreibung (vgl. Kap. 8.2.2). Kernelemente sind mit einem Stern (*), Zusatzelemente mit einem Plus-Zeichen (+) gekennzeichnet. Nicht gekennzeichnete Elemente sind fakultativ. Die in diesem Bereich ausgeführten Elemente entsprechen den Empfehlungen der Verfasserinnen für eine intellektuell erstellte Beschreibung. Je nach den Anforderungen und Ressourcen können auch weniger oder mehr fakultative Elemente erfasst werden.

Verwendete Symbole:
Stern (*): Kernelement
Plus (+): Zusatzelement

Die Darstellung der Beispiele erfolgt bewusst formatfrei; deshalb werden im Folgenden nur die Nummern und Namen der RDA-Elemente angegeben. Beispiele für die Umsetzung in verschiedene in Katalogisierungssystemen gebräuchliche Formate finden Sie auf der Begleitwebsite zum Lehrbuch.

Die Höhe des Buchrückens in den zusätzlichen Angaben wird nicht exakt, sondern immer auf den nächsten vollen Zentimeter aufgerundet angegeben – also so, wie sie auch gemäß RDA 3.5 erfasst wird.

Der bevorzugte Titel des Werks (RDA 6.2.2) ist in den Lösungen stets enthalten, würde aber in der praktischen Umsetzung nur unter bestimmten Bedingungen als eigenes Datenelement erfasst (vgl. Kap. 5.2.2). Ebenso ist das in der Manifestation verkörperte Werk (RDA 17.8) in den Lösungen immer explizit angegeben (als normierter Sucheinstieg für das Werk), auch wenn dies in der praktischen Umsetzung anders gelöst wird (vgl. Kap. 8.3.1).

Beziehungen zu Personen, Familien und Körperschaften werden nicht mit einem Identifikator dargestellt, sondern mit dem normierten Sucheinstieg für die in Beziehung stehende Entität (vgl. Kap. 9.1.2). In manchen Fällen sind in normierten Sucheinstiegen für Personen keine Lebensjahre angegeben. Dies bedeutet entweder, dass nur eine nicht-individualisierte Beschreibung möglich ist (vgl. Lösung 16-11) oder dass zwar keine Lebensjahre bekannt sind, die Person aber anhand anderer Merkmale identifiziert werden kann (vgl. Lösungen 16-3 und 16-7). Beziehungskennzeichnungen für Personen und Körperschaften werden in einer Standardform angegeben, die beide Geschlechter umfasst (vgl. Kap. 9.1.3).

Für eine Auswahl der monografischen Reihen, in denen einige der Ressourcen erschienen sind, finden Sie vollständige Lösungen in Kap. 15. Für eine Auswahl der in Beziehung stehenden Personen, Familien und Körperschaften finden Sie vollständige Lösungen in Kap. 16. Auf diese Lösungen wird jeweils mit „Siehe auch: ..." hingewiesen.

Bei den ersten Beispielen sind die Erläuterungen besonders ausführlich. Dort aufgeführte Punkte – z. B. der Umgang mit Verlagsnamen in verschiedenen Varianten – werden in späteren Beispielen nicht mehr eigens erwähnt.

13.1 Personen als geistige Schöpfer

13.1.1 Ein geistiger Schöpfer

Beispiel 13-1: Tigermilch / Stefanie de Velasco

Zusätzliche Angaben zu Abb. 31
Rückseite der Titelseite:
1. Auflage 2013
© 2013, Verlag Kiepenheuer & Witsch, Köln
Umschlaggestaltung: Maria Giménez
ISBN 978-3-462-04573-4
279 Seiten, 21 cm

Stefanie de Velasco

Tigermilch

Roman

Kiepenheuer & Witsch

Abb. 31: Tigermilch / Stefanie de Velasco

Lösung 13-1
vgl. Abb. 31 (S. 164)
Besonderheit:
– „&" im Verlagsnamen

RDA	Element	Inhalt
2.3.2	Haupttitel *	Tigermilch
2.3.4	Titelzusatz +	Roman
2.4.2	Verantwortlichkeitsangabe *	Stefanie de Velasco
2.5.2	Ausgabebezeichnung *	1. Auflage
2.8.2	Erscheinungsort *	Köln
2.8.4	Verlagsname *	Kiepenheuer & Witsch
2.8.6	Erscheinungsdatum *	2013
2.13	Erscheinungsweise +	einzelne Einheit
2.15	Identifikator für die Manifestation *	ISBN 978-3-462-04573-4

RDA	Element	Inhalt
3.2	Medientyp +	ohne Hilfsmittel zu benutzen
3.3	Datenträgertyp *	Band
3.4	Umfang *	279 Seiten
3.5	Maße	21 cm
6.2.2	Bevorzugter Titel des Werks *	Tigermilch
6.9	Inhaltstyp *	Text
6.11	Sprache der Expression *	Deutsch
17.8	In der Manifestation verkörpertes Werk *	Velasco, Stefanie de, 1978-. Tigermilch
19.2	Geistiger Schöpfer *	Velasco, Stefanie de, 1978-
18.5	Beziehungskennzeichnung	Verfasser/-in

Erläuterungen:
- Angaben wie „Roman", „Erzählung" etc., die im Zusammenhang mit dem Haupttitel vorkommen, werden als Titelzusatz erfasst.
- Der Verlagsname wird so übertragen, wie er in der Informationsquelle steht; deshalb wird das „&" übernommen.
- Das Erscheinungsdatum ist explizit angegeben. Das Copyright-Datum ist mit diesem identisch; es wird deshalb nicht erfasst (vgl. Kap. 4.7.2).
- Zur Verfasserin wird eine Beziehung als geistige Schöpferin angelegt (vgl. Kap. 9.2). Ihr Name enthält die Präposition „de" als Präfix. Da es sich um eine deutsche Schriftstellerin handelt, wird das „de" nachgestellt (vgl. Kap. 6.2.6). Mitwirkende von geringer Bedeutung wie die Person, die den Umschlag gestaltet hat, werden nicht berücksichtigt (vgl. Kap. 4.5.2 und 9.5.1).

Beispiel 13-2: Czernin oder Wie ich lernte, den Ersten Weltkrieg zu verstehen / Hans von Trotha

Zusätzliche Angaben zu Abb. 32
Rückseite der Titelseite:
© 2013 Nicolaische
Verlagsbuchhandlung GmbH, Berlin
Lektorat: Diethelm Kaiser
Herstellung: Christine Noack
ISBN 978-3-89479-795-9
495 Seiten, 22 cm. Literaturverzeichnis auf Seite 492-494.

Hans von Trotha

Czernin
oder wie ich lernte,
den Ersten Weltkrieg
zu verstehen

Roman

nicolai

Abb. 32: Czernin oder Wie ich lernte, den Ersten Weltkrieg zu verstehen / Hans von Trotha

Lösung 13-2
vgl. Abb. 32 (S. 166)
Besonderheiten:
- Alternativtitel
- Verlagsname in zwei Varianten
- kein Erscheinungsjahr angegeben

RDA	Element	Inhalt
2.3.2	Haupttitel *	Czernin oder Wie ich lernte, den Ersten Weltkrieg zu verstehen
2.3.4	Titelzusatz +	Roman
2.3.6	Abweichender Titel	Wie ich lernte, den Ersten Weltkrieg zu verstehen
2.4.2	Verantwortlichkeitsangabe *	Hans von Trotha
2.8.2	Erscheinungsort *	Berlin
2.8.4	Verlagsname *	Nicolai
2.8.6	Erscheinungsdatum *	[2013]
2.11	Copyright-Datum	© 2013
2.13	Erscheinungsweise +	einzelne Einheit
2.15	Identifikator für die Manifestation *	ISBN 978-3-89479-795-9
3.2	Medientyp +	ohne Hilfsmittel zu benutzen
3.3	Datenträgertyp *	Band
3.4	Umfang *	495 Seiten

RDA	Element	Inhalt
3.5	Maße	22 cm
6.2.2	Bevorzugter Titel des Werks *	Czernin
6.9	Inhaltstyp *	Text
6.11	Sprache der Expression *	Deutsch
17.8	In der Manifestation verkörpertes Werk *	Trotha, Hans von, 1965-. Czernin
19.2	Geistiger Schöpfer *	Trotha, Hans von, 1965-
18.5	Beziehungskennzeichnung	Verfasser/-in

Erläuterungen:
- Der Alternativtitel (vgl. Kap. 4.4.5) gehört zum Titel der Manifestation und beginnt stets großgeschrieben. Das kleingeschriebene „wie" auf dem Titelblatt wird also in „Wie" geändert. Der Alternativtitel sollte zusätzlich als abweichender Titel erfasst werden. Er ist nicht Teil des bevorzugten Titels des Werks (vgl. Kap. 5.2.3).
- Bei „Erster Weltkrieg" handelt es sich um einen mehrteiligen Namen, in dem das Adjektiv großgeschrieben wird.
- Der Verlagsname ist sowohl auf der Titelseite als auch auf deren Rückseite angegeben – in zwei unterschiedlichen Varianten. Man verwendet die Fassung von der bevorzugten Informationsquelle (vgl. Kap. 4.3.3). Auf der Titelseite ist die Angabe kleingeschrieben („nicolai"), doch zeigt die andere Fassung, dass der Verlag sich nicht grundsätzlich klein schreibt. Deshalb gilt die normale Groß-/Kleinschreibung (vgl. Kap. 4.2.3 und 6.6.2).
- Ein Erscheinungsdatum ist nicht genannt. Deshalb wird das Copyright-Jahr als ermitteltes Erscheinungsdatum angegeben (vgl. Kap. 4.7.1); es wird in eckige Klammern gesetzt (vgl. Kap. 4.3.3). Man kann das Copyright-Datum zusätzlich als eigenes Element erfassen, was in der Musterlösung beispielhaft gezeigt wird. Üblich ist dies jedoch nur dann, wenn es vom Erscheinungsdatum abweicht. Deshalb wird das Copyright-Datum in den übrigen Lösungen nicht mehr angegeben, wenn es mit dem Erscheinungsdatum übereinstimmt.
- Ergänzender Inhalt ist kein Zusatzelement; die Angabe von Literaturverzeichnissen ist daher fakultativ. Sie erscheint vor allem bei umfangreicheren Verzeichnissen sinnvoll. In den Beispielen in diesem Lehrbuch werden Literaturverzeichnisse deshalb erst ab einem Umfang von fünf Seiten angegeben. Im vorliegenden Fall wird entsprechend darauf verzichtet.
- Das Präfix „von" im Namen des Verfassers wird nachgestellt, da es sich um einen Deutschen handelt (vgl. Kap. 6.2.6). Lektoren und Personen, die bei der Herstellung beteiligt waren, werden üblicherweise nicht berücksichtigt (vgl. Kap. 4.5.2 und 9.5.1).

Beispiel 13-3: Ausblick vom Münsterturm / Elly Heuss-Knapp

Lösung 13-3
vgl. Abb. 1 (S. 8)
Besonderheiten:
– Illustrator
– zwei Erscheinungsorte
Siehe auch:
16-4: Heuss-Knapp, Elly, 1881-1952
16-5: Heuss, Theodor, 1884-1952

RDA	Element	Inhalt
2.3.2	Haupttitel *	Ausblick vom Münsterturm
2.3.4	Titelzusatz +	Erinnerungen
2.4.2	Verantwortlichkeitsangabe *	Elly Heuss-Knapp
2.4.2	Verantwortlichkeitsangabe	mit vier Kohlezeichnungen von Theodor Heuss
2.8.2	Erscheinungsort *	Stuttgart
2.8.2	Erscheinungsort	Leipzig
2.8.4	Verlagsname *	Hohenheim Verlag
2.8.6	Erscheinungsdatum *	[2008]
2.13	Erscheinungsweise +	einzelne Einheit
2.15	Identifikator für die Manifestation *	ISBN 978-3-89850-167-5
3.2	Medientyp +	ohne Hilfsmittel zu benutzen
3.3	Datenträgertyp *	Band
3.4	Umfang *	188 Seiten
3.5	Maße	19 cm
6.2.2	Bevorzugter Titel des Werks *	Ausblick vom Münsterturm
6.9	Inhaltstyp *	Text
6.11	Sprache der Expression *	Deutsch
7.15	Illustrierender Inhalt +	4 Illustrationen, 1 genealogische Tafel
7.16	Ergänzender Inhalt	Zeittafel: Seite 175-178, Personenverzeichnis: Seite 179-188
17.8	In der Manifestation verkörpertes Werk *	Heuss-Knapp, Elly, 1881-1952. Ausblick vom Münsterturm
19.2	Geistiger Schöpfer *	Heuss-Knapp, Elly, 1881-1952
18.5	Beziehungskennzeichnung	Verfasser/-in
20.2	Mitwirkender +	Heuss, Theodor, 1884-1963
18.5	Beziehungskennzeichnung	Illustrator/-in

Erläuterungen:
– Beim Verlagsnamen handelt es sich um ein fälschlich auseinandergeschriebenes Kompositum. Dies wird so übernommen, d. h. es wird kein Bindestrich ergänzt (vgl. Kap. 4.2.4).
– Es sind zwei Erscheinungsorte genannt; beide werden angegeben (vgl. Kap. 4.7.1).
– Als ermitteltes Erscheinungsdatum wird das jüngste Copyright-Jahr (2008) verwendet. Das ältere Copyright-Jahr (1934) bezieht sich auf eine frühere Ausgabe in einem anderen Verlag (vgl. Kap. 4.7.1).
– Es handelt sich um einen Text, zu dem eine andere Person Abbildungen beigesteuert hat. Der Illustrator sollte als Mitwirkender erfasst werden, da er auf der bevorzugten Informationsquelle steht und es sich um eine wichtige Funktion

handelt (vgl. Kap. 9.5.1). Entsprechend übernimmt man auch die zugehörige Verantwortlichkeitsangabe „mit vier Kohlezeichnungen von Theodor Heuss" (vgl. Kap. 4.5.2 und 9.1.5).
- Die Abbildungen werden als illustrierender Inhalt erfasst. Anstatt der hier gezeigten detaillierten Angabe könnte man auch nur „Illustrationen" schreiben (vgl. Kap. 5.7.1). Da es sich nur um wenige Bilder handelt, ist es nicht sinnvoll, den Inhaltstyp „unbewegtes Bild" zusätzlich zu „Text" zu vergeben.
- Beispielhaft wurden außerdem die enthaltene Zeittafel und das Personenverzeichnis als ergänzender Inhalt angegeben. Ob man ergänzende Inhalte überhaupt erfasst und wenn ja, in welcher Ausführlichkeit, kann man selbst entscheiden.

Beispiel 13-4: Klappe zu, Affe tot / Dr. Wort

Dr. Wort

Klappe zu, Affe tot

Woher unsere Redewendungen kommen

Rowohlt Taschenbuch Verlag

Abb. 33: Klappe zu, Affe tot / Dr. Wort

Zusätzliche Angaben zu Abb. 33
Rückseite der Titelseite:
6. Auflage November 2010
Originalausgabe
Veröffentlicht im Rowohlt Taschenbuch Verlag, Reinbek bei Hamburg, September 2010
Redaktion Ana González y Fandiño
ISBN 978 3 499 62632 6
Auf dem Buchrücken:
rororo 62632
221 Seiten, 19 cm. Literaturverzeichnis auf Seite 215-216. „Dr. Wort" ist ein Pseudonym von Jochen Krause. Er publizierte auch unter seinem richtigen Namen.

RDA	Element	Inhalt
2.3.2	Haupttitel *	Klappe zu, Affe tot
2.3.4	Titelzusatz +	woher unsere Redewendungen kommen
2.4.2	Verantwortlichkeitsangabe *	Dr. Wort
2.5.2	Ausgabebezeichnung *	Originalausgabe
2.8.2	Erscheinungsort *	Reinbek bei Hamburg
2.8.4	Verlagsname *	Rowohlt Taschenbuch Verlag
2.8.6	Erscheinungsdatum *	September 2010
2.12.2	Haupttitel der Reihe *	rororo
2.12.9	Zählung innerhalb der Reihe *	62632
2.13	Erscheinungsweise +	einzelne Einheit

Lösung 13-4
vgl. Abb. 33 (S. 169)
Besonderheiten:
- Pseudonym
- Nachdruck
- gezählte monografische Reihe (Verlegerserie)

Siehe auch:
16-10: Dr. Wort, 1950-2012

RDA	Element	Inhalt
2.15	Identifikator für die Manifestation *	ISBN 978-3-499-62632-6
3.2	Medientyp +	ohne Hilfsmittel zu benutzen
3.3	Datenträgertyp *	Band
3.4	Umfang *	221 Seiten
3.5	Maße	19 cm
6.2.2	Bevorzugter Titel des Werks *	Klappe zu, Affe tot
6.9	Inhaltstyp *	Text
6.11	Sprache der Expression *	Deutsch
17.8	In der Manifestation verkörpertes Werk *	Dr. Wort, 1950-2012. Klappe zu, Affe tot
19.2	Geistiger Schöpfer *	Dr. Wort, 1950-2012
18.5	Beziehungskennzeichnung	Verfasser/-in

Erläuterungen:
- Neben dem Erscheinungsjahr ist auch der Monat angegeben („September 2010"); dies wird vorlagegemäß übertragen.
- Die Ausgabebezeichnung ist nur „Originalausgabe". Die Angabe „6. Auflage" wird nicht berücksichtigt, weil sie lediglich auf einen unveränderten Nachdruck hinweist (vgl. Kap. 4.6.3). Entsprechend wird auch die zugehörige Datumsangabe „November 2010" ignoriert.
- ISBNs werden gemäß deutschsprachiger Praxis immer mit Strichen erfasst (vgl. Kap. 4.10.1).
- Der Band ist in einer sogenannten Verlegerserie erschienen. Bei der Erfassung ihres Haupttitels („rororo") sollte man die bewusst ungewöhnliche Groß-/Kleinschreibung beibehalten (RDA Anhang A.4.1 Ausnahme; vgl. Kap. 4.2.3). Für eine Verlegerserie wird in der Regel keine eigene Beschreibung angefertigt; folglich wird auch keine Beziehung zur Reihe hergestellt (vgl. Kap. 4.19.1).
- „Dr. Wort" ist ein Pseudonym von Jochen Krause, d. h. es liegen zwei getrennte Identitäten vor (vgl. Kap. 6.2.4). Es wird jeweils die passende Identität verwendet, d. h. der geistige Schöpfer ist hier nicht Jochen Krause, sondern Dr. Wort.
- Es wurde keine Beziehung zur Redakteurin als einer Mitwirkenden angelegt, da sie nicht auf der bevorzugten Informationsquelle genannt ist und es sich bei ihren redaktionellen Tätigkeiten auch nicht um eine wichtige Funktion handeln dürfte (vgl. Kap. 9.5.1 und 9.5.2). In der Musterlösung wurde auch die zugehörige Verantwortlichkeitsangabe weggelassen. Will man die Person nicht ganz unberücksichtigt lassen, könnte man die Angabe aber erfassen (vgl. Kap. 4.5.2). Für entsprechende Beispiele vgl. Lösungen 13-30 und 13-34.

Beispiel 13-5: Das Arbeitszeugnis / von Rechtsanwalt Professor Hein Schleßmann, Eggenstein-Leopoldshafen

Das Arbeitszeugnis
Zeugnisrecht, Zeugnissprache, Bausteine, Muster

Mit 30 Zeugnissen auf CD-ROM

von
Rechtsanwalt Professor Hein Schleßmann
Eggenstein-Leopoldshafen

18., neu bearbeitete Auflage 2007

Verlag Recht und Wirtschaft GmbH
Frankfurt am Main

Zusätzliche Angaben zu Abb. 34
Gegenüber der Titelseite:
Schriften des Betriebs-Beraters Band 27
Rückseite der Titelseite:
© 2007 Verlag Recht und Wirtschaft GmbH, Frankfurt am Main
ISBN 978-3-8005-3083-0
264 Seiten, 21 cm. Dem Buch ist eine CD-ROM beigegeben, die 30 Muster für Arbeitszeugnisse enthält.

Abb. 34: Das Arbeitszeugnis / von Rechtsanwalt Professor Hein Schleßmann, Eggenstein-Leopoldshafen

RDA	Element	Inhalt
2.3.2	Haupttitel *	Das Arbeitszeugnis
2.3.4	Titelzusatz +	Zeugnisrecht, Zeugnissprache, Bausteine, Muster
2.3.4	Titelzusatz	mit 30 Zeugnissen auf CD-ROM
2.4.2	Verantwortlichkeitsangabe *	von Rechtsanwalt Professor Hein Schleßmann, Eggenstein-Leopoldshafen
2.5.2	Ausgabebezeichnung *	18., neu bearbeitete Auflage
2.8.2	Erscheinungsort *	Frankfurt am Main
2.8.4	Verlagsname *	Verlag Recht und Wirtschaft GmbH
2.8.6	Erscheinungsdatum *	2007
2.12.2	Haupttitel der Reihe *	Schriften des Betriebs-Beraters
2.12.9	Zählung innerhalb der Reihe *	Band 27

Lösung 13-5
vgl. Abb. 34 (S. 171)
Besonderheiten:
– Buch mit CD-ROM (Begleitmaterial)
– gezählte monografische Reihe

RDA	Element	Inhalt
2.13	Erscheinungsweise +	einzelne Einheit
2.15	Identifikator für die Manifestation *	ISBN 978-3-8005-3083-0
3.2	Medientyp +	ohne Hilfsmittel zu benutzen
3.3	Datenträgertyp *	Band
3.4	Umfang *	264 Seiten
3.5	Maße	21 cm
3.4	Umfang	1 CD-ROM
6.2.2	Bevorzugter Titel des Werks *	Das Arbeitszeugnis
6.9	Inhaltstyp *	Text
6.11	Sprache der Expression *	Deutsch
17.8	In der Manifestation verkörpertes Werk *	Schleßmann, Hein. Das Arbeitszeugnis
19.2	Geistiger Schöpfer *	Schleßmann, Hein
18.5	Beziehungskennzeichnung	Verfasser/-in
25.1	In Beziehung stehendes Werk	Schriften des Betriebs-Beraters
24.5	Beziehungskennzeichnung	In der Reihe
24.6	Zählung des Teils	Band 27

Erläuterungen:
- Der Haupttitel beginnt mit einem bestimmten Artikel. In den Katalogsystemen ist es üblich, diesen besonders zu kennzeichnen, damit er in der Sortierung übergangen wird (vgl. Kap. 4.4.5). Die Angabe „mit 30 Zeugnissen auf CD-ROM" wird als zweiter Titelzusatz erfasst.
- In der Verantwortlichkeitsangabe bleiben die Personalangaben – Beruf und Ort – erhalten (vgl. Kap. 4.5.5). Zur besseren Lesbarkeit sollte vor dem Ort ein Komma ergänzt werden (vgl. Kap. 4.2.4).
- Da die beigelegte CD-ROM ergänzenden Charakter hat und nur im Zusammenhang mit dem Buch sinnvoll zu benutzen ist, gilt sie als Begleitmaterial (vgl. Kap. 4.17.1). Dieses wird nur beim Umfang mit angegeben. Im ISBD-Format verwendet man dafür ein Plus-Zeichen: „254 Seiten ; 21 cm + 1 CD-ROM" (vgl. Kap. 4.17.2). Bei der Bestimmung von Medien-, Datenträger- und Inhaltstyp wird Begleitmaterial grundsätzlich nicht berücksichtigt (vgl. Kap. 4.12 und 5.4.2).
- Der Band ist in einer gezählten monografischen Reihe erschienen. Zusätzlich zur Erfassung von Haupttitel und Zählung der Reihe (vgl. Kap. 4.8.1) sollte auch eine Beziehung zur Reihe hergestellt werden (vgl. Kap. 10.2.2).

13.1.2 Mehrere geistige Schöpfer

Beispiel 13-6: Konzernbilanzen / von Dr. Dr. h.c. Jörg Baetge, Dr. Hans-Jürgen Kirsch, Dr. Stefan Thiele

> **Konzernbilanzen**
>
> 6., aktualisierte Auflage
>
> von
>
> **Dr. Dr. h. c. Jörg Baetge**
> o. Professor der Betriebswirtschaftslehre
> und Direktor des Instituts für Revisionswesen
> der Universität Münster
> und Honorarprofessor der Universität Wien
>
> **Dr. Hans-Jürgen Kirsch**
> o. Professor der Betriebswirtschaftslehre
> und Inhaber
> des Lehrstuhls für Rechnungslegung und Wirtschaftsprüfung
> an der Universität Hannover
>
> **Dr. Stefan Thiele**
> wiss. Assistent am Institut für Revisionswesen
> der Universität Münster
>
> IDW-VERLAG GMBH
> Düsseldorf 2002

Zusätzliche Angaben zu Abb. 35
Rückseite der Titelseite:
ISBN 3-8021-0992-9
© 2002 by IDW-Verlag GmbH,
Düsseldorf
XXXIX, 667 Seiten, 25 cm. Enthält einige wenige Flussdiagramme u. ä. sowie ein Literaturverzeichnis auf Seite 621-659.

Abb. 35: Konzernbilanzen / von Dr. Dr. h.c. Jörg Baetge, Dr. Hans-Jürgen Kirsch, Dr. Stefan Thiele

RDA	Element	Inhalt
2.3.2	Haupttitel *	Konzernbilanzen
2.4.2	Verantwortlichkeitsangabe *	von Dr. Dr. h.c. Jörg Baetge, Dr. Hans-Jürgen Kirsch, Dr. Stefan Thiele
2.5.2	Ausgabebezeichnung *	6., aktualisierte Auflage
2.8.2	Erscheinungsort *	Düsseldorf
2.8.4	Verlagsname *	IDW-Verlag GmbH
2.8.6	Erscheinungsdatum *	2002
2.13	Erscheinungsweise +	einzelne Einheit
2.15	Identifikator für die Manifestation *	ISBN 3-8021-0992-9
3.2	Medientyp +	ohne Hilfsmittel zu benutzen
3.3	Datenträgertyp *	Band

Lösung 13-6
vgl. Abb. 35 (S. 173)
Besonderheit:
– umfangreiche Personalangaben

RDA	Element	Inhalt
3.4	Umfang *	XXXIX, 667 Seiten
3.5	Maße	25 cm
6.2.2	Bevorzugter Titel des Werks *	Konzernbilanzen
6.9	Inhaltstyp *	Text
6.11	Sprache der Expression *	Deutsch
7.16	Ergänzender Inhalt	Literaturverzeichnis: Seite 621-659
17.8	In der Manifestation verkörpertes Werk *	Baetge, Jörg, 1937-. Konzernbilanzen
19.2	Geistiger Schöpfer *	Baetge, Jörg, 1937-
18.5	Beziehungskennzeichnung	Verfasser/-in
19.2	Geistiger Schöpfer	Kirsch, Hans-Jürgen, 1960-
18.5	Beziehungskennzeichnung	Verfasser/-in
19.2	Geistiger Schöpfer	Thiele, Stefan, 1966-
18.5	Beziehungskennzeichnung	Verfasser/-in

Erläuterungen:
- In der Verantwortlichkeitsangabe werden Personalangaben normalerweise vollständig übernommen. Bei sehr langen Angaben wie im vorliegenden Fall kann aber auch gekürzt werden (vgl. Kap. 4.5.5). In der Musterlösung wurden nur die fett gedruckten Angaben übernommen. Wenn man auch die klein gedruckten Informationen erfassen will, sollte man diese zur besseren Lesbarkeit jeweils in Klammern setzen (vgl. Kap. 4.5.5). Zwischen den drei Personen wurden Kommas ergänzt (vgl. Kap. 4.2.4). In der Informationsquelle vorhandene Abkürzungen werden genau übertragen. Bei „h.c." steht gemäß den vereinbarten Schreibkonventionen kein Leerzeichen (vgl. Kap. 4.2.4).
- Es sind nur wenige, unwesentliche Illustrationen enthalten; diese werden ignoriert (vgl. Kap. 5.7.1).
- Von den drei geistigen Schöpfern müsste nur der erste Verfasser als Kernelement zwingend erfasst werden. Man sollte jedoch auch Beziehungen zu den übrigen Verfassern anlegen (vgl. Kap. 9.2.2).

Beispiel 13-7: Bibliotheken und Informationsgesellschaft in Deutschland / Engelbert Plassmann, Hermann Rösch, Jürgen Seefeldt, Konrad Umlauf

Lösung 13-7
vgl. Abb. 26 (S. 130)
Besonderheit:
– vier geistige Schöpfer

RDA	Element	Inhalt
2.3.2	Haupttitel *	Bibliotheken und Informationsgesellschaft in Deutschland
2.3.4	Titelzusatz +	eine Einführung
2.4.2	Verantwortlichkeitsangabe *	Engelbert Plassmann, Hermann Rösch, Jürgen Seefeldt, Konrad Umlauf
2.5.2	Ausgabebezeichnung *	2., gründlich überarbeitete und erweiterte Auflage
2.8.2	Erscheinungsort *	Wiesbaden

RDA	Element	Inhalt
2.8.4	Verlagsname *	Harrassowitz Verlag
2.8.6	Erscheinungsdatum *	2011
2.13	Erscheinungsweise +	einzelne Einheit
2.15	Identifikator für die Manifestation *	ISBN 978-3-447-06474-3
3.2	Medientyp +	ohne Hilfsmittel zu benutzen
3.3	Datenträgertyp *	Band
3.4	Umfang *	X, 388 Seiten
3.5	Maße	24 cm
6.2.2	Bevorzugter Titel des Werks *	Bibliotheken und Informationsgesellschaft in Deutschland
6.9	Inhaltstyp *	Text
6.11	Sprache der Expression *	Deutsch
7.15	Illustrierender Inhalt +	6 Karten
7.16	Ergänzender Inhalt	Literaturverzeichnis: Seite 325-353
17.8	In der Manifestation verkörpertes Werk *	Plassmann, Engelbert, 1935-. Bibliotheken und Informationsgesellschaft in Deutschland
19.2	Geistiger Schöpfer *	Plassmann, Engelbert, 1935-
18.5	Beziehungskennzeichnung	Verfasser/-in
19.2	Geistiger Schöpfer	Rösch, Hermann, 1954-
18.5	Beziehungskennzeichnung	Verfasser/-in
19.2	Geistiger Schöpfer	Seefeldt, Jürgen, 1953-
18.5	Beziehungskennzeichnung	Verfasser/-in
19.2	Geistiger Schöpfer	Umlauf, Konrad, 1952-
18.5	Beziehungskennzeichnung	Verfasser/-in

Erläuterungen:
- Hier könnte man beim illustrierenden Inhalt auch nur „Illustrationen" angeben. In der Musterlösung wurde das genauere „Karten" und die exakte Zahl verwendet, weil diese leicht festzustellen war (vgl. Kap. 5.7.1).
- Da es sich nur um einige wenige Karten handelt, ist es allerdings nicht sinnvoll, den Inhaltstyp „kartografisches Bild" zusätzlich zu „Text" zu vergeben.

Beispiel 13-8: 8 / Peter Godazgar, Kathrin Heinrichs, Carsten S. Henn, Jürgen Kehrer, Ralf Kramp, Tatjana Kruse, Sandra Lüpkes und Sabine Trinkaus

Zusätzliche Angaben zu Abb. 36
Rückseite der Titelseite:
Originalausgabe
© 2013 KBV Verlags- und
Mediengesellschaft mbH, Hillesheim
ISBN 978-3-942446-91-4
Auf dem Buchrücken:
KBV
291
295 Seiten, 18 cm

Abb. 36: 8 / Peter Godazgar, Kathrin Heinrichs, Carsten S. Henn, Jürgen Kehrer, Ralf Kramp, Tatjana Kruse, Sandra Lüpkes und Sabine Trinkaus

Lösung 13-8
vgl. Abb. 36 (S. 176)
Besonderheiten:
– viele geistige Schöpfer
– Ziffer vs. ausgeschriebene Zahl im Haupttitel
– gezählte monografische Reihe (Verlegerserie)

RDA	Element	Inhalt
2.3.2	Haupttitel *	8
2.3.6	Abweichender Titel	Acht
2.4.2	Verantwortlichkeitsangabe *	Peter Godazgar, Kathrin Heinrichs, Carsten S. Henn, Jürgen Kehrer, Ralf Kramp, Tatjana Kruse, Sandra Lüpkes und Sabine Trinkaus
2.5.2	Ausgabebezeichnung *	Originalausgabe
2.8.2	Erscheinungsort *	Hillesheim
2.8.4	Verlagsname *	KBV
2.8.6	Erscheinungsdatum *	[2013]
2.12.2	Haupttitel der Reihe *	KBV
2.12.9	Zählung innerhalb der Reihe *	291
2.13	Erscheinungsweise +	einzelne Einheit
2.15	Identifikator für die Manifestation *	ISBN 978-3-942446-91-4

RDA	Element	Inhalt
3.2	Medientyp +	ohne Hilfsmittel zu benutzen
3.3	Datenträgertyp *	Band
3.4	Umfang *	295 Seiten
3.5	Maße	18 cm
6.2.2	Bevorzugter Titel des Werks *	8
6.9	Inhaltstyp *	Text
6.11	Sprache der Expression *	Deutsch
17.8	In der Manifestation verkörpertes Werk *	Godazgar, Peter, 1967-. 8
19.2	Geistiger Schöpfer *	Godazgar, Peter, 1967-
18.5	Beziehungskennzeichnung	Verfasser/-in
19.2	Geistiger Schöpfer	Heinrichs, Kathrin, 1970-
18.5	Beziehungskennzeichnung	Verfasser/-in
19.2	Geistiger Schöpfer	Henn, Carsten Sebastian, 1973-
18.5	Beziehungskennzeichnung	Verfasser/-in
19.2	Geistiger Schöpfer	Kehrer, Jürgen, 1956-
18.5	Beziehungskennzeichnung	Verfasser/-in
19.2	Geistiger Schöpfer	Kramp, Ralf, 1963-
18.5	Beziehungskennzeichnung	Verfasser/-in
19.2	Geistiger Schöpfer	Kruse, Tatjana, 1960-
18.5	Beziehungskennzeichnung	Verfasser/-in
19.2	Geistiger Schöpfer	Lüpkes, Sandra, 1971-
18.5	Beziehungskennzeichnung	Verfasser/-in
19.2	Geistiger Schöpfer	Trinkaus, Sabine
18.5	Beziehungskennzeichnung	Verfasser/-in, 1969-

Erläuterungen:
– Der Haupttitel besteht nur aus der Ziffer „8". Die ausgeschriebene Variante sollte als abweichender Titel erfasst werden (vgl. Kap. 4.4.4).
– Die Angabe auf dem Buchrücken deutet auf eine Verlegerserie hin, deren Haupttitel offenbar genauso heißt wie der Verlag („KBV"). Zur Behandlung von Verlegerserien vgl. Lösung 13-4.
– Dieses Werk hat nicht weniger als acht geistige Schöpfer, die den Krimi gemeinsam verfasst haben. Nur der erste Verfasser müsste als Kernelement zwingend erfasst werden. Man sollte jedoch auch Beziehungen zu den übrigen Verfassern anlegen (vgl. Kap. 9.2.2). Auch in der Verantwortlichkeitsangabe führt man am besten alle Namen auf; gekürzt werden sollte nur bei sehr langen Listen (vgl. Kap. 4.5.4).

Beispiel 13-9: Märkte in Europa / Hartmut Berg/Hans Günther Meissner/ Wolfgang B. Schünemann

Zusätzliche Angaben zu Abb. 37
Rückseite der Titelseite:
ISBN 3-7910-0510-3
© 1990 J.B. Metzlersche Verlagsbuchhandlung und Carl Ernst Poeschel Verlag GmbH in Stuttgart
XIII, 222 Seiten, 25 cm. Enthält einige Abbildungen. Am Ende jedes Kapitels finden sich Literaturhinweise. Im Inhaltsverzeichnis kann man sehen, wer welchen Teil geschrieben hat.

Hartmut Berg/Hans Günther Meissner/
Wolfgang B. Schünemann

Märkte in Europa

Strategien für das Marketing

C.E. Poeschel Verlag Stuttgart

Abb. 37: Märkte in Europa / Hartmut Berg/Hans Günther Meissner/Wolfgang B. Schünemann

Lösung 13-9
vgl. Abb. 37 (S. 178)
Besonderheiten:
– getrennte Textanteile der geistigen Schöpfer
– Beibehaltung von Schrägstrichen in der Verantwortlichkeitsangabe

RDA	Element	Inhalt
2.3.2	Haupttitel *	Märkte in Europa
2.3.4	Titelzusatz +	Strategien für das Marketing
2.4.2	Verantwortlichkeitsangabe *	Hartmut Berg/Hans Günther Meissner/ Wolfgang B. Schünemann
2.8.2	Erscheinungsort *	Stuttgart
2.8.4	Verlagsname *	C.E. Poeschel Verlag
2.8.6	Erscheinungsdatum *	[1990]
2.13	Erscheinungsweise +	einzelne Einheit
2.15	Identifikator für die Manifestation *	ISBN 3-7910-0510-3
3.2	Medientyp +	ohne Hilfsmittel zu benutzen
3.3	Datenträgertyp *	Band
3.4	Umfang *	XIII, 222 Seiten
3.5	Maße	25 cm
6.2.2	Bevorzugter Titel des Werks *	Märkte in Europa
6.9	Inhaltstyp *	Text

RDA	Element	Inhalt
6.11	Sprache der Expression *	Deutsch
7.15	Illustrierender Inhalt +	Illustrationen
7.16	Ergänzender Inhalt	Literaturangaben
17.8	In der Manifestation verkörpertes Werk *	Berg, Hartmut, 1936-. Märkte in Europa
19.2	Geistiger Schöpfer *	Berg, Hartmut, 1936-
18.5	Beziehungskennzeichnung	Verfasser/-in
19.2	Geistiger Schöpfer	Meissner, Hans Günther, 1929-1999
18.5	Beziehungskennzeichnung	Verfasser/-in
19.2	Geistiger Schöpfer	Schünemann, Wolfgang B., 1947-
18.5	Beziehungskennzeichnung	Verfasser/-in

Erläuterungen:
- Vorhandene Satzzeichen werden bei den zu übertragenden Elementen im Normalfall genau übernommen. Deshalb bleiben die Schrägstriche in der Verantwortlichkeitsangabe erhalten. Schrägstriche werden grundsätzlich ohne Leerzeichen davor und dahinter geschrieben (vgl. Kap. 4.2.4), wenn es sich nicht um das ISBD-Deskriptionszeichen zur Einleitung der Verantwortlichkeitsangabe handelt (vgl. Kap. 1.3.2).
- Gemäß den Regeln für die Schreibung von Körperschaftsnamen steht beim Verlagsnamen zwischen den Initialen kein Leerzeichen (vgl. Kap. 6.6.2).
- Die Literaturhinweise kommen an mehreren Stellen in der Ressource vor (immer am Ende eines Kapitels). Dies wird mit der Formulierung „Literaturangaben" wiedergegeben (vgl. Kap. 5.7.2).
- Man kann zwar im Inhaltsverzeichnis erkennen, welcher der drei Verfasser welche Teile geschrieben hat. Trotzdem gibt es keinen Grund, daran zu zweifeln, dass die Personen als Team zusammengearbeitet haben. Es handelt sich deshalb auch hier um ein gemeinschaftlich geschaffenes Werk; alle drei Verfasser sind geistige Schöpfer (vgl. Kap. 9.2.2 und 9.2.3).

13.1.3 Übersetzungen

Beispiel 13-10: Stolz und Vorurteil / Jane Austen

RDA	Element	Inhalt
2.3.2	Haupttitel *	Stolz und Vorurteil
2.3.4	Titelzusatz +	Roman
2.4.2	Verantwortlichkeitsangabe *	Jane Austen
2.4.2	Verantwortlichkeitsangabe	aus dem Englischen übersetzt von Ursula und Christian Grawe
2.4.2	Verantwortlichkeitsangabe	Nachwort und Anmerkungen von Christian Grawe
2.8.2	Erscheinungsort *	Stuttgart

Lösung 13-10
vgl. Abb. 9 (S. 19)
Besonderheiten:
- Übersetzer bei Belletristik
- Verfasser von ergänzendem Text
- zwei Beziehungskennzeichnungen bei derselben Person
- Nachdruck
- gezählte monografische Reihe (Verlegerserie)

Siehe auch:
16-1: Austen, Jane, 1775-1817
16-2: Grawe, Christian, 1935-
16-3: Grawe, Ursula
16-28: Austen, Jane, 1775-1817. Pride and prejudice

RDA	Element	Inhalt
2.8.4	Verlagsname *	Philipp Reclam jun.
2.8.6	Erscheinungsdatum *	[2008]
2.12.2	Haupttitel der Reihe *	Reclam Taschenbuch
2.12.9	Zählung innerhalb der Reihe *	Nr. 21729
2.13	Erscheinungsweise +	einzelne Einheit
2.15	Identifikator für die Manifestation *	ISBN 978-3-15-021729-0
3.2	Medientyp +	ohne Hilfsmittel zu benutzen
3.3	Datenträgertyp *	Band
3.4	Umfang *	479 Seiten
3.5	Maße	19 cm
6.2.2	Bevorzugter Titel des Werks *	Pride and prejudice
6.9	Inhaltstyp *	Text
6.11	Sprache der Expression *	Deutsch
17.8	In der Manifestation verkörpertes Werk *	Austen, Jane, 1775-1817. Pride and prejudice
19.2	Geistiger Schöpfer *	Austen, Jane, 1775-1817
18.5	Beziehungskennzeichnung	Verfasser/-in
20.2	Mitwirkender +	Grawe, Ursula
18.5	Beziehungskennzeichnung	Übersetzer/-in
20.2	Mitwirkender +	Grawe, Christian, 1935-
18.5	Beziehungskennzeichnung	Übersetzer/-in
18.5	Beziehungskennzeichnung	Verfasser/-in von ergänzendem Text

Erläuterungen:
- Als Erscheinungsdatum wird das Copyright-Jahr 2008 verwendet und nicht das Jahr, in dem der Band gedruckt wurde („Printed in Germany 2010"). Letzteres ist das Herstellungsjahr; es handelt sich um einen unveränderten Nachdruck (vgl. Kap. 4.6.3, 4.7.1 und 4.7.3).
- „Reclam Taschenbuch" ist eine Verlegerserie. Zu deren Behandlung vgl. Lösung 13-4.
- Als bevorzugter Titel des Werks wird der englische Originaltitel verwendet (vgl. Kap. 5.2.2). Es gilt die normale Groß-/Kleinschreibung der jeweiligen Sprache, deshalb wird „prejudice" kleingeschrieben (vgl. Kap. 5.2.1).
- Neben der geistigen Schöpferin Jane Austen gibt es hier noch zwei Mitwirkende, die das Werk übersetzt haben. Auch zu ihnen sollten Beziehungen angelegt werden, da sie auf der bevorzugten Informationsquelle genannt sind und es sich bei Übersetzern von Belletristik um eine wichtige Funktion handelt (vgl. Kap. 9.5.3). Entsprechend sollten auch die zugehörigen Verantwortlichkeitsangaben erfasst werden (vgl. Kap. 4.5.2 und 9.1.5). Christian Grawe hat außerdem noch ein Nachwort und Anmerkungen verfasst. Dafür kann eine zweite Beziehungskennzeichnung vergeben werden (vgl. Kap. 9.1.3).

Beispiel 13-11: 100 Wege zum perfekt erzogenen Hund / Sarah Fisher & Marie Miller

Abb. 38: 100 Wege zum perfekt erzogenen Hund / Sarah Fisher & Marie Miller

RDA	Element	Inhalt
2.3.2	Haupttitel *	100 Wege zum perfekt erzogenen Hund
2.3.6	Abweichender Titel	Hundert Wege zum perfekt erzogenen Hund
2.4.2	Verantwortlichkeitsangabe *	Sarah Fisher & Marie Miller
2.4.2	Verantwortlichkeitsangabe	aus dem Englischen übersetzt von Lily Merklin, Freiburg
2.8.2	Erscheinungsort *	Stuttgart
2.8.4	Verlagsname *	Kosmos
2.8.6	Erscheinungsdatum *	[2009]
2.13	Erscheinungsweise +	einzelne Einheit
2.15	Identifikator für die Manifestation *	ISBN 978-3-440-11801-6
2.17.2	Anmerkung zum Titel	Übungen, Tricks und Spiele
3.2	Medientyp +	ohne Hilfsmittel zu benutzen
3.3	Datenträgertyp *	Band
3.4	Umfang *	144 Seiten
3.5	Maße	28 cm
6.2.2	Bevorzugter Titel des Werks *	100 ways to train the perfect dog

Zusätzliche Angaben zu Abb. 38
Rückseite der Titelseite:
Aus dem Englischen übersetzt von Lily Merklin, Freiburg. Übersetzerin und Verlag danken Katja Krauß, Berlin, für die freundliche Unterstützung

Titel der Originalausgabe: „100 Ways to Train the Perfect Dog" erschienen bei David & Charles, Brunel House, Newton Abbot, Devon ISBN 978-0-7153-2941-2 Copyright © Sarah Fischer & Marie Miller, David & Charles 2008

Für die deutsche Ausgabe: © 2009, Franck-Kosmos Verlags-GmbH & Co. KG, Stuttgart ISBN 978-3-440-11801-6

Vorderumschlag (unterhalb des Haupttitels):
Übungen, Tricks und Spiele
144 Seiten, 28 cm. Enthält viele Abbildungen.

Lösung 13-11
vgl. Abb. 38 (S. 181)
Besonderheiten:
– Übersetzer bei Sachliteratur
– Zahl am Anfang des Haupttitels
– Untertitel auf Vorderumschlag

RDA	Element	Inhalt
6.9	Inhaltstyp *	Text
6.11	Sprache der Expression *	Deutsch
7.15	Illustrierender Inhalt +	Illustrationen
17.8	In der Manifestation verkörpertes Werk *	Fisher, Sarah. 100 ways to train the perfect dog
19.2	Geistiger Schöpfer *	Fisher, Sarah
18.5	Beziehungskennzeichnung	Verfasser/-in
19.2	Geistiger Schöpfer	Miller, Marie
18.5	Beziehungskennzeichnung	Verfasser/-in

Erläuterungen:
- Der Haupttitel beginnt mit einer Zahl. Eine Variante mit ausgeschriebener Zahl sollte als abweichender Titel erfasst werden (vgl. Kap. 4.4.4). Das „&" in der Verantwortlichkeitsangabe wird vorlagegemäß übernommen.
- Die Angabe „Übungen, Tricks und Spiele" hat zwar den Charakter eines Titelzusatzes, stammt jedoch nicht von derselben Informationsquelle wie der Haupttitel und kann deshalb nicht als Titelzusatz erfasst werden (vgl. Kap. 4.4.2). Die Information wurde als Anmerkung zum Titel angegeben; man könnte sie stattdessen auch als abweichenden Titel erfassen.
- Bei der ISBN und dem (als Erscheinungsdatum zu benutzenden) Copyright-Datum verwendet man die Angaben, die bei „Für die deutsche Ausgabe" stehen. Die davor abgedruckten Angaben beziehen sich auf die englische Ausgabe, gehören also zu einer anderen Manifestation.
- Da relativ viele Abbildungen enthalten sind, könnte man „unbewegtes Bild" als zweiten Inhaltstyp erfassen.
- Auf der Rückseite der Titelseite ist die Übersetzerin Lily Merklin genannt sowie eine weitere Person, die sie unterstützt hat. Auf das Anlegen einer Beziehung zur Übersetzerin wurde verzichtet, da sie nicht auf der bevorzugten Informationsquelle genannt ist (vgl. Kap. 9.5.1). Außerdem haben Übersetzer bei Fach- und Sachliteratur eine geringere Bedeutung als bei Belletristik (vgl. Kap. 9.5.3). Um Lily Merklin nicht ganz unberücksichtigt zu lassen, wurde aber zumindest die entsprechende Verantwortlichkeitsangabe erfasst. Die unterstützende Person wurde weggelassen.

Beispiel 13-12: Ein kalter Strom / Val McDermid

Val McDermid
Ein kalter Strom
Roman

Aus dem Englischen
von Doris Styron

Weltbild

Abb. 39: Ein kalter Strom / Val McDermid

Zusätzliche Angaben zu Abb. 39
Rückseite der Titelseite:
Die englische Originalausgabe erschien 2002 unter dem Titel „The Last Temptation" bei HarperCollins, London

Genehmigte Lizenzausgabe für Verlagsgruppe Weltbild GmbH, Steinerne Furt, 86167 Augsburg, 2003
Copyright © 2002 by Val McDermid
Copyright © 2003 *der deutschsprachigen Ausgabe bei Droemersche Verlagsanstalt Th. Knaur Nachf., München*
ISBN 3-8289-7290-X
619 Seiten, 20 cm

RDA	Element	Inhalt
2.3.2	Haupttitel *	Ein kalter Strom
2.3.4	Titelzusatz +	Roman
2.4.2	Verantwortlichkeitsangabe *	Val McDermid
2.4.2	Verantwortlichkeitsangabe	aus dem Englischen von Doris Styron
2.8.2	Erscheinungsort *	Augsburg
2.8.4	Verlagsname *	Weltbild
2.8.6	Erscheinungsdatum *	2003
2.13	Erscheinungsweise +	einzelne Einheit
2.15	Identifikator für die Manifestation *	ISBN 3-8289-7290-X
2.17.7	Anmerkung zur Veröffentlichungsangabe	Lizenz der Droemerschen Verlagsanstalt Th. Knaur Nachf., München
3.2	Medientyp +	ohne Hilfsmittel zu benutzen
3.3	Datenträgertyp *	Band

Lösung 13-12
vgl. Abb. 39 (S. 183)
Besonderheiten:
– Übersetzer bei Belletristik
– Lizenzausgabe

RDA	Element	Inhalt
3.4	Umfang *	619 Seiten
3.5	Maße	20 cm
6.2.2	Bevorzugter Titel des Werks *	The last temptation
6.9	Inhaltstyp *	Text
6.11	Sprache der Expression *	Deutsch
17.8	In der Manifestation verkörpertes Werk *	McDermid, Val, 1955-. The last temptation
19.2	Geistiger Schöpfer *	McDermid, Val, 1955-
18.5	Beziehungskennzeichnung	Verfasser/-in
20.2	Mitwirkender +	Styron, Doris
18.5	Beziehungskennzeichnung	Übersetzer/-in

Erläuterungen:
- „Lizenzausgabe" wird nicht als Ausgabebezeichnung angesehen. Die Information stellt einen Hinweis zur Publikationsgeschichte dar und kann als Anmerkung zur Veröffentlichungsangabe erfasst werden (vgl. Kap. 4.6.1).
- Zum unbestimmten Artikel am Anfang des Haupttitels vgl. Lösung 13-5. Zur Behandlung der Übersetzerin vgl. Lösung 13-10.

13.1.4 Hochschulschriften

Beispiel 13-13: Craniomandibuläre Dysfunktion / vorgelegt von Lisa Marx-Janson (geb. Kraus) aus Tübingen

Lösung 13-13
vgl. Abb. 20 (S. 84)
Besonderheiten:
- „echte" Hochschulschrift
- Online-Ressource
- in Beziehung stehende Manifestation

Siehe auch:
16-8: Marx-Janson, Lisa
16-16: Universität Tübingen

RDA	Element	Inhalt
2.3.2	Haupttitel *	Craniomandibuläre Dysfunktion
2.3.4	Titelzusatz +	Querschnittsstudie der Prävalenz im Einzugsbereich Tübingen
2.3.4	Titelzusatz	(eine retrospektive Datenerhebung)
2.3.6	Abweichender Titel	Craniomandibular dysfunction
2.3.6	Abweichender Titel	Cross-sectional study of prevalence in catchment area of Tübingen
2.4.2	Verantwortlichkeitsangabe *	vorgelegt von Lisa Marx-Janson (geb. Kraus) aus Tübingen
2.8.2	Erscheinungsort *	Tübingen
2.8.4	Verlagsname *	Eberhard Karls Universität zu Tübingen
2.8.6	Erscheinungsdatum *	2011
2.13	Erscheinungsweise +	einzelne Einheit
2.15	Identifikator für die Manifestation *	urn:nbn:de:bsz:21-opus-58189
2.15	Identifikator für die Manifestation	handle: 10900/45894
3.2	Medientyp +	Computermedien

RDA	Element	Inhalt
3.3	Datenträgertyp *	Online-Ressource
3.4	Umfang *	1 Online-Ressource (VI, 101 Seiten)
3.19.2	Dateityp	Textdatei
3.19.3	Kodierungsformat	PDF
3.19.4	Dateigröße	872 KB
4.6	Uniform Resource Locator +	http://nbn-resolving.de/urn:nbn:de:bsz:21-opus-58189
4.6	Uniform Resource Locator	https://publikationen.uni-tuebingen.de/xmlui/handle/10900/45894
4.6	Uniform Resource Locator	http://hdl.handle.net/10900/45894
6.2.2	Bevorzugter Titel des Werks *	Craniomandibuläre Dysfunktion
6.9	Inhaltstyp *	Text
6.11	Sprache der Expression *	Deutsch
7.2	Art des Inhalts	Hochschulschrift
7.9.2	Akademischer Grad (als Charakter der Hochschulschrift) +	Dissertation
7.9.3	Verleihende Institution oder Fakultät +	Universität Tübingen
7.9.4	Jahr, in dem der Grad verliehen wurde +	2011
7.15	Illustrierender Inhalt +	Diagramme
17.8	In der Manifestation verkörpertes Werk *	Marx-Janson, Lisa, 1983-. Craniomandibuläre Dysfunktion
19.2	Geistiger Schöpfer *	Marx-Janson, Lisa, 1983-
18.5	Beziehungskennzeichnung	Verfasser/-in
19.3	Sonstige Person, Familie oder Körperschaft in Verbindung mit einem Werk	Universität Tübingen
18.5	Beziehungskennzeichnung	Grad-verleihende Institution
27.1	In Beziehung stehende Manifestation	Erscheint auch als: Band [Identnummer des Titeldatensatzes der Druckausgabe]

Erläuterungen:
- Die bevorzugte Informationsquelle ist die Titelseite des PDF-Dokuments (vgl. Kap. 4.3.1). Der Haupttitel ist „Craniomandibuläre Dysfunktion". Es erscheint sinnvoll, zwei Titelzusätze anzunehmen. Die Verfasserin hat außerdem auf dem Hochschulschriftenserver noch eine englische Übersetzung des Titels angegeben. Diese ist kein Paralleltitel (vgl. Kap. 4.4.3), weil sie nicht auf der Ressource selbst angegeben ist. Es bleibt deshalb nur die Erfassung als abweichender Titel.
- Die formelhaften Teile der Verantwortlichkeitsangabe („Inaugurale-Dissertation zur Erlangung des Doktorgrads der Zahnheilkunde ...") lässt man weg (vgl. Kap. 4.5.5).
- Der Name der Hochschule wird als Verlagsname und der Hochschulort als Erscheinungsort angegeben – beides in der Form der Informationsquelle (vgl. Kap. 4.7.1).
- Es handelt sich um die Online-Ausgabe einer „echten" Dissertation (d. h. der Arbeit, wie sie zur Prüfung eingereicht wurde). Als Art des Inhalts wird „Hochschulschrift" erfasst (vgl. Kap. 5.7.4). Im sogenannten Hochschulschriftenvermerk (vgl.

Kap. 5.7.5) werden außerdem der Charakter der Hochschulschrift („Dissertation"), die Hochschule (in der Form des normierten Sucheinstiegs; vgl. Kap. 6.6.5) sowie das Jahr der Gradverleihung (hier: Jahr der mündlichen Prüfung) angegeben. Man kann außerdem eine Beziehung zur Hochschule anlegen, die den akademischen Grad verliehen hat (vgl. Kap. 9.4.4).
- Der Medientyp ist „Computermedien", der Datenträgertyp „Online-Ressource". Beim Umfang kann die Seitenzahl des PDF-Dokuments in Klammern mit angegeben werden (vgl. Kap. 4.13.2). Es können verschiedene Merkmale der Datei erfasst werden (vgl. Kap. 4.14.3).
- Außer der URL, die beim Aufruf der Frontdoor im Browser angezeigt wird, sollten auch die dort genannten „zitierfähigen Links" erfasst werden (vgl. Kap. 4.15.2). Aus diesen können außerdem zwei persistente Identifikatoren – URN und Handle – abgelesen werden (vgl. Kap. 4.10.1).
- Beim illustrierenden Inhalt wurde in der Musterlösung der genaue Begriff „Diagramme" verwendet; man hätte auch nur „Illustrationen" schreiben können (vgl. Kap. 5.7.1).
- Die gedruckte Ausgabe der echten Dissertation kann als in Beziehung stehende Manifestation erfasst werden. In der Musterlösung wurde dafür eine strukturierte Beschreibung verwendet und ein direkter Link zum entsprechenden Titeldatensatz hergestellt (vgl. Kap. 10.4).

Beispiel 13-14: Christian Gottlob Leberecht Großmann (1783-1857) / Angelika Rotter

Lösung 13-14
vgl. Abb. 15 (S. 51)
Besonderheiten:
- Verlagsausgabe einer Hochschulschrift
- in Beziehung stehende Expression
- gezählte monografische Reihe

Siehe auch:
15-1: Arbeiten zur Kirchen- und Theologiegeschichte
16-7: Rotter, Angelika

RDA	Element	Inhalt
2.3.2	Haupttitel*	Christian Gottlob Leberecht Großmann (1783-1857)
2.3.4	Titelzusatz +	Vereinsgründung und kirchliche Verantwortung zwischen Rationalismus und Neuluthertum
2.3.6	Abweichender Titel	Leben und Wirken des Gründervaters der Gustav-Adolf-Stiftung
2.4.2	Verantwortlichkeitsangabe *	Angelika Rotter
2.8.2	Erscheinungsort *	Leipzig
2.8.4	Verlagsname *	Evangelische Verlagsanstalt
2.8.6	Erscheinungsdatum *	[2009]
2.12.2	Haupttitel der Reihe *	Arbeiten zur Kirchen- und Theologiegeschichte
2.12.9	Zählung innerhalb der Reihe *	Band 27
2.13	Erscheinungsweise +	einzelne Einheit
2.15	Identifikator für die Manifestation *	ISBN 978-3-374-02727-9
3.2	Medientyp +	ohne Hilfsmittel zu benutzen
3.3	Datenträgertyp *	Band
3.4	Umfang *	499 Seiten
3.5	Maße	25 cm

RDA	Element	Inhalt
6.2.2	Bevorzugter Titel des Werks *	Christian Gottlob Leberecht Großmann (1783-1857)
6.9	Inhaltstyp *	Text
6.11	Sprache der Expression *	Deutsch
7.2	Art des Inhalts	Hochschulschrift
7.9.2	Akademischer Grad (als Charakter der Hochschulschrift) +	Dissertation
7.9.3	Verleihende Institution oder Fakultät +	Universität Leipzig
7.9.4	Jahr, in dem der Grad verliehen wurde +	2006
7.16	Ergänzender Inhalt	Bibliografie Christian Gottlob Leberecht Großmann: Seite 453-455, Literaturverzeichnis: Seite 455-483
17.8	In der Manifestation verkörpertes Werk *	Rotter, Angelika. Christian Gottlob Leberecht Großmann (1783-1857)
19.2	Geistiger Schöpfer *	Rotter, Angelika
18.5	Beziehungskennzeichnung	Verfasser/-in
25.1	In Beziehung stehendes Werk	Arbeiten zur Kirchen- und Theologiegeschichte
24.5	Beziehungskennzeichnung	In der Reihe
24.6	Zählung des Teils	Band 27
26.1	In Beziehung stehende Expression	Überarbeitete Fassung der Dissertation der Verfasserin, erschienen unter dem Titel: Christian Gottlob Leberecht Großmann (1783-1857) : Leben und Wirken des Gründervaters der Gustav-Adolf-Stiftung

Erläuterungen:
- Die Angabe der Lebensjahre von Großmann wird als Teil des Haupttitels erfasst (vgl. Kap. 4.4.2). Die ursprüngliche Fassung der Dissertation erschien mit einem etwas anderen Titelzusatz. Dieser kann als abweichender Titel erfasst werden.
- Als ergänzender Inhalt wurde zusätzlich zum Literaturverzeichnis auch die Bibliografie der Schriften Großmanns angegeben. Da diese nicht sehr umfangreich ist, wurde darauf verzichtet, „Bibliografie" auch als Art des Inhalts zu erfassen.
- Beim Beispiel handelt es sich nicht um eine „echte" Hochschulschrift, sondern um eine Verlagsausgabe. Auch hier wird – wie in Lösung 13-13 – „Hochschulschrift" als Art des Inhalts sowie der Hochschulschriftenvermerk erfasst. Auch könnte man noch eine Beziehung zur Universität als „Grad-verleihender Institution" anlegen.
- Die „echte" Dissertation kann als eine in Beziehung stehende Expression betrachtet werden (vgl. Kap. 10.3). In der Musterlösung wurde diese in Form einer unstrukturierten Beschreibung angegeben (vgl. Kap. 10.1.2).
- Zur Behandlung der gezählten monografischen Reihe vgl. Lösung 13-5.

Beispiel 13-15: EU-Dienstleistungsrichtlinie und Berufsanerkennungsrichtlinie / Michael Waschkau, Köln

Lösung 13-15
vgl. Abb. 21 (S. 106)
Besonderheiten:
– Verlagsausgabe einer Hochschulschrift
– gezählte monografische Reihe
Siehe auch:
15-6: Schriftenreihe des Instituts für Anwaltsrecht
16-18: Universität Köln. Institut für Anwaltsrecht

RDA	Element	Inhalt
2.3.2	Haupttitel *	EU-Dienstleistungsrichtlinie und Berufsanerkennungsrichtlinie
2.3.4	Titelzusatz +	Analyse der Auswirkungen auf das Recht der freien Berufe in Deutschland unter besonderer Berücksichtigung der Rechtsanwälte, Steuerberater und Wirtschaftsprüfer
2.4.2	Verantwortlichkeitsangabe *	Michael Waschkau, Köln
2.8.2	Erscheinungsort *	Bonn
2.8.4	Verlagsname *	Deutscher Anwalt Verlag
2.8.6	Erscheinungsdatum *	[2008]
2.12.2	Haupttitel der Reihe *	Schriftenreihe des Instituts für Anwaltsrecht
2.12.9	Zählung innerhalb der Reihe *	Band 72
2.13	Erscheinungsweise +	einzelne Einheit
2.15	Identifikator für die Manifestation *	ISBN 978-3-8240-5236-3
3.2	Medientyp +	ohne Hilfsmittel zu benutzen
3.3	Datenträgertyp *	Band
3.4	Umfang *	234 Seiten
3.5	Maße	21 cm
6.2.2	Bevorzugter Titel des Werks *	EU-Dienstleistungsrichtlinie und Berufsanerkennungsrichtlinie
6.9	Inhaltstyp *	Text
6.11	Sprache der Expression *	Deutsch
7.2	Art des Inhalts	Hochschulschrift
7.9.2	Akademischer Grad (als Charakter der Hochschulschrift) +	Dissertation
7.9.3	Verleihende Institution oder Fakultät +	Universität Köln
7.9.4	Jahr, in dem der Grad verliehen wurde +	2007
7.16	Ergänzender Inhalt	Literaturverzeichnis: Seite 14-21
17.8	In der Manifestation verkörpertes Werk *	Waschkau, Michael, 1980-. EU-Dienstleistungsrichtlinie und Berufsanerkennungsrichtlinie
19.2	Geistiger Schöpfer *	Waschkau, Michael, 1980-
18.5	Beziehungskennzeichnung	Verfasser/-in
25.1	In Beziehung stehendes Werk	Schriftenreihe des Instituts für Anwaltsrecht
24.5	Beziehungskennzeichnung	In der Reihe
24.6	Zählung des Teils	Band 72

Erläuterungen:
- In der Verantwortlichkeitsangabe wurde ein Komma ergänzt. Der Verlagsname ist auf der bevorzugten Informationsquelle aus Designgründen ohne Leerzeichen geschrieben; diese müssen ergänzt werden.
- Zur Behandlung der Verlagsausgabe einer Hochschulschrift vgl. Lösung 13-14.
- Zur Behandlung der gezählten monografischen Reihe vgl. Lösung 13-5. Der Haupttitel der Reihe kommt in der Ressource in zwei Varianten vor – einmal als „Schriftenreihe des Instituts für Anwaltsrecht" und einmal als „Schriftenreihe des Instituts für Anwaltsrecht an der Universität zu Köln". Es wird die Variante verwendet, die man auf der Titelseite für die Reihe (hier: der Vortitelseite) findet, also die kürzere (vgl. Kap. 4.8.1).

13.1.5 Bildbände

Beispiel 13-16: Ostseeheilbad Graal-Müritz / Autoren: Bildautorin Dorothea Puttkammer, Textautor Joachim Puttkammer

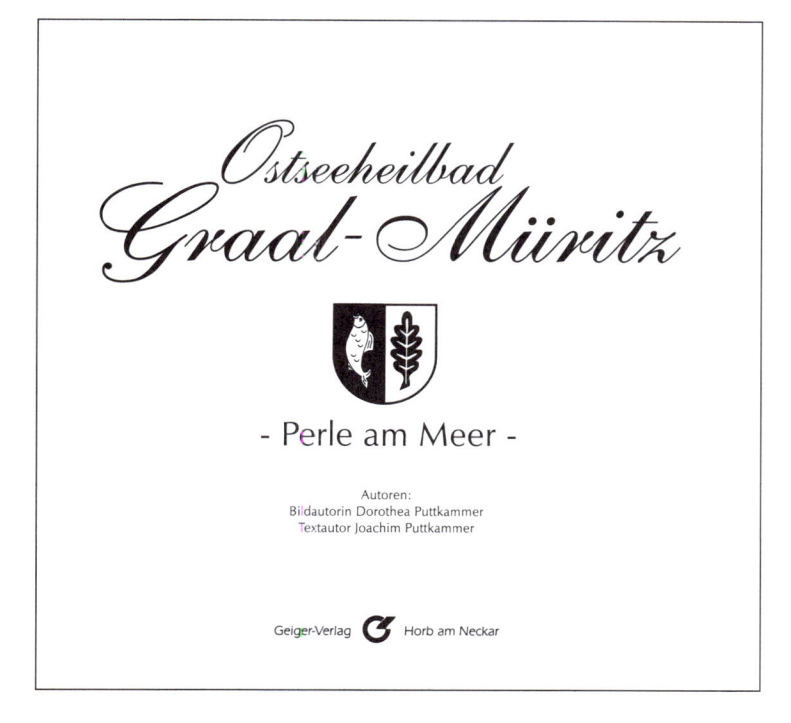

Zusätzliche Angaben zu Abb. 40
Rückseite der Titelseite:
ISBN 3-86595-005-1
1. Auflage 2005
96 Seiten, 22 cm. Mehr als die Hälfte besteht aus farbigen Abbildungen (Fotos).

Abb. 40: Ostseeheilbad Graal-Müritz / Autoren: Bildautorin Dorothea Puttkammer, Textautor Joachim Puttkammer

RDA	Element	Inhalt
2.3.2	Haupttitel *	Ostseeheilbad Graal-Müritz
2.3.4	Titelzusatz +	Perle am Meer
2.4.2	Verantwortlichkeitsangabe *	Autoren: Bildautorin Dorothea Puttkammer, Textautor Joachim Puttkammer
2.8.2	Erscheinungsort *	Horb am Neckar
2.8.4	Verlagsname *	Geiger-Verlag

Lösung 13-16
vgl. Abb. 40 (S. 189)
Besonderheiten:
- Bildband
- zwei Inhaltstypen
- Weglassen von Zeichensetzung

Siehe auch:
16-11: Puttkammer, Dorothea

RDA	Element	Inhalt
2.5.2	Ausgabebezeichnung *	1. Auflage
2.8.6	Erscheinungsdatum *	2005
2.13	Erscheinungsweise +	einzelne Einheit
2.15	Identifikator für die Manifestation *	ISBN 3-86595-005-1
3.2	Medientyp +	ohne Hilfsmittel zu benutzen
3.3	Datenträgertyp *	Band
3.4	Umfang *	96 Seiten
3.5	Maße	22 cm
6.2.2	Bevorzugter Titel des Werks *	Ostseeheilbad Graal-Müritz
6.9	Inhaltstyp *	unbewegtes Bild
6.9	Inhaltstyp	Text
6.11	Sprache der Expression *	Deutsch
7.2	Art des Inhalts	Bildband
7.17.2	Farbe eines unbewegten Bildes	farbig
17.8	In der Manifestation verkörpertes Werk *	Puttkammer, Dorothea. Ostseeheilbad Graal-Müritz
19.2	Geistiger Schöpfer *	Puttkammer, Dorothea
18.5	Beziehungskennzeichnung	Fotograf/-in
19.2	Geistiger Schöpfer	Puttkammer, Joachim, 1942-
18.5	Beziehungskennzeichnung	Verfasser/-in

Erläuterungen:
- Die Striche am Anfang und Ende des Titelzusatzes sollten weggelassen werden. Man könnte dies damit begründen, dass es sich dabei nicht um Interpunktionszeichen, sondern um ein Designelement handelt. Zum selben Ergebnis kommt man, wenn man die Ausnahmeregelung zur Weglassung oder Änderung vorhandener Zeichensetzung anwendet (vgl. Kap. 4.2.4).
- Es erscheint sinnvoll, nur von einer einzigen Verantwortlichkeitsangabe auszugehen (und nicht von zwei), da das einleitende „Autoren:" zu beiden Personen gehört. Dazwischen sollte ein Komma ergänzt werden.
- Besteht eine Ressource zu einem wesentlichen Teil aus Abbildungen (d. h. die Bilder machen mindestens annähernd die Hälfte des Umfangs aus), so werden die Bilder nicht als illustrierender Inhalt erfasst. Denn dies würde voraussetzen, dass der Text die Hauptsache ist und die Bilder ihn nur ergänzen (vgl. Kap. 5.7.1). Stattdessen wird der Bildanteil über den Inhaltstyp „unbewegtes Bild" (zusätzlich zu „Text") ausgedrückt. Außerdem wird „Bildband" als Art des Inhalts angegeben.
- Das Werk ist in Zusammenarbeit von zwei geistigen Schöpfern mit unterschiedlichen Funktionen (Bildautorin und Textautor) entstanden (vgl. Kap. 9.2.2). Beide sollten berücksichtigt werden.

Beispiel 13-17: Menschenaffen wie wir / Jutta Hof & Volker Sommer

RDA	Element	Inhalt
2.3.2	Haupttitel *	Menschenaffen wie wir
2.3.3	Paralleltitel +	Apes like us
2.3.4	Titelzusatz +	Porträts einer Verwandtschaft
2.3.5	Paralleler Titelzusatz	portraits of a kinship
2.4.2	Verantwortlichkeitsangabe *	Jutta Hof & Volker Sommer
2.8.2	Erscheinungsort *	Mannheim
2.8.4	Verlagsname *	Edition Panorama
2.8.6	Erscheinungsdatum *	[2010]
2.13	Erscheinungsweise +	einzelne Einheit
2.15	Identifikator für die Manifestation *	ISBN 978-3-89823-435-1
3.2	Medientyp +	ohne Hilfsmittel zu benutzen
3.3	Datenträgertyp *	Band
3.4	Umfang *	190 Seiten
3.5	Maße	24 cm
6.2.2	Bevorzugter Titel des Werks *	Menschenaffen wie wir
6.9	Inhaltstyp *	unbewegtes Bild
6.9	Inhaltstyp	Text
6.11	Sprache der Expression *	Deutsch
6.11	Sprache der Expression	Englisch
7.2	Art des Inhalts	Bildband
7.12	Sprache des Inhalts	Text deutsch und englisch
7.15	Illustrierender Inhalt +	Karten
7.17.2	Farbe eines unbewegten Bildes	farbig
17.8	In der Manifestation verkörpertes Werk *	Hof, Jutta. Menschenaffen wie wir
17.10	In der Manifestation verkörperte Expression *	Hof, Jutta. Menschenaffen wie wir. Deutsch
17.10	In der Manifestation verkörperte Expression	Hof, Jutta. Menschenaffen wie wir. Englisch
19.2	Geistiger Schöpfer *	Hof, Jutta
18.5	Beziehungskennzeichnung	Fotograf/-in
19.2	Geistiger Schöpfer	Sommer, Volker, 1954-
18.5	Beziehungskennzeichnung	Verfasser/-in

Lösung 13-17
vgl. Abb. 14 (S. 43)
Besonderheiten:
– Bildband
– Paralleltitel
– mehrere Expressionen desselben Werks

Erläuterungen:
– Es liegen Titelfassungen in zwei Sprachen vor. Da keine der beiden Sprachen im Band überwiegt, wählt man den zuerst kommenden Titel als Haupttitel (vgl. Kap. 4.4.3). Der englische Paralleltitel ist ein Zusatzelement; er beginnt großgeschrie-

ben. Der parallele Titelzusatz ist fakultativ. Der bevorzugte Titel des Werks basiert auf dem deutschen Haupttitel.
– Beim Verlagsnamen wird gemäß den normalen Schreibkonventionen ein Leerzeichen zwischen „Edition" und „Panorama" ergänzt (vgl. Kap. 4.2.4).
– Der komplette Text ist in zwei Sprachen vorhanden, d. h. die Ressource enthält zwei Expressionen desselben Werks (die deutsche und die englische). Die Musterlösung zeigt die explizite Erfassung der beiden Expressionen (RDA 17.10). Im deutschsprachigen Raum wird dies jedoch so nicht praktiziert; stattdessen gibt man unter Sprache des Inhalts (RDA 7.12) einen entsprechenden Hinweis (vgl. Kap. 8.3.4).
– Zur Behandlung eines Bildbands vgl. Lösung 13-16. In der Ressource sind auch einige Karten enthalten; diese werden als illustrierender Inhalt angegeben.

13.1.6 Wörterbücher, Lexika

Beispiel 13-18: Lexikon Buch, Druck, Papier / Joachim Elias Zender

Lösung 13-18
vgl. Abb. 12 (S. 36)
Besonderheit:
– Sachwörterbuch (Lexikon)

RDA	Element	Inhalt
2.3.2	Haupttitel *	Lexikon Buch, Druck, Papier
2.4.2	Verantwortlichkeitsangabe *	Joachim Elias Zender
2.8.2	Erscheinungsort *	Bern
2.8.2	Erscheinungsort	Stuttgart
2.8.2	Erscheinungsort	Wien
2.8.4	Verlagsname *	Haupt Verlag
2.8.6	Erscheinungsdatum *	[2008]
2.13	Erscheinungsweise +	einzelne Einheit
2.15	Identifikator für die Manifestation *	ISBN 978-3-258-07370-5
3.2	Medientyp +	ohne Hilfsmittel zu benutzen
3.3	Datenträgertyp *	Band
3.4	Umfang *	319 Seiten
3.5	Maße	24 cm
4.3	Kontaktinformationen	http://www.haupt.ch
6.2.2	Bevorzugter Titel des Werks *	Lexikon Buch, Druck, Papier
6.9	Inhaltstyp *	Text
6.11	Sprache der Expression *	Deutsch
7.2	Art des Inhalts	Wörterbuch
7.15	Illustrierender Inhalt +	Illustrationen
17.8	In der Manifestation verkörpertes Werk *	Zender, Joachim Elias, 1962-. Lexikon Buch, Druck, Papier
19.2	Geistiger Schöpfer *	Zender, Joachim Elias, 1962-
18.5	Beziehungskennzeichnung	Zusammenstellende/-r

Erläuterungen:
- Der Haupttitel ist die gesamte Phrase (Apposition); es wird also kein Teil davon als Titelzusatz abgetrennt (vgl. Kap. 4.4.2). Nach „Buch" und nach „Druck" müssen Kommas ergänzt werden (vgl. Kap. 4.2.4).
- In der erweiterten Begriffsliste zur Art des Inhalts (vgl. Kap. 5.7.4) findet sich „Wörterbuch". Dies wird sowohl für Sprach- als auch für Sachwörterbücher (Lexika) verwendet.
- Beispielhaft wurde hier die in der Ressource abgedruckte URL der Verlagshomepage als Kontaktinformation erfasst (vgl. Kap. 4.15).
- Das vorliegende Lexikon wurde von einer einzigen Person erarbeitet; diese ist der geistige Schöpfer (vgl. Kap. 9.6.1). Als Beziehungskennzeichnung eignet sich „Zusammenstellende/-r".

Beispiel 13-19: Wörterbuch des Bibliothekswesens / Eberhard Sauppe

Eberhard Sauppe

Wörterbuch des Bibliothekswesens

Unter Berücksichtigung der bibliothekarisch wichtigen Terminologie des Informations- und Dokumentationswesens, des Buchwesens, der Reprographie, des Hochschulwesens und der Datenverarbeitung

Deutsch – Englisch
Englisch – Deutsch

Dritte durchgesehene
und erweiterte Auflage

K · G · Saur München 2003

Eberhard Sauppe

Dictionary of Librarianship

Including a selection from the terminology of information science, bibliology, reprography, higher education, and data processing

German – English
English – German

Third revised
and enlarged edition

K · G · Saur München 2003

Zusätzliche Angaben zu Abb. 41
Rückseite der Titelseite:
ISBN 3-598-11550-4
xix, 524 Seiten, 22 cm. Literaturverzeichnis auf Seite xiv-xix.

Abb. 41: Wörterbuch des Bibliothekswesens / Eberhard Sauppe

RDA	Element	Inhalt
2.3.2	Haupttitel *	Wörterbuch des Bibliothekswesens
2.3.3	Paralleltitel +	Dictionary of librarianship
2.3.4	Titelzusatz +	unter Berücksichtigung der bibliothekarisch wichtigen Terminologie des Informations- und Dokumentationswesens, des Buchwesens, der Reprographie, des Hochschulwesens und der Datenverarbeitung
2.3.4	Titelzusatz	Deutsch - Englisch, Englisch - Deutsch

Lösung 13-19
vgl. Abb. 41 (S. 193)
Besonderheiten:
- Sprachwörterbuch
- zwei identisch gestaltete Titelseiten
- Paralleltitel

RDA	Element	Inhalt
2.3.5	Paralleler Titelzusatz	including a selection from the terminology of information science, bibliology, reprography, higher education, and data processing
2.3.5	Paralleler Titelzusatz	German - English, English - German
2.4.2	Verantwortlichkeitsangabe *	Eberhard Sauppe
2.5.2	Ausgabebezeichnung *	Dritte durchgesehene und erweiterte Auflage
2.5.3	Parallele Ausgabebezeichnung	Third revised and enlarged edition
2.8.2	Erscheinungsort *	München
2.8.4	Verlagsname *	K.G. Saur
2.8.6	Erscheinungsdatum *	2003
2.13	Erscheinungsweise +	einzelne Einheit
2.15	Identifikator für die Manifestation *	ISBN 3-598-11550-4
2.17.2	Anmerkung zum Titel	Paralleltitel gegenüber der Titelseite
3.2	Medientyp +	ohne Hilfsmittel zu benutzen
3.3	Datenträgertyp *	Band
3.4	Umfang *	xix, 524 Seiten
3.5	Maße	22 cm
6.2.2	Bevorzugter Titel des Werks *	Wörterbuch des Bibliothekswesens
6.9	Inhaltstyp *	Text
6.11	Sprache der Expression *	Deutsch
6.11	Sprache der Expression	Englisch
7.2	Art des Inhalts	Wörterbuch
7.16	Ergänzender Inhalt	Literaturverzeichnis: Seite xiv-xix
17.8	In der Manifestation verkörpertes Werk *	Sauppe, Eberhard, 1924-2014. Wörterbuch des Bibliothekswesens
19.2	Geistiger Schöpfer *	Sauppe, Eberhard, 1924-2014
18.5	Beziehungskennzeichnung	Zusammenstellende/-r

Erläuterungen:
– Bei diesem Buch gibt es zwei identisch gestaltete Titelseiten in unterschiedlichen Sprachen. Als bevorzugte Informationsquelle wird in diesem Fall die linke Titelseite genommen, weil sie zuerst kommt (vgl. Kap. 4.3.1).
– Entsprechend gilt der deutsche Titel als Haupttitel und der englische Titel (von der rechten Titelseite) als Paralleltitel. Man kann in einer Anmerkung darauf hinweisen, dass der Paralleltitel nicht – wie es der Normalfall ist – von derselben Stelle kommt wie der Haupttitel (vgl. Kap. 4.11). Der Paralleltitel ist ein Zusatzelement; die parallelen Titelzusätze können fakultativ erfasst werden (vgl. Kap. 4.4.3). Bei ISBD-Darstellung kommt zuerst der deutsche Haupttitel, es folgen die deutschen Titelzusätze. Der englische Paralleltitel wird mit einem Gleichheitszeichen angeschlossen; danach kommen die englischen Titelzusätze.

- Beim zweiten Titelzusatz wird ein Komma ergänzt. Vor und nach den Strichen zwischen den beiden Sprachen steht jeweils ein Leerzeichen (vgl. Kap. 4.2.4).
- Die Ausgabebezeichnung wird in der Variante erfasst, die auf der bevorzugten Informationsquelle steht (also auf Deutsch). Das erste Wort wird großgeschrieben (vgl. Kap. 4.2.3). In diesem Fall gibt es auch eine parallele englische Ausgabebezeichnung, die fakultativ erfasst werden kann (RDA 2.5.3). Wenn man der Ansicht ist, dass es die Lesbarkeit verbessert, könnte man hinter „Dritte" bzw. „Third" noch ein Komma ergänzen.
- Beim Verlagsnamen werden Punkte hinter den Initialen ergänzt. Die Punkte auf der Zeilenmitte sind gestalterische Mittel, die ignoriert werden (vgl. Kap. 4.2.5). Da es sich um einen Körperschaftsnamen handelt, setzt man zwischen die Initialen kein Leerzeichen (vgl. Kap. 6.6.2).
- Es werden beide Seitenzählungen angegeben (die römische und die arabische). Die römischen Zahlen sind in der Ressource in Kleinbuchstaben geschrieben. Dies wird genauso abgebildet (vgl. Kap. 4.13.2) – auch bei der Angabe des Literaturverzeichnisses.
- Zur Behandlung des Wörterbuch-Aspekts vgl. Lösung 13-18.

13.2 Körperschaften als geistige Schöpfer

13.2.1 Kollektives Gedankengut der Körperschaft

Beispiel 13-20: Richtlinien zur Gewinnung von Blut und Blutbestandteilen und zur Anwendung von Blutprodukten (Hämotherapie) / aufgestellt gemäß Transfusionsgesetz von der Bundesärztekammer im Einvernehmen mit dem Paul-Ehrlich-Institut

RDA	Element	Inhalt
2.3.2	Haupttitel *	Richtlinien zur Gewinnung von Blut und Blutbestandteilen und zur Anwendung von Blutprodukten (Hämotherapie)
2.4.2	Verantwortlichkeitsangabe *	aufgestellt gemäß Transfusionsgesetz von der Bundesärztekammer im Einvernehmen mit dem Paul-Ehrlich-Institut
2.5.2	Ausgabebezeichnung *	Gesamtnovelle 2005
2.5.6	Ausgabebezeichnung einer näher erläuterten Überarbeitung *	mit Änderungen und Ergänzungen 2007
2.8.2	Erscheinungsort *	Köln
2.8.4	Verlagsname *	Deutscher Ärzte-Verlag
2.8.6	Erscheinungsdatum *	[2008]
2.13	Erscheinungsweise +	einzelne Einheit
2.15	Identifikator für die Manifestation *	ISBN 978-3-7691-1250-4
3.2	Medientyp +	ohne Hilfsmittel zu benutzen
3.3	Datenträgertyp *	Band
3.4	Umfang *	115 Seiten
3.5	Maße	21 cm

Lösung 13-20
vgl. Abb. 27 (S. 133)
Besonderheit:
- Ausgabebezeichnung einer näher erläuterten Überarbeitung

RDA	Element	Inhalt
6.2.2	Bevorzugter Titel des Werks *	Richtlinien zur Gewinnung von Blut und Blutbestandteilen und zur Anwendung von Blutprodukten (Hämotherapie)
6.9	Inhaltstyp *	Text
6.11	Sprache der Expression *	Deutsch
7.2	Art des Inhalts	Richtlinie
7.16	Ergänzender Inhalt	Mit 15 Tabellen
17.8	In der Manifestation verkörpertes Werk *	Bundesärztekammer. Richtlinien zur Gewinnung von Blut und Blutbestandteilen und zur Anwendung von Blutprodukten (Hämotherapie)
19.2	Geistiger Schöpfer *	Bundesärztekammer
18.5	Beziehungskennzeichnung	Verfasser/-in
19.3	Sonstige Person, Familie oder Körperschaft, die mit einem Werk in Verbindung steht	Paul-Ehrlich-Institut
18.5	Beziehungskennzeichnung	Sonstige Person, Familie oder Körperschaft, die mit einem Werk in Verbindung steht

Erläuterungen:
- Die Jahresangabe gehört hier – anders als bei gezählten Auflagen (vgl. Kap. 4.6.1 mit 4-54) – zur Ausgabebezeichnung dazu. Diese lautet also nicht „Gesamtnovelle", sondern „Gesamtnovelle 2005", weil es in einem späteren Jahr wieder eine Gesamtnovelle geben könnte. Die Information „mit Änderungen und Ergänzungen 2007" weist auf eine Überarbeitung der ursprünglichen Ausgabe hin und wird als eigenes Element erfasst (vgl. Kap. 4.6.2).
- In der erweiterten Begriffsliste zur Art des Inhalts (vgl. Kap. 5.7.4) findet sich „Richtlinie", was man hier vergeben kann.
- Angaben wie „Mit 15 Tabellen" werden nicht als Titelzusatz erfasst. Wenn man die Information für wichtig hält, kann man sie als ergänzenden Inhalt erfassen (vgl. Kap. 4.4.2).
- Es handelt sich um Richtlinien, die von der Bundesärztekammer erarbeitet wurden. Dies fällt unter den Typ „Kollektives Gedankengut der Körperschaft"; die Bundesärztekammer ist der geistige Schöpfer (vgl. Kap. 9.3.2).
- Das Paul-Ehrlich-Institut als Aufsichtsbehörde hat seine Zustimmung zu den Richtlinien gegeben. Wenn man dies für wichtig hält, kann man das Paul-Ehrlich-Institut als „Sonstige Person, Familie oder Körperschaft, die mit einem Werk in Verbindung steht" erfassen (vgl. Kap. 9.4.1). Da es keine spezifische Beziehungskennzeichnung für diesen Fall gibt, verwendet man den Namen des Elements (vgl. Kap. 9.1.3).

Beispiel 13-21: Richtlinien Handschriftenkatalogisierung / Deutsche Forschungsgemeinschaft, Unterausschuß für Handschriftenkatalogisierung

> RICHTLINIEN
> HANDSCHRIFTENKATALOGISIERUNG
>
> 5., erweiterte Auflage
>
> DEUTSCHE FORSCHUNGSGEMEINSCHAFT
> Unterausschuß für Handschriftenkatalogisierung
> 1992

Zusätzliche Angaben zu Abb. 42
Rückseite der Titelseite:
Deutsche Forschungsgemeinschaft
5300 Bonn-Bad Godesberg 1,
Kennedyallee 40
94 Seiten, 24 cm. Ein Scan steht unter der URL http://www.manuscripta-medievalia.de/hs/kataloge/HSKRICH.htm zur Verfügung. Die Körperschaft lässt sich nur in der mit „ß" geschriebenen Form nachweisen.

Abb. 42: Richtlinien Handschriftenkatalogisierung / Deutsche Forschungsgemeinschaft, Unterausschuß für Handschriftenkatalogisierung

RDA	Element	Inhalt
2.3.2	Haupttitel *	Richtlinien Handschriftenkatalogisierung
2.4.2	Verantwortlichkeitsangabe *	Deutsche Forschungsgemeinschaft, Unterausschuß für Handschriftenkatalogisierung
2.5.2	Ausgabebezeichnung *	5., erweiterte Auflage
2.8.2	Erscheinungsort *	Bonn-Bad Godesberg
2.8.4	Verlagsname *	Deutsche Forschungsgemeinschaft
2.8.6	Erscheinungsdatum *	1992
2.13	Erscheinungsweise +	einzelne Einheit
3.2	Medientyp +	ohne Hilfsmittel zu benutzen
3.3	Datenträgertyp *	Band
3.4	Umfang *	94 Seiten
3.5	Maße	24 cm

Lösung 13-21
vgl. Abb. 42 (S. 197)
Besonderheiten:
– graue Literatur
– in Beziehung stehende Manifestation

RDA	Element	Inhalt
6.2.2	Bevorzugter Titel des Werks *	Richtlinien Handschriftenkatalogisierung
6.9	Inhaltstyp *	Text
6.11	Sprache der Expression *	Deutsch
7.2	Art des Inhalts	Richtlinie
17.8	In der Manifestation verkörpertes Werk *	Deutsche Forschungsgemeinschaft. Unterausschuß für Handschriftenkatalogisierung. Richtlinien Handschriftenkatalogisierung
19.2	Geistiger Schöpfer *	Deutsche Forschungsgemeinschaft. Unterausschuß für Handschriftenkatalogisierung
18.5	Beziehungskennzeichnung	Verfasser/-in
27.1	In Beziehung stehende Manifestation +	http://www.manuscripta-mediaevalia.de/hs/kataloge/HSKRICH.htm
24.5	Beziehungskennzeichnung	Elektronische Reproduktion

Erläuterungen:
- In der Verantwortlichkeitsangabe sollte ein Komma nach „Forschungsgemeinschaft" ergänzt werden. Ältere Schreibweisen – hier „Ausschuß" statt „Ausschuss" – werden in der Verantwortlichkeitsangabe exakt nachgebildet. Dies gilt auch für andere Elemente, die übertragen werden (vgl. Kap. 4.2 und Lösung 13-36).
- Die Publikation ist nicht in einem kommerziellen Verlag erschienen („graue Literatur"). Die Funktion des Verlags wurde von der Deutschen Forschungsgemeinschaft übernommen, die deshalb als Verlagsname angegeben wird. Ihr Sitz gilt als Erscheinungsort (vgl. Kap. 4.7.1). Bei grauer Literatur ist häufig keine ISBN vorhanden; entsprechend bleibt das Element RDA 2.15 unbesetzt.
- Es handelt sich um Richtlinien, die von einer Körperschaft aufgestellt wurden (vgl. Lösung 13-20). Zu beachten ist, dass der geistige Schöpfer nicht die Deutsche Forschungsgemeinschaft selbst ist, sondern eine Körperschaft, die dieser untergeordnet ist – der „Unterausschuß für Handschriftenkatalogisierung".
- Die Schreibung mit „ß" wird auch im bevorzugten Namen der untergeordneten Körperschaft beibehalten. Hätte man jedoch auch eine Namensform mit „ss"-Schreibung gefunden, wäre diese verwendet worden (vgl. Kap. 6.6.7).
- Bei dem im Internet verfügbaren Scan handelt es sich um eine elektronische Reproduktion, also eine in Beziehung stehende Manifestation (vgl. Kap. 10.4).

13.2.2 Administrative Werke über die Körperschaft

Beispiel 13-22: Altägypten in Braunschweig / Iris Tinius

Lösung 13-22
vgl. Abb. 28 (S. 135)
Besonderheiten:
- Besitzkatalog
- sowohl Körperschaften als auch Person als geistige Schöpfer
- gezählte monografische Reihe

Siehe auch:
15-5: Sammlungskataloge des Herzog Anton Ulrich-Museums
16-14: Herzog Anton Ulrich-Museum
16-23: Braunschweig. Städtisches Museum

RDA	Element	Inhalt
2.3.2	Haupttitel *	Altägypten in Braunschweig
2.3.4	Titelzusatz +	die Sammlungen des Herzog Anton Ulrich-Museums und des Städtischen Museums
2.4.2	Verantwortlichkeitsangabe *	Iris Tinius

RDA	Element	Inhalt
2.4.2	Verantwortlichkeitsangabe	Herzog Anton Ulrich-Museum Braunschweig, Kunstmuseum des Landes Niedersachsen
2.8.2	Erscheinungsort *	Wiesbaden
2.8.4	Verlagsname *	Harrassowitz Verlag
2.8.6	Erscheinungsdatum *	2011
2.12.2	Haupttitel der Reihe *	Sammlungskataloge des Herzog Anton Ulrich-Museums
2.12.9	Zählung innerhalb der Reihe *	Band 16
2.13	Erscheinungsweise +	einzelne Einheit
2.15	Identifikator für die Manifestation *	ISBN 978-3-447-06441-5
3.2	Medientyp +	ohne Hilfsmittel zu benutzen
3.3	Datenträgertyp *	Band
3.4	Umfang *	235 Seiten
3.5	Maße	31 cm
6.2.2	Bevorzugter Titel des Werks *	Altägypten in Braunschweig
6.9	Inhaltstyp *	Text
6.9	Inhaltstyp	unbewegtes Bild
6.11	Sprache der Expression *	Deutsch
7.2	Art des Inhalts	Katalog
7.15	Illustrierender Inhalt +	Illustrationen
7.16	Ergänzender Inhalt	Literaturverzeichnis: Seite 223-227
17.8	In der Manifestation verkörpertes Werk *	Herzog Anton Ulrich-Museum. Altägypten in Braunschweig
19.2	Geistiger Schöpfer *	Herzog Anton Ulrich-Museum
18.5	Beziehungskennzeichnung	Verfasser/-in
19.2	Geistiger Schöpfer	Braunschweig. Städtisches Museum
18.5	Beziehungskennzeichnung	Verfasser/-in
19.2	Geistiger Schöpfer	Tinius, Iris
18.5	Beziehungskennzeichnung	Zusammenstellende/-r
25.1	In Beziehung stehendes Werk	Herzog Anton Ulrich-Museum. Sammlungskataloge des Herzog Anton Ulrich-Museums
24.5	Beziehungskennzeichnung	In der Reihe
24.6	Zählung des Teils	Band 16

Erläuterungen:
- Es handelt sich um einen Bestandskatalog von Sammlungen aus zwei Museen; es wird also ihr Besitz dargestellt (administratives Werk über die Körperschaften). Beide Museen gelten deshalb als geistige Schöpfer (vgl. Kap. 9.3.2). Iris Tinius, die den Katalog zusammengestellt hat, ist ebenfalls geistige Schöpferin (vgl. Kap.

9.6.1 und Lösungen 13-18 und 13-19). Zwar ist nur der erste geistige Schöpfer ein Kernelement, doch sollten auch die beiden anderen erfasst werden.

- Bei der Bildung des normierten Sucheinstiegs für das Werk haben die Körperschaften Vorrang vor der Person, d. h. es wird die hauptverantwortliche bzw. erste Körperschaft verwendet (vgl. Kap. 5.6.1).
- Verantwortlichkeitsangaben entnimmt man vorrangig der bevorzugten Informationsquelle; auf zweitem Rang folgen andere Stellen innerhalb der Ressource (RDA 2.4.2.2). In diesem Fall befindet sich gegenüber der Titelseite eine zweite Verantwortlichkeitsangabe, die das Herzog Anton Ulrich-Museum nennt. Da eine Beziehung zu diesem Museum angelegt wird, sollte auch die zugehörige Verantwortlichkeitsangabe berücksichtigt werden (vgl. Kap. 4.5.2). Sie wird aber nicht eckig geklammert, da auch diese Information aus der Ressource selbst stammt (vgl. Kap. 4.3.3). Es wird ein Komma ergänzt.
- In der erweiterten Begriffsliste zur Art des Inhalts (vgl. Kap. 5.7.4) findet sich „Katalog", was man hier vergeben kann.
- Da der Band viele Abbildungen enthält, wurde als zweiter Inhaltstyp „unbewegtes Bild" vergeben. Man könnte auch noch die Farbigkeit der Bilder angeben (vgl. Lösung 13-16).
- Zur Behandlung der gezählten monografischen Reihe vgl. Lösung 13-5. Die Bandnummer ist in der Informationsquelle als römische Zahl angegeben („Band XVI"). Dies wird in eine arabische Zahl umgewandelt (sowohl in RDA 2.12.9 als auch in RDA 24.6; vgl. Kap. 4.8.1 und 10.2.2). Auch bei der monografischen Reihe ist das Herzog Anton Ulrich-Museum geistiger Schöpfer (vgl. Lösung 15-5).

Beispiel 13-23: 100 Jahre Karl-Sudhoff-Institut für Geschichte der Medizin und der Naturwissenschaften an der Universität Leipzig / herausgegeben von Ortrun Riha

Zusätzliche Angaben zu Abb. 43
Rückseite der Titelseite:
Copyright Shaker Verlag 2007
ISBN 3-8322-4920-6

Enthält 10 Aufsätze unterschiedlicher Verfasser. Titel der Beiträge (Auswahl):
Das Karl-Sudhoff-Institut heute – eine Standortbestimmung
100 Jahre institutionalisierte Medizingeschichte in Leipzig
Die Bibliothek des Karl-Sudhoff-Instituts
Die medizingeschichtliche Sammlung des Karl-Sudhoff-Instituts 1995-2005
Personalverzeichnis seit der Gründung des Karl-Sudhoff-Instituts
Auswahlbibliographie 1995-2006
Dissertationen 1995-2006
Wissenschaftliche Veranstaltungen des Karl-Sudhoff-Instituts
157 Seiten, 21 cm. Enthält einige Abbildungen sowie Literaturhinweise am Ende mancher Beiträge. Die Auswahlbibliografie befindet sich auf Seite 97-132.

100 Jahre
Karl-Sudhoff-Institut
für Geschichte der Medizin
und der Naturwissenschaften

an der Universität Leipzig

Herausgegeben von
Ortrun Riha

Shaker Verlag
Aachen 2006

Abb. 43: 100 Jahre Karl-Sudhoff-Institut für Geschichte der Medizin und der Naturwissenschaften an der Universität Leipzig / herausgegeben von Ortrun Riha

RDA	Element	Inhalt
2.3.2	Haupttitel *	100 Jahre Karl-Sudhoff-Institut für Geschichte der Medizin und der Naturwissenschaften an der Universität Leipzig
2.3.6	Abweichender Titel	Hundert Jahre Karl-Sudhoff-Institut für Geschichte der Medizin und der Naturwissenschaften an der Universität Leipzig
2.4.2	Verantwortlichkeitsangabe *	herausgegeben von Ortrun Riha
2.8.2	Erscheinungsort *	Aachen
2.8.4	Verlagsname *	Shaker Verlag
2.8.6	Erscheinungsdatum *	2006
2.13	Erscheinungsweise +	einzelne Einheit
2.15	Identifikator für die Manifestation *	ISBN 3-8322-4920-6
3.2	Medientyp +	ohne Hilfsmittel zu benutzen
3.3	Datenträgertyp *	Band
3.4	Umfang *	157 Seiten
3.5	Maße	21 cm
6.2.2	Bevorzugter Titel des Werks *	100 Jahre Karl-Sudhoff-Institut für Geschichte der Medizin und der Naturwissenschaften an der Universität Leipzig
6.9	Inhaltstyp *	Text
6.11	Sprache der Expression *	Deutsch
7.2	Art des Inhalts	Festschrift
7.2	Art des Inhalts	Bibliografie
7.2	Art des Inhalts	Aufsatzsammlung
7.15	Illustrierender Inhalt +	Illustrationen
7.16	Ergänzender Inhalt	Auswahlbibliografie: Seite 97-132, Literaturangaben
17.8	In der Manifestation verkörpertes Werk *	Karl-Sudhoff-Institut für Geschichte der Medizin und der Naturwissenschaften. 100 Jahre Karl-Sudhoff-Institut für Geschichte der Medizin und der Naturwissenschaften an der Universität Leipzig
19.2	Geistiger Schöpfer *	Karl-Sudhoff-Institut für Geschichte der Medizin und der Naturwissenschaften
18.5	Beziehungskennzeichnung	Verfasser/-in
18.5	Beziehungskennzeichnung	Gefeierte/-r
20.2	Mitwirkender +	Riha, Ortrun, 1959-
18.5	Beziehungskennzeichnung	Herausgeber/-in

Lösung 13-23
vgl. Abb. 43 (S. 200)
Besonderheiten:
– Festschrift für eine Körperschaft
– zwei Beziehungskennzeichnungen bei derselben Körperschaft
– Herausgeber
– Zahl am Anfang des Haupttitels
Siehe auch:
16-17: Karl-Sudhoff-Institut für Geschichte der Medizin und der Naturwissenschaften

Erläuterungen:
– Der Haupttitel beginnt mit einer Zahl. Eine Variante mit ausgeschriebener Zahl sollte als abweichender Titel erfasst werden (vgl. Kap. 4.4.4).

- Der Charakter des Werks als Festschrift wird unter Art des Inhalts angegeben (vgl. Kap. 5.7.4). Wegen der umfangreichen Auswahlbibliografie wurde hier auch „Bibliografie" vergeben (die Bibliografie wurde außerdem als ergänzender Inhalt erfasst). Möglich ist auch noch „Aufsatzsammlung" aus der erweiterten Begriffsliste.
- Bei einer Festschrift für eine Körperschaft muss im Einzelfall geprüft werden, ob sie den Charakter eines administrativen Werks über die Körperschaft hat. Im vorliegenden Beispiel ist dies der Fall, da die Beiträge u. a. den Besitz, die Mitglieder und die Aktivitäten (Publikationen, Veranstaltungen) der Körperschaft behandeln. Das Institut ist deshalb geistiger Schöpfer (vgl. Kap. 9.3.2).
- Das Institut ist zugleich die gefeierte Körperschaft, d. h. eine sonstige Körperschaft, die mit dem Werk in Verbindung steht (vgl. Kap. 9.4.2). Es bestehen also zwei unterschiedliche Beziehungen zur Körperschaft. Erfasst wird nur die höchstrangige Beziehung (hier: geistiger Schöpfer), doch können beide Beziehungskennzeichnungen vergeben werden (vgl. Kap. 9.1.2).
- Die Herausgeberin wird als Mitwirkende berücksichtigt, weil sie auf der bevorzugten Informationsquelle genannt ist und es sich um eine wichtige Funktion handelt (vgl. Kap. 9.5.2).

13.3 Zusammenstellungen

13.3.1 Werke eines geistigen Schöpfers

Beispiel 13-24: Jane Austen's letters / collected and edited by Deirdre Le Faye

Lösung 13-24
vgl. Abb. 19 (S. 75)
Besonderheiten:
- Werke in einer literarischen Form
- vollständige Zusammenstellung
- Formaltitel
- Herausgeber
- Nachdruck

Siehe auch:
16-1: Austen, Jane, 1775-1817
16-6: Le Faye, Deirdre, 1933-

RDA	Element	Inhalt
2.3.2	Haupttitel *	Jane Austen's letters
2.3.6	Abweichender Titel	Letters
2.4.2	Verantwortlichkeitsangabe *	collected and edited by Deirdre Le Faye
2.5.2	Ausgabebezeichnung	Third edition
2.8.2	Erscheinungsort *	Oxford
2.8.2	Erscheinungsort	New York
2.8.4	Verlagsname *	Oxford University Press
2.8.6	Erscheinungsdatum *	1995
2.13	Erscheinungsweise +	einzelne Einheit
2.15	Identifikator für die Manifestation *	ISBN 0-19-811764-7
3.2	Medientyp +	ohne Hilfsmittel zu benutzen
3.3	Datenträgertyp *	Band
3.4	Umfang *	xxviii, 643 Seiten
3.5	Maße	22 cm
6.2.2	Bevorzugter Titel des Werks *	Briefe
6.9	Inhaltstyp *	Text
6.11	Sprache der Expression *	Englisch

RDA	Element	Inhalt
7.2	Art des Inhalts	Briefsammlung
7.16	Ergänzender Inhalt	Literaturverzeichnis: Seite 473-482, Personen-, Orts- und allgemeines Register: Seite 483-643
17.8	In der Manifestation verkörpertes Werk *	Austen, Jane, 1775-1817. Briefe
19.2	Geistiger Schöpfer *	Austen, Jane, 1775-1817
18.5	Beziehungskennzeichnung	Verfasser/-in
20.2	Mitwirkender +	Le Faye, Deirdre, 1933-
18.5	Beziehungskennzeichnung	Herausgeber/-in

Erläuterungen:
- Der Name der Verfasserin ist hier im Haupttitel enthalten. Man kann einen abweichenden Titel ohne den Namen erfassen (vgl. Kap. 4.4.5).
- Gemäß der Präferenz der Person wird das Präfix „Le" in der Verantwortlichkeitsangabe großgeschrieben (vgl. Kap. 6.2.6 und Lösung 16-6).
- Die Ausgabebezeichnung ist nur „Third edition". Die Angabe „Second impression" weist auf einen unveränderten Nachdruck hin und wird ignoriert (vgl. Kap. 4.6.3).
- Zur Kleinschreibung der römischen Zahl in der Umfangsangabe vgl. Lösung 13-19.
- Es handelt sich um eine vollständige Zusammenstellung der erhaltenen Briefe von Jane Austen – also eine Sammlung von Werken in einer einzigen Form. Als bevorzugter Titel des Werks wird der Formaltitel „Briefe" verwendet (vgl. Kap. 5.2.6).
- In der erweiterten Begriffsliste zur Art des Inhalts (vgl. Kap. 5.7.4) findet sich „Briefsammlung", was hier vergeben wurde.
- Zur Behandlung der Herausgeberin vgl. Lösung 13-23.

Beispiel 13-25: A David Lodge Trilogy

RDA	Element	Inhalt
2.3.2	Haupttitel *	A David Lodge trilogy
2.8.2	Erscheinungsort *	London, England
2.8.2	Erscheinungsort	New York, New York, USA
2.8.2	Erscheinungsort	Ringwood, Victoria, Australia
2.8.2	Erscheinungsort	Toronto, Ontario, Canada
2.8.2	Erscheinungsort	Auckland, New Zealand
2.8.4	Verlagsname *	Penguin Books
2.8.6	Erscheinungsdatum *	1993
2.12.2	Haupttitel der Reihe *	Penguin fiction
2.13	Erscheinungsweise +	einzelne Einheit
2.15	Identifikator für die Manifestation *	ISBN 0-14-017297-1
3.2	Medientyp +	ohne Hilfsmittel zu benutzen

Lösung 13-25
vgl. Abb. 30 (S. 152)
Besonderheiten:
- übergeordneter Titel und Einzeltitel auf der Titelseite
- Erscheinungsorte inkl. Land
- in Beziehung stehende Werke
- ungezählte monografische Reihe

RDA	Element	Inhalt
3.3	Datenträgertyp *	Band
3.4	Umfang *	897 Seiten
3.5	Maße	20 cm
6.2.2	Bevorzugter Titel des Werks *	A David Lodge trilogy
6.9	Inhaltstyp *	Text
6.11	Sprache der Expression *	Englisch
17.8	In der Manifestation verkörpertes Werk *	Lodge, David, 1935-. A David Lodge trilogy
19.2	Geistiger Schöpfer *	Lodge, David, 1935-
18.5	Beziehungskennzeichnung	Verfasser/-in
25.1	In Beziehung stehendes Werk	Enthält (Werk): Changing places - Small world - Nice work

Erläuterungen:
– Auf der Titelseite finden sich sowohl ein übergeordneter Titel für die Sammlung als Ganzes als auch die Titel der einzelnen Romane. Der übergeordnete Titel wird als Haupttitel verwendet (vgl. Kap. 4.4.5). Er enthält zwar den Namen des Verfassers, doch kann – im Unterschied zu Lösung 13-24 – in diesem Fall kein abweichender Titel ohne den Namen gebildet werden.
– Die Erscheinungsorte sind jeweils mit voller Adresse angegeben. Zusätzlich zum Namen der Stadt selbst übernimmt man auch größere Geografika wie Bundesstaat und/oder Land (vgl. Kap. 4.7.1 und RDA 2.8.2.3).
– Es handelt sich zwar um eine Zusammenstellung von Werken desselben Verfassers in derselben Form, doch ist diese – anders als bei Lösung 13-24 – nicht vollständig. Als bevorzugter Titel des Werks wird deshalb kein Formaltitel verwendet, sondern der übergeordnete Haupttitel (vgl. Kap. 5.2.6).
– Die enthaltenen Romane sollten als in Beziehung stehende Werke erfasst werden (vgl. Kap. 10.2.2).
– Der Band ist in einer ungezählten monografischen Reihe („Penguin fiction") erschienen. Ihr Haupttitel wird in RDA 2.12.2 erfasst. Für ungezählte monografische Reihen werden jedoch keine eigenen Beschreibungen angefertigt. Folglich wird auch keine Beziehung zur Reihe hergestellt (vgl. Kap. 4.19.1).

Beispiel 13-26: Freiheit nach Börsenmaß ; Geschenkte Freiheit / Günter Grass

> Günter Grass
> Freiheit nach Börsenmaß
> Geschenkte Freiheit
> Zwei Reden zum 8. Mai 1945
>
> Steidl

Zusätzliche Angaben zu Abb. 44
Vortitelseite:
STEIDL
taschenbuch 203
Rückseite der Titelseite:
05 06 07 08 09   9 8 7 6 5 4 3 2 1
© Copyright: Steidl Verlag Göttingen 1993, 2005
ISBN 3-86521-185-2
60 Seiten, 18 cm

Abb. 44: Freiheit nach Börsenmaß ; Geschenkte Freiheit / Günter Grass

RDA	Element	Inhalt
2.3.2	Haupttitel *	Freiheit nach Börsenmaß ; Geschenkte Freiheit
2.3.4	Titelzusatz +	zwei Reden zum 8. Mai 1945
2.4.2	Verantwortlichkeitsangabe *	Günter Grass
2.8.2	Erscheinungsort *	Göttingen
2.8.4	Verlagsname *	Steidl
2.8.6	Erscheinungsdatum *	[2005]
2.12.2	Haupttitel der Reihe *	Steidl Taschenbuch
2.12.9	Zählung innerhalb der Reihe *	203
2.13	Erscheinungsweise +	einzelne Einheit
2.15	Identifikator für die Manifestation *	ISBN 3-86521-185-2

Lösung 13-26
vgl. Abb. 44 (S. 205)
Besonderheiten:
– kein übergeordneter Titel
– gezählte monografische Reihe (Verlegerserie)
Siehe auch:
15-2: Steidl Taschenbuch

RDA	Element	Inhalt
3.2	Medientyp +	ohne Hilfsmittel zu benutzen
3.3	Datenträgertyp *	Band
3.4	Umfang *	60 Seiten
3.5	Maße	18 cm
6.2.2	Bevorzugter Titel des Werks *	Freiheit nach Börsenmaß
6.2.2	Bevorzugter Titel des Werks *	Geschenkte Freiheit
6.9	Inhaltstyp *	Text
6.11	Sprache der Expression *	Deutsch
17.8	In der Manifestation verkörpertes Werk *	Grass, Günter, 1927-. Freiheit nach Börsenmaß
17.8	In der Manifestation verkörpertes Werk	Grass, Günter, 1927-. Geschenkte Freiheit
19.2	Geistiger Schöpfer *	Grass, Günter, 1927-
18.5	Beziehungskennzeichnung	Verfasser/-in
25.1	In Beziehung stehendes Werk	Steidl Taschenbuch
24.5	Beziehungskennzeichnung	In der Reihe
24.6	Zählung des Teils	203

Erläuterungen:
- Die Zusammenstellung hat keinen übergeordneten Haupttitel; die Titel der beiden Werke gelten zusammen als Haupttitel (vgl. Kap. 4.4.5). Auch der zweite Titel beginnt großgeschrieben.
- ISBD-Darstellung:
  Freiheit nach Börsenmaß ; Geschenkte Freiheit : zwei Reden zum 8. Mai 1945 / Günter Grass
- Die Ziffernleiste gibt Druck und Druckjahr an (hier: 1. Druck von 2005). Dies sind Herstellungsangaben, die normalerweise ignoriert werden (vgl. Kap. 4.7.3).
- Günter Grass ist der geistige Schöpfer der Zusammenstellung als Ganzes, weil beide Reden von ihm stammen. Da es aber keinen übergeordneten Haupttitel gibt, kann man – anders als in Lösung 13-25 – keinen bevorzugten Werktitel für die Zusammenstellung angeben. Stattdessen werden die bevorzugten Titel der Einzelwerke erfasst (vgl. Kap. 5.2.6). Gemäß RDA 6.2.2.10.3 Alternative könnte man auch den Formaltitel „Reden. Auswahl" als bevorzugten Titel des Werks verwenden. Dies wird jedoch im deutschsprachigen Raum nur in Ausnahmefällen praktiziert, wenn die Erfassung der einzelnen Titel nicht geleistet werden kann.
- Da es für die Zusammenstellung als Ganzes keinen bevorzugten Werktitel gibt, kann auch kein normierter Sucheinstieg dafür angegeben werden. Stattdessen werden die normierten Sucheinstiege der beiden in der Manifestation verkörperten Werke erfasst.
- Für eine Verlegerserie wird in der Regel keine eigene Beschreibung angefertigt, zu der eine Beziehung hergestellt werden könnte (vgl. Lösung 13-4). Wenn gewünscht, kann man aber eine Beschreibung für die Verlegerserie anlegen (vgl. Lösung 15-2) und eine Beziehung zu dieser erfassen. Dies wird in der Musterlösung beispielhaft gezeigt.

13.3.2 Werke mehrerer geistiger Schöpfer

Beispiel 13-27: Medizinische Ethik am Beginn des 21. Jahrhunderts / herausgegeben von Axel W. Bauer

RDA	Element	Inhalt
2.3.2	Haupttitel *	Medizinische Ethik am Beginn des 21. Jahrhunderts
2.3.4	Titelzusatz +	theoretische Konzepte - klinische Probleme - ärztliches Handeln
2.4.2	Verantwortlichkeitsangabe *	herausgegeben von Axel W. Bauer
2.4.2	Verantwortlichkeitsangabe	Geleitwort von Prof. Dr. med. Klaus van Ackern
2.4.2	Verantwortlichkeitsangabe	mit Beiträgen von H. Baitsch, A.W. Bauer, H.J. Bender, U. Bleyl, T. Cremer, H.J. Diesfeld, H. Faber, M. Georgi, R. Haux, D.L. Heene, F.A. Henn, M.G. Hennerici, H. Hof, B. Lemmer, F. Melchert, W. Pföhler, B. Pohlmann-Eden, M.H. Schmidt, P. Schmiedek, G. Sponholz, B. Tag, M. Trede
2.8.2	Erscheinungsort *	Heidelberg
2.8.2	Erscheinungsort	Leipzig
2.8.4	Verlagsname *	Johann Ambrosius Barth Verlag
2.8.6	Erscheinungsdatum *	[1998]
2.12.2	Haupttitel der Reihe *	Medizin im Dialog
2.13	Erscheinungsweise +	einzelne Einheit
2.15	Identifikator für die Manifestation *	ISBN 3-335-00538-4
3.2	Medientyp +	ohne Hilfsmittel zu benutzen
3.3	Datenträgertyp *	Band
3.4	Umfang *	XIII, 257 Seiten
3.5	Maße	25 cm
6.2.2	Bevorzugter Titel des Werks *	Medizinische Ethik am Beginn des 21. Jahrhunderts
6.9	Inhaltstyp *	Text
6.11	Sprache der Expression *	Deutsch
7.2	Art des Inhalts	Aufsatzsammlung
7.15	Illustrierender Inhalt	8 Illustrationen
7.16	Ergänzender Inhalt	Literaturverzeichnis: Seite 221-229
17.8	In der Manifestation verkörpertes Werk *	Medizinische Ethik am Beginn des 21. Jahrhunderts
20.2	Mitwirkender +	Bauer, Axel W., 1955-
18.5	Beziehungskennzeichnung	Herausgeber/-in

Lösung 13-27
vgl. Abb. 13 (S. 41)
Besonderheiten:
– Herausgeber
– Verantwortlichkeitsangabe mit vielen Personen
– ungezählte monografische Reihe

Erläuterungen:
- In der Musterlösung wurden alle drei Verantwortlichkeitsangaben erfasst, doch könnte man den Verfasser des Geleitworts auch weglassen (vgl. Kap. 4.5.2). Die dritte Angabe, in der die Namen der 22 Beiträger aufgezählt sind, wurde vollständig übernommen. Man könnte sie aber auch kürzen, z. B. „mit Beiträgen von H. Baitsch [und 21 anderen]" (vgl. Kap. 4.5.4). Zwischen mehreren Initialen von Personen steht in der bibliografischen Beschreibung kein Leerzeichen (vgl. Kap. 4.2.6).
- Da die Zahl der Illustrationen bekannt ist („Mit 8 Abbildungen"), wurde sie mit angegeben. Man könnte jedoch auch nur „Illustrationen" schreiben (vgl. Kap. 5.7.1).
- Es handelt sich nicht um ein gemeinsam von mehreren Personen geschaffenes Werk, sondern um eine Zusammenstellung von Werken unterschiedlicher Verfasser. Es gibt deshalb keine geistigen Schöpfer für die Zusammenstellung als Ganzes; die Beiträger sind jeweils nur geistige Schöpfer ihres Aufsatzes (vgl. Kap. 9.2.3). Der normierte Sucheinstieg für das Werk besteht deshalb nur aus dem bevorzugten Titel des Werks (vgl. Kap. 5.6.1).
- Da die Verfasser der Aufsätze nicht geistige Schöpfer des Ganzen sind, werden keine direkten Beziehungen zu ihnen angelegt. Jedoch könnte man die Aufsätze als enthaltene Werke erfassen (vgl. Kap. 10.2.2). Wegen des hohen Aufwands wurde hier darauf verzichtet.
- Zur Behandlung des Herausgebers vgl. Lösung 13-23. Der Verfasser des Geleitworts wurde nicht berücksichtigt, weil es sich nicht um eine wichtige Funktion handelt.
- Zur Behandlung der ungezählten monografischen Reihe vgl. Lösung 13-25.

Beispiel 13-28: Aufklärung: Stationen - Konflikte - Prozesse / herausgegeben von Ulrich Kronauer und Wilhelm Kühlmann

Zusätzliche Angaben zu Abb. 45
Rückseite der Titelseite:
ISBN 978-3-9810674-4-6
© Eutin: Lumpeter & Lasel 2007
321 Seiten, 23 cm. Enthält 13 Aufsätze unterschiedlicher Verfasser. Es sind Abbildungen enthalten, darunter die Reproduktion eines Porträtfotos des Geehrten. Auf Seite 305-314 „Verzeichnis der Publikationen von Jörn Garner".

Abb. 45: Aufklärung: Stationen - Konflikte - Prozesse / herausgegeben von Ulrich Kronauer und Wilhelm Kühlmann

RDA	Element	Inhalt
2.3.2	Haupttitel *	Aufklärung: Stationen - Konflikte - Prozesse
2.3.4	Titelzusatz +	Festgabe für Jörn Garber zum 65. Geburtstag
2.4.2	Verantwortlichkeitsangabe *	herausgegeben von Ulrich Kronauer und Wilhelm Kühlmann
2.8.2	Erscheinungsort *	Eutin
2.8.4	Verlagsname *	Lumpeter & Lasel
2.8.6	Erscheinungsdatum *	[2007]
2.13	Erscheinungsweise +	einzelne Einheit
2.15	Identifikator für die Manifestation *	ISBN 978-3-9810674-4-6
3.2	Medientyp +	ohne Hilfsmittel zu benutzen
3.3	Datenträgertyp *	Band
3.4	Umfang *	321 Seiten
3.5	Maße	23 cm
6.2.2	Bevorzugter Titel des Werks *	Aufklärung: Stationen - Konflikte - Prozesse
6.9	Inhaltstyp +	Text
6.11	Sprache der Expression *	Deutsch
7.2	Art des Inhalts	Festschrift
7.2	Art des Inhalts	Bibliografie
7.2	Art des Inhalts	Aufsatzsammlung
7.15	Illustrierender Inhalt +	Illustrationen, Porträt
7.16	Ergänzender Inhalt	Bibliografie Jörn Garber: Seite 305-314
17.8	In der Manifestation verkörpertes Werk *	Aufklärung: Stationen - Konflikte - Prozesse
19.3	Sonstige Person, Familie oder Körperschaft, die mit einem Werk in Verbindung steht	Garber, Jörn, 1942-
18.5	Beziehungskennzeichnung	Gefeierte/-r
20.2	Mitwirkender +	Kronauer, Ulrich, 1944-
18.5	Beziehungskennzeichnung	Herausgeber/-in
20.2	Mitwirkender +	Kühlmann, Wilhelm, 1946-
18.5	Beziehungskennzeichnung	Herausgeber/-in

Lösung 13-28
vgl. Abb. 45 (S. 208)
Besonderheiten:
– Festschrift für eine Person
– Herausgeber

Erläuterungen:
– Die Grenze zwischen Haupttitel und Titelzusatz ist hier nicht offensichtlich. Das Layout legt jedoch nahe, dass „Stationen - Konflikte - Prozesse" noch zum Haupttitel gehört. Dies hat auch den Vorteil, dass man beim bevorzugten Titel des Werks kein zusätzliches Merkmal erfassen muss („Aufklärung" kommt als Werktitel mehrfach vor). Man hätte aber auch anders entscheiden und zwei

Titelzusätze annehmen können. Der Punkt nach „Aufklärung" wurde zur besseren Verständlichkeit in einen Doppelpunkt geändert (vgl. Kap. 4.2.4).
- Auf das Porträt des Geehrten wurde beim illustrierenden Inhalt speziell hingewiesen. Man könnte jedoch auch nur „Illustrationen" schreiben (vgl. Kap. 5.7.1).
- Der Charakter des Werks als Festschrift wird unter Art des Inhalts festgehalten (vgl. Kap. 5.7.4). Wegen der Personalbibliografie des Gefeierten wurde außerdem „Bibliografie" vergeben (zusätzlich wurde sie als ergänzender Inhalt angegeben). Möglich ist auch noch „Aufsatzsammlung" aus der erweiterten Begriffsliste.
- Zur Behandlung der Herausgeber vgl. Lösung 13-23. Die gefeierte Person ist zwar kein Zusatzelement, dennoch sollte eine Beziehung angelegt werden (vgl. Kap. 9.4.2).

Beispiel 13-29: Das Heimatbuch Enzklösterle / Gemeinde Enzklösterle

Zusätzliche Angaben zu Abb. 46
Rückseite der Titelseite:
Herausgeber
Gemeinde Enzklösterle
75337 Enzklösterle
© 2003 Gemeinde Enzklösterle
328 Seiten, 25 cm. Enthält ca. 30 Aufsätze unterschiedlicher Verfasser aus den Bereichen Geschichte und Heimatkunde (am Ende jeweils Literaturhinweise). Es sind viele Abbildungen und Karten enthalten.

> Das Heimatbuch Enzklösterle
>
> Eine Schwarzwaldgemeinde
> 1145–2003
>
> *Ich gebe allen,*
> *die ihre Heimat lieb haben,*
> *den Rat,*
> *alle Erinnerungen und Beweise*
> *der Taten ihrer Vorfahren*
> *zusammenzusuchen und*
> *der Nachwelt zu Gute*
> *kommen zu lassen.*
>
> *David Chyträus, 1555*
>
> Gemeinde Enzklösterle

Abb. 46: Das Heimatbuch Enzklösterle / Gemeinde Enzklösterle

Lösung 13-29
vgl. Abb. 46 (S. 210)
Besonderheiten:
- herausgebendes Organ
- Verantwortlichkeitsangabe in zwei Varianten
- Motto/Widmung
- graue Literatur

Siehe auch:
16-19: Enzklösterle

RDA	Element	Inhalt
2.3.2	Haupttitel *	Das Heimatbuch Enzklösterle
2.3.4	Titelzusatz +	eine Schwarzwaldgemeinde 1145-2003
2.4.2	Verantwortlichkeitsangabe *	Gemeinde Enzklösterle
2.8.2	Erscheinungsort *	Enzklösterle
2.8.4	Verlagsname *	Gemeinde Enzklösterle

RDA	Element	Inhalt
2.8.6	Erscheinungsdatum *	[2003]
2.13	Erscheinungsweise +	einzelne Einheit
3.2	Medientyp +	ohne Hilfsmittel zu benutzen
3.3	Datenträgertyp *	Band
3.4	Umfang *	328 Seiten
3.5	Maße	25 cm
6.2.2	Bevorzugter Titel des Werks *	Das Heimatbuch Enzklösterle
6.9	Inhaltstyp *	Text
6.9	Inhaltstyp	unbewegtes Bild
6.9	Inhaltstyp	kartografisches Bild
6.11	Sprache der Expression *	Deutsch
7.2	Art des Inhalts	Aufsatzsammlung
7.15	Illustrierender Inhalt +	Illustrationen, Karten
7.16	Ergänzender Inhalt	Literaturangaben
17.8	In der Manifestation verkörpertes Werk *	Das Heimatbuch Enzklösterle
19.3	Sonstige Person, Familie oder Körperschaft, die mit einem Werk in Verbindung steht	Enzklösterle
18.5	Beziehungskennzeichnung	Herausgebendes Organ
18.5	Beziehungskennzeichnung	Verlag

Erläuterungen:
- Man hätte hier auch zwei getrennte Titelzusätze annehmen können („eine Schwarzwaldgemeinde" und „1145-2003"). Mottos, Segensformeln, Widmungen u. ä., die nicht zum Titel gehören, werden weggelassen (RDA 2.3.1.1 D-A-CH); darunter fällt auch das hier abgedruckte Zitat von David Chyträus. Zum Artikel am Anfang des Haupttitels vgl. Lösung 13-5.
- Die Verantwortlichkeitsangabe kommt in zwei leicht voneinander abweichenden Varianten vor – einmal auf der Titelseite („Gemeinde Enzklösterle") und einmal auf deren Rückseite („Herausgeber Gemeinde Enzklösterle"). Man verwendet die Fassung der bevorzugten Informationsquelle (vgl. Kap. 4.3.3).
- Die Publikation ist nicht in einem kommerziellen Verlag erschienen („graue Literatur"). Die Funktion des Verlags wurde von der Gemeinde Enzklösterle übernommen, die deshalb als Verlagsname angegeben wird. Enzklösterle ist damit auch der Erscheinungsort (vgl. Kap. 4.7.1).
- Da viele Abbildungen und Karten enthalten sind, wurden auch die entsprechenden Inhaltstypen erfasst. In der erweiterten Begriffsliste zur Art des Inhalts (vgl. Kap. 5.7.4) findet sich „Aufsatzsammlung", was hier vergeben wurde.
- Die Gebietskörperschaft Enzklösterle ist nicht der geistige Schöpfer: Sie wird zwar thematisch behandelt, doch handelt es sich nicht um ein administratives Werk über die Körperschaft (vgl. Kap. 9.3.2). Enzklösterle ist jedoch für das Erscheinen der Publikation verantwortlich und kann als herausgebendes Organ erfasst werden (vgl. Kap. 9.4.3).

– Da Enzklösterle auch als Verlag fungiert hat, besteht noch eine zweite Beziehung zu dieser Körperschaft auf Manifestationsebene (vgl. Kap. 9.7.1). Jedoch wird gemäß deutschsprachiger Praxis grundsätzlich nur eine Beziehung – die höchstrangige – erfasst (vgl. Kap. 9.1.2). Man kann jedoch mehrere Beziehungskennzeichnungen vergeben. Beispielhaft wurde deshalb in der Musterlösung „Verlag" als zweite Beziehungskennzeichnung vergeben. Möglich wäre dies auch bei Lösungen 13-30 und 13-40.

Beispiel 13-30: Krieg in Amerika und Aufklärung in Hessen / für das Hessische Landesamt für Geschichtliche Landeskunde herausgegeben von Holger Th. Gräf, Lena Haunert und Christoph Kampmann

Zusätzliche Angaben zu Abb. 47
Gegenüber der Titelseite:
Untersuchungen und Materialien zur Verfassungs- und Landesgeschichte herausgegeben vom Hessischen Landesamt für geschichtliche Landeskunde
27
Rückseite der Titelseite:
ISBN 978-3-921254-82-0
© 2010 by Hessisches Landesamt für geschichtliche Landeskunde
XXVII, 488 Seiten, 24 cm. Zusammenstellung von Briefen verschiedener Verfasser an Georg Ernst von und zu Gilsa (hessischer Kriegsrat). Enthält Abbildungen. Literaturverzeichnis auf Seite 407-410, Verfasser-, Personen- und Ortsregister auf Seite 415-488.

Krieg in Amerika
und Aufklärung in Hessen

Die Privatbriefe (1772–1784)
an Georg Ernst von und zu Gilsa

Für das Hessische Landesamt für geschichtliche Landeskunde
herausgegeben von

HOLGER TH. GRÄF, LENA HAUNERT UND
CHRISTOPH KAMPMANN

UNTER MITARBEIT VON PATRICK STURM

Marburg 2010

Abb. 47: Krieg in Amerika und Aufklärung in Hessen / für das Hessische Landesamt für Geschichtliche Landeskunde herausgegeben von Holger Th. Gräf, Lena Haunert und Christoph Kampmann

Lösung 13-30
vgl. Abb. 47 (S. 212)
Besonderheiten:
– herausgebendes Organ
– Adressat
– Herausgeber
– graue Literatur
– gezählte monografische Reihe
Siehe auch:
15-7: Untersuchungen und Materialien zur Verfassungs- und Landesgeschichte
16-21: Hessisches Landesamt für Geschichtliche Landeskunde

RDA	Element	Inhalt
2.3.2	Haupttitel *	Krieg in Amerika und Aufklärung in Hessen
2.3.4	Titelzusatz +	die Privatbriefe (1772-1784) an Georg Ernst von und zu Gilsa
2.4.2	Verantwortlichkeitsangabe *	für das Hessische Landesamt für Geschichtliche Landeskunde herausgegeben von Holger Th. Gräf, Lena Haunert und Christoph Kampmann
2.4.2	Verantwortlichkeitsangabe	unter Mitarbeit von Patrick Sturm

RDA	Element	Inhalt
2.8.2	Erscheinungsort *	Marburg
2.8.4	Verlagsname *	Hessisches Landesamt für Geschichtliche Landeskunde
2.8.6	Erscheinungsdatum *	2010
2.12.2	Haupttitel der Reihe *	Untersuchungen und Materialien zur Verfassungs- und Landesgeschichte
2.12.9	Zählung innerhalb der Reihe *	27
2.13	Erscheinungsweise +	einzelne Einheit
2.15	Identifikator für die Manifestation *	ISBN 978-3-921254-82-0
3.2	Medientyp +	ohne Hilfsmittel zu benutzen
3.3	Datenträgertyp *	Band
3.4	Umfang *	XXVII, 488 Seiten
3.5	Maße	24 cm
6.2.2	Bevorzugter Titel des Werks *	Krieg in Amerika und Aufklärung in Hessen
6.9	Inhaltstyp *	Text
6.11	Sprache der Expression *	Deutsch
7.2	Art des Inhalts	Briefsammlung
7.15	Illustrierender Inhalt +	Illustrationen
7.16	Ergänzender Inhalt	Verfasser-, Personen- und Ortsregister: Seite 415-488
17.8	In der Manifestation verkörpertes Werk *	Krieg in Amerika und Aufklärung in Hessen
19.3	Sonstige Person, Familie oder Körperschaft, die mit einem Werk in Verbindung steht	Gilsa, Georg Ernst von und zu, 1740-1798
18.5	Beziehungskennzeichnung	Adressat/-in
19.3	Sonstige Person, Familie oder Körperschaft, die mit einem Werk in Verbindung steht	Hessisches Landesamt für Geschichtliche Landeskunde
18.5	Beziehungskennzeichnung	Herausgebendes Organ
20.2	Mitwirkender +	Gräf, Holger Th., 1960-
18.5	Beziehungskennzeichnung	Herausgeber/-in
20.2	Mitwirkender +	Haunert, Lena
18.5	Beziehungskennzeichnung	Herausgeber/-in
20.2	Mitwirkender +	Kampmann, Christoph, 1961-
18.5	Beziehungskennzeichnung	Herausgeber/-in
25.1	In Beziehung stehendes Werk	Untersuchungen und Materialien zur Verfassungs- und Landesgeschichte
24.5	Beziehungskennzeichnung	In der Reihe
24.6	Zählung des Teils	27

Erläuterungen:
- In den meisten Sprachen werden Adjektive in Namen von Körperschaften großgeschrieben (vgl. Kap. 6.6.2). Deshalb wird „geschichtliche" in „Geschichtliche" geändert.
- Es handelt sich um eine Zusammenstellung von Briefen verschiedener Verfasser und folglich nicht um ein gemeinschaftlich geschaffenes Werk (jeder Verfasser ist nur der geistige Schöpfer seiner eigenen Briefe).
- Der Adressat der Briefe sollte als sonstige Person, die mit einem Werk in Verbindung steht, erfasst werden (vgl. Kap. 9.4.4). Da es sich um einen Deutschen handelt, wird „von und zu" nachgestellt (vgl. Kap. 6.2.6).
- In der erweiterten Begriffsliste zur Art des Inhalts (vgl. Kap. 5.7.4) findet sich „Briefsammlung", was hier vergeben wurde.
- Das Landesamt ist zwar für das Erscheinen der Publikation verantwortlich, aber nicht geistiger Schöpfer des Werks (vgl. Kap. 9.3.2). Es kann als herausgebendes Organ erfasst werden (vgl. Kap. 9.4.3).
- Zur Behandlung des Landesamts als Verlag („graue Literatur") vgl. Lösungen 13-21 und 13-29.
- Zur Behandlung der Herausgeber vgl. Lösung 13-23. Patrick Sturm hat die Herausgeber bei ihrer Arbeit unterstützt; dies ist keine wichtige Funktion. Um ihn nicht ganz unberücksichtigt zu lassen, wurde zumindest die Verantwortlichkeitsangabe erfasst. Man hätte sie aber auch weglassen können.
- Zur Behandlung der gezählten monografischen Reihe vgl. Lösung 13-5.

Beispiel 13-31: "An der Front zwischen den Kulturen" / von Michael G. Baylor. Autorität und Gewissen im Zeitalter der Reformation / von Alexandre Ganoczy

Zusätzliche Angaben zu Abb. 48
Rückseite der Titelseite:
© Copyright 1991 by Verlag Philipp von Zabern, Mainz am Rhein
ISBN 3-8053-1299-7
81 Seiten, 20 cm

```
INSTITUT
FÜR EUROPÄISCHE GESCHICHTE MAINZ
VORTRÄGE
NR. 85


»AN DER FRONT
ZWISCHEN DEN KULTUREN«
THOMAS MÜNTZER ÜBER
VOLKSKULTUR UND KULTUR DER GEBILDETEN
VON
MICHAEL G. BAYLOR


AUTORITÄT UND GEWISSEN
IM ZEITALTER DER REFORMATION
VON
ALEXANDRE GANOCZY




VERLAG PHILIPP VON ZABERN
MAINZ
```

Abb. 48: "An der Front zwischen den Kulturen" / von Michael G. Baylor. Autorität und Gewissen im Zeitalter der Reformation / von Alexandre Ganoczy

RDA	Element	Inhalt
2.3.2	Haupttitel *	"An der Front zwischen den Kulturen"
2.3.4	Titelzusatz +	Thomas Müntzer über Volkskultur und Kultur der Gebildeten
2.4.2	Verantwortlichkeitsangabe *	von Michael G. Baylor
2.3.2	Haupttitel *	Autorität und Gewissen im Zeitalter der Reformation
2.4.2	Verantwortlichkeitsangabe *	von Alexandre Ganoczy
2.8.2	Erscheinungsort *	Mainz
2.8.4	Verlagsname *	Verlag Philipp von Zabern
2.8.6	Erscheinungsdatum *	[1991]
2.12.2	Haupttitel der Reihe *	Vorträge
2.12.6	Verantwortlichkeitsangabe, die sich auf eine Reihe bezieht	Institut für Europäische Geschichte Mainz
2.12.9	Zählung innerhalb der Reihe *	Nr. 85
2.13	Erscheinungsweise +	einzelne Einheit
2.15	Identifikator für die Manifestation *	ISBN 3-8053-1299-7
3.2	Medientyp +	ohne Hilfsmittel zu benutzen
3.3	Datenträgertyp *	Band
3.4	Umfang *	81 Seiten
3.5	Maße	20 cm
6.2.2	Bevorzugter Titel des Werks *	"An der Front zwischen den Kulturen"
6.2.2	Bevorzugter Titel des Werks *	Autorität und Gewissen im Zeitalter der Reformation
6.9	Inhaltstyp *	Text
6.11	Sprache der Expression *	Deutsch
17.8	In der Manifestation verkörpertes Werk *	Baylor, Michael G., 1942-. "An der Front zwischen den Kulturen"
17.8	In der Manifestation verkörpertes Werk	Ganoczy, Alexandre, 1928-. Autorität und Gewissen im Zeitalter der Reformation
25.1	In Beziehung stehendes Werk	Vorträge (Institut für Europäische Geschichte)
24.5	Beziehungskennzeichnung	In der Reihe
24.6	Zählung des Teils	Nr. 85

Lösung 13-31
vgl. Abb. 48 (S. 214)
Besonderheiten:
- kein übergeordneter Titel
- gezählte monografische Reihe
- nicht aussagekräftiger Haupttitel der Reihe (Vorträge)

Siehe auch:
15-4: Vorträge / Institut für Europäische Geschichte Mainz
16-15: Institut für Europäische Geschichte

Erläuterungen:
- Die Zusammenstellung hat keinen übergeordneten Haupttitel. Die Haupttitel der beiden Werke gelten zusammen als Haupttitel (RDA 2.3.2.9; vgl. Kap. 4.4.5).
- ISBD-Darstellung:
"An der Front zwischen den Kulturen" : Thomas Müntzer über Volkskultur und Kultur der Gebildeten / von Michael G. Baylor. Autorität und Gewissen im Zeitalter der Reformation / von Alexandre Ganoczy
- In der Manifestation sind zwei Werke unterschiedlicher Verfasser verkörpert. Da es keinen übergeordneten Haupttitel gibt, kann man für die Zusammenstellung

als Ganzes auch keinen bevorzugten Titel des Werks angeben. Stattdessen wurden die bevorzugten Titel der beiden Einzelwerke erfasst. Entsprechend werden in RDA 17.8 die normierten Sucheinstiege beider Einzelwerke angegeben. Nur einer davon ist ein Kernelement.

– Zur Behandlung der gezählten monografischen Reihe vgl. Lösung 13-5. Eine Besonderheit ist hier, dass der Haupttitel der monografischen Reihe nur aus dem wenig aussagekräftigen Gattungsbegriff „Vorträge“ besteht. Deshalb wurde auch die Verantwortlichkeitsangabe der Reihe erfasst (vgl. Kap. 4.8.2). Um eine Verwechslung mit anderen Werken zu vermeiden, wird bei ihrem normierten Sucheinstieg ein Merkmal ergänzt (vgl. Lösung 15-4).

Beispiel 13-32: Die Liebe ist ein Kind der Freiheit / Maik Hosang. Die Freiheit ist ein Kind der Liebe / Gerald Hüther

Zusätzliche Angaben zu Abb. 49
Rückseite beider Titelseiten:
© KREUZ VERLAG in der Verlag Herder GmbH, Freiburg im Breisgau 2012
ISBN 978-3-451-61144-5
Man kann das Buch auf beiden Seiten aufschlagen und zu lesen beginnen; entsprechend gibt es auch zwei Titelseiten („Wendebuch“). Von der einen Seite her geht die Seitenzählung bis 118, von der anderen bis 106. In der Mitte des Buchs sind die Seiten 75-118 bzw. 63-106 jeweils hälftig in beiden Leserichtungen bedruckt (mit demselben Text). 21 cm. Auf seiner Homepage wird der Verlag „Kreuz Verlag“ geschrieben.

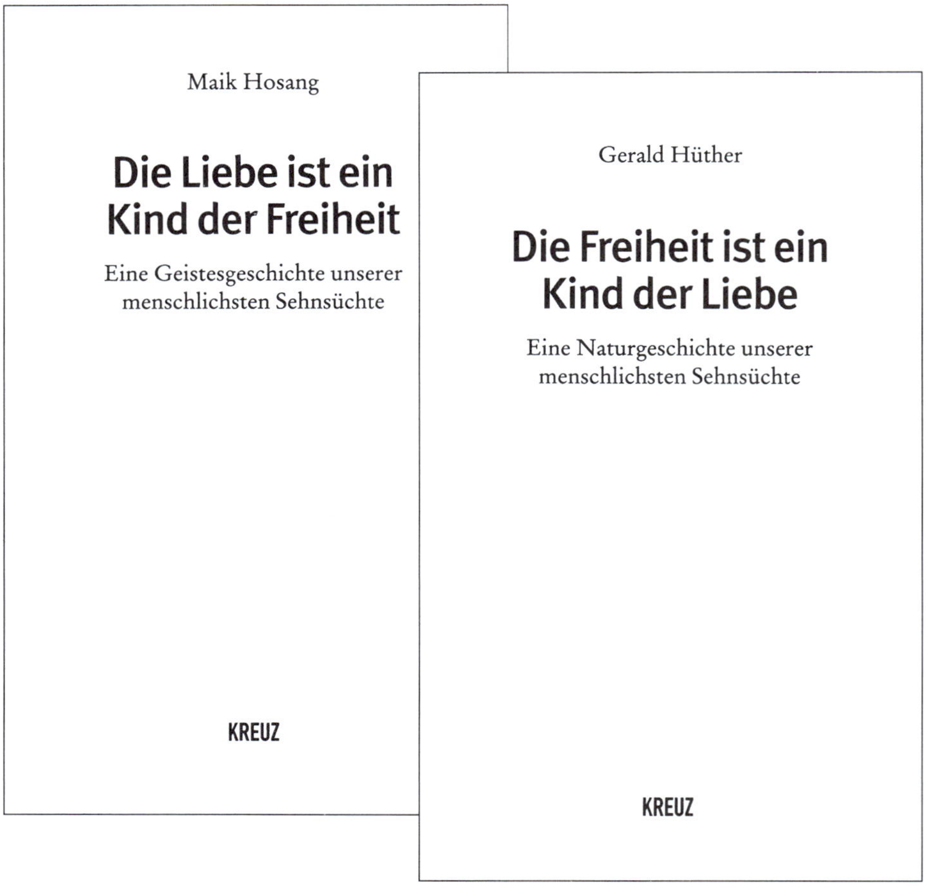
Maik Hosang

Die Liebe ist ein Kind der Freiheit

Eine Geistesgeschichte unserer menschlichsten Sehnsüchte

KREUZ

Gerald Hüther

Die Freiheit ist ein Kind der Liebe

Eine Naturgeschichte unserer menschlichsten Sehnsüchte

KREUZ

Abb. 49: Die Liebe ist ein Kind der Freiheit / Maik Hosang. Die Freiheit ist ein Kind der Liebe / Gerald Hüther

Lösung 13-32
vgl. Abb. 49 (S. 216)
Besonderheiten:
– kein übergeordneter Titel
– Wendebuch

RDA	Element	Inhalt
2.3.2	Haupttitel *	Die Liebe ist ein Kind der Freiheit
2.3.4	Titelzusatz +	eine Geistesgeschichte unserer menschlichsten Sehnsüchte
2.4.2	Verantwortlichkeitsangabe *	Maik Hosang
2.3.2	Haupttitel *	Die Freiheit ist ein Kind der Liebe

RDA	Element	Inhalt
2.3.4	Titelzusatz +	eine Naturgeschichte unserer menschlichsten Sehnsüchte
2.4.2	Verantwortlichkeitsangabe *	Gerald Hüther
2.8.2	Erscheinungsort *	Freiburg im Breisgau
2.8.4	Verlagsname *	Kreuz
2.8.6	Erscheinungsdatum *	[2012]
2.13	Erscheinungsweise +	einzelne Einheit
2.15	Identifikator für die Manifestation *	ISBN 978-3-451-61144-5
3.2	Medientyp +	ohne Hilfsmittel zu benutzen
3.3	Datenträgertyp *	Band
3.4	Umfang *	118, 106 Seiten
3.5	Maße	21 cm
3.11.1.4	Details zum Layout	Wendebuch
3.21.2	Anmerkung zum Umfang der Manifestation	Die Seiten 75-118 des ersten Teils entsprechen den Seiten 63-106 des zweiten Teils; sie enthalten denselben Text und sind jeweils hälftig in beiden Leserichtungen bedruckt
6.2.2	Bevorzugter Titel des Werks *	Die Liebe ist ein Kind der Freiheit
6.2.2	Bevorzugter Titel des Werks *	Die Freiheit ist ein Kind der Liebe
6.9	Inhaltstyp *	Text
6.11	Sprache der Expression *	Deutsch
17.8	In der Manifestation verkörpertes Werk *	Hosang, Maik, 1961-. Die Liebe ist ein Kind der Freiheit
17.8	In der Manifestation verkörpertes Werk	Hüther, Gerald, 1951-. Die Freiheit ist ein Kind der Liebe

Erläuterungen:
- Es handelt sich um ein Wendebuch mit zwei Titelseiten. Eine der beiden Titelseiten wird als bevorzugte Informationsquelle gewählt – es ist egal, welche (vgl. Kap. 4.3.1).
- Von welchem Werk man zuerst Haupttitel, Titelzusatz, und Verantwortlichkeitsangabe erfasst, hängt davon ab, welche Titelseite man als bevorzugte Informationsquelle gewählt hat. Beide Haupttitel zusammen ergeben den Haupttitel der Manifestation (RDA 2.3.2.9; vgl. Kap. 4.4.5). Zum Artikel am Anfang der Haupttitel vgl. Lösung 13-5.
- ISBD-Darstellung:
  Die Liebe ist ein Kind der Freiheit : eine Geistesgeschichte unserer menschlichsten Sehnsüchte / Maik Hosang. Die Freiheit ist ein Kind der Liebe : eine Naturgeschichte unserer menschlichsten Sehnsüchte / Gerald Hüther
- Da sich der Verlag nicht grundsätzlich mit Großbuchstaben schreibt, wird beim Verlagsnamen normale Groß-/Kleinschreibung verwendet (vgl. Kap. 6.6.2).
- Beim Umfang werden beide Seitenzählungen aufgeführt. Die Tatsache, dass ein Wendebuch vorliegt, kann man unter Details zum Layout angeben. Die Besonder-

heit der doppelt bedruckten Mittelseiten wurde als Anmerkung zum Umfang der Manifestation erfasst.
- Zur Erfassung der bevorzugten Werktitel und der normierten Sucheinstiege für die beiden in der Manifestation verkörperten Werke vgl. Lösung 13-31.

13.4 Konferenzschriften

13.4.1 Konferenz als geistiger Schöpfer

Beispiel 13-33: Strafrecht und Verfassung / B. Brunhöber, K. Höffler, J. Kaspar, T. Reinbacher, M. Vormbaum (Hrsg.)

Lösung 13-33
vgl. Abb. 22 (S. 112)
Besonderheiten:
– Thema und Name der Konferenz auf der Titelseite
– Herausgeber
Siehe auch:
16-25: Symposium Junger Strafrechtlerinnen und Strafrechtler (2. : 2012 : Berlin)

RDA	Element	Inhalt
2.3.2	Haupttitel *	Strafrecht und Verfassung
2.3.4	Titelzusatz +	2. Symposium Junger Strafrechtlerinnen und Strafrechtler
2.3.4	Titelzusatz	Berlin 2012
2.4.2	Verantwortlichkeitsangabe *	B. Brunhöber, K. Höffler, J. Kaspar, T. Reinbacher, M. Vormbaum (Hrsg.)
2.5.2	Ausgabebezeichnung *	1. Auflage
2.8.2	Erscheinungsort *	Baden-Baden
2.8.4	Verlagsname *	Nomos
2.8.6	Erscheinungsdatum *	2013
2.13	Erscheinungsweise +	einzelne Einheit
2.15	Identifikator für die Manifestation *	ISBN 978-3-8329-7905-8
3.2	Medientyp +	ohne Hilfsmittel zu benutzen
3.3	Datenträgertyp *	Band
3.4	Umfang *	169 Seiten
3.5	Maße	23 cm
6.2.2	Bevorzugter Titel des Werks *	Strafrecht und Verfassung
6.9	Inhaltstyp *	Text
6.11	Sprache der Expression *	Deutsch
7.2	Art des Inhalts	Konferenzschrift
7.2	Art des Inhalts	Aufsatzsammlung
17.8	In der Manifestation verkörpertes Werk *	Symposium Junger Strafrechtlerinnen und Strafrechtler (2. : 2012 : Berlin). Strafrecht und Verfassung
19.2	Geistiger Schöpfer *	Symposium Junger Strafrechtlerinnen und Strafrechtler (2. : 2012 : Berlin)
18.5	Beziehungskennzeichnung	Verfasser/-in
20.2	Mitwirkender +	Brunhöber, Beatrice, 1975-

RDA	Element	Inhalt
18.5	Beziehungskennzeichnung	Herausgeber/-in
20.2	Mitwirkender +	Höffler, Katrin, 1977-
18.5	Beziehungskennzeichnung	Herausgeber/-in
20.2	Mitwirkender +	Kaspar, Johannes, 1976-
18.5	Beziehungskennzeichnung	Herausgeber/-in
20.2	Mitwirkender +	Reinbacher, Tobias, 1972-
18.5	Beziehungskennzeichnung	Herausgeber/-in
20.2	Mitwirkender +	Vormbaum, Moritz, 1979-
18.5	Beziehungskennzeichnung	Herausgeber/-in

Erläuterungen:
- Es handelt sich um einen Tagungsband, der die Vorträge der Konferenz enthält. Auf der Titelseite ist sowohl der Name der Konferenz angegeben als auch ihr Thema. Unabhängig von Reihenfolge und Layout wird das Thema als Haupttitel erfasst und der Name der Konferenz als Titelzusatz (vgl. Kap. 4.4.2).
- In der Verantwortlichkeitsangabe werden die senkrechten Striche in Kommas umgewandelt; die eckigen Klammern werden durch runde ersetzt (vgl. Kap. 4.2.4 und 4.2.5).
- Die Konferenz gilt als geistiger Schöpfer des Werks, weil darin ihre kollektive Aktivität dargestellt wird (vgl. Kap. 9.3.2).
- Als Art des Inhalts wird „Konferenzschrift" erfasst (vgl. Kap. 5.7.4). Möglich ist außerdem noch „Aufsatzsammlung" aus der erweiterten Begriffsliste.
- Zur Behandlung der Herausgeber vgl. Lösung 13-23.

Beispiel 13-34: Archäologie der Brücken / Bayerische Gesellschaft für Unterwasserarchäologie (Herausgeber) in Verbindung mit dem Bayerischen Landesamt für Denkmalpflege

Zusätzliche Angaben zu Abb. 50
Rückseite der Titelseite:
Das Werk erscheint im Verlag Friedrich Pustet in Kommission
© by Bayerische Gesellschaft für Unterwasserarchäologie e. V.
ISBN 978-3-7917-2331-0
Redaktion und Layout: Dr. Marcus Prell (Bayerische Gesellschaft für Unterwasserarchäologie e. V.)
Printed in Germany 2011
Aus dem Vorwort:
Um diese Fragen europaweit erstmalig in dieser Form zu diskutieren, kamen vom 5. bis 8. November 2009 über hundert Experten in Regensburg zum internationalen Fachkongress „Archäologie der Brücken – Archaeology of Bridges" zusammen. Die Organisation oblag der Bayerischen Gesellschaft für Unterwasserarchäologie e. V. (...).
327 Seiten, 30 cm. Enthält viele Abbildungen (überwiegend farbig) und viele Karten. Der größere Teil der Beiträge der Tagung ist deutsch, der Rest englisch (jeweils mit einer Zusammenfassung in der anderen Sprache). Am Ende jedes Beitrags Literaturhinweise.

Abb. 50: Archäologie der Brücken / Bayerische Gesellschaft für Unterwasserarchäologie (Herausgeber) in Verbindung mit dem Bayerischen Landesamt für Denkmalpflege

Lösung 13-34
vgl. Abb. 50 (S. 220)
Besonderheiten:
– Thema ist Name der Konferenz
– Paralleltitel
– Erscheinungsdatum aus Druckjahr
– zwei Beziehungskennzeichnungen bei derselben Körperschaft
– herausgebendes Organ
– Veranstalter/-in
– Redakteur
Siehe auch:
16-13: Bayerische Gesellschaft für Unterwasserarchäologie
16-26: Archäologie der Brücken (Veranstaltung) (2009 : Regensburg)

RDA	Element	Inhalt
2.3.2	Haupttitel *	Archäologie der Brücken
2.3.3	Paralleltitel +	Archaeology of bridges
2.3.4	Titelzusatz +	Vorgeschichte, Antike, Mittelalter, Neuzeit
2.3.5	Paralleler Titelzusatz	prehistory, antiquity, Middle Ages, modern era
2.4.2	Verantwortlichkeitsangabe *	Bayerische Gesellschaft für Unterwasserarchäologie (Herausgeber) in Verbindung mit dem Bayerischen Landesamt für Denkmalpflege
2.4.2	Verantwortlichkeitsangabe	Redaktion und Layout: Dr. Marcus Prell (Bayerische Gesellschaft für Unterwasserarchäologie e.V.)

13.4 Konferenzschriften — 221

RDA	Element	Inhalt
2.8.2	Erscheinungsort *	Regensburg
2.8.4	Verlagsname *	Verlag Friedrich Pustet
2.8.6	Erscheinungsdatum *	[2011?]
2.13	Erscheinungsweise +	einzelne Einheit
2.15	Identifikator für die Manifestation *	ISBN 978-3-7917-2331-0
3.2	Medientyp +	ohne Hilfsmittel zu benutzen
3.3	Datenträgertyp *	Band
3.4	Umfang *	327 Seiten
3.5	Maße	30 cm
6.2.2	Bevorzugter Titel des Werks *	Archäologie der Brücken
6.9	Inhaltstyp *	Text
6.9	Inhaltstyp	unbewegtes Bild
6.9	Inhaltstyp	kartografisches Bild
6.11	Sprache der Expression *	Deutsch
6.11	Sprache der Expression	Englisch
7.2	Art des Inhalts	Konferenzschrift
7.2	Art des Inhalts	Aufsatzsammlung
7.12	Sprache des Inhalts	Beiträge teilweise deutsch mit englischer Zusammenfassung, teilweise englisch mit deutscher Zusammenfassung
7.15	Illustrierender Inhalt +	Illustrationen, Karten
7.16	Ergänzender Inhalt	Literaturangaben
7.17.2	Farbe eines unbewegten Bildes	überwiegend farbig
17.8	In der Manifestation verkörpertes Werk *	Archäologie der Brücken (Veranstaltung) (2009 : Regensburg). Archäologie der Brücken
19.2	Geistiger Schöpfer *	Archäologie der Brücken (Veranstaltung) (2009 : Regensburg)
18.5	Beziehungskennzeichnung	Verfasser/-in
19.3	Sonstige Person, Familie oder Körperschaft, die mit einem Werk in Verbindung steht	Bayerische Gesellschaft für Unterwasserarchäologie
18.5	Beziehungskennzeichnung	Herausgebendes Organ
18.5	Beziehungskennzeichnung	Veranstalter/-in

Erläuterungen:
– Auf der Titelseite ist sowohl ein deutscher als auch ein englischer Titel angegeben. Da die meisten Beiträge deutsch sind, gilt die deutsche Fassung als Haupttitel (vgl. Kap. 4.4.3). Zur Behandlung von Paralleltitel und parallelem Titelzusatz sowie zur Basis des Werktitels vgl. Lösung 13-17. Zu den senkrechten Strichen bei

- den Titelzusätzen vgl. Lösung 13-33. Die Schreibung von Epochen ist im Englischen nicht einheitlich; „Middle Ages" wird üblicherweise großgeschrieben.
- Es ist weder ein Erscheinungs- noch ein Copyright-Jahr angegeben, sondern nur das Jahr des Drucks. Dieses wird als ermitteltes Erscheinungsdatum in eckigen Klammern angegeben. Da man nicht sicher sein kann, dass es sich um den ersten Druck handelt, steht dahinter ein Fragezeichen (vgl. Kap. 4.7.1).
- Der Verlag Friedrich Pustet hat als Kommissionsverlag gewirkt, d. h. er hat nicht auf eigene Rechnung gearbeitet, sondern im Auftrag der Bayerischen Gesellschaft für Unterwasserarchäologie, die auch das finanzielle Risiko getragen hat. Auf die Erfassung als Verlag hat dies keinen Einfluss. Wäre die Information auf der Titelseite angegeben gewesen (z. B. „In Kommission bei Verlag Friedrich Pustet"), so hätte man die Angabe vollständig übertragen (vgl. Kap. 4.7.1).
- Wegen des hohen Anteils an Bildern und Karten wurden die entsprechenden Inhaltstypen zusätzlich zu „Text" erfasst.
- Unter Sprache des Inhalts sollte deutlich gemacht werden, dass – anders als bei Lösung 13-17 – nicht der gesamte Text in beiden Sprachen vorliegt (vgl. Kap. 5.7.3). Es bietet sich an, hier auch auf die Zusammenfassungen in der jeweils anderen Sprache hinzuweisen.
- Anders als in Lösung 13-33 gibt es auf der Titelseite keinen Hinweis darauf, dass es sich bei den enthaltenen Aufsätzen um Beiträge einer Konferenz handelt. Dies geht nur aus dem Vorwort hervor. Dort sieht man auch, dass der Name der Konferenz mit dem Titel des Tagungsbands identisch ist (vgl. Kap. 6.10.2). Für die Konferenz wird eine Beschreibung angelegt (vgl. Lösung 16-26); sie gilt als geistiger Schöpfer der Konferenzschrift (vgl. Lösung 13-33). Zur Art des Inhalts vgl. Lösung 13-33.
- Die Bayerische Gesellschaft für Unterwasserarchäologie ist für das Erscheinen der Publikation verantwortlich und kann als herausgebendes Organ erfasst werden (vgl. Kap. 9.4.3). Da sie die Konferenz auch ausgerichtet hat, kann als weitere Beziehungskennzeichnung „Veranstalter/-in" vergeben werden (vgl. Kap. 9.4.4).
- Man könnte auch eine Beziehung zum Bayerischen Landesamt für Denkmalpflege anlegen (als sonstige Körperschaft, die mit einem Werk in Verbindung steht). In der Musterlösung wurde darauf verzichtet.
- Auch für den Redakteur, der nicht auf der bevorzugten Informationsquelle genannt wird, wurde keine Beziehung angelegt (vgl. Kap. 9.5.2). Da es sich um ein Sammelwerk mit Texten unterschiedlicher Verfasser handelt, dürfte der Anteil des Redakteurs an der Ressource jedoch etwas höher einzuschätzen sein als bei Lösung 13-4, wo es sich um den Text eines einzigen Verfassers handelt. Um den Redakteur nicht ganz unberücksichtigt zu lassen, wurde deshalb zumindest die entsprechende Verantwortlichkeitsangabe erfasst. Das Leerzeichen bei „e. V." wird dabei entfernt (vgl. Kap. 4.2.4).

Beispiel 13-35: Verfassungsgeschichte in Europa / für die Vereinigung herausgegeben von Helmut Neuhaus

> Verfassungsgeschichte in Europa
>
> Tagung der Vereinigung für Verfassungsgeschichte
> in Hofgeismar vom 27. bis 29. März 2006
>
> Für die Vereinigung
> herausgegeben von
>
> Helmut Neuhaus
>
> Duncker & Humblot · Berlin

Zusätzliche Angaben zu Abb. 51
Gegenüber der Titelseite:
Beihefte zu „Der Staat"
Zeitschrift für Staatslehre und
Verfassungsgeschichte, deutsches
und europäisches öffentliches Recht
Herausgegeben von Ernst-Wolfgang
Böckenförde, Armin von Bogdandy,
Winfried Brugger, Rolf Grawert,
Johannes Kunisch, Christoph
Möllers, Fritz Ossenbühl, Walter
Pauly, Helmut Quaritsch, Barbara
Stollberg-Rilinger, Andreas
Voßkuhle, Rainer Wahl
Heft 18
Rückseite der Titelseite:
© 2010 Duncker & Humblot GmbH,
Berlin
ISSN 0720-6828
ISBN 978-3-428-13215-7
Vorderumschlag:
Der Staat
Zeitschrift für Staatslehre und
Verfassungsgeschichte, deutsches
und europäisches öffentliches Recht
Beiheft 18
228 Seiten, 23 cm

Abb. 51: Verfassungsgeschichte in Europa / für die Vereinigung herausgegeben von Helmut Neuhaus

RDA	Element	Inhalt
2.3.2	Haupttitel *	Verfassungsgeschichte in Europa
2.3.4	Titelzusatz +	Tagung der Vereinigung für Verfassungsgeschichte in Hofgeismar vom 27. bis 29. März 2006
2.4.2	Verantwortlichkeitsangabe *	für die Vereinigung herausgegeben von Helmut Neuhaus
2.8.2	Erscheinungsort *	Berlin
2.8.4	Verlagsname *	Duncker & Humblot
2.8.6	Erscheinungsdatum *	[2010]
2.12.2	Haupttitel der Reihe *	Beihefte zu "Der Staat"
2.12.9	Zählung innerhalb der Reihe *	Heft 18
2.13	Erscheinungsweise +	einzelne Einheit
2.15	Identifikator für die Manifestaion *	ISBN 978-3-428-13215-7

Lösung 13-35
vgl. Abb. 51 (S. 223)
Besonderheiten:
– Konferenz mit unselbständig gebildetem Namen
– Herausgeber
– gezählte monografische Reihe
Siehe auch:
15-3: Beihefte zu "Der Staat"
16-27: Vereinigung für Verfassungsgeschichte. Tagung (2006 : Hofgeismar)

RDA	Element	Inhalt
3.2	Medientyp +	ohne Hilfsmittel zu benutzen
3.3	Datenträgertyp *	Band
3.4	Umfang *	228 Seiten
3.5	Maße	23 cm
6.2.2	Bevorzugter Titel des Werks *	Verfassungsgeschichte in Europa
6.9	Inhaltstyp *	Text
6.11	Sprache der Expression *	Deutsch
7.2	Art des Inhalts	Konferenzschrift
7.2	Art des Inhalts	Aufsatzsammlung
17.8	In der Manifestation verkörpertes Werk *	Vereinigung für Verfassungsgeschichte. Tagung (2006 : Hofgeismar). Verfassungsgeschichte in Europa
19.2	Geistiger Schöpfer *	Vereinigung für Verfassungsgeschichte. Tagung (2006 : Hofgeismar)
18.5	Beziehungskennzeichnung	Verfasser/-in
20.2	Mitwirkender +	Neuhaus, Helmut, 1944-
18.5	Beziehungskennzeichnung	Herausgeber/-in
25.1	In Beziehung stehendes Werk	Beihefte zu "Der Staat"
24.5	Beziehungskennzeichnung	In der Reihe
24.6	Zählung des Teils	Heft 18

Erläuterungen:
- Auf der Titelseite steht sowohl das Tagungsthema als auch eine Angabe, die den Namen der Konferenz enthält. Unabhängig von Reihenfolge und Layout wird das Thema als Haupttitel erfasst und die andere Angabe als Titelzusatz (vgl. Kap. 4.4.2).
- Als Identifikator der Manifestation wird nur die ISBN angegeben. Die ISSN ist der Identifikator der gezählten monografischen Reihe und wird in deren Beschreibung erfasst (vgl. Kap. 4.19.3 und Lösung 15-3).
- Die Konferenz ist hier eine untergeordnete Körperschaft, deren bevorzugter Name unselbständig gebildet wird (vgl. Lösung 16-27). Sie gilt als geistiger Schöpfer der Konferenzschrift (vgl. Lösung 13-33).
- Man könnte auch eine Beziehung zur Vereinigung für Verfassungsgeschichte als herausgebendes Organ und Veranstalter der Konferenz anlegen (vgl. Lösung 13-34). In der Musterlösung wurde darauf verzichtet, weil der Name dieser Körperschaft bereits im Namen der Konferenz enthalten ist.
- Zur Art des Inhalts vgl. Lösung 13-33. Zur Behandlung des Herausgebers vgl. Lösung 13-23. Zur Behandlung der gezählten monografischen Reihe vgl. Lösung 13-5.

13.4.2 Konferenz nicht als geistiger Schöpfer

Beispiel 13-36: Fairneß, Effizienz und Qualität in der Gesundheitsversorgung / Gesellschaft für Recht und Politik im Gesundheitswesen (Hrsg.)

RDA	Element	Inhalt
2.3.2	Haupttitel *	Fairneß, Effizienz und Qualität in der Gesundheitsversorgung
2.3.4	Titelzusatz +	was kann der Risikostrukturausgleich dazu leisten?
2.4.2	Verantwortlichkeitsangabe *	Gesellschaft für Recht und Politik im Gesundheitswesen (Hrsg.)
2.8.2	Erscheinungsort *	Berlin
2.8.2	Erscheinungsort	Heidelberg
2.8.4	Verlagsname *	Springer
2.8.6	Erscheinungsdatum *	[1998]
2.13	Erscheinungsweise +	einzelne Einheit
2.15	Identifikator für die Manifestation *	ISBN 3-540-63685-4
3.2	Medientyp +	ohne Hilfsmittel zu benutzen
3.3	Datenträgertyp *	Band
3.4	Umfang *	146 Seiten
3.5	Maße	24 cm
6.2.2	Bevorzugter Titel des Werks *	Fairneß, Effizienz und Qualität in der Gesundheitsversorgung
6.9	Inhaltstyp *	Text
6.11	Sprache der Expression *	Deutsch
7.2	Art des Inhalts	Konferenzschrift
7.2	Art des Inhalts	Aufsatzsammlung
7.15	Illustrierender Inhalt +	Illustrationen
7.16	Ergänzender Inhalt	Literaturangaben
17.8	In der Manifestation verkörpertes Werk *	Fairneß, Effizienz und Qualität in der Gesundheitsversorgung
19.3	Sonstige Person, Familie oder Körperschaft, die mit einem Werk in Verbindung steht	Gesellschaft für Recht und Politik im Gesundheitswesen
18.5	Beziehungskennzeichnung	Herausgebendes Organ

Lösung 13-36
vgl. Abb. 29 (S. 139)
Besonderheiten:
– keine Angabe eines Konferenznamens
– herausgebendes Organ

Erläuterungen:
– Ältere Schreibweisen – hier „Fairneß" statt „Fairness" – werden beim Übertragen genau übernommen (vgl. Kap. 4.2 und Lösung 13-21). Das Fragezeichen am Ende des Titelzusatzes bleibt erhalten (vgl. Kap. 4.2.4).
– Aus dem Vorwort geht hervor, dass es sich um Beiträge einer Konferenz handelt. Da die Konferenz aber nicht namentlich genannt ist, wird für sie keine Beschrei-

bung angelegt (vgl. Kap. 6.10.2). Entsprechend kann sie auch nicht geistiger Schöpfer sein wie die Konferenzen in Lösungen 13-33 bis 13-35. Auch die Gesellschaft für Recht und Politik im Gesundheitswesen ist nicht der geistige Schöpfer, weil es sich weder um ein administratives Werk über die Körperschaft noch um die Darstellung ihres kollektiven Gedankenguts handelt (vgl. Kap. 9.3.2). Der Band wird deshalb behandelt wie eine normale Aufsatzsammlung (vgl. z. B. Lösung 13-27): Es liegt eine Zusammenstellung von Werken verschiedener Verfasser vor, d. h. es gibt keinen geistigen Schöpfer für die Zusammenstellung als Ganzes.
– Dennoch wird „Konferenzschrift" unter Art des Inhalts erfasst.
– Die Gesellschaft für Recht und Politik im Gesundheitswesen kann als herausgebendes Organ berücksichtigt werden (vgl. Kap. 9.4.3).

13.5 Filme, Computerspiele

Beispiel 13-37: Ziemlich beste Freunde

Zusätzliche Angaben zu Abb. 52
Angaben auf der DVD:
Gaumont präsentiert
Eine Quad Produktion
ZIEMLICH BESTE FREUNDE
François Cluzet
Omar Sy
Drehbuch und Regie
Eric Toledano und Olivier Nakache

Angaben vom Behältnis:
Anne le Ny   Audrey Fleurot
Clotilde Mollet
Kamera Mathieu Vadepied   Musik Ludovico Einaudi   Schnitt Dorian Rigal-Ansous   1. Regie-Assistent Hervé Ruet (...) Produzenten Nicolas Duval Adassovsky   Yann Zenou und Laurent Zeitoun (...)
© 2011 Splendido / Gaumont / TF1 Films Production / Ten Films / Chaocorp
EXTRAS
Audiokommentar der Regisseure und Hauptdarsteller, Original Kinotrailer Laufzeit: ca. 108 Minuten • Bildformat: 1,85:1 (16:9 anamorph) Sprachen: Deutsch (Dolby Digital 5.1/2.0), Französisch (Dolby Digital 5.1), Audiodeskription für Blinde und Sehbehinderte
Untertitel: Deutsch, Deutsch für Hörgeschädigte, Französisch

© 2012 Senator Home Entertainment GmbH
DVD (Durchmesser 12 cm) in einem Behältnis (19 x 14 x 2 cm). Unterhalb eines Barcodes steht 886919378399. Man sieht außerdem noch die Angaben „DVD video", „PAL" und den Regionalcode 2. Auf der Homepage der Senator Home Entertainment GmbH ist als Sitz Berlin angegeben. Der Originaltitel des Films war laut Internet Movie Database „Intouchables". Es handelt sich um die Verfilmung des Werks „Le second souffle" von Philippe Pozzo di Borgo.

Lösung 13-36
vgl. Abb. 52 (S. 226)
Besonderheiten:
– Film auf DVD
– einleitende Wörter, die nicht zum Haupttitel gehören
– zwei Expressionen desselben Werks
– in Beziehung stehendes Werk

Abb. 52: Ziemlich beste Freunde

RDA	Element	Inhalt
2.3.2	Haupttitel *	Ziemlich beste Freunde
2.3.6	Abweichender Titel	Gaumond präsentiert eine Quad Produktion: Ziemlich beste Freunde
2.8.2	Erscheinungsort *	[Berlin]
2.8.4	Verlagsname *	Senator Home Entertainment GmbH
2.8.6	Erscheinungsdatum *	[2012]
2.13	Erscheinungsweise +	einzelne Einheit
2.15	Identifikator für die Manifestation *	UPC: 886919378399

RDA	Element	Inhalt
3.2	Medientyp +	video
3.3	Datenträgertyp *	Videodisk
3.4	Umfang *	1 DVD-Video
3.5	Maße	12 cm
3.5	Maße	Behältnis 19 x 14 x 2 cm
3.18.3	Sendestandard	PAL
3.19.2	Dateityp	Videodatei
3.19.3	Kodierungsformat	DVD video
3.19.6	Regionalcode	Region 2
6.2.2	Bevorzugter Titel des Werks *	Intouchables
6.9	Inhaltstyp *	zweidimensionales bewegtes Bild
6.11	Sprache der Expression *	Deutsch
6.11	Sprache der Expression	Französisch
7.2	Art des Inhalts	Film
7.7	Zielgruppe	FSK ab 6
7.12	Sprache des Inhalts	Sprachfassungen: Deutsch, Französisch
7.14	Barrierefreier Inhalt	Untertitel: Deutsch, Deutsch für Hörgeschädigte, Französisch; Audiodeskription für Blinde und Sehgeschädigte
7.16	Ergänzender Inhalt	Bonusmaterial
7.17.3	Farbe von bewegten Bildern	farbig
7.19	Bildformat	Breitbild (1,85:1) (16:9 anamorph)
7.22	Dauer	108 min
7.23	Ausführender, Erzähler und/oder Präsentator	Besetzung: François Cluzet, Omar Sy, Anne le Ny, Audrey Fleurot, Clotilde Mollet
7.24	Künstlerische und/oder technische Angabe	Drehbuch und Regie: Eric Toledano und Olivier Nakache; Kamera: Mathieu Vadepied; Musik: Ludovico Einaudi; Produzenten: Nicolas Duval Adassovsky, Yann Zenou und Laurent Zeitoun
17.8	In der Manifestation verkörpertes Werk *	Intouchables
17.10	In der Manifestation verkörperte Expression *	Intouchables. Deutsch
17.10	In der Manifestation verkörperte Expression	Intouchables. Französisch
19.3	Sonstige Person, Familie oder Körperschaft, die mit einem Werk in Verbindung steht	Toledano, Eric, 1971-
18.5	Beziehungskennzeichnung	Filmregisseur/-in
19.3	Sonstige Person, Familie oder Körperschaft, die mit einem Werk in Verbindung steht	Nakache, Olivier, 1973-

RDA	Element	Inhalt
18.5	Beziehungskennzeichnung	Filmregisseur/-in
19.3	Sonstige Person, Familie oder Körperschaft, die mit einem Werk in Verbindung steht	Duval-Adassovsky, Nicolas
18.5	Beziehungskennzeichnung	Filmproduzent/-in
19.3	Sonstige Person, Familie oder Körperschaft, die mit einem Werk in Verbindung steht	Vadepied, Mathieu
18.5	Beziehungskennzeichnung	Bildregisseur/-in
20.2	Mitwirkender +	Cluzet, François, 1955-
18.5	Beziehungskennzeichnung	Schauspieler/-in
20.2	Mitwirkender +	Sy, Omar, 1978-
18.5	Beziehungskennzeichnung	Schauspieler/-in
20.2	Mitwirkender	Einaudi, Ludovico, 1955-
18.5	Beziehungskennzeichnung	Komponist/-in (Expression)
25.1	In Beziehung stehendes Werk	Pozzo di Borgo, Philippe, 1951-. Le second souffle
24.5	Beziehungskennzeichnung	Filmbearbeitung von (Werk)

Erläuterungen:
- Die bevorzugte Informationsquelle für diesen Film ist der Aufdruck auf der DVD selbst, nicht das Behältnis (vgl. Kap. 4.3.2).
- „Gaumond präsentiert eine Quad Produktion" kündigt den eigentlichen Titel nur an und gilt nicht als Teil des Haupttitels (vgl. Kap 4.4.5). Man kann einen abweichenden Titel inkl. der Angabe erfassen; dabei sollte ein Doppelpunkt ergänzt werden (vgl. Kap. 4.2.4).
- Auf der DVD sind die beiden Hauptdarsteller sowie die Drehbuchautoren und Regisseure angegeben. Auf dem Behältnis sind weitere Schauspieler sowie andere beteiligte Personen aufgeführt. Diese Informationen werden nicht als Verantwortlichkeitsangaben erfasst, sondern in den speziellen Elementen RDA 7.23 und 7.24 (vgl. Kap. 5.7.6). Nicht alle genannten Personen wurden in der Musterlösung angegeben.
- Zu den wichtigsten Personen wurden außerdem Beziehungen angelegt – teils als sonstige Personen mit Verbindung zum Werk, teils als Mitwirkende (vgl. Kap. 9.4.4 und 9.5.4). Einen geistigen Schöpfer gibt es hingegen nicht, da Filme aus dem Zusammenspiel vieler Verantwortlicher entstehen (vgl. Kap. 5.6.1). Die Beziehungskennzeichnung „Drehbuchautor/-in" wird nicht verwendet, da es sich bei der Ressource nicht um das Drehbuch selbst handelt (vgl. Kap. 9.4.4). Für den leitenden Kameramann nimmt man „Bildregisseur/-in" als Beziehungskennzeichnung (vgl. Kap. 9.4.1).
- Die Senator Home Entertainment GmbH ist der Verlag der DVD. Der zugehörige Ort wurde ermittelt und steht deshalb in eckigen Klammern. Es sind zwei Copyright-Jahre angegeben. Als Basis für das Erscheinungsdatum wird 2012 verwendet (2011 bezieht sich auf den Film selbst; vgl. Kap. 4.7.1).
- Die Nummer im Barcode ist keine EAN (13-stellig) wie in Lösung 13-38, sondern ein UPC (Universal Product Code, 12-stellig) – ein zur EAN kompatibles System,

das vor allem in der angloamerikanischen Welt genutzt wird. In der üblichen Darstellungsweise steht bei einem UPC unterhalb des Barcodes am Anfang eine einzelne Ziffer, dann folgen zwei Gruppen mit je fünf Ziffern und am Ende steht nochmals eine einzelne Ziffer. Die übliche Darstellung einer EAN ist hingegen eine einzelne Ziffer, auf die zwei Gruppen mit je sechs Ziffern folgen. Der UPC wird als Identifikator der Manifestation erfasst.

- Zu den bei Filmen besonders nützlichen Merkmalen gehören der Regionalcode und die Altersfreigabe (vgl. Kap. 4.14.3 und 5.7.4). Man hätte auch noch Toneigenschaften wie „Dolby digital" erfassen können (vgl. Kap. 4.14.2).
- Die Sprachfassungen wurden im Element Sprache des Inhalts erfasst. Die Untertitel und die Audiodeskription wurden als barrierefreier Inhalt erfasst (vgl. Kap. 5.7.3). Wegen der zwei Tonspuren liegen zwei Expressionen desselben Werks vor (vgl. Kap. 8.3.4).
- In der erweiterten Begriffsliste zur Art des Inhalts (vgl. Kap. 5.7.4) findet sich „Film", was man hier vergeben kann. Das Bonusmaterial wurde als ergänzender Inhalt angegeben. Man hätte es auch noch genauer charakterisieren können.
- Die literarische Vorlage kann als in Beziehung stehendes Werk angegeben werden (vgl. Kap. 10.2.1).

Beispiel 13-38: Anno 1701

Zusätzliche Angaben zu Abb. 53
Angaben auf der DVD:
Copyright © 2006 SUNFLOWERS GmbH,
Published by SUNFLOWERS GmbH,
Developed by Related Designs,
Distributed by Deep Silver
Freigegeben ab sechs Jahren, USK
Angaben vom Behältnis:
Minimale Konfiguration:
Windows XP oder Windows 2000
Prozessor: 2,2 GHz Intel Pentium 4 oder vergleichbarer Prozessor
Speicher: 512 MB RAM
Grafikkarte: 64 MB mit 1.1 Pixel Shader
Festplattenplatz: 3,5 GB
DVD-ROM: 4-fach
Soundkarte: DirectX 9.0c-kompatibel
DirectX: Version 9.0c
Netzwerk: TCP/IP-kompatibel
Internet: ISDN
Eingabegerät: Tastatur, Maus
Spiele mit bis zu 3 Mitstreitern über Netzwerk oder Internet
DVD-ROM (Durchmesser 12 cm) in einem Behältnis (19 x 14 x 1,5 cm); darin sind auch ein Handbuch (77 Seiten) und ein Poster. Unterhalb eines Barcodes steht 4020628081362, darunter eine weitere Kennung (ECD008136M). Im Handbuch wird Heusenstamm als Sitz der Sunflowers GmbH angegeben. Dort sind außerdem zahlreiche beteiligte Personen aufgeführt (z. B. production director, lead game designer, lead game programmer, lead tester). Es gibt auch ein Brettspiel mit dem Werktitel „Anno 1701".

Abb. 53: Anno 1701

RDA	Element	Inhalt
2.3.2	Haupttitel *	Anno 1701
2.8.2	Erscheinungsort *	Heusenstamm
2.8.4	Verlagsname *	Sunflowers GmbH
2.8.6	Erscheinungsdatum *	[2006]

Lösung 13-38
vgl. Abb. 53 (S. 229)
Besonderheiten:
- Computerspiel auf DVD
- Begleitmaterial
- unterscheidendes Merkmal im normierten Sucheinstieg für das Werk

RDA	Element	Inhalt
2.13	Erscheinungsweise +	einzelne Einheit
2.15	Identifikator für die Manifestation *	EAN: 4020628081362
2.15	Identifikator für die Manifestation	ECD008136M
3.2	Medientyp +	Computermedien
3.3	Datenträgertyp *	Computerdisk
3.4	Umfang *	1 DVD-ROM
3.5	Maße	12 cm
3.5	Maße	Behältnis 19 x 14 x 2 cm
3.4	Umfang	1 Handbuch (77 Seiten)
3.4	Umfang	1 Poster
3.20	Geräte- oder Systemanforderungen	Minimale Konfiguration: Windows XP oder Windows 2000; Prozessor: 2,2 GHz Intel Pentium 4 oder vergleichbarer Prozessor; Speicher: 512 MB RAM; Grafikkarte: 64 MB mit 1.1 Pixel Shader; Festplattenplatz: 3,5 GB; DVD-ROM: 4-fach, Soundkarte: DirectX 9.0c-kompatibel; DirectX: Version 9.0c, Netzwerk: TCP/IP-kompatibel; Internet: ISDN; Eingabegerät: Tastatur, Maus
6.2.2	Bevorzugter Titel des Werks *	Anno 1701
6.3	Form des Werks *	Computerspiel
6.9	Inhaltstyp *	zweidimensionales bewegtes Bild
6.11	Sprache der Expression *	Deutsch
7.2	Art des Inhalts	Computerspiel für bis zu vier Spieler
7.7	Zielgruppe	USK ab 6
7.24	Künstlerische und/oder technische Angabe	Developed by Related Designs
17.8	In der Manifestation verkörpertes Werk *	Anno 1701 (Computerspiel)
19.3	Sonstige Person, Familie oder Körperschaft, die mit einem Werk in Verbindung steht	Related Designs
18.5	Beziehungskennzeichnung	Produktionsfirma

Erläuterungen:
– Die bevorzugte Informationsquelle für dieses Computerspiel ist der Aufdruck auf der DVD selbst, nicht das Behältnis (vgl. Kap. 4.3.2).
– Die Sunflowers GmbH ist der Verlag. Er wird in normaler Groß-/Kleinschreibung erfasst, da die Körperschaft sich nicht grundsätzlich mit Großbuchstaben schreibt (der Name kommt an mehreren Stellen vor, auch in normaler Schreibung; vgl. Kap. 6.6.2).
– Ähnlich wie bei einem Film waren an diesem Computerspiel so viele Verantwortliche beteiligt, dass man nicht von einem geistigen Schöpfer sprechen kann (RDA 6.27.1.3 Ausnahme, vgl. Kap. 5.6.1).

- Die Angabe „Developed by Related Designs" wird nicht als Verantwortlichkeitsangabe erfasst, sondern als künstlerisch-technische Angabe. Sie bezieht sich auf die Produktionsfirma. Da diese auf der bevorzugten Informationsquelle genannt ist und es sich um eine wichtige Funktion handeln dürfte, wurde auch eine Beziehung angelegt. Man könnte theoretisch auch noch die zahlreichen im Handbuch genannten Verantwortlichen unter 7.24 angeben sowie ggf. Beziehungen zu ihnen anlegen; sinnvoll erscheint dies jedoch nicht.
- Die unter dem Barcode stehende EAN sollte als Identifikator der Manifestation erfasst werden. Zur Abgrenzung von EAN und UPC vgl. Lösung 13-37. Die zweite Nummer (vermutlich eine interne Produkt- oder Bestellnummer) ist fakultativ.
- Handbuch und Poster haben ergänzenden Charakter. Sie gelten als Begleitmaterialien und werden nur beim Umfang mit angegeben (vgl. Kap. 4.17).
- ISBD-Darstellung:
  1 DVD-ROM ; 12 cm, Behältnis 19 x 14 x 2 cm + 1 Handbuch (77 Seiten), 1 Poster
- Unter Art des Inhalts wurde hier eine freie Formulierung erfasst, da es auch in der erweiterten Begriffsliste (vgl. Kap. 5.7.4) derzeit keinen geeigneten Begriff gibt.
- Auch für Computerspiele gibt es Altersfreigaben (USK steht für „Unterhaltungssoftware Selbstkontrolle").
- Da es ein gleichnamiges Brettspiel gibt (Annahme: dieses ist im Katalog ebenfalls vorhanden), muss im normierten Sucheinstieg für das verkörperte Werk ein unterscheidendes Merkmal ergänzt werden (vgl. Kap. 5.6.2). Verwendet wurde dafür die Form des Werks („Computerspiel"); dieser Begriff ist als Schlagwort in der GND vorhanden und kann deshalb genutzt werden (vgl. Kap. 5.3).

13.6 Sonderfälle

13.6.1 Hauptwerke mit Ergänzungen

Beispiel 13-39: Der Wanderer / Peter Härtling

Zusätzliche Angaben zu Abb. 54
Rückseite der Titelseite:
Copyright © 1988 by Luchterhand Literaturverlag GmbH, Darmstadt
ISBN 3-630-86674-3
Inhaltsverzeichnis:
Der Wanderer   7
Wilhelm Müller,
Die Winterreise   133
157 Seiten, 20 cm. Auf Seite 133 befindet sich eine eigene Titelseite für den Liederzyklus „Die Winterreise" von Wilhelm Müller. Ein Lied daraus gab den Anstoß für Härtlings Essay „Der Wanderer".

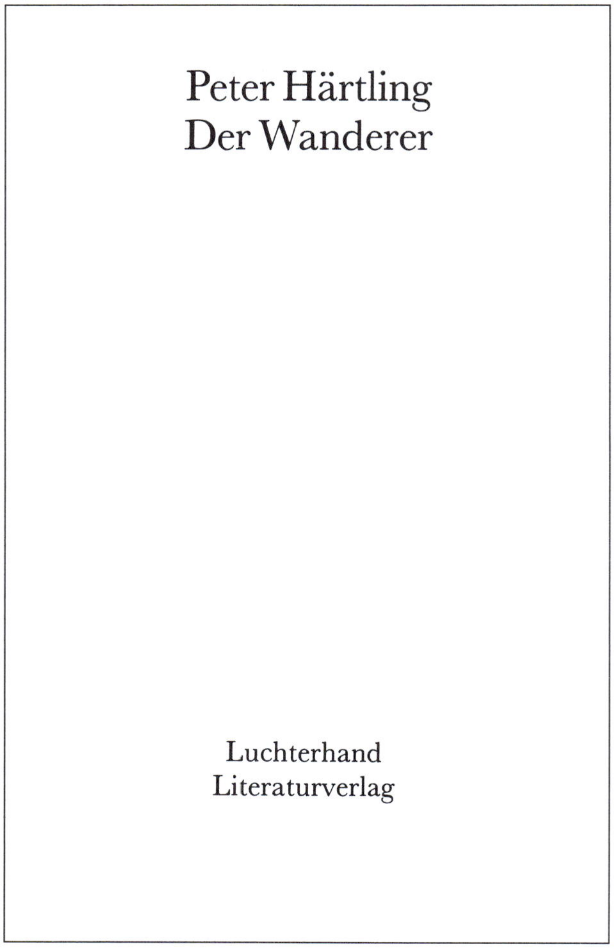

> Peter Härtling
> Der Wanderer
>
> Luchterhand
> Literaturverlag

Abb. 54: Der Wanderer / Peter Härtling

Lösung 13-39
vgl. Abb. 54 (S. 232)
Besonderheit:
– in Beziehung stehendes Werk

RDA	Element	Inhalt
2.3.2	Haupttitel *	Der Wanderer
2.4.2	Verantwortlichkeitsangabe *	Peter Härtling
2.8.2	Erscheinungsort *	Darmstadt
2.8.4	Verlagsname *	Luchterhand Literaturverlag
2.8.6	Erscheinungsdatum *	[1988]
2.13	Erscheinungsweise +	einzelne Einheit
2.15	Identifikator für die Manifestation *	ISBN 3-630-86674-3
3.2	Medientyp +	ohne Hilfsmittel zu benutzen
3.3	Datenträgertyp *	Band

RDA	Element	Inhalt
3.4	Umfang *	157 Seiten
3.5	Maße	20 cm
6.2.2	Bevorzugter Titel des Werks *	Der Wanderer
6.9	Inhaltstyp *	Text
6.11	Sprache der Expression *	Deutsch
17.8	In der Manifestation verkörpertes Werk *	Härtling, Peter, 1933-. Der Wanderer
19.2	Geistiger Schöpfer *	Härtling, Peter, 1933-
18.5	Beziehungskennzeichnung	Verfasser/-in
25.1	In Beziehung stehendes Werk	Müller, Wilhelm, 1794-1827. Die Winterreise
24.5	Beziehungskennzeichnung	Erweitert durch (Werk)

Erläuterungen:
- Die Ressource präsentiert sich als Ausgabe von Härtlings „Der Wanderer" – auf der Titelseite ist nur dieses Werk genannt. Jedoch ist noch ein weiteres Werk abgedruckt: „Die Winterreise" von Wilhelm Müller. Dieses ist offenbar als Ergänzung zu Härtlings Essay gedacht. Folglich wird die Ressource nicht als Zusammenstellung behandelt, sondern als Hauptwerk mit Ergänzung (RDA 6.27.1.4 D-A-CH; vgl. Kap. 10.2.1).
- Die Angabe von Haupttitel und Verantwortlichkeitsangabe richtet sich nach der Titelseite als der bevorzugten Informationsquelle. Zum Artikel am Anfang des Haupttitels vgl. Lösung 13-5.
- Bevorzugter Titel und normierter Sucheinstieg werden nur für das Hauptwerk erfasst. „Die Winterreise" wird als in Beziehung stehendes Werk erfasst (vgl. Kap. 10.2.1).

13.6.2 Anonyme Werke

Beispiel 13-40: Modernisierungsförderung / Herausgeberin: Landeshauptstadt Stuttgart, Amt für Stadtplanung und Stadterneuerung in Verbindung mit der Abteilung Kommunikation

Zusätzliche Angaben zu Abb. 55
Rückseite der Titelseite:
Herausgeberin: Landeshauptstadt Stuttgart, Amt für Stadtplanung und Stadterneuerung in Verbindung mit der Abteilung Kommunikation
Gestaltung: Uwe Schumann
April 2014
Broschüre im PDF-Format, 8 Seiten.
URL: http://www.stuttgart.de/img/mdb/publ/3663/22826.pdf. Enthält Abbildungen.

Abb. 55: Modernisierungsförderung / Herausgeberin: Landeshauptstadt Stuttgart, Amt für Stadtplanung und Stadterneuerung in Verbindung mit der Abteilung Kommunikation

Lösung 13-40
vgl. Abb. 55 (S. 234)
Besonderheiten:
– Online-Ressource
– herausgebendes Organ
– ermittelter Verlag
– graue Literatur
– Vorderumschlag als bevorzugte Informationsquelle
Siehe auch:
16-22: Stuttgart. Amt für Stadtplanung und Stadterneuerung

RDA	Element	Inhalt
2.3.2	Haupttitel *	Modernisierungsförderung
2.3.4	Titelzusatz +	Informationen für Eigentümer in förmlich festgelegten Sanierungsgebieten der Landeshauptstadt Stuttgart
2.4.2	Verantwortlichkeitsangabe *	Herausgeberin: Landeshauptstadt Stuttgart, Amt für Stadtplanung und Stadterneuerung in Verbindung mit der Abteilung Kommunikation

RDA	Element	Inhalt
2.5.2	Ausgabebezeichnung *	8. aktualisierte Auflage
2.8.2	Erscheinungsort *	[Stuttgart]
2.8.4	Verlagsname *	[Amt für Stadtplanung und Stadterneuerung]
2.8.6	Erscheinungsdatum *	April 2014
2.13	Erscheinungsweise +	einzelne Einheit
3.2	Medientyp +	Computermedien
3.3	Datenträgertyp *	Online-Ressource
3.4	Umfang *	1 Online-Ressource (8 Seiten)
3.19.2	Dateityp	Textdatei
3.19.3	Kodierungsformat	PDF
4.6	Uniform Resource Locator +	http://www.stuttgart.de/img/mdb/publ/3663/22826.pdf
6.2.2	Bevorzugter Titel des Werks *	Modernisierungsförderung
6.9	Inhaltstyp *	Text
6.11	Sprache der Expression *	Deutsch
7.15	Illustrierender Inhalt +	Illustrationen
17.8	In der Manifestation verkörpertes Werk *	Modernisierungsförderung
19.3	Sonstige Person, Familie oder Körperschaft, die mit einem Werk in Verbindung steht	Stuttgart. Amt für Stadtplanung und Stadterneuerung
18.5	Beziehungskennzeichnung	Herausgebendes Organ
19.3	Sonstige Person, Familie oder Körperschaft, die mit einem Werk in Verbindung steht	Stuttgart. Abteilung Kommunikation
18.5	Beziehungskennzeichnung	Sonstige Person, Familie oder Körperschaft, die mit einem Werk in Verbindung steht

Erläuterungen:
- Das PDF-Dokument hat keine Titelseite im Inneren. Deshalb wird der Vorderumschlag als bevorzugte Informationsquelle verwendet (vgl. Kap. 4.3.1).
- Weder Verlagsname noch Erscheinungsort sind explizit genannt, doch ist davon auszugehen, dass das Amt für Stadtplanung und Stadterneuerung die Funktion des Verlags übernommen hat („graue Literatur"; vgl. Lösungen 13-21 und 13-29). Die Angaben gelten als ermittelt und werden in eckige Klammern gesetzt (vgl. Kap. 4.3.3).
- Wenn man der Ansicht ist, dass es die Lesbarkeit verbessert, könnte man in der Ausgabebezeichnung hinter „8." noch ein Komma ergänzen.
- Der Medientyp ist „Computermedien", der Datenträgertyp „Online-Ressource". Beim Umfang kann die Seitenzahl des PDF-Dokuments in Klammern mit angegeben werden (vgl. Kap. 4.13.2). Es können verschiedene Merkmale der Datei erfasst werden (vgl. Kap. 4.14.3). Auch die URL wird angegeben (vgl. Kap. 4.15.2).

- Es ist kein geistiger Schöpfer genannt: Uwe Schumann war offenbar nur für Layout etc. zuständig. Das Amt für Stadtplanung und Stadterneuerung gilt nicht als geistiger Schöpfer, da weder Richtlinien o. ä. (kollektives Gedankengut der Körperschaft) noch ein administratives Werk über die Körperschaft vorliegen (vgl. Kap. 9.3.2). Das Amt kann aber als herausgebendes Organ erfasst werden (vgl. Kap. 9.4.3).
- Da es sich um ein anonymes Werk handelt, besteht der normierte Sucheinstieg nur aus dem bevorzugten Titel des Werks (vgl. Kap. 5.6.1). „Modernisierungsförderung" kommt als Werktitel nur einmal vor, deshalb muss kein unterscheidendes Merkmal erfasst werden (vgl. Kap. 5.6.1).
- Wenn man es für wichtig hält, kann man auch eine Beziehung zur Abteilung Kommunikation der Stadt Stuttgart anlegen (als sonstige Körperschaft in Verbindung mit dem Werk). Ihre genaue Funktion ist unklar, deshalb wurde in der Musterlösung der Name des Elements als Beziehungskennzeichnung verwendet (vgl. Kap. 9.1.3).

14 Beispiele für mehrteilige Monografien

Für die Darstellung der Beispiele für mehrteilige Monografien gelten dieselben Vorgaben wie bei den Beispielen für einzelne Einheiten (vgl. Kap. 13).

Kernelemente sind mit einem Stern (*), Zusatzelemente mit einem Plus-Zeichen (+) gekennzeichnet. Nicht gekennzeichnete Elemente sind fakultativ.

Zur Beschreibung der Manifestation bei mehrteiligen Monografien vgl. Kap. 4.18. In den meisten Fällen wird eine hierarchische Beschreibung angefertigt (vgl. Kap. 4.18.4 bis 4.18.5). Dann sind in den Lösungen sowohl die übergeordnete Aufnahme als auch die untergeordneten Aufnahmen dargestellt. In der Regel wurde die mehrteilige Monografie vollständig mit allen Teilen katalogisiert. Eine Ausnahme bildet Lösung 14-1; hier wird beispielhaft nur die untergeordnete Aufnahme für einen der zahlreichen Bände gezeigt.

Für mehrteilige Monografien gelten grundsätzlich die normalen Bestimmungen, d. h. nur die Standardelemente müssen erfasst werden. Die folgende Übersichtstabelle (Tab. 8, S. 237) erläutert, wie die Standardelemente sowie weitere häufig verwendete Elemente – wenn man diese erfassen möchte – innerhalb einer hierarchischen Beschreibung auf die übergeordnete Aufnahme und die untergeordneten Aufnahmen verteilt werden (vgl. dazu auch RDA 1.5.4 D-A-CH). „TAT" steht dabei für Teile mit abhängigen Titeln, „TUT" für Teile mit unabhängigen Titeln (vgl. Kap. 4.18.2). Ein Plus-Zeichen zeigt an, dass das Element auf der jeweiligen Ebene belegt wird. Ein Minus-Zeichen bedeutet, dass das Element auf der jeweiligen Ebene normalerweise unbesetzt bleibt. Man könnte jedoch auch darüber hinausgehen und das betreffende Element trotzdem auf dieser Ebene erfassen, wenn es sinnvoll erscheint. Vgl. zu den Merkmalen der Manifestation auch die Darstellung in Kap. 4.18.5 sowie die Hinweise zu mehrteiligen Monografien bei den jeweiligen Elementen in Kap. 5, 8, 9 und 10.

Verwendete Symbole:
Stern (*): Kernelement
Plus (+): Zusatzelement

Tab. 8: Verteilung der Elemente innerhalb der hierarchischen Beschreibung (Gesamtübersicht)

Übergeordnete Aufnahme

RDA	Element	+ / -	Erläuterungen
2.3	Titel (Haupttitel, Titelzusatz, Paralleltitel, Abweichender Titel)	+	diejenigen, die sich auf das Ganze beziehen bei Änderung des Haupttitels: neuen Titel als späteren Haupttitel erfassen
2.4	Verantwortlichkeitsangabe	+	diejenigen, die sich auf das Ganze beziehen bei späteren Änderungen: ggf. Anmerkung machen
2.5	Ausgabebezeichnung	(+)	nur solche mit formaler oder sachlicher Aussage, die für alle Teile gelten (z. B. „Sonderausgabe", „Canadian edition")
2.8.2	Erscheinungsort	+	bei späteren Änderungen: ggf. Anmerkung machen
2.8.4	Verlagsname	+	bei späteren Änderungen: ggf. Anmerkung machen
2.8.6	Erscheinungsdatum	+	Muster für die Erfassung: noch laufende Ressource: 1999- abgeschlossene Ressource: 1999-2005 alle Teile aus demselben Jahr: 1999
2.12.2	Haupttitel der Reihe (bezogen auf eine monografische Reihe, in der die mehrteilige Monografie erschienen ist)	+	Ausnahme: wenn nicht alle Teile in derselben monografischen Reihe erschienen sind (dann nur in untergeordneten Aufnahmen erfassen)
2.12.9	Zählung innerhalb der Reihe (bezogen auf eine monografische Reihe, in der die mehrteilige Monografie erschienen ist)	(+)	nur, wenn alle Teile gemeinsam eine einzige Zählung haben (Beispiel: eine dreibändige Monografie ist zugleich Band 7 der monografischen Reihe)

Übergeordnete Aufnahme			
RDA	Element	+ / -	Erläuterungen
2.13	Erscheinungsweise	+	„mehrteilige Monografie" erfassen
2.15	Identifikator für die Manifestation	+	diejenigen, die sich auf das Ganze beziehen
3.2	Medientyp	+	die Medientypen aller Teile berücksichtigen
3.3	Datenträgertyp	+	die Datenträgertypen aller Teile berücksichtigen
3.4	Umfang	-	wird nur in untergeordneten Aufnahmen erfasst
3.5	Maße	(+)	ggf. Maße eines gemeinsamen Behältnisses für alle Teile; ansonsten nur in untergeordneten Aufnahmen erfasst
4.6	Uniform Resource Locator	+	diejenigen, die sich auf das Ganze beziehen
6.2.2	Bevorzugter Titel des Werks	+	derjenige, der sich auf das Ganze bezieht
6.3 bis 6.6	Unterscheidende Merkmale zum Werktitel	+	sofern beim bevorzugten Werktitel, der sich auf das Ganze bezieht, benötigt
6.9	Inhaltstyp	+	die Inhaltstypen aller Teile berücksichtigen
6.11	Sprache der Expression	+	die Sprachen aller Teile berücksichtigen
7.2	Art des Inhalts	+	
7.7	Zielgruppe	+	
7.9	Hochschulschriftenvermerk	+	derjenige, der sich auf das Ganze bezieht
7.10	Zusammenfassung des Inhalts	+	
7.12	Sprache des Inhalts	+	
7.13.2	Schrift	+	die Schriften aller Teile berücksichtigen
7.15	Illustrierender Inhalt	-	wird nur in untergeordneten Aufnahmen erfasst
7.16	Ergänzender Inhalt	-	wird nur in untergeordneten Aufnahmen erfasst
7.23	Ausführender, Erzähler und/oder Präsentator	+	
7.24	Künstlerische und/oder technische Angabe	+	
17.8	In der Manifestation verkörpertes Werk	+	das verkörperte Gesamtwerk
19.2	Geistiger Schöpfer	+	diejenigen, die sich auf das Gesamtwerk beziehen
19.3	Sonstige Person, Familie oder Körperschaft, die mit einem Werk in Verbindung steht	+	diejenigen, die sich auf das Gesamtwerk beziehen
20.2	Mitwirkender	+	diejenigen, die sich auf das Ganze beziehen
21	Personen, Familien und Körperschaften, die mit einer Manifestation in Verbindung stehen	+	diejenigen, die sich auf das Ganze beziehen
25.1	In Beziehung stehendes Werk (für die Teil-Ganzes-Beziehung innerhalb der mehrteiligen Monografie)	+ (TUT) - (TAT)	nur bei einer mehrteiligen Monografie erfassen, deren Teile unabhängige Titel haben Beziehungskennzeichnung: Reihe enthält

Untergeordnete Aufnahme

RDA	Element	+ / -	Erläuterungen
2.3	Titel (Haupttitel, Titelzusatz, Paralleltitel, Abweichender Titel)	+	diejenigen, die sich auf den Teil beziehen Teile mit abhängigen Titeln: Bandbezeichnung und Zählung gehören zum Haupttitel (z. B.: Band 1, Theorie und Forschung)
2.4	Verantwortlichkeitsangabe	+	diejenigen, die sich auf den Teil beziehen Teile mit unabhängigen Titeln: Ist der geistige Schöpfer nur in einer Verantwortlichkeitsangabe genannt, die sich auf das Ganze bezieht, wird diese auch in der untergeordneten Aufnahme erfasst. Teile mit abhängigen Titeln: oft keine eigene Verantwortlichkeitsangabe vorhanden (Element bleibt unbesetzt)
2.5	Ausgabebezeichnung	+	sowohl gezählte Auflagen als auch Ausgabebezeichnungen mit formaler oder sachlicher Aussage
2.8.2	Erscheinungsort	+ (TUT) - (TAT)	nur bei Teilen mit unabhängigen Titeln erfassen
2.8.4	Verlagsname	+ (TUT) - (TAT)	nur bei Teilen mit unabhängigen Titeln erfassen
2.8.6	Erscheinungsdatum	+	Datum, das sich auf den Teil bezieht
2.12.2	Haupttitel der Reihe (bezogen auf eine monografische Reihe, in der die mehrteilige Monografie erschienen ist)	+	Ausnahme: nicht erfassen wenn Teile mit abhängigen Titeln vorliegen und es sich entweder um eine ungezählte Reihe handelt oder alle Teile gemeinsam nur eine Zählung haben (dann nur in der übergeordneten Aufnahme erfassen)
2.12.9	Zählung innerhalb der Reihe (bezogen auf eine monografische Reihe, in der die mehrteilige Monografie erschienen ist)	+	Ausnahme: nicht erfassen bei Teilen mit abhängigen Titeln, wenn alle Teile gemeinsam nur eine Zählung haben (dann nur in der übergeordneten Aufnahme erfassen)
2.12.2	Haupttitel der Reihe (bezogen auf die mehrteilige Monografie, d. h. Titel des Ganzen)	+ (TUT) - (TAT)	nur bei Teilen mit unabhängigen Titeln erfassen
2.12.9	Zählung innerhalb der Reihe (bezogen auf die mehrteilige Monografie)	+ (TUT) - (TAT)	nur bei Teilen mit unabhängigen Titeln erfassen Teile mit abhängigen Titeln: Bandbezeichnung und Zählung gehören zum Haupttitel
2.13	Erscheinungsweise	-	wird nur in übergeordneter Aufnahme erfasst
2.15	Identifikator für die Manifestation	+	diejenigen, die sich auf den Teil beziehen
3.2	Medientyp	+	diejenigen, die sich auf den Teil beziehen
3.3	Datenträgertyp	+	diejenigen, die sich auf den Teil beziehen
3.4	Umfang	+	Umfang des Teils
3.5	Maße	+	diejenigen, die sich auf den Teil beziehen
4.6	Uniform Resource Locator	+	diejenigen, die sich auf den Teil beziehen
6.2.2	Bevorzugter Titel des Werks	+ (TUT) - (TAT)	Werktitel, der sich auf den Teil bezieht: nur bei Teilen mit unabhängigen Titeln erfassen. Bei Teilen mit abhängigen Titeln werden grundsätzlich keine Werktitel erfasst.
6.3 bis 6.6	Unterscheidende Merkmale zum Werktitel	+ (TUT) - (TAT)	nur bei Teilen mit unabhängigen Titeln erfassen (sofern beim bevorzugten Werktitel, der sich auf den Teil bezieht, benötigt)
6.9	Inhaltstyp	+	diejenigen, die sich auf den Teil beziehen
6.11	Sprache der Expression	+	diejenigen, die sich auf den Teil beziehen

Untergeordnete Aufnahme			
RDA	Element	+ / -	Erläuterungen
7.2	Art des Inhalts	-	wird nur in übergeordneter Aufnahme erfasst
7.7	Zielgruppe	-	wird nur in übergeordneter Aufnahme erfasst
7.9	Hochschulschriftenvermerk	+	derjenige, der sich auf den Teil bezieht
7.10	Zusammenfassung des Inhalts	-	wird nur in übergeordneter Aufnahme erfasst
7.12	Sprache des Inhalts	-	wird nur in übergeordneter Aufnahme erfasst
7.13.2	Schrift	+	diejenigen, die sich auf den Teil beziehen
7.15	Illustrierender Inhalt	+	
7.16	Ergänzender Inhalt	+	
7.23	Ausführender, Erzähler und/oder Präsentator	-	wird nur in übergeordneter Aufnahme erfasst
7.24	Künstlerische und/oder technische Angabe	-	wird nur in übergeordneter Aufnahme erfasst
17.8	In der Manifestation verkörpertes Werk	+ (TUT) - (TAT)	das verkörperte Teilwerk: nur bei Teilen mit unabhängigen Titeln erfassen
19.2	Geistiger Schöpfer (mit Bezug auf das Gesamtwerk)	+ (TUT) - (TAT)	nur bei Teilen mit unabhängigen Titeln erfassen
19.2	Geistiger Schöpfer (mit Bezug auf das Teilwerk)	+	
19.3	Sonstige Person, Familie oder Körperschaft, die mit einem Werk in Verbindung steht (mit Bezug auf das Gesamtwerk)	+ (TUT) - (TAT)	nur bei Teilen mit unabhängigen Titeln erfassen
19.3	Sonstige Person, Familie oder Körperschaft, die mit einem Werk in Verbindung steht (mit Bezug auf das Teilwerk)	+	
20.2	Mitwirkender	+	diejenigen, die sich auf den Teil beziehen
21	Personen, Familien und Körperschaften, die mit einer Manifestation in Verbindung stehen	+	diejenigen, die sich auf den Teil beziehen
24.6	Zählung des Teils	+ (TUT) - (TAT)	nur bei Teilen mit unabhängigen Titeln erfassen
25.1	In Beziehung stehendes Werk (für die Teil-Ganzes-Beziehung innerhalb der mehrteiligen Monografie)	+ (TUT) - (TAT)	nur bei Teilen mit unabhängigen Titeln erfassen Beziehungskennzeichnung: In der Reihe

14.1 Teile mit unabhängigen Titeln

Beispiel 14-1: Deutsche Geschichte / herausgegeben von Joachim Leuschner

Übergeordnete Aufnahme:

RDA	Element	Inhalt
2.3.2	Haupttitel *	Deutsche Geschichte
2.4.2	Verantwortlichkeitsangabe *	herausgegeben von Joachim Leuschner
2.8.2	Erscheinungsort *	Göttingen
2.8.4	Verlagsname *	Vandenhoeck & Ruprecht
2.8.6	Erscheinungsdatum *	1974-2003
2.12.2	Haupttitel der Reihe *	Kleine Vandenhoeck-Reihe
2.13	Erscheinungsweise +	mehrteilige Monografie
3.2	Medientyp +	ohne Hilfsmittel zu benutzen
3.3	Datenträgertyp *	Band
6.2.2	Bevorzugter Titel des Werks *	Deutsche Geschichte
6.6	Sonstige unterscheidende Eigenschaft des Werks *	Leuschner
6.9	Inhaltstyp *	Text
6.11	Sprache der Expression *	Deutsch
17.8	In der Manifestation verkörpertes Werk *	Deutsche Geschichte (Leuschner)
20.2	Mitwirkender +	Leuschner, Joachim, 1922-1978
18.5	Beziehungskennzeichnung	Herausgeber/-in
25.1	In Beziehung stehendes Werk	Fleckenstein, Josef, 1919-2004. Grundlagen und Beginn der deutschen Geschichte
24.5	Beziehungskennzeichnung	Reihe enthält

Lösung 14-1
vgl. Abb. 16 (S. 60)
Besonderheiten:
– gezählte monografische Reihe (Verlegerserie)
– unterscheidendes Merkmal beim Gesamtwerk benötigt

Zusätzliche Angaben zu 14-1
Die mehrteilige Monografie behandelt die deutsche Geschichte bis 1945 und besteht aus 10 Bänden, die von unterschiedlichen Verfassern geschrieben wurden. Die Bände erschienen nicht gleichzeitig, sondern über einen längeren Zeitraum hinweg. Von manchen Bänden gibt es mehrere Auflagen. Die erste Auflage des ersten Bands erschien 1974; die letzte Neuauflage eines Bands stammt von 2003. „Deutsche Geschichte" kommt als Werktitel mehrfach vor. Die Bände haben jeweils auch eine Zählung innerhalb der Kleinen Vandenhoeck-Reihe (z. B. Band 1: 1397, Band 2: 1438, Band 3: 1410).

Untergeordnete Aufnahme für Band 1:

RDA	Element	Inhalt
2.3.2	Haupttitel *	Grundlagen und Beginn der deutschen Geschichte
2.4.2	Verantwortlichkeitsangabe *	Josef Fleckenstein
2.5.2	Ausgabebezeichnung *	3., durchgesehene und bibliographisch ergänzte Auflage
2.8.2	Erscheinungsort *	Göttingen
2.8.4	Verlagsname *	Vandenhoeck & Ruprecht
2.8.6	Erscheinungsdatum *	1988
2.12.2	Haupttitel der Reihe *	Deutsche Geschichte

RDA	Element	Inhalt
2.12.6	Verantwortlichkeitsangabe, die sich auf eine Reihe bezieht	herausgegeben von Joachim Leuschner
2.12.9	Zählung innerhalb der Reihe *	Band 1
2.12.2	Haupttitel der Reihe *	Kleine Vandenhoeck-Reihe
2.12.9	Zählung innerhalb der Reihe *	1397
2.15	Identifikator für die Manifestation *	ISBN 3-525-33548-2
3.2	Medientyp +	ohne Hilfsmittel zu benutzen
3.3	Datenträgertyp *	Band
3.4	Umfang *	259 Seiten
3.5	Maße	19 cm
6.2.2	Bevorzugter Titel des Werks *	Grundlagen und Beginn der deutschen Geschichte
6.9	Inhaltstyp *	Text
6.11	Sprache der Expression *	Deutsch
7.16	Ergänzender Inhalt	Bibliografische Hinweise mit Ergänzungen: Seite 225-246
17.8	In der Manifestation verkörpertes Werk *	Fleckenstein, Josef, 1919-2004. Grundlagen und Beginn der deutschen Geschichte
19.2	Geistiger Schöpfer *	Fleckenstein, Josef, 1919-2004
18.5	Beziehungskennzeichnung	Verfasser/-in
25.1	In Beziehung stehendes Werk	Deutsche Geschichte (Leuschner)
24.5	Beziehungskennzeichnung	In der Reihe
24.6	Zählung des Teils	Band 1

Erläuterungen:
- Die Bände sind nacheinander erschienen; das Werk war jedoch von vornherein auf zehn Bände konzipiert. Es handelt sich deshalb nicht um eine monografische Reihe, sondern um eine mehrteilige Monografie (vgl. Kap. 4.1.2).
- Da seit 2003 keine Neuauflage eines Bands mehr erschienen ist, kann man die mehrteilige Monografie als abgeschlossen ansehen. Das Erscheinungsdatum wird deshalb in der übergeordneten Aufnahme als „1974-2003" angegeben. In der untergeordneten Aufnahme für den Teil steht dessen Erscheinungsdatum (1988).
- Da es sich bei der Ausgabebezeichnung um eine gezählte Auflage handelt, wird sie nur in der untergeordneten Aufnahme erfasst.
- Die mehrteilige Monografie als Ganzes hat keinen geistigen Schöpfer, da die Verfasser der einzelnen Bände nicht zusammengearbeitet haben (vgl. Kap. 5.6.1 und 9.2.3). Der normierte Sucheinstieg für das Gesamtwerk würde deshalb nur aus dem bevorzugten Titel „Deutsche Geschichte" bestehen. Um eine Verwechslung mit anderen Werken zu vermeiden, wurde als unterscheidendes Merkmal der Nachname des Herausgebers verwendet (vgl. Kap. 5.3 und 5.6.2).
- Der Titel des Teils kann für sich stehen, deshalb wird eine untergeordnete Aufnahme für einen Teil mit unabhängigem Titel angefertigt (vgl. Kap. 4.18.2 und

4.18.4). Der Titel der mehrteiligen Monografie als Ganzes wird darin als Haupttitel der Reihe erfasst. „Deutsche Geschichte" ist sehr unspezifisch; deshalb sollte man zur besseren Identifikation auch die zugehörige Verantwortlichkeitsangabe erfassen (vgl. Kap. 4.8.2).

- Die mehrteilige Monografie selbst ist außerdem in einer gezählten monografischen Reihe erschienen. Deren Titel (Kleine Vandenhoeck-Reihe) wird ebenfalls als Haupttitel der Reihe erfasst – sowohl in der übergeordneten Aufnahme als auch in den untergeordneten Aufnahmen. Da jeder Band eine eigene Zählung innerhalb der monografischen Reihe hat, gibt man die Zählung nur in den untergeordneten Aufnahmen an.
- Die „Bibliographischen Hinweise" und die Ergänzungen dazu sind etwas anders aufgemacht als ein normales Literaturverzeichnis. In der Musterlösung wurde dafür die Formulierung der Vorlage übernommen.
- Sowohl die mehrteilige Monografie als Ganzes als auch jeder einzelne Teil kann als Werk betrachtet werden. Dazwischen bestehen Teil-Ganzes-Beziehungen (vgl. Kap. 10.2.2). In der übergeordneten Aufnahme wurde beispielhaft die Beziehung zum vorliegenden Band angelegt; eine entsprechende Beziehung könnte auch für jeden weiteren Band hergestellt werden. In der untergeordneten Aufnahme wird entsprechend die Beziehung zum Ganzen erfasst und die Zählung des Teils angegeben (vgl. Kap. 10.2.2).
- Theoretisch könnte eine weitere Teil-Ganzes-Beziehung zwischen der mehrteiligen Monografie und der Kleinen Vandenhoeck-Reihe hergestellt werden (vgl. Kap. 10.2.2). Da es sich jedoch um eine Verlegerserie handelt, wurde darauf verzichtet (vgl. Kap. 4.19.1).

Beispiel 14-2: Was fliegt und singt denn da? / Barthel, Dougalis, Roché

Abb. 56: Was fliegt und singt denn da? / Barthel, Dougalis, Roché

Zusätzliche Angaben zu Abb. 56
Buch, 2 CDs und Begleitheft in einer Schachtel (20 x 27 x 2 cm)
Auf der Schachtel:
ISBN 978-3-440-13175-6
Titelseite des Buchs:
Peter H. Barthel • Paschalis Dougalis
Was fliegt denn da?
Der Klassiker
KOSMOS
Vorderumschlag des Buchs:
KosmosNaturführer
Alle Vogelarten Europas in 1700 Farbbildern
Kolophon des Buchs:
© 2006, 2008
ISBN 978-3-440-11929-7
191 Seiten, 20 cm. Ungefähr die Hälfte besteht aus farbigen Abbildungen.
Auf den CDs:
Roché
Was fliegt und singt denn da?
CD 1 Von 1 Kohlmeise
bis 92 Ziegenmelker
CD 2 Von 1 Feldlerche bis 95 Kranich
© 2012 KOSMOS
Begleitheft, Vorderumschlag:
Barthel
Was fliegt und singt denn da?
Das Begleitheft
CD 1 Im Jahreslauf durch Wald, Park und Garten
CD 2 Vögel besonderer Lebensräume
Begleitheft, Kolophon:
Begleitheft zum Package „Was fliegt und singt denn da?" (ISBN 978-3-440-13175-6), bestehend aus dem Buch „Was fliegt denn da?" (ISBN 978-3-440-11929-7), diesem Begleitheft und zwei Vogelstimmen-CDs (...) 187 Vogelstimmen-Aufnahmen von 175 Vogelarten auf 2 Audio-CDs von Jean C. Roché
© 2012, Franck-Kosmos Verlags-GmbH & Co. KG, Stuttgart
Begleitheft (16 Seiten) als kommentiertes Inhaltsverzeichnis zu den CDs

Lösung 14-2
vgl. Abb. 56 (S. 243)
Besonderheiten:
- Medienkombination (Buch und CDs)
- Untertitel auf dem Vorderumschlag (beim Buch)
- Bildband (beim Buch)
- ungezählte monografische Reihe (beim Buch)
- umfassende Beschreibung (für die CDs)
- Begleitmaterial (bei den CDs)

Übergeordnete Aufnahme:

RDA	Element	Inhalt
2.3.2	Haupttitel *	Was fliegt und singt denn da?
2.3.4	Titelzusatz +	Naturführer mit 500 Vogelarten und 2 Vogelstimmen-CDs
2.4.2	Verantwortlichkeitsangabe *	Barthel, Dougalis, Roché
2.8.2	Erscheinungsort *	Stuttgart
2.8.4	Verlagsname *	Kosmos
2.8.6	Erscheinungsdatum *	[2012]
2.13	Erscheinungsweise +	mehrteilige Monografie
2.15	Identifikator für die Manifestation *	ISBN 978-3-440-13175-6
3.2	Medientyp +	ohne Hilfsmittel zu benutzen
3.2	Medientyp	audio
3.3	Datenträgertyp *	Band
3.3	Datenträgertyp	Audiodisk
3.5	Maße	Behältnis 20 x 27 x 2 cm
6.2.2	Bevorzugter Titel des Werks *	Was fliegt und singt denn da?
6.9	Inhaltstyp *	Text
6.9	Inhaltstyp	Geräusche
6.11	Sprache der Expression *	Deutsch
7.2	Art des Inhalts	Bestimmungsbuch
7.2	Art des Inhalts	Bildband
17.8	In der Manifestation verkörpertes Werk *	Was fliegt und singt denn da?
25.1	In Beziehung stehendes Werk	Barthel, Peter H. Was fliegt denn da?
24.5	Beziehungskennzeichnung	Reihe enthält
25.1	In Beziehung stehendes Werk	Roché, Jean C., 1931-. Was fliegt und singt denn da?
24.5	Beziehungskennzeichnung	Reihe enthält

Untergeordnete Aufnahme für das Buch:

RDA	Element	Inhalt
2.3.2	Haupttitel *	Was fliegt denn da?
2.3.4	Titelzusatz +	der Klassiker
2.3.6	Abweichender Titel	Alle Vogelarten Europas in 1700 Farbbildern
2.4.2	Verantwortlichkeitsangabe *	Peter H. Barthel, Paschalis Dougalis
2.8.2	Erscheinungsort *	Stuttgart
2.8.4	Verlagsname *	Kosmos
2.8.6	Erscheinungsdatum *	[2008]

RDA	Element	Inhalt
2.12.2	Haupttitel der Reihe *	Was fliegt und singt denn da?
2.12.9	Zählung innerhalb der Reihe *	[Buch]
2.12.2	Haupttitel der Reihe *	Kosmos Naturführer
2.15	Identifikator für die Manifestation *	ISBN 978-3-440-11929-7
3.2	Medientyp +	ohne Hilfsmittel zu benutzen
3.3	Datenträgertyp *	Band
3.4	Umfang *	191 Seiten
3.5	Maße	20 cm
6.2.2	Bevorzugter Titel des Werks *	Was fliegt denn da?
6.9	Inhaltstyp *	Text
6.9	Inhaltstyp	unbewegtes Bild
6.11	Sprache der Expression *	Deutsch
7.2	Art des Inhalts	Bestimmungsbuch
7.2	Art des Inhalts	Bildband
7.17.2	Farbe eines unbewegten Bildes	farbig
17.8	In der Manifestation verkörpertes Werk *	Barthel, Peter H. Was fliegt denn da?
19.2	Geistiger Schöpfer *	Barthel, Peter H.
18.5	Beziehungskennzeichnung	Verfasser/-in
19.2	Geistiger Schöpfer *	Dougalis, Paschalis, 1970-
18.5	Beziehungskennzeichnung	Verfasser/-in
25.1	In Beziehung stehendes Werk	Was fliegt und singt denn da?
24.5	Beziehungskennzeichnung	In der Reihe
24.6	Zählung des Teils	[Buch]

Untergeordnete Aufnahme für die CDs:

RDA	Element	Inhalt
2.3.2	Haupttitel *	Was fliegt und singt denn da?
2.4.2	Verantwortlichkeitsangabe *	Roché
2.8.2	Erscheinungsort *	Stuttgart
2.8.4	Verlagsname *	Kosmos
2.8.6	Erscheinungsdatum *	[2012]
2.12.2	Haupttitel der Reihe *	Was fliegt und singt denn da?
2.12.9	Zählung innerhalb der Reihe *	[CD]
3.2	Medientyp +	audio
3.3	Datenträgertyp *	Audiodisk
3.4	Umfang *	2 CDs
3.5	Maße	12 cm

RDA	Element	Inhalt
3.4	Umfang	1 Begleitheft (16 Seiten)
3.16.2	Art der Aufnahme	digital
6.2.2	Bevorzugter Titel des Werks *	Was fliegt und singt denn da?
6.9	Inhaltstyp *	Geräusche
7.2	Art des Inhalts	Bestimmungsbuch
17.8	In der Manifestation verkörpertes Werk *	Roché, Jean C., 1931-. Was fliegt und singt denn da?
19.2	Geistiger Schöpfer *	Roché, Jean C., 1931-
18.5	Beziehungskennzeichnung	Geistige/-r Schöpfer/-in
25.1	In Beziehung stehendes Werk	Was fliegt und singt denn da?
24.5	Beziehungskennzeichnung	In der Reihe
24.6	Zählung des Teils	[CD]
25.1	In Beziehung stehendes Werk	Enthält (Werk): CD 1. Von 1 Kohlmeise bis 92 Ziegenmelker - CD 2. Von 1 Feldlerche bis 95 Kranich

Erläuterungen:
– Das Bestimmungsbuch und die Vogelstimmen-CDs sind in ihrer Bedeutung gleichwertig; keins von beiden ist als Begleitmaterial des anderen zu betrachten (vgl. Kap. 4.17.1). Deshalb liegt eine mehrteilige Monografie vor. Da die Teile unterschiedliche Datenträgertypen haben, spricht man von einer Medienkombination. Das Begleitheft ist als Begleitmaterial zu den CDs anzusehen (vgl. Kap. 4.17.1).
– Als bevorzugte Informationsquelle für das Ganze dient die Schachtel (vgl. Kap. 4.18.3 und 4.18.4). Das Erscheinungsdatum des Gesamt-Sets ist 2012 (wie sich aus dem auf der Schachtel und im Begleitheft angegebenen Copyright-Jahr ergibt), auch wenn das Buch einzeln schon 2008 erschienen ist.
– Die Medienkombination als Ganzes hat keinen geistigen Schöpfer, da es sich um eine Zusammenstellung von zwei Werken unterschiedlicher geistiger Schöpfer handelt.
– In der untergeordneten Aufnahme für das Buch werden die Angaben verwendet, die sich spezifisch darauf beziehen – also 2008 als ermitteltes Erscheinungsdatum sowie die ISBN des Buchs.
– Die Angabe „KosmosNaturführer" auf dem Vorderumschlag des Buchs ist als ungezählte monografische Reihe aufzufassen. Gemäß den normalen Schreibkonventionen wird ein Leerzeichen ergänzt (vgl. Kap. 4.2.4). Die Angabe „Alle Vogelarten Europas in 1700 Farbbildern" kann nicht als Titelzusatz angegeben werden, da sie nicht auf derselben Informationsquelle steht wie der Haupttitel (vgl. Kap. 4.4.2). Sie wurde in der Musterlösung als abweichender Titel erfasst; möglich wäre auch eine Angabe als Anmerkung zum Titel (RDA 2.17.2).
– Wegen des hohen Bildanteils beim Buch wird auch der Inhaltstyp „unbewegtes Bild" vergeben. Das Element „Illustrierender Inhalt" kann nicht verwendet werden; stattdessen wird „Bildband" unter Art des Inhalts erfasst (vgl. Kap. 5.7.1). In der erweiterten Begriffsliste zur Art des Inhalts (vgl. Kap. 5.7.4) findet sich außerdem „Bestimmungsbuch", das ebenfalls verwendet werden kann. Die Art des Inhalts muss nur in der übergeordneten Aufnahme erfasst werden. In diesem Fall

erscheint es jedoch sinnvoll, das Element auch in den untergeordneten Aufnahmen zu belegen (damit es im Katalog auch bei der Anzeige der Teile sichtbar ist).
- Für die beiden Vogelstimmen-CDs wurde in der Musterlösung eine umfassende Beschreibung angefertigt (vgl. Kap. 4.18.3). Fakultativ kann man die Haupttitel der einzelnen CDs in RDA 25.1 angeben. Etwas problematisch ist dabei, dass die auf den CDs selbst abgedruckten Informationen nicht wirklich zur Definition des Haupttitels gemäß RDA 2.3.2 passen: „die hauptsächliche Bezeichnung einer Ressource (d. h. der normalerweise beim Zitieren der Ressource verwendete Titel)". Sinnvoll wären die Angaben eigentlich nur als Titelzusätze zu den aussagekräftigen Titeln, die auf dem Beiheft stehen. Folgt man dieser Argumentation, könnte man die Haupttitel auch von dort nehmen und das Element folgendermaßen angeben: „Enthält (Werk): CD 1. Im Jahreslauf durch Wald, Park und Garten - CD 2. Vögel besonderer Lebensräume".
- Das Begleitheft wird beim Umfang mit angegeben (vgl. Kap. 4.17.2). In ISBD-Darstellung:
2 CDs ; 12 cm + 1 Begleitheft (16 Seiten)
- Als Beziehungskennzeichnung für die Person, die die Tonaufnahmen angefertigt und zusammengestellt hat, kann nicht „Verfasser/-in" verwendet werden, denn es handelt sich ja nicht um ein textuelles Werk. Mangels einer geeigneten Beziehungskennzeichnung wird der Elementname verwendet (vgl. Kap. 9.1.3).
- Die Medienkombination als Ganzes und die beiden Teile werden als in Beziehung stehende Werke miteinander verbunden (vgl. Kap. 10.2.2). Da die beiden Bestandteile nicht gezählt sind, wurde eine geeignete Angabe in eckigen Klammern ergänzt.

14.2 Teile mit abhängigen Titeln

Beispiel 14-3: Eragon / Christopher Paolini

Abb. 57: Eragon / Christopher Paolini

Zusätzliche Angaben zu Abb. 57
3 CDs in einem Behältnis (18 x 13 x 2 cm) mit einem vierseitigen Begleitheft
Angaben auf der ersten CD:
(P) & (C) 2005 Random House Audio
mp3
Angaben vom Behältnis:
Gelesen von Andreas Fröhlich
ISBN-10: 3-86604-055-5
ISBN-13: 978-3-86604-055-7
Angaben vom Begleitheft:
Ungekürzte Lesung
Länge 1208 Minuten
Die amerikanische Originalausgabe erschien 2003 unter dem Titel „Eragon – Inheritance Book One" bei Alfred A. Knopf, New York
Übersetzung: Joannis Stefanidis
Regie: Sven Stricker
Aufnahmen: Küss Mich Musik, Berlin
Aufnahmeleitung: Martin Freitag
Aufnahmeassistenz: Michael Frenzel Tabessa
Schnitt: Andreas Wengel
„Eragon" ist der Originaltitel des Teils, „Inheritance" der des Romanzyklus. Auf anderen Hörbüchern von Random House Audio aus demselben Jahr ist als Erscheinungsort Köln angegeben.

Lösung 14-3
vgl. Abb. 57 (S. 247)
Besonderheiten:
– Tonträger
– Hörbuch
– Übersetzung
– ermittelter Erscheinungsort
– mehrere ISBNs
– Begleitmaterial
– in Beziehung stehende Expression

RDA	Element	Inhalt
2.3.2	Haupttitel *	Eragon
2.4.2	Verantwortlichkeitsangabe *	Christopher Paolini
2.4.2	Verantwortlichkeitsangabe	Übersetzung: Joannis Stefanidis
2.5.2	Ausgabebezeichnung *	Ungekürzte Lesung
2.8.2	Erscheinungsort *	[Köln]
2.8.4	Verlagsname *	Random House Audio
2.8.6	Erscheinungsdatum *	[2005]
2.13	Erscheinungsweise +	mehrteilige Monografie
2.15	Identifikator für die Manifestation *	ISBN 3-86604-055-5
2.15	Identifikator für die Manifestation	ISBN 978-3-86604-055-7
3.2	Medientyp +	audio
3.3	Datenträgertyp *	Audiodisk
3.4	Umfang *	3 CDs
3.5	Maße	12 cm
3.5	Maße	Behältnis 18 x 13 x 2 cm
3.4	Umfang	1 Begleitheft (4 Seiten)
3.19.2	Dateityp	Audiodatei
3.19.3	Kodierungsformat	MP3
6.2.2	Bevorzugter Titel des Werks *	Eragon
6.9	Inhaltstyp *	gesprochenes Wort
6.11	Sprache der Expression *	Deutsch
7.2	Art des Inhalts	Hörbuch
7.22	Dauer	1208 min
7.23	Ausführender, Erzähler und/oder Präsentator	Gelesen von Andreas Fröhlich
7.24	Künstlerische und/oder technische Angabe	Regie: Sven Stricker; Aufnahmeleitung: Martin Freitag; Schnitt: Andreas Wengel
17.8	In der Manifestation verkörpertes Werk *	Paolini, Christopher, 1983-. Eragon
19.2	Geistiger Schöpfer *	Paolini, Christopher, 1983-
18.5	Beziehungskennzeichnung	Verfasser/-in
20.2	Mitwirkender	Fröhlich, Andreas, 1965-
18.5	Beziehungskennzeichnung	Erzähler/-in
20.2	Mitwirkender	Stefanidis, Joannis
18.5	Beziehungskennzeichnung	Übersetzer/-in
20.2	Mitwirkender	Stricker, Sven, 1970-
18.5	Beziehungskennzeichnung	Mitwirkende/-r
26.1	In Beziehung stehende Expression	Aus dem Englischen übersetzt

Erläuterungen:
- Da das Hörbuch aus drei CDs besteht, liegt eine mehrteilige Monografie vor. Es wird eine umfassende Beschreibung angefertigt (vgl. Kap. 4.18.3). Die bevorzugte Informationsquelle ist der Aufdruck auf der ersten CD (vgl. Kap. 4.3.2 und 4.18.3).
- Im Begleitheft wird der Übersetzer genannt; dies wurde als zweite Verantwortlichkeitsangabe berücksichtigt. Die Angabe steht zwar nicht auf der bevorzugten Informationsquelle, doch können Verantwortlichkeitsangaben auch von anderen Stellen der Ressource übernommen werden (RDA 2.4.2.2); das Begleitheft gilt als Teil der Ressource (RDA 2.2.2.1). Der Hörbuch-Sprecher und die weiteren Beteiligten werden nicht in Verantwortlichkeitsangaben erfasst, sondern in den speziellen Elementen RDA 7.23 und 7.24 (vgl. Kap. 5.7.6). In der Musterlösung wurde versucht, eine sinnvolle Auswahl zu treffen.
- „Ungekürzte Lesung" ist eine Ausgabebezeichnung (RDA 2.5.2.1; vgl. Kap. 4.6.1); sie beginnt großgeschrieben.
- Der Erscheinungsort wurde ermittelt (vgl. Kap. 4.7.1). Als ermitteltes Erscheinungsdatum wurde das Copyright- bzw. Phonogramm-Jahr (für Tonaufnahmen; vgl. Kap. 4.7.2) verwendet.
- Es ist sowohl eine 10-stellige als auch eine 13-stellige ISBN angegeben; beide sollten erfasst werden (vgl. Kap. 4.10.2). Eine Erläuterung in runden Klammern ist in einem solchen Fall unnötig.
- Die Ressource ist in erster Linie zum Abspielen in CD-Playern etc. gedacht. Deshalb wird als Medientyp „audio" vergeben und nicht „Computermedien" (vgl. Kap. 4.12.1).
- Zur Erfassung des Begleithefts als Begleitmaterial vgl. Lösungen 13-5 und 13-38.
- Das in der Ressource enthaltene Werk ist Teil eines größeren Werks. Der spezifische Titel des Teils wird als bevorzugter Titel des Werks erfasst (vgl. Kap. 5.2.5).
- Der Inhaltstyp ist „gesprochenes Wort". In der erweiterten Begriffsliste zur Art des Inhalts (vgl. Kap. 5.7.4) findet sich „Hörbuch", das hier vergeben werden kann.
- Da die Mitwirkenden nicht auf der bevorzugten Informationsquelle genannt sind, sind die Beziehungen zu ihnen nicht verpflichtend (vgl. Kap. 9.5.1). Nichtsdestoweniger ist es sinnvoll, den Übersetzer, den Sprecher und den Regisseur des Hörbuchs zu berücksichtigen. Für letzteren darf nicht die Beziehungskennzeichnung „Regisseur/-in" verwendet werden, weil sich diese auf die Werkebene bezieht und nur bei Werken aus dem Bereich Film, Funk und Fernsehen benutzt wird (vgl. Kap. 9.4.1 und 9.5.1).
- Bei vielen Übersetzungen wird die Sprache des Originals explizit in einer Verantwortlichkeitsangabe genannt („aus dem Englischen von ..."). Bei anderen lässt sie sich aus dem bevorzugten Titel des Werks ableiten – zumindest wenn es sich um eine bekannte Sprache wie Deutsch, Englisch oder Französisch handelt. Beim vorliegenden Beispiel kann man die Originalsprache jedoch weder einer Verantwortlichkeitsangabe noch dem Werktitel entnehmen, da dieser nur aus dem Eigennamen „Eragon" besteht. Deshalb wurde die Sprache des Originals als in Beziehung stehende Expression angegeben (vgl. Kap. 10.3). Man könnte außerdem noch eine Teil-Ganzes-Beziehung zum Gesamtwerk (Paolini, Christopher, 1983-. Inheritance) anlegen.

Beispiel 14-4: Buchwissenschaft in Deutschland / herausgegeben von Ursula Rautenberg

Übergeordnete Aufnahme:

Lösung 14-4
vgl. Abb. 17 (S. 61)
Besonderheiten:
– Aufsatzsammlung
– in Beziehung stehende Manifestation

RDA	Element	Inhalt
2.3.2	Haupttitel *	Buchwissenschaft in Deutschland
2.3.4	Titelzusatz +	ein Handbuch
2.4.2	Verantwortlichkeitsangabe *	herausgegeben von Ursula Rautenberg
2.8.2	Erscheinungsort *	Berlin
2.8.2	Erscheinungsort	New York
2.8.4	Verlagsname *	De Gruyter Saur
2.8.6	Erscheinungsdatum *	[2010]
2.13	Erscheinungsweise +	mehrteilige Monografie
2.15	Identifikator für die Manifestation *	ISBN 978-3-11-020036-2
3.2	Medientyp +	ohne Hilfsmittel zu benutzen
3.3	Datenträgertyp *	Band
6.2.2	Bevorzugter Titel des Werks *	Buchwissenschaft in Deutschland
6.9	Inhaltstyp *	Text
6.11	Sprache der Expression *	Deutsch
7.2	Art des Inhalts	Aufsatzsammlung
17.8	In der Manifestation verkörpertes Werk *	Buchwissenschaft in Deutschland
20.2	Mitwirkender +	Rautenberg, Ursula, 1953-
18.5	Beziehungskennzeichnung	Herausgeber/-in
27.1	In Beziehung stehende Manifestation	Erscheint auch als: Online-Ressource. - ISBN 978-3-11-021192-4

Untergeordnete Aufnahme für Band 1:

RDA	Element	Inhalt
2.3.2	Haupttitel *	Band 1, Theorie und Forschung
2.8.6	Erscheinungsdatum *	[2010]
3.2	Medientyp +	ohne Hilfsmittel zu benutzen
3.3	Datenträgertyp *	Band
3.4	Umfang *	XVI, 602 Seiten
3.5	Maße	24 cm
6.9	Inhaltstyp *	Text
6.11	Sprache der Expression *	Deutsch
7.15	Illustrierender Inhalt +	Illustrationen
7.16	Ergänzender Inhalt	Literaturangaben

Untergeordnete Aufnahme für Band 2:

RDA	Element	Inhalt
2.3.2	Haupttitel *	Band 2, Fachkommunikation, Lehre, Institutionen und Gesellschaften
2.8.6	Erscheinungsdatum *	[2010]
3.2	Medientyp +	ohne Hilfsmittel zu benutzen
3.3	Datenträgertyp *	Band
3.4	Umfang *	XIV Seiten, Seiten 603-1109
3.5	Maße	24 cm
6.9	Inhaltstyp *	Text
6.11	Sprache der Expression *	Deutsch
7.16	Ergänzender Inhalt	Literaturangaben

Erläuterungen:
– Die beiden Bände sind gleichzeitig erschienen. Der erste Band ist die Basis für die Beschreibung der mehrteiligen Monografie als Ganzes.
– Die ISBN ist für beide Bände identisch. Sie bezieht sich also offensichtlich auf das Ganze und wird deshalb nur in der übergeordneten Aufnahme angegeben. Die ebenfalls abgedruckte „eISBN" bezieht sich auf die E-Book-Ausgabe, also auf eine andere Manifestation (vgl. Kap. 4.10.2). Zu dieser wurde eine Beziehung hergestellt (vgl. Kap. 10.4). Ist die E-Book-Ausgabe ebenfalls im Katalog vorhanden, könnte man auch einen direkten Link zum anderen Titeldatensatz anlegen (vgl. Lösung 13-13).
– Da die Teile nicht für sich stehen können, werden untergeordnete Aufnahmen für Teile mit abhängigen Titeln angefertigt. Bandbezeichnung und Zählung gehören deshalb zum Haupttitel. Die Teile haben keine eigenen Verantwortlichkeitsangaben.
– Nur der erste Band enthält Abbildungen. Der illustrierende Inhalt wird deshalb nur in der untergeordneten Aufnahme für diesen Teil belegt.
– Es handelt sich um eine Zusammenstellung von Werken verschiedener geistiger Schöpfer (Aufsatzsammlung). Der normierte Sucheinstieg für das verkörperte Werk besteht deshalb nur aus dem bevorzugten Titel des Werks (vgl. Kap. 5.6.1 und 9.2.3).

Beispiel 14-5: Integrated digital communications networks / G. Pujolle, D. Seret, D. Dromard, E. Horlait

Zusätzliche Angaben zu Abb. 58
Gegenüber der Titelseite (beide Bände):
WILEY SERIES IN COMMUNICATION AND DISTRIBUTED SYSTEMS
Rückseite der Titelseite (beide Bände):
This work is a translation of the French book (...) Réseaux et Télématique (...) published by Eyrolles, Paris.
Copyright © 1988 by John Wiley & Sons Ltd.
Rückumschlag von Band 1:
ISBN 0-471-91421-5
Rückumschlag von Band 2:
ISBN 0-471-91422-3
Zwei Bände, 24 cm. Band 1: vii, 288 Seiten. Band 2: 299 Seiten. In beiden Bänden viele Abbildungen. Auf dem Vorderumschlag sind die vollen Namen der Autoren genannt (Guy Pujolle, Dominique Seret, Danielle Dromard, Eric Horlait).

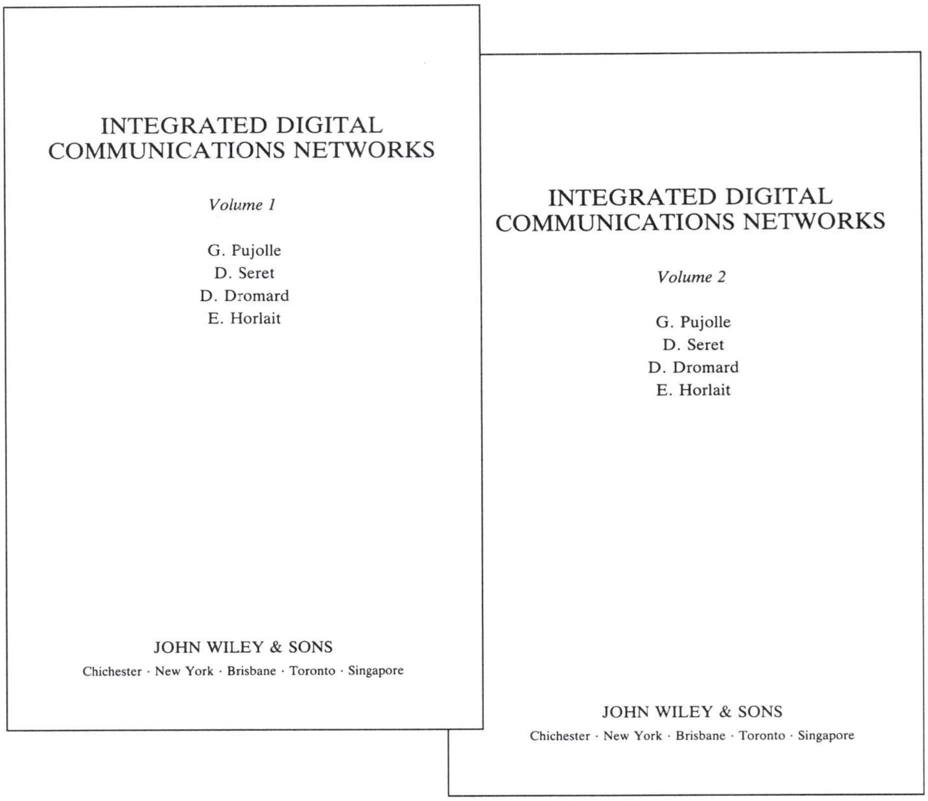
INTEGRATED DIGITAL COMMUNICATIONS NETWORKS

Volume 1

G. Pujolle
D. Seret
D. Dromard
E. Horlait

JOHN WILEY & SONS
Chichester · New York · Brisbane · Toronto · Singapore

INTEGRATED DIGITAL COMMUNICATIONS NETWORKS

Volume 2

G. Pujolle
D. Seret
D. Dromard
E. Horlait

JOHN WILEY & SONS
Chichester · New York · Brisbane · Toronto · Singapore

Abb. 58: Integrated digital communications networks / G. Pujolle, D. Seret, D. Dromard, E. Horlait

Lösung 14-5
vgl. Abb. 58 (S. 252)
Besonderheiten:
- Teile ohne eigene Titel
- ungezählte monografische Reihe
- Übersetzung
- vier geistige Schöpfer

Siehe auch:
16-9: Pujolle, Guy, 1949-

Übergeordnete Aufnahme:

RDA	Element	Inhalt
2.3.2	Haupttitel *	Integrated digital communications networks
2.4.2	Verantwortlichkeitsangabe *	G. Pujolle, D. Seret, D. Dromard, E. Horlait
2.8.2	Erscheinungsort *	Chichester
2.8.2	Erscheinungsort	New York
2.8.2	Erscheinungsort	Brisbane
2.8.2	Erscheinungsort	Toronto
2.8.2	Erscheinungsort	Singapore
2.8.4	Verlagsname *	John Wiley & Sons
2.8.6	Erscheinungsdatum *	[1988]
2.12.2	Haupttitel der Reihe *	Wiley series in communication and distributed systems
2.13	Erscheinungsweise +	mehrteilige Monografie
3.2	Medientyp +	ohne Hilfsmittel zu benutzen

RDA	Element	Inhalt
3.3	Datenträgertyp *	Band
6.2.2	Bevorzugter Titel des Werks *	Réseaux et télématique
6.9	Inhaltstyp *	Text
6.11	Sprache der Expression *	Englisch
17.8	In der Manifestation verkörpertes Werk *	Pujolle, Guy, 1949-. Réseaux et télématique
19.2	Geistiger Schöpfer *	Pujolle, Guy, 1949-
18.5	Beziehungskennzeichnung	Verfasser/-in
19.2	Geistiger Schöpfer	Seret, Dominique
18.5	Beziehungskennzeichnung	Verfasser/-in
19.2	Geistiger Schöpfer	Dromard, Danielle
18.5	Beziehungskennzeichnung	Verfasser/-in
19.2	Geistiger Schöpfer	Horlait, Eric
18.5	Beziehungskennzeichnung	Verfasser/-in

Untergeordnete Aufnahme für Band 1:

RDA	Element	Inhalt
2.3.2	Haupttitel *	Volume 1
2.8.6	Erscheinungsdatum *	[1988]
2.15	Identifikator für die Manifestation *	ISBN 0-471-91421-5
3.2	Medientyp +	ohne Hilfsmittel zu benutzen
3.3	Datenträgertyp *	Band
3.4	Umfang *	vii, 288 Seiten
3.5	Maße	24 cm
6.9	Inhaltstyp *	Text
6.11	Sprache der Expression *	Englisch
7.15	Illustrierender Inhalt +	Illustrationen

Untergeordnete Aufnahme für Band 2:

RDA	Element	Inhalt
2.3.2	Haupttitel *	Volume 2
2.8.6	Erscheinungsdatum *	[1988]
2.15	Identifikator für die Manifestation *	ISBN 0-471-91422-3
3.2	Medientyp +	ohne Hilfsmittel zu benutzen
3.3	Datenträgertyp *	Band
3.4	Umfang *	299 Seiten
3.5	Maße	24 cm

RDA	Element	Inhalt
6.9	Inhaltstyp *	Text
6.11	Sprache der Expression *	Englisch
7.15	Illustrierender Inhalt +	Illustrationen

Erläuterungen:
- Der Haupttitel der mehrteiligen Monografie als Ganzes ist „Integrated digital communications networks". Die Teile haben keine eigenen Titel. In den untergeordneten Aufnahmen wird als Haupttitel deshalb nur „Volume 1" bzw. „Volume 2" erfasst.
- In der Verantwortlichkeitsangabe für das Ganze sind Kommas zwischen den Namen zu ergänzen (vgl. Kap. 4.2.4). Die Teile haben keine eigenen Verantwortlichkeitsangaben.
- Jeder Band hat eine eigene ISBN. Da es keine ISBN für das Ganze gibt, wird das Element in der übergeordneten Aufnahme nicht belegt.
- Die mehrteilige Monografie ist in einer ungezählten monografischen Reihe erschienen. Deren Haupttitel wird nur in der übergeordneten Aufnahme erfasst, nicht aber in untergeordneten Aufnahmen für Teile mit abhängigen Titeln.
- Als bevorzugter Titel des Werks wird der französische Originaltitel verwendet (vgl. Kap. 5.2.2). Es gilt die normale Groß-/Kleinschreibung der jeweiligen Sprache, deshalb wird „télématique" kleingeschrieben (vgl. Kap. 5.2.1).
- Von den vier geistigen Schöpfern müsste nur der erste Verfasser als Kernelement zwingend erfasst werden. Man sollte jedoch auch Beziehungen zu den übrigen Verfassern anlegen (vgl. Kap. 9.2.2).

15 Beispiele für monografische Reihen und integrierende Ressourcen

Die folgenden Beispiele für monografische Reihen und integrierende Ressourcen zeigen jeweils eine zusammengesetzte Beschreibung (vgl. Kap. 8.2.2). Es gelten dieselben Vorgaben wie bei den Beispielen für einzelne Einheiten (vgl. Kap. 13).

Kernelemente sind mit einem Stern (*), Zusatzelemente mit einem Plus-Zeichen (+) gekennzeichnet. Nicht gekennzeichnete Elemente sind fakultativ.

Bei den Lösungen für die monografischen Reihen wird davon ausgegangen, dass die als Grundlage der Beschreibungen verwendeten Bände jeweils die neuesten sind, d. h. etwaige Änderungen in späteren Bänden werden nicht berücksichtigt. Beispielhaft wird stets die Beziehung zu dem Band angegeben, der als Ausgangspunkt für die Katalogisierung gedient hat. In der Praxis würde man natürlich auch Beziehungen zu weiteren Bänden anlegen, die in der Reihe erschienen sind.

Vollständige Lösungen für die Bände, die bei den monografischen Reihen als Grundlage der Beschreibung dienten, finden Sie in Kap. 13. Vollständige Lösungen für die in Beziehung stehenden Körperschaften und Familien finden Sie in Kap. 16. Auf diese Lösungen wird jeweils mit „Siehe auch: …" hingewiesen.

Verwendete Symbole:
Stern (*): Kernelement
Plus (+): Zusatzelement

15.1 Einfache monografische Reihen

Beispiel 15-1: Arbeiten zur Kirchen- und Theologiegeschichte

RDA	Element	Inhalt
2.3.2	Haupttitel *	Arbeiten zur Kirchen- und Theologiegeschichte
2.3.6	Abweichender Titel +	AKThG
2.6.2	Alphanumerische Bezeichnung der ersten Ausgabe oder des ersten Teils einer Folge *	Band 1
2.8.2	Erscheinungsort *	Leipzig
2.8.4	Verlagsname *	Evangelische Verlagsanstalt
2.8.6	Erscheinungsdatum *	1996-
2.13	Erscheinungsweise +	fortlaufende Ressource
2.15	Identifikator für die Manifestation *	ISSN 1430-0583
2.17.7	Anmerkung zur Veröffentlichungsangabe	Band 1 erschienen im Verlag Hermann Böhlaus Nachfolger, Weimar
3.2	Medientyp +	ohne Hilfsmittel zu benutzen
3.3	Datenträgertyp *	Band
6.2.2	Bevorzugter Titel des Werks *	Arbeiten zur Kirchen- und Theologiegeschichte
6.9	Inhaltstyp *	Text
6.11	Sprache der Expression *	Deutsch
6.11	Sprache der Expression	Englisch

Lösung 15-1
vgl. Abb. 15 (S. 51)
Besonderheiten:
– Wechsel des Verlags
– Bände in unterschiedlichen Sprachen
Siehe auch:
13-14: Christian Gottlob Leberecht Großmann (1783-1857) / Angelika Rotter

Zusätzliche Angaben zu 15-1
Angaben vom 1. Band der monografischen Reihe:
Titelseite:
1996
Verlag Hermann Böhlaus Nachfolger
Weimar
Rückseite der Titelseite:
ISBN 3-7400-0930-6
ISSN 1430-0583
Vortitelseite:
Arbeiten zur Kirchen- und Theologiegeschichte
Herausgegeben von Helmar Junghans, Kurt Nowak und Günther Wartenberg
Band 1
Ab dem zweiten Band ist als Verlag die Evangelische Verlagsanstalt angegeben. Es taucht auch der Titel „AKThG" auf. In der monografischen Reihe ist auch ein englischsprachiger Band erschienen.

RDA	Element	Inhalt
17.8	In der Manifestation verkörpertes Werk *	Arbeiten zur Kirchen- und Theologiegeschichte
25.1	In Beziehung stehendes Werk	Rotter, Angelika. Christian Gottlob Leberecht Großmann (1783-1857)
24.5	Beziehungskennzeichnung	Reihe enthält

Erläuterungen:
– Verantwortlichkeitsangaben, die Personen als Herausgeber o. ä. nennen, werden bei monografischen Reihen in der Regel nicht erfasst (vgl. Kap. 4.19.3). Üblicherweise werden auch keine Beziehungen zu solchen Personen angelegt. Dies hat auch damit zu tun, dass sich Herausgebergremien häufig ändern: Keiner der in Band 1 genannten drei Herausgeber war beim dreizehn Jahre später erschienenen Band 27 (vgl. Abb. 15, S. 51) noch aktiv.
– Der Kurztitel „AKThG" sollte als abweichender Titel erfasst werden (Zusatzelement bei fortlaufenden Ressourcen; vgl. Kap. 4.19.3). Als weiteren abweichenden Titel könnte man „Arbeiten zur Kirchengeschichte und Theologiegeschichte" erfassen, damit auch das Wort „Kirchengeschichte" recherchierbar ist.
– Da die bevorzugte Informationsquelle nach deutschsprachiger Praxis immer der neueste Band ist (vgl. Kap. 4.19.2), erscheinen in der Veröffentlichungsangabe die aktuell gültigen Informationen. Man kann in einer Anmerkung angeben, dass der erste Band in einem anderen Verlag erschien als die späteren Bände.
– Der Identifikator für die Manifestation für die monografische Reihe ist die ISSN. Die ISBNs gehören hingegen zu den jeweiligen Bänden (vgl. Kap. 4.19.3).
– Unter Sprache der Expression werden alle Sprachen aufgeführt, die in einem oder mehreren Bänden vorkommen. Deshalb wird neben Deutsch auch Englisch erfasst.
– Die monografische Reihe als Ganzes hat keinen geistigen Schöpfer, da die einzelnen Bände von verschiedenen Personen stammen, die nicht zusammengearbeitet haben.

Beispiel 15-2: Steidl Taschenbuch

Lösung 15-2
vgl. Abb. 44 (S. 205)
Besonderheiten:
– Verlegerserie
– Änderung in der Bandbezeichnung
Siehe auch:
13-26: Freiheit nach Börsenmaß ; Geschenkte Freiheit / Günter Grass

Zusätzliche Angaben zu 15-2
Angabe vom ersten Band, erschienen 1991:
Steidl Taschenbuch Nr. 1
In Band 64:
stb 64
(entsprechend auch in einigen anderen Bänden)

RDA	Element	Inhalt
2.3.2	Haupttitel *	Steidl Taschenbuch
2.3.6	Abweichender Titel +	stb
2.3.6	Abweichender Titel	Steidl-Taschenbuch
2.6.2	Alphanumerische Bezeichnung der ersten Ausgabe oder des ersten Teils einer Folge *	Nr. 1
2.8.2	Erscheinungsort *	Göttingen
2.8.4	Verlagsname *	Steidl
2.8.6	Erscheinungsdatum *	1991-
2.13	Erscheinungsweise +	fortlaufende Ressource
3.2	Medientyp +	ohne Hilfsmittel zu benutzen
3.3	Datenträgertyp *	Band
6.2.2	Bevorzugter Titel des Werks *	Steidl Taschenbuch

RDA	Element	Inhalt
6.9	Inhaltstyp *	Text
6.11	Sprache der Expression *	Deutsch
17.8	In der Manifestation verkörpertes Werk *	Steidl Taschenbuch
25.1	In Beziehung stehendes Werk	Grass, Günter, 1927-. Freiheit nach Börsenmaß
24.5	Beziehungskennzeichnung	Reihe enthält
25.1	In Beziehung stehendes Werk	Grass, Günter, 1927-. Geschenkte Freiheit
24.5	Beziehungskennzeichnung	Reihe enthält

Erläuterungen:
- Es handelt sich um eine sogenannte Verlegerserie (vgl. Kap. 4.19.1). Viele Bibliotheken legen für diese keine eigenen Beschreibungen an.
- Die Angabe „stb", die sich in manchen Bänden findet, sollte als abweichender Titel angegeben werden. Als weiteren abweichenden Titel kann man eine Version mit ergänztem Bindestrich erfassen (vgl. Kap. 4.2.4).
- Im ersten Band wurde die Bandbezeichnung „Nr." vorgefunden. Dies wird unter 2.6.2 erfasst, auch wenn es in späteren Bänden keine Bandbezeichnung mehr gibt (im katalogisierten Band heißt es nur „203").

Beispiel 15-3: Beihefte zu "Der Staat"

RDA	Element	Inhalt
2.3.2	Haupttitel *	Beihefte zu "Der Staat"
2.3.4	Titelzusatz +	Zeitschrift für Staatslehre und Verfassungsgeschichte, deutsches und europäisches öffentliches Recht
2.3.6	Abweichender Titel +	Der Staat. Beiheft
2.6.2	Alphanumerische Bezeichnung der ersten Ausgabe oder des ersten Teils einer Folge *	Heft 1
2.8.2	Erscheinungsort *	Berlin
2.8.4	Verlagsname *	Duncker & Humblot
2.8.6	Erscheinungsdatum *	1975-
2.13	Erscheinungsweise +	fortlaufende Ressource
2.15	Identifikator für die Manifestation *	ISSN 0720-6828
3.2	Medientyp +	ohne Hilfsmittel zu benutzen
3.3	Datenträgertyp *	Band
6.2.2	Bevorzugter Titel des Werks *	Beihefte zu "Der Staat"
6.9	Inhaltstyp *	Text
6.11	Sprache der Expression *	Deutsch
17.8	In der Manifestation verkörpertes Werk *	Beihefte zu "Der Staat"
25.1	In Beziehung stehendes Werk	Der Staat (Berlin)

Lösung 15-3
vgl. Abb. 51 (S. 223)
Besonderheit:
- Beiheft zu einer Zeitschrift
Siehe auch:
13-35: Verfassungsgeschichte in Europa / für die Vereinigung herausgegeben von Helmut Neuhaus

Zusätzliche Angaben zu 15-3
Angabe vom ersten Band, erschienen 1975:
Heft 1
Es gibt mehrere Veröffentlichungen mit dem Werktitel „Der Staat".

RDA	Element	Inhalt
24.5	Beziehungskennzeichnung	Supplement zu (Werk)
25.1	In Beziehung stehendes Werk	Vereinigung für Verfassungsgeschichte. Tagung (2006 : Hofgeismar). Verfassungsgeschichte in Europa
24.5	Beziehungskennzeichnung	Reihe enthält

Erläuterungen:
- In den einzelnen Bänden dieser Schriftenreihe erscheinen die Angaben zur monografischen Reihe immer an zwei Stellen in unterschiedlicher Form (auf dem Vorderumschlag und im Inneren). Als bevorzugte Informationsquelle gilt die Titelseite für die Reihe; in diesem Fall ist dies die Seite gegenüber der normalen Titelseite (vgl. Kap. 4.8.1). Folglich ist die dort vorgefundene Fassung des Titels der Haupttitel.
- Die leicht abweichende Titelfassung auf dem Vorderumschlag sollte als abweichender Titel erfasst werden. Da „Beiheft" als Titel nicht ausreichend ist, wird dabei der Haupttitel der Zeitschrift vorangestellt (RDA 2.3.1.7.1).
- Die Angabe „Zeitschrift für Staatslehre und Verfassungsgeschichte, deutsches und europäisches öffentliches Recht" wurde als Titelzusatz erfasst, da sie in der Informationsquelle so präsentiert wird – auch wenn man argumentieren könnte, dass sich die Angabe nur auf die Zeitschrift „Der Staat" bezieht und nicht auf deren Beihefte.
- Zur Weglassung der Verantwortlichkeitsangabe, die die Herausgeber nennt, vgl. Lösung 15-1.
- Die Beihefte sind eine Ergänzung zur Zeitschrift „Der Staat", weshalb eine entsprechende Beziehung erfasst werden sollte (vgl. Kap. 10.2.1). Um Verwechslungen mit anderen Werken zu vermeiden, muss im normierten Sucheinstieg für die Zeitschrift „Der Staat" ein unterscheidendes Merkmal ergänzt werden. Dafür wurde der Ursprungsort des Werks – der Verlagsort Berlin – verwendet (vgl. Kap. 5.6.2).

15.2 Monografische Reihen mit Körperschaften

Beispiel 15-4: Vorträge / Institut für Europäische Geschichte

Lösung 15-4
vgl. Abb. 48 (S. 214)
Besonderheiten:
- Haupttitel nur „Vorträge"
- erster Band ohne Zählung
- Wechsel des Verlags
- abgeschlossene Reihe
- herausgebendes Organ

Siehe auch:
13-31: "An der Front zwischen den Kulturen" / von Michael G. Baylor. Autorität und Gewissen im Zeitalter der Reformation / von Alexandre Ganoczy
16-15: Institut für Europäische Geschichte

RDA	Element	Inhalt
2.3.2	Haupttitel *	Vorträge
2.4.2	Verantwortlichkeitsangabe *	Institut für Europäische Geschichte Mainz
2.6.2	Alphanumerische Bezeichnung der ersten Ausgabe oder des ersten Teils einer Folge *	[Nr. 1]
2.6.4	Alphanumerische Bezeichnung der letzten Ausgabe oder des letzten Teils einer Folge	Nr. 85
2.8.2	Erscheinungsort *	Mainz
2.8.4	Verlagsname *	Verlag Philipp von Zabern

15.2 Monografische Reihen mit Körperschaften

RDA	Element	Inhalt
2.8.6	Erscheinungsdatum *	1954-1991
2.13	Erscheinungsweise +	fortlaufende Ressource
2.17.5	Anmerkung zur Zählung von fortlaufenden Ressourcen	Teils ohne Zählung
2.17.7	Anmerkung zur Veröffentlichungsangabe	Von 1954-1982 erschienen bei Franz Steiner Verlag GmbH, Wiesbaden, von 1982-1988 bei Franz Steiner Verlag Wiesbaden GmbH, Stuttgart
3.2	Medientyp +	ohne Hilfsmittel zu benutzen
3.3	Datenträgertyp *	Band
6.2.2	Bevorzugter Titel des Werks *	Vorträge
6.6	Sonstige unterscheidende Eigenschaft des Werks *	Institut für Europäische Geschichte
6.9	Inhaltstyp *	Text
6.11	Sprache der Expression *	Deutsch
17.8	In der Manifestation verkörpertes Werk *	Vorträge (Institut für Europäische Geschichte)
19.3	Sonstige Person, Familie oder Körperschaft, die mit einem Werk in Verbindung steht	Institut für Europäische Geschichte
18.5	Beziehungskennzeichnung	Herausgebendes Organ
25.1	In Beziehung stehendes Werk	Baylor, Michael G., 1942-. "An der Front zwischen den Kulturen"
24.5	Beziehungskennzeichnung	Reihe enthält
25.1	In Beziehung stehendes Werk	Ganoczy, Alexandre, 1928-. Autorität und Gewissen im Zeitalter der Reformation
24.5	Beziehungskennzeichnung	Reihe enthält

Zusätzliche Angaben zu 15-4

Der erste Band der monografischen Reihe erschien 1954. Anfangs findet sich noch keine Zählung. Von 1954 bis 1982 erschienen die Bände bei „Franz Steiner Verlag GmbH" (Erscheinungsort Wiesbaden), von 1982 bis 1988 bei „Franz Steiner Verlag Wiesbaden GmbH" (Erscheinungsort Stuttgart). Mit dem als Beispiel verwendeten Band Nr. 85 stellte die Reihe ihr Erscheinen ein. Es gibt noch andere Veröffentlichungen mit dem Werktitel „Vorträge".

Erläuterungen:
- Der Haupttitel besteht hier nur aus dem Gattungsbegriff „Vorträge" und erhält seine eigentliche Aussagekraft erst durch die Verantwortlichkeitsangabe. Da diese keine Personen nennt, sondern eine Körperschaft, wird sie ganz normal erfasst (vgl. Kap. 4.19.3).
- Auf dem ersten Band befindet sich keine Zählung. In einem solchen Fall wird die Zählung entsprechend dem Muster späterer Bände in eckigen Klammern ergänzt (RDA 2.6.2.3). Auf die fehlende Zählung kann in einer Anmerkung hingewiesen werden.
- Da die monografische Reihe abgeschlossen ist, wird auch die Zählung des letzten Bands angegeben. Entsprechend besteht das Erscheinungsdatum aus Anfangs- und Enddatum.
- Zum Wechsel des Verlags vgl. Lösung 15-1.
- Da der Werktitel „Vorträge" mehrfach vorkommt, muss im normierten Sucheinstieg für die monografische Reihe ein unterscheidendes Merkmal ergänzt werden. Dafür wurde die herausgebende Körperschaft verwendet (als sonstige unterscheidende Eigenschaft des Werks; vgl. Kap. 5.6.2).

– Das Institut für Europäische Geschichte ist nicht geistiger Schöpfer der monografischen Reihe, weil es sich weder um ein administratives Werk über die Körperschaft noch um die Darstellung ihres kollektiven Gedankenguts handelt (vgl. Kap. 9.3.2). Das Institut sollte jedoch als herausgebendes Organ berücksichtigt werden (vgl. Kap. 9.4.3).
– Hinweis: Als das „Institut für Europäische Geschichte" sich in „Leibniz-Institut für Europäische Geschichte" umbenannte (vgl. Lösung 16-15), war die monografische Reihe bereits abgeschlossen. Wäre dies nicht der Fall gewesen, hätte man eine neue Beschreibung angelegt. Die Änderung hätte sich nämlich auf den normierten Sucheinstieg der monografischen Reihe ausgewirkt (RDA 6.1.3.2.1; vgl. Kap. 4.19.2). Dieser hätte dann gelautet: „Vorträge (Leibniz-Institut für Europäische Geschichte)".

Beispiel 15-5: Sammlungskataloge des Herzog Anton Ulrich-Museums

Lösung 15-5
vgl. Abb. 28 (S. 135)
Besonderheiten:
– erster Band ohne Zählung
– Wechsel des Verlags
– Bandzählung in römischen Zahlen
– Körperschaft als geistiger Schöpfer
Siehe auch:
13-22: Altägypten in Braunschweig / Iris Tinius
16-14: Herzog Anton Ulrich-Museum

Zusätzliche Angaben zu 15-5
Der erste Band der monografischen Reihe erschien 1979. Anfangs findet sich noch keine Zählung. Die früheren Bände sind z. T. beim Museum selbst, z. T. beim Hirmer-Verlag München erschienen.

RDA	Element	Inhalt
2.3.2	Haupttitel *	Sammlungskataloge des Herzog Anton Ulrich-Museums
2.6.2	Alphanumerische Bezeichnung der ersten Ausgabe oder des ersten Teils einer Folge *	[Band 1]
2.8.2	Erscheinungsort *	Wiesbaden
2.8.4	Verlagsname *	Harrassowitz Verlag
2.8.6	Erscheinungsdatum *	1979-
2.13	Erscheinungsweise +	fortlaufende Ressource
2.17.5	Anmerkung zur Zählung von fortlaufenden Ressourcen	Teils ohne Zählung
2.17.7	Anmerkung zur Veröffentlichungsangabe	Wechselnde Erscheinungsorte und Verlage
3.2	Medientyp +	ohne Hilfsmittel zu benutzen
3.3	Datenträgertyp *	Band
6.2.2	Bevorzugter Titel des Werks *	Sammlungskataloge des Herzog Anton Ulrich-Museums
6.9	Inhaltstyp *	Text
6.9	Inhaltstyp	unbewegtes Bild
6.11	Sprache der Expression *	Deutsch
17.8	In der Manifestation verkörpertes Werk *	Herzog Anton Ulrich-Museum. Sammlungskataloge des Herzog Anton Ulrich-Museums
19.2	Geistiger Schöpfer *	Herzog Anton Ulrich-Museum
18.5	Beziehungskennzeichnung	Verfasser/-in
18.5	Beziehungskennzeichnung	Herausgebendes Organ
25.1	In Beziehung stehendes Werk	Herzog Anton Ulrich-Museum. Altägypten in Braunschweig
24.5	Beziehungskennzeichnung	Reihe enthält

Erläuterungen:

- Zum Weglassen der Verantwortlichkeitsangabe „hg. v. Jochen Luckhardt" vgl. Lösung 15-1.
- Auf der Informationsquelle stehen römische Zahlen (z. B. „Band XVI"); sie werden in arabische umgewandelt (vgl. Kap. 4.19.3). Zur fehlenden Zählung im ersten Band vgl. Lösung 15-4.
- Bei dieser monografischen Reihe kommt es hin und wieder zu Verlagswechseln, worauf mit einer pauschalen Anmerkung hingewiesen wurde. Für die Musterlösung wurde angenommen, dass der katalogisierte Band der jüngste ist; deshalb wurde seine Verlagsangabe (Harrassowitz Verlag) verwendet. Tatsächlich ist seither ein weiterer Band erschienen (2013) – wiederum in einem anderen Verlag (Imhof). Bei jedem Verlagswechsel muss die Veröffentlichungsangabe auf den aktuellen Stand gebracht werden (vgl. Kap. 4.19.2).
- Es werden alle Inhaltstypen aufgeführt, die in einem oder mehreren Bänden vorkommen.
- Das Herzog Anton Ulrich-Museum ist der geistige Schöpfer der monografischen Reihe. Die Vorbedingung ist erfüllt: Dass die Reihe von der Körperschaft stammt, wird schon aus ihrem Titel deutlich; z. T. hat das Museum die Bände sogar selbst veröffentlicht (vgl. Kap. 9.3.1). Da die gesamte Reihe die Sammlungen des Museums behandelt, liegt ein administratives Werk über die Körperschaft vor (vgl. Kap. 9.3.2). Als zweite Beziehungskennzeichnung kann „Herausgebendes Organ" vergeben werden, da das Museum auch diese Funktion ausübt (vgl. Kap. 9.1.3 und 9.4.3).

Beispiel 15-6: Schriftenreihe des Instituts für Anwaltsrecht

RDA	Element	Inhalt
2.3.2	Haupttitel *	Schriftenreihe des Instituts für Anwaltsrecht
2.3.6	Abweichender Titel +	Schriftenreihe des Instituts für Anwaltsrecht an der Universität zu Köln
2.6.2	Alphanumerische Bezeichnung der ersten Ausgabe oder des ersten Teils einer Folge *	Band 1
2.8.2	Erscheinungsort *	Bonn
2.8.4	Verlagsname *	Deutscher Anwalt Verlag
2.8.6	Erscheinungsdatum *	1991-
2.13	Erscheinungsweise +	fortlaufende Ressource
2.17.7	Anmerkung zur Veröffentlichungsangabe	Anfangs erschienen in Köln, teilweise erschienen in Essen
3.2	Medientyp +	ohne Hilfsmittel zu benutzen
3.3	Datenträgertyp *	Band
6.2.2	Bevorzugter Titel des Werks *	Schriftenreihe des Instituts für Anwaltsrecht
6.9	Inhaltstyp *	Text
6.11	Sprache der Expression *	Deutsch

Lösung 15-6
vgl. Abb. 21 (S. 106)
Besonderheiten:
- zwei Titelvarianten
- Wechsel des Erscheinungsorts
- herausgebendes Organ

Siehe auch:
13-15: EU-Dienstleistungsrichtlinie und Berufsanerkennungsrichtlinie / Michael Waschkau, Köln
16-18: Universität Köln. Institut für Anwaltsrecht

Zusätzliche Angaben zu 15-6
Der erste Band der monografischen Reihe erschien 1991 und trug die Bandzählung „Band 1". Als Erscheinungsort ist beim ersten Band Köln, bei einigen späteren Bänden Essen angegeben.

RDA	Element	Inhalt
17.8	In der Manifestation verkörpertes Werk *	Schriftenreihe des Instituts für Anwaltsrecht
19.3	Sonstige Person, Familie oder Körperschaft, die mit einem Werk in Verbindung steht	Universität Köln. Institut für Anwaltsrecht
18.5	Beziehungskennzeichnung	Herausgebendes Organ
25.1	In Beziehung stehendes Werk	Waschkau, Michael, 1980-. EU-Dienstleistungsrichtlinie und Berufsanerkennungsrichtlinie
24.5	Beziehungskennzeichnung	Reihe enthält

Erläuterungen:
- Der Titel der monografischen Reihe kommt in zwei Varianten vor: Auf der Vortitelseite steht „Schriftenreihe des Instituts für Anwaltsrecht", auf dem Vorderumschlag steht „Schriftenreihe des Instituts für Anwaltsrecht an der Universität zu Köln". Als bevorzugte Informationsquelle für den Haupttitel der Reihe in der Beschreibung für einen Band (vgl. Kap. 4.8.1) gilt die Titelseite für die Reihe. Dies ist hier die Vortitelseite, auf der auch die Herausgeber der Reihe genannt sind. Entsprechend sollte man diese Angaben auch für den Haupttitel in der Beschreibung der Reihe selbst zugrunde legen. Deshalb wurde in der Musterlösung die auf der Vortitelseite vorgefundene kürzere Variante als Haupttitel angegeben. Die längere Variante vom Vorderumschlag sollte als abweichender Titel erfasst werden.
- Zur Weglassung der Verantwortlichkeitsangabe, die die Herausgeber nennt, vgl. Lösung 15-1.
- Der Verlagsname ist auf der bevorzugten Informationsquelle aus Designgründen ohne Leerzeichen geschrieben; diese sollten ergänzt werden.
- Zur Erfassung der Körperschaft als herausgebendes Organ vgl. Lösung 15-4.

Lösung 15-7
vgl. Abb. 47 (S. 212)
Besonderheiten:
- Wechsel des Verlags
- herausgebendes Organ
Siehe auch:
13-30: Krieg in Amerika und Aufklärung in Hessen / für das Hessische Landesamt für Geschichtliche Landeskunde herausgegeben von Holger Th. Gräf, Lena Haunert und Christoph Kampmann
16-21: Hessisches Landesamt für Geschichtliche Landeskunde

Zusätzliche Angaben zu 15-7
Der erste Band der monografischen Reihe erschien 1973 und trug die Bandzählung „1".
Von 1973 bis 1999 erschienen bei:
N. G. ELWERTsche Verlagsbuchhandlung Marburg

Beispiel 15-7: Untersuchungen und Materialien zur Verfassungs- und Landesgeschichte

RDA	Element	Inhalt
2.3.2	Haupttitel *	Untersuchungen und Materialien zur Verfassungs- und Landesgeschichte
2.4.2	Verantwortlichkeitsangabe *	herausgegeben vom Hessischen Landesamt für Geschichtliche Landeskunde
2.6.2	Alphanumerische Bezeichnung der ersten Ausgabe oder des ersten Teils einer Folge *	1
2.8.2	Erscheinungsort *	Marburg
2.8.4	Verlagsname *	Hessisches Landesamt für Geschichtliche Landeskunde
2.8.6	Erscheinungsdatum *	1973-
2.13	Erscheinungsweise +	fortlaufende Ressource
2.17.7	Anmerkung zur Veröffentlichungsangabe	Von 1973-1999 erschienen bei der N.G. Elwertschen Verlagsbuchhandlung Marburg

RDA	Element	Inhalt
3.2	Medientyp +	ohne Hilfsmittel zu benutzen
3.3	Datenträgertyp *	Band
6.2.2	Bevorzugter Titel des Werks *	Untersuchungen und Materialien zur Verfassungs- und Landesgeschichte
6.9	Inhaltstyp *	Text
6.11	Sprache der Expression *	Deutsch
17.8	In der Manifestation verkörpertes Werk *	Untersuchungen und Materialien zur Verfassungs- und Landesgeschichte
19.3	Sonstige Person, Familie, oder Körperschaft, die mit einem Werk in Verbindung steht	Hessisches Landesamt für Geschichtliche Landeskunde
18.5	Beziehungskennzeichnung	Herausgebendes Organ
25.1	In Beziehung stehendes Werk	Krieg in Amerika und Aufklärung in Hessen
24.5	Beziehungskennzeichnung	Reihe enthält

Erläuterungen:
- In der Anmerkung zur Veröffentlichungsangabe wird beim Namen des früheren Verlags das Leerzeichen zwischen den Initialen weggelassen (vgl. Kap. 6.6.2).
- Zur Erfassung der Körperschaft als herausgebendes Organ vgl. Lösung 15-4.

15.3 Integrierende Ressourcen

Beispiel 15-8: Familie Burger

RDA	Element	Inhalt
2.3.2	Haupttitel *	Familie Burger
2.3.4	Titelzusatz +	herzlich willkommen auf unserer Hompage
2.3.6	Abweichender Titel	Herzlich willkommen auf unserer Homepage
2.8.2	Erscheinungsort *	Rotenburg
2.8.4	Verlagsname *	Paul Burger
2.8.6	Erscheinungsdatum *	[2012-]
2.13	Erscheinungsweise +	integrierende Ressource
2.17.2	Anmerkung zum Titel	Titelzusatz sollte richtig lauten: herzlich willkommen auf unserer Homepage
2.17.13.4	Anmerkung zur Ausgabe, zum Teil oder zur Iteration, die/der als Grundlage für die Identifizierung der Ressource verwendet wird	Gesehen: 17.04.2014
3.2	Medientyp +	Computermedien
3.3	Datenträgertyp *	Online-Ressource
3.4	Umfang *	1 Online-Ressource

Lösung 15-8
vgl. Abb. 18 (S. 69)
Besonderheit:
– Website
– Tippfehler im Titelzusatz
– Person als Verlag
– Familie als geistiger Schöpfer
Siehe auch:
16-12: Burger (Familie : 1. Hälfte 21. Jahrhundert)

Zusätzliche Angaben zu 15-8
Das auf der Website angegebene Copyright-Datum wird regelmäßig aktualisiert. Der erste Eintrag im eingebundenen Blog stammt vom 28.10.2012.

RDA	Element	Inhalt
4.6	Uniform Resource Locator +	http://www.familie-burger.de
6.2.2	Bevorzugter Titel des Werks *	Familie Burger
6.9	Inhaltstyp *	Text
6.9	Inhaltstyp	unbewegtes Bild
6.11	Sprache der Expression *	Deutsch
7.2	Art des Inhalts	Website
7.2	Art des Inhalts	Bildband
17.8	In der Manifestation verkörpertes Werk *	Burger (Familie : 1. Hälfte 21. Jahrhundert). Familie Burger
19.2	Geistiger Schöpfer	Burger (Familie : 1. Hälfte 21. Jahrhundert)
18.5	Beziehungskennzeichnung	Verfasser/-in

Erläuterungen:
- Da diese Website regelmäßig verändert wird, handelt es sich um eine integrierende Ressource (vgl. Kap. 4.20).
- Der Tippfehler im Titelzusatz („Hompage" statt „Homepage") wird exakt übertragen. Eine korrigierte Fassung wurde als abweichender Titel erfasst (anders als im Titelzusatz muss „Herzlich" hier großgeschrieben werden). Zusätzlich wurde eine Anmerkung geschrieben (vgl. Kap. 4.2.7). Wäre der Schreibfehler jedoch im Haupttitel aufgetreten, so hätte man ihn korrigiert (vgl. Kap. 4.20.2).
- Wie aus dem Impressum hervorgeht, ist Paul Burger für das Erscheinen der Website verantwortlich und wird deshalb als Verlag angesehen.
- Schwierig ist hier die Ermittlung des Erscheinungsdatums. Im Normalfall würde man dafür das Copyright-Datum verwenden. Dies ist hier jedoch nicht sinnvoll, weil das Copyright-Jahr regelmäßig aktualisiert wird. Stattdessen wurde der erste Eintrag im eingebundenen Blog als Indiz für den Zeitpunkt, an dem die Website entstand, verwendet (vgl. Kap. 4.7.1). Man hätte die Angabe auch noch genauer machen können: „[nicht nach 28.10.2012]".
- Der Stand der Website, der als Basis der Beschreibung gedient hat, sollte als Anmerkung angegeben werden (vgl. Kap. 4.20.1).
- Aus dem Kernset zur Angabe der Art des Inhalts (vgl. Kap. 5.7.4) sollte man hier nicht nur „Website" vergeben, sondern wegen des hohen Bildanteils auch „Bildband". Entsprechend wurde „unbewegtes Bild" als zweiter Inhaltstyp angegeben. Das Element „illustrierender Inhalt" bleibt hingegen unbesetzt (vgl. Kap. 5.7.1 und Lösungen 13-16 bis 13-17).
- Die Ressource wird als Werk der Familie präsentiert. Die Familie gilt deshalb als geistiger Schöpfer (vgl. Kap. 9.2.4).

16 Beispiele für Personen, Familien, Körperschaften, Geografika und Werke

In der Praxis werden Beschreibungen von Personen, Familien, Körperschaften, Geografika und Werken in Form von Normdatensätzen abgelegt.

Die folgenden Beispiele sind formatneutral dargestellt. Dies bedeutet auch, dass die besonderen Konventionen der GND (vgl. Kap. 1.5.5) wie z. B. die Verwendung bestimmter Codes in den Beispielen nicht praktiziert werden.

Kernelemente sind mit einem Stern (*), Zusatzelemente mit einem Plus-Zeichen (+) gekennzeichnet. Nicht gekennzeichnete Elemente sind fakultativ.

Bei den Sucheinstiegen wird in der Regel nur der normierte Sucheinstieg angegeben, der die Entität repräsentiert. Bei Personen wird auf zusätzliche Sucheinstiege grundsätzlich verzichtet. Bei den anderen Entitäten wird ein zusätzlicher Sucheinstieg nur dann aufgeführt, wenn darin ein zusätzliches Merkmal zur Unterscheidung oder besseren Identifizierung zu ergänzen ist – wenn er sich also vom abweichenden Namen unterscheidet.

Als Identifikatoren werden die Identnummern in der GND (vgl. Kap. 1.5.5) verwendet, sofern dort ein Datensatz für die Entität vorhanden ist (unabhängig davon, ob dieser bereits an RDA angepasst wurde oder nicht).

Vollständige Lösungen für Ressourcen sowie ggf. weitere Entitäten, die mit den beschriebenen Personen, Familien, Körperschaften, Geografika und Werken in Beziehung stehen, finden Sie in den Kapiteln 13 bis 16. Auf diese Lösungen wird jeweils mit „Siehe auch: ..." hingewiesen.

Verwendete Symbole:
Stern (*): Kernelement
Plus (+): Zusatzelement

16.1 Personen

16.1.1 Moderne Personennamen

Beispiel 16-1: Austen, Jane, 1775-1817

RDA	Element	Inhalt
8.10	Status der Identifizierung +	vollständig etabliert
9.2.2	Bevorzugter Name der Person *	Austen, Jane
9.3.2	Geburtsdatum *	1775
9.3.2	Geburtsdatum	16.12.1775
9.3.3	Sterbedatum *	1817
9.3.3	Sterbedatum	18.07.1817
9.8	Geburtsort	Steventon (Hampshire)
9.9	Sterbeort	Winchester
9.10	Land, das mit einer Person in Verbindung steht	Großbritannien
9.16	Beruf oder Tätigkeit	Schriftstellerin
9.18	Identifikator für die Person *	GND: 118505173
9.19.1	Normierter Sucheinstieg, der eine Person repräsentiert	Austen, Jane, 1775-1817

Lösung 16-1
vgl. Abb. 9 (S. 19) und Abb. 19 (S. 75)
Besonderheiten:
– exakte Lebensdaten
– mehrere gleichnamige Orte (beim Geburtsort)

Siehe auch:
13-10: Stolz und Vorurteil / Jane Austen
13-24: Jane Austen's letters / collected and edited by Deirdre Le Faye
16-28: Austen, Jane, 1775-1817. Pride and prejudice

Zusätzliche Angaben zu 16-1
Jane Austen, geboren am 16.12.1775 in Steventon in der County Hampshire, gestorben am 18.07.1817 in Winchester, war eine britische Schriftstellerin. Es gibt mehrere Orte namens Steventon.

Erläuterungen:
- Der Status der Identifizierung ist „vollständig etabliert", d.h. es sind genügend Informationen vorhanden, um die Person eindeutig zu identifizieren.
- Die Angabe genauer Lebensdaten erfolgt gemäß deutschsprachiger Praxis immer nur zusätzlich zu Geburts- und Sterbejahr. Bei bereits verstorbenen Personen ist kein Datenschutz zu beachten (vgl. Kap. 6.3.1). Im normierten Sucheinstieg werden grundsätzlich nur die Jahreszahlen verwendet (vgl. Kap. 6.3.5).
- Orte mit Beziehung zu einer Person werden in der Form ihres bevorzugten Namens angegeben (vgl. Kap. 6.3.2). Da es mehrere Orte namens „Steventon" gibt, wird zur Unterscheidung die County (Grafschaft) verwendet (vgl. Kap. 7.2.5).

Beispiel 16-2: Grawe, Christian, 1935-

Lösung 16-2
vgl. Abb. 9 (S. 19)
Besonderheit:
- Beziehung zu einer anderen Person

Siehe auch:
13-10: Stolz und Vorurteil / Jane Austen
16-3: Grawe, Ursula

RDA	Element	Inhalt
8.10	Status der Identifizierung +	vollständig etabliert
9.2.2	Bevorzugter Name der Person *	Grawe, Christian
9.3.2	Geburtsdatum *	1935
9.8	Geburtsort	Stettin
9.10	Land, das mit einer Person in Verbindung steht	Deutschland
9.10	Land, das mit einer Person in Verbindung steht	Australien
9.13	Affiliation	University of Melbourne
9.16	Beruf oder Tätigkeit	Germanist
9.16	Beruf oder Tätigkeit	Hochschullehrer
9.17	Biografische Angaben	Professor für deutsche Literatur an der University of Melbourne (Australien)
9.18	Identifikator für die Person *	GND: 122705912
9.19.1	Normierter Sucheinstieg, der eine Person repräsentiert	Grawe, Christian, 1935-
30.1	In Beziehung stehende Person	Grawe, Ursula
29.5	Beziehungskennzeichnung	Ehefrau

Zusätzliche Angaben zu 16-2
Christian Grawe, geboren 1935 in Stettin, war Professor für deutsche Literatur an der University of Melbourne (Australien). Er ist verheiratet mit Ursula Grawe.

Erläuterungen:
- Aufgrund seiner Tätigkeit in Melbourne wird auch Australien als Land in Verbindung mit Christian Grawe angegeben. Die University of Melbourne kann als Affiliation (vgl. Kap. 6.3.4) angegeben werden. Dafür wird stets der normierte Sucheinstieg für die betreffende Körperschaft verwendet. Da es sich um eine Universität außerhalb des deutschsprachigen Raums handelt, wird der bevorzugte Name nicht in die Standardform aus „Universität" und Ort (z.B. „Universität Mainz") gebracht, sondern nach den normalen Regeln bestimmt (vgl. Kap. 6.6.5).
- Als Berufe wurden in der Musterlösung „Germanist" und „Hochschullehrer" angegeben; denkbar wären auch „Philologe" und „Übersetzer". Verwendet werden nur Begriffe, die der bevorzugten Benennung des entsprechenden Sachschlagworts entsprechen (vgl. Kap. 6.3.3).

- Auch die Beziehung zur Ehefrau Ursula Grawe kann erfasst werden (Kap. 11.2.1; vgl. auch Lösung 16-3). Da im Anhang K noch keine geeignete Beziehungskennzeichnung vorhanden ist, wurde die für die GND festgelegte Bezeichnung verwendet (vgl. Kap. 11.1.2).

Beispiel 16-3: Grawe, Ursula

RDA	Element	Inhalt
8.10	Status der Identifizierung +	vollständig etabliert
9.2.2	Bevorzugter Name der Person *	Grawe, Ursula
9.10	Land, das mit einer Person in Verbindung steht	Deutschland
9.10	Land, das mit einer Person in Verbindung steht	Australien
9.16	Beruf oder Tätigkeit *	Übersetzerin
9.17	Biografische Angaben	Übersetzerin der Werke von Jane Austen in Zusammenarbeit mit ihrem Mann, Christian Grawe
9.18	Identifikator für die Person *	GND: 108938492
9.19.1	Normierter Sucheinstieg, der eine Person repräsentiert	Grawe, Ursula
30.1	In Beziehung stehende Person	Grawe, Christian, 1935-
29.5	Beziehungskennzeichnung	Ehemann

Lösung 16-3
vgl. Abb. 9 (S. 19)
Besonderheiten:
– keine Lebensdaten bekannt
– Beziehung zu einer anderen Person
Siehe auch:
13-10: Stolz und Vorurteil / Jane Austen
16-2: Grawe, Christian, 1935-

Zusätzliche Angaben zu 16-3
Ursula Grawe übersetzte viele Werke von Jane Austen gemeinsam mit ihrem Mann, Christian Grawe.

Erläuterungen:
- Die Lebensdaten von Ursula Grawe sind nicht bekannt. Jedoch sind in ausreichendem Maße andere Informationen vorhanden, sodass die Person eindeutig identifiziert werden kann. Der Status der Identifizierung ist deshalb auch hier „vollständig etabliert". Gäbe es noch eine gleichnamige Person, müsste ein anderes Merkmal zur Unterscheidung herangezogen werden (vgl. Kap. 6.3.5). Weil man dafür den Beruf verwenden würde, wurde er in diesem Fall als Kernelement gekennzeichnet.
- Es ist sinnvoll, Beziehungen zwischen zwei Personen in beide Richtungen anzulegen (vgl. Kap. 11.1.2). Beim Ehepaar Grawe wird deshalb sowohl bei Christian Grawe (vgl. Lösung 16-2) als auch bei Ursula Grawe eine entsprechende Beziehung erfasst.

Beispiel 16-4: Heuss-Knapp, Elly, 1881-1952

RDA	Element	Inhalt
8.10	Status der Identifizierung +	vollständig etabliert
9.2.2	Bevorzugter Name der Person *	Heuss-Knapp, Elly
9.2.3	Abweichender Name der Person	Knapp, Elly Heuss-
9.2.3	Abweichender Name der Person	Knapp, Elly
9.3.2	Geburtsdatum *	1881

Lösung 16-4
vgl. Abb. 1 (S. 8)
Besonderheiten:
– Doppelname
– Namensänderung
– Beziehung zu einer anderen Person
Siehe auch:
13-3: Ausblick vom Münsterturm / Elly Heuss-Knapp
16-5: Heuss, Theodor, 1884-1963

Zusätzliche Angaben zu 16-4
Elly Heuss-Knapp, geboren am 25.01.1881 in Straßburg (das damals deutsch war) als Elly Knapp, gestorben am 19.07.1952 in Bonn, war Politikerin und Schriftstellerin. Sie war mit Theodor Heuss verheiratet.

RDA	Element	Inhalt
9.3.2	Geburtsdatum	25.01.1881
9.3.3	Sterbedatum *	1952
9.3.3	Sterbedatum	19.07.1952
9.8	Geburtsort	Straßburg
9.9	Sterbeort	Bonn
9.10	Land, das mit einer Person in Verbindung steht	Deutschland
9.16	Beruf oder Tätigkeit	Schriftstellerin
9.16	Beruf oder Tätigkeit	Politikerin
9.18	Identifikator für die Person *	GND: 118704397
9.19.1	Normierter Sucheinstieg, der eine Person repräsentiert	Heuss-Knapp, Elly, 1881-1952
30.1	In Beziehung stehende Person	Heuss, Theodor, 1884-1963
29.5	Beziehungskennzeichnung	Ehemann

Erläuterungen:
– Bei einer Namensänderung ist der bevorzugte Name der Person in der Regel der jüngste Name, hier also der Ehename (vgl. Kap. 6.2.3). Der Geburtsname sollte als abweichender Name erfasst werden. Beide Teile des zusammengesetzten Namens gehören zum Familiennamen. Eine umgestellte Form sollte als abweichender Name erfasst werden (vgl. Kap. 6.2.5).
– Als Land wurde nur Deutschland angegeben und nicht auch Frankreich (Straßburg war zu der Zeit, als die Person dort lebte, deutsch).
– Zur Beziehung zu Theodor Heuss vgl. Lösungen 16-2 und 16-3.

Beispiel 16-5: Heuss, Theodor, 1884-1963

Lösung 16-5
vgl. Abb. 1 (S. 8)
Besonderheiten:
– Beziehung zu einer anderen Person
– Beziehung zu einer Körperschaft (Person als Amtsinhaber)
Siehe auch:
13-3: Ausblick vom Münsterturm / Elly Heuss-Knapp
16-4: Heuss, Elly, 1881-1952
16-24: Deutschland (Bundesrepublik). Bundespräsident (1949-1959 : Heuss)

RDA	Element	Inhalt
8.10	Status der Identifizierung +	vollständig etabliert
9.2.2	Bevorzugter Name der Person *	Heuss, Theodor
9.3.2	Geburtsdatum *	1884
9.3.2	Geburtsdatum	31.01.1884
9.3.3	Sterbedatum *	1963
9.3.3	Sterbedatum	12.12.1963
9.8	Geburtsort	Brackenheim
9.9	Sterbeort	Stuttgart
9.10	Land, das mit einer Person in Verbindung steht	Deutschland
9.16	Beruf oder Tätigkeit	Journalist
9.16	Beruf oder Tätigkeit	Politiker
9.17	Biografische Angaben	Deutscher Bundespräsident 1949-1959

RDA	Element	Inhalt
9.18	Identifikator für die Person *	GND: 118550578
9.19.1	Normierter Sucheinstieg, der eine Person repräsentiert	Heuss, Theodor, 1884-1963
30.1	In Beziehung stehende Person	Heuss-Knapp, Elly, 1881-1952
29.5	Beziehungskennzeichnung	Ehefrau
32.1	In Beziehung stehende Körperschaft	Deutschland (Bundesrepublik). Bundespräsident (1949-1959 : Heuss)
29.5	Beziehungskennzeichnung	Körperschaft, in der die Person ein Amt innehat

Zusätzliche Angaben zu 16-5
Theodor Heuss, geboren am 31.01.1884 in Brackenheim, gestorben am 12.12.1963 in Stuttgart, war Politiker und Journalist. Von 1949-1959 war er deutscher Bundespräsident. Er war mit Elly Heuss-Knapp verheiratet.

Erläuterungen:
- Die Information, dass Theodor Heuss deutscher Bundespräsident war, wurde in der Musterlösung im biografischen Freitextfeld angegeben.
- Zur Beziehung zu Elly Heuss-Knapp vgl. Lösungen 16-2 und 16-3.
- Die hier gezeigte Beschreibung wird verwendet, wenn Theodor Heuss als Privatmann auftrat – wie bei Abb. 1 (S. 8), wo er zu den Erinnerungen seiner Ehefrau Zeichnungen beisteuerte. Agierte Heuss hingegen in offizieller Funktion, wird eine andere Beschreibung verwendet (vgl. Lösung 16-24). Zwischen den beiden Beschreibungen sollte eine Beziehung angelegt werden (vgl. Kap. 11.4.1).

Beispiel 16-6: Le Faye, Deirdre, 1933-

RDA	Element	Inhalt
8.10	Status der Identifizierung +	vollständig etabliert
9.2.2	Bevorzugter Name der Person *	Le Faye, Deirdre
9.2.3	Abweichender Name der Person	Faye, Deirdre Le
9.3.2	Geburtsdatum *	1933
9.10	Land, das mit einer Person in Verbindung steht	Großbritannien
9.11	Wohnort	Portishead
9.16	Beruf oder Tätigkeit	Literaturwissenschaftlerin
9.16	Beruf oder Tätigkeit	Biografin
9.17	Biografische Angaben	Expertin für Jane Austen mit zahlreichen Veröffentlichungen
9.18	Identifikator für die Person *	GND: 132880806
9.19.1	Normierter Sucheinstieg, der eine Person repräsentiert	Le Faye, Deirdre, 1933-

Lösung 16-6
vgl. Abb. 19 (S. 75)
Besonderheiten:
– Name mit Präfix
– Groß-/Kleinschreibung des Präfix
Siehe auch:
13-24: Jane Austen's letters / collected and edited by Deirdre Le Faye

Zusätzliche Angaben zu 16-6
Deirdre Le Faye ist eine 1933 geborene Literaturwissenschaftlerin. Das „Le" ist in allen mit ihr in Verbindung stehenden Ressourcen großgeschrieben. Aus online verfügbaren Autoren-Informationen: *Deirdre Le Faye is an expert on Jane Austen, and the author of several books about her, including the definitive biography (...). She lives in Portishead, North Somerset.*

Erläuterungen:
- Bei Personen aus dem englischen Sprachraum wird ein Name, der ein Präfix enthält, grundsätzlich unter dem Präfix eingeordnet (RDA F.11.4; vgl. Kap. 6.2.6). Der bevorzugte Name der Person beginnt deshalb mit dem „Le". Es sollte ein abweichender Name erfasst werden, bei dem das Präfix nach hinten umgestellt wird.

- Für die Groß- und Kleinschreibung von Präfixen (z. B. aus romanischen Sprachen) folgt man der Präferenz der Person selbst (vgl. Kap. 6.2.6). Da das „Le" in den Ressourcen immer großgeschrieben erscheint, ist dies von der Autorin offenbar so beabsichtigt. Die Großschreibung bleibt auch im abweichenden Namen sowie in der Verantwortlichkeitsangabe („Deirdre Le Faye") erhalten.
- Da es nur einen einzigen Ort namens „Portishead" gibt, wird – anders als bei Steventon in Lösung 16-1 – der Name der County (Grafschaft) nicht ergänzt.

Beispiel 16-7: Rotter, Angelika

Lösung 16-7
vgl. Abb. 15 (S. 51)
Besonderheit:
– keine Lebensdaten bekannt
Siehe auch:
13-14: Christian Gottlob Leberecht Großmann (1783-1857) / Angelika Rotter

Zusätzliche Angaben zu 16-7
Angelika Rotter ist nach Ausweis ihrer Dissertation eine Theologin. Informationen über ihr Geburtsjahr liegen nicht vor.

RDA	Element	Inhalt
8.10	Status der Identifizierung +	vollständig etabliert
9.2.2	Bevorzugter Name der Person *	Rotter, Angelika
9.10	Land, das mit einer Person in Verbindung steht	Deutschland
9.16	Beruf oder Tätigkeit *	Theologin
9.17	Biografische Angaben	Dissertation 2006 Universität Leipzig, Fachbereich Theologie
9.18	Identifikator für die Person *	GND: 133126773
9.19.1	Normierter Sucheinstieg, der eine Person repräsentiert	Rotter, Angelika

Erläuterungen:
- Die Lebensdaten von Angelika Rotter sind nicht bekannt. Jedoch sind in ausreichendem Maße andere Informationen vorhanden, sodass die Person eindeutig identifiziert werden kann. Der Status der Identifizierung ist deshalb auch hier „vollständig etabliert". Zur Kennzeichnung des Berufs als Kernelement vgl. Lösung 16-3.
- Die der Beschreibung zugrunde liegende Ressource war eine Dissertation. Es bietet sich an, Informationen dazu bei den biografischen Angaben zu erfassen.

Beispiel 16-8: Marx-Janson, Lisa, 1983-

Lösung 16-8
vgl. Abb. 20 (S. 84)
Besonderheiten:
– Doppelname
– Namensänderung
Siehe auch:
13-13: Craniomandibuläre Dysfunktion / vorgelegt von Lisa Marx-Janson (geb. Kraus) aus Tübingen

Zusätzliche Angaben zu 16-8
Lisa Marx-Janson wurde, wie aus dem Lebenslauf in ihrer Dissertation hervorgeht, 1983 in Leonberg geboren (es ist auch ihr genaues Geburtsdatum angegeben); sie ist Zahnärztin.

RDA	Element	Inhalt
8.10	Status der Identifizierung +	vollständig etabliert
9.2.2	Bevorzugter Name der Person *	Marx-Janson, Lisa
9.2.3	Abweichender Name der Person	Janson, Lisa Marx-
9.2.3	Abweichender Name der Person	Kraus, Lisa
9.3.2	Geburtsdatum *	1983
9.8	Geburtsort	Leonberg
9.10	Land, das mit einer Person in Verbindung steht	Deutschland
9.16	Beruf oder Tätigkeit	Zahnärztin
9.17	Biografische Angaben	Dissertation 2011 Universität Tübingen, Medizinische Fakultät

RDA	Element	Inhalt
9.18	Identifikator für die Person *	GND: 1015617093
9.19.1	Normierter Sucheinstieg, der eine Person repräsentiert	Marx-Janson, Lisa, 1983-

Erläuterungen:
– Zum Umgang mit Doppelnamen und Namensänderungen vgl. Lösung 16-4.
– Das exakte Geburtsdatum ist zwar im Lebenslauf der Dissertation angegeben, sollte aber aus Datenschutzgründen nicht erfasst werden (vgl. Kap. 6.3.1).

Beispiel 16-9: Pujolle, Guy, 1949-

RDA	Element	Inhalt
8.10	Status der Identifizierung +	vollständig etabliert
8.12	Konsultierte Quelle	http://www-rp.lip6.fr/~pujolle/ (18.08.2014)
9.2.2	Bevorzugter Name der Person *	Pujolle, Guy
9.2.3	Abweichender Name der Person	Pujolle, G.
9.3.2	Geburtsdatum *	1949
9.8	Geburtsort	Paris
9.10	Land, das mit einer Person in Verbindung steht	Frankreich
9.13	Affiliation	Université Pierre et Marie Curie
9.16	Beruf oder Tätigkeit	Informationswissenschaftler
9.18	Identifikator für die Person *	GND: 301502234
9.19.1	Normierter Sucheinstieg, der eine Person repräsentiert	Pujolle, Guy, 1949-

Lösung 16-9
vgl. Abb. 58 (S. 252)
Besonderheit:
– abgekürzter Vorname in der bevorzugten Informationsquelle
Siehe auch:
14-5: Integrated digital communications networks / G. Pujolle, D. Seret, D. Dromard, E. Horlait

Zusätzliche Angaben zu 16-9
In anderen Publikationen findet sich der Vorname häufig ausgeschrieben. Aus online verfügbaren Informationen geht hervor, dass Guy Pujolle 1949 in Paris geboren wurde und an der Pariser Université Pierre et Marie Curie als Informationswissenschaftler tätig ist.

Erläuterungen:
– Auf der bevorzugten Informationsquelle der Ressource ist der Vorname abgekürzt angegeben, auf dem Umschlag hingegen ausgeschrieben. Eine Katalogrecherche zeigt, dass die Person sich weder grundsätzlich noch überwiegend mit abgekürztem Vornamen nennt. Da in den meisten Publikationen die Form mit ausgeschriebenem Vornamen auftritt, wird diese Form als bevorzugter Name gewählt (vgl. Kap. 6.2.2). Die Form mit abgekürztem Vornamen wird als abweichender Name erfasst.
– Die Website, von der die biografischen Informationen stammen, kann als konsultierte Quelle erfasst werden (vgl. Kap. 6.1.5). Es ist sinnvoll, das Datum mit anzugeben, an dem die Internetquelle eingesehen wurde.
– Die Universität, an der Guy Pujolle tätig ist, kann als Affiliation (vgl. Kap. 6.3.4) angegeben werden. Man verwendet dafür ihren normierten Sucheinstieg. Da es sich um eine Universität außerhalb des deutschsprachigen Raums handelt, wird der bevorzugte Name nicht in die Standardform aus „Universität" und Ort (z. B. „Universität Mainz") gebracht, sondern nach den normalen Regeln bestimmt (vgl. Kap. 6.6.5).

16.1.2 Pseudonyme

Beispiel 16-10: Dr. Wort, 1950-2012, und Krause, Jochen, 1950-2012

Lösung 16-10
vgl. Abb. 33 (S. 169)
Besonderheiten:
- Publikation unter Pseudonym
- Phrase als Name

Siehe auch:
13-4: Klappe zu, Affe tot / Dr. Wort

RDA	Element	Inhalt
8.10	Status der Identifizierung +	vollständig etabliert
9.2.2	Bevorzugter Name der Person *	Dr. Wort
9.2.3	Abweichender Name der Person	Doktor Wort
9.2.3	Abweichender Name der Person	Wort, Dr.
9.3.2	Geburtsdatum *	1950
9.3.3	Sterbedatum *	2012
9.19.1	Normierter Sucheinstieg, der eine Person repräsentiert	Dr. Wort, 1950-2012
30.1	In Beziehung stehende Person	Krause, Jochen, 1950-2012
29.5	Beziehungskennzeichnung	Wirkliche Identität

Zusätzliche Angaben zu 16-10
Gegenüber der Titelseite:
Jochen Krause, der als Dr. Wort täglich in der Sendung „Guten Morgen Niedersachsen" (radio ffn) Wörter und Redewendungen erklärt, war seit Anfang der achtziger Jahre Moderator, Redakteur und Unterhaltungschef bei radio ffn.
Die Person benutzte in ihren Publikationen sowohl den echten Namen als auch das Pseudonym. Geboren 1950 in Eystrup, gestorben 2012 in Hannover.

RDA	Element	Inhalt
8.10	Status der Identifizierung +	vollständig etabliert
9.2.2	Bevorzugter Name der Person *	Krause, Jochen
9.3.2	Geburtsdatum *	1950
9.3.3	Sterbedatum *	2012
9.8	Geburtsort	Eystrup
9.9	Sterbeort	Hannover
9.10	Land, das mit einer Person in Verbindung steht	Deutschland
9.13	Affiliation	radio ffn (Hannover)
9.16	Beruf oder Tätigkeit	Moderator
9.16	Beruf oder Tätigkeit	Rundfunkredakteur
9.18	Identifikator für die Person *	GND: 1034928244
9.19.1	Normierter Sucheinstieg, der eine Person repräsentiert	Krause, Jochen, 1950-2012
30.1	In Beziehung stehende Person	Dr. Wort, 1950-2012
29.5	Beziehungskennzeichnung	Andere Identität

Erläuterungen:
- Die Person publizierte sowohl unter ihrem wirklichen Namen Jochen Krause als auch unter dem Pseudonym „Dr. Wort". Für jede Identität wird eine eigene Beschreibung angelegt (vgl. Kap. 6.2.4). Die jeweils andere Identität wird als in Beziehung stehende Person erfasst (vgl. Kap. 11.2.2).
- Die Phrase „Dr. Wort" ist der bevorzugte Name der Pseudonym-Identität (RDA 9.2.2.22). Sinnvolle abweichende Namen sind eine Variante mit aufgelöster Abkürzung sowie eine umgestellte Form, da man „Wort" auch als Nachnamen auffassen könnte.

- Geburts- und Sterbeort, Berufe und Affiliation beziehen sich auf die reale Person und werden deshalb nur in der Beschreibung für Jochen Krause erfasst. Eine Ausnahme stellen die Lebensdaten dar; diese werden auch für die Pseudonym-Identität erfasst.
- Bei der Beschreibung für Jochen Krause wurde als Affiliation (vgl. Kap. 6.3.4) der Radiosender angegeben. Die Kleinschreibung „radio ffn" bleibt erhalten (vgl. Kap. 6.6.2). Bei Radiosendern wird grundsätzlich der Sitz als Teil des normierten Sucheinstiegs angegeben, sofern er nicht schon im bevorzugten Namen enthalten ist (RDA 11.13.1.3).
- Als Berufe für Jochen Krause wurden „Moderator" und „Rundfunkredakteur" angegeben; beides existiert als Schlagwort in der GND (vgl. Kap. 6.3.3). Wollte man auch die Information „Unterhaltungschef" festhalten (kein GND-Schlagwort), so könnte man dies bei den biografischen Angaben tun (RDA 9.17).

16.1.3 Nicht-individualisierte Namen

Beispiel 16-11: Puttkammer, Dorothea

RDA	Element	Inhalt
8.11	Identifikator für nicht individualisierte Namen +	nicht individualisiert
9.2.2	Bevorzugter Name der Person *	Puttkammer, Dorothea
9.19.1	Normierter Sucheinstieg, der eine Person repräsentiert	Puttkammer, Dorothea

Erläuterungen:
- Über Dorothea Puttkammer ist nur bekannt, dass sie die Fotografien zu einem Bildband beigesteuert hat. Dies sind zu wenige Informationen, um die Person eindeutig zu identifizieren (vgl. Kap. 6.3.6). Deshalb wird die Beschreibung als „nicht individualisiert" gekennzeichnet.
- Bei nicht-individualisierten Beschreibungen werden nur der bevorzugte und ggf. abweichende Namen erfasst. Der normierte Sucheinstieg ist mit dem bevorzugten Namen identisch (da ja keine Lebensdaten vorhanden sind).

16.2 Familien

Beispiel 16-12: Burger (Familie : 1. Hälfte 21. Jahrhundert)

RDA	Element	Inhalt
8.10	Status der Identifizierung +	vollständig etabliert
8.12	Konsultierte Quelle	Website: http://www.familie-burger.de (17.04.2014)
10.2	Bevorzugter Name der Familie *	Burger
10.3	Art der Familie *	Familie
10.4	Datum, das mit der Familie in Verbindung steht *	1. Hälfte 21. Jahrhundert

Lösung 16-11
vgl. Abb. 40 (S. 189)
Besonderheit:
- keine biografischen Angaben vorhanden

Siehe auch:
13-16: Ostseeheilbad Graal-Müritz / Autoren: Bildautorin Dorothea Puttkammer, Textautor Joachim Puttkammer

Lösung 16-12
vgl. Abb. 18 (S. 69)
Siehe auch:
15-8: Familie Burger

Zusätzliche Angaben zu 16-12
Im Impressum der Website der Familie ist eine Adresse in 27356 Rotenburg genannt; im maßgeblichen Nachschlagewerk ist dieses als „Rotenburg (Wümme)" aufgeführt. Als Familienmitglied wird u. a. Paul Burger aufgeführt. Seine Lebensdaten sind nicht bekannt, aber die Informationen genügen, um die Person eindeutig zu identifizieren. Dies ist bei den weiteren Familienmitgliedern nicht der Fall.

RDA	Element	Inhalt
10.5	Ort, der mit der Familie in Verbindung steht	Rotenburg (Wümme)
10.10	Normierter Sucheinstieg, der eine Familie repräsentiert	Burger (Familie : 1. Hälfte 21. Jahrhundert)
30.1	In Beziehung stehende Person	Burger, Paul
29.5	Beziehungskennzeichnung	Familienmitglied

Erläuterungen:
- Zur Beschreibung von Familien vgl. Kap. 6.5. Die Informationen entstammen der Website der Familie, die als konsultierte Quelle angegeben werden kann.
- Es muss zwingend ein mit der Familie in Verbindung stehendes Datum angegeben werden. Im vorliegenden Fall handelt es sich um eine aktuelle Website. Eine zu exakte zeitliche Einordnung erscheint jedoch nicht sinnvoll, deshalb wurde „1. Hälfte 21. Jahrhundert" erfasst.
- Bei dem mit der Familie in Verbindung stehenden Rotenburg gehört der erläuternde Zusatz „(Wümme)" zum bevorzugten Namen dazu (vgl. Kap. 7.2.1 und 7.2.2).
- Paul Burger kann als in Beziehung stehende Person erfasst werden (vgl. Kap. 11.2.1). Auf Beziehungen zu weiteren Familienmitgliedern wurde verzichtet, weil die vorhandenen Informationen nicht für individualisierte Beschreibungen ausreichen.

16.3 Körperschaften und Geografika

16.3.1 Einfache Körperschaften

Beispiel 16-13: Bayerische Gesellschaft für Unterwasserarchäologie

RDA	Element	Inhalt
8.10	Status der Identifizierung +	vollständig etabliert
11.2.2	Bevorzugter Name der Körperschaft *	Bayerische Gesellschaft für Unterwasserarchäologie
11.2.3	Abweichender Name der Körperschaft	Gesellschaft für Unterwasserarchäologie
11.2.3	Abweichender Name der Körperschaft	Bayerische Gesellschaft für Unterwasserarchäologie e.V.
11.2.3	Abweichender Name der Körperschaft	BGfU
11.3.3	Sitz	München
11.3.3	Sitz (Wirkungsgebiet)	Bayern
11.4.3	Gründungsdatum	1996
11.9	Adresse der Körperschaft	Homepage: http://www.bgfu.de
11.12	Identifikator für die Körperschaft *	GND: 2170927-0
11.13.1	Normierter Sucheinstieg, der eine Körperschaft repräsentiert	Bayerische Gesellschaft für Unterwasserarchäologie
32.1	In Beziehung stehende Körperschaft	Archäologische Tauchgruppe Bayern
29.5	Beziehungskennzeichnung	Vorgänger

Lösung 16-13
vgl. Abb. 50 (S. 220)
Besonderheiten:
- Name in unveränderter Form als abweichender Name
- Vorgängerkörperschaft

Siehe auch:
13-34: Archäologie der Brücken / Bayerische Gesellschaft für Unterwasserarchäologie (Herausgeber) in Verbindung mit dem Bayerischen Landesamt für Denkmalpflege

Zusätzliche Angaben zu 16-13
Auf der Homepage der Körperschaft findet sich die Namensform „Bayerische Gesellschaft für Unterwasserarchäologie e. V." sowie die Abkürzung „BGfU". In der Satzung ist München als Sitz der Körperschaft angegeben. Unter „Vereinsgeschichte" erfährt man, dass die Körperschaft 1996 durch Umbenennung der Körperschaft „Archäologische Tauchgruppe Bayern" entstanden ist. Es gibt keine weitere „Gesellschaft für Unterwasserarchäologie".

Erläuterungen:
- Der bevorzugte Name der Körperschaft ist „Bayerische Gesellschaft für Unterwasserarchäologie", wie es z. B. in der Verantwortlichkeitsangabe auf der Titelseite der katalogisierten Ressource steht. Man findet auch die Form mit dem juristischen Zusatz „e. V.". Nach RDA werden solche Zusätze weggelassen. In der GND (vgl. Kap. 1.5.5) ist es jedoch üblich, die unveränderte Form – also mit dem „e. V." – als abweichenden Namen zu erfassen und mit dem Code „nauv" zu kennzeichnen (vgl. Kap. 6.6.3). Das Leerzeichen bei „e. V." entfällt (vgl. Kap. 4.2.4).
- Auch die abgekürzte Form sollte als abweichender Name erfasst werden. In der GND (vgl. Kap. 1.5.5) werden Abkürzungen von Körperschaften mit dem Code „abku" gekennzeichnet und grundsätzlich nicht durch zusätzliche Merkmale unterschieden – auch wenn zwei Körperschaften dieselbe Abkürzung haben.
- Ein weiterer sinnvoller abweichender Name ist die Form ohne das geografische Adjektiv „Bayerische" (vgl. Kap. 6.6.9). Da es keine Verwechslungsgefahr mit einer anderen Körperschaft gibt, muss in diesem Fall kein unterscheidendes Merkmal im zusätzlicher Sucheinstieg erfasst werden (vgl. Kap. 6.8.4).
- Bei Körperschaften mit Bezug zu einem Land, Bundesland etc. kann auch das Wirkungsgebiet im Element RDA 11.3.3 erfasst werden (vgl. Kap. 6.8.1). Die URL der Homepage kann als Adresse erfasst werden (vgl. Kap. 6.8.3).
- Der Vorgänger, die „Archäologische Tauchgruppe Bayern", sollte als in Beziehung stehende Körperschaft erfasst werden (vgl. Kap. 11.4.2).

Beispiel 16-14: Herzog Anton Ulrich-Museum

RDA	Element	Inhalt
8.10	Status der Identifizierung +	vollständig etabliert
11.2.2	Bevorzugter Name der Körperschaft *	Herzog Anton Ulrich-Museum
11.2.3	Abweichender Name der Körperschaft	Herzog Anton Ulrich-Museum Braunschweig
11.2.3	Abweichender Name der Körperschaft	Herzog-Anton-Ulrich-Museum
11.2.3	Abweichender Name der Körperschaft	Anton Ulrich-Museum
11.2.3	Abweichender Name der Körperschaft	HAUM
11.2.3	Abweichender Name der Körperschaft	Kunstmuseum des Landes Niedersachsen
11.3.3	Sitz	Braunschweig
11.4.3	Gründungsdatum	1927
11.9	Adresse der Körperschaft	Homepage: http://www.3landesmuseen.de/Herzog-Anton-Ulrich-Museum.304.0.html
11.12	Identifikator für die Körperschaft *	GND: 9043-8
11.13.1	Normierter Sucheinstieg, der eine Körperschaft repräsentiert	Herzog Anton Ulrich-Museum
32.1	In Beziehung stehende Körperschaft	Landesmuseum zu Braunschweig
29.5	Beziehungskennzeichnung	Vorgänger

Lösung 16-14
vgl. Abb. 28 (S. 135)
Besonderheiten:
– Kompositum ohne Bindestriche
– Ort Teil des Namens oder nicht?
– Vorgängerkörperschaft
Siehe auch:
13-22: Altägypten in Braunschweig / Iris Tinius
15-5: Sammlungskataloge des Herzog Anton Ulrich-Museums

Zusätzliche Angaben zu 16-14
Auf der Homepage unter Kontakt/Impressum:
Herzog Anton Ulrich-Museum
Kunstmuseum des Landes Niedersachsen
Museumstraße 1
38100 Braunschweig
Es findet sich auch die Abkürzung HAUM. Eine Recherche ergibt, dass das Herzog Anton Ulrich-Museum 1927 aus dem „Landesmuseum zu Braunschweig" hervorging.

Erläuterungen:
- Schwierig ist hier die Frage, ob „Braunschweig" zum bevorzugten Namen gehört oder nicht (vgl. Kap. 6.6.3 und 6.6.6). Auf der Titelseite der katalogisierten Ressource findet sich der Name nicht förmlich präsentiert, sondern nur als Teil des Titelzusatzes (ohne „Braunschweig"). In der Verantwortlichkeitsangabe gegenüber der Titelseite und im Copyright-Vermerk steht hingegen „Braunschweig" mit dabei. Eine Katalogrecherche zeigt, dass in den Ressourcen teilweise die eine, teilweise die andere Namensform vorkommt. Letztlich sind beide Lösungen denkbar; man muss sich für eine Variante entscheiden. Die Musterlösung orientiert sich an der Homepage; als bevorzugter Name wurde deshalb die Form ohne den Ort verwendet. Die Form mit dem Ort kann als abweichender Name erfasst werden.
- Obwohl es sich um ein Kompositum handelt, werden im bevorzugten Namen keine Bindestriche ergänzt. Man kann dies aber in einem abweichenden Namen tun (vgl. Kap. 6.6.2).
- Weitere sinnvolle abweichende Namen sind die Form „Kunstmuseum des Landes Niedersachsen", die Abkürzung sowie eine Form, bei der der Titel „Herzog" am Anfang weggelassen wird (vgl. Kap. 6.6.9).

Lösung 16-15
vgl. Abb. 48 (S. 214)

Besonderheiten:
- Ort Teil des Namens oder nicht?
- Name in zwei Sprachen
- Nachfolgerkörperschaft

Siehe auch:
13-31: "An der Front zwischen den Kulturen" / von Michael G. Baylor. Autorität und Gewissen im Zeitalter der Reformation / von Alexandre Ganoczy

Zusätzliche Angaben zu 16-15
In manchen Ressourcen findet sich die Form „Institut für Europäische Geschichte Mainz", in anderen die Form „Institut für Europäische Geschichte".
Auf der (heute nicht mehr existierenden) Homepage unter Impressum:
Institut für Europäische Geschichte
Alte Universitätsstraße 19
55116 Mainz
Es kommen auch die Abkürzung „IEG" und die englische Form „Institute of European History" vor. Es gibt kein namensgleiches Institut (weder mit dem deutschen noch mit dem englischen Namen). Das Institut wurde 1950 gegründet und bestand bis 31.12.2011. Seit 01.01.2012 heißt es „Leibniz-Institut für Europäische Geschichte".

Beispiel 16-15: Institut für Europäische Geschichte

RDA	Element	Inhalt
8.10	Status der Identifizierung +	vollständig etabliert
11.2.2	Bevorzugter Name der Körperschaft *	Institut für Europäische Geschichte
11.2.3	Abweichender Name der Körperschaft	Institute of European History
11.2.3	Abweichender Name der Körperschaft	IEG
11.2.3	Abweichender Name der Körperschaft	Institut für Europäische Geschichte Mainz
11.3.3	Sitz	Mainz
11.4.3	Gründungsdatum	1950
11.4.4	Auflösungsdatum	31.12.2011
11.12	Identifikator für die Körperschaft *	GND: 2013857-X
11.13.1	Normierter Sucheinstieg, der eine Körperschaft repräsentiert	Institut für Europäische Geschichte
32.1	In Beziehung stehende Körperschaft	Leibniz-Institut für Europäische Geschichte
29.5	Beziehungskennzeichnung	Nachfolger

Erläuterungen:
- Schwierig ist hier – genau wie bei Lösung 16-14 – die Frage, ob „Mainz" zum bevorzugten Namen gehört oder nicht (vgl. Kap. 6.6.3 und 6.6.6). In der katalogisierten Ressource sowie in weiteren Ressourcen steht es mit dabei, bei anderen Ressourcen nicht. Letztlich sind beide Lösungen denkbar; man muss sich für eine Variante entscheiden. In der Musterlösung wurde die Form ohne „Mainz" als bevorzugter Name verwendet, weil dies früher so auf der Homepage stand (diese kann über das Internet Archive noch eingesehen werden). Die Form mit „Mainz" wurde als abweichender Name erfasst.

- Die englische Namensform sollte ebenfalls als abweichender Name erfasst werden (vgl. Kap. 6.6.7). Das Wort „History" schreibt man in einem englischen Körperschaftsnamen groß (vgl. Kap. 6.6.2).
- Da es kein weiteres „Institut für Europäische Geschichte" gibt, muss der Sitz Mainz nicht als unterscheidendes Merkmal im normierten Sucheinstieg ergänzt werden (vgl. Kap. 6.8.4). Auch die englische Form kommt nur einmal vor, sodass keine Verwechslungsgefahr besteht.

Beispiel 16-16: Universität Tübingen

RDA	Element	Inhalt
8.10	Status der Identifizierung +	vollständig etabliert
11.2.2	Bevorzugter Name der Körperschaft *	Universität Tübingen
11.2.3	Abweichender Name der Körperschaft	Eberhard Karls Universität Tübingen
11.2.3	Abweichender Name der Körperschaft	Eberhard-Karls-Universität Tübingen
11.2.3	Abweichender Name der Körperschaft	Eberhard Karls Universität zu Tübingen
11.3.3	Sitz	Tübingen
11.4.3	Gründungsdatum	1477
11.9	Adresse der Körperschaft	Homepage: https://www.uni-tuebingen.de/
11.12	Identifikator für die Körperschaft *	GND: 4078451-4
11.13.1	Normierter Sucheinstieg, der eine Körperschaft repräsentiert	Universität Tübingen

Lösung 16-16
vgl. Abb. 20 (S. 84)
Besonderheiten:
- bevorzugter Name bei Universitäten im deutschsprachigen Raum
- Kompositum ohne Bindestriche

Siehe auch:
13-13: Craniomandibuläre Dysfunktion / vorgelegt von Lisa Marx-Janson (geb. Kraus) aus Tübingen

Zusätzliche Angaben zu 16-16
Auf der Homepage unter Impressum:
Eberhard Karls Universität Tübingen
Geschwister-Scholl-Platz
72074 Tübingen
Die Universität wurde 1477 gegründet.

Erläuterungen:
- Bei Universitäten aus dem deutschsprachigen Raum verwendet man als bevorzugten Namen eine standardisierte Form aus „Universität" und Ort, hier „Universität Tübingen" (vgl. Kap. 6.6.5).
- Der offizielle Name ist laut Homepage „Eberhard Karls Universität Tübingen", was als abweichender Name erfasst wird. Auch eine Form mit ergänzten Bindestrichen kann erfasst werden (vgl. Kap. 6.6.2). In der katalogisierten Ressource kam außerdem die Variante „Eberhard Karls Universität zu Tübingen" vor.

16.3.2 Untergeordnete Körperschaften

Beispiel 16-17: Karl-Sudhoff-Institut für Geschichte der Medizin und der Naturwissenschaften

RDA	Element	Inhalt
8.10	Status der Identifizierung +	vollständig etabliert
11.2.2	Bevorzugter Name der Körperschaft *	Karl-Sudhoff-Institut für Geschichte der Medizin und der Naturwissenschaften
11.2.3	Abweichender Name der Körperschaft	Karl-Sudhoff-Institut für Geschichte der Medizin und der Naturwissenschaften an der Universität Leipzig

Lösung 16-17
vgl. Abb. 43 (S. 200)
Besonderheiten:
- Zugehörigkeit zur Universität bzw. Fakultät Teil des Namens oder nicht?
- selbständige Namensbildung
- dreistufige Hierarchie

Siehe auch:
13-23: 100 Jahre Karl-Sudhoff-Institut für Geschichte der Medizin und der Naturwissenschaften an der Universität Leipzig / herausgegeben von Ortrun Riha

Zusätzliche Angaben zu 16-17

Auf der Homepage des Instituts unter Impressum:
*Karl-Sudhoff-Institut
für Geschichte der Medizin und der Naturwissenschaften
der Medizinischen Fakultät der Universität Leipzig
Käthe-Kollwitz-Straße 82
04109 Leipzig*

In anderen Ressourcen tauchen weitere Varianten auf: „Karl-Sudhoff-Institut für Geschichte der Medizin und der Naturwissenschaften", „Karl-Sudhoff-Institut für Geschichte der Medizin und der Naturwissenschaften, Medizinische Fakultät der Universität Leipzig", „Karl-Sudhoff-Institut".

Auf der Homepage der Fakultät unter Kontakt:
*Medizinische Fakultät
Dekan
Liebigstraße 27b
04103 Leipzig*

RDA	Element	Inhalt
11.2.3	Abweichender Name der Körperschaft	Karl-Sudhoff-Institut für Geschichte der Medizin und der Naturwissenschaften der Medizinischen Fakultät der Universität Leipzig
11.2.3	Abweichender Name der Körperschaft	Karl-Sudhoff-Institut für Geschichte der Medizin und der Naturwissenschaften, Medizinische Fakultät der Universität Leipzig
11.2.3	Abweichender Name der Körperschaft	Karl-Sudhoff-Institut
11.2.3	Abweichender Name der Körperschaft	Sudhoff-Institut für Geschichte der Medizin und der Naturwissenschaften
11.2.3	Abweichender Name der Körperschaft	Universität Leipzig. Karl-Sudhoff-Institut für Geschichte der Medizin und der Naturwissenschaften
11.2.3	Abweichender Name der Körperschaft	Universität Leipzig. Medizinische Fakultät. Karl-Sudhoff-Institut für Geschichte der Medizin und der Naturwissenschaften
11.3.3	Sitz	Leipzig
11.4.3	Gründungsdatum	1938
11.9	Adresse der Körperschaft	Homepage: http://karl-sudhoff.uni-leipzig.de
11.12	Identifikator für die Körperschaft *	GND: 506722-4
11.13.1	Normierter Sucheinstieg, der eine Körperschaft repräsentiert	Karl-Sudhoff-Institut für Geschichte der Medizin und der Naturwissenschaften
32.1	In Beziehung stehende Körperschaft	Universität Leipzig. Medizinische Fakultät
29.5	Beziehungskennzeichnung	Übergeordnete Körperschaft

Erläuterungen:

– Die Bestimmung des Namens der untergeordneten Körperschaft ist hier schwierig. In der katalogisierten Ressource kommt keine förmlich präsentierte Namensform vor. Im Haupttitel steht „Karl-Sudhoff-Institut für Geschichte der Medizin und der Naturwissenschaften an der Universität Leipzig". Dabei erscheint „an der Universität Leipzig" etwas vom Rest des Namens abgesetzt – gehört dies nun zum Namen dazu oder nicht? Auf der Homepage ist die Zugehörigkeit anders formuliert („der Medizinischen Fakultät der Universität Leipzig"); in anderen Ressourcen finden sich weitere sprachliche Varianten. Dies spricht dafür, dass die Zugehörigkeit kein fester Bestandteil des Namens ist, sondern dass es sich dabei um eine beschreibende Angabe handelt. Deshalb wurde in der Musterlösung „Karl-Sudhoff-Institut für Geschichte der Medizin und der Naturwissenschaften" als Name der untergeordneten Körperschaft angesehen. Jedoch gibt es Interpretationsspielraum; man hätte auch auf eine andere Lösung kommen können. Im Zweifelsfall muss man einfach eine Entscheidung treffen und sollte nicht zu viel Zeit auf das Abwägen verwenden. Die nicht als bevorzugter Name gewählten Formen können als abweichende Namen erfasst werden. Sinnvoll ist außerdem ein abweichender Name ohne „Karl" (vgl. Kap. 6.6.9).

- Der bevorzugte Name des Instituts wird selbständig gebildet (vgl. Kap. 6.7.2), da der Name weder nur aus „Institut" und einem Fach besteht (Typ 5) noch der Name der übergeordneten Körperschaft enthalten ist (Typ 6). Eine unselbständig gebildete Form wird als abweichender Name erfasst.
- Es liegt eine dreistufige Hierarchie vor, doch wird die Fakultät als mittlere Hierarchiestufe übergangen. Die vollständige Hierarchie kann als weiterer abweichender Name erfasst werden (vgl. Kap. 6.7.3).
- Bei der Beziehung zur übergeordneten Körperschaft (vgl. Kap. 11.4.2) verwendet man die nächsthöhere Hierarchiestufe – also die Fakultät und nicht die Universität. Der bevorzugte Name der Fakultät wird gemäß Typ 5 unselbständig gebildet, da sie nur mit dem Fach benannt ist („Medizinische Fakultät").

Beispiel 16-18: Universität Köln. Institut für Anwaltsrecht

RDA	Element	Inhalt
8.10	Status der Identifizierung +	vollständig etabliert
11.2.2	Bevorzugter Name der Körperschaft *	Universität Köln. Institut für Anwaltsrecht
11.2.3	Abweichender Name der Körperschaft	Institut für Anwaltsrecht
11.2.3	Abweichender Name der Körperschaft	Institut für Anwaltsrecht an der Universität zu Köln
11.2.3	Abweichender Name der Körperschaft	Universität Köln. Rechtswissenschaftliche Fakultät. Institut für Anwaltsrecht
11.3.3	Sitz	Köln
11.4.3	Gründungsdatum	1988
11.9	Adresse der Körperschaft	Homepage: http://www.anwaltsrecht.uni-koeln.de
11.12	Identifikator für die Körperschaft *	GND: 2122231-9
11.13.1	Normierter Sucheinstieg, der eine Körperschaft repräsentiert	Universität Köln. Institut für Anwaltsrecht
11.13.2	Zusätzlicher Sucheinstieg, der eine Körperschaft repräsentiert	Institut für Anwaltsrecht (Universität Köln)
32.1	In Beziehung stehende Körperschaft	Universität Köln. Rechtswissenschaftliche Fakultät
29.5	Beziehungskennzeichnung	Übergeordnete Körperschaft

Lösung 16-18
vgl. Abb. 21 (S. 106)
Besonderheiten:
- unselbständige Namensbildung
- Abteilung einer Hochschule, die nur mit dem Fach benannt ist (Typ 5), bzw. übergeordnete Körperschaft im Namen enthalten (Typ 6)
- dreistufige Hierarchie

Siehe auch:
13-15: EU-Dienstleistungsrichtlinie und Berufsanerkennungsrichtlinie / Michael Waschkau, Köln
15-6: Schriftenreihe des Instituts für Anwaltsrecht

Zusätzliche Angaben zu 16-18
Auf der Homepage unter Kontakt:
Institut für Anwaltsrecht an der Universität zu Köln
Weyertal 115
50931 Köln
Laut Homepage wurde das Institut 1988 gegründet. Es gehört zur Rechtswissenschaftlichen Fakultät. Ein „Institut für Anwaltsrecht" gibt es auch an anderen Universitäten.

Erläuterungen:
- Auch hier kann man sich – ähnlich wie in Lösung 16-17 – die Frage stellen, ob „an der Universität zu Köln" fester Bestandteil des Namens ist oder nicht. Auf der Homepage steht es mit dabei, im Haupttitel der Reihe nicht („Schriftenreihe des Instituts für Anwaltsrecht"). Letztlich ist es jedoch egal, welche der beiden Varianten man zugrunde legt, denn in beiden Fällen ergibt sich eine unselbständige Namensbildung – entweder nach Typ 5 oder nach Typ 6 (vgl. Kap. 6.7.2).
- Der bevorzugte Name für die Universität, der vor dem Trennpunkt steht, ist die standardisierte Form „Universität Köln" und nicht der offizielle Name „Universität zu Köln" (vgl. Kap. 6.6.5).
- Es werden grundsätzlich keine abweichenden Namen mit einer Variante der übergeordneten Körperschaft gebildet (also nicht: „Universität zu Köln. Institut

für Anwaltsrecht"). Denn Namensvarianten der übergeordneten Körperschaft werden nur in deren Beschreibung erfasst, nicht aber bei ihren untergeordneten Körperschaften.
- Eine selbständig gebildete Form wird als abweichender Name angegeben. Zur besseren Identifizierung und zur Unterscheidung von gleichnamigen Körperschaften („Institut für Anwaltsrecht" gibt es mehrfach) muss im zusätzlichen Sucheinstieg ein unterscheidendes Merkmal ergänzt werden. Es bietet sich an, dafür die Universität zu verwenden; man könnte aber auch nur den Sitz „Köln" benutzen (vgl. Kap. 6.8.4).
- Zur Behandlung der mittleren Hierarchiestufe (Fakultät) vgl. Lösung 16-17.

16.3.3 Gebietskörperschaften, Geografika

Beispiel 16-19: Enzklösterle

Lösung 16-19
vgl. Abb. 46 (S. 210)
Besonderheit:
- gebräuchlicher geografischer Name gemäß Nachschlagewerk

Siehe auch:
13-29: Das Heimatbuch Enzklösterle / Herausgeber: Gemeinde Enzklösterle

Zusätzliche Angaben zu 16-19
Es findet sich auch die Form „Luftkurort Enzklösterle".

RDA	Element	Inhalt
8.10	Status der Identifizierung +	vollständig etabliert
8.12	Konsultierte Quelle	Orts-Müller, 33. Auflage
11.2.2	Bevorzugter Name der Körperschaft *	Enzklösterle
11.2.3	Abweichender Name der Körperschaft	Gemeinde Enzklösterle
11.2.3	Abweichender Name der Körperschaft	Luftkurort Enzklösterle
11.12	Identifikator für die Körperschaft *	GND: 4488255-5
11.13.1	Normierter Sucheinstieg, der eine Körperschaft repräsentiert	Enzklösterle

Erläuterungen:
- Für Orte in Deutschland ist das vorrangig heranzuziehende Nachschlagewerk der sogenannte „Orts-Müller" (Müllers großes deutsches Ortsbuch). Dort findet sich der Eintrag unter „Enzklösterle", sodass dies als bevorzugter Name gewählt wird (vgl. Kap. 7.2.1).
- In der katalogisierten Ressource kommt auch die Form „Gemeinde Enzklösterle" vor; man findet außerdem noch „Luftkurort Enzklösterle". Beides kann als abweichender Name erfasst werden.

Beispiel 16-20: Hessen

Lösung 16-20
Besonderheiten:
- gebräuchlicher geografischer Name gemäß Nachschlagewerk
- Vorgängerkörperschaften

Siehe auch:
16-21: Hessisches Landesamt für Geschichtliche Landeskunde

RDA	Element	Inhalt
8.10	Status der Identifizierung +	vollständig etabliert
8.12	Konsultierte Quelle	Brockhaus 2006
11.2.2	Bevorzugter Name der Körperschaft *	Hessen
11.2.3	Abweichender Name der Körperschaft	Land Hessen
11.2.3	Abweichender Name der Körperschaft	Volksstaat Hessen
11.4.3	Gründungsdatum	1918
11.12	Identifikator für die Körperschaft *	GND: 4024729-6

16.3 Körperschaften und Geografika — 281

RDA	Element	Inhalt
11.13.1	Normierter Sucheinstieg, der eine Körperschaft repräsentiert	Hessen
32.1	In Beziehung stehende Körperschaft	Hessen-Darmstadt
29.5	Beziehungskennzeichnung	Vorgänger
32.1	In Beziehung stehende Körperschaft	Provinz Kurhessen
29.5	Beziehungskennzeichnung	Vorgänger
32.1	In Beziehung stehende Körperschaft	Provinz Nassau
29.5	Beziehungskennzeichnung	Vorgänger

Zusätzliche Angaben zu 16-20
Das Land Hessen wurde aus Hessen-Darmstadt, der Provinz Kurhessen und der Provinz Nassau gebildet. Den Namen gibt es seit 1918 (damals „Volksstaat Hessen").

Erläuterungen:
- Der gebräuchliche geografische Name für die Gebietskörperschaft ist „Hessen" (vgl. Kap. 6.9.1). So findet sich der Eintrag in deutschsprachigen Nachschlagewerken wie dem Brockhaus (vgl. Kap. 7.2.1).
- Varianten wie „Land Hessen" und „Volksstaat Hessen" werden als abweichende Namen angegeben. Die Statusänderung von „Volksstaat" zu „Land" führt nicht zu einer neuen Entität, da der gebräuchliche Name gleich geblieben ist (vgl. Kap. 7.2.8).
- Die Vorgänger Hessen-Darmstadt, Provinz Kurhessen und Provinz Nassau sollten als in Beziehung stehende Körperschaften erfasst werden (vgl. Kap. 11.4.2).

16.3.4 Körperschaften, die einer Gebietskörperschaft untergeordnet sind

Beispiel 16-21: Hessisches Landesamt für Geschichtliche Landeskunde

RDA	Element	Inhalt
8.10	Status der Identifizierung +	vollständig etabliert
11.2.2	Bevorzugter Name der Körperschaft *	Hessisches Landesamt für Geschichtliche Landeskunde
11.2.3	Abweichender Name der Körperschaft	Hessen. Hessisches Landesamt für Geschichtliche Landeskunde
11.2.3	Abweichender Name der Körperschaft	Landesamt für Geschichtliche Landeskunde
11.2.3	Abweichender Name der Körperschaft	HLGL
11.3.3	Sitz	Marburg
11.9	Adresse der Körperschaft	Homepage: http://www.hlgl.hessen.de
11.12	Identifikator für die Körperschaft *	GND: 15803-3
11.13.1	Normierter Sucheinstieg, der eine Körperschaft repräsentiert	Hessisches Landesamt für Geschichtliche Landeskunde
11.13.2	Zusätzlicher Sucheinstieg, der eine Körperschaft repräsentiert	Landesamt für Geschichtliche Landeskunde (Hessen)
32.1	In Beziehung stehende Körperschaft	Hessen
29.5	Beziehungskennzeichnung	Übergeordnete Körperschaft

Lösung 16-21
vgl. Abb. 47 (S. 212)
Besonderheiten:
- selbständige Namensbildung
- Großschreibung von Adjektiven

Siehe auch:
13-30: Krieg in Amerika und Aufklärung in Hessen / für das Hessische Landesamt für Geschichtliche Landeskunde herausgegeben von Holger Th. Gräf, Lena Haunert und Christoph Kampmann
15-7: Untersuchungen und Materialien zur Verfassungs- und Landesgeschichte
16-20: Hessen

Zusätzliche Angaben zu 16-21
Auf der Homepage unter Impressum:
Hessisches Landesamt für geschichtliche Landeskunde
Wilhelm-Röpke-Straße 6C
35032 Marburg
Im Logo sieht man „HLGL". Es gibt kein zweites „Landesamt für geschichtliche Landeskunde".

Erläuterungen:
- Das Wort „Landesamt" im Namen zeigt zwar die administrative Unterordnung an, doch ist die Körperschaft aufgrund des Adjektivs „Hessisches" hinreichend identifiziert. Sie fällt deshalb nicht unter Typ 2; der bevorzugte Name wird selbständig gebildet (vgl. Kap. 6.9.3).
- Obwohl das Wort „geschichtliche" in den Informationsquellen kleingeschrieben ist, muss es im bevorzugten Namen und den abweichenden Namen sowie in den Sucheinstiegen großgeschrieben werden (vgl. Kap. 6.6.2).
- Eine unselbständig gebildete Namensform wird als abweichender Name erfasst. Das Adjektiv „Hessisches" bleibt dabei erhalten (vgl. Kap. 6.9.3).
- Als weitere abweichende Namen sollten die Abkürzung sowie eine Variante ohne das geografische Adjektiv erfasst werden. Da es kein weiteres „Landesamt für geschichtliche Landeskunde" gibt, gibt es keine Verwechslungsgefahr. Nichtsdestoweniger ist es sinnvoll, „(Hessen)" im zusätzlichen Sucheinstieg zu ergänzen, damit man das Landesamt zuordnen kann (vgl. Kap. 6.8.4).

Beispiel 16-22: Stuttgart. Amt für Stadtplanung und Stadterneuerung

Lösung 16-22
vgl. Abb. 55 (S. 234)
Besonderheiten:
- unselbständige Namensbildung
- administrative Unterordnung (Typ 2)
- dreistufige Hierarchie
- Vorgängerkörperschaften

Siehe auch:
13-40: Modernisierungsförderung / Herausgeberin: Landeshauptstadt Stuttgart, Amt für Stadtplanung und Stadterneuerung in Verbindung mit der Abteilung Kommunikation

Zusätzliche Angaben zu 16-22
Auf der Homepage der Stadt Stuttgart:
Amt für Stadtplanung und Stadterneuerung
Eberhardstraße 10
70173 Stuttgart
Das Amt für Stadtplanung und Stadterneuerung entstand 2003 durch die Zusammenlegung von „Stadtplanungsamt" und „Amt für Stadterneuerung". Es gehört zum „Referat Städtebau und Umwelt". Auch andernorts gibt es ein „Amt für Stadtplanung und Stadterneuerung".

RDA	Element	Inhalt
8.10	Status der Identifizierung +	vollständig etabliert
11.2.2	Bevorzugter Name der Körperschaft *	Stuttgart. Amt für Stadtplanung und Stadterneuerung
11.2.3	Abweichender Name der Körperschaft	Amt für Stadtplanung und Stadterneuerung
11.2.3	Abweichender Name der Körperschaft	Stuttgart. Referat Städtebau und Umwelt. Amt für Stadtplanung und Stadterneuerung
11.3.3	Sitz	Stuttgart
11.4.3	Gründungsdatum	2003
11.9	Adresse der Körperschaft	Homepage: http://www.stuttgart.de/item/show/305802/1/dept/5401
11.12	Identifikator für die Körperschaft *	GND: 5555455-6
11.13.1	Normierter Sucheinstieg, der eine Körperschaft repräsentiert	Stuttgart. Amt für Stadtplanung und Stadterneuerung
11.13.2	Zusätzlicher Sucheinstieg, der eine Körperschaft repräsentiert	Amt für Stadtplanung und Stadterneuerung (Stuttgart)
32.1	In Beziehung stehende Körperschaft	Stuttgart. Referat Städtebau und Umwelt
29.5	Beziehungskennzeichnung	Übergeordnete Körperschaft
32.1	In Beziehung stehende Körperschaft	Stuttgart. Amt für Stadterneuerung
29.5	Beziehungskennzeichnung	Vorgänger
32.1	In Beziehung stehende Körperschaft	Stuttgart. Stadtplanungsamt
29.5	Beziehungskennzeichnung	Vorgänger

Erläuterungen:
- Das Wort „Amt" zeigt die administrative Unterordnung an (Typ 2). Da der Name nur aus „Amt für Stadtplanung und Stadterneuerung" besteht, muss die übergeord-

nete Körperschaft „Stuttgart" ergänzt werden, damit das Amt ausreichend identifiziert ist (vgl. Kap. 6.9.3). Der bevorzugte Name wird also unselbständig gebildet.
- Zur Behandlung der mittleren Hierarchiestufe (hier: Referat) vgl. Lösung 16-17.
- Die selbständig gebildete Form wird als abweichender Name erfasst. Zur Unterscheidung von gleichnamigen Ämtern und zur besseren Identifizierung ergänzt man im zusätzlichen Sucheinstieg die übergeordnete Körperschaft.
- Die beiden Vorgänger-Ämter sollten als in Beziehung stehende Körperschaften erfasst werden (vgl. Kap. 11.4.2).

Beispiel 16-23: Braunschweig. Städtisches Museum

RDA	Element	Inhalt
8.10	Status der Identifizierung +	vollständig etabliert
11.2.2	Bevorzugter Name der Körperschaft *	Braunschweig. Städtisches Museum
11.2.3	Abweichender Name der Körperschaft	Städtisches Museum
11.2.3	Abweichender Name der Körperschaft	SMBS
11.3.3	Sitz	Braunschweig
11.4.3	Gründungsdatum	1861
11.9	Adresse der Körperschaft	Homepage: http://www.braunschweig.de/kultur/museen/staedtisches_museum/
11.12	Identifikator für die Körperschaft *	GND: 2023003-5
11.13.1	Normierter Sucheinstieg, der eine Körperschaft repräsentiert	Braunschweig. Städtisches Museum
11.13.2	Zusätzlicher Sucheinstieg, der eine Körperschaft repräsentiert	Städtisches Museum (Braunschweig)
32.1	In Beziehung stehende Körperschaft	Braunschweig
29.5	Beziehungskennzeichnung	Übergeordnete Körperschaft

Lösung 16-23
vgl. Abb. 28 (S. 135)
Besonderheiten:
- Ort Teil des Namens oder nicht?
- unselbständige Namensbildung
- nicht aussagekräftiger Name (Typ 3)

Siehe auch:
13-22: Altägypten in Braunschweig / Iris Tinius

Zusätzliche Angaben zu 16-23
Auf der Homepage unter Kontakt:
Städtisches Museum
Haus am Löwenwall
Steintorwall 14
38100 Braunschweig

Postanschrift:

Stadt Braunschweig
Städtisches Museum
Postfach 33 09
38023 Braunschweig
Im Logo sieht man die Abkürzung SMBS. Ein „Städtisches Museum" gibt es auch in anderen Städten. In anderen Ressourcen findet man als förmlich präsentierte Namen sowohl „Städtisches Museum" als auch „Städtisches Museum Braunschweig". Das Museum wurde 1861 gegründet.

Erläuterungen:
- Das Museum gehört zur Stadt Braunschweig. Die Bestimmung des bevorzugten Namens ist schwierig: Gehört „Braunschweig" zum Namen dazu oder nicht? In der katalogisierten Ressource findet sich keine förmlich präsentierte Form. Folgt man der Homepage als einer besonders wichtigen Quelle, so ist der Name nur „Städtisches Museum" – dieser Name wurde für die Musterlösung zugrunde gelegt. Da er nicht aussagekräftig ist (Typ 3), wird der bevorzugte Name unselbständig gebildet (vgl. Kap. 6.7.2). Man hätte aber auch zu einem selbständig gebildeten Namen kommen können, wenn man die in anderen Ressourcen vorkommende Form „Städtisches Museum Braunschweig" zugrunde gelegt hätte. Zwar wäre dann der Name der übergeordneten Körperschaft enthalten gewesen, doch gilt Typ 6 grundsätzlich nicht für Körperschaften, die einer Gebietskörperschaft untergeordnet sind (vgl. Kap. 6.9.3).
- Die selbständig gebildete Form wird als abweichender Name erfasst. Zur Unterscheidung von gleichnamigen Museen und zur besseren Identifizierung ergänzt man im zusätzlichen Sucheinstieg die übergeordnete Körperschaft. Ein weiterer abweichender Name „Städtisches Museum Braunschweig" (für die in anderen Ressourcen aufgefundene Form) ist verzichtbar, da dieser nahezu identisch mit dem bereits erfassten abweichenden Namen ist.

Beispiel 16-24: Deutschland (Bundesrepublik). Bundespräsident (1949-1959 : Heuss)

Lösung 16-24
Besonderheiten:
- Amtsinhaber als Körperschaft
- unselbständige Namensbildung
- Beziehung zu einer Person

Siehe auch:
16-5: Heuss, Theodor, 1884-1963

RDA	Element	Inhalt
8.10	Status der Identifizierung +	vollständig etabliert
8.12	Konsultierte Quelle	http://de.wikipedia.org/wiki/Theodor_Heuss (18.08.2014)
11.2.2	Bevorzugter Name der Körperschaft *	Deutschland (Bundesrepublik). Bundespräsident (1949-1959 : Heuss)
11.2.3	Abweichender Name der Körperschaft	Bundespräsident (1949-1959 : Heuss)
11.13.1	Normierter Sucheinstieg, der eine Körperschaft repräsentiert	Deutschland (Bundesrepublik). Bundespräsident (1949-1959 : Heuss)
30.1	In Beziehung stehende Person	Heuss, Theodor, 1884-1963
29.5	Beziehungskennzeichnung	Amtsinhaber
32.1	In Beziehung stehende Körperschaft	Deutschland (Bundesrepublik)
29.5	Beziehungskennzeichnung	Übergeordnete Körperschaft

Zusätzliche Angaben zu 16-24
Aus dem Wikipedia-Artikel für Theodor Heuss:
Er war von 1949 bis 1959 der erste Bundespräsident der Bundesrepublik Deutschland.

Erläuterungen:
- Die hier gezeigte Beschreibung wird verwendet, wenn Theodor Heuss als Amtsinhaber, also in seiner Funktion als Bundespräsident, auftrat (vgl. Kap. 6.9.3). Agierte Heuss hingegen als Privatmann, wird eine andere Beschreibung verwendet (vgl. Lösung 16-5). Zwischen diesen sollte eine Beziehung angelegt werden (vgl. Kap. 11.2.2).
- Bei Amtsinhaber-Körperschaften wird der bevorzugte Name immer unselbständig gebildet. Der gebräuchliche geografische Name der übergeordneten Körperschaft ist „Deutschland"; jedoch wird „(Bundesrepublik)" zur Unterscheidung von der DDR ergänzt (vgl. Kap. 7.2.5). Auf den Namen des ausgeübten Amts folgt in Klammern die Amtszeit und der Nachname der Person. Eine selbständig gebildete Form kann als abweichender Name erfasst werden.

16.3.5 Konferenzen

Beispiel 16-25: Symposium Junger Strafrechtlerinnen und Strafrechtler (2. : 2012 : Berlin)

Lösung 16-25
vgl. Abb. 22 (S. 112)
Besonderheiten:
- Tagungsthema als abweichender Name
- Name in unveränderter Form als abweichender Name

Siehe auch:
13-33: Strafrecht und Verfassung / B. Brunhöber, K. Höffler, J. Kaspar, T. Reinbacher, M. Vormbaum (Hrsg.)

RDA	Element	Inhalt
8.10	Status der Identifizierung +	vollständig etabliert
11.2.2	Bevorzugter Name der Körperschaft *	Symposium Junger Strafrechtlerinnen und Strafrechtler
11.2.3	Abweichender Name der Körperschaft	Strafrecht und Verfassung
11.2.3	Abweichender Name der Körperschaft	2. Symposium Junger Strafrechtlerinnen und Strafrechtler Berlin 2012
11.3.2	Ort der Konferenz usw. *	Berlin
11.4.2	Datum der Konferenz usw. *	2012

RDA	Element	Inhalt
11.4.2	Datum der Konferenz usw.	30.03.2012-31.03.2012
11.6	Zählung einer Konferenz usw. *	2.
11.12	Identifikator für die Körperschaft *	GND: 1030211094
11.13.1	Normierter Sucheinstieg, der eine Körperschaft repräsentiert	Symposium Junger Strafrechtlerinnen und Strafrechtler (2. : 2012 : Berlin)
11.13.2	Zusätzlicher Sucheinstieg, der eine Körperschaft repräsentiert	Strafrecht und Verfassung (Veranstaltung) (2012 : Berlin)

Erläuterungen:
- Der bevorzugte Name dieser Konferenz ist der Name, der den Konferenzbegriff „Symposium" enthält. Das Thema „Strafrecht und Verfassung" kann als abweichender Name erfasst werden, ebenso der Name in unveränderter Form (vgl. Kap. 6.10.2).
- Ort, Datum (als Jahr) und Zählung sind Kernelemente. Sie werden im normierten Sucheinstieg in Klammern ergänzt. Auch die exakten Daten können erfasst werden (vgl. Kap. 6.10.3).
- Im zusätzlichen Sucheinstieg für das Thema muss „(Veranstaltung)" ergänzt werden, weil sonst nicht klar wäre, dass es sich um eine Körperschaft handelt (vgl. Kap. 6.8.3 und 6.8.4). In der zweiten runden Klammer werden nur Ort und Jahr hinzugefügt, denn die Zählung („2.") ergibt nur im Zusammenhang mit der Symposiumsangabe einen Sinn.

Beispiel 16-26: Archäologie der Brücken (Veranstaltung) (2009 : Regensburg)

RDA	Element	Inhalt
8.10	Status der Identifizierung +	vollständig etabliert
11.2.2	Bevorzugter Name der Körperschaft *	Archäologie der Brücken
11.2.3	Abweichender Name der Körperschaft	Archaeology of Bridges
11.3.2	Ort der Konferenz usw. *	Regensburg
11.4.2	Datum der Konferenz usw. *	2009
11.4.2	Datum der Konferenz usw.	05.11.2009-08.11.2009
11.7.1.4	Art der Körperschaft *	Veranstaltung
11.13.1	Normierter Sucheinstieg, der eine Körperschaft repräsentiert	Archäologie der Brücken (Veranstaltung) (2009 : Regensburg)
11.13.2	Zusätzlicher Sucheinstieg, der eine Körperschaft repräsentiert	Archaeology of Bridges (Veranstaltung) (2009 : Regensburg)

Lösung 16-26
vgl. Abb. 50 (S. 220)
Besonderheit:
- Bevorzugter Name ohne Konferenzbegriff

Siehe auch:
13-34: Archäologie der Brücken / Bayerische Gesellschaft für Unterwasserarchäologie (Herausgeber) in Verbindung mit dem Bayerischen Landesamt für Denkmalpflege

Zusätzliche Angaben zu 16-26
Aus dem Vorwort des Tagungsbands:
Um diese Fragen europaweit erstmalig in dieser Form zu diskutieren, kamen vom 5. bis 8. November 2009 über hundert Experten in Regensburg zum Fachkongress „Archäologie der Brücken – Archaeology of Bridges" zusammen.

Erläuterungen:
- Hier taucht kein Konferenzbegriff wie „Symposium" o. ä. auf. Da es aber im Tagungsband einen expliziten Hinweis darauf gibt, dass die Konferenz genauso hieß wie der Band, wird das im Titel genannte Tagungsthema als Name der Konferenz betrachtet (vgl. Kap. 6.10.2). Die deutsche Form ist der bevorzugte Name, die englische Form ist ein abweichender Name (vgl. Kap. 6.6.7). Als Bestandteil eines Körperschaftsnamens wird das Wort „Bridges" großgeschrieben (vgl. Kap. 6.6.2).

- Aus dem Namen geht nicht hervor, dass eine Körperschaft vorliegt. In den Sucheinstiegen kommt deshalb „(Veranstaltung)" als Kennzeichnung hinzu (vgl. Kap. 6.8.3 und 6.8.4). In einer zweiten runden Klammer werden Jahr und Ort angegeben.

Beispiel 16-27: Vereinigung für Verfassungsgeschichte. Tagung (2006 : Hofgeismar)

Lösung 16-27
vgl. Abb. 51 (S. 223)
Besonderheiten:
- untergeordnete Körperschaft
- unselbständige Namensbildung
- übergeordnete Körperschaft im Namen enthalten (Typ 6)

Siehe auch:
13-35: Verfassungsgeschichte in Europa / für die Vereinigung herausgegeben von Helmut Neuhaus

RDA	Element	Inhalt
8.10	Status der Identifizierung +	vollständig etabliert
11.2.2	Bevorzugter Name der Körperschaft *	Vereinigung für Verfassungsgeschichte. Tagung
11.2.3	Abweichender Name der Körperschaft	Tagung der Vereinigung für Verfassungsgeschichte
11.2.3	Abweichender Name der Körperschaft	Tagung der Vereinigung für Verfassungsgeschichte in Hofgeismar vom 27. bis 29. März 2006
11.3.2	Ort der Konferenz usw. *	Hofgeismar
11.4.2	Datum der Konferenz usw. *	2006
11.4.2	Datum der Konferenz usw.	27.03.2006-29.03.2006
11.13.1	Normierter Sucheinstieg, der eine Körperschaft repräsentiert	Vereinigung für Verfassungsgeschichte. Tagung (2006 : Hofgeismar)
11.13.2	Zusätzlicher Sucheinstieg, der eine Körperschaft repräsentiert	Tagung der Vereinigung für Verfassungsgeschichte (2006 : Hofgeismar)
32.1	In Beziehung stehende Körperschaft	Vereinigung für Verfassungsgeschichte
29.5	Beziehungskennzeichnung	Übergeordnete Körperschaft

Erläuterungen:
- Bei dieser Konferenz handelt es sich um eine untergeordnete Körperschaft. Der bevorzugte Name wird unselbständig gebildet, weil in „Tagung der Vereinigung für Verfassungsgeschichte" der Name der übergeordneten Körperschaft vollständig enthalten ist (Typ 6; vgl. Kap. 6.7.2 und 6.10.2). Außerdem sollte eine Beziehung zur übergeordneten Körperschaft angelegt werden.
- Die selbständig gebildete Form wird als abweichender Name erfasst, ebenso der Name in unveränderter Form (vgl. Kap. 6.10.2).

16.4 Werke

Beispiel 16-28: Austen, Jane, 1775-1817. Pride and prejudice

Lösung 16-28
vgl. Abb. 9 (S. 19)
Besonderheit:
- Beziehung zu anderen Werken

Siehe auch:
13-10: Stolz und Vorurteil / Jane Austen
16-1: Austen, Jane, 1775-1817

RDA	Element	Inhalt
5.7	Status der Identifizierung +	vollständig etabliert
5.8	Konsultierte Quelle	Kindlers neues Literaturlexikon
6.2.2	Bevorzugter Titel des Werks *	Pride and prejudice
6.2.3	Abweichender Titel für das Werk	Stolz und Vorurteil
6.2.3	Abweichender Titel für das Werk	Elisabeth und Darcy

RDA	Element	Inhalt
6.2.3	Abweichender Titel für das Werk	Orgueil et préjugés
6.3	Form des Werks	Roman
6.4	Datum des Werks	1813
6.8	Identifikator für das Werk *	GND: 4099118-0
6.27.1	Normierter Sucheinstieg, der ein Werk repräsentiert	Austen, Jane, 1775-1817. Pride and prejudice
19.2	Geistiger Schöpfer *	Austen, Jane, 1775-1817
18.5	Beziehungskennzeichnung	Verfasser/-in
25.1	In Beziehung stehendes Werk	Pride and prejudice (Film : 1995)
24.5	Beziehungskennzeichnung	Bearbeitet als Film (Werk)
25.1	In Beziehung stehendes Werk	Grahame-Smith, Seth, 1976-. Pride and prejudice and zombies
24.5	Beziehungskennzeichnung	Parodiert als (Werk)

Erläuterungen:
- Der bevorzugte Titel des Werks ist der originalsprachliche Titel (vgl. Kap. 5.2.3). Weitere Titelfassungen (auch in anderen Sprachen) können als abweichende Titel erfasst werden (vgl. Kap. 5.2.7).
- Als Datum des Werks wird in der Regel das Datum der Erstveröffentlichung verwendet (vgl. Kap. 5.3).
- Beispielhaft wurden Beziehungen zu einer Verfilmung (zum normierten Sucheinstieg vgl. Kap. 5.6.1 und 5.6.2) und einer Parodie des Werks erfasst. Es wären noch viele weitere ähnliche Beziehungen denkbar.

Abkürzungsverzeichnis

AACR	Anglo-American Cataloguing Rules
BIBFRAME	Bibliographic Framework (Nachfolger von MARC)
D-A-CH	Anwendungsrichtlinien für den deutschsprachigen Raum
DNB	Deutsche Nationalbibliothek
DOI	Digital Object Identifier
EAN	European Article Number
FRAD	Functional Requirements for Authority Data
FRBR	Functional Requirements for Bibliographic Records
FRSAD	Functional Requirements for Subject Authority Data
IFLA	International Federation of Library Associations and Institutions
ISBD	International Standard Bibliographic Description
ISBN	Internationale Standardbuchnummer
JSC	Joint Steering Committee for Development of RDA
LC-PCC PS	Policy Statements der Library of Congress und des Program for Cooperative Cataloging
MAB	Maschinelles Austauschformat für Bibliotheken
MARC	Machine-Readable Cataloging
GND	Gemeinsame Normdatei
PAN	Personennamen der Antike
RAK	Regeln für die alphabetische Katalogisierung
RDA	Resource Description and Access
RSWK	Regeln für den Schlagwortkatalog
STA	Standardisierungsausschuss
UPC	Universal Product Code
URL	Uniform Resource Locator
URN	Uniform Resource Name
WEMI	Werk, Expression, Manifestion, Exemplar (engl. „item")

Abbildungsverzeichnis

Abb. 1:	Ausblick vom Münsterturm / Elly Heuss-Knapp	8
Abb. 2:	Karte in einem RAK-Zettelkatalog (Haupteintragung)	8
Abb. 3:	Karte in einem RAK-Zettelkatalog (Nebeneintragung)	10
Abb. 4:	Verweisungskarte in einem RAK-Zettelkatalog	11
Abb. 5:	AACR2-Katalogisat in MARC 21 (gekürzt)	12
Abb. 6:	RAK-Katalogisat in Pica 3 im SWB (gekürzt)	13
Abb. 7:	GND-Datensatz bei der DNB (gekürzt)	14
Abb. 8:	FRBR-Entitäten der Gruppe 1 (links) und Gruppe 2 (rechts)	18
Abb. 9:	Stolz und Vorurteil / Jane Austen	19
Abb. 10:	Ausschnitt aus einem FRBR-Baum	20
Abb. 11:	Darstellung des deutschen Regelwerkstextes im RDA Toolkit Screenshot aus dem RDA Toolkit (www.rdatoolkit.org), verwendet mit Genehmigung der RDA-Verleger (American Library Association, Canadian Library Association und CILIP)	29
Abb. 12:	Lexikon Buch, Druck, Papier / Joachim Elias Zender	36
Abb. 13:	Medizinische Ethik am Beginn des 21. Jahrhunderts / herausgegeben von Axel W. Bauer	41
Abb. 14:	Menschenaffen wie wir / Jutta Hof & Volker Sommer	43
Abb. 15:	Christian Gottlob Leberecht Großmann (1783-1857) / Angelika Rotter	51
Abb. 16:	Grundlagen und Beginn der deutschen Geschichte / Josef Fleckenstein	60
Abb. 17:	Buchwissenschaft in Deutschland / herausgegeben von Ursula Rautenberg	61
Abb. 18:	Familie Burger	69
Abb. 19:	Jane Austen's letters / collected and edited by Deirdre Le Faye	75
Abb. 20:	Craniomandibuläre Dysfunktion / vorgelegt von Lisa Marx-Janson (geb. Kraus) aus Tübingen	84
Abb. 21:	EU-Dienstleistungsrichtlinie und Berufsanerkennungsrichtlinie / Michael Waschkau, Köln	106
Abb. 22:	Strafrecht und Verfassung / B. Brunhöber, K. Höffler, J. Kaspar, T. Reinbacher, M. Vormbaum (Hrsg.)	112
Abb. 23:	Eigene Datensätze für Werk, Expression und Manifestation	121
Abb. 24:	Zusammengesetzte Beschreibung	122
Abb. 25:	Zusammengesetzte Beschreibung mit Verknüpfung zum Werk	123
Abb. 26:	Bibliotheken und Informationsgesellschaft in Deutschland / Engelbert Plassmann, Hermann Rösch, Jürgen Seefeldt, Konrad Umlauf	130
Abb. 27:	Richtlinien zur Gewinnung von Blut und Blutbestandteilen und zur Anwendung von Blutprodukten (Hämotherapie) / aufgestellt gemäß Transfusionsgesetz von der Bundesärztekammer im Einvernehmen mit dem Paul-Ehrlich-Institut	133
Abb. 28:	Altägypten in Braunschweig / Iris Tinius	135
Abb. 29:	Fairneß, Effizienz und Qualität in der Gesundheitsversorgung / Gesellschaft für Recht und Politik im Gesundheitswesen (Hrsg.)	139
Abb. 30:	A David Lodge trilogy	152
Abb. 31:	Tigermilch / Stefanie de Velasco	164
Abb. 32:	Czernin oder Wie ich lernte, den Ersten Weltkrieg zu verstehen / Hans von Trotha	166
Abb. 33:	Klappe zu, Affe tot / Dr. Wort	169
Abb. 34:	Das Arbeitszeugnis / von Rechtsanwalt Professor Hein Schleßmann, Eggenstein-Leopoldshafen	171
Abb. 35:	Konzernbilanzen / von Dr. Dr. h.c. Jörg Baetge, Dr. Hans-Jürgen Kirsch, Dr. Stefan Thiele	173
Abb. 36:	8 / Peter Godazgar, Kathrin Heinrichs, Carsten S. Henn, Jürgen Kehrer, Ralf Kramp, Tatjana Kruse, Sandra Lüpkes und Sabine Trinkaus	176
Abb. 37:	Märkte in Europa / Hartmut Berg/Hans Günther Meissner/Wolfgang B. Schünemann	178
Abb. 38:	100 Wege zum perfekt erzogenen Hund / Sarah Fisher & Marie Miller	181
Abb. 39:	Ein kalter Strom / Val McDermid	183
Abb. 40:	Ostseeheilbad Graal-Müritz / Autoren: Bildautorin Dorothea Puttkammer, Textautor Joachim Puttkammer	189

Abb. 41:	Wörterbuch des Bibliothekswesens / Eberhard Sauppe	193
Abb. 42:	Richtlinien Handschriftenkatalogisierung / Deutsche Forschungsgemeinschaft, Unterausschuß für Handschriftenkatalogisierung	197
Abb. 43:	100 Jahre Karl-Sudhoff-Institut für Geschichte der Medizin und der Naturwissenschaften an der Universität Leipzig / herausgegeben von Ortrun Riha	200
Abb. 44:	Freiheit nach Börsenmaß ; Geschenkte Freiheit / Günter Grass	205
Abb. 45:	Aufklärung: Stationen - Konflikte - Prozesse / herausgegeben von Ulrich Kronauer und Wilhelm Kühlmann	208
Abb. 46:	Das Heimatbuch Enzklösterle / Gemeinde Enzklösterle	210
Abb. 47:	Krieg in Amerika und Aufklärung in Hessen / für das Hessische Landesamt für Geschichtliche Landeskunde herausgegeben von Holger Th. Gräf, Lena Haunert und Christoph Kampmann	212
Abb. 48:	"An der Front zwischen den Kulturen" / von Michael G. Baylor. Autorität und Gewissen im Zeitalter der Reformation / von Alexandre Ganoczy	214
Abb. 49:	Die Liebe ist ein Kind der Freiheit / Maik Hosang. Die Freiheit ist ein Kind der Liebe / Gerald Hüther	216
Abb. 50:	Archäologie der Brücken / Bayerische Gesellschaft für Unterwasserarchäologie (Herausgeber) in Verbindung mit dem Bayerischen Landesamt für Denkmalpflege	220
Abb. 51:	Verfassungsgeschichte in Europa / für die Vereinigung herausgegeben von Helmut Neuhaus	223
Abb. 52:	Ziemlich beste Freunde	226
Abb. 53:	Anno 1701	229
Abb. 54:	Der Wanderer / Peter Härtling	232
Abb. 55:	Modernisierungsförderung / Herausgeberin: Landeshauptstadt Stuttgart, Amt für Stadtplanung und Stadterneuerung in Verbindung mit der Abteilung Kommunikation	234
Abb. 56:	Was fliegt und singt denn da? / Barthel, Dougalis, Roché	243
Abb. 57:	Eragon / Christopher Paolini	247
Abb. 58:	Integrated digital communications networks / G. Pujolle, D. Seret, D. Dromard, E. Horlait	252

Tabellenverzeichnis

Tab. 1:	Die Gruppen der ISBD	6
Tab. 2:	Die Struktur von RDA (mit Konkordanz zu FRBR und zum Lehrbuch)	25
Tab. 3:	Verteilung der Elemente der Manifestation innerhalb der hierarchischen Beschreibung	64
Tab. 4:	Die wichtigsten Inhaltstypen	78
Tab. 5:	Wichtige Beziehungskennzeichnungen für geistige Schöpfer	129
Tab. 6:	Wichtige Beziehungskennzeichnungen für Personen, Familien und Körperschaften, die mit einem Werk in Verbindung stehen	137
Tab. 7:	Wichtige Beziehungskennzeichnungen für Mitwirkende	140
Tab. 8:	Verteilung der Elemente innerhalb der hierarchischen Beschreibung (Gesamtübersicht)	237

Register

Soweit es sinnvoll erschien, sind im Register auch die Beispiele ausgewertet. Zur Erleichterung für Umsteiger vom bisherigen Regelwerk sind auch RAK-Termini als Verweisungen aufgenommen.

AACR2 4f., 12, 15, 24, 26, 30
Abbildung *s. illustrierender Inhalt*
Abgekürzter Vorname *s. Initialen*, *s. Vorname*
Abgeleitete Beziehung (Expression) *s. in Beziehung stehende Expression*
Abgeleitete Beziehung (Werk) *s. in Beziehung stehendes Werk*
Abkürzung *s. a. Übertragen*
– Körperschaft 101, 103, 274–276, 281, 283
Abstract *s. Zusammenfassung des Inhalts*
Abweichender Name 87
– Adlige 97
– Familie 98
– Fürsten 96
– Gebietskörperschaft 110, 280f.
– Geografikum 116–119
– Körperschaft 99f., 102–107, 109, 274–279, 281–284, *s. a. Schreibweise*
– Konferenz usw. 112–114, 284–286
– Person 89–93, 95, 267, 269–272, *s. a. Künstlername*, *s. a. nicht individualisierter Name*, *s. a. Präfix*, *s. a. Pseudonym*, *s. a. Schreibweise*, *s. a. zusammengesetzter Name*
– Person der Antike 97f.
– Person des Mittelalters 97f.
– Universitäten und Hochschulen 101, 277
– Universitätsinstitut 106f., 277–280
– Untergeordnete Körperschaft 103–107, 110f., 277–284, 286
Abweichender Titel (Manifestation) 41, 43f., 68, 166f., 176f., 181f., 184f., 186f., 201f., 226, 228, 244, 246, 255–258, 261–264, *s. a. Titel der Manifestation*
Abweichender Titel des Werks 72, 76, 286f.
Adaption *s. in Beziehung stehendes Werk*
Adelstitel 96f.
Adlige 96f.
Administratives Werk über die Körperschaft 134–136, 198–202
Adressat 139, 212, 214, *s. a. sonstige Person/Familie/Körperschaft, die mit einem Werk in Verbindung steht*
Adresse der Körperschaft 109, 274f., 277–279, 281–283
Änderung der Erscheinungsweise *s. Erscheinungsweise*
Änderung des Namens *s. Namensänderung*
Änderung des Titels *s. Titeländerung*
Äquivalenzbeziehung (Manifestation) *s. in Beziehung stehende Manifestation*
Affiliation einer Person 94f., 157, 266, 271–273
Akademischer Grad *s. Hochschulschrift*
Akronym *s. a. Übertragen*
– Körperschaft 99
Akzent *s. Übertragen (Diakritisches Zeichen)*
Allgemeine Materialbenennung 7
Alternativregel (RDA) 27
Alternativtitel 44, 166f.
Altersfreigabe 83, 226–231
Amtsträger *s. Staatsoberhaupt*
Analytische Beschreibung 33f.
Andere Identität *s. Pseudonym*

Anhang A (RDA) 35f., 65, 68, 87, 92, 97, 99, 170
Anhang B (RDA) 38, 151
Anhang D (RDA) 44
Anhang E (RDA) 81
Anhang F (RDA) 91f.
Anhang I (RDA) 127, 129, 137f., 140–143, 146f.
Anhang J (RDA) 149f., 153f.
Anhang K (RDA) 155–157, 267
Anmerkung zu einer exemplarspezifischen Datenträgereigenschaft 58
Anmerkung zum Ausgabevermerk 53
Anmerkung zum Datenträger 57
Anmerkung zum Titel 38, 41–43, 53, 181, 194, 246, 263f.
Anmerkung zur Ausgabe, zum Teil oder zur Iteration, die/der als Grundlage für die Identifizierung der Ressource verwendet wird 70, 263f.
Anmerkung zur Manifestation 53f.
Anmerkung zur Verantwortlichkeitsangabe 53f., 64, 70
Anmerkung zur Veröffentlichungsangabe 38, 47, 53f., 62, 64, 68, 70, 183f., 255f., 259–263
Anmerkung zur Zählung von fortlaufenden Ressourcen 259f.
Anonymes Werk 80, 234–236
Ansetzungsform 10f., 15, *s. a. bevorzugter Name*, *s. a. normierter Sucheinstieg*
Anwendungsrichtlinien für den deutschsprachigen Raum *s. D-A-CH*
Apposition 42, 193
Arbeitssprache 26, 34
Art der Familie 98, 273
Art der Gebietskörperschaft 110, 117
Art der Körperschaft 108f., 112, 285f.
Art des Inhalts 83, 185, 187f., 190–194, 196, 198–203, 207, 209–211, 213f., 218f., 221, 224–227, 230f., 244–246, 248–250, 264
Artikel am Anfang
– Geografikum 116
– Haupttitel 44, 172, 184, 211
– Körperschaft 100, 116
– Titel des Werks 72
Audiodeskription *s. barrierefreier Inhalt*
Auflage *s. Ausgabebezeichnung*, *s. unveränderter Nachdruck*
Auflösungsdatum *s. Datum (Körperschaft)*
Aufsatzsammlung 124, 129, 131, 142, 201f., 207–211, 218f., 221, 224–226, 250f., *s. a. Art des Inhalts*, *s. a. Zusammenstellung (mehrere geistige Schöpfer)*
Ausführender 140, 143, *s. a. Mitwirkender*
Ausführender, Erzähler und/oder Präsentator 45, 85, 227f., 248f.
Ausgabe *s. Manifestation*
Ausgabebezeichnung 35, 45, 47f., 54, 65–67, 70, 164, 169–171, 173f., 176, 184, 190, 194f., 197, 202f., 218, 235, 241f., 248f., *s. a. Anmerkung zum Ausgabevermerk*
Ausgabebezeichnung einer näher erläuterten Überarbeitung 47, 195f.
Ausgabevermerk *s. Ausgabebezeichnung*
Ausstellung *s. Konferenz usw.*

Ausstellungskatalog 137, 145, s. a. Art des Inhalts
Auszeichnung (z. B. Literaturpreis) 86
Autor s. Verfasser
Bachelorarbeit s. Hochschulschrift
Bandaufführung s. Teil mit abhängigem Titel
Bandbezeichnung s. Gesamttitelangabe, s. a. Zählung von fortlaufenden Ressourcen
Bandzählung s. Gesamttitelangabe, s. a. Zählung von fortlaufenden Ressourcen
Barrierefreier Inhalt 82f., 227, 229
Basis der Beschreibung s. a. bevorzugte Informationsquelle
– Integrierende Ressource 70
– Mehrteilige Monografie 62f.
– Monografische Reihe 67
Bearbeitung (eines Werks) 144
Bedeutendes Familienmitglied s. Familie
Begleitende Beziehung (Manifestation) s. in Beziehung stehende Manifestation
Begleitende Beziehung (Werk) s. in Beziehung stehendes Werk
Begleitmaterial 59, 78, 171f., 230f., 246, 248f.
Begrenztes Sammelwerk s. Zusammenstellung (mehrere geistige Schöpfer)
Begriff s. Entitäten der Gruppe 3
Behältnis
– Informationsquelle 40, 62, 228, 230, 246
– Maße 56f., 226f., 230f., 244, 248
Beigefügtes Werk s. Zusammenstellung (ohne übergeordneten Titel)
Beiheft (Monografische Reihe) 257f.
Beilage s. Begleitmaterial
Beiname (Person) 96, 98
Beruf oder Tätigkeit 94, 265–273
Beschreibende Beziehung (Expression) s. in Beziehung stehende Expression
Beschreibende Beziehung (Manifestation) s. in Beziehung stehende Manifestation
Beschreibende Beziehung (Werk) s. in Beziehung stehendes Werk
Beschreibung der in Beziehung stehenden Entität s. strukturierte Beschreibung, s. unstrukturierte Beschreibung
Besitzkatalog s. Bestandskatalog
Bestandskatalog (z. B. Museum) 133f., 136, 198–200, 260f.
Bestellnummer 231, s. a. Identifikator für die Manifestation
Bevorzugte Informationsquelle 39, s. a. Basis der Beschreibung, s. a. Informationsquelle
– Buch u. ä. 39
– Computerspiel 39f., 230
– Film 39f., 228
– PDF-Dokument 39, 185, 235
– Sonstige Online-Ressource 40
– Sonstige Ressource auf physischem Datenträger 40, 249
– Umschlag als bevorzugte Informationsquelle 235
Bevorzugter Name 87
– Adlige 97
– Familie 98
– Fürsten 96
– Gebietskörperschaft 110, 280f.
– Geografikum 116–118
– Körperschaft 99–107, 109, 274–284, s. a. Schreibweise
– Konferenz usw. 112–114, 284–286

– Person 88–93, 265–273, s. a. nicht individualisierter Name, s. a. Präfix, s. a. Pseudonym, s. a. Schreibweise
– Person der Antike 97f.
– Person des Mittelalters 97f.
– Universitäten und Hochschulen 101, 277
– Universitätsinstitut 106f., 277–280
– Untergeordnete Körperschaft 103–107, 110f., 277–284, 286
Bevorzugter Titel des Werks 72f., 286f.
– Antikes Werk 73
– Mittelalterliches Werk 73
– Neuzeitliches Werk 73
– Teil eines Werks 74
– Titeländerung 72f.
– Zusammenstellung von Werken derselben Person 74–76
Beziehung
– Allgemein (FRBR) 18, 20f.
– Exemplar – Exemplar 154
– Expression – Expression 148, 153, 187
– Expression – Manifestation (bzw. umgekehrt, als Primärbeziehung) 121, 124f.
– Körperschaft – Körperschaft 102, 157f., 274–276, 278–284, 286
– Körperschaft – Person (bzw. umgekehrt) 111, 156f., 269, 284
– Manifestation – Manifestation 53, 148f., 153f., 185f., 197f.
– Person – Familie (bzw. umgekehrt) 155–157, 274
– Person – Person 21, 155f., 266–269, 272
– Person/Familie/Körperschaft – Exemplar 21, 147
– Person/Familie/Körperschaft – Expression 21, 127, 140f.
– Person/Familie/Körperschaft – Manifestation 21, 127, 145f.
– Person/Familie/Körperschaft – Werk 21, 127, 129
– Werk – Expression (bzw. umgekehrt, als Primärbeziehung) 120
– Werk – Manifestation (bzw. umgekehrt, als Primärbeziehung) 120, 123f.
– Werk – Werk 20, 148, 150–152, 287
Beziehungskennzeichnung
– Person/Familie/Körperschaft – Person/Familie/Körperschaft 155, s. a. Anhang K (RDA)
– Person/Familie/Körperschaft – Ressource 127f., s. a. Anhang I (RDA)
– Werk/Expression/Manifestation/Exemplar – Werk/Expression/Manifestation/Exemplar 149f., s. a. Anhang J (RDA)
Bezugs- und Zugangsinformationen 58
BIBFRAME 23
Bibliografie 82f., 129, 135, 138, 144, 187, 201f., 209f., s. a. Art des Inhalts
Bibliografische Beschreibung 6
Bibliothekskatalog s. Katalog
Bildband 78, 80–83, 129f., 143, 189–192, s. a. Art des Inhalts
Bilderbuch s. Bildband
Bildregisseur 228, s. a. künstlerische und/oder technische Angabe, s. a. sonstige Person/Familie/Körperschaft, die mit einem Werk in Verbindung steht
Bindeeinheit s. in Beziehung stehendes Exemplar
Bindestrich 37, 44, 99f., 168, 256f., 275–277, s. a. ISBN, s. a. Schreibweise (Körperschaft), s. a. zusammengesetzter Name
Biografische Angaben der Person 94, 266–270
Bis-Strich 37, s. a. Übertragen (Schreibkonventionen)
Briefsammlung 75, 132, 202f., 212–214, s. a. Adressat, s. a. Art des Inhalts
Buchgestalter 146
CD 40, 243–249

Copyright-Datum 49f., 165–168, 180, 182, 228, 246, 249, 264
Copyright-Jahr s. Copyright-Datum
D-A-CH 24, 27, 29
Datenbank s. integrierende Ressource
Datenformat 11–13, 89, s. a. GND
Datenschutz 94, 266, 271
Datenträgertyp 28, 55, 66
– Begleitmaterial 59, 172
– Monografische Reihe 68
Datum
– Expression 79
– Familie 98, 273f.
– Körperschaft 108, 275–280, 282f.
– Konferenz usw. 113f., 284–286
– Person 94, 265–273
– Werk 76f., 287
Dauer (z. B. Film, Tonaufnahme) 86, 227, 248
Deskriptionszeichen s. ISBD
Diakritisches Zeichen s. Übertragen
Digitalisat s. Reproduktion
Diplomarbeit s. Hochschulschrift
Dissertation s. Hochschulschrift, s. Online-Dissertation
DOI 53
Doktorarbeit s. Hochschulschrift
Doppelname s. zusammengesetzter Name
Drehbuch s. in Beziehung stehendes Werk
Drehbuchautor 139, 228, s. a. künstlerische und/oder technische Angabe, s. a. sonstige Person/Familie/Körperschaft, die mit einem Werk in Verbindung steht
Drucker s. Hersteller
Druckfehler s. Übertragen
Druckjahr s. Herstellungsdatum
Druckziffernleiste 48, 206
EAN 228–230, s. a. Identifikator für die Manifestation
E-Book s. Online-Ressource
Echte Hochschulschrift s. Hochschulschrift
Eckige Klammern 37, 46, s. a. ermitteltes Element, s. a. Übertragen
EDV-Katalog 11–15
Ehename s. Namensänderung (Person)
Eigenschaft einer digitalen Datei 16, 57, 185f., 227, 235, 248
Eigentümer 147
Einbändige Publikation s. einzelne Einheit
Einbandart 53
Einheitssachtitel s. bevorzugter Titel des Werks
Eintragung 9f., 13f., 21, s. a. Beziehung, s. a. Haupteintragung, s. a. Nebeneintragung
Einzelne Einheit 34
Element 26
Enthaltenes Werk s. Zusammenstellung (mit übergeordnetem Titel)
Entität 17
Entitäten der Gruppe 1 17–20, 24f., s. a. Exemplar, s. a. Expression, s. a. Manifestation, s. a. Werk
Entitäten der Gruppe 2 21, 24f., s. a. Familie, s. a. Körperschaft, s. a. Person
Entitäten der Gruppe 3 17, 24f., 159
Entitäten-Beziehungsmodell s. FRBR
Entstehungsangabe 50
Ereignis s. Entitäten der Gruppe 3
Erfassen 34
Ergänzender Inhalt 82

Ermitteltes Element 40
Erscheinungsdatum 34, 48–50, 62, 64f., 165, 167–170, 180, 182, 222, 228, 242, 246, 249
– Integrierende Ressource 70, 264
– Monografische Reihe 68, 259
Erscheinungsjahr s. Erscheinungsdatum
Erscheinungsort 48f.
– Ermittelter Erscheinungsort 48f., 228, 235, 249
Erscheinungsverlauf s. Zählung von fortlaufenden Ressourcen
Erscheinungsvermerk s. Veröffentlichungsangabe
Erscheinungsweise 33, 52, 62f., 68, 70, s. a. einzelne Einheit, s. a. fortlaufende Ressource, s. a. integrierende Ressource, s. a. mehrteilige Monografie
– Änderung der Erscheinungsweise 60, 67
– Begleitmaterial 59
Erzähler 140, 143, s. a. Ausführender, Erzähler und/oder Präsentator, s. a. Mitwirkender
Erzeuger einer nicht veröffentlichten Ressource 146
Exemplar 19f., 58
Expression 18, 21, 77–79, 81–83, 85f.
Familiäre Beziehung s. in Beziehung stehende Familie, s. in Beziehung stehende Person
Familie 98, 273f.
Familie als geistiger Schöpfer 132, 263f.
Farbinhalt 82, 85, 190f., 221, 227, 245
Fehler s. Übertragen (Schreib- und Druckfehler)
Festival s. Konferenz usw.
Festschrift 138, s. a. Art des Inhalts, s. a. sonstige Person/Familie/Körperschaft, die mit einem Werk in Verbindung steht
– Körperschaft 135f., 138, 200–202
– Person 138, 208–210, s. a. ergänzender Inhalt
Film 226–229
– Bevorzugte Informationsquelle 39
– Copyright-Jahr 49
– Geistiger Schöpfer 80
– Normierter Sucheinstieg für das Werk 76f.
Filmdrehbuch s. in Beziehung stehendes Werk
Filmpreis s. Auszeichnung
Filmproduzent 138f., s. a. künstlerische und/oder technische Angabe
Filmregisseur 127, 138f., s. a. künstlerische und/oder technische Angabe
Förmlich präsentierter Name 100f., 276, 278, 283
Form der Notation s. Schrift
Form des Werks 76, 287
Formalerschließung 3
Formaltitel 74–77, 202f., 206
Fortlaufende Ressource 33, 67, s. a. monografische Reihe, s. a. Zählung von fortlaufenden Ressourcen
Fortlaufendes Sammelwerk s. fortlaufende Ressource
FRAD 21, 24f., 87, 126, 148, 155
FRBR 17–22, 24f., 115, 120–122, 126, 146, 148f., 155, 159
FRSAD 159
Früherer Name s. Namensänderung
Früherer Titel s. Titeländerung
Fürsten 96
Fürstentitel 96
Funktionsbezeichnung s. Beziehungskennzeichnung
Fusion (Körperschaft) s. Vorgänger-Nachfolger-Beziehung (Körperschaft)

Fußnote s. Anmerkung
Gastgebende Institution 140, s. a. sonstige Person/Familie/
    Körperschaft, die mit einem Werk in Verbindung steht
Gebietskörperschaft 110, 115, 210f., 280f., s. a. untergeordnete
    Körperschaft
Geburtsdatum s. Datum (Person)
Geburtsname s. Namensänderung (Person)
Geburtsort s. Ort (Person)
Gefeierter 138, 201f., 209f., s. a. Festschrift, s. a. sonstige Person/
    Familie/Körperschaft, die mit einem Werk in Verbindung steht
Gegenstand s. Entitäten der Gruppe 3
Geistiger Schöpfer 129, s. a. Familie als geistiger Schöpfer,
    s. a. Körperschaft als geistiger Schöpfer, s. a. Künstler,
    s. a. mehrteilige Monografie, s. a. Staatsoberhaupt, s. a.
    Zusammenstellung
  – Kein geistiger Schöpfer 80, s. a. monografische Reihe, s. a.
    Zusammenstellung (mehrere geistige Schöpfer)
  – Mehrere geistige Schöpfer 80, 130f., 145, 173–179, 189f., 199f.,
    253f.
Geistlicher Würdenträger 97
Gemeinsame Normdatei s. GND
Geografikum 115–119, 159, 210f., 280f.
Geografischer Name s. abweichender Name (Geografikum),
    s. bevorzugter Name (Geografikum)
Geräte- oder Systemanforderungen 57, 230
Gesammelte Werke s. Zusammenstellung (ein einziger geistiger
    Schöpfer)
Gesamttitel s. Gesamttitelangabe
Gesamttitelangabe 51f., 66
Geschlecht der Person 94
GND 6, 14–16, 73, 76, 94–96, 98, 100, 108f., 113, 116–118, 121, 126,
    148, 155–157, 265
Grad s. Hochschulschrift
Grad-verleihende Institution 140, 185f., s. a. Hochschulschrift,
    s. a. sonstige Person/Familie/Körperschaft, die mit einem Werk
    in Verbindung steht
Graphische Darstellungen s. illustrierender Inhalt
Graue Literatur 198, 211f., 214, 235
Groß- und Kleinschreibung s. Übertragen, s. Schreibweise
    (Körperschaft)
Gründungsdatum s. Datum (Körperschaft)
Habilitationsschrift s. Hochschulschrift
Handle 53, 184, 186
Haupteintragung 9f., 12, 26, s. a. geistiger Schöpfer
Hauptsachtitel s. Haupttitel
Haupttitel 41f., 44, 65
  – Konferenzschrift 42, 218f., 223f.
  – Name einer verantwortlichen Person fest integriert 44, 202f.
  – Zusammenstellung mit übergeordnetem Titel 44, 202–204,
    207–214, 218–226, 250f.
  – Zusammenstellung ohne übergeordneten Titel 44, 205f.,
    214–218
Haupttitel der Reihe s. Gesamttitelangabe
Haupttitelseite s. Titelseite
Heiliger 97
Herausgebendes Organ 138f., 211, 213f., 221f., 224–226, 235f.,
    259–263, s. a. sonstige Person/Familie/Körperschaft, die mit
    einem Werk in Verbindung steht
Herausgeber 139f., 141f., 201–203, 207f., 209f., 213f., 219, 224,
    241f., 250, 256, 258, 262, s. a. Mitwirkender

Hersteller (Beziehung) 145f.
Herstellungsangabe 50, 206
Herstellungsdatum 49f., 180, 206, 222
Hierarchie (Körperschaft) s. untergeordnete Körperschaft
Hierarchie (Verlag) s. Imprint
Hierarchische Beschreibung 33f., 62f., 66f.
  – Art des Inhalts 83, 244–246
  – Ausführender, Erzähler und/oder Präsentator 85
  – Ergänzender Inhalt 82
  – Geistiger Schöpfer 132
  – Hochschulschriftenvermerk 84
  – Illustrierender Inhalt 81
  – In der Manifestation verkörpertes Werk 123
  – Inhaltstyp 78
  – Künstlerische und/oder technische Angabe 85
  – Mehrteilige Monografie 62–66, 123, 151f., 237–247, 250–254
  – Merkmale der Manifestation 62–66
  – Mitwirkender 143
  – Person/Familie/Körperschaft, die mit einer Manifestation in
      Verbindung steht 146
  – Schrift 83
  – Sonstige Person/Familie/Körperschaft, die mit einem Werk in
      Verbindung steht 140
  – Sprache der Expression 79
  – Sprache des Inhalts 82
  – Werk 74, 77
  – Zielgruppe 83
  – Zusammenfassung des Inhalts 83
Hochschule s. Universitäten und Hochschulen
Hochschulschrift 46f., 49, 83–85, 140, 184–189, s. a. Art des
    Inhalts
Hochschulschriftenserver s. Online-Dissertation
Hochschulschriftenvermerk 83–85, s. a. Hochschulschrift
Hörbuch 40, 54, 62, 78, 85f., 138, 140, 143, 247–249, s. a. Art des
    Inhalts
Homepage s. a. Website
  – Familie 69, 132, 263f.
  – Körperschaft 101, 109, 134
  – Verwaltungseinheit (Geografikum) 117
Identifikator (Person/Familie/Körperschaft) 88
Identifikator für das Exemplar 58
Identifikator für das Werk 77
Identifikator für die in Beziehung stehende Entität 120f., 126,
    148f., 155
Identifikator für die Manifestation 52f., s. a. EAN, s. a. Handle,
    s. a. ISBN, s. a. ISSN, s. a. UPC, s. a. URN
  – Mehrteilige Monografie 62f.
  – Monografische Reihe 68
Identifikator für nicht individualisierte Namen 96, 273
Identifizierender Zusatz (Geografikum) 118f., 265f.
Identität 90
  – Mehrere Identitäten 90, 156, 268f., 272f., 284
Illustrationsangabe s. illustrierender Inhalt
Illustrator 10, 45, 127f., 130, 141, 143, 145, 150, 168f.,
    s. a. Mitwirkender
Illustrierender Inhalt 81f.
Imprint 49
In Beziehung stehende Expression 153, 187, 248f.
In Beziehung stehende Familie 157

In Beziehung stehende Körperschaft 157f., 269, s. a. Vorgänger-Nachfolger-Beziehung (Körperschaft)
In Beziehung stehende Manifestation 153f., 185f., 198
In Beziehung stehende Person 156f., 266–269, 272f., 274, 284
In Beziehung stehendes Exemplar 154
In Beziehung stehendes Werk 150–152, 228f., 233, 257f., 287, s. a. Teil-Ganzes-Beziehung (Werk)
In der Manifestation verkörperte Expression 121, 124f.
– Mehrere verkörperte Expressionen 125, 191f., 227, 229
In der Manifestation verkörpertes Werk 121–123
– Mehrere verkörperte Werke 123f., 206, 215–218
In Verbindung stehende Institution (Körperschaft) 109
Informationsquelle s. a. Basis der Beschreibung, s. a. bevorzugte Informationsquelle
– Geografikum (Name) 116, 280f.
– Gesamttitelangabe 52, 189, 258, 262
– Haupttitel 42
– Haupttitel einer monografischen Reihe 258, 262
– Hochschulschriftenvermerk 84f.
– Identifikator für die Manifestation 52
– Körperschaft (Name) 100f., 275f., 278, 283
– Konferenz (Name) 112
– Mitwirkender 141
– Person (Name) 88–90
– Titelzusatz 42, 181f., 244, 246
– Verantwortlichkeitsangabe 211, 248f.
Inhaltliche Erschließung s. Sacherschließung
Inhaltsangabe s. Zusammenfassung des Inhalts
Inhaltstyp 77f., 124
– Begleitmaterial 78
Initialen s. a. Übertragen
– Körperschaft 99, 113
– Person 89
Integrierende Ressource 33, 69f., 263f.
Internationale Körperschaft 102
Internationalität (RDA) 16, 26
Interpunktion s. ISBD, s. Übertragen (Zeichensetzung)
ISBD 6–9, 12f., 16, 28
ISBN 52f.
– Mehrere ISBNs 53, 62f., 248f.
ISMN 52
ISSN 52, 68
Jahr, in dem der Grad verliehen wurde s. Hochschulschrift
JSC 23, 30, 67, 115, 117, 159
Juristische Wendung (Körperschaftsname) 100, 274f.
Karte s. illustrierender Inhalt, s. Inhaltstyp
Katalog 3f., 22, s. a. Bestandskatalog, s. a. EDV-Katalog, s. a. Zettelkatalog
Katalogisierung s. Formalerschließung
Kein geistiger Schöpfer s. geistiger Schöpfer
Kernelement 26f.
Klappentext s. Zusammenfassung des Inhalts
Klein- und Großschreibung s. Übertragen, s. Schreibweise (Körperschaft)
Kodierungsformat 57, 185, 227, 235, 248
Körperschaft 21, 99–114, s. a. Gebietskörperschaft, s. a. internationale Körperschaft, s. a. Konferenz usw., s. a. religiöse Körperschaft, s. a. Schreibweise (Körperschaft), s. a. Universitäten und Hochschulen, s. a. untergeordnete Körperschaft

Körperschaft als geistiger Schöpfer 132–137, 195–202, 218–224, 260f.
Kollektive Aktivität einer Konferenz o. ä. 136f., 145, 218–224
Kollektives Gedankengut der Körperschaft 136, 195–198
Komma s. Übertragen (Zeichensetzung)
Kommentar 129, 143f., 150
Kommissionsverlag 222
Komponist s. geistiger Schöpfer
Konferenz usw. 99, 111–114, 284–286
Konferenzschrift 42, 83, 112, 136–138, 140, 218–226, s. a. Art des Inhalts
Kongress s. Konferenz usw.
Kontaktinformationen 58, 192
Künstler 145f., s. a. geistiger Schöpfer
Künstlerische und/oder technische Angabe 45, 85, 227f., 230f., 248f.
Künstlername 88, s. a. bevorzugter Name (Person)
Kunstband 145
Ländercode 94, 108, 117
Land (Körperschaft) s. Ort (Körperschaft)
Land, das mit einer Person in Verbindung steht 94
Land, in dem sich das Geografikum befindet 117
Landtag s. Parlament
LC-PCC PS 29
Lebensdaten s. Datum (Person)
Leerzeichen s. Schreibweise (Körperschaft), s. Schreibweise (Person), s. Übertragen (Abkürzung), s. Übertragen (Akronym), s. Übertragen (Initialen), s. Übertragen (Schreibkonventionen)
Lexikon s. Wörterbuch
Literaturangaben s. ergänzender Inhalt
Literaturpreis s. Auszeichnung
Literaturverzeichnis s. ergänzender Inhalt
Lithograf 146
Lizenzausgabe 47, 183f.
Loseblattsammlung s. integrierende Ressource
MAB 2 12
Mädchenname s. Namensänderung (Person)
Magisterarbeit s. Hochschulschrift
Manifestation 18f., 21, 33–70
MARC 21 5, 12–14, 16, 23, 28, 30
Maße 56f., 64f., 69
Masterarbeit s. Hochschulschrift
Medienkombination 54, 60, 62, 243–247
Medientyp 54f., 60, 66
– Begleitmaterial 59
– Integrierende Ressource 70
– Monografische Reihe 68
Mehrbändiges begrenztes Werk s. mehrteilige Monografie
Mehrere geistige Schöpfer s. geistiger Schöpfer
Mehrteilige Monografie 33f., 59, 60–66, 237–254, s. a. Gesamttitelangabe, s. a. hierarchische Beschreibung, s. a. umfassende Beschreibung
– Geistiger Schöpfer 132
– In der Manifestation verkörpertes Werk 123
– Merkmale der Manifestation 62–66
– Mitwirkender 143
– Person/Familie/Körperschaft, die mit einer Manifestation in Verbindung steht 146
– Sonstige Person/Familie/Körperschaft, die mit einem Werk in Verbindung steht 140

– Teil-Ganzes-Beziehung 151f.
– Splitregeln 60
Merkmal 17–21, 24f.
Merkmale einer Expression s. *Expression*
Merkmale einer Familie s. *Familie*
Merkmale einer Gebietskörperschaft s. *Gebietskörperschaft*
Merkmale einer Körperschaft s. *Körperschaft*
Merkmale einer Konferenz usw. s. *Konferenz usw.*
Merkmale einer Manifestation s. *Manifestation*
Merkmale einer Person s. *Person*
Merkmale eines Exemplars s. *Exemplar*
Merkmale eines Werks s. *Werk*
Messe s. *Konferenz usw.*
Minister s. *Regierungsvertreter*
Ministerium 99, 104, 111
Mitarbeiter 131
Mitwirkender 140–145, s. a. *monografische Reihe (Herausgeber)*
Moderner Personenname 88–93
Monografische Reihe 66–69, 255–263, s. a. *Gesamttitelangabe*, s. a. *hierarchische Beschreibung*, s. a. *ungezählte monografische Reihe*, s. a. *Verlegerserie*
– Basis der Beschreibung 67
– Geistiger Schöpfer 256
– Geringfügige Änderung 67f.
– Herausgebendes Organ 138f., 258–263
– Herausgeber 142, 256, 258, 262
– Inhaltstyp 260f.
– Körperschaft als geistiger Schöpfer 135f., 260f.
– Merkmale der Manifestation 67–69
– Mitwirkender 142, s. a. *monografische Reihe (Herausgeber)*
– Schreib- und Druckfehler 68
– Splitregeln 67
– Sprache der Expression 255f.
– Teil-Ganzes-Beziehung 151
– Titeländerung 67
– Titelseite für die Reihe 52, 258, 262
– Zählung 68f.
Motto 211
Nachdruck s. *unveränderter Nachdruck*
Nachfolgebeziehung (Werk) s. *in Beziehung stehendes Werk*
Nachfolger-Vorgänger-Beziehung (Körperschaft) s. *Vorgänger-Nachfolger-Beziehung (Körperschaft)*
Name s. *abweichender Name*, s. *bevorzugter Name*
Name in unveränderter Form (Körperschaft) 100, 113, 274f., 284–286
Namensänderung s. a. *bevorzugter Name*
– Geografikum 119, 281
– Körperschaft 102, s. a. *Vorgänger-Nachfolger-Beziehung (Körperschaft)*
– Person 90, 267f., 270
Nebeneintragung 9f., 12, 15
Nicht individualisierter Name 95f., 273
Nicht-lateinische Schrift s. *Schrift*
Nichtsortierzeichen 44, 172, 184, 211
Normdatei s. *GND*
Normdatensatz 13–15, 88, 155f.
– Expression 71, 79, 124
– Familie 88, 155–157
– Geografikum 117, 119
– Körperschaft 88, 102, 109, 155–157

– Person 88–90, 94–96, 155f.
– Pseudonym 90, 156
– Werk 71f., 76f., 121–123, 148
Normierter Sucheinstieg
– Expression 79, 81, 191f., 227, 229
– Familie 88, 98
– Gebietskörperschaft 110
– Körperschaft 88, 108f., 111
– Konferenz usw. 113f.
– Person 88, 95–98
– Werk 76, 79–81, 230f., 241f., 257–259
Normierter Sucheinstieg für die in Beziehung stehende Entität 120f., 126, 149, 155
Notenbeispiele s. *illustrierender Inhalt*
Offizielle Sprache der Körperschaft s. *Sprache (Körperschaft)*
Online-Dissertation 83, 184–186
Online-Ressource 40, 53–56, 153f., 184–186, 234f., 263f., s. a. *Basis der Beschreibung*, s. a. *Website*
Optionsregel (RDA) 27
Ordinalzahl s. *Schreibweise (Ordnungszahl)*
Ordnungszahl s. *Schreibweise*
Organ s. *untergeordnete Körperschaft (einer Gebietskörperschaft untergeordnet)*
Originalsprachlicher Titel s. *bevorzugter Titel des Werks*
Ort s. a. *Erscheinungsort*, s. a. *Gebietskörperschaft*, s. a. *Geografikum*
– Familie 98, 274
– Körperschaft 108f., 274–279, 281–283
– Konferenz usw. 113f., 284–286
– Person 94, 265f., 268–273
– Werk 76, 81, 257f.
Ort als Teil des Namens einer Körperschaft 100, 276, 283
Ortsteil 118
Parallele Ausgabebezeichnung 194f.
Parallele Manifestation s. *in Beziehung stehende Manifestation*
Parallele Sprachausgabe s. *in Beziehung stehende Expression*
Parallele Verantwortlichkeitsangabe 45
Paralleler Titelzusatz 41–44, 191f., 194, 220f.
Parallelsachtitel s. *Paralleltitel*
Paralleltitel 41–44, 191–193, 220f.
Paris Principles 4
Parlament 99, 104, 111
Parodie s. *in Beziehung stehendes Werk*
Persönlicher Name 96–98
Person 21, 88–98
– Adlige 96f.
– Fürsten 96
– Person der Antike 97f.
– Person des Mittelalters 97f.
Person als geistiger Schöpfer 129
Person/Familie/Körperschaft, die mit einem Exemplar in Verbindung steht 147
Person/Familie/Körperschaft, die mit einem Werk in Verbindung steht 129–140, 144f.
Person/Familie/Körperschaft, die mit einer Expression in Verbindung steht 140–145
Person/Familie/Körperschaft, die mit einer Manifestation in Verbindung steht 145f.
Personalbibliografie s. *ergänzender Inhalt*
Phonogramm-Datum 50, 249

Phrase (Personenname) 93, 272
PI 4
Pica 3-Format 12f.
Präfix 91–93, 165, 167, 203, 269f.
Preis (Bezugsbedingungen) 58
Preisverleihung s. Auszeichnung
Preußische Instruktionen s. PI
Primärbeziehung 20, 24f., 120–125, 148
Primäre Informationsquelle s. bevorzugte Informationsquelle
Produzent 138f., s. a. künstlerische und/oder technische Angabe,
    s. a. sonstige Person/Familie/Körperschaft, die mit einem Werk
    in Verbindung steht
Proposal 30
Provenienz 147
Pseudonym 90, 93, 156, 272f.
Quelle s. Informationsquelle
Quelle (Normdatensatz) 71f., 88, 271, 273f., 280f., 284, 286
RAK 5, 9f., 12f., 15, 24, 26
RDA 5–7, 9, 15f., 23–30
– Alternativregel 27
– Beispiele 28
– Gliederung 24f.
– JSC 23, 30, 67, 115, 117, 159
– Optionsregel 27
– Proposal 30
RDA Toolkit 28–30
Redakteur s. Herausgeber
Redaktioneller Status (Normdatensatz) s. Status der Identifizierung
Regierungschef 111, 137, 156f., s. a. Staatsoberhaupt
Regierungsvertreter 111
Regionalcode (DVD etc.) 57, 227, 229
Regisseur 127f., 138–140, s. a. künstlerische und/oder technische
    Angabe, s. a. sonstige Person/Familie/Körperschaft, die mit
    einem Werk in Verbindung steht
Regisseur (Hörbuch) 138, 140, 248f.
Register s. ergänzender Inhalt
Reihe s. Gesamttitelangabe, s. a. mehrteilige Monografie,
    s. a. monografische Reihe
Religiöse Körperschaft 104
Reproduktion 149, 154, 198
Ressource 3, 33, 126
Rezension 154
Richtlinie 134, 136, 196, 198, s. a. Art des Inhalts, s. a. Körperschaft
    als geistiger Schöpfer
Römische Zahl
– Fürsten 96
– Name einer bürgerlichen Person 93
– Seitenzahlen 56, 174f., 178, 185, 194f., 202f., 207, 213, 250f., 253
– Übertragen 38
– Zählung einer Konferenz 114
– Zählung innerhalb der Reihe 38, 52, 199f.
– Zählung von fortlaufenden Ressourcen 38, 68, 260f.
Sacherschließung 3, 17, 24, 159f.
Sachtitel s. Haupttitel
Sachtitelwerk 9, s. a. geistiger Schöpfer (kein geistiger Schöpfer)
Sachwörterbuch s. Wörterbuch
Sammelwerk s. Zusammenstellung (mehrere geistige Schöpfer)
Sammlung s. Zusammenstellung (ein einziger geistiger Schöpfer)
Satzzeichen s. Übertragen (Zeichensetzung)
Schauspieler 143, 228, s. a. Mitwirkender

Schrägstrich s. Übertragen (Schreibkonventionen), s. Übertragen
    (Zeichensetzung)
Schreib- und Druckfehler s. Übertragen
Schreibkonventionen s. Übertragen
Schreibweise s. a. Übertragen
– Körperschaft 87, 99f., 102, 275–277, 281f.
– Ordnungszahl 38f., 52, 93, 114, 151, 285
– Person 87, 89f., 92
– Werk 72
Schrift s. a. Übertragen
– Geografikum 116
– Merkmal der Expression 83
– Person/Familie/Körperschaft 87
– Werk 71
Schriftenreihe s. monografische Reihe
Segensformel 211
Semantic Web 16
Seitenzahlen s. römische Zahl, s. Umfang (Text-Ressource)
Serie s. monografische Reihe
Signatur s. Identifikator für das Exemplar
Sitz (Körperschaft) s. Ort (Körperschaft)
Sonderzeichen s. Übertragen (Symbole und Sonderzeichen)
Sonstige Person/Familie/Körperschaft, die mit einem Werk in
    Verbindung steht 137–140, 196, 202, 209, 211, 213f., 221f.,
    224f., 227f., 235f., 259–263
Sonstige unterscheidende Eigenschaft der Expression 79
Sonstige unterscheidende Eigenschaft des Werks 76f.
Späterer Name s. Namensänderung
Späterer Titel s. Titeländerung
Splitregeln
– Integrierende Ressource 70
– Mehrteilige Monografie 62
– Monografische Reihe 67, 150f., 260
Sportwettkampf s. Konferenz usw.
Sprache s. a. Übertragen
– Expression 78f., 82f., 124f., 153, 191f., 221f., 227, 229, 255f.
– Geografikum 116
– Körperschaft 102, 109, 112
– Person 89, 92, 94
– Werk 72, 76
Sprache des Inhalts 79, 82f., 191f., 221f., 227, 229
Sprachwörterbuch s. Wörterbuch
Sprecher (Hörbuch) s. Erzähler
Staatsoberhaupt 111, 137, 156f., 284
Standardelemente-Set 27
Standardisierung 4f.
Standardisierungsausschuss 5
Status der Identifizierung 88
Sterbedatum s. Datum (Person)
Sterbeort s. Ort (Person)
Strukturierte Beschreibung 148f., 152–154, 185f.
Stücktitel s. Teil mit unabhängigem Titel
Sucheinstieg s. normierter Sucheinstieg, s. zusätzlicher
    Sucheinstieg
Supplement s. in Beziehung stehendes Werk, s. a. Beiheft
Symbole s. Übertragen (Symbole und Sonderzeichen)
Synchronfassung s. Sprache des Inhalts
Systemanforderungen s. Geräte- oder Systemanforderungen
Tabelle 42, 81
Tätigkeit s. Beruf oder Tätigkeit

Teil mit abhängigem Titel 61, 63–66, 247–254, *s. a. mehrteilige Monografie*
Teil mit unabhängigem Titel 60f., 63–66, 241–247, *s. a. mehrteilige Monografie*
Teil-Ganzes-Beziehung
- Expression *s. in Beziehung stehende Expression*
- Manifestation *s. in Beziehung stehende Manifestation*
- Werk 151f., 172, 187f., 199, 204, 206, 208, 213, 215, 224, 241–247, 256–263

Teilung (Körperschaft) *s. Vorgänger-Nachfolger-Beziehung (Körperschaft)*
Thema (Werk) *s. Entitäten der Gruppe 3, s. Sacherschließung*
Tippfehler *s. Übertragen (Schreib- und Druckfehler)*
Titel *s. Adelstitel, s. Fürstertitel, s. Titel der Manifestation, s. Titel des Werks*
Titel der Manifestation 41–44, 62–65, *s. a. abweichender Titel, s. a. Alternativtitel, s. a. Anmerkung zum Titel, s. a. Haupttitel, s. a. paralleler Titelzusatz, s. a. Paralleltitel, s. a. Titelzusatz*
Titel des Werks 72–76, *s. a. abweichender Titel des Werks, s. a. bevorzugter Titel des Werks*
Titeländerung *s. a. Splitregeln*
- Titel des Werks 72f.
Titelseite 35, 37–40, 44, 167, 204, 211, 222
- Keine Titelseite 39, 235
- Parallele Titelseite 39, 193f., *s. a. Wendebuch*
- Titelseite der Reihe 52, 188, 258, 262
Titelzusatz 41f., *s. a. paralleler Titelzusatz*
Toneigenschaft 57, 246
Tonträger *s. CD*
Übergangsregeln (GND) 6
Übergeordnete Körperschaft (Beziehung) 157, 278f., 281–284, 286
Übersetzer 143, 179–184, 248f., *s. a. Mitwirkender*
Übersetzung 49, 72, 120, 124f., 143, 153, 179–184, 247–249, 252–254, *s. a. in Beziehung stehende Expression, s. a. Sprache des Inhalts*
Übertragen 34–39, 72, 87, *s. a. Schreibweise*
- Abkürzung 35, 37f.
- Akronym 38
- Bindestrich 37, 44, 53, 91, 99f., 168, 257, 275–277
- Diakritisches Zeichen 37, 72
- Eckige Klammern 36f., 219
- Groß- und Kleinschreibung 35f., 72, 166f., 170, 180, 217, 222, 230, 254
- Initialen 38, 194f., 207f., 262
- Schreib- und Druckfehler 38, 68, 70, 263f.
- Schreibkonventionen 37, 72, 87, 174, 192, 246
- Schrift 34
- Sprache 34
- Symbole und Sonderzeichen 37f., 164f., 181, 191, 209, 219, 221f.
- Zahl 38f., *s. a. römische Zahl, s. a. Schreibweise (Ordnungszahl)*
- Zeichensetzung 36f., 72, 172, 174, 179, 189f., 193, 195, 198, 200, 219, 221f., 225, 254
Umfang 55f.
- Mehrteilige Monografie 62f.
- Monografische Reihe 68f.
- Text-Ressource 55f., 195
Umfassende Beschreibung 33f., 151f.
- Mehrteilige Monografie 62, 243–249
Umschlag *s. Titelseite (keine Titelseite)*
Ungezählte monografische Reihe 34, 51, 67, 203f., 207f., 245f.

Universitäten und Hochschulen 101, 266, 271, 277, *s. a. Grad-verleihende Institution, s. a. Hochschulschrift*
Universitätsinstitut 106f., 277–280
Unstrukturierte Beschreibung 148f., 153, 187
Untergeordnete Körperschaft 103–107, 110f., 113, *s. a. abweichender Name, s. a. bevorzugter Name*
- Abteilung einer Hochschule (nur mit Fach benannt) 106, 279
- Einer Gebietskörperschaft untergeordnet 110f., 281–284
- Konferenz usw. 113, 286
- Mehrere Hierarchiestufen 107, 277–280, 282f.
- Name ist unaussagekräftig 105, 283
- Name weist nicht auf Körperschaft hin 105
- Name zeigt administrative Unterordnung an 105, 282f.
- Name zeigt an, dass es sich um einen Teil handelt 104f.
- Religiöse Körperschaft 104
- Selbständig gebildeter Name 103f., 277–279, 281f.
- Staatsoberhaupt 111, 137, 156f., 284
- Übergeordnete Körperschaft im Namen enthalten 106f., 277–279, 286
- Unselbständig gebildeter Name 103f., 279f., 282–284
Unterscheidendes Merkmal (Werk) 76f., 80f., 230f., 241f., 257–259
Unterschiedliche Namen bzw. Namensformen
- Körperschaft 101–103
- Person 89f.
Untertitel *s. Titelzusatz*
Untertitel (Film) 82f., 227, 229
Unveränderter Nachdruck 19, 48, 169f., 180, 203
UPC 227–229, *s. a. Identifikator für die Manifestation*
Urheber *s. Werk einer Körperschaft*
Urheberwerk 9, 26, *s. a. Körperschaft als geistiger Schöpfer*
URL 58, 185f., 235, 264
URN 53, 58, 184, 186, *s. a. Identifikator für die Manifestation*
Ursprungsort *s. Ort (Werk)*
Veranstalter 140, 221f., *s. a. sonstige Person/Familie/Körperschaft, die mit einem Werk in Verbindung steht*
Veranstaltungsort *s. Ort (Konferenz usw.)*
Verantwortlichkeitsangabe 45–47, 62, 65f., *s. a. Anmerkung zur Verantwortlichkeitsangabe, s. a. Ausführender, Erzähler und/oder Präsentator, s. a. Haupttitel (Name einer verantwortlichen Person fest integriert), s. a. künstlerische und/oder technische Angabe*
- Mehrere Personen/Familien/Körperschaften in einer Verantwortlichkeitsangabe 46, 173f., 176–179, 181, 189–191, 195, 207–209, 212, 218, 220, 234, 244, 252
- Mehrere Verantwortlichkeitsangaben 45, 168–170, 179–183, 198–200, 207f., 212, 214, 220, 222, 248f.
- Personalangaben 46f., 171–174, 184
- Schreibweise 46, 99
- Zeichensetzung 37, 47, 174
Verantwortlichkeitsangabe, die sich auf den Haupttitel bezieht *s. Verantwortlichkeitsangabe*
Verantwortlichkeitsangabe, die sich auf die Ausgabe bezieht 45
Verantwortlichkeitsangabe, die sich auf eine Reihe bezieht *s. Gesamttitelangabe*
Verfasser 129, *s. a. geistiger Schöpfer*
Verfasser von ergänzendem Text 143, 145, 180, *s. a. Mitwirkender*
Verfasserangabe *s. Verantwortlichkeitsangabe*
Verfasserwerk 9, 26, *s. a. Person als geistiger Schöpfer*
Verfilmung *s. in Beziehung stehendes Werk*
Verkleinerungsfaktor 16

Verknüpfter Datensatz 13–15, 33f., 62f., 65–67, 88, 94f., 121–124, 155
Verlag (Beziehung) 145f., 211f.
Verlagsausgabe (Hochschulschrift) s. Hochschulschrift
Verlagsname 48f.
- Ermittelter Verlagsname 48–50, 235
Verlagsort s. Erscheinungsort
Verlagswechsel s. Anmerkung zur Veröffentlichungsangabe
Verlegerserie 67, 169f., 176f., 180f., 205f., 241–243, 256f.
Verleihende Institution oder Fakultät s. Hochschulschrift
Veröffentlichungsangabe 48–50, s. a. Anmerkung zur Veröffentlichungsangabe, s. a. Erscheinungsdatum, s. a. Erscheinungsort, s. a. Verlagsname
- Mehrteilige Monografie 62, 64f.
- Monografische Reihe 68
Verschiedene Namen bzw. Namensformen s. unterschiedliche Namen bzw. Namensformen
Vertrieb (Beziehung) 145f.
Vertriebsangabe 50
Vertriebsdatum 50
Verwaltungseinheit (Landkreis etc.) 117
Verwandtschaftsangabe (Personenname) 93, s. a. bevorzugter Name (Person)
Verweisung 11, 13, 15, s. a. abweichender Name, s. a. zusätzlicher Sucheinstieg
Video-Eigenschaft 57, 227
Vorgänger-Nachfolger-Beziehung (Körperschaft) 157f., 274–276, 281–283
Vorname 89
Website 40, 69f., 263f., s. a. Art des Inhalts, s. a. Homepage, s. a. integrierende Ressource
WEMI 17, s. a. Entitäten der Gruppe 1, s. a. Primärbeziehung
Wendebuch 39, 216–218
Werk 17f., 21f., 72–77, 286f.
- Art des Inhalts 83
- Hochschulschriftenvermerk 83–85, s. a. Hochschulschrift
- Zielgruppe 83, 227, 229–231
Werk einer Körperschaft 132–134, s. a. administratives Werk über die Körperschaft, s. a. herausgebendes Organ, s. a. kollektive Aktivität einer Konferenz o. ä., s. a. kollektives Gedankengut der Körperschaft
Werk über Künstler 145
Werke derselben Person s. Zusammenstellung (ein einziger geistiger Schöpfer)

Werktitel s. Titel des Werks
Werkverzeichnis 145
Widmungsempfänger 139, s. a. sonstige Person/Familie/Körperschaft, die mit einem Werk in Verbindung steht
Wirkliche Identität s. Pseudonym
Wirkungsgebiet s. Ort (Körperschaft)
Wirkungsort s. Ort (Person)
Wohnort s. Ort (Person)
Wörterbuch 144, 192–195, s. a. Art des Inhalts
Zählung einer Konferenz usw. 113f., 285
Zählung innerhalb der Reihe s. Gesamttitelangabe
Zählung von fortlaufenden Ressourcen 68, s. a. Anmerkung zur Zählung von fortlaufenden Ressourcen
Zahl s. römische Zahl, s. Schreibweise (Ordnungszahl), s. Übertragen
Zahl am Anfang des Haupttitels 43f., 181f., 201
Zeichensetzung s. Übertragen
Zeitschrift s. fortlaufende Ressource
Zettelkatalog 9–13, 15
Zielgruppe 83, 227, 229–231
Zitat 211
Zusammenfassung des Inhalts 83
Zusammengesetzte Beschreibung 71, 122–124
Zusammengesetzter Name 90f., 267f., 270f., s. a. bevorzugter Name (Person)
Zusammenstellender 144, 192–194, 199, s. a. geistiger Schöpfer
Zusammenstellung
- Ein einziger geistiger Schöpfer 74–76, 131, 202–206
- In der Manifestation verkörpertes Werk 123f., 206, 215–218
- Mehrere geistige Schöpfer 80, 131, 207–218
- Mit übergeordnetem Titel 44, 124, 202–204, 207–214
- Ohne übergeordneten Titel 44, 75f., 123f., 205f., 214–218
- Teil-Ganzes-Beziehung 151f., 203f.
- Titel des Werks 74–77, 202f., 206
Zusätzlicher Sucheinstieg
- Gebietskörperschaft 110
- Körperschaft 109, 279–283
- Konferenz usw. 113f., 285f.
- Person 88, 95–97
- Werk 79
Zusatz zum Sachtitel s. Titelzusatz
Zusatzelement 27